EN UN AÑO®

DEVOCIONAL EN UN AÑO® *alza tus OJOS*

365 encuentros diarios para líderes

CHRISTOPHER SHAW

TYNDALE HOUSE PUBLISHERS, INC.
CAROL STREAM, ILLINOIS, EE. UU.

Visite Tyndale en Internet: www.tyndaleespanol.com y www.BibliaNTV.com.

TYNDALE, el logotipo de la pluma, *En un año*, el logotipo de En un año, *The One Year* y *One Year* son marcas registradas de Tyndale House Publishers, Inc. El logotipo de The One Year es una marca de Tyndale House Publishers, Inc.

Devocional en un año – Alza tus ojos: 365 encuentros diarios para líderes

Originalmente publicado en el 2005 como *Alza tus ojos: Encuentros diarios del líder con Dios* por Desarrollo Cristiano Internacional, con ISBN 9968-881-08-2.

Diseño de la portada original: Karin Piedra

Diseño de la portada actualizada: Alberto C. Navata Jr.

Diseño del interior: Alejandro Casal

Edición: Desarrollo Cristiano Internacional, Apartado 204-2150 Moravia, San José, Costa Rica, Centroamérica, Info@DesarrolloCristiano.com.

ISBN 978-1-4143-9963-8

Impreso en Estados Unidos de América
Printed in the United States of America

26 25
8 7

Dedicado, con profunda gratitud, a mis padres,
Kenneth y Elaine.

PREFACIO

En los últimos días que compartió con los discípulos, nuestro Señor abrió su corazón acerca de los motivos de su ministerio. «Estas cosas os he hablado», les dijo, «para que mi gozo esté en vosotros, y vuestro gozo sea completo» (Jn 15.11). En su oración sacerdotal reiteró la misma realidad: «Pero ahora vuelvo a ti, y hablo esto en el mundo para que tengan mi gozo completo en sí mismos» (Jn 17.13). La frase pone en relieve el sentido esencial por el que fuimos creados, que es tener amplia participación en el gozo de Dios. Del mismo modo que nosotros no podemos callar la alegría de algún dichoso acontecimiento en nuestras vidas, así también Dios ha querido compartir con el hombre la incomparable hermosura y profundidad de la comunión que el Padre, el Hijo y el Espíritu disfrutan entre sí.

En su sentido más puro, el ministerio representa una invitación a unir esfuerzos en esta extraordinaria empresa, que es la de esforzarse por restaurar en el ser humano el gozo que es producto de una estrecha relación con el Creador. De hecho, el apóstol Juan, en su primera epístola, hizo suyas las mismas palabras de Cristo: «Estas cosas os escribimos para que vuestro gozo sea completo» (1 Jn 1.4). En otra carta confesó abiertamente lo que más impulsaba su ministerio: «No tengo yo mayor gozo que oir que mis hijos andan en la verdad» (3 Jn 1.4). La incontenible manifestación de gozo en la vida cotidiana, entonces, constituye el factor que más motiva y mueve a quienes hemos sido incorporados a los proyectos del Creador.

No obstante, el ministerio frecuentemente se torna una fuente de tristezas, frustraciones y desilusiones. Las personas no entran en la plenitud de vida que deseamos compartir con ellos. La verdad no es recibida con la mansedumbre y humildad necesarias para las más genuinas experiencias de transformación. Luchamos con el letargo natural que produce la rutina de una vida meramente religiosa. Con el tiempo, encontramos que lentamente se ha disipado el gozo que alguna vez fue el motor y la principal causa para nuestra vocación ministerial. Nuestros esfuerzos por despertar en otros una experiencia mas íntima con Dios no prosperan porque el desánimo se ha instalado en nuestro propio espíritu.

Sin duda usted, como yo, seguirá soñando con que el Señor traiga un maravilloso renuevo a su pueblo. Es evidente, sin embargo, que él debe iniciar primeramente esta obra en la vida de los que hemos recibido mayor responsabilidad dentro de la casa de Dios. El principio que determina la efectividad de un ministerio sigue siendo el mismo de siempre: solamente podemos reproducir en otros lo que existe como realidad cotidiana en nuestras propias vidas. Ningún líder, entonces, puede darse el lujo de descuidar el desarrollo de su vida espiritual, pues la salud de aquellos que se le han confiado depende directamente de la vitalidad de su propia relación con Jesús.

Estas reflexiones diarias nacieron de un deseo de animar a quienes tienen responsabilidad ministerial entre el pueblo de Dios. Cuando me refiero a ministros, no estoy pensando solamente en aquellos que cumplen una función «oficial» dentro de la iglesia, sino en todos los que han entendido que todo discípulo debe, eventualmente, convertirse en alguien que invierte en el desarrollo y bienestar de otros. Mi intención ha sido examinar, a la luz de las Escrituras, algunos de los temas y desafíos más comunes que enfrentan los que desean invertir en la vida de otros. En el proceso de escribirlas intenté compartir experiencias, identificar desaciertos, clarificar dudas, y presentar alternativas. En todo, y salvando las limitaciones propias de mi humanidad, mi objetivo ha sido animar su corazón y estimular los procesos de transformación en su vida y ministerio.

Encontrará que cada reflexión gira en torno de la Palabra. Esto no es simplemente una cuestión de estilo, sino el resultado de una inamovible convicción espiritual de que la Palabra es la fuente de la sabiduría que tanto necesitamos en nuestra vida cotidiana. En un momento en el cual la iglesia ha sido asediada por una infinidad de filosofías provenientes de la cultura posmoderna, creo que es necesario y acertado una vuelta a las Escrituras. En más de veinticinco años de ministerio no me he cansado de descubrir las incomparables riquezas del tesoro revelado de Dios.

Quisiera animarle a que no lea estas reflexiones como las conclusiones acabadas de quien tiene resuelto los temas relacionados a liderazgo y el ministerio. Más bien, he deseado volcar en estas páginas las perspectivas y convicciones que pesan sobre mi corazón en este momento particular de mi peregrinaje espiritual. El movimiento propio de la vida, sin embargo, exige que estemos dispuestos continuamente a evaluar nuestras convicciones a la luz de las experiencias y relaciones que marcan nuestro paso por esta tierra.

Quisiera animarle a creer que lo mejor en su vida está aún por delante. Con el pasar de los años he comprendido que gran parte de lo que ocurrió en los primeros años de mi vida ministerial no era más que una preparación para lo que venía por delante. Aún cuando Cristo me ha permitido vivir muchas experiencias profundas y enriquecedoras, tengo convicción de que estoy en un camino que promete mayores tesoros que los obtenidos hasta el momento. Esta misma convicción es la que comparte Pablo, cuando declara: «pero una cosa hago: olvidando ciertamente lo que queda atrás y extendiéndome a lo que está delante, prosigo a la meta, al premio del supremo llamamiento de Dios en Cristo Jesús» (Flp 3.14). Aunque ya estaba terminando la carrera, el apóstol continuaba con los ojos firmemente puestos en el futuro.

No viva de los recuerdos del pasado. El Dios que lo ha acompañado hasta este momento lo invita a creer que la aventura apenas está comenzando. Atrévase a echar mano, una vez más, de sus sueños más alocados, y camine confiado, con Aquel con quien está juntamente sentado en los lugares celestes.

¡Qué el Señor, en su misericordia, permita que usted alcance la plenitud de su gozo!

Christopher Shaw

La fe que vence

Abraham se levantó muy de mañana, ensilló su asno, tomó consigo a dos de sus siervos y a Isaac, su hijo. Después cortó leña para el holocausto, se levantó y fue al lugar que Dios le había dicho. **Génesis 22.3**

La fe debe ser una de las cualidades que distingue al siervo del Señor. Existe en el pueblo de Dios, sin embargo, bastante confusión acerca de este tema. Para muchos la fe no es más que un deseo de que las cosas salgan bien. Es la esperanza de que las circunstancias se resuelvan favorablemente y que las dificultades no nos afecten demasiado. Una exhortación que escuchamos con cierta frecuencia en la iglesia es la de hacer las cosas con más fe, lo que delata una convicción de que la fe se refiere a manifestar mayor entusiasmo en los emprendimientos.

El versículo de hoy nos da una clara idea de que la fe es algo enteramente diferente. Las instrucciones de Dios, que llamaban a Abraham a ofrecer en sacrificio a su único hijo, Isaac, ubicaban al patriarca en el centro de lo que podría ser una profunda crisis personal. La noche posterior a estas instrucciones debe haber sido una interminable agonía, mientras Abraham luchaba con las reacciones naturales a tamaña petición. ¿Cómo podía este gran Dios pedirle el hijo que tantos años había esperado, que él mismo había prometido?

Sin embargo, Abraham no permitió que sus emociones fueran el factor decisivo en su comportamiento. Entendía que el siervo de Dios es llamado a la obediencia, aun cuando no entiende lo que el Señor está haciendo ni el porqué de las circunstancias en las cuales se encuentra. Es, ante todo, en las palabras del apóstol Pablo, un esclavo de la obediencia (ver Ro 6.16).

Note la abundancia de verbos en el versículo de hoy: *se levantó, preparó, tomó, cortó, salió, y fue.* Sin importar la magnitud de su angustia, el padre de la fe comenzó muy de mañana con los pasos necesarios para hacer lo que se le había mandado, mostrando, de esta manera, lo que es la esencia de la fe.

La fe es una convicción profunda en la fidelidad de Dios, que conduce indefectiblemente a la acción. Es la certeza de que, no importa cuán contradictorias y difíciles sean las circunstancias, Dios no se verá limitado en su propósito de cumplir su Palabra. En este caso, según el autor de Hebreos, Abraham creía que Jehová era «poderoso para levantar a Isaac aun de entre los muertos, de donde, en sentido figurado, también le volvió a recibir» (Heb 11.19).

Estos son tiempos en los cuales nuestro pueblo se ve constantemente rodeado de crisis, tiempos difíciles. Si esperamos que actúe con fe, nosotros debemos mostrarle esa misma confianza tenaz en la bondad de Dios, evidenciada en acciones concretas que no pierden tiempo en dudas, vacilaciones ni argumentaciones. ¡Qué nuestras vidas puedan ser caracterizadas por una abundancia de verbos!

Para pensar:

¿Con cuánta frecuencia se siente profundamente incomodado por la Palabra de Dios? ¿Qué reacciones producen en usted las demandas de Dios que le desafían a la obediencia «ciega»? ¿Qué cosas puede hacer para que en su vida haya menos vacilación y mayor acción?

Vivir con injusticias

Pero José les respondió: No temáis, pues ¿acaso estoy yo en lugar de Dios? Vosotros pensasteis hacerme mal, pero Dios lo encaminó a bien, para hacer lo que vemos hoy, para mantener con vida a mucha gente. **Génesis 50.19-20**

Podemos convivir con muchas dificultades y sacrificios, pero cuando percibimos que hemos sido tratados con injusticia nos sentimos traicionados en lo más profundo de nuestro ser, especialmente cuando viene de aquellos que más amamos. La agonía de esta insoportable carga la capta el salmista: «No me afrentó un enemigo, lo cual yo habría soportado, ni se alzó contra mí el que me aborrecía, pues me habría ocultado de él; sino tú, hombre, al parecer íntimo mío, ¡mi guía, y mi familiar!, que juntos comunicábamos dulcemente los secretos y andábamos en amistad en la casa de Dios» (55.12-14).

El líder maduro deberá aprender a manejar correctamente las injusticias para evitar un proceso que le quitará el gozo y la paz y, eventualmente, pondrá fin a la efectividad de su ministerio. Nada ilustra esto con tanta fuerza como la vida de los hermanos de José. A pesar de que habían pasado 44 años desde aquella terrible decisión de vender a José como esclavo, seguían atormentados por lo que habían hecho, presos del miedo a la venganza. Piense en eso. ¡La mitad de la vida atormentados por algo que habían hecho casi 50 años antes!

No sabemos en qué momento José resolvió las devastadoras consecuencias de ser vendido por sus hermanos, pero el texto de hoy nos da pistas acerca de dos cosas que habían ayudado a José a superar la crisis. En primer lugar, José entendía que él no estaba en el lugar de Dios, y que juzgar a sus hermanos era algo que no le correspondía. Nuestros juicios siempre van a estar empañados por nuestra limitada visión humana. Solamente Dios juzga conforme a la verdad. Por esta razón, no le es dado a los hombres el emitir juicio contra otros. Aun el Hijo de Dios se abstuvo de emitir juicio, diciéndole a los judíos: «Vosotros juzgáis según la carne; yo no juzgo a nadie» (Jn 8.15).

En segundo lugar, José tenía una convicción profunda de que Dios estaba detrás de lo que le había pasado. Esto es algo fundamental para el hijo de Dios. Con demasiada frecuencia nuestra primera reacción en situaciones de injusticia es cuestionar la bondad de Dios, preguntando por qué él ha permitido lo acontecido. Pasaron años antes de que José comenzara a ver el «bien» que el Señor tenía en mente cuando permitió que la tragedia tocara tan de cerca su vida. Mas la convicción de que Dios puede convertir aún las peores maldades en bendición siempre existió, y esto guardó su corazón de la amargura y el rencor.

Para pensar:

Note cuán hermoso es el cuadro que nos presenta el pasaje de hoy. José, el hombre que había sido tan injustamente tratado por sus hermanos, llora por la angustia de ellos. Luego les habla cariñosamente y se compromete a proveer para el futuro de ellos. Allí está la evidencia más convincente de que Dios había obrado en lo más profundo de su ser. El herido podía ministrar a los que lo habían herido. ¡Esto es gracia divina!

La corrección que restaura

Porque el siervo del Señor no debe ser amigo de contiendas, sino amable para con todos, apto para enseñar, sufrido. Debe corregir con mansedumbre a los que se oponen, por si quizá Dios les conceda que se arrepientan para conocer la verdad. **2 Timoteo 2.24-25**

Desviarse hacía la derecha o la izquierda es una tendencia natural en el ser humano y nuestra responsabilidad pastoral exige que estemos comprometidos con «apartar de la maldad» (Mal 2.6), a muchos. La manera en que hacemos esta tarea, sin embargo, es un tema que debemos considerar con mucho cuidado.

Pablo recuerda a Timoteo, en primer lugar, que el siervo de Dios no debe ser la clase de persona que se enreda en discusiones inútiles y acaloradas. Esta es una exhortación que el apóstol repite varias veces en sus dos cartas al joven pastor. Tendemos a creer que la verdad penetra el corazón de aquellos con los cuales estamos hablando, por la elocuencia y la vehemencia de nuestros argumentos. Nuestras enérgicas discusiones, sin embargo, frecuentemente delatan una falta de paciencia y amabilidad para con aquellos que ven las cosas de manera diferente que nosotros.

En segundo lugar, Pablo enseña a su hijo espiritual que ha sido llamado a ser sufrido. Esto tiene que ver con la capacidad de saber cuándo es tiempo de callar. Nuestra responsabilidad es advertir y exhortar al cambio, pero no podemos insistir en que la otra persona reciba nuestro consejo. A veces, como pasó con Pedro cuando se le advirtió que iba a traicionar a Cristo, debemos callarnos y dejar que la otra persona prosiga con su necedad. El Maestro repitió dos veces su advertencia; luego, calló. Sabía que sus palabras seguirían trabajando en el corazón de Pedro para producir, a su tiempo, el fruto necesario. El sufrimiento viene cuando sabemos que el otro va a lastimarse y no podemos hacer nada para evitarlo.

En tercer lugar, Pablo advierte que toda corrección debe ser llevada a cabo con un espíritu de ternura. Muchas veces, nuestras correcciones toman la forma de denuncias acaloradas, llenas de ira y condena. Pero el siervo de Dios debe moverse con un espíritu de cariño porque entiende claramente que no es él quien va a producir el arrepentimiento en la otra persona. Posee una profunda convicción de que está en las manos de Dios producir ese cambio en el corazón de la otra persona. La corrección que hace, por lo tanto, es un aporte que debe complementar el trabajo que el Señor está realizando en la vida del otro. De esta manera, el siervo entrega la palabra y descansa, confiado en la obra soberana del Espíritu, cuya función, entre otras, es «convencer al mundo de pecado» (Jn 16.8).

Cuando veamos a alguien en pecado, acerquémonos para dar la Palabra en su medida justa. Que el resto de nuestra energía sea canalizada en hablarle a Dios de lo que estamos viendo en la vida de la otra persona. ¡Seguramente nuestra corrección será mucho más efectiva!

Para pensar:

¿Cuál es su reacción inicial cuando ve a otros en actitudes o comportamientos incorrectos? ¿Qué revela esto acerca de su persona? ¿Qué cosas necesita incorporar a su actitud pastoral para ser más tierno con aquellos que corrige?

Preparados para toda circunstancia

Y les dijo: Este género con nada puede salir, sino con oración y ayuno. **Marcos 9.29**

No sabemos qué es lo que produjo mayor frustración en los discípulos: El hecho de que no habían podido sanar al epiléptico, o la explicación que Jesús les dio acerca de por qué no pudieron hacerlo.

No ha de sorprendernos que los discípulos se sintieran un tanto mortificados. En lugar de encontrar la salida para el muchacho, se habían enredado en una discusión con los fariseos. Cuando Jesús llegó, se ocupó del muchacho con una sencillez y autoridad que marcaba un dramático contraste con la inseguridad de los discípulos. ¡De seguro que se sintieron avergonzados por su falta de efectividad y esto los llevó a pedir una explicación!

La respuesta del Maestro, sin embargo, no esclarecía mucho el panorama. ¿Por qué él dijo que era necesario orar (y ayunar, según algunos manuscritos antiguos)? La verdad es que él no oró ni ayunó en esta ocasión. Simplemente indagó un poco sobre el historial del muchacho y luego expulsó el demonio. ¡Así de fácil! ¿Cómo podía, entonces, señalar la oración y el ayuno como el «secreto» del éxito logrado? ¿Se refería, acaso, a que los discípulos debían orar, aunque él no lo había hecho, porque ellos no tenían la autoridad que él tenía? La verdad es que dudo que fuera esta su intención.

El comentario de Jesús indica que la oración debe ser una parte fundamental del armamento que el siervo de Dios utiliza para enfrentar el mal. Pero el momento para echar mano a la oración no es cuando la batalla ya está librada. No podemos detenernos para afilar nuestra espada cuando tenemos al enemigo encima nuestro. Cuando llega la situación que requiere de una enérgica y rápida intervención, el siervo de Dios debe actuar. El momento para orar, en cambio, es antes de la batalla. Solamente por medio de la oración podrá obtener la sabiduría y la autoridad necesarias para que su ministerio sea efectivo. Seguramente esta es una de las razones por las que Jesús frecuentemente se apartaba a lugares solitarios para orar.

En esta ocasión, Jesús venía del monte de la Transfiguración, donde había participado de una singular experiencia con el Padre. Sus sentidos espirituales estaban agudizados. En un sentido, cuando bajó al llano, él ya venía «orado», de modo que cuando se presentó la oportunidad de ministrar, pudo intervenir en forma decisiva.

Esta ha sido, también, la característica de todo ministerio efectivo a lo largo de la historia del pueblo de Dios. Quienes han dirigido estos ministerios siempre se han caracterizado por ser personas con vidas de oración bien desarrolladas. Así también debe ser entre nosotros. Nuestra labor pastoral constantemente nos enfrenta a situaciones ministeriales imprevistas. Muchas de ellas no nos dan tiempo para prepararnos. Más bien, debemos actuar en ese mismo instante. ¿Cómo no aprovechar, entonces, los tiempos de quietud y silencio para cultivar esa vida espiritual que marcará la diferencia a la hora de actuar? ¡Si aspiramos a derrotar al enemigo, debemos mantener siempre afiladas nuestras espadas!

Para pensar:

¿Cuánto tiempo invierte a diario en cultivar su vida espiritual? ¿Cuáles son las actividades que usa para esto? ¿En qué aspectos de este ejercicio espiritual cotidiano necesita mejorar?

La fuerza del gozo

No os entristezcáis, porque el gozo de Jehová es vuestra fuerza.
Nehemías 8.10

El camino hacia la reconstrucción de los muros de Jerusalén había estado repleto de obstáculos. El pueblo tuvo que luchar con rumores, con divisiones, con oposición y con fatiga. En más de una ocasión habían sentido el fuerte deseo de desistir de la tarea que tenían por delante, la tentación de «tirar la toalla».

Un panorama tan duro es más que propicio para el desánimo, tierra fértil para que el agobio se instale en nuestros corazones y andemos con el semblante triste y abatido. Estas son las respuestas normales del alma a situaciones donde la adversidad parece no tener fin. Jesús mismo, frente a la inminencia de la cruz, comenzó a entristecerse y a angustiarse, confesando: «Mi alma está muy triste, hasta la muerte; quedaos aquí y velad conmigo» (Mt 26.37).

El líder sabio no se engaña a sí mismo en cuanto a sus verdaderos sentimientos. Sin embargo, sabe que estos sentimientos deben ser tratados inmediatamente para no afectar su vida espiritual. Jesús no perdió tiempo en convocar a sus tres amigos para que lo acompañaran mientras oraba. Sabía que la tristeza que se instala en forma permanente en nuestras vidas afecta profundamente la manera en que vemos y hacemos las cosas. Nos lleva a actitudes negativas y de desesperanza; nos invita a que dejemos de luchar, porque comenzamos a creer que nuestra situación no tiene arreglo. Nos conduce indefectiblemente hacia el camino de la depresión, porque nadie puede vivir en forma indefinida con falta de esperanza. El hombre desanimado ya está derrotado, porque ha perdido la voluntad de seguir peleando.

Jesús, al igual que Nehemías, sabía que era esencial reavivar el gozo, que es la fortaleza del hombre espiritual. Su agonía en Getsemaní no terminó hasta que lo hubo recuperado. Debidamente fortalecido «por el gozo puesto delante de él sufrió la cruz» (Heb 12.2). Este tipo de gozo no es un sentimiento sino una convicción espiritual. Las circunstancias pueden ser adversas en extremo, pero el gozo viene cuando conseguimos sacar nuestros ojos de las cosas que se ven, y ponerlos firmemente en las cosas que no se ven (2 Co 4.18).

El líder cuyo corazón está lleno de gozo realmente es imbatible, porque su vida está firmemente anclada en las realidades eternas del reino, y no en las temporales de este mundo. Tiene una convicción inamovible de que hay un Dios que reina soberano sobre todas las cosas, y que la especialidad de ese Dios es utilizar la adversidad y la derrota para traer bendición a su pueblo.

No permita que la crisis lo entristezca. Si es necesario, derrame su alma delante de Dios, como Cristo en Getsemaní. Pase lo que pase, recupere el gozo de ser parte de los que vencen. El pueblo que está con usted necesita ver a un pastor que no le tiene miedo a las dificultades, porque sabe que nuestro Padre celestial siempre tiene la palabra final en todas las circunstancias.

Para pensar:

¿Cuál es su reacción normal a las dificultades y a las crisis que se le presentan? ¿Qué pasos toma para remediar los sentimientos de abatimiento y desánimo? ¿Cómo puede cultivar el gozo en forma cotidiana?

La bendición de ser auténtico

Saúl vistió a David con sus ropas, puso sobre su cabeza un casco de bronce y lo cubrió con una coraza. Ciñó David la espada sobre sus vestidos y probó a andar, porque nunca había hecho la prueba. Y dijo David a Saúl: No puedo andar con esto, pues nunca lo practiqué. Entonces David se quitó aquellas cosas. **1 Samuel 17.38-39**

Un mal que frecuentemente vemos en nuestras iglesias es la tendencia a la imitación. Un evangelista conocido golpea su Biblia y camina por la plataforma durante sus predicaciones, y seguramente veremos la aparición de otros evangelistas que golpean sus Biblias y caminan de la misma forma. Un músico de renombre usa ciertas frases para motivar al pueblo, y al poco tiempo encontramos que las mismas frases se repiten donde quiera que vayamos. Un famoso pastor viste un traje blanco con zapatos negros, y pronto nos vemos rodeados de predicadores con trajes blancos y zapatos negros.

Lo que revela este fenómeno es nuestra tendencia a creer que la bendición de Dios está en las formas, y no en la persona que está detrás del ministerio. Creemos que atrapar las manifestaciones externas asegura la bendición que ha acompañado el ministerio del otro.

Cuando David se ofreció para enfrentar a Goliat, Saúl se mostró escéptico: «tú eres un muchacho, mientras que él es un hombre de guerra desde su juventud». El hijo de Isaí, sin embargo, estaba decidido a proseguir con su cometido. Frente a su insistencia, el rey decidió prestarle su equipo de guerra. Quizás por respeto, el joven pastor de ovejas se colocó la pesada armadura y empuñó la espada, pero encontró que eran demasiado incómodas como para serle útiles. Optó entonces por las herramientas que utilizaba todos los días, el callado y la honda.

Existe un principio importante detrás de este incidente. Si el Señor va a usar a una persona, será con las habilidades que Dios le ha dado y no con las habilidades que le ha dado a otros. La iglesia no necesita de réplicas. Necesita de hombres y mujeres que sean fieles con lo que han recibido. Si usted se esfuerza por ser lo que no es, nadie podrá reemplazar el lugar que usted deja vacío. Dios lo capacitó a usted para ocupar ese lugar. No se avergüence de ser lo que es, ni de las herramientas que tiene a mano. Quizás no sean tan impresionantes como las que otros tienen, pero son las herramientas que le han sido útiles en el pasado.

No pida disculpas por ser de la manera que es. La bendición del Señor descansa sobre su vida cuando usted es genuinamente lo que Dios le ha mandado a ser. Ninguna imitación podrá ser tan buena como el original. Levante la frente y avance confiado. ¡Dios está con usted!

Para pensar:

¿Conoce las herramientas que Dios le ha dado para que ejerza el ministerio encomendado? ¿Cómo puede desarrollar mejor los dones que ha recibido? ¿Cuáles cree que serían las consecuencias de desarrollar el ministerio con herramientas prestadas?

Un arma de doble filo

Jesús le dijo: De cierto te digo que esta noche, antes que el gallo cante, me negarás tres veces. Pedro le dijo: Aunque tenga que morir contigo, no te negaré. Y todos los discípulos dijeron lo mismo. **Mateo 26.34-35**

Qué lindo es ver a una persona que tiene entusiasmo por lo que cree, que comparte con pasión sus convicciones y ministerio. No podemos evitar ser movidos por el fervor de sus palabras, contagiados por lo infeccioso de sus actitudes. Nos hace bien estar alrededor de esta clase de personas.

¡Pedro era un hombre que vivía la vida con pasión! Fue él quien se atrevió a caminar sobre el agua. No se dio cuenta de lo que estaba haciendo hasta que vio las olas a su alrededor. Él fue el que con entusiasmo sugirió hacer unas enramadas en el monte de la Transfiguración, aunque la Palabra nos dice que no sabía lo que decía (Mc 9.6). Ante las preguntas del Maestro a los discípulos, era Pedro el que siempre tenía la primera respuesta.

El entusiasmo es una cualidad importante en un líder. ¿Cómo vamos a motivar a nuestra gente si nuestras palabras y comportamiento comunican poca convicción o, peor aún, indiferencia? Sin duda la pasión juega un rol fundamental en el impacto que tenemos sobre la vida de otros. Pero debemos saber esto: nuestro entusiasmo puede ser también peligroso. En ocasiones nuestra pasión puede ser tan intensa que ni el Señor puede disuadirnos de lo que queremos hacer. ¡Pedro amaba tanto al Señor! Deseaba con desesperación demostrar la profundidad de su compromiso. Con fervor proclamó que jamás le daría la espalda, aunque todos lo hicieran. Cristo intentó dos veces hablar la verdad a su corazón, pero su pasión era tan intensa que ya no estaba abierto a recibir advertencias de nadie, ni siquiera del propio Hijo de Dios.

Condimente con mucho entusiasmo todo lo que hace como líder. ¡Celebre que usted es parte de una obra que ha nacido en el corazón mismo de Dios! Pero no olvide que su pasión no siempre es producto de la obra del Espíritu. Existen pasiones que son de la carne, y pueden conducirnos hacia el desastre. En Romanos, Pablo habla con tristeza acerca de los israelitas, diciendo: «yo soy testigo de que tienen celo por Dios, pero no conforme al verdadero conocimiento» (10.2). ¿Quién podía mejor que él testificar de esto? En su juventud había perseguido con fanatismo a la iglesia por «amor» al nombre de Dios.

Qué importante es la pasión. Qué cuidado debemos tener con ella. No sea una persona insulsa. Haga que la pasión sea una de las marcas que lo caracterizan como líder. Pero no confíe a ciegas en el camino por el cual lo quiere conducir su pasión. Podría acabar haciendo aquello que jamás se hubiera imaginado: negar al Señor.

Para pensar:

¿Es usted una persona apasionada? ¿De qué maneras se manifiesta esta pasión? ¿Qué elementos puede incorporar a su ministerio para asegurar que su pasión no lo lleve por un camino equivocado?

Un proceso misterioso

Gozaos con los que se gozan; llorad con los que lloran. **Romanos 12.15**

Las lágrimas nos incomodan. Cuando vemos a alguien llorando no sabemos bien qué hacer. Comenzamos a buscar en nuestra mente alguna frase que ayude o anime a la persona, o por lo menos que haga que deje de llorar. Seguramente se debe, al menos en parte, a que muchos hemos crecido en ambientes en los cuales no era aceptable llorar. De diferentes formas se nos insinuó que las lágrimas no se ven bien en los verdaderos ganadores de este mundo.

Las lágrimas, sin embargo, son una forma visible de mostrar compasión. Jesús lloró. Lloró en la tumba de Lázaro. Lloró cuando vio el estado espiritual de Jerusalén. Según Hebreos, fue oído en Getsemaní porque ofreció «ruegos y súplicas con gran clamor y lágrimas» (5.7).

Su ternura marca un fuerte contraste con la actitud de los pastores de Israel. La denuncia de Ezequiel constituye uno de los pasajes más duros que las Escrituras dirigen a los que ocupan puestos de responsabilidad: «No fortalecisteis a las débiles ni curasteis a la enferma; no vendasteis la perniquebrada ni volvisteis al redil a la descarriada ni buscasteis a la perdida, sino que os habéis enseñoreado de ellas con dureza y con violencia» (34.4).

Vemos entonces, que el tema de la compasión es un asunto serio para aquellos que hemos sido llamados a pastorear a otros. Sin embargo, cuando nos encontramos con personas quebrantadas no podemos resistirnos a la tentación de decir algo, de ofrecer algún consejo, de citarle a la persona el texto de Romanos 8.28. Tenemos una inamovible convicción de que lo que la persona está buscando es la solución a sus problemas.

Si bien es importante ayudar, la exhortación de Pablo nos orienta hacia algo mucho más sencillo e infinitamente más efectivo que las palabras. No nos dice que aconsejemos al que está llorando. Nos manda a que lloremos con esa persona. Ni más ni menos que eso.

Esto no necesariamente significa que usted debe derramar lágrimas visibles para cumplir con la Palabra. Pero sí necesita demostrar que su corazón está quebrado por aquello que ha quebrado el corazón de la otra persona. En el momento de crisis, la otra persona no necesita consejos. Lo que necesita es el consuelo de saber que hay otros que la entienden, que su dolor es percibido por aquellos que están a su alrededor. Esta identificación con el que está dolido, tiene más poder terapéutico que todas las palabras de sabiduría que puedan decirse en el momento de angustia, pues abre un camino para que el Espíritu de Dios fluya a través de su persona hacia el corazón del que ha sido golpeado.

El tiempo le proveerá la oportunidad de orientar y aconsejar. Pero no pierda la ocasión de hacerse uno con el que está sufriendo. Dios hará grandes cosas en la vida del otro, pero también le tocará profundamente a usted. ¡Qué las lágrimas sean una de las marcas que lo caracterizan como pastor!

Para pensar:

¿Cómo veían las lágrimas en su hogar de origen? Cuando ve a una persona llorando, ¿cuál es su primera reacción? ¿De qué maneras puede mostrar su compasión para con los que está ministrando?

Seguros en él

Pero se levantó una gran tempestad de viento que echaba las olas en la barca, de tal manera que ya se anegaba. Él estaba en la popa, durmiendo sobre un cabezal. **Marcos 4.37-38**

¡Cómo no entender la indignación de los discípulos! Imagínese por un momento la escena. Una violenta tempestad arreciaba por todos lados. El viento aullaba y las olas castigaban ferozmente el bote. Los discípulos, empapados por la espuma del mar y el agua que se metía con insistencia en el fondo de la embarcación, luchaban con desesperación para no hundirse. Y él, ¿dónde estaba? En la popa, durmiendo. ¿Cómo evitar la conclusión de que a él no le interesaban sus vidas?

¿Por qué dormía el Maestro? Seguramente dormía, en parte, porque sencillamente estaba agotado, pues había pasado el día entero enseñando a las multitudes. Sospecho, sin embargo, que su despreocupación tiene otro origen. Las instrucciones de cruzar el lago las había dado él mismo. Podemos decir con toda confianza, no obstante, que estas instrucciones no habían sido por ocurrencia propia. En Juan 5.30 él dijo: «No puedo yo hacer nada por mí mismo». Y en el 6.38 del mismo evangelio aclaró: «He descendido del cielo, no para hacer mi voluntad, sino la voluntad del que me envió». No estaríamos errados, entonces, en afirmar que las órdenes de cruzar el mar las recibió del Padre.

Es en este detalle que podemos encontrar la razón de la postura de Jesús en medio de la tormenta. El Hijo de Dios no estaba preocupado porque sabía que el Padre se encargaría de que llegaran al otro lado; después de todo la idea de cruzar no había sido de él. Su despreocupación tenía que ver con esa profunda convicción de que había uno mayor que él que velaba por su bienestar. Si Dios había mandado que cruzaran al otro lado, ¿quién lo podía impedir?

Como líderes, necesitamos tener ese espíritu reposado de quienes saben hacia dónde se dirigen. ¿No sería maravilloso que el mismo contraste entre Jesús y los discípulos fuera el que existe entre la iglesia y la atribulada sociedad de hoy? Pero, para eso, necesitamos pastores que sepan hacia dónde se dirigen, y por qué van hacia ese lugar. Al igual que Moisés, cuando el pueblo llegó al Mar Rojo y fue presa del pánico, necesitamos poder decirle a nuestra gente: «No temáis; estad firmes, y ved la salvación que Jehová os dará hoy, porque los egipcios que hoy habéis visto, no los volveréis a ver nunca más. Jehová peleará por vosotros, y vosotros estaréis tranquilos» (Ex 14.13-14).

Esta actitud de confianza y paz solamente la podrá tener usted si está absolutamente seguro de lo que está haciendo. Y la única manera de estar seguro de lo que está haciendo es buscando la voluntad de Aquel a quien sirve. Si usted está caminando en las obras que él preparó de antemano para que usted anduviese en ellas (Ef 2.10), entonces, ¡no hay tormenta que pueda pararlo! Avance tranquilo, que Dios está en control.

Para pensar:

¿Puede explicar claramente hacia dónde se dirige usted? ¿Sabe por qué se dirige en esa dirección? ¿Qué evidencias tiene de que esa es la dirección que Dios le ha indicado?

Cuidar a nuestros obreros

Al regresar los apóstoles, le contaron todo lo que habían hecho. Y tomándolos, se retiró aparte, a un lugar desierto de la ciudad llamada Betsaida. **Lucas 9.10**

De esta manera terminó el primer viaje ministerial que hicieron los apóstoles. Volvieron llenos de anécdotas de las aventuras vividas. Traían nuevas inquietudes acerca de las cosas que no habían sabido manejar correctamente. El Maestro se tomó un tiempo para escucharlos y luego los apartó hacia un lugar tranquilo.

Es en esta decisión que vemos reflejado otro aspecto del corazón pastoral del Mesías. Jesús conocía bien el desgaste que produce el ministerio en la persona que está ministrando. Las demandas incesantes, la intensa concentración, la fuga de energías, la euforia de ver obrar al Señor, todo es parte del paquete que llamamos ministerio. Y tiene sus efectos sobre los que están sirviendo al pueblo. El obrero que está constantemente ministrando, pero que no posee los mecanismos necesarios para renovar sus fuerzas, termina en un estado de profundo agotamiento. Su ministerio va a volverse pesado y su corazón va a llenarse de frustraciones, porque va a sentir que la tarea es cada vez más difícil de llevar adelante. Necesita de períodos de descanso y recuperación para poder seguir ministrando en el Espíritu, y no en la carne. Por esta razón, los apartó a un lugar tranquilo, para que pudieran recuperarse de la experiencia.

Una de nuestras prioridades, como pastores, es velar por el bienestar de nuestros obreros. Ellos no tienen la trayectoria ni la experiencia que nosotros tenemos. No conocen sus limitaciones y tienden a meterse en más proyectos de lo que es saludable. Pero nosotros sí conocemos estas dimensiones de la vida ministerial, y hemos sido llamados a protegerlos a ellos de sí mismos.

Es triste ver que muchos obreros están completamente desgastados por las implacables demandas de sus pastores. Se les ha enseñado que cualquier señal de fatiga es poco espiritual y que deben estar incondicionalmente dispuestos a asumir la responsabilidad de todo lo que sus líderes les pongan por delante. Y como si esto fuera poca cosa, frecuentemente conviven con pocas expresiones de afecto o apreciación por parte de sus pastores.

No siga usted este ejemplo. Valore el trabajo de los que están sirviendo a la par suya. Sus obreros son uno de sus recursos más preciosos. Un obrero feliz se reproduce en un ministerio pleno y fructífero. Pero un obrero triste solamente contagia a los demás su amargura.

Sea, pues, generoso en expresarle gratitud a sus obreros. Vele por la salud emocional y espiritual de ellos. Demuestre interés en lo que están haciendo y anímelos a seguir adelante. Apóyelos en todo lo que hacen. Cada uno de esos obreros le está aliviando la tarea a usted, y eso no es poca cosa.

Para pensar:

¿Cuáles son los peligros con los cuales lucha en su ministerio? ¿Cómo puede evitar que sus obreros luchen con esos mismos peligros? ¿De qué maneras puede expresarles su cuidado y afecto? Tómese un tiempo hoy mismo para demostrar interés por algunos de sus obreros.

Enfrentar la derrota

Jehová respondió a Josué: ¡Levántate! ¿Por qué te postras así sobre tu rostro?
Josué 7.10

Sospecho que nuestras derrotas son mucho más serias para nosotros que para el Señor. No hemos sido preparados para vivir con el fracaso, pues nuestra cultura demanda que avancemos siempre de victoria en victoria. Cuando, ocasionalmente, experimentamos la derrota en proyectos y situaciones ministeriales, nuestra autoestima se ve afectada y fácilmente nos envuelve una nube de desánimo y pesimismo.

Los israelitas, eufóricos por el tremendo triunfo que Dios les había concedido sobre la indestructible fortaleza de Jericó, se habían lanzado confiadamente a conquistar un pueblito que no tenía ni la décima parte del tamaño de Jericó. Cuán rápidos somos para adueñarnos de las victorias que nos ha concedido el Señor. Intoxicados por la derrota de Jericó, los israelitas vieron como presa fácil el próximo objetivo militar de la conquista, el pueblo de Hai.

Bien conocemos la humillante derrota que sufrieron en ese lugar. Y la derrota nunca es tan amarga y difícil de digerir como cuando estábamos seguros de que todo iba a ser un mero trámite. Josué se sintió profundamente desilusionado, hasta traicionado. Se tiró en el piso y exclamó con amargura: «¡Ojalá nos hubiéramos quedado al otro lado del Jordán!» (Jos 7.7).

En tiempos de derrota podemos perder mucho tiempo lamentándonos por las decisiones tomadas. No hay duda que es importante aprender de los errores cometidos. Sin embargo, todas las recriminaciones del mundo no pueden deshacer lo que ha ocurrido. Cuando estamos tumbados, debemos ponernos de pié y resolver lo más rápido posible la situación que nos llevó a caer. Por esta razón, el Señor le preguntó a Josué: «¿por qué te postras así sobre tu rostro?» (Jos 7.10). Lo animó a levantarse y hacer lo que tenía que hacer: limpiar al pueblo de su pecado.

Cuando usted cae, el enemigo quiere que usted se mantenga allí, sintiendo lástima por sí mismo y renegando por la situación que vive. Su Padre celestial, sin embargo, lo quiere otra vez en pie. Si hay cosas que confesar, confiéselas. Si hay personas que enfrentar, enfréntelas. Si hay situaciones que corregir, corríjalas. Pero no pierda mucho tiempo lamentándose por los acontecimientos que le ha tocado vivir.

Richard Foster, en su excelente libro *La Oración* nos recuerda: «*Cometemos errores -muchos de ellos; pecamos, nos caemos, y con frecuencia- pero cada vez nos levantamos de nuevo y comenzamos otra vez... Y una vez más nuestra insolencia y obsesión con nosotros mismos nos derrota. No importa. Confesamos y comenzamos de nuevo... y de nuevo... y de nuevo*».

Para pensar:

Sea enérgico en las situaciones donde sus sentimientos lo invitan al desánimo. Su gente necesita ver que usted no es una persona que pueda ser fácilmente derrotada. No se trata de dar la apariencia de ser invencible, sino de actuar decididamente a la hora de manejar los contratiempos de esta vida. Todos pasamos por situaciones adversas. Pero el líder espiritual se caracteriza por no permitir que esas situaciones condicionen su avance hacia las metas que el Señor le ha trazado.

Luchar con Dios

Así se quedó Jacob solo; y luchó con él un varón hasta que rayaba el alba. Cuando el hombre vio que no podía con él, tocó en el sitio del encaje de su muslo, y se descoyuntó el muslo de Jacob mientras con él luchaba.
Génesis 32.24-25

Este es uno de esos pasajes que nos resulta por demás extraño. ¿Dios envuelto toda la noche en una lucha cuerpo a cuerpo? ¿Cómo ha de explicarse tan raro evento en el relato de la historia de los patriarcas?

Creo que la historia no es tan extraña como inicialmente parece. Para entenderla, debemos recordar la vida de Jacob. Había nacido hijo de la promesa. Por él pasaba la descendencia de aquellos que iban a ser parte de esa gran nación que le había sido anunciada a Abraham. Por esto, la bendición de Dios reposaba sobre él aun desde el vientre de su madre.

Un rápido vistazo a los acontecimientos de su vida, sin embargo, nos muestran a un hombre que no dudó en echar mano de cuanto artilugio pudiera para conseguir la bendición que Dios le había prometido. Lo vemos envuelto en reiteradas situaciones donde se aprovechó de la debilidad de otros. Lo observamos haciendo trampa, mintiendo, engañando y siendo engañado. Acumuló una gran fortuna en bienes, pero se hizo de muchos enemigos en el camino, incluyendo el odio visceral de su hermano Esaú, que había jurado matarlo. No es una figura muy inspiradora.

A veces el Señor lleva años queriendo decirnos algo sin poder lograr que le prestemos atención. Su voz es la del «silbo apacible». Pero cuando no hacemos caso, debe adoptar métodos más directos. Este es uno de esos incidentes. En forma muy gráfica Dios le muestra al patriarca lo que había sido su existencia hasta este momento: ¡una lucha sin fin por apropiarse de la bendición de Dios!

El relato nos dice que el Señor no pudo contra él. De cierto esta no era una puja por dominio físico. Dios podría haberlo destruido simplemente con la palabra de su boca. Mas no era la intención del encuentro destruirlo, sino mostrarle lo arduo y cansador que había sido el camino recorrido.

En un sentido muy claro el Señor le está diciendo al patriarca: «toda la vida has estado luchando conmigo, sin darte cuenta de que yo estoy de tu lado. ¿Cuándo dejarás de pelear contra mí? ¡Quédate quieto, y déjame que te bendiga de una buena vez!». Lo que más deseaba el Señor era la prosperidad de Jacob, pero no por el camino que él había escogido.

Muchas veces, como líderes, estamos tan desesperados por asegurarnos la bendición de Dios para nuestros proyectos que echamos mano de todo lo que se nos viene por delante. Trabajamos con una desesperación que revela que creemos que todo depende de nuestro esfuerzo. En ocasiones hasta logramos el avance deseado. Pero cuánto más fácil hubieran sido las cosas si hubiéramos aprendido a unir nuestro trabajo al brazo fuerte de Dios.

Para pensar:

Quizás este es un buen momento para detenerse. Tome un momento para volver a poner las cosas en su lugar. Usted no está trabajando para Dios. Usted está trabajando con Dios. No quiera hacerlo todo solo. Descanse más en él, y verá los resultados.

Genuino corazón pastoral

Aconteció que al día siguiente dijo Moisés al pueblo: Vosotros habéis cometido un gran pecado, pero yo subiré ahora a donde está Jehová; quizá le aplacaré acerca de vuestro pecado. Entonces volvió Moisés ante Jehová y le dijo: Puesto que este pueblo ha cometido un gran pecado al hacerse dioses de oro, te ruego que perdones ahora su pecado, y si no, bórrame del libro que has escrito. **Éxodo 32.30-32**

¿Quién de nosotros no hubiera desesperado al andar con este pueblo, tan propenso al mal, tan duro de corazón? A cada vuelta de su peregrinaje caían otra vez en pecado, provocando continuamente a Dios con sus abominaciones.

Como pastores sabemos bien lo que es luchar con un pueblo que no responde. Hemos tratado por años con personas que vuelven una y otra vez, como el perro a su vómito, al mismo comportamiento pecaminoso. Hemos dedicado horas de consejería y asesoramiento pastoral a otros que, sin embargo, vuelven a caer ni bien los soltamos por un momento. Hemos invertido mucho tiempo y esfuerzo en líderes que nos defraudan. Muchas veces lo único que vemos es lo reiterativo de los patrones pecaminosos que nos atan y derrotan.

Moisés reprendió duramente al pueblo por la magnitud de su pecado. Habían ofendido profundamente la santidad de Dios, y su rebeldía había encendido la ira de Jehová. Lo que habían hecho era inadmisible desde todo punto de vista. El profeta no dudó en explicar la gravedad de la situación a los israelitas. Se ofreció, a pesar de esto, a subir a la presencia de Dios para hablar con él acerca de la situación, aunque se mostró escéptico en cuanto al éxito de dicha empresa.

Note, sin embargo, cuán diferente es el tono de la conversación de Moisés con el Señor. Sin minimizar en forma alguna la enormidad del pecado, Moisés le pidió a Jehová que perdonara el pecado de los israelitas. No dudó en hacerle saber al Señor que él estaba plenamente identificado con el pueblo. Si les correspondía castigo, él no quería ser dejado de lado. En esencia, le estaba diciendo a Dios: «castígalos si es necesario, pero quiero que sepas que yo me hago uno con ellos».

Qué maravillosa ilustración de ese misterioso vínculo que nos une con el pueblo. Esta es la esencia del corazón pastoral. El pueblo muchas veces nos cansa. Nos sentimos desanimados. Juntamente con el apóstol Pablo testificamos que «se añade cada día: la preocupación por todas las iglesias. ¿Quién enferma y yo no enfermo? ¿A quién se le hace tropezar y yo no me indigno?» (2 Co 11.28-29). A veces queremos abandonar la tarea de pastorear, pero Dios ha puesto en nosotros un amor que no nos deja tranquilos. Son nuestro pueblo, en las buenas y en las malas. Sus victorias son nuestras victorias. Sus derrotas son también nuestras derrotas. ¡Esta es nuestra bendita carga!

Oración:

Tome un momento ahora para darle gracias a Dios por el pueblo en medio del cual le ha puesto para pastorear. Pídale al gran Pastor que reavive una vez más en usted su pasión por estas vidas. Clame para que le dé el mismo espíritu tierno y bondadoso que él tiene para con nosotros. ¡Bendiga a los suyos, a pesar de lo que son, pues para esto ha sido llamado!

Cegados por la mentira

Dos de ellos iban el mismo día a una aldea llamada Emaús, que estaba a sesenta estadios de Jerusalén... Y sucedió que, mientras hablaban y discutían entre sí, Jesús mismo se acercó y caminaba con ellos... Él les dijo: ¿Qué pláticas son estas que tenéis entre vosotros mientras camináis, y por qué estáis tristes? **Lucas 24.13, 15, 17**

¡Cuán grande debe haber sido la sorpresa cuando el Maestro partió el pan y se dieron cuenta de quién era! ¡Qué tremenda alegría de saber que la persona que los había deslumbrado con su conocimiento de las Escrituras no era otro que el Mesías!

El final tan feliz de este encuentro, sin embargo, se ve eclipsado por el estado de los discípulos antes de que sus ojos fueran abiertos. El relato de Lucas nos dice que caminaban mientras discutían entre ellos sobre los acontecimientos. Bien podemos imaginar cómo volverían una y otra vez a mirar la tragedia de la cruz desde todos los ángulos, para tratar de encontrar en ella alguna explicación que hiciera más llevadero su dolor. La tristeza se había apoderado de sus corazones con una tenacidad absoluta.

Pero... ¿por qué estaban tristes? Porque creían que Cristo estaba muerto. Y a la tragedia de su muerte se sumaba ahora un confuso episodio en el cual algunas de las mujeres aseguraban que lo habían visto. ¿Cómo podía ser verdad aquello? Todo el mundo había sido testigo de su crucifixión y posterior sepultura.

La verdad es que Cristo no estaba muerto; ¡estaba vivo! Él les había anunciado que al tercer día volvería a la vida. Algunas mujeres ya lo habían visto. Pero las pesadas emociones que experimentaban no les permitían ver la realidad. Estaban atados por una mentira.

El poder de esa mentira era tal, que cuando Jesús les comenzó a abrir la Palabra, la verdad no pudo quebrar la fortaleza del engaño. Empezando con Moisés y pasando por todos los profetas, el Hijo de Dios les explicó que todo lo que había pasado no era más que el cumplimiento de las Escrituras. Los discípulos estaban tan desanimados que no podían recibir aquella Palabra que tenía poder para hacerlos libres de la mentira.

Nuestros pensamientos tienen enorme influencia sobre nuestro comportamiento y nuestras emociones. Por esta razón Pablo enseña que «las armas de nuestra milicia no son carnales, sino poderosas en Dios para la destrucción de fortalezas, derribando argumentos y toda altivez que se levanta contra el conocimiento de Dios, y llevando cautivo todo pensamiento a la obediencia a Cristo» (2 Co 10.4-5). Como líder usted debe ser implacable con todo pensamiento que no es conforme a la verdad de Dios. Tómelo cautivo. Denúncielo y póngale las esposas en el nombre de Cristo. Preséntelo delante de su trono. Si le da lugar, lo llevará a usted por el camino de la ceguera donde, aun si se le aparece Jesús en persona, no lo reconocerá.

Para pensar:

A. W. Tozer, *escribe: «Nuestros pensamientos no solamente revelan quiénes somos sino que predicen también lo que seremos. La voluntad puede convertirse en esclava de los pensamientos y en muchos sentidos hasta nuestras emociones dependen de nuestros pensamientos. Pensar estimula las emociones, y las emociones producen acciones».*

Construir con sabiduría

Mira que te he puesto en este día sobre naciones y sobre reinos, para arrancar y destruir, para arruinar y derribar, para edificar y plantar. **Jeremías 1.10**

Un gran sector de la iglesia ha creído que la propuesta del Cristianismo es la de hermosear la vida que poseemos. De esta manera, la persona que llega al arrepentimiento y se incorpora a la Iglesia del Señor frecuentemente experimenta modificaciones muy leves en su vida. Aun después de muchos años de andar en el camino encontramos que son pocas las cosas que lo diferencian del hombre de la calle.

La misión que el Señor le da al profeta Jeremías, descripta en términos tan gráficos en el texto de hoy, nos muestra que el ministerio involucra un cambio mucho más dramático y profundo de lo que pensamos. Dios no está en el negocio de emparchar vidas, de hacerles una reparación mínima para que puedan luego continuar funcionando dentro del reino. Antes de que se pueda producir la tarea de edificación, debe ser removido todo aquello que no sirve. De esta manera, la tarea del profeta incluía la parte negativa del proceso de reconstrucción, que era la de arrancar, destruir, arruinar y derribar. Note usted lo radical y terminante de estos términos. Usted no destruye ni arruina aquello que tiene intención de volver a usar. Usted solamente arranca y derriba aquello que ya no le sirve más.

Creo que muchos pastores se sienten frustrados porque están involucrados en proyectos donde pretenden darle una «lavada de cara» a cosas que, en su esencia, están podridas. Son muchas las técnicas y metodologías del mundo que hoy nos venden los expertos del crecimiento de la iglesia, la gran mayoría de las cuales ni siquiera han sido adaptadas a la iglesia, sino simplemente transferidas tal cual existen en el mundo empresarial. Muchos son los cristianos que quieren retener todas las comodidades y modalidades del mundo, mientras viven una vida espiritual predecible e insulsa. Muchas son las congregaciones que dan testimonio de tener más en común con los ciudadanos de este mundo que con los del reino. Aunque usemos pintura de la más blanca para tornar en presentables estas cosas, su esencia no puede ser redimida. El único destino adecuado para ellos es el de la destrucción.

Seguramente a esto apuntaba Jesús cuando dijo que «Nadie corta un pedazo de un vestido nuevo y lo pone en un vestido viejo, pues si lo hace, no solamente rompe el nuevo, sino que el remiendo sacado de él no armoniza con el viejo» (Lc 5. 36). El principio que señala es claro: llega un momento en que el vestido viejo está tan desgastado que no vale la pena repararlo. La solución es tirar el vestido viejo y guardar el paño nuevo para otra cosa.

Para pensar:

El apóstol Pablo señala, en Romanos 6.4, que «somos sepultados juntamente con él para muerte por el bautismo, a fin de que como Cristo resucitó de los muertos por la gloria del Padre, así también nosotros andemos en vida nueva». Nuestro destino espiritual cuando llegamos a Cristo no es el «taller de chapa y pintura». Es la muerte. Solamente de la muerte se puede obtener una vida nueva.

En defensa del ministerio

Entonces los doce convocaron a la multitud de los discípulos, y dijeron: No es justo que nosotros dejemos la palabra de Dios para servir a las mesas. **Hechos 6.2**

Cualquiera de nosotros que ha estado un tiempo en el ministerio sabe exactamente de que está hablando este pasaje. ¿Cuántas veces nos hemos visto obligados a repartir nuestro esfuerzo entre varios proyectos a la vez, porque la demanda del trabajo es mayor que la mano de obra disponible? Esta realidad es una constante dentro de la congregación local, y requiere que el pastor sea una persona de muchos talentos, ocupado en una diversidad de actividades.

Los apóstoles se encontraron rápidamente envueltos en una situación similar. Las necesidades de un creciente número de personas que recibía alimentos los había llevado a estar cada vez más ocupados en el tema de la distribución de la comida. El trabajo debía ser organizado, las dificultades debían ser superadas y los nuevos desafíos necesitaban ser encausados. No se daban abasto con la incesante lista de cosas para hacer.

En medio de todo esto, sin embargo, pudieron detenerse para evaluar lo que estaba ocurriendo. Envueltos en un proyecto por demás loable y necesario, estaban desatendiendo su verdadero llamado, que era el de dedicarse a la oración y la Palabra. A nuestros oídos mezquinos, el comentario de los apóstoles suena un tanto elitista. Muchas veces he escuchado a personas decir que ellos no deseaban ensuciarse las manos con trabajo que consideraban por debajo de su verdadero lugar dentro de la congregación.

Nada podía estar más lejos de la verdad. Los apóstoles no estaban diciendo que servir las mesas era un trabajo poco digno de sus habilidades. Lo que estaban diciendo es que ellos estaban siendo infieles a su llamado por enredarse en cosas a las cuales no habían sido llamados. Existe en la decisión de buscar diáconos una disciplina admirable. En medio de la vorágine del ministerio no habían perdido la capacidad de mantener el ojo puesto sobre el objetivo principal de su llamado.

El hecho es que si Dios nos ha llamado a hacer cierta tarea, toda otra actividad -por más santa y noble que sea- es una distracción de nuestra verdadera vocación. En el caso de los apóstoles, había muchos que podían servir las mesas. Probablemente, lo podían hacer con mayor gracia y eficacia que los apóstoles. Pero las tareas de velar por la congregación y enseñar los principios eternos de la Palabra, no podían ser delegadas a otros, porque habían sido encomendadas a ellos.

La historia identifica uno de los problemas que más frecuentemente enfrenta el pastor: convertirse en una persona que hace de todo, pero no apunta a nada. Enredarse en muchas actividades de la congregación puede llevar a la pérdida del sentido de dirección en el ministerio. La mucha actividad no es necesariamente una señal de que el pueblo está avanzando hacia un objetivo puntual. A veces no es más que la evidencia de que están bien perdidos.

Para pensar:

¿Sabe cuáles son sus dones principales? ¿En qué ministerio debería estar utilizando estos dones? ¿Cuánto tiempo está invirtiendo en este ministerio? ¿Qué pasos prácticos puede tomar para mejorar su rendimiento?

Fiesta en el cielo

Os digo que así habrá más gozo en el cielo por un pecador que se arrepiente, que por noventa y nueve justos que no necesitan de arrepentimiento. **Lucas 15.7**

El otro día hablaba con un pastor que acababa de terminar una campaña evangelística. La actividad se había realizado a lo largo de dos arduas semanas de reuniones, en las cuales la carga de predicar la Palabra había caído principalmente sobre sus hombros. Su rostro mostraba el cansancio y la fatiga de quien ha estado ocupado en los muchos detalles que son parte de este tipo de eventos. Le pregunté cómo habían salido las cosas. Me contó, con tono de desilusión, que solamente se habían convertido unas 15 personas. Claro, tantas horas de oración, tanto esfuerzo invertido, tantas invitaciones repartidas, tantos hermanos movilizados, tantas reuniones realizadas... Los resultados no parecían corresponder al enorme esfuerzo invertido.

Como pastores vivimos con una constante presión de medir nuestro éxito en términos de números. Todo un movimiento dentro de la iglesia se dedica a promover en seminarios, conferencias, artículos y libros, el testimonio de los «superpastores» que supervisan congregaciones de miles de creyentes fervorosos y comprometidos con el evangelio. Son nuestros modelos. Abundan las reuniones y los encuentros donde podemos escuchar los «secretos del éxito» que han producido en ellos ¡tan fenomenal crecimiento!

Lo que no nos damos cuenta es que estas congregaciones no son normales. Un reconocido investigador afirma que el 98% de las congregaciones alrededor del mundo reúnen entre 80 y 150 personas, es decir congregaciones como la suya, como la mía. En ellas el crecimiento es fruto del esfuerzo y el trabajo. Va acompañado siempre de lágrimas y contratiempos. A veces hacemos todo lo que sabemos hacer y lo único que cosechamos es un crecimiento lento y trabajoso.

¡Qué bueno recordar la parábola que contó Jesucristo! El pastor dejó las 99 ovejas para salir a buscar solamente una oveja que estaba perdida. Cuando la encontró, hizo una gran fiesta e invitó a sus vecinos a celebrar con él. De la misma manera, señaló, la conversión de una sola persona es motivo de gran celebración en el cielo.

¿Qué nos ha pasado que solamente nos impresionan las campañas donde 45.000 se «convierten»? ¿Será que necesitamos volver a recuperar una perspectiva más celestial del tema? ¿Cómo es eso de que «solamente se convirtieron quince»? Por esos quince se hicieron quince fiestas en el cielo. Cada individuo, cada ser humano, tiene un valor inestimable para nuestro buen Padre celestial. Si solamente se hubiera convertido uno, él diría que ¡valió la pena!

Regocíjese, pastor. A usted se la ha concedido ser partícipe de esa gran fiesta que se hace en los cielos. Cada uno de los que se convierte es un tesoro sin igual para el Señor. Atribúyale a esas personas el mismo valor que él les da. No se prive de participar de la fiesta, simplemente porque los números no coinciden con las cifras que se consideran señales del éxito. Éxito, en términos celestiales, es una oveja recuperada.

Para pensar:

Desde nuestra óptica Juan el Bautista no fue muy exitoso. Terminó el ministerio prácticamente solo. El Hijo de Dios no dudó, sin embargo, de llamarlo el más grande profeta de todos los tiempos. ¡No hay duda que lo miraba con otros ojos!

Lo primero, primero

Designó entonces a doce, para que estuvieran con él, para enviarlos a predicar, y que tuvieran autoridad para sanar enfermedades y para echar fuera demonios. **Marcos 3.14-15**

Este versículo nos da, en forma resumida, una clara idea de cuál era el plan que Cristo tenía en mente cuando escogió a sus doce discípulos. El camino a seguir incluía tres claros objetivos: 1) estar con él, 2) enviarlos a predicar, y 3) darles autoridad sobre los enfermos y los endemoniados.

Hay otros pasajes donde podría ser modificado el orden sin que se altere el producto final. Pero esta es una clara instancia de una secuencia en la que cada paso depende del anterior. El orden establecido para esta estrategia no puede ser modificado. Podríamos sanar enfermos y expulsar demonios, pero tendría escaso valor si no fuera acompañado de la Palabra, que tiene un peso eterno. Asimismo, podríamos también agregarle la predicación de la Palabra a nuestro ministerio de sanidad, pero si no está sustentado por una relación de intimidad con el Hijo, no podríamos realmente señalar el camino hacia el conocimiento del Mesías.

Es aquí donde, como pastores, necesitamos ejercer gran cautela. La vorágine del ministerio con frecuencia lleva a que estos factores se inviertan, de manera que nos encontremos atrapados en gran cantidad de actividades que tienen la apariencia de devoción, pero que nos han robado lo más precioso, que es nuestra relación con el Señor.

Cuando me encuentro con pastores, siempre busco la oportunidad de preguntarles cómo andan en su vida espiritual. Es fácil dar por sentado que si estamos en el ministerio entonces, lógicamente, estaremos disfrutando de intimidad con el gran Pastor. La realidad, lamentablemente, es otra. Muchas veces encuentro que los pastores han perdido su pasión por Aquel a quien están sirviendo con tanta devoción.

El evangelio de Mateo nos presenta una escena escalofriante. Algunos que pretenden justificar su falta de relación, señalando las muchas obras que han realizado, dirán en el día del juicio: «Señor, Señor, ¿no profetizamos en tu nombre, y en tu nombre echamos fuera demonios, y en tu nombre hicimos muchos milagros?». El Hijo del Hombre les responde con esta lapidaria frase: «Nunca os conocí. ¡Apartaos de mí, hacedores de maldad!» (Mt 7.22-23). Note usted que Jesús les llama «hacedores de maldad». ¡Es muy fuerte! No deja lugar a dudas que toda obra divorciada de una relación con el Señor, aun cuando sea una obra para él, es obra mala.

¿Ha perdido usted la disciplina de pasar tiempo con él, buscando su rostro y su compañía? ¿Lo han vencido las constantes demandas para hacer cosas en la iglesia? ¿Se le ha enfriado un poco la relación con el Señor? ¿Por qué no aprovecha este día para volver a poner las cosas en su lugar? ¡Acérquese con confianza y renueve esa relación que tanto bien le hace! El Señor lo ha estado esperando.

Para pensar:

Alguien ha observado alguna vez que estar ocupado en los negocios del Rey, no es excusa para olvidarse del Rey. Si usted está tan ocupado que no le queda tiempo para estar con su Pastor, está más ocupado de lo que él quiere.

Una cuestión de óptica

Cuando se le apareció el ángel de Jehová y le dijo: Jehová está contigo, hombre esforzado y valiente... Gedeón le respondió de nuevo: Ah, señor mío, ¿con qué salvaré yo a Israel? He aquí que mi familia es pobre en Manasés, y yo soy el menor en la casa de mi padre. **Jueces 6.12, 15**

Cuando Jehová se le presentó a Gedeón, él estaba totalmente desanimado. Hacía tiempo ya que los madianitas le amargaban la vida al pueblo de Dios. Saqueaban las tierras de los israelitas y se llevaban lo mejor de la cosecha. En ese mismo momento Gedeón estaba trabajando para esconder el trigo.

Note el marcado contraste entre el saludo del ángel de Jehová y la respuesta de Gedeón. El ángel se refiere a él como «hombre esforzado y valiente». Pero el joven israelita no se sentía ¡ni valiente ni esforzado! Al contrario, solamente podía pensar en que su familia era pobre y que él era el último de la casa. Al igual que David, no sería la persona naturalmente escogida por la familia para cualquier proyecto importante. Estaba acostumbrado a que nadie lo tuviera en cuenta. Mirando, entonces, sus recursos, exclamó con toda naturalidad: «¿con qué salvaré yo a Israel?».

He aquí uno de los misterios de la obra de Dios. Para tener éxito en los proyectos que él nos propone, no es importante cómo nos vemos, ni cómo nos sentimos. ¡Lo importante es cómo nos ve Dios! Sara se veía como una anciana estéril, sin perspectivas ya de engendrar hijos. El Señor la veía como la madre de una multitud. Moisés se veía como un tartamudo, útil solamente para cuidar ovejas. El Señor lo veía como el hombre ideal para liberar al pueblo del yugo egipcio. Pedro se veía como un torpe pescador de Galilea. Cristo lo veía como la roca, un líder con un rol clave en la formación de la nueva Iglesia. Ananías veía en Saulo a un hombre dedicado a la persecución violenta de la iglesia. El Señor veía en este hombre a un instrumento escogido para llevar el evangelio a los gentiles.

¿Cómo se ve usted, pastor? ¿Se ve como un pobre desdichado que tiene pocas capacidades y aun menos recursos? ¿Cree que Dios lo ve de la misma manera? ¿Cómo lo saludaría el ángel de Jehová si se le apareciera hoy?

Para pensar:

Tenga en cuenta que puede ser verdad que usted es pobre y tiene pocos recursos. Gedeón era de veras miembro de una familia pobre. La dificultad no está en las condiciones que tenemos. El problema está en creer que estas condiciones y circunstancias limitan la actividad y los proyectos de Dios. El Señor no ve nuestra realidad como impedimento para sus planes, porque es él el que hace la obra, no nosotros. El ángel le dijo a Gedeón: vé con tu fuerza. No le estaba pidiendo que buscara más recursos, ni que echara mano de tesoros que no poseía. Simplemente quería que pusiera su incapacidad en manos del Dios todopoderoso. ¡Un siervo inútil en las manos de Dios, puede ser un arma por demás poderosa!

El rostro brillante

Después descendió Moisés del monte Sinaí con las dos tablas del Testimonio en sus manos. Al descender del monte, la piel de su rostro resplandecía por haber estado hablando con Dios, pero Moisés no lo sabía. **Éxodo 34.29**

¡La persona que pasa tiempo con Dios no puede evitar ser transformada! ¿Acaso algún otro pasaje ilustra mejor esta verdad? La intensidad del encuentro entre el profeta y Jehová había sido tal que hasta la piel del rostro le brillaba. Nos recuerda inmediatamente a la transfiguración de Cristo, donde los discípulos vieron que «Sus vestidos se volvieron resplandecientes, muy blancos, como la nieve, tanto que ningún lavador en la tierra los puede dejar tan blancos» (Mr 9.3). Y este brillo no era meramente el resplandor de la tela de sus vestimentas, sino el brillo producido por la presencia de algo espiritual.

Cuando leo este pasaje, pienso: ¡A cuántos nos gustaría experimentar algo similar a esto! Los que andamos en Cristo anhelamos tanto esa experiencia de cercanía al Señor, aunque sea que nos fuera concedido siquiera tocar el borde de su manto. ¿Qué se sentirá vivir una experiencia como esta? ¿Podremos mantenernos en pie frente a semejante visitación de Dios?

Nuestra «envidia santa» de la experiencia que le fue concedida a Moisés, sin embargo, no repara en un pequeño detalle en el versículo que hoy compartimos. Es que el profeta no sabía que le brillaba el rostro. Cosa insignificante, ¿verdad? En este detalle, sin embargo, encontramos parte del misterio de la transformación que obra en nosotros. Esa transformación, juntamente con las experiencias espirituales que la acompañan, no son primordialmente para nuestro deleite. Muchas veces ni siquiera sabemos que él está obrando en nuestras vidas. El objetivo de su obra es que los demás vean la gloria de Dios reflejada en nuestras vidas, no para que nosotros mostremos con orgullo nuestra madurez espiritual.

Por esta razón conviene que examinemos con cuidado las motivaciones escondidas de nuestros corazones. Muchas veces veo entre pastores un forcejeo sutil para ver quién recibe mayor honra en las reuniones y encuentros con otros líderes. El apóstol Pablo anima a la iglesia de Filipo: «nada hagáis por rivalidad o por vanidad» (Flp 2.3). La «vanagloria» es aquella que parece ser genuina, pero que en realidad no tienen valor alguno. Es el reconocimiento y los aplausos que vienen de los hombres, y no la palabra de aprobación que viene de nuestro Padre celestial. Como tal, está destinada al olvido.

Como líderes debemos procurar una vida de santidad e intimidad tal, que nuestra vida brille con gloria de lo alto. Nuestra sola presencia testificará de la magnificencia del Dios que servimos. Pero sepa usted que ni bien tome conciencia de ese resplandor se desvanecerá. Nuestro buen Padre sabe cuán rápido nos enorgullecemos de lo que, en realidad, no es nuestro. Por eso le fue dada a Pablo una espina en la carne. Para que la extraordinaria grandeza fuera de Dios, y no del apóstol.

Para pensar:

Considere el siguiente consejo de uno de los grandes santos del siglo XIX: «Piense lo menos posible en usted. Aparte con firmeza todo pensamiento que le lleve a meditar en su influencia, sus muchos logros o el número de sus seguidores. Pero sobre todas las cosas, hable lo menos posible de usted».

El valor de la disciplina

Desecha las fábulas profanas y de viejas. Ejercítate para la piedad. **1 Timoteo 4.7**

Existe una tendencia en nosotros a hablar más de lo que practicamos. Creemos que hablar de lo importante que es tener una vida de oración es casi lo mismo que orar. Creemos que exhortar y animar a los hermanos a que compartan su fe con otros, es lo mismo que hacerlo. Creemos que exaltar las virtudes del estudio cuidadoso de la Palabra, es lo mismo que tomar tiempo para meditar en ella. Y ¿quién está más expuesto a este peligro que nosotros los pastores, los que nos dedicamos a la enseñanza y a la proclamación de las verdades eternas de Dios?

Pablo reconocía esta debilidad en los líderes, especialmente entre los más jóvenes. Por eso, anima a Timoteo a que su vida cristiana no consista en palabras. Esta exhortación, que parece haber preocupado seriamente al apóstol, la reitera siete veces en sus dos cartas al joven pastor. Su mensaje es claro: «no te enredes en las muchas palabras, porque ¡la vida espiritual no pasa por ese lado!» El apóstol ya había señalado en su primera carta a los Corintos que «el reino de Dios no consiste en palabras, sino en poder» (4.20).

¿Qué alternativa le propone? El de la disciplina.

Es interesante notar que la palabra que usa es la misma de la cual nosotros derivamos el término «gimnasia». En otras palabras, Pablo está animando a Timoteo a que haga gimnasia para mantenerse en buen estado en su vida espiritual. La gimnasia de la que habla, claro, no es de ejercicio físico, aunque aclara que esta también tiene provecho. La gimnasia que él propone, sin embargo, es la de aquellas disciplinas que abren la puerta para mayor intimidad con Dios: la adoración, la lectura, la oración, el ayuno, la soledad, el silencio, etc.

Muchos de nosotros tenemos vidas disciplinadas. Pero nuestra disciplina está mal dirigida. La gastamos en gran cantidad de actividades públicas porque son las que, en última instancia, mayores satisfacciones nos dan. Estas actividades, no obstante, no abren nuestras vidas al trato profundo del Señor. Es lo que hacemos cuando estamos solos, que marca la diferencia de lo que somos cuando estamos en público.

La excelencia en cualquier emprendimiento en esta vida tiene un precio. El músico que aspira a ser extraordinario, no puede descansar meramente en su talento. Debe pasar horas y horas practicando todos los días. El deportista que aspira a llegar a lo más alto del podio, debe dedicar largas horas al entrenamiento todos los días. De la misma manera, los que aspiramos a lograr un grado de excelencia en nuestra vida espiritual debemos estar dispuestos a hacer los ejercicios necesarios para cultivarla.

Para pensar:

Dice el evangelista que Cristo tenía por costumbre «apartarse a lugares solitarios para orar». ¿Podría hacerse la misma observación de su vida? ¿Si tuviera que medir su pasión por la vida espiritual, que puntaje se daría? ¿Cuáles son las dificultades y obstáculos que más han interferido con su deseo de hacer «gimnasia» en su vida espiritual? ¿Qué pasos concretos puede tomar para crecer en este aspecto de su vida?

Proceso de aprendizaje

Cuando se quedó solo, sus seguidores junto con los doce, le preguntaban sobre las parábolas. **Marcos 4.10 (LBLA)**

¿Ha reparado alguna vez en cuántas veces se repite en los evangelios esta escena? Jesús enseñaba a las multitudes. Los discípulos, quienes estaban entre los espectadores, recibían también la enseñanza del Maestro, pero no siempre entendían cuál era el sentido de eso que habían escuchado. Entonces, esperando el momento para estar a solas, se le acercaban y le pedían una aclaración, una explicación, o le compartían sus dudas.

De esta escena, repetida tantas veces a lo largo de los tres años que compartió con ellos, se desprenden dos importantes principios para el líder que tiene un ministerio de enseñanza. En primer lugar, usted no debe dar por sentado que lo que ha sido claro para usted, en el razonamiento y las explicaciones que ha compartido, es también de esta manera para sus oyentes. Cada persona escucha y analiza lo que se le dice a través de su propia cultura personal. Por otro lado, en el proceso de comunicación, siempre se pierde algo. De manera que aquella idea que le parecía tan fácil y sencilla a usted, puede haber llegado en forma confusa y compleja a los que le escuchaban. No asuma que lo que usted enseña o predica es claro para todos sus oyentes.

En segundo lugar, el maestro sabio entiende que la enseñanza es un proceso. La verdad se va «encarnando» en aquellos que la escuchan. A veces, la reacción inicial de sus oyentes puede incluso ser hostil, pero la Palabra va trabajando lentamente y echando raíces en la persona que la ha recibido. De esta forma, sería más correcto decir que la enseñanza es un proceso y no un evento. A medida que una persona tiene tiempo para meditar sobre las verdades que ha escuchado irá arribando a las conclusiones que abrirán la puerta a un verdadero cambio.

Al entender esta realidad, el buen líder provee oportunidades para que sus más íntimos colaboradores puedan acercarse para buscar aclaraciones, hacer preguntas, o simplemente compartir de que manera han sido tocados por la Palabra. Esta es una parte fundamental del proceso de aprendizaje, y el líder que se apoya solamente en las reuniones formales para llevar adelante el ministerio de formar al pueblo va a encontrar que su efectividad no es muy alta. Es más, el buen maestro entiende que esos momentos informales donde la conversación simplemente «se da» son muchas veces las ocasiones en las cuales ocurre la enseñanza que más impacta la vida de otros.

Para pensar:

Piense un momento en su propio estilo de enseñanza. ¿Confía demasiado en la enseñanza de «micrófono»? ¿Dirían sus colaboradores más íntimos que es usted una persona accesible? ¿Qué cosas puede hacer para asegurarse que la gente realmente está entendiendo lo que comparte con ella? ¿Cómo puede crear en su ministerio más momentos informales como los que vemos ilustrados en el pasaje de hoy?

Enseñanza que no es

Entonces habló Jesús a la gente y a sus discípulos, diciendo: «En la cátedra de Moisés se sientan los escribas y los fariseos. Así que, todo lo que os digan que guardéis, guardadlo y hacedlo; pero no hagáis conforme a sus obras, porque dicen, pero no hacen. **Mateo 23.1-3**

No pocas veces hemos visto dentro de la congregación local amargas peleas entre personas que se disputan el liderazgo. Las acusaciones van y vienen, y cada uno intenta demostrar que el otro es un usurpador.

No hay duda de que los fariseos y los escribas eran personas indignas de ocupar un lugar de influencia dentro de la sociedad judía. Sin embargo, Cristo no atacó su posición de liderazgo. Reconoció que se habían sentado en la cátedra de Moisés y que ocupaban, por lo tanto, un lugar de privilegio. En lugar de cuestionar el lugar donde estaban ubicados, Cristo cuestionó el uso que estaban haciendo de esa posición de responsabilidad.

El hecho es que todo maestro va a ser juzgado, sea o no digno del puesto que ocupa. Por esta razón, Santiago advertía «no os hagáis maestros muchos de vosotros, sabiendo que recibiremos mayor condenación» (Stg 3.1). La principal objeción que el Hijo de Dios hacía en cuanto a los fariseos era que su enseñanza era contradictoria, pues decían una cosa y hacían algo totalmente diferente.

Este es uno de los problemas más comunes que sufren los maestros. Su enseñanza es teórica y no impacta. La falta de impacto no tiene que ver con el hecho de que su doctrina es errada. Muchas veces lo que comparten estas personas, desde una perspectiva bíblica, es prolijo y acertado. Pero la abundancia de sus enseñanzas no producen cambios en los que los escuchan porque no están respaldadas por una vida que ejemplifica esas verdades.

Cuando Cristo terminó de predicar el Sermón del Monte, las multitudes se maravillaban porque «enseñaba como quien tiene autoridad y no como los escribas» (Mt 7.29). El impacto de sus enseñanzas, sin duda, tenía que ver con el hecho de que no había distancia entre lo que el Mesías enseñaba y lo que vivía. Su testimonio personal respaldaba los dichos de su boca.

Esto no quiere decir que, como maestros, debemos ser perfectos. Estamos en el proceso de madurar y crecer a su imagen. Pero sí debe haber, de nuestra parte, un compromiso serio de practicar aquello que pretendemos que otros practiquen. Este compromiso es lo que muchas veces le quita la dureza a nuestras enseñanzas, porque quien intenta practicar la vida espiritual se da cuenta que el proceso es más complejo que la aparente sencillez que pretenden nuestras enseñanzas. El que lucha todos los días por vivir lo que enseña, puede ser tierno y compasivo con los demás, porque se da cuenta que la vida no es tan fácil como parece.

Para pensar:

En su libro Las siete leyes del maestro, *el Dr. Howard Hendricks escribe: «Si usted deja de crecer hoy, deja de enseñar mañana. Ni la personalidad, ni la metodología pueden reemplazar este principio. Usted no puede enseñar desde el vacío. No puede compartir lo que no posee... La enseñanza efectiva viene a través de personas transformadas. Cuanto más transformado, más efectivo como maestro».*

El nombre del Padre

He manifestado tu nombre a los hombres que del mundo me diste; tuyos eran, y me los diste, y han guardado tu palabra. **Juan 17.6**

En la gran oración sacerdotal del Hijo de Dios encontramos una admirable presentación de las metas que habían guiado su ministerio durante el tiempo de su peregrinación entre los hombres. Había buscado cumplir con dos grandes tareas. La primera está enunciada en el versículo de nuestro devocional de hoy. La segunda, mencionada en el versículo 8, fue que Jesús se propuso darles «las palabras que me diste».

En muchos sentidos, este es el resumen de la tarea que enfrenta todo pastor. Hemos sido llamados a formar discípulos, a capacitar a los santos para la obra del ministerio. La gran pregunta es: ¿cómo logramos esto? Este pasaje nos da una clara idea del camino a seguir. Debemos entregar las palabras del Padre y, a la vez, revelar las características de su nombre.

La entrega de la Palabra ha sido uno de los enfoques principales de gran parte de los líderes en muchas congregaciones, aunque debemos reconocer que hay segmentos de la iglesia que carecen de enseñanza bíblica. En términos generales, sin embargo, el pueblo de Dios no va a perecer por falta de conocimiento de las Escrituras. Mucha de nuestra vida como pueblo de Dios se desarrolla en infinidad de reuniones donde la Verdad es compartida, enseñada y predicada. No obstante, muchos conocen la Palabra, pero no al Dios de la Palabra.

Notemos que Cristo combinó la enseñanza de la Palabra con la revelación del nombre del Padre. ¿A qué se refiere esto? Sencillamente al hecho de que Cristo no solamente entregó los preceptos contenidos en la Palabra eterna de Dios, sino que también trajo revelación en cuanto al corazón del autor de aquella Palabra.

No podemos dejar de subrayar lo absolutamente fundamental que es este segundo aspecto. La Palabra sola, cuando es entregada sin una revelación del corazón de Dios, lleva a un legalismo pesado y sofocador. Las exhortaciones contenidas en las Escrituras son muchas, y quien las lee sin conocer al Padre puede concluir que este Dios no es más que un tirano.

Por esta razón Cristo se ocupó de revelarle a sus seguidores el corazón pastoral del Dios de la Palabra. Es cuando percibimos la compasión y el deseo de hacernos bien del Padre, que comenzamos a ver la Palabra con otros ojos. Ya no son las demandas caprichosas de un Dios excesivamente severo, sino las tiernas instrucciones de un Padre que anhela profundamente compartir toda cosa buena con sus hijos. Cuando el pueblo conoce de primera mano la bondad de Dios, el obedecerle es más fácil.

Para pensar:

Usted no revela el nombre de Dios con más enseñanzas acerca de este tema. Revela el nombre del Padre cuando el pueblo percibe que usted le conoce íntimamente. La revelación del nombre de Dios es algo que se aprecia. Tiene que ver con una realidad espiritual que se deja ver cuando se entrega la Palabra. Si usted no está disfrutando diariamente de las bondades de nuestro buen Padre celestial, por más que hable del tema no podrá revelar el nombre de Dios. No se pierda la oportunidad, en este día, de disfrutrar de la persona de Dios.

Un hombre como nosotros

Elías era hombre sujeto a pasiones semejantes a las nuestras, y oró fervientemente para que no lloviera, y no llovió sobre la tierra durante tres años y seis meses. Y otra vez oró, y el cielo dio lluvia y la tierra produjo su fruto. **Santiago 5.17-18**

Hace unos cuantos años tuve la oportunidad de participar en el primer encuentro misionero Iberoamericano, COMIBAM, que se realizó en São Paulo en 1987. El «plato fuerte» del encuentro, se nos había informado, era la llegada, el último día, de un famoso evangelista. Cuando este hombre subió a la plataforma, se desató una corrida de cientos de personas que se agolpaban alrededor del púlpito para tomarle fotos. Algunos no tenían problemas de subirse a la misma plataforma para sacarse fotos con él. El desorden era tal, que el pobre hombre interrumpió la reunión para pedir que por favor no le tomaran más fotos.

Aquella experiencia me llevó a pensar sobre el culto a los «famosos» que forma parte de nuestra cultura evangélica. Desde aquel encuentro, he visto una y otra vez la misma reacción en nuestro pueblo. Existe en nosotros una tendencia a elevar a los líderes más conocidos a una posición de privilegio y admiración, que no es bueno ni para ellos ni para nosotros.

Pero, ¿por qué ese afán de estar cerca de ellos, de poderlos saludar o tocar? En el fondo, sospecho que muchos de nosotros creemos que la grandeza de sus ministerios es consecuencia directa de la clase de personas que son. Miramos con algo de asombro sus ministerios y trayectoria porque sentimos que son personas de otra categoría, con cualidades y características que nosotros no poseemos.

Santiago nos quiere animar a ser más atrevidos en la oración. Para eso nos da el ejemplo del poder que esta disciplina tuvo en la vida de Elías. Oró y dejó de llover; ¡oró de nuevo, y volvió la lluvia! No sé cual es su reacción frente a este relato, pero sospecho que la mayoría de nosotros diría: «Yo jamás podría hacer eso».

Este es precisamente el argumento que refuta el apóstol. Antes de que podamos reaccionar, nos dice que Elías era un hombre igual que nosotros. No tenía nada de especial. Se deprimía, como nosotros. Se enojaba, como nosotros. A veces le fallaba la fe, como nos pasa a nosotros. Sin embargo oró, y Dios le respondió.

¿A qué apuntaba Santiago? La grandeza de Elías no radicaba en lo que él era, sino en el Dios en quien había creído. Su grandeza no era suya. Era del Señor. Por esta razón, ningún cristiano debe sentirse intimidado por semejante ejemplo de vida, porque el mismo Dios que operaba en la vida de Elías, también opera en nuestras vidas y ministerios.

Para pensar:

Como líder, déle gracias a Dios por el ejemplo de aquellas personas que tienen trayectoria y proyección internacional en el mundo evangélico. ¡Gracias a Dios por sus vidas y ministerios! Pero no debe intimidarse por lo que son. Su grandeza no es de ellos. Es del Señor que obra en sus vidas. Y ese mismo Señor obra en su vida y ministerio. Tómese de la mano del Señor y atrévase a creer que él también puede hacer grandes cosas en su vida.

Ayudar al débil

Atan cargas pesadas y difíciles de llevar, y las ponen sobre los hombros de los hombres; pero ellos ni con un dedo quieren moverlas. **Mateo 23.4**

El conocido pensador cristiano, Francis Schaeffer, observó en cierta oportunidad: *«La ortodoxia bíblica sin compasión tiene que ser una de las cosas más desagradables sobre la faz de la tierra»*. Algunos comentaristas señalan que los fariseos poseían una lista de 630 reglamentos necesarios para vivir una vida agradable a Dios. El peso de semejante cantidad de leyes, lejos de animar al pueblo a buscar el rostro de Dios, había llevado a que la mayoría sintiera que la vida espiritual era para un pequeño puñado de personas selectas.

El problema principal de los fariseos no estaba, sin embargo, en la cantidad de sus reglamentos aunque, por cierto, estos entorpecían grandemente a quienes aspiraban a cultivar una vida espiritual. La esencia del problema era el estilo que habían adoptado para enseñar estos preceptos al pueblo. Creían que su responsabilidad principal era simplemente la de decirle al pueblo lo que tenía que hacer.

¡Cuántos pastores ministramos con la misma convicción! Vivimos arengando al pueblo para que haga esto, eso, o aquello otro. Nuestras enseñanzas y predicaciones son una interminable serie de exhortaciones a cumplir con diferentes responsabilidades. En tales circunstancias, no ha de sorprendernos que el pueblo se sienta agobiado y frustrado.

La verdad es que la mayoría de los que son parte de la iglesia ya saben cuáles son sus responsabilidades. ¿Dónde está el creyente que, luego de años de asistir a reuniones, todavía no se ha enterado de que debe amar a su prójimo, leer la Palabra, compartir su fe o dedicar más tiempo a la oración? ¿Quién de entre nosotros encuentra novedosa una predicación que nos exhorta a ser generosos en el servicio, la adoración, o la ofrenda?

El error en esta visión es creer que el pueblo se moviliza simplemente con exhortaciones. El exceso de exhortaciones acaba por atar cargas pesadas a los hombros de nuestra gente. La responsabilidad de todo pastor no es únicamente exhortar. También debemos estar dispuestos acompañar al pueblo en el intento de implementar lo que le hemos animado a hacer.

El buen pastor exhorta, pero también se pone a la par de su gente y la ayuda a vivir conforme a la Verdad. Esto es lo que hizo nuestro propio pastor, Jesucristo. Animó a los discípulos a caminar en ciertas verdades; pero también se puso al lado de ellos y les mostró cómo hacerlo. Cuando volvió al Padre, convocó al Espíritu para continuar con esta tarea. Su mismo nombre, *paracletos*, indica que es uno llamado a ponerse a la par de otros para asistirlos en su debilidad.

Esto marca la diferencia entre un pastor de púlpito y un pastor con «olor» a ovejas. El primero solamente exhorta. La gente que está con él se siente frustrada, porque necesita quién les muestre el camino a seguir. El segundo, pasa tiempo acompañando, mostrando y corrigiendo al pueblo, para que aprenda cómo caminar con el Rey.

Para pensar:

¿Quiénes son las personas que más le han ayudado en su peregrinaje en Cristo? ¿De qué manera lo hicieron? ¿Cómo puede lograr un buen equilibrio entre el tiempo invertido en exhortar y el tiempo invertido en ayudar? ¿Qué cosas impiden hoy que pueda lograr este equilibrio?

¡Déjese pastorear!

Jehová es mi pastor, nada me faltará. En lugares de delicados pastos me hará descansar; junto a aguas de reposo me pastoreará. **Salmo 23.1-2**

¡Cuánta belleza captada en esta inmortal poesía del rey pastor, David! Refugio de multitud de generaciones, este salmo nos revela como ningún otro los aspectos más íntimos del corazón pastoral de nuestro Padre celestial.

Reparemos un momento en la voz de la mayoría de los verbos. Nada *me falta*, en lugares de delicados pastos *me hace descansar*, junto a aguas de reposo *me conduce*, él *me restaura* el alma, *me guía* por senderos de justicia, su vara y callado *me infunden aliento, me prepara mesa* delante de mis enemigos, me *unge* la cabeza. Sin ser un especialista en las estructuras gramaticales del idioma, salta a la vista que todos los verbos tienen una construcción idéntica. Están en voz pasiva. En cada uno de ellos, la oveja es la receptora y no la generadora de la acción. Recibe algo de parte del pastor: provisión, descanso, dirección, restauración, guía, aliento, servicio, unción.

Debemos notar que estas cosas son producto del accionar del pastor, no de la oveja. Él, que las ama y desea lo mejor para ellas, permanentemente actúa para que puedan recibir todo lo que considera indispensable para su bienestar. Es una relación de dimensiones absolutamente sencillas: ellas reciben, él da.

¿Por qué nos detenemos en este detalle? Por la sencilla razón de que hay demasiadas ovejas dentro del redil que creen que es su responsabilidad producir estas realidades. Están tratando de restaurarse o conducirse a lugares de delicados pastos. La responsabilidad de la oveja, sin embargo, es una sola: dejarse pastorear. El pastor se ocupa de lo demás. Solamente se requiere de ella que esté dispuesta a ser guiada, restaurada, animada, etcétera.

Este principio es el que Norman Grubb -uno de los grandes héroes de la obra misionera- llama un hecho fundamental de la vida espiritual: «*Dios actúa por siempre según su naturaleza eterna, y el hombre según la suya, y esto no tiene variación en ambos*». Dios por siempre es el que da, el hombre por siempre es el que recibe. Cuando nos olvidamos de este principio, perdemos la naturaleza de dependencia absoluta que es indispensable para una vida victoriosa.

Qué difícil es para nosotros, los pastores, quitarnos la chaqueta de pastor y ponernos en posición de ovejas. Estamos acostumbrados a pastorear, no a ser pastoreados. Si no nos dejamos pastorear, sin embargo, nunca podremos ser eficaces como pastores.

Para pensar:

¿Se deja usted pastorear? ¿O es muy arisco? En medio de las presiones ministeriales, ¿no le apetece ser llevado a lugares de delicados pastos, o a descansar junto a aguas de reposo? Claro que sí, ¿verdad ? Entonces, por qué no tomarse un momento para volver a poner las cosas en su lugar. Usted es, sin duda, pastor. Pero primeramente es oveja. Y como oveja, necesita que lo pastoreen. ¡Abra su corazón al dulce cuidado del Gran Pastor de Israel!

«Yo estoy contigo»

Aunque pase por el valle de sombra de muerte, no temeré mal alguno, porque tú estás conmigo. **Salmo 23.4 (LBLA)**

Tome nota de la razón por la cual el salmista está confiado. No es la esperanza de que sus circunstancias cambien, ni tampoco la idea de que puede tener una vida sin complicaciones, ni dificultades. Al contrario, el salmista se da cuenta de que hay una buena posibilidad de que le toque caminar por el valle de sombra de muerte. La fortaleza de su postura frente a este panorama, sin embargo, es que tiene la convicción de que el Señor estará con él, aun en las peores circunstancias.

¿Se ha detenido alguna vez a meditar en la cantidad de veces que el Señor dice *yo estoy contigo*? Los pasajes bíblicos donde encontramos reiterada esta frase parecen todos tener algo en común: Cada uno describe una situación que infundía temor en el protagonista de los acontecimientos. Jacob, por ejemplo, tenía miedo de volver a su casa porque su hermano había jurado darle muerte. El Señor lo visitó y le dijo: «yo estaré contigo» (Gn 31.3). Moisés, llamado a volver a Egipto, sintió temor porque creía que el Faraón procuraba su muerte. El Señor le dijo: «yo estaré contigo» (Ex 3.12). Josué se sentía atemorizado por la enorme tarea de guiar al pueblo en la conquista de la tierra prometida. El Señor le habló, diciendo: «Mira que te mando que te esfuerces y seas valiente; no temas ni desmayes porque Jehová, tu Dios, estará contigo dondequiera que vayas» (Jos 1.9). Cuando el ángel de Jehová llamó a Gedeón para liberar a Israel del yugo madianita, él sintió que era poca cosa para semejante tarea. Pero el Señor le dijo: «ciertamente yo estaré contigo» (Jue 6.16). El joven profeta Jeremías sentía que era inútil la tarea de tratar de proclamar la Palabra de Dios al pueblo. Eran muchos los que estaban en contra de él. El Señor le recordó: «Pelearán contra ti, pero no te vencerán, porque yo estoy contigo» (Jer 1.19). Hasta el valiente apóstol se sintió atemorizado por la oposición de los judíos en Atenas. Por medio de una visión de noche, el Señor le dijo: «No temas, sino habla y no calles, porque yo estoy contigo» (Hch 18.9-10).

Vivimos en tiempos muy difíciles en América Latina. La frágil estabilidad económica que habían logrado algunos de nuestros países se está desvaneciendo como la niebla matinal. En muchas naciones de la región los índices de desempleo aumentan inexorablemente día a día. Y, como si esto fuera poco, vivimos en un clima de creciente violencia donde cada vez nos sentimos más desprotegidos y vulnerables. Tiempos, en resumen, apropiados para vivir angustiados.

Qué hermoso, entonces, es recordar esta afirmación confiada del salmista. «Aunque pase por el valle de sombra de muerte... «¡tú estás conmigo!» Este tiempo de crisis tiene un valor inestimable para los que deseamos cultivar una vida de mayor dependencia de él.

Para pensar:

Qué momento puede ser más apropiado que el presente para tomarnos fuertemente de su mano y decirle, como dijo Moisés, «si tu presencia no ha de acompañarnos, no nos saques de aquí» (Ex 33.15). Muchas veces no lo sentimos; nunca lo vemos. Pero él está con nosotros. ¡Adelante, entonces, sin temor alguno!

Escuchar con discernimiento

Justo parece el primero que aboga por su causa, pero viene su adversario y le rebate. **Proverbios 18.17**

Una de nuestras responsabilidades en el ministerio es la de recibir y escuchar a los que están a nuestro alrededor. No pocas veces otros vendrán buscando ayuda para resolver dificultades en sus relaciones con terceros. El líder sabio deberá moverse con cuidado en estas situaciones, si es que va a conducir a la persona en forma espiritual.

Todo el que hable con nosotros presentará su situación desde su propia perspectiva, claro está. Pero con frecuencia nos encontraremos con personas que poseen una habilidad poco común para elaborar un cuadro donde no queda duda en cuanto a la culpabilidad de la otra persona. Sus palabras son persuasivas, sus argumentos son convincentes, y sus actitudes parecen ser las de una persona que ha sido tratada por el Espíritu de Dios. Sin darnos cuenta, descubriremos que coincidimos plenamente con la opinión del que nos está hablando. Nuestros comentarios comenzarán a delatar que ya hemos decidido quién es culpable en esta situación, ¡la persona que no está presente!

El autor de Proverbios identifica el peligro que corremos al formar una opinión, en forma acelerada, sobre la situación que se nos ha presentado. Todos tenemos capacidad de describir situaciones de tal manera que nuestra parte parezca justa y razonable. El líder entendido sabe que siempre, aun en las peores situaciones, hay dos partes en una historia. Además de procurar el discernimiento que el Señor da, también estamos obligados a examinar la situación desde otros ángulos, incluyendo el de la persona que no está presente en ese momento.

El que ha sido consultado, además, tiene que entender que en ese momento solamente puede trabajar con la persona que está presente. Deberá, por la tanto, conducir con ternura la conversación para que se puedan examinar las actitudes y comportamientos de la persona que está presente. Podremos estar de acuerdo que la persona ausente ha obrado mal, pero en este momento no tenemos acceso a su vida. Solamente podremos ayudar a la persona que tenemos delante, a ordenar su vida según los parámetros eternos de la Palabra. Esta es nuestra responsabilidad.

Por otro lado, si ya hemos formado una opinión acerca del «pecado» de la otra persona, será muy difícil acercarse para ayudarla, pues nuestras conclusiones serán evidentes en las actitudes y en las palabras que demostremos en el encuentro. Ninguna persona debe ser juzgada por lo que otro dice de ella. Cada uno debe ser escuchado y examinado con la mayor imparcialidad posible. Solamente de esta manera podremos ser herramientas eficaces para ayudar en la resolución de conflictos.

Para pensar:

En los evangelios existen varias ocasiones en las cuales se le pidió a Jesús que interviniera para arreglar conflictos, por ejemplo Lc 10.40, Lc 12.13, y Mt 20.20. Lea estos pasajes y medite en lo siguiente: ¿Cuál era el reclamo de cada persona? ¿Qué solución ofreció el Mesías? ¿Cómo encuadraba esta solución con lo que pretendían los que hacían el reclamo? ¿Qué lección espiritual se ve en estas escenas?

Palabras de ánimo

Porque a mis ojos eres de gran estima, eres honorable y yo te he amado; daré, pues, hombres a cambio de ti y naciones a cambio de tu vida. **Isaías 43.4**

Henri Nouwen, renombrado autor de más de veinte libros sobre diferentes aspectos de la vida espiritual, habla mucho sobre lo que significa para nosotros haber crecido en un mundo que maldice. Desde pequeños se nos ha dicho que nuestro valor como personas es relativo. No valemos por lo que somos, sino que valemos por lo que hacemos, por lo que logramos o por lo que tenemos. Los efectos devastadores de tal herencia nos dejan con una autoestima frágil, vulnerable a toda experiencia negativa.

Al conocer a Cristo deberíamos experimentar cambios dramáticos en esta triste condición humana, al descubrir que somos atesorados y valorados por el Dios eterno de los cielos. La realidad, sin embargo, es otra. Muchas veces nuestras congregaciones perpetúan el mensaje de que solamente valemos por lo que hacemos. La diferencia es que ahora nuestro hacer tiene que ver con las muchas actividades que se desarrollan dentro de la congregación local. La esencia del mensaje, sin embargo, es la misma.

Como pastores se nos ha encomendado la preciosa tarea de restaurar a estos que llegan, quebrados y fatigados, de un mundo caído. A nosotros se nos ha llamado «a curar a la enferma, a vendar la perniquebrada, a fortalecer la débil» (Ez 34.4). Nuestras congregaciones deberían ser comunidades terapéuticas donde todos los dolidos y lastimados son restaurados a la imagen del Dios que los creó.

Para esto es necesario que nosotros, en primer lugar, estemos disfrutando de la bendición de ser hijos amados del Altísimo. Nuestro espíritu necesita del testimonio del Espíritu de Dios que nos dice que somos parte de su familia (Ro 8.16), y que como tales gozamos de privilegios y tesoros que otros no tienen. Nuestro valor no está en lo que hacemos, sino en nuestra condición espiritual, que ha sido asegurada para siempre por el sacrificio de Cristo.

Solamente cuando estamos seguros de nuestra condición de amados, podremos bendecir la vida de otros, que es uno de nuestros preciosos privilegios como sacerdotes del Altísimo. Nouwen nos advierte que *«la bendición solamente puede ser dada por aquellos que la han escuchado en sus propias vidas»*. Cuando escuchamos una y otra vez esa voz que nos llama «benditos», recibiremos también palabras con las cuales bendecir a otros y revelarles que no son menos bendecidos que nosotros.

¡Qué precioso ministerio! Quebrar con el hábito de este mundo de maldecir, y comenzar a hablar palabras que bendicen y edifican, ser los instrumentos del Padre para restaurar lo que el enemigo ha intentado destruir. Hemos sido llamados a ministrar vida a aquellos que están a nuestro alrededor. Tal ministerio solamente será posible si nosotros estamos disfrutando de la vida que él nos ofrece.

Oración:

«Señor, necesito que a diario me hables de lo mucho que me amas. Soy tan vulnerable a las palabras que hieren y lastiman. Fortalece mi espíritu con ese bendito testimonio de que soy tu hijo amado. Úsame también para hablar estas palabras a la vida de otros. Amén».

La medida de nuestra fortaleza

Si eres débil en día de angustia, tu fuerza es limitada. **Proverbios 24.10 (LBLA)**

La situación de crisis, que tanto busca evitar nuestra cultura hedonista, tiene un enorme valor para la persona que busca crecer en su vida espiritual. Nos permite evaluar el verdadero estado de nuestras reservas espirituales.

Todos nos sentimos fuertes y espirituales cuando la vida nos trata bien. En estos momentos, proclamamos nuestra lealtad al Señor y afirmamos nuestro compromiso de vivir conforme a su Palabra. Cuando la tormenta azota, sin embargo, la devoción y el compromiso se esfuman. En su lugar queda la pregunta tan frecuentemente escuchada en boca de cristianos en momentos de dificultad: «*¿Por qué a mí?*»

Para la persona que está interesada en ver una transformación en su vida, la condición indispensable para este proceso es tomar conciencia de las áreas que necesitan ser tratadas por el Señor. Mientras no vivamos situaciones que ponen a prueba nuestra vida, probablemente nos hagamos una idea errada de nuestra verdadera condición espiritual No solamente nos convenceremos de la existencia de realidades que no son, sino que tampoco seremos concientes de la verdadera naturaleza de nuestras debilidades. La crisis le pone fin al engaño de nuestras percepciones. En la crisis tenemos la oportunidad de vernos tal cual somos. Nuestras imperfecciones, nuestra poca madurez, nuestra falta de santidad, todo esto quedará admirablemente revelado.

Para entender este principio, piense un momento en el apóstol Pedro. En la última cena, afectado profundamente por las fuertes emociones del momento, proclamó confiadamente que daría su vida por Cristo. No dudaba de su devoción, ni de su compromiso. Sin embargo, cuando llegó la prueba, no alcanzó siquiera a confesar con su boca su lealtad al Mesías.

¿Cuál de los dos *Pedro* tenía más potencial para la obra? ¿El primero, o el segundo? El Pedro derrotado había aprendido una valiosísima lección. No podía confiar en su propio entendimiento, ni en su propia evaluación de su pasión espiritual.

Como líderes, esta verdad nos deja dos lecciones importantes. En primer lugar, debemos ser cuidadosos en lo que proclamamos en tiempos de abundancia y bendición. Es fácil sentirse invencible cuando todo está a nuestro favor. En segundo lugar, debemos apreciar más el valor de las situaciones de crisis en nuestras vidas. Nadie disfruta de experimentarlas, pero qué buen fruto pueden dejar en nuestras vidas cuando no intentamos escondernos de ellas.

Para pensar:

Medite en la siguiente observación del reconocido consejero cristiano, Larry Crabb: «Nuestra teología cobra valor solamente cuando sobrevive a los embates del dolor. Y la teología que es sana nos lleva a través del dolor a una experiencia más plena de Cristo y, por lo tanto, de la esperanza, el amor y el gozo».

Un profeta sin igual

Os digo que entre los nacidos de mujeres no hay mayor profeta que Juan el Bautista; y, sin embargo, el más pequeño en el reino de Dios es mayor que él.
Lucas 7.28

Detengamos nuestra mirada un momento en este elogio de Cristo. Escogiendo de entre los profetas nacidos de mujer, el Hijo de Dios afirmó que Juan era el más grande de todos los tiempos. Recordemos que el hijo de Zacarías no estaba siendo comparado con otros profetas de poca estatura. Israel tenía una rica historia de ministerios proféticos, aunque muchas veces no fueron honrados como tales. La lista de notables incluía varones de la talla de Moisés, Isaías, Amós, y Jeremías, hombres que tuvieron un profundo impacto en la vida y la historia de la nación.

Piense en la trayectoria de Juan el Bautista. Fue apartado desde su concepción para una labor única. Los siguientes 30 años los pasó en completo anonimato. Solamente sabemos que cuando apareció a orillas del Jordán, venía del desierto. Probablemente fue formado y educado por alguna de las comunidades que moraban en esa región durante la época. Lo cierto es que era completamente desconocido.

De allí, su trayectoria fue meteórica. Al poco tiempo de comenzar a predicar, grandes multitudes lo acompañaban. Las figuras religiosas del momento venían de lejos para indagar sobre su vida y mensaje. Formó su propio grupo de discípulos.

La culminación de su ministerio fue la llegada del Mesías, quien también se unió a las multitudes que se bautizaban. Con el inicio del ministerio público de El Enviado, la tarea de Juan terminó. Poco tiempo después fue arrestado, y luego decapitado por orden de Herodes. Su ministerio duró apenas seis meses.

¿Cómo, entonces, se puede decir que su ministerio fue el más grande de entre los profetas? La labor de Isaías y Jeremías se extendió a lo largo de al menos 40 años. ¡Lo de Juan es insignificante en comparación!

Justamente en este argumento, sin embargo, vemos el concepto que prevalece entre nosotros. Para nuestra cultura evangélica, la grandeza de un ministerio radica en su tamaño y extensión. En el reino, sin embargo, la grandeza no se mide en términos de números, sino en términos de fidelidad. Y la fidelidad consiste en hacer solamente lo que uno fue llamado a hacer. Nadie entendía esto mejor que Juan, quien le explicó a sus discípulos que «es necesario que él crezca, y que yo disminuya» (Jn 3.30).

Para pensar:

Para nosotros, esto es un terrible desperdicio de recursos. Preparar a un hombre 30 años ¡para un ministerio de seis meses! Nos sentimos mucho más cómodos con un modelo que prepara a un obrero seis meses para un ministerio de 30 años.

Qué importante lección nos deja el hijo de Zacarías a nosotros, los que estamos abocados a servir. Un hombre preparado por Dios para ministrar en el momento exacto, puede lograr más en seis meses que lo que un ministro bien intencionado puede lograr en sesenta años de trayectoria. Procuremos, pues, trabajar en las obras que él ha preparado de antemano para que andemos en ellas (Ef 2.10).

Orar por los nuestros

Epafras, que es uno de vosotros, siervo de Jesucristo, os envía saludos, siempre esforzándose intensamente a favor vuestro en sus oraciones, para que estéis firmes, perfectos y completamente seguros en toda la voluntad de Dios.

Colosenses 4.12 (LBLA)

Los datos acerca de Epafras son escasos. Muchos comentaristas creen que fue una de las personas clave en el establecimiento de la Iglesia en Colosas, además de ser compañero de Pablo en su primera encarcelación. La verdad es que quedará perdido entre los millares de héroes anónimos que fueron parte de la expansión de la iglesia durante el primer siglo.

Nuestro versículo de hoy, sin embargo, nos da un pequeño vistazo de la clase de persona que era Epafras; un hombre de oración que entendía que aun de lejos podía seguir afectando vidas por medio de ruegos y súplicas a favor de ellos. Según el testimonio de Pablo, esta intercesión se llevaba adelante con una intensidad y un fervor que delataban una pasión poco común entre los que servían.

No solamente esto, sino que este varón también mostraba gran discernimiento en lo que a la iglesia respecta. Sus oraciones no estaban limitadas a peticiones que tenían que ver con los detalles temporales de esta vida, que tantas veces nos ocupan. Epafras pedía que se pudiera cumplir en ellos aquella condición que garantiza resultados eternos, que pudieran estar firmes, que fueran perfectos y completamente seguros en toda la voluntad de Dios.

Sin lugar a dudas Epafras no hacía más que imitar el ejemplo que había visto en el apóstol Pablo. Casi todas las epístolas dan testimonio de que el apóstol oraba frecuentemente por las iglesias que había fundado o visitado. En Romanos testifica: «sin cesar hago mención de vosotros en mis oraciones» (1.9). En primera Corintios Pablo declara: «gracias doy a mi Dios siempre por vosotros» (1.4). En Efesios 1.16 comparte: «no ceso de dar gracias por vosotros, haciendo memoria de vosotros en mis oraciones». En Filipenses comienza su carta diciendo: «Doy gracias a mi Dios siempre que me acuerdo de vosotros. Siempre en todas mis oraciones ruego con gozo por todos vosotros» (1.3-4). A los Colosenses les dice: «no cesamos de orar por vosotros» (1.9). A los de Tesalónica les recuerda: «damos siempre gracias a Dios por todos vosotros, haciendo memoria de vosotros en nuestras oraciones» (1.2).

Estos siervos entendían que la oración es una de las armas más efectivas que tiene el pastor a su disposición. Con oración podemos tocar vidas de maneras que no es posible con otras actividades. Sospecho, sin embargo, que muchos de nosotros creemos que el verdadero trabajo del ministerio parece estar en reuniones, visitación y consejería. Richard Foster, en su libro *La Oración*, nos recuerda que *«si realmente amamos a las personas, desearemos para ellas mucho más de lo que tenemos a nuestro alcance darles, y esto nos llevará a orar. Interceder es una forma de amar a otros».*

Para pensar:

¿Se podría decir de usted que es una persona que se «esfuerza intensamente» a favor de los suyos en sus oraciones? ¿Qué cosas impiden que pase más tiempo orando por su gente? ¿Cómo puede crecer en este aspecto del ministerio?

Trabajo que no es

Al ver el suegro de Moisés todo lo que él hacía por el pueblo, le preguntó: «¿Qué es esto que haces tú con el pueblo? ¿Por qué te sientas tú solo, mientras todo el pueblo permanece delante de ti desde la mañana hasta la tarde?» Moisés respondió a su suegro: «Porque el pueblo viene a mí para consultar a Dios». **Éxodo 18.14-15**

Moisés estaba tan inmerso en la vorágine del ministerio que había perdido la capacidad de ver el desequilibrio en que había entrado. Desde la mañana hasta la noche una enorme multitud de gente se le presentaba buscando que él dispensara sabiduría para los problemas que traían. Jetro, sin embargo, inmediatamente vio la locura de esta manera de trabajar y cuestionó duramente a su yerno.

La respuesta de Moisés es similar a la respuesta que tantas veces he escuchado en boca de diferentes pastores: «Si fuera por mí, yo trabajaría de otra manera. Pero la gente me busca y yo tengo que atender sus necesidades». En otras palabras, nuestras prioridades ministeriales las determinan las demandas de las personas que están a nuestro alrededor. En lugar de dirigir el ministerio, encontramos que nosotros estamos siendo dirigidos por las multitudes con su lista interminable de asuntos que demandan de nuestro tiempo y atención.

Esta situación ha sido claramente identificada por Gordon MacDonald, en su excelente libro *Ponga orden en su mundo interior*. Modificando, con cierto sentido de humor, un famoso enunciado espiritual, MacDonald declara: *«¡Dios le ama y todo el mundo tiene un plan maravilloso para su vida!»* El hecho es que si el pastor no tiene metas y prioridades claras en su vida, encontrará que la congregación impone las suyas. Esto le robará la libertad para dedicarse a las cosas que tiene que hacer, porque las demandas de los que están a su alrededor son interminables. Como nunca termina de atenderlos, nunca tiene tiempo para dedicarse a las cosas para las cuales ha sido llamado. Este es el mismo problema que enfrentaban los apóstoles en Hechos 6. La necesidad de distribuir alimentos entre las viudas los estaba distrayendo de la tarea principal de su llamado, que era dedicarse a la oración y la Palabra.

El pastor sabio entenderá que debe establecer claras prioridades ministeriales para su vida. Una vez que las ha establecido, podrá ordenar sus actividades conforme a estas prioridades. Cuando hace esto, su congregación tendrá un claro sentido de la dirección en la cual debe moverse. Además, el pastor tendrá tiempo para dedicarse a las cosas que realmente son importantes, como la formación de nuevos obreros, lo que le permitirá distribuir la tarea de atender al pueblo entre varias personas. De esta forma logrará que sus prioridades no queden a merced de todo aquel que tenga una necesidad.

Para pensar:

¿Cuáles son las tareas a las que Dios específicamente lo ha llamado? ¿Cuánto tiempo está invirtiendo en estas prioridades? ¿Cuáles son los síntomas que lo alertan que ha desviado la vista de estas prioridades? ¿Qué pasos puede dar para que su ministerio esté cada vez más alineado con su llamado?

Confiados en su misericordia

Porque él dice a Moisés: tendré misericordia del que yo tenga misericordia, y tendré compasión del que yo tenga compasión. Así que no depende del que quiere ni del que corre, sino de Dios que tiene misericordia. **Romanos 9.15-16 (LBLA)**

Uno de los elementos más atractivos que ofrecen las religiones, cuales quiera que sean, es la posibilidad de ejercer control sobre las acciones de Dios. Es decir, por una serie de sacrificios puedo garantizar su respuesta y asegurar que el resultado de mis esfuerzos tenga su recompensa. El grado de sacrificio varía de religión en religión pero todas -sin excepción- dan a entender que nuestras acciones pueden controlar a las deidades.

Esta idea, a decir verdad, es una reacción a la propuesta de Dios de que él sea absolutamente soberano en los asuntos de nuestra vida. Notemos, por ejemplo, el fastidio de los israelitas porque Moisés tardaba en bajar del monte (Ex 32). Como siempre, el factor tiempo es uno de los que más molesta. El pueblo, entonces, llegó a Aarón y le dijo: «haznos dioses que vayan delante de nosotros». En otras palabras, «queremos un dios que haga las cosas como nosotros queremos».

Sin darnos cuenta, este concepto se puede infiltrar dentro de nuestras congregaciones. Un ejemplo sencillo nos servirá de ilustración: podemos llegar a encontramos con creyentes que quieren pedirle algo especial a Dios. Pero demoran su petición, porque su vida personal no está en orden. Entonces intentan hacer por un tiempo «buena letra» para que, eventualmente, cuando efectúen su petición, Dios los escuche con agrado.

Nuestro versículo de hoy nos recuerda, en términos que francamente nos incomodan, que Dios es absolutamente soberano. Sin rodeos, Pablo nos dice que el accionar de Dios no depende ni del que corre, ni del que quiere, sino del Dios que se compadece de nosotros. Esto nos incomoda porque vivimos en un mundo donde, desde pequeños, se nos enseñó que la única manera de triunfar en la vida es controlando a los que están a nuestro alrededor. Nuestro Dios, sin embargo, escapa a este sistema perverso. Está más allá de nuestras maniobras.

¿Qué nos sostiene en la vida espiritual, entonces? Algo mucho más grande que la triste posibilidad de asegurar los resultados por medio de un sistema de intercambio de favores. Nos anima el corazón una profunda convicción de que él es nuestro Padre celestial y que, como tal, buscará siempre lo mejor para sus hijos. Estamos seguros de su amor, porque no es un amor con condiciones. Quién le conoce, sabe que siempre estará obrando a favor nuestro. Es esta realidad la que quiso poner Cristo de relieve ante sus discípulos, cuando les dijo: «si vosotros, siendo malos, sabéis dar buenas cosas a vuestros hijos, ¿cuánto más vuestro Padre que está en los cielos dará buenas cosas a los que le pidan?» (Mt 7.11).

Para pensar:

Medite en la maravillosa verdad encerrada en esta observación de Matthew Henry: «Todas las razones por las cuales Dios es misericordioso tienen que ver con lo que él es, no con lo que nosotros somos». No tenemos más opción que postrarnos a sus pies... pero confíe en él. ¡Está en muy buenas manos!

Orar con visión

Dijo también el Señor: «Simón, Simón, Satanás os ha pedido para zarandearos como a trigo; pero yo he rogado por ti, para que tu fe no falte; y tú, una vez vuelto, confirma a tus hermanos». **Lucas 22.31-32**

Esta declaración de Jesús a Pedro revela un nivel de compromiso y discernimiento del Hijo de Dios que muestra cuán profundamente espiritual era su peregrinaje por esta tierra. Sus palabras contienen al menos cuatro importantes principios para nuestros ministerios.

En primer lugar, vemos que Jesucristo había asumido un intenso compromiso con sus discípulos. Esto se tradujo en un fuerte deseo de cubrir sus vidas y utilizar todos los recursos a su disposición para producir en ellos el cumplimiento de la voluntad de Dios. Era un hombre que llevaba a su equipo en su corazón, en todo tiempo y lugar.

En segundo lugar, el conocimiento de la inminente prueba por la cual iba a atravesar el discípulo movilizó a Cristo a interceder por él. Muchas veces, las dificultades que vemos a nuestro alrededor nos llevan a comentarlas con otros, a lamentarnos mutuamente de lo dura que es la vida, o lo difícil que es la situación. Sin darnos cuenta, entramos en un estado de desánimo y derrota. Cristo hizo lo mejor que pudo hacer, rogó por la vida de su discípulo.

En tercer lugar, vemos que Cristo no oró para que Pedro fuera librado de la prueba. La cultura occidental, dedicada a la incansable búsqueda de una vida cómoda y sin sobresaltos, ha afectado tanto nuestra perspectiva que muchas de nuestras oraciones no son más que pedidos para que Dios acomode las circunstancias que nos rodean a nuestro gusto. Deseamos evitar las complicaciones y las pruebas que son comunes a la mayoría de los seres humanos. El Mesías, sin embargo, no oró en esta dirección. Pidió que Pedro pudiera salir ileso de la prueba, aferrado a la fe, sin la cual es imposible agradar a Dios.

En cuarto lugar, Cristo se dirigió a Pedro y le recordó el objetivo de su vida: confirmar a sus hermanos. Cuando pasamos por una prueba muy fuerte, tenemos tendencia a detenermos y hundirnos en un sin fin de especulaciones acerca de lo que nos ha tocado vivir. El resultado es que dejamos de avanzar hacia las metas que Dios ha marcado para nuestras vidas. Cristo le recordó a Pedro que del otro lado de la prueba existía un llamado que debía ser cumplido. En esta exhortación encontramos no solamente que el Maestro le daba una perspectiva correcta de las cosas, sino que también le comunicaba un voto de confianza. Creía que iba a salir bien de la prueba, y lo animaba a seguir adelante.

Para pensar:

La gran misionera a India, Amy Carmichael, fue durante los últimos veinte años de su vida, una inválida. Sin embargo tocó la vida de miles de personas por medio de la oración. Un comentarista nos dice lo que ella creía: «Antes de que podamos orar la oración de intercesión, en fe, necesitamos primeramente descubrir cuál es la voluntad de Dios. Un corazón que escucha y responde, formado en la obediencia, será indispensable para esto. Las deducciones y las presunciones no sirven. Solamente podremos orar con eficacia cuando Él nos ha revelado su voluntad. Nuestra oración no será, entonces, tanto nuestra oración como la oración de Dios en nosotros».

Apoyo condicional

Fueron, pues, Moisés y Aarón, y reunieron a todos los ancianos de los hijos de Israel. Aarón les contó todas las cosas que Jehová había dicho a Moisés, e hizo las señales delante de los ojos del pueblo. El pueblo creyó, y al oir que Jehová había visitado a los hijos de Israel y que había visto su aflicción, se inclinaron y adoraron. **Éxodo 4.29-31**

No había sido cosa fácil para el Señor convencer a Moisés de volver a Egipto para liberar a Israel. Con muchas argumentaciones, el patriarca había mostrado su resistencia a aceptar la misión que Dios le proponía. Finalmente claudicó, pero con poca convicción de su llamado. Cómo debe haber alentado su corazón, entonces, este recibimiento inicial por parte del pueblo. Relataron cuál era su misión y la gente los recibió con entusiasmo, uniendo sus corazones al proyecto.

¡Cuán diferente es la recepción que les dio el faraón! Los echó del palacio y ordenó que se duplicara la carga laboral de los esclavos israelitas. Tome nota de lo rápido que se esfumó el entusiasmo y el apoyo de Israel hacia Moisés y Aarón. Ni bien se encontraron con el pueblo, los israelitas exclamaron: «Que Jehová os examine y os juzgue, pues nos habéis hecho odiosos ante el faraón y sus siervos, y les habéis puesto la espada en la mano para que nos maten» (Ex 5.21).

Como líder, seguramente usted habrá experimentado muchas veces situaciones similares. Recuerdo, hace muchos años, un proyecto de construcción en el cual estaba involucrado con otro pastor. Los hermanos de la iglesia recibieron con entusiasmo la propuesta y prometieron su apoyo. Pero al poco tiempo perdieron los deseos de seguir trabajando y quedamos unos pocos para sobrellevar el grueso del esfuerzo.

Sepa usted que esta reacción es normal en el pueblo de Dios. Ellos no son perseverantes por naturaleza y fácilmente se desaniman. Pero no se enoje con ellos por esto. Si fueran perseverantes serían ellos los líderes y no usted. La tarea de mantenerlos animados y firmes con la mano en el arado es suya. Cómo pastor usted ha sido llamado a infundirle ánimo a su gente para avanzar con firmeza aun cuando hayan perdido la esperanza.

El gran ejemplo de este rol pastoral es Nehemías. El trabajo de reconstruir los muros lo enfrentó a interminables dificultades y pruebas, y muchas veces el pueblo quiso «tirar la toalla». Pero Nehemías, usando una diversidad de estrategias, los animó a seguir hasta que el proyecto estuviera completo.

Este ánimo no se imparte castigando y condenando al pueblo por su falta de compromiso. Más bien usted debe darles ejemplo de perseverancia en medio de las dificultades, para que puedan imitar su fe. Anímelos con paciencia y cariño a seguir en la tarea y verá que se le van sumando, a medida que usted muestra su compromiso de no echarse atrás.

Para pensar:

Note que Moisés también se desanimó (Ex 5.22-23). Pero tiene una característica que marca al verdadero siervo. Llevó su desánimo al Señor. Y el Señor le dio Palabra para poder seguir adelante. Usted necesita hacer lo mismo. Presente su desánimo al Señor y permita que él le vuelva a encender la esperanza y la fe, dándole la gracia que necesita para seguir adelante con los proyectos que él ha puesto en sus manos para este tiempo.

Proseguir hacia la meta

Hermanos, yo mismo no pretendo haberlo ya alcanzado; pero una cosa hago: olvidando ciertamente lo que queda atrás y extendiéndome a lo que está delante, prosigo a la meta, al premio del supremo llamamiento de Dios en Cristo Jesús. **Filipenses 3.13-14**

Para que apreciemos el peso de esta frase de Pablo, es necesario que recordemos que Filipenses es una de las últimas cartas que escribió, mientras aguardaba en la cárcel de Roma el veredicto de la justicia. La declaración es extraordinaria porque el apóstol llevaba al menos 20 años de trayectoria en el ministerio, y estaba en todo su derecho a descansar en sus logros.

Nos llama la atención, por lo tanto, que su orientación fuera tan claramente hacia el futuro. Con el avanzar de los años es común que pasemos cada vez más tiempo meditando en el pasado, recordando victorias obtenidas y experiencias vividas. Pero, en especial nuestra mente, vuelve una y otra vez a lamentar las oportunidades perdidas, los errores cometidos, las situaciones que no resultaron como esperábamos.

Si bien es importante mirar para atrás ocasionalmente, simplemente para reconocer el camino recorrido y celebrar la mano de Dios que ha obrado a favor nuestro, lo más importante es mirar hacia el futuro. Nadie puede caminar hacia el frente si está mirando en la otra dirección. Por esta razón, Pablo dice que se olvida de «lo que queda atrás».

El apóstol delata en esta frase que su esperanza estaba firmemente puesta en el futuro. No estaba condicionado ni atado por el pasado. No importa cuáles hayan sido las experiencias que le tocó vivir, el anciano apóstol entendía que lo mejor estaba por delante. Y con esa convicción proseguía, con paso firme hacia la meta que Dios había puesto delante de él durante tantos años.

Como líderes, es importante que también miremos hacia adelante. No podemos dejar que las dificultades y el sufrimiento del pasado determinen cómo vemos el futuro. No podemos, tampoco, vivir de los logros que el Señor, en su misericordia, nos permitió conseguir en el pasado. Para los que estamos en Cristo, la vida crece siempre hacia la expresión máxima de su plenitud. Lo mejor está por delante.

Aun en tiempos de absoluta crisis, podemos fijar la vista en el futuro para cobrar ánimo en medio de la tormenta. Cristo, cuando estaba en Getsemaní, en medio de esa agónica lucha por sujetarse a la voluntad del Padre, consiguió levantar los ojos y ponerlos en el gozo que estaba puesto delante de él (Heb 12.3). Habiendo realizado esta acción, pudo soportar la cruz y todo lo que ella implicaba, con un espíritu sereno y confiado. Esto habla de cuán poderoso puede ser en nuestras vidas el resultado de una actitud espiritual correcta.

Para pensar:

El gran evangelista Dwight Moody, dijo una vez: «Estoy avanzando hacia una luz que brilla, y cuanto más me acerco más brilla». El pasar de los años hace que lo que estaba lejos, cuando éramos jóvenes, se vea cada vez con mayor nitidez y hermosura. ¡Esto debe animarnos a seguir adelante con nuevas fuerzas!

Acortar distancias

Antes bien, hacen todas sus obras para ser vistos por los hombres, pues ensanchan sus filacterias, y extienden los flecos de sus mantos; aman los primeros asientos en las cenas, las primeras sillas en las sinagogas, las salutaciones en las plazas y que los hombres los llamen: «Rabí, Rabí». **Mateo 23.5-7**

Una serie televisiva para niños, muy conocida en toda América Latina, tenía un personaje que le decía a los demás: «¡Dígame licenciado!» Cuando los otros le concedían el deseo, se mostraba sumamente complacido. No era más que una tontera. Y sin embargo reflejaba algo que en nuestra cultura latina nos gusta mucho: hacer alarde de nuestros títulos y logros.

Cristo, en este pasaje, señala comportamientos similares en los fariseos. Amaban todo aquello que remarcara la diferencia que los separaba del resto del pueblo. Lo demostraban usando flecos más largos que el pueblo, ubicándose siempre en los primeros lugares en las reuniones, y procurando cruzarse con la gente para escuchar el agradable sonido de su título, «Rabí, Rabí». Con todo esto, dejaban en claro que ellos no pertenecían al pueblo, sino que estaban en otra dimensión espiritual de la vida. Su comportamiento, en lugar de acercarlos al pueblo, creaba la ilusión de que una gran distancia los separaba de la gente de la calle.

El líder sabio entiende que la distancia es enemiga del ministerio eficaz. Nadie transforma vidas desde un púlpito. El verdadero impacto de un líder se hace sentir cuando camina con su gente y quienes lo rodean tienen la oportunidad de examinar de cerca su andar. Cuando se mezcla con ellos y entiende las realidades con las cuales luchan, su ministerio cobra matices misericordiosos y prácticos, fundamentados en una perspectiva real de la vida.

Esto es tan importante, que el célebre educador Howard Hendricks, en su libro *Las siete leyes del maestro*, lo enumera como uno de los principios fundamentales de la educación. «*La palabra comunicación* -escribe Hendricks- *viene del latín "comunis", que significa común. Antes de que podamos comunicarnos debemos establecer lo que tenemos en común, lo que es universal entre nosotros. Cuantas más cosas tengamos en común [con los que enseñamos] más grande será el potencial para la comunicación*».

Como líder, deseche todo lo que lo pueda marcar como diferente a su gente. Rechace los títulos, los lugares de honor, la vestimenta distintiva y el trato preferencial que otros le quieran dar. Nuestro corazón rápidamente se acostumbra a estas cosas, pero rara vez contribuyen a que tengamos mayor autoridad con el pueblo. Procure identificar todo aquello que pueda servirle a usted para acortar las distancias entre su persona y la gente a quienes ministra. Esto le dará amplia entrada en sus vidas y le permitirá una inversión mucho más eficaz.

Para pensar:

A veces nos escudamos con el argumento: «yo no quiero que me traten de esta manera, pero la gente insiste». Cristo no solamente dijo que no llamemos a otro «licenciado», sino también que no dejemos que otros nos llamen «licenciado». Es su responsabilidad educar a los demás en este tema. Usted no quiere que ellos piensen que usted es especial. Su tarea es mostrar que solo Uno es especial, el que está sentado sobre el trono y reina soberano.

Porque él nos amó primero

Nosotros lo amamos a él porque él nos amó primero. **1 Juan 4.19**

Con frecuencia me he encontrado con cristianos frustrados. Ellos están procurando por todos los medios tener algún encuentro con Dios. Exclaman con desilusión: *«¡Yo lo busco y trato de agradarlo en todo, pero él no me contesta! Es como si estuviera ausente»*. La frustración de estas personas es real. Pero no tiene que ver con la falta de respuesta del Padre, sino con un concepto errado que se ha hecho fuerte entre nosotros.

Es que muchos creemos que Dios es más parecido a nosotros que al Dios que describe la Biblia. Es un ser que es selectivo en escoger con quién se relacionará. A unos pocos, los favorece con extraordinarias experiencias y los visita con su favor. El resto de nosotros parecemos tener alguna característica que nos descalifica para llegar a esta clase de experiencia. El resultado es que pasamos gran parte de nuestro tiempo tratando de modificar nuestras vidas para que él se fije en nosotros.

En esta versión de la vida espiritual, Dios es distante e indiferente con nosotros. Debemos encontrar la manera de convencerlo para que tenga en cuenta nuestra vida, para que le dé un poco de importancia a lo que nos está aconteciendo. De alguna manera necesitamos seducirlo para que también nos ame.

Nuestro Padre, sin embargo, no es un padre caprichoso como lo pudieron ser algunos de nuestros padres terrenales. Su interés en estar cerca nuestro es mayor que todo el fervor y la pasión que nosotros podamos tener hacia su persona. Él anhela participar de nuestra vida y entregarnos la bendición que ha preparado para sus hijos. No necesita que nadie lo convenza para hacer esto, porque quien ha tomado la iniciativa para buscarnos es él. «No me elegisteis vosotros a mí, sino que yo os elegí a vosotros y os he puesto para que vayáis y llevéis fruto, y vuestro fruto permanezca; para que todo lo que pidáis al Padre en mi nombre, él os lo dé» (Jn 15.16).

¿Qué demanda de nosotros este cambio de óptica? Que nos relajemos un poco y dejemos que él nos ame. Cuando hayan cesado nuestros esfuerzos desesperados por alcanzarlo, comenzaremos a darnos cuenta de que ya hemos sido alcanzados por su amor, y que, cada día, de mil maneras diferentes nos hace notar que él nos busca con amor eterno.

Dios no puede ser conquistado por la fuerza. ¡Debemos ser como niños, y dejarlo a él que nos seduzca con su incomparable amor!

Para pensar:

El autor Thomas Kelly, que escribió una pequeña gema llamada Un testamento de devoción, *nos hace notar: «En esta época humanística, suponemos que el hombre es el que inicia y Dios el que responde. Pero el Cristo viviente en nosotros es el que inicia y nosotros somos los que respondemos. Dios el amante, el seductor, el que revela la luz y las tinieblas es el que invita. Y toda nuestra aparente iniciativa no es más que respuesta, un testimonio a su presencia y obra secreta dentro de nosotros».*

La paja en el ojo ajeno

¿Por qué miras la paja que está en el ojo de tu hermano y no echas de ver la viga que está en tu propio ojo? ¿O cómo dirás a tu hermano: «Déjame sacar la paja de tu ojo», cuando tienes la viga en el tuyo?

Mateo 7.3-4

Hace muchos años, cuando era un pastor muy joven, habíamos acordado con los hombres de la iglesia ayudar a un hermano en la construcción de una habitación adicional en su casa. Uno de los que se comprometió con mayor entusiasmo no vino en el día señalado y no pude contener mi rabia. La crítica pronto apareció en mis palabras. Esperaba, al menos, que la otra persona presente en ese momento me diera la razón. Pero este hermano, ya crecido en Cristo, me dijo: «No me atrevo a decir nada de él, porque me pesa demasiado mi propio pecado». ¡Qué avergonzado me sentí yo, que era el pastor!

Con el pasar de los años he entendido cada vez con mayor claridad que la crítica tiene que ver más con lo que hay en el corazón del que habla, que con la realidad del criticado. El más falto de misericordia, critica lo que ve como falta de misericordia en otros. El más legalista condena el legalismo que ve a su alrededor. El impuntual se irrita y se ofende cuando otros le hacen esperar.

Es precisamente este elemento el que resalta Cristo. La crítica procede de la persona que no ha tomado tiempo para examinar realmente su propia vida. La basurita en el ojo de su hermano le resulta ofensiva y no ve que en su ojo hay una enorme viga. Por esta razón, su manera de ayudar al prójimo no produce un resultado positivo. No tiene la claridad de visión para poder realizar una operación tan delicada como remover un grano de arena del ojo ajeno. Además, Cristo revela en esta enseñanza esa tendencia en cada uno de nosotros de querer trabajar más en la vida de los demás que en la propia. Dallas Willard señala que *«tenemos gran confianza en el poder que tiene la condenación para «enderezarle» la vida a los demás».*

En el fondo, nos volcamos a la condenación porque hemos crecido en un mundo cuyo idioma es el de la condenación. El líder entendido sabe que no producirá cambios en la vida de nadie con las críticas, y aun menos si son críticas compartidas desde el púlpito. La corrección debe ser dada con firmeza, pero con un espíritu de mansedumbre «mirándote a ti mismo, no sea que tú también caigas» (Gl 6.1- LBLA). La crítica no solamente es desagradable a los oídos, también deshonra al Señor con una actitud que no ama. Siendo que hemos sido trasladados al reino ¿no deberíamos, entonces, hablar sólo lo que produce edificación, de manera que nuestras palabras impartan gracia a los que oyen? (Ef 4.29 - LBLA).

Oración:

Tome un momento para pensar en el hábito de criticar en su propia vida. ¿Qué cosas critica con mayor frecuencia? ¿Qué revela esto de su propio corazón? ¿Cómo puede manejar de forma diferente lo que ve mal en la vida de otros? ¿Se anima a hacer este voto al Señor? «Señor, quiero que de mi boca solamente se escuchen palabras que edifiquen. Si no tengo algo bueno que decir de otros, entonces me callaré. Amén».

Sentimientos encontrados

Entonces Pedro, tomándolo aparte, comenzó a reconvenirlo, diciendo: «Señor, ten compasión de ti mismo. ¡En ninguna manera esto te acontezca!» Pero él, volviéndose, dijo a Pedro: «¡Quítate de delante de mí, Satanás! Me eres tropiezo, porque no pones la mira en las cosas de Dios, sino en las de los hombres». **Mateo 16.22-23**

Lo que nos llama la atención de esta escena es que viene inmediatamente después de uno de los momentos más preciosos de Jesús con los discípulos, cuando Pedro lo reconoció como el Cristo, el Hijo de Dios. Tal revelación no había sido el fruto de deducciones, ni el resultado de un estudio cuidadoso de las Escrituras. Era algo que le había sido revelado al discípulo por el Padre mismo.

Poco tiempo después, sin embargo, encontramos a Pedro en una postura que demuestra una increíble falta de discernimiento y una profunda incomprensión acerca de los propósitos del Padre para el Hijo. El discípulo pretendía impedir el cumplimiento de la Palabra que Cristo mismo estaba anunciando: que era necesario que el Mesías sufriera muchas cosas y luego fuera muerto a manos de los escribas y los fariseos.

La escena nos revela una verdad acerca de la vida espiritual, y es que en la misma persona podemos encontrar la más extraordinaria espiritualidad como también las más marcadas manifestaciones de carnalidad. La verdad es que conviven dentro nuestro las dos realidades, y nuestra capacidad de caer no cesa nunca. Aunque se han hecho una serie de conjeturas acerca de la clase de persona que estaba describiendo Pablo en Romanos 7, no es descabellado creer que estaba hablando de su propia realidad. Todos hemos visto en nuestro interior la misma interminable puja entre la carne y el espíritu. «No hago el bien que quiero, sino el mal que no quiero, eso hago. Y si hago lo que no quiero, ya no lo hago yo, sino el pecado que está en mí» (Ro 7.19-20).

De esta observación, quedan dos reflexiones. En primer lugar, como líder, nunca se confíe de que está libre de caer, y de caer en forma estrepitosa. Debe cultivar siempre una actitud sabia hacia los potenciales problemas que pueden llevarlo a tropezar, manteniendo en alto la guardia contra las manifestaciones de la carne. Hombres más consagrados que usted y yo han caído, y haremos bien en recordarlo.

En segundo lugar, no se exaspere con las manifestaciones de la carne en su propia vida. A veces, luego de momentos realmente sublimes en Su presencia, encontramos que los pensamientos más horribles atraviesan nuestra mente. No se condene por esto. Cuando Cristo animó a los discípulos a que oraran para no entrar en tentación, les estaba señalando que la carne siempre iba a ser motivo de estorbo para quienes quieren avanzar hacia cosas mayores en la vida espiritual. Por esto podemos identificarnos con el apóstol Pablo, cuando exclamó: «¡Miserable de mí! ¿quién me librará de este cuerpo de muerte? Gracias doy a Dios, por Jesucristo Señor nuestro». No es la presencia del pecado en su vida lo que lo descalifica para el ministerio, sino que usted conviva con él.

Para pensar:

«Las más grandes luchas de esta vida no se dan entre los inconversos, sino entre los salvos». D. G. Barnhouse.

Ministrar según la necesidad

También os rogamos, hermanos, que amonestéis a los ociosos, que alentéis a los de poco ánimo, que sostengáis a los débiles, que seáis pacientes para con todos. **1 Tesalonicenses 5.14**

Con un simple ejercicio podremos ver la importancia de un principio que respalda la exhortación de Pablo. Si solamente reacomodamos las palabras, el versículo podría leerse de la siguiente forma: «También os rogamos, hermanos, que alentéis a los ociosos, que sostengáis a los de poco ánimo, que amonestéis a los débiles, que seáis pacientes para con todos!»

«¡Momento!», usted me dice. «Esto no puede de ninguna manera ser correcto. Jamás se nos podría exhortar a que alentemos a los ociosos, y mucho menos a que amonestemos a los débiles. Al contrario, lo que necesita el ocioso es que se le exhorte con firmeza. Justamente su tendencia a ser holgazán se debe a que no han sido lo suficiente firmes con él. ¿Y qué me dice del débil? Si yo lo amonesto, voy a terminar de destruirlo. Lo que necesita, más bien, es que lo ponga a mi lado y lo ayude en su momento de debilidad, para que pueda salir adelante. De igual manera, el de poco ánimo necesita que le hable palabras de aliento para que recupere su esperanza y se ponga una vez más en marcha».

¡Y tiene usted razón! Precisamente en su observación está el principio que Pablo deja entrever en esta serie de instrucciones. El líder sabio debe tener discernimiento para entender la realidad de las personas que está atendiendo. Usar el «método» correcto con la persona equivocada no produciría los cambios deseados. Al contrario, produciría más problemas en lugar de ayudar a una solución.

De manera que el líder entendido necesita no solamente una diversidad de estilos en su ministerio, también necesita saber cuándo es apropiado usar cada uno de estos estilos. En este desafío encontramos un problema que frecuentemente enfrentamos como líderes. La mayoría de nosotros tiene un estilo ministerial que tiende a dominar todo lo que hacemos, y lo usamos indiscriminadamente en toda circunstancia. Pero las personas no son todas iguales, y por eso debemos modificar nuestro estilo para ser efectivos en cada una de las situaciones que nos toca ministrar. Si usted tuviera tiempo de recorrer las diferentes cartas de Pablo, notaría esta capacidad de modificar su estilo según las personas y las circunstancias particulares de cada grupo. Con la iglesia de Galacia habla en términos fuertes. Al dirigirse a Timoteo, usa más bien el idioma de un padre hacia un hijo. En las cartas a los Tesalonicenses hace alusión a que su estilo fue «con ternura entre vosotros, como cuida una madre con amor a sus propios hijos» (1 Ts 2.7). Es decir, Pablo utilizó una diversidad de estilos de liderazgo, y por eso fue tan efectivo en el ministerio que llevó adelante.

Para pensar:

¿Cuál es el estilo con el cual se siente más cómodo? ¿En qué situaciones le da mejores resultados este estilo? ¿En qué situaciones no ha visto mucho fruto con este estilo? ¿Qué estilos necesitaría incorporar a su ministerio para poder atender mejor a las personas que Dios ha puesto en su vida? ¿Cómo puede hacer esto?

Una progresión natural

Acerca de esto tenemos mucho que decir, pero es difícil de explicar, por cuanto os habéis hecho tardos para oír. Debiendo ser ya maestros después de tanto tiempo, tenéis necesidad de que se os vuelva a enseñar cuáles son los primeros rudimentos de las palabras de Dios; y habéis llegado a ser tales, que tenéis necesidad de leche y no de alimento sólido. **Hebreos 5.11-12**

La frustración del autor de Hebreos, muchos de nosotros la hemos experimentado en nuestros propios ministerios. Es la de estar trabajando con personas que hace años están en el Camino, y sin embargo una y otra vez se les tiene que volver a recordar cuál es el A, B y C del evangelio.

El pasaje de hoy nos revela una importante verdad. La progresión natural de la vida espiritual de cualquier hijo de Dios es que eventualmente se convierta en maestro. Cuando el autor se refiere a maestros, no está usando la palabra en el sentido de los roles ministeriales que han sido dados a la iglesia, según Efesios 4. Más bien está haciendo referencia a aquellos que, habiendo madurado, deben comenzar a impartir a otros la vida que han recibido. Esto no es más que la progresión lógica de la vida misma. Nuestros hijos crecen, maduran y eventualmente formarán sus propias familias, reproduciendo su vida en otros.

Dentro de la iglesia, no obstante, tenemos un segmento que se ha dedicado incansablemente a buscar oportunidades para nutrir solamente su propia vida espiritual. Viven asistiendo a conferencias, cursos y seminarios, o leyendo libros que les ayudarán a ser mejores hijos de Dios. Pero no avanzan hacia ese estado en el cual comienzan a interesarse más en el crecimiento de los demás que en el propio.

Lo irónico de esto es que tampoco les es de provecho lo que están acumulando para sí mismos. Se convierten en «tardos para oir» y necesitan volver una y otra vez a los rudimentos de la Palabra, porque no usan lo que tienen correctamente. Al igual que el maná de los israelitas, la enseñanza que no se utiliza se echa a perder.

¿Cómo afecta esto nuestro ministerio como pastores? Pues muchas veces nosotros perdemos tiempo con estas personas, porque su entusiasmo por seguir aprendiendo parece ser verdaderamente espiritual. Pero no hay frutos que demuestren que han dejado de lado ese egoísmo que les lleva a pensar solamente en sí mismos. Nuestra responsabilidad consiste en dirigir lo mejor de nuestros recursos hacia aquellos que sí están interesados en avanzar hacia la condición de maestros.

¿Cuál es su responsabilidad para con este grupo? No los abandone, ni les dé la espalda. Pero no ponga todo su esfuerzo aquí tampoco. Invierta con sabiduría, donde su inversión va a llevar a que sus discípulos se reproduzcan en la vida de otros.

Para pensar:

Quizás una de las razones por las cuales la gente siempre quiere más es porque nosotros no hemos sido suficientemente claros en cuanto al verdadero llamado del cristiano. El reconocido autor, Gordon MacDonald dice de Cristo que, cuando las multitudes crecían mucho, el Maestro se esmeraba «por hacer cada vez más claro el costo del discipulado. Es casi como si estuviera diciendo que el tamaño de la multitud indicaba que la gente no lo había entendido bien; sino no estarían siguiéndolo tantas personas».

Aprendices de Dios

Y el Señor dijo a Samuel: ¿Hasta cuándo te lamentarás por Saúl, después que yo lo he desechado para que no reine sobre Israel? Llena tu cuerno de aceite y ve; te enviaré a Isaí, el de Belén, porque de entre sus hijos he escogido un rey para mí.

1 Samuel 16.1(LBLA)

El Señor bien podría haber dado instrucciones más precisas que estas a su siervo Samuel. Podría haberle dicho: «Cuando llegues, pregunta por David, que es el hijo menor de Isaí. Él es la persona que he elegido para rey. Úngele y bendícelo en mi nombre». Pero el Señor, fiel a su estilo, le dio solamente la información que necesitaba para que el profeta se pusiera en marcha.

Cuando Samuel llegó a Belén, comenzó el proceso de buscar al nuevo rey. Dios no intervino. Usando sus propios criterios, Samuel creyó haber encontrado al nuevo rey cuando vio al hijo mayor. En ese mismo momento Dios habló, y le dio instrucciones adicionales, revelando el principio que debía guiar el proceso de selección: «Jehová no mira lo que mira el hombre, pues el hombre mira lo que está delante de sus ojos, pero Jehová mira el corazón» (1 S 16.7).

Las directrices incompletas que le dio el Señor a Samuel revelan un importante principio acerca de la manera en que Dios se relaciona con nosotros. Nuestra tendencia en el ministerio es a creer que estamos trabajando para Dios. Si fuéramos meros empleados del Altísimo, él nos daría instrucciones completas, porque nuestra función sería solamente cumplir con lo encomendado.

Sin embargo, esta no es nuestra función. En toda obra que Dios nos manda a realizar, él también está interesado en seguir trabajando en nuestra vida. Las instrucciones incompletas que Dios le dio a Samuel obligaron al profeta a caminar primeramente en fe. Pero durante el proceso de selección, habiendo cometido el error de mirar lo externo de las apariencias, Dios le enseñó una importante lección acerca de los criterios que Dios usa para tratar a los hombres. La lección, enseñada en el momento preciso, iba a quedar grabada en el corazón de Samuel por el resto de su vida.

De manera que podemos afirmar que en cada proyecto que Dios nos da, él tiene dos metas importantes que cumplir. Una de ellas es que el proyecto se lleve adelante conforme a las directrices que él nos ha dado. Pero la segunda es que, en el proceso, nosotros sigamos creciendo y aprendiendo acerca de cómo se lleva adelante la obra de Dios.

No se vea nunca como un mero empleado de Dios. Usted no está trabajando para Dios. Usted está trabajando con Dios, en calidad de aprendiz. Como Padre amoroso, a medida que realizan proyectos juntos, él le va corrigiendo y enseñando los «secretos» del oficio. Que su concentración en lo que está haciendo no sea tal que lo lleve a perder de vista esta obra preciosa que él quiere realizar en su interior. Cada día traerá promesa de nuevas lecciones al lado del Gran Alfarero.

Para pensar:

Nunca se desanime por los errores que ha cometido. Algunas de las lecciones más preciosas y profundas en la vida espiritual se gestan en el período de reflexión que automáticamente acompaña los tropezones experimentados en el ministerio.

Perseverar en la oración

También les refirió Jesús una parábola sobre la necesidad de orar siempre y no desmayar. **Lucas 18.1**

La falta de perseverancia en la oración es uno de los problemas más comunes que enfrentamos en la vida espiritual. Esto es particularmente así en estos tiempos en los cuales estamos acostumbrados a la gratificación instantánea de nuestros deseos. Aunque nos proponemos, una y otra vez, buscar mayor crecimiento en esta disciplina, pareciera que se requiere de un esfuerzo extraordinario avanzar en esta dirección.

Hay dos cosas que, según la parábola que contó Jesús, pueden ayudarnos a no desmayar en la oración. En primer lugar, debemos creer en lo válido de nuestra petición. La viuda tenía una convicción inamovible que su causa era justa y que por eso debía insistir en buscar una solución. Sospecho que en esto, muchos de nosotros no creemos demasiado en lo que estamos pidiendo. Pedimos una o dos veces lo que deseamos del Padre, pero frente a la falta de resultados, abandonamos rápidamente el pedido que, hace apenas unos días, creíamos indispensable para nuestra vida.

En segundo lugar, debemos tener convicción de que la respuesta va a venir, aunque pueda haber, a nuestro entender, una demora en el tiempo de la respuesta. La viuda no se daba por vencida porque creía que realmente iba a obtener una respuesta a la situación que estaba exponiendo ante el juez injusto. Por un tiempo tuvo que convivir con la indiferencia de este hombre, pero lo terminó agotando con su continuo pedido. Aunque Cristo señaló que nuestro Padre Celestial de ningún modo posee las mismas cualidades que el juez injusto, debemos, de todas maneras, superar el obstáculo del aparente silencio de Dios. Es solamente una convicción profunda en la bondad de Dios y su deseo de bendecir a sus hijos lo que nos va a sostener cuando la respuesta aún no haya llegado.

Se hace evidente, entonces, que para cultivar este tipo de oración debemos superar las peticiones tibias y esporádicas que muchas veces elevamos al Señor. Dick Eastman, un hombre que ha enseñado y escrito mucho sobre la oración, comparte esta observación sobre el tema de la persistencia: «Muchos piensan que orar con persistencia significa tener que esperar semanas y aun años por una respuesta. Aunque esto es verdad en ocasiones, no es siempre así. Una persona puede hacer una oración persistente en un cuarto de hora. Las oraciones largas no necesariamente son oraciones persistentes. Mucho más importante que esto es cuán ***intensamente*** oramos. Nuestras oraciones deben ser intensas. Cuando uno ora con un sentimiento intenso de humildad-entremezclado con una profunda dependencia de Dios- aprende la definición de lo que es una oración perseverante».

Para pensar:

¿Es posible que muchas de las cosas que podrían estar aconteciendo en su congregación estén demoradas por la falta de oración? ¿Cuáles son las cosas por las cuales usted siente verdadera pasión? ¿Cuáles de estos temas alimentan su vida de oración? ¿Qué cosas le llevan a desistir de seguir orando por algo? ¿Cómo puede cultivar mayor perseverancia en la oración?

Motivaciones que matan

16 DE FEBRERO

Pero acercándose también el que había recibido un talento, dijo: «Señor, te conocía que eres hombre duro, que siegas donde no sembraste y recoges donde no esparciste; por lo cual tuve miedo, y fui y escondí tu talento en la tierra; aquí tienes lo que es tuyo». **Mateo 25.24-25**

En la confesión de este tercer siervo encontramos una de las razones por las cuales muchos ministerios no prosperan. El amo no negó que él fuera un hombre que segaba donde no sembraba, ni tampoco que recogía donde no esparcía. Pero estas características, lejos de inspirar al siervo, le infundieron miedo porque veía en ellas las marcas de un hombre duro. Su visión errada del amo es lo que lo llevó al fracaso.

El miedo no inspira, ni nos motiva a tomar riesgos. El miedo paraliza. Cuando el temor se apodera de nuestros corazones las cosas a nuestro alrededor dejan de tener su correcta perspectiva y parecen obstáculos insuperables. Creemos que cualquier paso que tomamos va a terminar en el fracaso y acabamos por no hacer nada. Este siervo, que estaba convencido de que su amo era un hombre duro, tenía más miedo del castigo que podía recibir, que de la posibilidad de fracasar en su intento de hacer una buena inversión.

Creo que muchas veces buscamos movilizar a nuestra gente usando el miedo o la culpa. Les decimos que si ellos no asumen la responsabilidad por tal o cual ministerio, nadie lo hará. Terminan aceptando esa responsabilidad sin la convicción profunda de que esto sea algo que Dios desea para sus vidas. Desde el primer día, entonces, ese ministerio está destinado al fracaso. La persona no lo inició con una motivación sana, y sus acciones lo van a delatar a cada paso que dé.

Lo único que verdaderamente puede motivarnos a un ministerio sano es la seguridad de que somos amados por nuestro Padre celestial. Cuando nos movemos en Su amor, podemos asumir los riesgos de «inversiones» que podrían fracasar, porque sabemos que no se está progresando por la calidad de nuestros logros. Avanzamos confiadamente en los proyectos que tenemos por delante, porque sabemos que Su amor nos guiará y sostendrá en los emprendimientos.

Note usted la manera en que ocurre la transición de Jesús, de una vida secreta a la vida pública del ministerio. Cuando salió de las aguas, se oyó una voz de los cielos, que dijo: «Este es mi Hijo amado, en quien tengo complacencia» (Mt 3.17). Antes de que comenzara la tarea para la cual había sido enviado, el Padre estaba expresando al Hijo su amor incondicional. Todos los cuestionamientos, las dificultades, y aun las traiciones que le esperaban en el futuro no iban a neutralizar la fuerza de esta relación entre Padre e Hijo. ¡Cómo no sentirse, entonces, libre para avanzar confiado por el camino que se le había marcado!

Para pensar:

¿Qué cosas lo motivan a servir al Señor? ¿Cómo logra motivar a la gente que está trabajando con usted? ¿Saben ellos que son amados? ¿Qué cosas puede hacer usted para que sepan que aun si fracasan usted los seguirá amando y respaldando?

¡Mojarse los pies!

Aconteció que cuando el pueblo partió de sus tiendas para pasar el Jordán, con los sacerdotes delante del pueblo llevando el Arca del pacto, y cuando los que llevaban el Arca entraron en el Jordán y los pies de los sacerdotes que llevaban el Arca se mojaron a la orilla del agua (porque el Jordán suele desbordarse por todas sus orillas todo el tiempo de la siega), las aguas que venían de arriba se amontonaron. **Josué 3.14-16**

El pueblo que acompañaba a Josué en la aventura de conquistar la tierra prometida no era el mismo que tanto había fastidiado a Moisés durante cuarenta años en el desierto. Aquella generación, según el mismo testimonio del Señor, era una generación perversa, completamente falta de fe (Nm 14.35). Este nuevo pueblo había aprendido, a los golpes quizás, la importancia de obedecer los mandamientos de Jehová. No obstante, el desafío que el Señor ponía delante de ellos no dejaba de tener verdaderos elementos de riesgo, como ocurre hasta el día de hoy con cualquier aventura de fe. Las instrucciones que el Señor le había dado a Josué era que los sacerdotes tomaran el Arca y cruzaran el río. Les había informado que el río se abriría delante de ellos, permitiendo el paso de todo el pueblo que los acompañaba. No obstante, los sacerdotes debieron entrar al agua y mojarse los pies antes de que ocurriera el milagro prometido.

Quisiera que congelemos la escena en el preciso instante en el que las aguas golpean contra los tobillos. Es el momento inmediatamente previo a la intervención de Dios, aquel en que más susceptibles somos a abandonar el proyecto que hemos emprendido. Se trata de ese instante en el tiempo en que nos asaltan las dudas y el temor se apodera de nuestro corazón. Dios ha prometido abrir las aguas, pero ya estamos en el río y aún no ha acontecido nada. Si seguimos, tendremos que echarnos a nadar. ¿Habremos interpretado correctamente lo que nos quiso decir? ¿De cuántas experiencias similares podremos echar mano para animar nuestra fe? Ninguno de los presentes, salvo Josué y Caleb, había visto alguna vez abrirse las aguas para dar paso al pueblo escogido.

Todos amamos la parte final de la historia, donde ya el pueblo se encuentra del otro lado del río. Deseamos que se nos cuente entre los que celebran, eufóricos la intervención del Altísimo. Son pocos, sin embargo, los que están dispuestos a mojarse los pies, a jugarse por los proyectos alocados del Señor cuando el elemento de riesgo está en su punto más alto. Esta etapa en la aventura es la más incómoda para el discípulo. Corre peligro de quedar en ridículo delante de los demás. Es en esto, sin embargo, que se debe notar la diferencia en la vida del líder comprometido. No titubea a la hora de avanzar en aquellas cosas que Dios le ha puesto por delante. Armado de la misma valentía que Josué, no presta atención a las voces atemorizadas que se alzan en su interior. Es una persona que sabe en quién ha puesto su confianza. El momento desagradable pasará, y se le contará entre los que festejan la victoria concedida por el Señor.

Para pensar:
«El coraje no significa la ausencia del temor, sino el manejo adecuado del temor». Anónimo.

Lo que marca la diferencia

David respondió a Saúl: «Tu siervo era pastor de las ovejas de su padre. Cuando venía un león o un oso, y se llevaba algún cordero de la manada, salía yo tras él, lo hería y se lo arrancaba de la boca; y si se revolvía contra mí, le echaba mano a la quijada, lo hería y lo mataba». **1 Samuel 17.34-35**

No hay duda que David demostró singular valentía frente al desafío que presentaba el gigante de Gat. Todo un ejército acobardado había experimentado día tras día la humillación de escuchar el reto del filisteo, proferido con abundantes insultos contra los israelitas y su Dios. Solamente el joven pastor se había animado a responder.

Sin perder de vista esta tremenda demostración de coraje, miremos por un momento la explicación que David ofrece al rey Saúl. No era la primera vez que se enfrentaba a situaciones adversas. Muchas veces, mientras pastoreaba las ovejas de su padre, había tenido que defenderlas del ataque de un oso o un león. De modo que hacerle frente a situaciones de extremo peligro no era algo desconocido para David.

Es precisamente en este detalle que encontramos un importante principio de liderazgo. David ahora saldría a pelear frente a todo un ejército que observaría con suma atención la hazaña del joven pastor. Este era su primer combate en público. La preparación para este momento, sin embargo, había transcurrido en completa soledad, solamente en presencia de sus ovejas. David se proponía hacer ahora lo que muchas veces había hecho en privado, a solas.

El líder que aspira a ser efectivo en público debe cultivar las cualidades que necesita para ministrar efectivamente, cuando está a solas. Lo que somos en público solamente impactará la vida de las personas que nos observan, cuando esté respaldado por una vida secreta de devoción y compromiso lejos de la mirada de las multitudes.

Es por esta razón que muchos líderes no logran más que hacer pasar un buen momento al pueblo de Dios. Su ministración puede ser muy llamativa, pero carece de impacto porque su vida no posee ese grado de santidad y compromiso que solamente se puede cultivar fuera del ámbito público. Vivir en los lugares secretos de la vida, una experiencia intensa con Dios es lo que hace la diferencia en el ministerio, aun cuando los demás jamás vean esas vivencias personales. El peso espiritual de una persona, sin embargo, lo perciben todos aquellos que tienen cierta sensibilidad espiritual.

El Espíritu, que es el que realmente toma nuestro esfuerzo y lo usa para tocar la vida de otros, solamente fluye a través de esas personas que viven una vida de comunión permanente con Dios, y no en aquellos que solamente practican la santidad cuando están en el ojo público.

Para pensar:

¿Cómo es su vida cuando está a solas y nadie lo está mirando? ¿Hace las mismas cosas que hace cuando otros le están observando? La verdadera persona no es la que ven los demás, sino lo que usted es en su vida secreta. ¿Qué pasos puede tomar para cerrar la brecha entre lo que usted es en público y lo que es en privado?

Fiel a su palabra

Cuando volvió Jefté a Mizpa, a su casa, su hija salió a recibirlo con panderos y danzas. Ella era sola, su hija única; fuera de ella no tenía hijo ni hija. Cuando él la vio, rasgó sus vestidos, diciendo: «¡Ay, hija mía!, en verdad que me has afligido, y tú misma has venido a ser causa de mi dolor, porque le he dado mi palabra a Jehová y no podré retractarme». **Jueces 11.34-35**

Jefté nos es tristemente célebre por la necedad del voto que le hizo al Señor. Buscando obtener la victoria sobre los hijos de Amón, contra los cuales estaba luchando, se comprometió a ofrecer en sacrificio al Señor lo primero que le saliera a su encuentro al regresar a casa. El versículo de hoy relata el dramático momento del regreso, con su terrible desenlace para el juez.

Sin perder de vista lo necio que puede ser entrar en este tipo de acuerdos con Dios, debemos rescatar del ejemplo de Jefté un elemento importante: que era un hombre fiel a su palabra. No podemos leer su historia sin pensar en el salmista, que preguntaba: «Jehová, ¿quién habitará en tu Tabernáculo?, ¿quién morará en tu monte santo?» Entre las cualidades que incluye en su respuesta, se encuentra aquella persona que, «aun jurando en perjuicio propio, no por eso cambia» (Sal 15.4). ¡Cuán deseable es esta cualidad en la vida de un líder!

Muchas veces, en el apuro y las corridas del ministerio, nos comprometemos con alguna actividad que luego trae inconvenientes a nuestra vida. En otras ocasiones, nos traiciona el deseo de agradar a los demás y damos nuestra palabra con respecto a algo. Sin embargo, cuando llega el momento de cumplir lo que hemos prometido, nos damos cuenta de que nos hemos metido en «camisa de once varas».

Es importante que las personas a quienes estamos ministrando vean que somos íntegros en el cumplimiento de nuestra palabra. Esto significa que, aun cuando nos hemos comprometido con una situación que nos perjudica, no damos marcha atrás. El esfuerzo que hacemos por guardar el compromiso asumido dejará una importante lección acerca del peso que le damos a nuestras palabras, además de demostrar que valoramos profundamente a las personas con las cuales nos comprometemos.

Para pensar:

La solución a este tipo de inconvenientes no es desistir de lo que hemos pactado, sino pensar con más cuidado antes de dar nuestra palabra. Muchas veces quedamos presos de nuestra propia prisa. Antes de asumir un compromiso, tome un tiempo para pensar si realmente es algo que puede hacer. Pídale a la persona que le dé un tiempo para orar antes de tomar la decisión. Esto no solamente le evitará asumir compromisos que luego lamentará, sino que ademrnás le dará la valiosa oportunidad de acostumbrarse a no tomar decisiones solo. ¡Cada uno de nuestros pasos debería ser tomado con la aprobación de nuestro Padre Celestial!

Peticiones que no recibirán respuesta

Las armas de nuestra milicia no son carnales, sino poderosas en Dios para la destrucción de fortalezas, derribando argumentos y toda altivez que se levanta contra el conocimiento de Dios, y llevando cautivo todo pensamiento a la obediencia a Cristo. **2 Corintios 10.4-5**

El otro día, en una reunión, escuchaba orar de la siguiente manera a una de las personas presentes: «Señor, te pedimos que tu quites de nuestra mente todo pensamiento que te deshonra, y que nos limpies de todo aquello que te ofende». Cuando la persona terminó de orar, vino a mi mente el versículo que hoy compartimos, y reflexioné acerca de las peticiones que a veces elevamos al Señor.

Según este pasaje, no es responsabilidad de Dios quitar los pensamientos que se levantan contra la obediencia a Cristo. El compromiso de Dios, por medio del Espíritu Santo, es traer a luz todo aquello que es pecado en nuestra vida (Jn 14.9). Una vez que lo ha revelado, sin embargo, es nuestra responsabilidad tomar cautivos esos pensamientos y sujetarlos a Cristo. Nuestro Padre celestial no los va a quitar de nuestra mente, porque él nos ha llamado a nosotros a que lo hagamos. El ejercicio de esta disciplina mental es uno de los aspectos fundamentales de nuestra transformación en Cristo.

En muchas ocasiones confundimos la verdadera naturaleza de nuestra vida espiritual y nos encontramos pidiendo cosas que tenemos que hacer nosotros, e intentando hacer cosas que deberíamos estar pidiendo al Padre. No tiene caso pedir que él nos de paz, por ejemplo, porque él ha dicho que la paz será nuestra cuando, mediante oración y súplica, hagamos conocidas a Dios nuestras peticiones (Flp 4.6-7). De la misma manera, los intentos por transformar nuestras vidas no darán fruto porque es una obra que solamente puede realizar el Señor (Ro 8.6-9).

Nuestro desafío, como líderes, es entender las dinámicas de la vida espiritual, de tal manera que nuestros esfuerzos estén dirigidos hacia aquellas cosas que realmente hemos sido llamados a hacer. A la vez, nuestras oraciones deben estar dirigidas hacia aquellas cosas que realmente debemos pedir. De esta manera podremos estar seguros de que lo que estamos haciendo recibirá la bendición de nuestro Padre celestial, y evitaremos hacer inversiones que no producirán ningún fruto.

Para pensar:

Un santo de la iglesia, W. E. Sangster, resume lo que hoy hemos observado con esta frase: «Muchas personas oran por cosas que solamente pueden venir por medio del trabajo, y trabajan por cosas que solamente pueden venir por medio de la oración». Reflexione por un momento en su propia vida de oración; ¿dónde están centradas sus peticiones? ¿Qué cargas eleva con frecuencia al Señor? ¿Cuáles de ellas requieren mayor esfuerzo de su parte? ¿Cuáles son las cosas que solamente el Señor puede hacer?

«Golpeo mi cuerpo»

Así que yo de esta manera corro, no como a la ventura; de esta manera peleo, no como quien golpea el aire; sino que golpeo mi cuerpo y lo pongo en servidumbre, no sea que, habiendo sido heraldo para otros, yo mismo venga a ser eliminado. **1 Corintios 9.26-27**

Existe un concepto fuertemente arraigado en la iglesia: que la vida espiritual está divorciada de la vida física de una persona. De esta manera, lo que ocurre en el plano físico tiene poca incidencia sobre lo que ocurre en el plano de las cosas espirituales, y viceversa. Cristo, sin embargo, definió el gran mandamiento como la necesidad de amar a Dios *con todo el corazón, con toda el alma, con toda la mente y con todas las fuerzas*. Con esto nos dio a entender que cultivar una relación con el Padre debe ser algo que involucra la totalidad de nuestro ser.

Pablo también entendía este concepto. Sabía que su cuerpo podía llegar a ser un estorbo si no lo hacía partícipe de su vida espiritual. Esto no significaba que su cuerpo fuera malo, sino más bien que comprendía que los efectos de la transformación que obra el Espíritu en nosotros deben también afectar nuestro ser físico. Por esta razón, buscó disciplinar su cuerpo para que este también viviera bajo el señorío de Cristo.

¿Tiene importancia este principio? Piense un momento en las siguientes situaciones: usted se propone realizar un ayuno, pero al poco tiempo su estómago le hace sentir que no puede durar ni un minuto más sin algún bocado. O usted se ha propuesto levantarse muy temprano para procurar un tiempo a solas con Dios, pero en el momento en que suena el despertador su cuerpo le avisa que requiere de al menos dos horas más de sueño. O usted se pone de pie en la congregación, para cantar alabanzas, y descubre que sus piernas comienzan a avisarle de lo cansado que se siente. Nuestros cuerpos son, muchas veces, los que tienen la palabra final en nuestras actividades espirituales. Se quejan, se duelen, se lamentan por las experiencias a las cuales los sujetamos. La verdad es que tenemos cuerpos poco acostumbrados al sacrificio. Si usted, sin embargo, le vive prestando atención a lo que le dice su cuerpo, no podrá avanzar mucho en las disciplinas de la vida espiritual.

Un líder debe ser, por naturaleza, más disciplinado y esforzado que sus seguidores. Es justamente esa característica lo que lo señala como una persona capaz de guiar a otros. Para que usted pueda crecer en la práctica de una vida disciplinada, necesita enseñarle a su cuerpo que la última palabra en su vida la tiene Jesucristo. Golpear al cuerpo y ponerlo bajo servidumbre, es llevarlo por el camino no de lo que le gusta, sino de lo que le hace bien.

Para pensar:

¿Cuáles son las disciplinas físicas que practica para hacer partícipe a su cuerpo de la vida espiritual? ¿Cómo le enseña que Cristo también gobierna sobre nuestra vida física? ¿Qué pasos puede tomar para «golpear» su cuerpo, para que usted no quede descalificado?

La obligación de descansar

Seis días trabajarás y harás toda tu obra, pero el séptimo día es de reposo para Jehová, tu Dios; no hagas en él obra alguna, tú, ni tu hijo, ni tu hija, ni tu siervo, ni tu criada, ni tu bestia, ni el extranjero que está dentro de tus puertas. **Éxodo 20.9-10**

Hay dos conceptos muy interesantes en el pasaje que hoy compartimos. En primer lugar, debemos notar que el mandamiento de descansar es precisamente eso: un mandamiento. Esto nos choca un poco, porque en nuestra cultura el descanso es algo que disfrutamos cuando ya no tenemos nada que hacer. Lamentablemente, como nunca llega el día en el que no tenemos nada que hacer, rara vez nos tomamos tiempo para descansar. Es justamente por esta razón que el Señor no deja libre a su pueblo para que decida cuándo debe descansar. No nos consulta acerca de si deseamos descansar, ni tampoco nos pregunta si hemos terminado todo el trabajo que teníamos para hacer. Directamente nos ordena que descansemos.

En esto vemos cuán bien conoce nuestro Padre celestial nuestra tendencia a abusarnos de todo lo que él nos ha dado. Con el advenimiento de la electricidad y la capacidad de prolongar indefinidamente el día, el hombre cada vez es más esclavo de lo que hace. De modo que nuestro Creador, que conoce bien nuestras limitaciones, nos ordena que descansemos para nuestra propia salud espiritual, emocional, mental y física.

Hemos de notar, en segundo lugar, que el día de reposo es «para Jehová». Aquí también encontramos un concepto que contradice nuestras presuposiciones culturales. Para nosotros el día de reposo es primordialmente un día para nosotros. En el mandamiento original el día de reposo tenía, sobre todas las cosas, un sentido espiritual. Era un día que se apartaba para celebrar la bendición de pertenecer al pueblo de Dios, para agradecer las bondades recibidas y para volver a reordenar la vida según los parámetros eternos de la Palabra.

El líder que aspira a ser efectivo en su ministerio necesita incorporar a su vida estos principios sobre el descanso. Muchos pastores viven en un estado permanente de fatiga que diezma seriamente su capacidad de servir y bendecir la vida de los demás. El descanso, que no es meramente la ausencia de actividades, es un momento vital en el ciclo de la renovación espiritual que necesita el líder, para que su ministerio continúe siendo fresco y vital. Quien intenta vivir sin estos interludios de renovación, lo hace en desmedro de las personas a quienes intenta servir.

Para pensar:

El Señor no le pregunta a usted si necesita descansar. Le manda que descanse, quiera o no hacerlo. Quizás le ayude, entonces, a ver el descanso como una disciplina más de la vida espiritual. Usted lo planifica como cualquier otra actividad de su ministerio, y lo incorpora al ejercicio espiritual que realiza diariamente para mantenerse en buen estado. Descansar no es perder el tiempo; es redimir el tiempo con sabiduría para que sus recursos den mayor fruto para el reino.

Celos que matan

Mientras danzaban, las mujeres cantaban diciendo: «Saúl hirió a sus miles, y David a sus diez miles». Saúl se enojó mucho y le desagradaron estas palabras, pues decía: «A David le dan diez miles, y a mí miles; no le falta más que el reino». Y desde aquel día Saúl no miró con buenos ojos a David.

1 Samuel 18.7-9

No hay en el pueblo de Dios figura más triste que la de un líder que tiene celos de los logros de sus seguidores. Tal persona siempre va a estar dominada por las sospechas y el miedo, e inevitablemente su ministerio sufrirá las consecuencias de estas actitudes.

La derrota de Goliat fue una gran victoria para los israelitas, y el cántico de las mujeres no hacía más que proclamar lo que era evidente a los ojos de todo el pueblo. Paralizado por la indecisión y el temor, el rey Saúl no proveyó la dirección clara y decisiva que sus hombres necesitaban en ese momento. Fue el joven pastor de Belén el que desplegó una actitud de coraje y valentía.

Note, sin embargo, que en ningún momento David hizo alarde de su proeza; el pueblo proclamó su grandeza. Aún mientras la gente festejaba, sin embargo, el corazón del rey se llenó de ira. El historiador de este momento nos hace partícipes de una decisión nacida de esta experiencia: «desde aquel día Saúl no miró con buenos ojos a David».

En esta frase está la clave del problema. Una vez que un líder ha permitido que los celos y la envidia se apoderen de su corazón, siempre verá negativamente el trabajo de los que están a su alrededor. Su juicio estará permanentemente opacado por la amargura de su propio corazón. En estas condiciones, gran parte de su tiempo estará enfocado en buscar la manera de descalificar la vida de los demás. Verá toda acción de sus seguidores como una amenaza para su propia posición. De hecho, esto podría ser el resumen del resto de la vida de Saúl, quien se dedicó con fanatismo a intentar extinguir la vida de David.

Es en la reacción de un líder frente al éxito de otros, que se ve su verdadera grandeza. Un líder maduro no tiene temor a ser «tapado» por el ministerio de otro, sino que trabaja para que los demás avancen y alcancen su máximo potencial en Cristo. Al igual que un padre con sus hijos, no tiene mayor alegría que la de verlos prosperar en todo lo que hacen. Con espíritu de generosidad invierte en sus vidas, los anima, y hasta procura que ellos lo puedan superar, entendiendo que lo suyo no es la máxima expresión de grandeza posible.

Para pensar:

Note lo maravillosamente desinteresada que es la frase de Cristo a sus discípulos: «De cierto, de cierto os digo: El que en mí cree, las obras que yo hago, él también las hará; y aun mayores hará, porque yo voy al Padre» (Jn 14.12). El Mesías no definía «grandeza» por el tamaño de la obra, sino por la fidelidad de alguien en haber hecho lo que se le mandó hacer. En este sentido, el éxito de sus discípulos fue el testimonio fiel de que su propia labor había sido bien realizada.

Al desierto

Cuando el faraón oyó acerca de este hecho, procuró matar a Moisés; pero Moisés huyó de la presencia del faraón y habitó en la tierra de Madián. Allí se sentó junto a un pozo. **Éxodo 2.15**

No es difícil creer que fue Dios mismo el que conmovió el corazón de Moisés frente a la injusticia que sufrían los israelitas a manos de los egipcios. La sensibilidad a las cosas espirituales que le habían impartido sus padres no se había perdido durante los años en la corte del faraón. No obstante, Moisés no había aún aprendido una lección crucial: los planes de Dios no se pueden implementar con métodos humanos, tal como lo expresó muchos siglos más tarde el apóstol Santiago: «La ira del hombre no obra la justicia de Dios» (1.20).

Para que Moisés pudiera aprender esta valiosa lección, era necesario que fuera a la escuela del desierto. Había en él demasiada confianza en sus propias fuerzas para ser útil a los propósitos del Señor, y Dios debía tratar profundamente con su vida. Allí, pues, pasó largos años. El fuego y el celo que le habían llevado a asesinar a un hombre, lentamente se disiparon quedando en su lugar la vida apaciguada y sencilla de un pastor de ovejas. Recién cuando hubo desaparecido en él todo anhelo y sueño, volvió Dios a visitarlo con la misión de liberar al pueblo de su estado de esclavitud en Egipto.

Piense en lo extraño de los caminos de Dios: Cuando Moisés quería servirle, él no se lo permitió. Y cuando el profeta ya no quería servirlo, ¡Dios se lo exigió! La razón es que Dios no pone el acento sobre nuestras acciones, sino en la clase de persona que somos.

El gran evangelista Dwight Moody alguna vez comentó de Moisés: «*Durante los primeros 40 años de vida, él pensó que era una persona importante. Durante los siguientes 40 años de vida, aprendió que en realidad no era nadie. Durante los últimos 40 años de vida, vio lo que Dios puede hacer con un "nadie"*». ¡Qué admirable resumen del proceso por el cual llevó el Señor al gran profeta!

Esta es una lección que todo líder debe aprender. Dios no necesita de nuestros planes, ni de nuestras habilidades, ni de nuestros esfuerzos. Ni siquiera necesita de nuestra pasión, como tuvo que descubrir el apóstol Pedro. Lo que necesita es simplemente que nos pongamos en sus manos para que él dirija nuestras vidas, señalando, en el camino, las actitudes y el comportamiento que él pretende de nosotros. Esta clase de entrega es la que más le cuesta al ser humano, porque tenemos nuestros propios conceptos acerca de cómo es la mejor manera de agradar a Dios.

Para pensar:

Para los que pastoreamos, qué tentador es planificar y luego pedir que Dios bendiga nuestros esfuerzos. Es mucho más difícil esperar en él, para moverse solamente cuando él lo manda. No debemos perder de vista, sin embargo, que el hombre que vive completamente entregado a Dios, es la herramienta más poderosa que existe para avanzar en los proyectos que están en el corazón mismo del Señor. ¡No se apresure!

«Muéstrate como ejemplo»

Ninguno tenga en poco tu juventud, sino sé ejemplo de los creyentes en palabra, conducta, amor, espíritu, fe y pureza.
1 Timoteo 4.12

La juventud es una etapa de ideales. El joven observa el mundo y denuncia con fervor las injusticias e incongruencias que ve a su alrededor. Cree que puede lograr cambios donde otros han fracasado o claudicado. De igual manera, en la iglesia, muchas veces el joven demanda que se le escuche y reconozca en la congregación. Con frecuencia estas demandas están teñidas de una falta de ternura y respeto por los que están a su alrededor.

Pablo valoraba a los jóvenes. A Timoteo, que parece haber tenido un carácter tímido, le mandó que no permitiera que otros despreciaran su juventud. Pero tome nota del método que el apóstol le propuso para lograr el respeto que él necesitaba. Era por medio de su comportamiento ejemplar.

Es precisamente en este aspecto donde la mayoría de los jóvenes fracasa. Tienen fuego y pasión para hacer conocer sus opiniones, pero no tienen la clase de vida que respalde sus sugerencias. Son capaces de enumerar con facilidad los errores que ven en la vida de los demás y no se dan cuenta que esta es la parte más fácil de encarar un problema. Aún no han transitado el camino de la vida, lo que les permitirá aportar soluciones reales y prácticas para las dificultades que enfrenta el hombre.

Pablo animó al joven Timoteo a que no recorriera el camino de las discusiones y los argumentos. Seis veces, en sus dos cartas, le advirtió que no haría avanzar el plan de Dios con las muchas palabrerías. Sí lo animó, en lugar de esto, a que cultivara la clase de vida que se gana el derecho a ser escuchado.

Para el líder joven, este es un desafío duro. Debe aprender que identificar los errores de la iglesia o de los líderes aporta muy poco en la implementación de un cambio profundo y perdurable. El desafío es demostrar, con el comportamiento, que existen otras alternativas. Cuando yo era aún soltero, con cuánta facilidad señalaba los errores que habían cometido mis padres. Pero luego me casé y, a su tiempo, llegaron mis propios hijos. ¡Bien pronto comencé a ver que la teoría de «cómo ser un buen padre» no era tan fácil de llevar a la práctica! Y no solamente esto, también me encontré cometiendo los mismos errores que en otro tiempo había denunciado como inadmisibles.

El joven que asume el desafío de cultivar una vida donde su conducta y su pureza están a la vista, será tomado en cuenta sin siquiera buscar ese reconocimiento. La razón es sencilla: las teorías abundan, pero ¡la vida habla más fuerte que las palabras!

Para pensar:

El autor y poeta inglés, Oscar Wilde, una vez observó: «En este mundo, los jóvenes siempre están dispuestos a compartir con sus mayores el pleno beneficio de su inexperiencia». Sin duda un comentario irónico, pero no sin su verdad. Si usted es joven, ¡deje que su vida hable más fuerte que sus palabras!

Solamente administradores

Y vinieron a Juan y le dijeron: «Rabí, el que estaba contigo al otro lado del Jordán, de quien tú diste testimonio, él también bautiza, y todos van a él». Respondió Juan: «No puede el hombre recibir nada a menos que le sea dado del cielo». **Juan 3.26-27**

Hacía 400 años que no se había visto en Israel un profeta con un mensaje como el de Juan el Bautista. Su aparición, a orillas del río Jordán, rápidamente atrajo a personas de toda la región. Con el pasar de los días y las semanas, grandes multitudes acompañaban al profeta.

Todo esto cambió cuando apareció el Mesías. Con su llegada, había concluido la misión del Bautista, y al poco tiempo las multitudes acompañaban a Aquel que había sido bautizado por el profeta. Los más leales seguidores de Juan veían con tristeza cómo la gente lo abandonaba y se le acercaron para instarlo a tomar cartas en el asunto. Detrás del reclamo de los discípulos de Juan estaba la convicción implícita de que Jesús se estaba robando la gente que el profeta había ganado con su propia predicación.

En la respuesta de Juan el Bautista vemos una de las razones por las cuales Cristo elogió tan profundamente su vida. Juan entendía que una persona no se «gana» nada por sus propios méritos, ni tampoco con sus esfuerzos. Todo lo que él recibió vino del Padre, cuyo corazón es uno de inmensa misericordia. Sabía que la multitud le fue prestada por un tiempo, pero que en cualquier momento el Padre podía quitársela porque no era, en definitiva, del profeta, sino de Dios. Por esta razón no opuso resistencia, ni tampoco se llenó de amargura cuando la gente empezó a congregarse alrededor de Cristo.

Muchas veces, como pastores, actuamos como si las vidas de las personas nos pertenecieran. Nos tomamos la atribución de imponerles nuestros planes y gustos, y decidimos sobre ellas como si fuéramos sus amos. La gente, sin embargo, se resiste a este tipo de trato y ¡bien pronto demostrarán su insatisfacción!

Cuán diferente era la actitud de Juan. Lejos de amargarse, el profeta actuó con el desprendimiento y la generosidad de quien tiene un genuino interés por los demás. Cómo oponerse a la fuga de las personas, ¡si les convenía mil veces estar cerca de Cristo que de él!

El líder maduro siempre va a buscar lo que más le conviene a su gente, aun cuando esto le quite «prestigio» a su propio ministerio. Tendrá presente que, así como los hijos le son confiados a los padres por unos años, también su gente le ha sido prestada por un tiempo. Tienen libertad para moverse y actuar conforme a lo que entienden es la voluntad de Dios para sus propias vidas. Aun cuando se equivoquen, el líder respetará esa libertad que Dios también le ha otorgado a él mismo.

Para pensar:

¿Cómo actúa cuando le da sugerencias a la gente que pastorea? ¿Qué reacciones tiene cuando ellos rechazan sus consejos o escogen un camino diferente al señalado? ¿Qué evidencias hay de que su gente tiene plena libertad para hacer lo que quiera? ¿Qué cosas puede hacer usted para cultivar más esta libertad en ellos?

La voz de Dios

Jehová volvió a llamar a Samuel. Se levantó Samuel, vino adonde estaba Elí y le dijo: «Heme aquí; ¿para qué me has llamado?» «Hijo mío, yo no he llamado; vuelve y acuéstate» le respondió Elí. Samuel no había conocido aún a Jehová, ni la palabra de Jehová le había sido revelada. **1 Samuel 3.6-7**

Hay dos observaciones interesantes que se desprenden de este incidente en la vida del joven Samuel. En primer lugar, podemos afirmar que la voz con la cual Dios le habló al niño era tan parecida a la voz de Elí, que él llegó a confundirlas. ¡Solamente en las películas Dios habla con acento de España, y su voz retumba y resuena por los aires! En la vida real, las maneras en que Dios nos habla son fácilmente confundibles con las voces de otros, o aun con nuestras propias voces.

En segundo lugar, debemos detenernos un momento en la frase «Samuel no había conocido aún a Jehová, ni la palabra de Jehová le había sido revelada». Lo que vemos aquí es la descripción de un novato, una persona que estaba iniciando el proceso de aprendizaje que eventualmente lo convertiría en el gran profeta y juez de Israel.

Entender esto es importante. Hay un sentir en el pueblo de Dios de que la espiritualidad es algo que se hereda, o que se puede adquirir por la imposición de manos. Muchos creyentes andan de reunión en reunión buscando ese «toque» especial o esa «unción» que les convertirá automáticamente en grandes varones o mujeres de Dios. Se han convencido que la grandeza de las ilustres figuras en la historia del pueblo de Dios tenía que ver con alguna visitación especial hacia sus personas, o la posesión de algún don extraordinario que los apartaba de otros seres normales como nosotros.

La verdad es que la vida espiritual es algo que se cultiva por medio de un proceso disciplinado. Al igual que en el desarrollo del cuerpo físico, mucho del crecimiento espiritual que ocurre en nuestra vida depende de elementos que realmente no controlamos. A veces, ni siquiera entendemos las misteriosas operaciones que resultan en la transformación de nuestro corazón. Lo que sí es claro, es que hemos sido llamados a caminar en fidelidad con nuestro Dios y debemos permitir que él nos vaya conduciendo hacia la madurez.

En este sentido, no hay grandes saltos, ni avances repentinos. Ocasionalmente experimentamos visitaciones extraordinarias de su presencia, pero el crecimiento espiritual normal en nuestra vida es producto de un proceso lento y pausado. A esto se refería el autor de Hebreos cuando escribía: «el alimento sólido es para los que han alcanzado madurez, para los que por el uso tienen los sentidos ejercitados en el discernimiento del bien y del mal» (Heb 5.14). Tome nota de la frase «por el uso». Otras versiones lo traducen «por la práctica». Sea cual sea la traducción, todas apuntan a un proceso de aprendizaje que incluye aun el equivocarse, como lo hizo el joven Samuel.

Para pensar:

Alguien alguna vez observó: «Todos quieren ser algo en la vida; pero nadie quiere crecer». ¿Qué pasos está tomando para entender mejor los misterios de la vida espiritual? ¿Cómo «practica» para que sus sentidos estén ejercitados para discernir entre el bien y el mal?

Debilidades con potencial

Y él me ha dicho: te basta mi gracia, pues mi poder se perfecciona en la debilidad. Por tanto, muy gustosamente me gloriaré más bien en mis debilidades, para que el poder de Cristo more en mí.
2 Corintios 12.9 (LBLA)

Existe una tendencia universal en el ser humano a esconder sus debilidades. Estamos tristes, pero ponemos cara de alegría. Deseamos llorar, pero contenemos nuestras lágrimas. Nos sentimos abrumados, pero aparentamos estar en control. Luchamos con la depresión, pero buscamos convencer a los demás de nuestro buen ánimo.

Todo esto no hace más que revelar con gran claridad la inmensa importancia que le damos, como seres humanos, a la imagen que otros tienen de nosotros. Deseamos que nos vean como triunfadores, como personas que caminan con paso firme hacia objetivos claramente definidos en sus vidas. Por esta razón nos resistimos, a toda costa, a revelar esas cosas que muestran nuestra verdadera condición de seres frágiles y débiles.

Pablo declara que gustosamente se gloriará en sus debilidades. ¿Se detuvo alguna vez a pensar en lo alocado de semejante declaración? No solamente no hará ningún esfuerzo por esconder sus debilidades, ¡sino que se gloriará en ellas! Lejos de producirle vergüenza, las mostrará como las verdaderas marcas de su dependencia absoluta de Cristo. Francamente, nos resulta incomprensible la actitud del apóstol. No podemos, sin embargo, dejar de sentir en lo secreto de nuestros corazones una admiración profunda por su estilo de liderazgo.

Recorra por un momento la historia del pueblo de Dios. ¿Puede pensar en alguna persona que alguna vez fue utilizada por sus fuerzas y virtudes? Abraham era un anciano incapaz de producir hijos. José era un esclavo olvidado en la cárcel. Moisés era un pastor de ovejas tartamudo. Gedeón era el menor de su casa y, además, pobre. David era un simple pastor de ovejas. Nehemías no era más que el copero del rey. Jeremías era joven e inexperto. Juan el Bautista era un desconocido que moraba en el desierto. Los discípulos eran simples pescadores, hombres sin letras ni preparación alguna. A Pablo, el fogoso perseguidor de la iglesia, deliberadamente lo debilitó el Señor, enviando una espina en la carne que lo atormentaba.

¡Y estos son simplemente los héroes de las Escrituras! ¿Qué diremos de figuras como Agustín, Lutero, Wesley, Hudson, Taylor, Moody, Spurgeon, o tantas otras figuras que marcaron profundamente la historia del pueblo de Dios? Todos ellos, sin excepción, fueron útiles porque permitieron que sus debilidades fueran el medio por el cual Dios expresó su gloria.

Para pensar:

No trate de disimular sus debilidades. No busque esconderlas, ni pierda el tiempo justificándolas. Cuando usted las tapa o esconde, buscando hacerse fuerte, Cristo pierde poder en su vida. Hágase amigo de sus debilidades. Ellas son la puerta para que toda la plenitud de Dios se manifieste en su vida.

Lugares de refugio

Oh Dios, tú eres mi Dios; te buscaré con afán. Mi alma tiene sed de ti, mi carne te anhela cual tierra seca y árida donde no hay agua.

Salmo 63.1 (LBLA)

Este es uno de los salmos que más profundamente revelan el corazón de David, mostrando ese anhelo insaciable que tenía de estar con su Dios. Lo más interesante de este salmo, no obstante, es el comentario que lo titula: «*Salmo de David, cuando estaba en el desierto de Judá*». Esto nos provee un marco que le da aún mayor significado a los maravillosos sentimientos expresados por esta poesía.

David estuvo dos veces en el desierto de Judá. La primera vez, huía del rey Saúl, quien ya abiertamente procuraba su muerte. El historiador nos dice que en aquella ocasión «David se quedó en el desierto, en lugares fuertes, y habitaba en un monte en el desierto de Zif. Lo buscaba Saúl todos los días, pero Dios no lo entregó en sus manos» (1 S 23.14). La segunda vez que se encontró en el desierto fue cuando tuvo que abandonar Jerusalén por causa de la rebelión de su hijo Absalón. Dice el relator de aquel incidente, en 2 Samuel, que el rey, «subió la cuesta de los Olivos, e iba llorando, con la cabeza cubierta y los pies descalzos. Todo el pueblo que traía consigo cubrió también cada uno su cabeza, e iban llorando mientras subían» (15.30).

Ambas escenas revelan a un hombre envuelto en una situación de profunda angustia personal. Qué tremendo, entonces, que en medio de circunstancias tan devastadoras, exclamara: «Oh Dios, tú eres mi Dios... Mi alma tiene sed de ti, mi carne te anhela».

¿Cuál es el principio que se desprende de este salmo? Que un líder debe poseer la capacidad, en tiempos de crisis, de poner distancia entre su vida y las circunstancias que lo rodean, para entrar en la presencia de su Dios y procurar allí el alivio que necesita. Juntamente con ese alivio, vendrá también una perspectiva divina que le permitirá ver con ojos celestiales lo que está viviendo. Sus prioridades se volverán a alinear con las de Dios y podrá exclamar con pasión: ¡solamente tú eres Dios, Señor!

Si usted analiza la vida de los grandes siervos de Dios, encontrará sin excepción que cada uno de ellos poseía la capacidad de entrar a un refugio secreto en tiempos de crisis, un lugar donde procuraban la comunión con el gran Dios del universo. Piense en Cristo en el jardín de Getsemaní. Piense en Pablo y Silas en la cárcel. Piense en Moisés cuando descubre el becerro de oro. Piense en Nehemías cuando se enteró del estado de Jerusalén. Cada uno de ellos entró al refugio secreto donde derramó su corazón en presencia del que vive y reina por los siglos. Y allí encontraron el alivio y la fortaleza que necesitaban para seguir adelante.

Para pensar:

Dice el salmista: «Dios es nuestro amparo y fortaleza, nuestro pronto auxilio en las tribulaciones. Por tanto, no temeremos, aunque la tierra sea removida y se traspasen los montes al corazón del mar» (46.1-2). El alivio no viene por saber esto. El alivio viene cuando corremos a él y nos refugiamos en sus brazos. ¡Sea un líder que está acostumbrado a compartir sus dificultades con el Señor!

Correr juntos

Por tanto, puesto que tenemos en derredor nuestro tan gran nube de testigos, despojémonos también de todo peso y del pecado que tan fácilmente nos envuelve, y corramos con paciencia la carrera que tenemos por delante.
Hebreos 12.1 (LBLA)

El autor de Hebreos, como tantos de los grandes maestros de la Palabra en las Escrituras, escoge una analogía para ayudarnos a entender los desafíos que presenta la vida espiritual. Esta analogía, que seguramente era conocida para muchos de los lectores, es la de una carrera: la maratón. La prueba deportiva, inspirada en la hazaña de un guerrero griego, consistía en correr una gran distancia (en la actualidad son 42 km.) sin desmayar. Pensando en los diferentes requerimientos que tenía la prueba, el autor identifica los aspectos que son necesarios para correr bien en la vida a la cual hemos sido llamados.

El primer elemento que señala el autor es que estamos rodeados de una «gran nube de testigos». Esto hace referencia al capítulo anterior, donde hay una larga lista de héroes que ya corrieron la carrera. Entre ellos se menciona a Abel, Enoc, Abraham, Sara, Isaac, Jacob, José, Moisés, Rahab, Gedeón, Barac, Sansón, Jefté y David. El tiempo le faltaba al autor para hablar de innumerables otros triunfadores, que «siendo débiles, fueron hechos fuertes» (Heb 11.34).

De esta manera, el autor desea animar nuestro corazón en cuanto a la vida que tenemos por delante. El camino nos presenta muchos desafíos y gran cantidad de contratiempos. A veces podemos llegar a creer que es imposible avanzar, y nos sentimos tentados a resignarnos. Pero se nos recuerda que una gran nube de testigos corrió la carrera antes que nosotros y, además, ¡la terminaron con éxito!

Por otro lado, el comentario del autor implica que la carrera no se debe correr solo. En la carrera moderna, los buenos atletas siempre corren en equipo. Con un ritmo disciplinado, se turnan en compartir los rigores de imponer el ritmo adecuado al grupo, un aspecto crucial para ganar la carrera. A la vez, se animan y alientan entre ellos, porque el grupo genera mayor fuerza que el individuo.

Muchos pastores y líderes sufren la soledad del ministerio. No cabe duda que el pastor transita un camino que tiene aspectos solitarios. Pero también es verdad que la soledad de muchos líderes es auto-impuesta. No se dan permiso para cultivar la clase de relaciones profundas que animan y alimentan la vida espiritual de cada uno de nosotros. Desprovistos de este apoyo vital, son presa fácil para el desánimo, y muchas veces comienzan a verse como víctimas, poco comprendidos por los demás. El líder sabio, sin embargo, entiende que todo cristiano necesita de compañeros que corran a la par de él.

Para pensar:

¿Quiénes son sus compañeros de carrera? Si tiene que tomarse un momento para pensar en quienes son, es porque usted está caminando solo. Los compañeros de mi equipo deben ser una parte íntima de mi vida. ¿Por qué no comienza a orar para que Dios le dé esta clase de amigos? Parte de la riqueza de su vida espiritual está en manos de estos compañeros, y usted no lo descubrirá hasta que camine con ellos.

Correr livianos

Por tanto, puesto que tenemos en derredor nuestro tan gran nube de testigos, despojémonos también de todo peso y del pecado que tan fácilmente nos envuelve, y corramos con paciencia la carrera que tenemos por delante.
Hebreos 12.1 (LBLA)

La analogía que está usando el autor de Hebreos para ayudarnos a entender las dinámicas de la vida cristiana, es la de una maratón, una carrera excesivamente larga que tiene una distancia de unos 42 km. Deja varias recomendaciones acerca de cuál es la forma en que mejor se puede correr esta carrera. En el devocional de hoy queremos concentrarnos en la exhortación a despojarnos «de todo peso».

Si usted tuviera la oportunidad de correr en una maratón, o de ver la filmación de una carrera, podría comprobar que los corredores profesionales corren con un mínimo de peso. Su ropa es de material ultraliviano. Su calzado ha sido especialmente diseñado para esta prueba, y pesa apenas 250 gramos. Algunos corredores hasta corren descalzos, para evitar el peso del calzado. Pocos atletas profesionales cargan con algún elemento adicional durante la carrera. La razón para una actitud tan radical en cuanto al equipamiento es clara: si usted va a correr una distancia tan larga, no va a querer cargar con más que lo absolutamente esencial para llegar a la meta. Todo peso adicional se volverá como piedra a medida que avanzan los kilómetros. En la antigua Grecia, los corredores corrían desnudos.

Cuando Cristo le dio instrucciones a los discípulos, antes de enviarlos a predicar de dos en dos, también los exhortó a que viajaran livianos: «No llevéis oro, ni plata, ni cobre en vuestros cintos; ni alforja para el camino, ni dos túnicas, ni calzado, ni bordón, porque el obrero es digno de su alimento» (Mt 10.9-10). Los desanimó a la tendencia natural del hombre de asegurar, con la acumulación de cosas, su bienestar personal. En su lugar, les dijo que debían llevar poco para el viaje y confiar en que el buen Padre celestial proveería en el camino todo lo necesario para sustentarlos.

En nuestro versículo de hoy, el autor usa la misma palabra para «peso» que se emplea para la mujer embarazada. La mujer, cuando ya ha entrado en un estado avanzado de embarazo, se mueve con lentitud e incomodidad. El tamaño de su vientre impide que sea ágil o rápida. La ilustración es excelente para entender a qué se refiere cuando nos exhorta a «despojarnos de todo peso». Nos está animando a desechar todo bagaje adicional, todas aquellas cosas que estorban y entorpecen nuestro andar en Cristo. Hay muchas cosas que nos son lícitas, pero que también agregan complicaciones a nuestra vida.

El obrero sabio sabe distinguir entre las cosas que son realmente necesarias para su ministerio, y las cosas que son interesantes pero que, eventualmente, serán un estorbo para la tarea por delante. Tendrá que usar disciplina para escoger lo bueno, y darle la espalda a cosas que otros consideran indispensables. Con el ojo puesto siempre en la meta, será disciplinado en mantenerse libre de todo lo que lo atrape innecesariamente.

Para pensar:

El desafío aquí no está en escoger entre lo bueno y lo malo, sino entre lo necesario y lo innecesario. Algo bueno, puede ser innecesario para el cumplimiento de nuestra vocación, tornándose un peso extra que nos estorbará en la carrera.

Libres del pecado

Por tanto, puesto que tenemos en derredor nuestro tan gran nube de testigos, despojémonos también de todo peso y del pecado que tan fácilmente nos envuelve, y corramos con paciencia la carrera que tenemos por delante.
Hebreos 12.1 (LBLA)

La analogía que está usando el autor de Hebreos para ayudarnos a entender las dinámicas de la vida cristiana, es la de una maratón, una carrera larga que tiene una distancia de unos 42 km. Deja varias recomendaciones acerca de cuál es la forma en que mejor se puede correr esta carrera. En el devocional de hoy queremos concentrarnos en la exhortación a despojarnos «del pecado que tan fácilmente nos envuelve».

Hay dos conceptos importantes en la exhortación del autor. La clave del primero está en la palabra «fácilmente». El pecado, en su esencia, está basado en sutiles distorsiones de la Palabra de Dios, no en groseras manifestaciones que abiertamente contradicen su Verdad. Observe con cuánta sutileza el enemigo dialogó con Eva, para crear en ella primero confusión, y luego plantar la semilla de la duda en cuanto a la bondad de Dios. Note con cuánta sutileza el enemigo se enfrentó al Hijo de Dios en el desierto, aun llegó a citar el texto de los salmos para hacerlo tropezar. Es por esta característica del pecado que tantas veces quedamos atrapados en actitudes y pensamientos que deshonran al Dios que amamos.

El segundo concepto clave se encuentra en la frase «que nos envuelve». La palabra que el autor escoge en el idioma griego nos presenta la idea de algo que entorpece al corredor, un obstáculo que le ofrece resistencia, no importa en que dirección quiera moverse. Es como si uno quisiera correr envuelto en una sábana. Toda clase de actividad sería dificultosa porque cada parte del cuerpo estaría limitada en su capacidad de moverse.

Esta es una buena descripción de los efectos del pecado sobre nuestra vida. Cuando permitimos que el pecado nos envuelva, este entorpece cada una de las áreas de nuestra vida. Nuestras emociones se vuelven amargas o tristes. Nuestros pensamientos se tornan llenos de condenación y crítica. Nuestra perspectiva se tiñe de pesimismo. Nuestra visión se nubla y vemos todo como problemático. Nuestras palabras se convierten en instrumentos para lastimar y destruir. Sobre todas las cosas, nuestra relación con Dios se ve dramáticamente afectada. Escuche la confesión del salmista: «Mientras callé, se envejecieron mis huesos en mi gemir todo el día, porque de día y de noche se agravó sobre mí tu mano; se volvió mi verdor en sequedades de verano» (Sal 32.3-4).

Como ministros no podemos descuidar ni un instante la permanente tendencia de nuestra humanidad a dejarse seducir por el pecado. En esta área de nuestra vida espiritual debemos estar en guardia siempre. Bien dijo Pedro que «vuestro adversario el diablo, como león rugiente, anda alrededor buscando a quien devorar» (1 P 5.8).

Para pensar:

Martín Lutero una vez exclamó: «¡Le tengo más miedo a mi corazón que al Papa y a todos sus cardenales!» El pasar de los años y la experiencia le habían revelado que los mayores problemas en la vida no son los que están a nuestro alrededor, sino las maquinaciones y los engaños de nuestro propio corazón. Por esta razón, el gran reformador prestaba especial atención a la pureza de su ser interior.

Pacientes hasta el fin

Por tanto, puesto que tenemos en derredor nuestro tan gran nube de testigos, despojémonos también de todo peso y del pecado que tan fácilmente nos envuelve, y corramos con paciencia la carrera que tenemos por delante.
Hebreos 12.1 (LBLA)

La analogía que está usando el autor de Hebreos, para ayudarnos a entender las dinámicas de la vida cristiana, es la de una maratón, una carrera de 42 interminables kilómetros. Entre otras cosas, nos exhorta a correr «con paciencia» la carrera que tenemos por delante.

Es el apóstol Santiago el que nos anima a tener gozo en medio de las dificultades, sabiendo que uno de los resultados más importantes de este trato especial de Dios es que lleguemos a tener paciencia. ¡Y qué cualidad tan importante es esta virtud! Por falta de paciencia Abraham engendró un hijo con Hagar. Por falta de paciencia José intentó salir de la cárcel, apelando a la ayuda del copero. Por falta de paciencia, Moisés mató al egipcio y debió huir al desierto. Por falta de paciencia, Pablo descartó al joven Marcos.

La maratón es una de las pocas disciplinas donde no ser joven es una definitiva ventaja. Los grandes corredores a nivel mundial, no son los atletas de 18 o 20 años, como lo pueden ser en otros deportes. La edad promedio de los campeones está más cerca de los 35 años. ¿Por qué? Porque el joven carece de ese elemento que es indispensable para correr una carrera de larga distancia: el saber medirse y llevar el ritmo necesario para llegar a la meta. He participado en varias maratones donde jóvenes entusiastas empiezan la carrera como si fueran hasta la esquina para comprar pan. La carrera, sin embargo, dura varias horas, y nadie podrá completarla si no lleva el ritmo adecuado.

Encontramos una lección importante en este aspecto de la analogía. En la vida hay muchas personas que comienzan su experiencia espiritual con gran fuego y pasión. En poco tiempo se elevan a alturas poco frecuentes en otros de más experiencia. Deslumbran con lo atrevido de su recorrido. Pocos, sin embargo, pueden mantener este ritmo por largo tiempo. La mayoría cae de la misma manera que subió: estrepitosamente.

El líder maduro sabe que la carrera es larga. No se siente intimidado por otros que en poco tiempo parecen avanzar mucho más en la vida cristiana. El premio no es para los que salen con grandes despliegues de energía, sino para aquellos que, con un ritmo pausado pero constante, llegan a cruzar la meta final.

Impóngale a su vida ministerial un ritmo seguro, cuidando sus recursos, porque en el momento de mayor cansancio va a necesitar de las reservas que no gastó cuando se sentía con toda la energía y la pasión de los que recién inician la carrera. Este es el secreto de los grandes corredores. Cuando el cuerpo les dice que pueden ir más rápido, lo frenan. Saben que más adelante lo que ahorraron en esfuerzo será crucial para terminar la prueba.

Para pensar:

San Agustín, alguna vez observó: «La paciencia es la compañera de la sabiduría». Los apurados rara vez tienen tiempo para aprender las lecciones necesarias para el éxito. ¿Qué cosas producen en usted impaciencia? ¿Qué reacciones afloran en situaciones donde le falta paciencia? ¿Cómo puede hacer para crecer en paciencia?

Los ojos en la meta

Puestos los ojos en Jesús, el autor y consumador de la fe, el cual por el gozo puesto delante de él sufrió la cruz, menospreciando el oprobio, y se sentó a la diestra del trono de Dios. **Hebreos 12.2**

Hemos estado considerando las exhortaciones del autor de Hebreos, quien nos anima a pensar en la analogía de una maratón (una carrera de unos 42 km. de distancia) para entender las dinámicas de la vida cristiana. En nuestro versículo de hoy, queremos pensar en lo que inspira al corredor.

La competencia de la maratón estaba basada en la odisea del joven soldado griego que corrió una gran distancia, después de la batalla de Maratón, para informar acerca de los resultados de aquel enfrentamiento. Ser el ganador de semejante competencia era un asunto de enorme prestigio, no solamente porque el atleta demostraba sus extraordinarias aptitudes físicas, sino también porque el campeón era identificado con aquel primer héroe de esta singular historia.

En las carreras modernas, la partida muchas veces está en el mismo lugar de la llegada. Antes de correr, cada corredor echa un vistazo al podio y, por unos segundos, sueña con las sensaciones de estar subido allí, en lo más alto del escenario, aplaudido y elogiado por el público que lo reconoce como el mejor entre sus pares. Tal sueño, aun cuando no es más que un pensamiento fugaz en los minutos previos a la carrera, actúa como poderoso estimulante para cada uno de los deportistas. Aun los menos preparados acarician el sueño placentero de cruzar la meta, para sentir que todo el esfuerzo valió la pena.

Durante la carrera, habrá muchos momentos difíciles en los cuales el deportista luchará con el deseo de abandonar. En estas instancias, los mejores atletas convocan otra vez la imagen del glorioso momento de llegada y buscan recuperar fuerzas como un anticipo de la gloria que vendrá.

El autor de Hebreos usa como excelente ilustración a Jesús. Su momento de máxima crisis fue en Getsemaní. Allí le confesó a sus discípulos el fuerte deseo de «abandonar la carrera». «Mi alma está muy triste» les dijo, «hasta la muerte» (Mt 26.38). Se apartó y se concentró en la intensa batalla que se había apoderado de su corazón, una batalla entre el deseo de hacer la voluntad del Padre y el deseo de hacer la voluntad propia. Finalmente, logró lo que hacía falta para seguir en carrera: quitó los ojos de la cruz y la inminente agonía de la muerte, para fijar su vista en algo que lo inspiraba plenamente. Esto era el gozo del momento de reencuentro con su Padre celestial.

Como líder, usted necesita tener los ojos puestos en algo más inspirador que las circunstancias en las cuales se encuentra. Quizás sea el cumplimiento de una Palabra que el Señor le dio. Quizás sea la realización de una visión que recibió. O bien podría ser la finalización de un proyecto que traerá gloria a Su nombre. Sea cual sea el tema, esto lo inspirará y animará a seguir adelante cuando ya las fuerzas parezcan desvanecerse.

Para pensar:

¿En qué cosas tiene los ojos puestos la mayor parte del tiempo? ¿Qué cosas tienden a desanimarlo? ¿Qué cosas lo inspiran? ¿Qué pasos debe dar para fijar con mayor frecuencia sus ojos en aquello que lo inspira?

El lugar de definiciones

7 DE MARZO

Considerad, pues, a aquel que soportó tal hostilidad de los pecadores contra sí mismo, para que no os canséis ni os desaniméis en vuestro corazón. **Hebreos 12.3 (LBLA)**

La analogía que está usando el autor de Hebreos para ayudarnos a entender la dinámica de la vida cristiana, es la de una maratón, una carrera larga que tiene una distancia de unos 42 kilómetros. Deja varias recomendaciones acerca de cuál es la forma en que mejor se puede correr esta carrera. En el devocional de hoy queremos concentrarnos en el secreto de no cansarnos ni desanimarnos en nuestros corazones.

El autor, como lo hizo en el versículo anterior, nos anima a fijar la vista en el ejemplo del Hijo de Dios. La carrera no fue fácil para el Mesías. En el camino le hizo frente a cuestionamientos, oposición, ridiculización, incomprensión, agresión y, finalmente, traición y abandono. Todo esto hubiera sido más que suficiente para descarrilar la vida de aun el más fuerte. Mas Cristo, lejos de desanimarse, prosiguió hacia la meta con esa singularidad de propósito que caracteriza a los verdaderamente grandes. El secreto de su éxito estaba en que entendía que toda conquista se logra primeramente en el corazón.

Un buen atleta sabe que al menos la mitad de una carrera se gana con la actitud, y le da tanta importancia a la preparación mental como a la física. Puede poseer un estado físico envidiable, capaz de grandes hazañas en el deporte que practica. Pero la batalla a menudo se gana o se pierde en los lugares escondidos del ser interior del deportista. Si en su corazón siente que no tiene posibilidades frente a sus rivales, poseyendo mayores aptitudes deportivas que ellos, entonces de seguro perderá.

Como líderes, debemos tener absoluta claridad acerca de la verdadera batalla que enfrentamos. El conocido autor cristiano, Charles Swindoll, ha observado: «*Estoy convencido que el 10% de la vida consiste en las cosas que nos pasan; el otro 90% de la vida depende de la manera que reaccionamos a lo que nos pasa*». Las definiciones cruciales en esta vida tomarán lugar en el corazón, donde siempre está presta la carne para manifestarse con seductoras sugerencias. Nuestros peores problemas no están a nuestro alrededor, sino escondidos en nuestro ser interior. «Porque del corazón salen los malos pensamientos, los homicidios, los adulterios, las fornicaciones, los hurtos, los falsos testimonios, las blasfemias. Estas son las cosas que contaminan al hombre» (Mt 15.19-20).

Para pensar:

Pablo señaló que uno de los elementos cruciales para una vida victoriosa consistía en la renovación de la mente. «No os conforméis a este mundo, sino transformaos por medio de la renovación de vuestro entendimiento, para que comprobéis cuál es la buena voluntad de Dios, agradable y perfecta» le escribía a los Romanos (12.2). ¿Qué tipos de pensamientos ocupan su mente durante el día? ¿Cuáles son los que producen desánimo en usted? ¿Cuáles le estimulan a continuar en la batalla a la cual ha sido llamado? ¿Qué cosas puede hacer para traer mayor disciplina a su vida en esta área?

Discernimiento en las circunstancias

He pasado junto al campo del perezoso, y junto a la viña del hombre falto de entendimiento, y he aquí, estaba todo lleno de cardos, su superficie cubierta de ortigas, y su cerca de piedras, derribada. Cuando lo vi, reflexioné sobre ello; miré, y recibí instrucción. **Proverbios 24.30-32 (LBLA)**

La situación que describe el autor de este versículo seguramente con frecuencia se veía por los caminos de Israel. Muchos pasarían por este mismo lugar y verían el estado de dejadez del campo. Verían el deterioro con cierto asombro, pero luego seguirían por sus caminos. El autor, como dice una traducción, «guardó en su corazón lo observado». Es decir, trató de descifrar el significado que tenía el triste cuadro que había contemplado. Intentó ver más allá de lo visible, para entender los principios de vida que delataban esa escena de deterioro. Tales lecciones no están a la vista de los que pasan por la vida apurados, concentrados solamente en sus cosas. Solamente se pueden discernir cuando uno añade al proceso de observación un riguroso ejercicio de reflexión. En el caso del esfuerzo del autor de Proverbios, está reflexión dio fruto y recibió «instrucción».

Lo que está a nuestro alrededor puede brindarnos valiosas lecciones para nuestro propio andar, y es este el verdadero valor de ser observador. El ejercicio de reflexionar nos libra de simplemente menear la cabeza frente a la falta de responsabilidad del vecino, o de darle rienda suelta a las críticas que no edifican ni aportan nada a la situación. Tristemente, sin embargo, nuestras observaciones muchas veces no producen más que estos magros resultados.

La reflexión bien llevada puede ser una actividad sumamente provechosa, cuando busca aprender de las variadas situaciones que nos presenta la vida. Sin duda este es un tema recurrente en Proverbios. En el primer capítulo, el autor señala que «la sabiduría clama en la calle, en las plazas alza su voz; clama en las esquinas de las calles concurridas; a la entrada de las puertas de la ciudad pronuncia sus discursos» (1.20-21 - LBLA). Los cuatro lugares mencionados -la calle, las plazas, las esquinas y las puertas de la ciudad- son aquellos lugares donde se llevaba a cabo las actividades de la vida cotidiana. En medio de estas actividades, una persona podía descubrir muchas lecciones valiosas para la vida, que es la esencia de lo que significa ser sabio. Es un error creer que solamente se aprende dentro del marco de un aula o asistiendo a algún evento especializado en ese tema. La sabiduría está a disposición de todos los que tienen ojos para ver y un corazón dispuesto a meditar en lo que ven a su alrededor.

Para pensar:

«Es mejor adquirir sabiduría que oro. El oro le pertenece a otro, pero la sabiduría puede ser nuestra. El oro solamente sirve para el cuerpo y este tiempo presente, pero la sabiduría es para el alma y la vida eterna». Matthew Henry.

Fe en los discípulos

He manifestado tu nombre a los hombres que del mundo me diste; eran tuyos y me los diste, y han guardado tu palabra... Cuando estaba con ellos, los guardaba en tu nombre, el nombre que me diste; y los guardé y ninguno se perdió, excepto el hijo de perdición. **Juan 17.6, 12 (LBLA)**

Un discípulo es, por naturaleza, alguien que está en proceso de formación. Encontrarse en esta etapa específica de la vida significa que su madurez espiritual va a estar en permanente fluctuación. Por momentos, va a desplegar gran sabiduría en su comportamiento y en sus palabras. En otros momentos, demostrará su falta de crecimiento cometiendo errores que pueden ser hasta groseros.

Tal fue el caso de los doce que acompañaron al Mesías. En ocasiones le dieron profundas alegrías al Señor como, por ejemplo, cuando regresaron con los setenta. El evangelista nos dice que en «aquella misma hora él se regocijó mucho en el Espíritu Santo» (Lc 10.21). Estaba comenzando a ver el fruto de su ministerio con los discípulos. En otras ocasiones, sin embargo, los mismos doce le provocaron profundas desilusiones. Cuando bajó del monte de la transfiguración, por ejemplo, encontró a sus discípulos enredados en una discusión con los fariseos acerca de la manera de sanar a un muchacho epiléptico. En esa oportunidad, exclamó: «¡Oh generación incrédula! ¿Hasta cuándo estaré con vosotros? ¿Hasta cuándo os tendré que soportar?» (Mr 9.19 - LBLA).

La pregunta que nos enfrenta, entonces, es ¿cómo hacer para no desanimarnos con las personas que estamos formando?

Nuestro texto revela el secreto de la perseverancia del Hijo de Dios con los doce varones, que nos hubieran más que exasperado a nosotros. Cristo no basaba su evaluación de la aptitud de los discípulos en el comportamiento de los doce. De seguro que en más de una ocasión los hubiera desechado. Pero tome nota de la oración del Hijo de Dios al final de su ministerio: «Los hombres que del mundo me diste; eran TUYOS y me los diste» (Jn 17.6 - LBLA). Aquí está la clave. Jesús no había escogido a estos hombres, sino que los había recibido de la mano del Padre. Y como los había recibido de su mano, podía confiar que el Padre no se había equivocado con las personas que le había entregado. Esta convicción lo mantuvo firme en medio de muchas circunstancias adversas.

Un líder debe tener esta misma convicción con las personas que está formando. Debe poseer la certeza de que está invirtiendo en la vida de las personas que el Padre le ha confiado, si es que quiere perseverar en la tarea, pues habrá muchas ocasiones donde se sentirá desanimado por la falta de madurez de sus seguidores. No obstante, si fija los ojos en estas desilusiones, ¡bien pronto desistirá del trabajo que le ha sido encomendado! Conozco un pastor que no tiene un mismo equipo ministerial por más de seis meses. Cada vez que alguno le falla, lo descarta y escoge a otro. El resultado es que en muchos años de ministerio no ha formado a nadie. ¡Solamente una fuerte convicción espiritual nos mantendrá firmes en medio de las desilusiones y frustraciones que a veces nos producen nuestros discípulos!

Para pensar:
«La voluntad de perseverar es, muchas veces, lo que marca la diferencia entre el éxito y el fracaso». D. Sarnoff.

Fomentar el cambio

Aquel mismo día el faraón dio esta orden a los cuadrilleros encargados de las labores del pueblo y a sus capataces: De aquí en adelante no daréis paja al pueblo para hacer ladrillo, como hasta ahora; que vayan ellos y recojan por sí mismos la paja. Les impondréis la misma tarea de ladrillo que hacían antes, y no les disminuiréis nada, pues están ociosos. Por eso claman diciendo: «Vamos y ofrezcamos sacrificios a nuestro Dios». **Éxodo 5.6-8**

La respuesta del faraón al pedido de Moisés y Aarón no fue para nada alentadora. ¡Todo lo contrario! No solamente los expulsó del palacio, sino que también impuso una carga de trabajo absolutamente insoportable sobre los israelitas, quienes ya trabajaban en condiciones de gran dificultad. Ahora, debían producir la misma cantidad de ladrillos que antes, pero los egipcios ya no les proveerían la materia prima para hacerlo. Como era de prever, la reacción del pueblo hacia Moisés y Aarón se tradujo en un airado reproche. Las cosas ya habían estado mal antes de que llegaran estos dos para interceder por ellos. Ahora, sin embargo, estarían en una situación diez veces peor que la anterior. Frente a la condena unánime los dos líderes quedaron completamente aislados.

Quien estudia con cierto detenimiento la historia del pueblo de Israel durante este período, incluyendo su infortunado paso por el desierto, no puede dejar de observar las veces que los israelitas creyeron que hubieran estado mejor en Egipto. Frente a cada dificultad y obstáculo, la gente miraba para atrás y se acordaba de lo «bien» que habían estado en la tierra de su esclavitud.

Si tenemos en cuenta esta inclinación en ellos, podemos entender por qué el Señor permitió que la situación de los israelitas se deteriorara tan marcadamente luego de la intervención de Moisés y Aarón. Dios estaba preparando a su pueblo para el cambio.

Muchas veces estamos en situaciones muy negativas. Pero una tendencia arraigada en los seres humanos nos lleva a aceptar con resignación nuestras circunstancias. Un dicho popular lo resume todo: *«Más vale malo conocido que bueno por conocer»*. Dejamos de luchar y soñar por algo mejor. Nos abandonamos a la vida. Renunciamos hasta a la esperanza del cambio, y bien sabemos que cuando se ha perdido la esperanza, se ha perdido todo.

¡Lo increíble es que aun cuando hemos perdido la esperanza, nuestro Dios sigue luchando por nosotros! Recae sobre Su persona el enorme desafío de movilizar a quienes ya no tienen interés en moverse, ni en salir de su situación. ¿Cómo lo logra, entonces? Interviniendo de tal manera que nuestras circunstancias se deterioren aún más, hasta que el grado de incomodidad se torne intolerable y comencemos a desear el cambio. A veces, ¡esta es la única manera de movilizar a los que se han hundido en el pozo de la resignación!

Para pensar:

Alguien ha observado que una «dificultad es, con frecuencia, una oportunidad no reconocida». ¿Cómo reacciona usted frente a las dificultades? ¿Qué cosas puede hacer para buscar en ellas las oportunidades que le traen? Propóngase crecer y avanzar en medio de las situaciones de crisis. ¡Bien puede ser que el que haya provocado la crisis sea Dios mismo!

En guardia contra lo oculto

¿Quién puede discernir sus propios errores? Líbrame de los que me son ocultos. Preserva también a tu siervo de las soberbias, que no se enseñoreen de mí. Entonces seré íntegro y estaré libre de gran rebelión. **Salmo 19.12-13**

La pregunta que el salmista hace aquí es lo que se describe como una pregunta retórica. Este tipo de preguntas no requieren de respuesta porque ya está implícita en la misma pregunta. En este caso, la respuesta es: ¡nadie! No existe una sola persona que pueda discernir sus propios errores.

A pesar de esto, la mayoría de nosotros se muestra bastante confiada a la hora de defender nuestra falta de culpa. El salmista, a diferencia de nosotros, entendía un principio fundamental para la vida espiritual, y es que ningún ser humano posee claridad acerca del estado de su propia vida. Esta misma verdad fue reiterada por Jeremías, cuando afirmó que el corazón del hombre es más engañoso que todas las cosas, y sin remedio (17.9 - LBLA). Por más que nos propongamos mirar y examinar con cuidado nuestra vida, no podremos discernir nuestros propios errores, porque la esencia misma del pecado reside en el engaño. Lo que está oculto no puede ser tratado y posee toda la capacidad de descarrilarnos en nuestro andar. Por esta razón el salmista exclamó: «Líbrame de los que me son ocultos».

No es coincidencia, tampoco, que haya reparado en la soberbia cuando pensaba en pecados ocultos. De todos los pecados, el más difícil de detectar es el del orgullo. Como ha observado un sabio comentarista, *«¡nadie está tan cerca de caer como aquel que está confiado de estar bien parado!»* Todos poseemos gran capacidad de ver el pecado del orgullo en nuestro prójimo, pero carecemos notablemente de discernimiento a la hora de examinar nuestra propia vida con respecto a este tema.

El salmista sabía que la soberbia no confesada se convierte en un amo implacable que domina la vida de la persona y la lleva hacia la perdición. Esa persona ya no tendrá control sobre su vida, sino que su amo, la soberbia, se convertirá en la fuerza que dicta la manera de proceder en cada situación. Nadie le podrá señalar nada. Nadie la podrá corregir. Nadie se le podrá acercar, porque la soberbia no se lo permitirá, no sea que descubra su propia maldad y se arrepienta.

Un líder soberbio es una persona que traerá mucho sufrimiento y dolor a la congregación que ministra. Por esta razón, es bueno que recordemos que nuestra propia opinión de la pureza espiritual muchas veces tiene poco que ver con nuestra verdadera situación. El líder sabio sabrá que hay realidades en su vida que no puede ver, que tienen toda la capacidad de neutralizarlo. No se confiará de la propia evaluación de su corazón. Buscará que el Señor lo examine, para traer a la luz aquello que está oculto y lograr así la verdadera integridad. Tampoco tendrá miedo de abrirse a que otros lo examinen, pues la misma capacidad que él posee de ver el pecado en otros es la que otros poseen hacia su persona.

Para pensar:

San Agustín escribió: «Cuando el hombre descubre su pecado, Dios lo cubre. Cuando el hombre tapa su pecado, Dios lo destapa. Cuando el hombre confiesa su pecado, Dios lo perdona».

Amigos en todo tiempo

Hizo Jonatán un pacto con David, porque lo amaba como a sí mismo. Se quitó Jonatán el manto que llevaba y se lo dio a David, así como otras ropas suyas, su espada, su arco y su cinturón.
1 Samuel 18.3-4

El lugar que ocupa un líder dentro del pueblo es, con frecuencia, un lugar solitario. Debe hacerle frente a muchos problemas solo. Experimenta presiones que otros no comprenden. Se ve rodeado de personas que esperan algo de él como líder. Atesora una visión que los demás aún no han visto. Tiene conocimiento de realidades que sus seguidores ignoran. Por todas estas cosas, y muchas otras, el camino que recorre el líder tiene cierto grado de soledad.

Es por esta razón que todo líder necesita tener cerca suyo dos o tres personas que realmente sean amigos, con los cuales puede compartir realidades que no comparte con otros.

Jonatán y David entablaron esta clase de relación. Los dos ocupaban lugares importantes dentro del reino, y ambos llevaban responsabilidades sobre el resto del pueblo. Esto no impidió que establecieran una relación de amistad profunda que muchas veces les traería alivio y consuelo en medio de las presiones que enfrentaban a diario.

Observe, además, el hecho de que estos dos amigos llevaron su amistad un paso más allá de lo común. La mayoría de nosotros disfruta de buenos momentos con algunos amigos, pero nuestra relación no es el resultado de un compromiso deliberado. Simplemente lo experimentamos según van surgiendo las ocasiones. David y Jonatán no solamente compartían esta amistad, sino que la llevaron al plano de un pacto mutuo. El pacto que hicieron los comprometió a cuidarse y amarse en las situaciones más adversas que les pudiera presentar la vida. Tomaron juntos la decisión de crecer como amigos, y de procurar el bien el uno hacia el otro. Pocas relaciones llegan a este grado de compromiso.

En esta escena, entonces, vemos uno de los aspectos que diferencia al gran líder de otros líderes. La mayoría de nosotros pasa el tiempo esperando que la vida nos presente oportunidades y personas que nos sean de bendición. El líder maduro no espera la llegada de situaciones propicias para el crecimiento. Las crea él mismo, tomando la iniciativa de trabajar y avanzar en esas circunstancias que tienen promesa de bendiciones futuras.

La amistad que se construye sobre el pacto, como puede ser el que sustenta el matrimonio, es la más fuerte que se puede dar entre dos personas. Es una relación a prueba de toda adversidad y contratiempo, porque su punto de referencia no radica en los permanentes cambios de la realidad cotidiana. Está anclada en una promesa que tiene dimensiones eternas. Como tal, perdura a lo largo de la vida, aun cuando la situación que dio origen a este pacto ya no exista. Es la clase de compromiso que nuestro Padre celestial tiene con nosotros.

Para pensar:

¿Tiene amigos? ¿Qué aspectos tiene la relación con sus amigos? ¿Con cuáles de ellos puede compartir las cargas y las presiones del ministerio? ¿Cómo puede introducir en sus amistades los elementos necesarios para conducirlos hacia un crecimiento sostenido?

Cuando la crisis azota

David se angustió mucho, porque el pueblo hablaba de apedrearlo, pues el alma de todo el pueblo estaba llena de amargura, cada uno por sus hijos y por sus hijas. Pero David halló fortaleza en Jehová, su Dios, y dijo al sacerdote Abiatar hijo de Ahimelec: «Te ruego que me acerques el efod». Abiatar acercó el efod a David, y David consultó a Jehová. **1 Samuel 30.6-8**

David había salido a pelear junto a los filisteos, pueblo con él cual se vio obligado a morar luego de sufrir más de diez años de persecución por parte de Saúl. Mientras David y sus hombres estaban lejos de casa, vinieron a saquear su pueblo y se llevaron cautivos a las mujeres y niños. Cuando los guerreros regresaron a casa se encontraron con un cuadro verdaderamente desolador, el cual produjo en ellos genuina amargura.

Quien ha asumido responsabilidades frente a otros se va a enfrentar ocasionalmente a situaciones de profunda crisis que pueden tener consecuencias devastadoras para el grupo. Esto es parte de la realidad que le toca vivir a cada líder. Y en algunas pocas situaciones, los seguidores cuestionarán duramente al líder y hasta contemplarán medidas drásticas contra su persona. Los hombres de David querían matarlo.

En situaciones de crisis siempre afloran en nosotros las reacciones más carnales. Nos lamentamos por lo ocurrido. Nos preocupamos por las posibles consecuencias. Cuestionamos los pasos que nos llevaron a la crisis. Nos enojamos con los que están más cerca nuestro. Buscamos a quién echarle la culpa. Nos apresuramos a tomar decisiones imprudentes. Todas estas cosas rara vez contribuyen a una solución.

Cuán instructivo resulta, entonces, observar el compartimiento de David en esta grave crisis que le tocó enfrentar. En primer lugar, note la reacción instintiva de un hombre acostumbrado a caminar con Dios: «David halló fortaleza en Jehová, su Dios». El hombre maduro debe inmediatamente procurar, en tiempos de crisis, acercarse a la única persona que puede darle la perspectiva correcta de las cosas, devolviéndole el equilibrio y la tranquilidad en medio de la tormenta: Dios mismo. David, como lo había hecho siempre, no se demoró en buscar del Señor la fortaleza que no poseía en sí mismo.

En segundo lugar, habiendo estabilizado sus emociones y fortalecido su espíritu, David no se puso a estudiar la situación para ver cómo podía salir de ella. Llamó al sacerdote para buscar de parte de Dios, una palabra específica para este grave revés. Sabía que, en última instancia, no importaba su propia opinión, ni tampoco la opinión de sus hombres. Sí era de extrema importancia recibir instrucciones del que verdaderamente controla todas las cosas. El resultado fue que David no solamente fue fortalecido, sino que también se le dieron los pasos apropiados para recuperar todo lo que habían perdido y se logró, de esta manera, una importante victoria para todo el grupo.

Aunque son momentos difíciles de transitar, no pierda nunca de vista que algunas de las lecciones más dramáticas e impactantes en la vida de sus seguidores vendrán cuando ellos tengan la oportunidad de observarlo en situaciones de crisis. Es allí donde aflorará lo mejor -o lo peor- que hay en su corazón.

Para pensar:

¿Cómo actúa en situaciones de crisis? ¿Cuáles de estas reacciones contribuyen a empeorar el problema? ¿Qué cosas puede hacer para manejarse con mayor sabiduría en tiempos de crisis?

Usando bien lo que hemos recibido

Entonces el espíritu de Jehová vendrá sobre ti con poder y profetizarás con ellos, y serás mudado en otro hombre. Cuando se te hayan cumplido estas señales, haz lo que te parezca bien, porque Dios está contigo. **1 Samuel 10.6-7**

¿A quién de nosotros no le gustaría escuchar sobre nuestras vidas estas palabras? ¿Quién podrá detener a un hombre a quién se le ha hecho semejante declaración? La palabra dada incluye la promesa de una poderosa visitación por parte del Espíritu de Dios, la manifestación de un ministerio profético, y la experiencia de un corazón transformado. Muñido de semejante bendición, a este varón se lo anima a hacer lo que se le venga a la mano, porque el Dios todopoderoso respaldará su vida en todo tiempo. ¡Qué tremendo! ¿Dónde está el obstáculo que podrá detener el ministerio de este, que ha sido levantado por el Señor mismo? ¿Quién se le podrá oponer?

Si hubiéramos estado presentes en ese momento, ninguno de nosotros hubiera podido evitar soñar un poco acerca de las tremendas maravillas que Dios obraría a través de la vida de este siervo. Cuánto nos hubiera sorprendido que alguien nos diga en ese momento: «¿Sabes quién será el principal obstáculo al cumplimiento de esta palabra? ¡Él mismo!»

De hecho, ¡así fue! La persona a quien se le dijeron estas palabras fue el rey Saúl. Cuánta promesa está contenida en la declaración que se le hizo. La vida del rey, sin embargo, ilustra un importante principio sobre la vida espiritual. Uno puede recibir todos los dones, toda la unción y todos los demás elementos necesarios para un ministerio extraordinario. En ocasiones, hasta nos convencemos que la falta de estas cosas es lo único que realmente impide que alcancemos un grado de mayor grandeza en nuestras propias vidas. Pero si lo que hemos recibido no va acompañado de una vida de absoluta sumisión a nuestro Dios, nos espera la ruina.

Hace poco tiempo leía un artículo escrito por el Dr. R. Clinton, varón que se ha especializado en el estudio minucioso de la vida de los grandes líderes a lo largo de la historia del pueblo de Dios. Clinton compartía que muchos líderes fracasaron en la segunda parte de su vida. Es decir, empezaron con gran pasión, en ministerios que prometían aportar mucho a la extensión del reino. En el camino, sin embargo, muchos de ellos cayeron en adulterio, fueron descarrilados por otras pasiones, o simplemente quedaron atrapados en la aparente «grandeza» de sus propios ministerios, obsesionados consigo mismos.

Saúl es la triste ilustración de esta verdad. Empezó con una extraordinaria ventaja sobre sus pares. Pero terminó abandonado en un campo de batalla, sin el respaldo de Dios ni de sus pares. No supo complementar lo que había recibido, con una vida de devoción y sumisión al que le había regalado todas esas cosas.

Para pensar:

Si tuviera que hacer una evaluación de su vida espiritual en este momento, ¿cómo la describiría? ¿Ha perdido su pasión por el Señor? ¿Está más entretenido con su ministerio que con Dios? ¿Por qué no toma ahora mismo un tiempo para expresarle a Dios su compromiso incondicional? ¡Ningún logro vale tanto como para perderlo a él!

Dimensiones de la libertad

Cuando se hizo de día, salió y se fue a un lugar solitario; y las multitudes le buscaban, y llegaron adonde Él estaba y procuraron detenerle para que no se separara de ellos. **Lucas 4.42 (LBLA)**

La escena que describe el texto de hoy se produce luego de una intensa noche de ministerio, en la que Cristo sanó a muchos enfermos y expulsó una sucesión de demonios en las personas que acudían a él. Según su costumbre, el Hijo de Dios se retiró a un lugar solitario en busca de mayor intimidad con el Padre. Las multitudes, no obstante, no tardaron en ubicarlo y procuraban detenerlo para que no se separara de ellos.

La reacción de ellos revela cuán intenso es en nosotros el deseo de «asirnos de Dios» para que no se aleje de nuestro proyecto de vida. Este deseo no es, sin embargo, producto de la obra soberana del Espíritu. Más bien responde a la tendencia arraigada de buscar la forma de controlar al Altísimo para nuestro propio beneficio. La misma perversa creatividad que desplegamos para asegurar nuestras relaciones con los demás también empaña la experiencia espiritual con el Señor. No dudamos en recurrir al medio que sea necesario para lograr este único fin: retener a Dios para que colabore y bendiga los diversos aspectos de nuestra vida personal.

Los que hemos nacido de nuevo debemos entender que la libertad constituye la única base para una relación profunda con el Señor. Avanzar hacia la madurez significa descubrir el significado de las palabras de Cristo a Nicodemo: «El viento sopla de donde quiere, y oyes su sonido, pero no sabes de dónde viene ni a dónde va. Así es todo aquel que nace del Espíritu» (Jn 3.8). Así como no tenemos la capacidad de generar o controlar el viento, tampoco a Dios podemos detenerlo, retenerlo o «redireccionarlo» hacia el lugar que deseamos. No podemos imponer sobre él ninguna condición, ni proyectar sobre su persona nuestras expectativas. Más bien nos invita a construir una relación donde él disfruta de la misma libertad con la que nos ha creado a nosotros.

La razón por la cual este camino de libertad muchas veces nos resulta difícil es sencilla: somos personas que vivimos en un mundo que está lleno de sufrimiento y dolor. En más de una ocasión hemos sido lastimados en nuestras relaciones con los demás. Por esto, creemos que la mejor manera de evitar nuevas desilusiones es ejerciendo control sobre nuestras circunstancias y sobre aquellos que son parte de nuestra experiencia cotidiana. El objetivo es lograr que todo se acomode a lo que consideramos beneficioso para nosotros mismos. No obstante estos esfuerzos, seguimos cosechando angustias y tristezas. La verdad es que aun nuestras más elaboradas estrategias para controlar todo no pueden prosperar porque estamos intentando ejercer autoridad sobre aquello que no nos está permitido.

Para pensar:

Cristo nos invita a transitar su camino, sin intentar acomodar al mundo y a Dios a nuestro antojo. Es el camino que requiere una actitud que parece riesgosa: la entrega. Cuando nuestros esfuerzos dejan de existir, Dios encuentra los espacios para comenzar a producir esa transformación que nos permite estar en paz con un mundo diferente al que quisiéramos.

Vocación de siervo

Antes de la fiesta de la Pascua, sabiendo Jesús que su hora había llegado para que pasara de este mundo al Padre, como había amado a los suyos que estaban en el mundo, los amó hasta el fin. **Juan 13.1**

¿Se ha cruzado con personas que están pasando una gran tribulación personal? Son muy pocas las que poseen la capacidad de abstraerse de sí mismas, de no monopolizar la conversación para contar lo que les está pasando o encerrarse en una profunda indiferencia hacia los demás. No así con el Hijo del Hombre.

La agonía de la crucifixión no era desconocida para Cristo, aunque aún no había transitado por ese camino. Pero los Romanos habían introducido el cruel método de ejecución muchos años antes de que el Hijo de Dios caminara por esta tierra. Hemos de suponer, entonces, que Jesús había visto, en más de una ocasión, a los reos colgados de maderos en las inmediaciones de las ciudades de Israel. La verdadera magnitud de la prueba que lo esperaba, sin embargo, parecía haberse manifestado en toda su intensidad en la agónica lucha que se libró en Getsemaní. Allí, el Mesías confesó a sus más íntimos que se sentía angustiado hasta el punto de la muerte.

¿Cómo no dedicar, entonces, las horas y los días previos a esta titánica prueba para fortalecer el espíritu y concentrar los recursos espirituales? Si en algún momento alguna persona tuvo derecho a centrarse en sí mismo frente a una inminente crisis, esa persona fue Jesús. Hubiéramos entendido que, frente a semejante prueba, se hubiera mostrado distraído o melancólico.

Juan, sin embargo, nos hace notar que el evento que está por describir ocurre con el pleno conocimiento, por parte de Cristo, de que su hora había llegado para pasar de este mundo al Padre. Y ese paso lo llevaría, irremediablemente, por la cruz. En este momento crucial de su vida, Cristo continuó pensando en sus discípulos, y no permitió que sus luchas personales lo distrajeran del compromiso de amarlos en todo momento y en toda circunstancia.

La lección que nos deja su ejemplo es clara: el verdadero amor no conoce situaciones personales que lo libren de la responsabilidad de expresarse en forma práctica en la vida de los que están a su alrededor. Todos hemos conocido situaciones donde una persona hospitalizada, con una enfermedad incurable, anima y bendice a los que la visitan para reconfortarla. Su ejemplo nos habla de una vocación que no conoce feriados, ni vacaciones, ni tampoco circunstancias en las cuales es lícito dejar de amar.

Esta vocación no es lo mismo que la esclavitud al servicio, tal como la que mostró Marta cuando el Mesías la visitó en su casa (Lc 10). Esta es otra cosa enteramente diferente. El que ama de verdad, sin embargo, ama en toda circunstancia, aun en medio de profundas pruebas personales.

Para pensar:

«El amor nunca deja de ser; pero las profecías se acabarán, cesarán las lenguas y el conocimiento se acabará» (1 Co 13.8).

Amor que perdura

Antes de la fiesta de la Pascua, sabiendo Jesús que su hora había llegado para que pasara de este mundo al Padre, como había amado a los suyos que estaban en el mundo, los amó hasta el fin. **Juan 13.1**

¿Nunca se ha sentido cansado de amar a otra persona? Muchas veces, en situaciones de consejería pastoral, escucho a personas que dicen: «yo ya amé demasiado a esa persona». ¿Será posible afirmar que hemos amado demasiado a otra persona? ¿Existe alguna medida que, una vez superada, nos permite afirmar que nosotros ya hemos superado el nivel de amor requerido de un creyente? ¿Quién establece este nivel?

Cuando hacemos este tipo de afirmaciones, lo que estamos queriendo señalar es que hemos hecho muchas cosas en favor de la otra persona, pero hemos cosechado muy poco como resultado de nuestra inversión. Por supuesto, que la otra persona quizás también piense que ha hecho mucho y ha recibido muy poco a cambio de todo lo que ha hecho.

Juan nos dice que Cristo, habiendo amado a los suyos, «los amó hasta el fin». Qué contundente que suena semejante afirmación. ¡Cuán débil parece nuestro propio esfuerzo a la luz de esta declaración! Jesús ciertamente no cosechó ni un décimo del fruto que tendría que haber cosechado según la inversión que había hecho. Seguramente él podría haber dicho que había amado demasiado a los suyos. Sin embargo, a pocas horas de morir, lo encontramos dedicado, con la misma consideración de siempre, a bendecir a sus discípulos.

La verdad es que el Mesías no medía el nivel de su inversión según la clase de retorno que recibía. Sus parámetros eran otros, y no dependían de la desigualdad que pudiera haber entre su propio esfuerzo y el de sus discípulos. El parámetro de lo que era correcto lo establecía el pacto que había hecho con el Padre. Este pacto descansaba sobre la distancia que estaba dispuesto a recorrer por los demás, una distancia que llegaba hasta la muerte misma. Su compromiso, por lo tanto, no dependía ni del reconocimiento, ni de la recompensa, ni de la respuesta de los que estaban a su alrededor. Era un compromiso unilateral, cuya medida había sido acordada con el Padre mismo.

He aquí, entonces, la verdadera dimensión del amor. No es un sentimiento, sino un compromiso. Un compromiso que está más allá del comportamiento de la otra persona o de las circunstancias en las que nos encontramos. Es un pacto que depende enteramente de nosotros mismos, y que nos debe llevar a un amor que no cesa nunca. Cristo mismo ilustra dramáticamente esta verdad cuando, colgado de la cruz, intercede por los que lo persiguen y pide misericordia por ellos.

Para pensar:

Como líder, necesita establecer esta clase de pacto con su gente. De no hacerlo, va a desistir de amarlos cada vez que lo desilusionen, lastimen o traicionen. El pacto que usted elabora no puede depender de ellos, sino del Dios al cual le ha hecho su voto de fidelidad. ¡Solamente él lo podrá mantener firme en su compromiso!

Servicio desinteresado

Y cuando cenaban, como el diablo ya había puesto en el corazón de Judas Iscariote hijo de Simón que lo entregara, sabiendo Jesús que el Padre le había dado todas las cosas en las manos, y que había salido de Dios y a Dios iba, se levantó de la cena, se quitó su manto y, tomando una toalla, se la ciñó. **Juan 13.2-4**

Uno de los elementos que frecuentemente entorpece nuestro deseo de servir a otros es nuestra tendencia natural a buscar algún beneficio personal en lo que hacemos por los demás. Por supuesto, ninguno de nosotros reconocería abiertamente la existencia de esta inclinación en nuestra vida. Quisiéramos creer que nuestro servicio es completamente desinteresado. Sin embargo, si permitimos que el Espíritu escudriñe con más cuidado nuestro corazón, probablemente salgan a luz ciertos intereses personales que nos sorprenderán.

En su relato de esta singular experiencia en la vida de los discípulos, Juan ya nos ha hecho notar algunas de las realidades espirituales que rodeaban el lavamiento de pies que realizó Jesús. En este versículo, añade que Cristo sabía «que el Padre le había dado todas las cosas en las manos, y que había salido de Dios y a Dios iba». Esta declaración tiene singular importancia para el tema que hoy nos concierne.

Jesús estaba por realizar un acto de servicio con connotaciones absolutamente domésticas. Desde una perspectiva personal, no había beneficio alguno en lo que se había propuesto hacer. No solamente esto, sino que Cristo era conciente de la verdadera dimensión de su autoridad espiritual: ¡el Padre había entregado todas las cosas en sus manos! Su origen era celestial, y su destino también era celestial. No le faltaba nada, ni tenía necesidad de cosa alguna.

Sabiendo que este acto no modificaría en nada su situación personal, ni traería algún resultado dramático a su ministerio, Cristo escogió hacer suya la responsabilidad reservada para los siervos de la casa.

Es en esta decisión que encontramos la más genuina expresión de lo que significa servir. Muchas veces servimos a los que nos pueden demostrar gratitud, a los que nos pueden ayudar en nuestros proyectos, o a los que pueden añadir un poco de prestigio a nuestra vida. Rara vez, sin embargo, nos «rebajamos» a servir a aquellos que no tienen absolutamente nada que aportar a nuestra vida. Cristo escogió este camino, y en su ejemplo está parte del secreto de su grandeza. El servicio que verdaderamente impacta, es aquel donde dejamos de lado el prestigio y la autoridad de nuestra posición, y servimos simplemente por el gozo de servir.

Para pensar:

Oswald Chambers escribe: «El servicio es la manifestación visible de una superabundante devoción hacia Dios». Solamente podremos movernos correctamente en el servicio cuando sea una expresión de la intensidad de nuestra relación con el Señor.

Oportunidades ordinarias

Y cuando cenaban, como el diablo ya había puesto en el corazón de Judas Iscariote hijo de Simón que lo entregara, sabiendo Jesús que el Padre le había dado todas las cosas en las manos, y que había salido de Dios y a Dios iba, se levantó de la cena, se quitó su manto y, tomando una toalla, se la ciñó. **Juan 13.2-4**

Creo que todos nosotros tenemos algo de heroico en nuestro ser. En situaciones de crisis o de extrema necesidad, salimos al frente y servimos a nuestro prójimo. Recuerdo una situación personal, en la cual tuve que salir con una fuerte tormenta a buscar un medicamento para una persona que lo necesitaba con urgencia. Tomando mi bicicleta, pedaleé unos kilómetros bajo la lluvia torrencial para adquirir el medicamento necesario. ¡Encontramos en este tipo de situaciones hasta ciertos matices románticos!

Nuestra vocación de siervos cambia, sin embargo, cuando estamos dentro de una escena netamente doméstica. Allí, nadie nos va a aplaudir, ni vamos a ser vitoreados por nuestros actos de servicio. Lo que hacemos simplemente forma parte del quehacer de todos los días. Es precisamente por la ausencia de alguna recompensa que nos cuesta tanto servir a los demás.

Cristo se levantó durante la cena. Seguramente todos los discípulos habían notado que nadie les había lavado los pies cuando llegaron a la casa. Quizás se sentirían sucios e incómodos con los pies llenos de polvo y sudor. El Hijo de Dios fue el único que hizo algo al respecto.

En nuestra cultura latinoamericana, ¡cuán importante es para nosotros el momento en que nos sentamos a comer! Una vez que nos acomodamos en la mesa, ninguno quiere levantarse para buscar la sal, o traer algún otro elemento que falte en la mesa. Preferimos comer sin sal, ¡que levantarnos a buscar el salero!

El hogar, no obstante, ofrece las mejores oportunidades para servir. Abundan a cada instante. Y no solamente esto, sino que también es el lugar donde más podemos aprender acerca de lo que significa ser un siervo. Dentro del ambiente del hogar nadie nos va a dar una medalla por servir a nuestra familia. Tendremos que aprender lo que es servir, en situaciones donde el agradecimiento de los demás está implícito, pues no se expresa. Deberemos escoger el servicio cuando francamente nos gustaría más descansar o estar haciendo algo diferente. Tendremos también que aprender a ver las necesidades de los demás, sin que se nos pida que sirvamos.

Los beneficios de servir en estas situaciones son innumerables, y nuestro crecimiento personal será marcado a medida que respondemos a estas oportunidades. En nuestra tarea de formar a otros, tendremos también que mostrar el camino a transitar con nuestro propio ejemplo. Seguramente muchos nos estarán observando en estas situaciones, que tan poco «espirituales» nos parecen. Las más increíbles lecciones, sin embargo, pueden ser enseñadas desde este lugar.

Para pensar:

«La medida de la grandeza de una persona no está en el número de personas que lo sirven, si no en el número de personas a quienes sirve». P. Moody.

La práctica del servicio

Y cuando cenaban, como el diablo ya había puesto en el corazón de Judas Iscariote hijo de Simón que lo entregara, sabiendo Jesús que el Padre le había dado todas las cosas en las manos, y que había salido de Dios y a Dios iba, se levantó de la cena, se quitó su manto y, tomando una toalla, se la ciñó. **Juan 13.2-4**

Hemos estado observando algunos detalles acerca del contexto de esta escena en la vida de los discípulos, el momento en que Cristo le lavó los pies a los discípulos. En el pasaje de hoy queremos concentrarnos en dos detalles adicionales.

En primer lugar queremos notar el grado de madurez que demuestra el gesto de Cristo. El paso necesario antes de realizar un acto de servicio hacia el prójimo es identificar la necesidad del otro. Cuando éramos niños, era necesario que nuestros mayores no solamente nos indicaran dónde existía una necesidad de servicio, sino que también nos obligaran a realizarla, porque nuestra perspectiva de la vida no incluía conciencia de servicio. Algunas personas nunca pasan más allá de esta etapa y, aun de adultos, no sirven a menos que otros los presionen para hacerlo. Pero los que han avanzado hacia un mayor grado de madurez, responden con gozo frente a la invitación de servir al prójimo, porque han entendido que este es uno de los privilegios que se le ha concedido a los que son de Cristo.

Existe, sin embargo, un tercer nivel de servicio. En este nivel no hace falta que otros nos indiquen las oportunidades para servir, ni tampoco que otros nos inviten a hacerlo. En este nivel vemos la necesidad de servicio antes que el otro diga algo. Cuando transitamos por los lugares donde desarrollamos nuestra vida cotidiana, estamos atentos a las oportunidades que se nos presentan en cada lugar. Cristo vio la necesidad de lavar los pies, e hizo algo al respecto.

Es esta segunda acción que queremos resaltar. Nadie puede servir a su prójimo desde la comodidad de un sillón. Tampoco es posible experimentar el gozo del servicio si uno se mantiene en la teoría de lo que es disponerse a suplir la necesidad del prójimo. El servicio no es tal hasta que se convierte en acciones concretas hacia los demás. Por esta razón, Cristo se levantó de la mesa, se quitó el manto, se ciño una toalla y, tomando agua, comenzó a lavarle los pies a los discípulos. Esta serie de acciones concretas son las que convirtieron su deseo de servir en realidad.

El servicio es una parte importante de nuestro rol como líderes. Para cultivar este aspecto de nuestra vida, necesitamos pedirle a nuestro Padre celestial que abra nuestros ojos a las oportunidades que existen a nuestro alrededor, y también que nos movilice a hacer algo al respecto.

Para pensar:

¿Qué señales le alertan de que otra persona necesita de su servicio? ¿Cómo puede enseñarle sensibilidad a sus seguidores? ¿Qué actitudes son importantes para dar un buen ejemplo en el servicio?

Servicio sin preferencias

21 DE MARZO

Luego puso agua en una vasija y comenzó a lavar los pies de los discípulos y a secarlos con la toalla con que estaba ceñido. **Juan 13.5**

Quizás en algún momento de su vida usted se ha sentido avergonzado por algún acto de servicio por parte de alguna persona cercana a usted. Se sentía avergonzado porque usted consideraba que no era digno de lo que estaba recibiendo. Si este es su caso, podrá entender cómo se habrán sentido los discípulos en el momento en que Jesús se inclinó y comenzó a lavarles los pies. Imagine lo incómodos que se habrán sentido al ver al Maestro realizando un servicio que normalmente estaba en manos del más despreciado miembro de la casa, el sirviente. Una vez más, Cristo los descolocaba con comportamientos absolutamente diferentes a los parámetros conocidos en la época.

No es en este acto, sin embargo, que me quiero detener. La reflexión de hoy gira alrededor de algo que está implícito en el texto. Cristo ya sabía quién era el que lo iba a traicionar. Sin embargo, al lavarle los pies a los discípulos, Juan no nos dice que salteó a Judas. Con el mismo cariño y la misma ternura, le lavó los pies a cada uno de sus discípulos, incluyendo al que lo iba a traicionar.

Es en este gesto que vemos la más profunda expresión del amor del Hijo de Dios. Nos cuesta amar y servir a las personas que no nos caen bien. Amar y servir a los que nos hacen mal, es una sublime expresión del poder que tiene la gracia de Dios para derretir sentimientos de rencor o amargura hacia nuestros enemigos.

En este gesto Cristo ilustraba los parámetros establecidos por la Palabra de Dios para toda manifestación de amor. Él mismo había enseñado: «Amad a vuestros enemigos, bendecid a los que os maldicen, haced bien a los que os odian y orad por los que os ultrajan y os persiguen, para que seáis hijos de vuestro Padre que está en los cielos, que hace salir su sol sobre malos y buenos y llover sobre justos e injustos» (Mt 5.44-45). Su acto de servicio revela la verdadera dimensión del compromiso con las personas que estaba formando.

Existe entonces, en esta escena, un principio importante para nuestras vidas como líderes. En la mayoría de las congregaciones siempre hay un grupo de personas que se resiste a nuestro ministerio. Una de las mejores maneras de asegurarnos que sus actitudes no produzcan profundos sentimientos de amargura en nosotros es escogiendo el camino del amor, expresado en gestos de servicio hacia ellos. Es posible que nuestro servicio no modifique sus actitudes. No obstante, una cosa es segura: será imposible para nosotros seguir albergando en nuestros corazones sentimientos de odio o rencor hacia estas personas. El servicio que realizamos irá purificando nuestro espíritu y limpiando toda impureza, para que pueda habitar plenamente en nosotros el amor de Dios. Bendiga a los que le hacen mal, y observe cómo la gracia de Dios se manifiesta poderosamente en su propia vida.

Para pensar:

«Así que, si tu enemigo tiene hambre, dale de comer; si tiene sed, dale de beber, pues haciendo esto, harás que le arda la cara de vergüenza» (Ro 12.20).

Gracia para recibir

Cuando llegó a Simón Pedro, este le dijo: «Señor, ¿tú me lavarás los pies?» Respondió Jesús y le dijo: «Lo que yo hago, tú no lo comprendes ahora, pero lo entenderás después». Pedro le dijo: «No me lavarás los pies jamás».

Juan 13.6-8

La verdadera humildad es difícil de describir. Tiene que ver con un concepto justo de uno mismo. No consiste solamente en esto, sin embargo, es producto de un mover del Espíritu de Dios, y como tal retiene ciertos rasgos misteriosos. Lo que sí podemos afirmar es que hay aparentes actitudes de humildad que no son más que la manifestación de un orgullo disfrazado.

Quizás por esta razón el gran escritor Robert Murray M´Cheyne exclamó: *«Oh, quien me diera el poseer verdadera humildad, no fingida. Tengo razones para ser humilde. Sin embargo no conozco ni la mitad de ellas. Sé que soy orgulloso; sin embargo ¡no conozco ni la mitad de mi orgullo!»*

No hay duda que los discípulos se sintieron completamente descolocados por la acción de Cristo al lavar sus pies. Esta era una labor que debería haber realizado el siervo de la casa. ¿Cómo no se les ocurrió a alguno de ellos hacerlo? Seguramente más de uno se sintió avergonzado por su propia falta de sensibilidad.

Solamente Pedro se atrevió a decir algo: «No me lavarás los pies jamás», y creemos oir en sus palabras una genuina actitud de humildad. Miremos con más cuidado, sin embargo. ¿Qué clase de humildad es esta, que le prohíbe al Hijo de Dios hacer lo que se ha propuesto hacer? La falta de discernimiento en las palabras del discípulo es tiernamente corregida por el Maestro. Al entender lo que le está diciendo, Pedro se va al otro extremo: «Señor, no sólo los pies, sino también las manos y la cabeza».

¿Observó usted lo que acaba de ocurrir? Una vez más, Pedro le está dando instrucciones a Jesús acerca de la forma correcta de hacer las cosas. ¡Esto sí que es orgullo! Sin embargo, a primera vista creíamos estar frente a una persona realmente sumisa y humilde.

Lo sutil de esta situación debe servirnos como advertencia. La humildad es más difícil de practicar de lo que parece. Nuestro propio esfuerzo hacia la humildad es limitado por el constante engaño de nuestro corazón. Aun las actitudes que aparentemente son espirituales pueden tener su buena cuota de orgullo. Por esto, necesitamos que Dios la produzca y manifieste en nuestras vidas.

La escena de hoy nos deja en claro una simple lección: necesitamos desesperadamente que el Señor trabaje en lo más profundo de nuestro ser, para traer a luz todo aquello que le deshonra. Debemos tener la certeza que el orgullo será un enemigo al acecho permanente de nuestra vida. ¡Por cuánta misericordia debemos clamar cada día!

Para pensar:

Medite en la sabiduría de esta observación: «El verdadero camino a la humildad no es achicarte hasta ser más pequeño que tú mismo; es colocarte, según tu verdadera estatura, al lado de alguien de mayor estatura que la tuya, para que compruebes ¡la verdadera pequeñez de tu grandeza!» Felipe Brooks.

Una lección inolvidable

Pues si yo, el Señor y el Maestro, he lavado vuestros pies, vosotros también debéis lavaros los pies los unos a los otros, porque ejemplo os he dado para que, como yo os he hecho, vosotros también hagáis. **Juan 13.14-15**

Imagine por un momento que Jesús hubiera enseñado los principios, en esta lección, de la misma manera que nosotros los enseñamos. Primeramente, hubiera anunciado con bastante antelación la fecha de un «seminario sobre cómo servir», para que los discípulos vayan reservando la fecha e, incluso, invitando a algunos otros interesados. En privado, Cristo dedicaría largas horas a estudiar los textos bíblicos acerca del tema del servicio, armando cuidadosamente los argumentos a favor de los diferentes aspectos de este tema. En la fecha establecida, los hubiera reunido y habría compartido los resultados de sus estudios, presentando amplias evidencias acerca de la importancia del servicio. No hubiera terminado su lección sin una seria exhortación a que los discípulos practicaran lo que habían escuchado en «clase».

Usted ya se está dando cuenta de la enorme distancia que separa nuestros esfuerzos por capacitar a los santos, de las lecciones que Cristo les enseñó a los discípulos. Tome nota de su estrategia. No anunció nada. No preparó a los discípulos con un discurso. No les dio ninguna explicación acerca de lo que iba a hacer. En el momento menos esperado, cuando estaban todos relajados y disfrutando de la cena, se levantó y comenzó los preparativos para lavarles los pies.

¿Se imagina las miradas entre los discípulos? ¿Qué cosa se proponía hacer ahora este Maestro tan poco tradicional? Terminados los preparativos, comenzó a lavarles los pies. Aún no procedía de sus labios ninguna explicación. Los discípulos le observaban, seguramente con una mezcla de vergüenza y curiosidad. Cuando llegó a Pedro, el «vocero» del grupo se atrevió a cuestionar las acciones de Jesús. Recién en este momento el Maestro ofrece una explicación, pero es escueta y no aclara nada.

Cuando volvió a sentarse en la mesa, Jesús se preparó para darles la conclusión de la lección que habían visto. Salvo el diálogo con Pedro, no había proferido palabra alguna. Sin embargo, les acababa de enseñar una de las lecciones más dramáticas que habían aprendido en los tres años compartidos con él.

No hace falta decir mucho más sobre el tema. Como líder, sus lecciones más dramáticas y efectivas, pueden ser dadas sin usar las palabras. Nosotros, sin embargo, tenemos una dependencia enfermiza de las palabras como medio de enseñanza. Nuestras reuniones abundan en palabras. Los miembros de nuestras congregaciones están expuestos a una interminable sucesión de clases y prédicas. ¿Cuánto de todo esto permanece? Me temo que muy poco.

Cristo agregó palabras a su ejemplo. No dejó librado al entendimiento de cada discípulo lo que había querido enseñar. Pero sus palabras fueron la conclusión perfecta a una lección que ya había sido grabada a fuego en sus corazones. Simplemente les ayudó a elaborar lo que habían visto.

Para pensar:

Howard Hendricks comparte esta observación con los que son maestros: «La educación -la verdadera educación- consiste simplemente en una serie de situaciones apropiadas para impartir enseñanza». ¡Procure aprovechar al máximo esas situaciones!

Ministros de consolación

Bendito sea el Dios y Padre de nuestro Señor Jesucristo, Padre de misericordias y Dios de toda consolación, el cual nos consuela en todas nuestras tribulaciones, para que podamos también nosotros consolar a los que están en cualquier tribulación, por medio de la consolación con que nosotros somos consolados por Dios. **2 Corintios 1.3-4**

No es una simple coincidencia que Pablo abra esta carta con la declaración que hoy leemos. Más que ningún otro de sus escritos, la segunda carta a los Corintios contiene un detalle escalofriante de las tribulaciones por las cuales había transitado el apóstol. En el capitulo 11, una lista de estas experiencias incluye trabajos, cárceles, azotes, varas, naufragios, fatigas, hambre, sed, frío y desnudez. ¿Cómo no iba a hablar con autoridad sobre el tema del consuelo?

En estos versículos menciona al menos dos cosas que son importantes para nosotros. En primer lugar, dice que Dios es Padre de misericordia y de toda consolación. Estas dos características de su persona ponen en relieve la bondad de su corazón. Si bien él ama a todos por igual, pareciera verdad que tiene especial compasión por los que están en situaciones de angustia, injusticia, opresión o abandono. No pocas veces en el Antiguo Testamento se lo describe como el Dios de los «quebrantados de corazón» (Sal 147.3). En forma sobrenatural, ministra a los que están en crisis y venda sus heridas para que sean restaurados. Así lo ha hecho con incontables otros santos a lo largo de la historia, visitándolos en su momento de angustia y trayendo sobre ellos una manifestación poderosa de su gracia.

En segundo lugar, Pablo afirma que él puede consolar a otros con esta misma consolación. Es en esta declaración que quiero que usted se detenga por un momento. Seguramente, en su ministerio le tocará, en más de una ocasión, estar con personas que están pasando por momentos de profunda crisis personal. En más de una ocasión usted también habrá transitado por ese mismo camino. Tome nota de que el apóstol dice que él consolaba con el consuelo con que había sido consolado.

En situaciones de crisis, abundan las personas que se acercan para dar consuelo, pero no consuelo divino. Sus intentos de ayudar incluyen recitar versículos, contar sus propias experiencias, o tratar de espiritualizar la prueba por la cual está pasando la otra persona. Nada de esto ayuda y, en no pocas ocasiones, solamente produce irritación. Los resultados proclaman cuán limitados son los esfuerzos de la carne por producir obras espirituales.

El consuelo que sana, es el que nace en la obra sobrenatural de Dios. Para practicarlo, usted primeramente tiene que haberlo experimentado. No es suficiente que usted también haya pasado por pruebas. Esto no lo capacita a usted para consolar. Pero si ha sido consolado por el Señor mismo, conoce de primera mano la tierna bondad de Cristo. Al acercarse a otro que está atribulado, lo hará con la misma sensibilidad, con la misma ternura, y con el mismo cuidado.

Para pensar:

A decir verdad, solamente podrá reproducir este tipo de consuelo si va de la mano del que lo ha consolado a usted, Dios mismo. No se apresure a hablar lo primero que se le venga a la cabeza. Permita que el Señor lo guíe, y lo haga partícipe de un momento de sanidad sobrenatural.

Llamados a bendecir

De tal manera amó Dios al mundo, que ha dado a su Hijo unigénito, para que todo aquel que en él cree no se pierda, sino que tenga vida eterna.

Juan 3.16

Quiero invitarle a que haga un pequeño ejercicio conmigo. Vamos a tomarnos, por un momento, el atrevimiento de acortar este versículo, de modo que al leerlo diga: «Porque de tal manera amó Dios al mundo, que dio». Lea dos o tres veces esa frase y sienta como la palabra «dio» comienza a cobrar fuerza.

Si deja que la frase vaya penetrando en su mente y corazón, comenzará a notar que está en contraposición a lo que es nuestra idea del amor. En la definición moderna del amor, el concepto de dar no es muy prominente. Al contrario, pensamos casi exclusivamente en lo que los otros tienen que darnos a nosotros. El término «amor», en sí, es casi un sinónimo de la palabra «sentimiento». Por esta razón, cuando ya no hay sentimientos decimos que ya no existe el amor.

Este concepto rara vez sufre modificaciones en nuestra vida espiritual. De esta manera, moverse en el amor de Dios no significa más que vivir buscando que él nos diga cosas lindas y afirme lo mucho que nos ama. Va acompañado de la posibilidad de presentar delante de él una lista interminable de pedidos que, de ser concedidos, nos beneficiarán casi exclusivamente a nosotros. En resumen, seguimos siendo casi iguales a lo que éramos antes de convertirnos.

La profundidad de nuestro egocentrismo la vi ilustrado en el testimonio de una señora que contó que unos ladrones habían entrado en la casa de sus vecinos, llevándose todo lo que esta pobre gente tenía. La razón por la cual esta mujer quería dar gracias era «porque a mí no me llevaron nada. ¡Gloria a Dios!» ¿Qué clase de cristianismo es este que, lejos de pensar en la posibilidad de bendecir al que fue tocado por la desgracia, me lleva a regocijarme porque yo salí ileso de la situación?

Lea otra vez nuestra versión adaptada de Juan 3.16: «De tal manera amó Dios al mundo, que dio». ¿Llega usted a distinguir la diferencia en el enfoque? El acento está en el dar. Se nos presenta un cuadro en el cual el amor se traduce en acción por los demás. Esta clase de amor no espera, toma la iniciativa. No demanda, sino que se entrega. No se concentra en el beneficio, sino que se sacrifica. ¡Qué diferencia con lo que nosotros llamamos amor!

¿Cómo hemos de seguir a este Dios, sin contagiarnos de la misma actitud? La verdadera manifestación de una obra profunda del Espíritu en nuestras vidas tiene que producir un deseo incontenible de bendecir a los demás. La vida espiritual nos lleva a sacar los ojos de lo nuestro, para empezar a fijarnos en las personas que necesitan desesperadamente el amor de Dios.

Para pensar:

El gran evangelista Dwight Moody alguna vez dijo: «Un hombre puede ser un buen médico sin amar a sus pacientes; un buen abogado sin amar a sus clientes; un buen geólogo sin amar la ciencia; pero nunca podrá ser un buen cristiano si no tiene amor».

El testimonio que llega

Pero Jesús no se lo permitió, sino que le dijo: «Vete a tu casa, a los tuyos, y cuéntales cuán grandes cosas el Señor ha hecho contigo y cómo ha tenido misericordia de ti». Él se fue y comenzó a publicar en Decápolis cuán grandes cosas había hecho Jesús con él; y todos se maravillaban.

Marcos 5.19-20

El endemoniado de Gadara nunca había sido tratado bien por los pobladores de la zona. Muchas veces lo habían intentado controlar, atándolo con grillos y cadenas, porque era una persona violenta e impredecible. Con la llegada de Jesús, conoció por primera vez el poder transformador del amor de Dios. ¡Y fue transformado en otro hombre!

Como es de entenderse, este nuevo varón no encontraba nada atractivo el hecho de quedarse en la zona donde, durante tanto tiempo, había vivido atormentado y aislado de todo indicio de afecto. Al retirarse Jesús hacia su embarcación no dudó en rogarle al Maestro que lo llevara consigo.

Esta tendencia todos la llevamos dentro nuestro. Es el deseo de retener aquello que nos hace sentir bien y prolongar indefinidamente experiencias profundamente gratificantes. Seguramente este mismo deseo llevó a Pedro a exclamar, en el monte de la Transfiguración: «¡Maestro, bueno es para nosotros que estemos aquí! Hagamos tres enramadas: una para ti, otra para Moisés y otra para Elías» (Mr. 9.5). No queremos que la fiesta se termine.

Cristo, sin embargo, sabía que la mejor manera de retener una bendición era compartirla con otros. En el reino, lo que no se comparte se echa a perder. Por eso nuestro llamado es a ser bendecidos y también a bendecir. De manera que Cristo lo mandó a compartir con lo suyos lo que había experimentado.

Piense un momento en las aptitudes «evangelísticas» de este hombre. No tenía ni un solo día de creyente. Desconocía los textos más elementales de la Palabra. No sabía argumentar acerca de su fe. No entendía los principios más rudimentarios de la vida cristiana y no poseía capacitación alguna para testificar a otros de su fe.

Este nuevo discípulo, sin embargo, ya era experto en un tema: ¡cómo Dios puede transformar la vida de un endemoniado! Y de este tema lo mandó a hablar Jesucristo. «Vete a tu casa, a los tuyos, y cuéntales cuán grandes cosas el Señor ha hecho contigo y cómo ha tenido misericordia de ti». ¿Cree usted que las personas con las cuales se cruzó habrán dudado de lo genuino de su testimonio? ¡Por supuesto que no! Porque este hombre hablaba con una convicción nacida de una experiencia dramática con Jesús.

Muchos de nuestros esfuerzos evangelísticos fallan justamente por esta razón. Lo que compartimos no tiene que ver con las grandes cosas que Dios está haciendo en nuestras vidas. Más bien nos limitamos a hablar de las razones por las que creemos que la otra persona debe convertirse. Rara vez logramos convencer a los demás con argumentos de este tipo.

Para pensar:

¿Cómo hemos, entonces, de remediar esta falta de credibilidad? Un sola solución servirá. Necesitamos que Dios esté haciendo grandes cosas en nuestras propias vidas. Para eso, no podemos darnos el lujo de perdernos un solo día de la aventura de caminar junto a él. Nuestro ministerio llegará a los demás, en la medida que Dios esté transformando nuestros propios corazones.

Mediciones sin valor

Porque no nos atrevemos a contarnos ni a compararnos con algunos que se alaban a sí mismos; pero ellos, midiéndose a sí mismos y comparándose consigo mismos, carecen de entendimiento.

2 Corintios 10.12 (LBLA)

En cierta ocasión, Jesús contó una parábola que, dice el evangelista, estaba destinada a las personas que confiaban en sí mismas como justas (Lc 18.9). En esa oportunidad, habló de un fariseo que, puesto en pie, oraba para sí de esta manera: «Dios, te doy gracias porque no soy como los otros hombres...» Sin avanzar en la lectura del pasaje, ya detectamos algo errado en el planteo que hace este fariseo.

A sus ojos, lo que lo justificaba, era su propia conducta que, comparada a la de otros hombres, parecía ser excesivamente piadosa. Existen, sin embargo, dos errores fatales en su análisis. El primero es que la evaluación de su propia vida la realiza él mismo. Desconoce el principio que ningún hombre es capaz de conocer acertadamente la realidad de su propia vida. El salmista exclama: «¿Quién puede discernir sus propios errores?» (Sal 19.12). La respuesta está implícita en la pregunta: ¡nadie!

El segundo error está en compararse con otros hombres. Esto es algo muy propio de la cultura que nos rodea, un hábito que nos ha sido enseñado de muy pequeños. Nacimos compitiendo con nuestros hermanos, fuimos introducidos en un sistema educativo que perpetuó el sistema de competencia, y luego salimos a un mercado laboral donde la competencia pareciera un elemento indispensable para sobrevivir. Para poder avanzar en cada etapa creímos necesario saber continuamente cómo se comparaba nuestra vida con la de los demás.

El problema principal con la comparación es que nosotros escogemos con quien compararnos. Inevitablemente, las comparaciones las realizamos con aquellas personas que más favorablemente nos van a dejar parados. Para ver si somos generosos, nos comparamos con los que nunca dan. Para saber si somos pobres, nos comparamos con los que más tienen. Para ver si somos trabajadores, nos comparamos con los más holgazanes. De esta manera, las comparaciones nunca nos dejan un cuadro acertado del verdadero estado de nuestra vida.

Pablo afirma que los que han caído en comparaciones, carecen de entendimiento. La obra de cada uno tendrá que ser evaluada sola, sin más puntos de referencia que los parámetros eternos establecidos por Dios mismo. En el momento en que nos presentemos delante de su trono, no podremos señalar las debilidades de los demás para que nuestras propias flaquezas no parezcan tan importantes.

Es importante, entonces, que nosotros no seamos los protagonistas de nuestra propia aprobación, sino que permitamos que otro haga una evaluación más acertada de nuestra persona.

Para pensar:

Pablo termina este pasaje con palabras que deben conducirnos hacia la reflexión: «Pero el que se gloría, gloríese en el Señor. No es aprobado el que se alaba a sí mismo, sino aquel a quien el Señor alaba» (2 Co 10.17-18). ¡Vivamos de tal manera que el Señor mismo sea el que nos alaba!

Una buena reputación

Las moscas muertas hacen que el ungüento del perfumista dé mal olor; un poco de insensatez pesa más que la sabiduría y el honor. **Eclesiastés 10.1 (LBLA)**

Cuando los apóstoles decidieron nombrar diáconos en la iglesia de los primeros tiempos, encargaron al pueblo a que eligieran siete hombres que, entre otras cosas, tuvieran buena reputación.

La reputación tiene dos características importantes. Al igual que el resplandor en el rostro de Moisés, es algo que es visible para los que están a nuestro alrededor. Y, si bien la reputación habla de lo que otros han podido observar en nuestras vidas, no puede percibirse en un solo encuentro, sino que es la suma de muchos momentos que proclaman la clase de persona que somos. Se construye lentamente, a lo largo de los años, y es el más fiel reflejo de lo que verdaderamente hay en nuestros corazones. Encierra cosas tan preciosas como la responsabilidad, la fidelidad, la confiabilidad, la integridad y la sabiduría, todas cualidades que no pueden ser compradas, ni tampoco falsificadas. Reputación es lo que dicen las personas del líder cuando no está presente.

¿Y qué valor tiene la reputación? Según la reputación que tiene un líder va a ser el respeto que le confieren sus seguidores y las personas con las cuales entra en contacto. Cuando la reputación de un ministro es buena, sus seguidores confían en su persona y están dispuestos a seguirle aun en las más difíciles circunstancias. De la misma manera, aún el más elocuente orador no inspirará profundo respeto en sus seguidores si no posee una buena reputación.

Como hemos visto, esta cualidad es la más difícil de construir porque es el resultado de muchos elementos que se suman a lo largo de los años. Una persona joven difícilmente podrá tener una buena reputación, simplemente porque el factor tiempo aún no existe en su trayectoria dentro del pueblo de Dios.

El autor de Eclesiastés conocía el valor de la buena reputación. Lo compara con el perfume del perfumista. Es agradable a todos los que lo huelen. Pero Salomón también sabía que la buena reputación, que tarda años en construirse, puede destruirse en un solo momento. No hace falta más que un acto insensato y la reputación puede quedar en ruinas. Una decisión apresurada, una relación inconveniente, un momento de locura, todos son elementos que pueden, en un instante, borrar el buen testimonio de años. Tristemente, una vez que la reputación se ha perdido, será muy difícil recuperarla. Muchos años después de la caída, la gente seguirá recordando ese momento de insensatez más que todos los años de buen trabajo que le precedieron.

Por esta razón, el líder sabio será cauteloso en las decisiones que toma. Tomará el tiempo necesario para evaluar las consecuencias de sus actos y medir si es bueno el camino que escoge. Sabrá que hay algunas alternativas que le son lícitas pero que no convienen, por los efectos que tendrán sobre su reputación.

Para pensar:

¿Sabe cuál es la opinión de otros acerca de usted como líder? ¿Cuáles son las cosas que aportan a su reputación? ¿Ha dedicado tiempo a invertir en estas cosas? ¿Cómo puede reparar las cosas que no hablan bien de su desempeño como líder?

El poder de una decisión

Alégrate, joven, en tu juventud, y tome placer tu corazón en los días de tu adolescencia. Anda según los caminos de tu corazón y la vista de tus ojos, pero recuerda que sobre todas estas cosas te juzgará Dios...

Acuérdate de tu Creador en los días de tu juventud, antes que vengan los días malos, y lleguen los años de los cuales digas: «No tengo en ellos contentamiento».

Eclesiastés 11.9, 12.1

Cuando leo este pasaje me acuerdo de un joven que anhelaba una vida más plena, llena de diversión y todas aquellas cosas que nos hacen sentir «vivos». Cansado de trabajar en la finca de su padre, procuró una entrevista con él y pidió que se le hiciera un adelanto de la parte que le correspondía de la herencia. La vida era demasiado corta para estar esperando el momento de empezar a vivir de verdad. Habiendo asegurado su tajada, partió en búsqueda de la gran vida que lo esperaba (Lc 15.11-32).

Nosotros reconocemos inmediatamente la necedad del camino de este joven. Pero me pregunto cuánto de nuestro discernimiento se debe a que conocemos de antemano la manera en que terminó la historia. La verdad es que a muchos de nosotros nos falta la herencia, pero no la filosofía de este muchacho. No poseemos un plan a largo plazo para la vida, y nuestra existencia tiende a girar exclusivamente en torno de las cosas que nos gustan o nos resultan importantes. Un marido no pasa tiempo con su esposa, porque le es más importante su trabajo. Un hijo no se toma tiempo para estudiar, porque le produce mayor placer estar con sus amigos. Una madre no tiene tiempo para escuchar a sus hijos, porque le es más importante tener la casa ordenada y limpia.

Pocos de nosotros poseemos la capacidad de anticiparnos a las consecuencias de esta forma de encarar la vida. Haciendo siempre lo que nos hace sentir bien, no incorporamos a nuestra vida aquellas cosas que son esenciales para el futuro. Con el pasar de los años, sin embargo, comenzaremos a darnos cuenta que las cosas que parecían importantes en realidad no lo eran. Junto con este entendimiento, vendrán también los remordimientos y lamentos por no haber ordenado correctamente las prioridades en la etapa de la juventud. Para muchos, será demasiado tarde para cambiar las cosas.

El autor de Eclesiastés intenta evitarnos este proceso de descubrimiento doloroso. Nos está diciendo que las decisiones que tomamos hoy tienen consecuencias mañana. Y no solamente esto, sino que vendrá el día en el cual tendremos que rendirle cuentas al Creador por cada una de esas decisiones. ¿Por qué no, entonces, tomar hoy las decisiones que producirán mañana un fruto del cual no tendremos que arrepentirnos? Muchas de esas decisiones girarán alrededor de cosas que quizás hoy no nos estimulen o produzcan mucho placer. Pero el día de mañana producirán un resultado con el cual podremos gozarnos profundamente.

Para pensar:

¿En qué está invirtiendo usted, como líder, la mayoría de su tiempo? ¿Cómo puede estar seguro que estas cosas tienen un peso eterno? ¿Existen cosas importantes, como su cónyuge, sus hijos, o su relación con Dios, que están siendo desatendidas porque usted está demasiado «ocupado» con sus proyectos personales? ¿Qué pasos puede tomar para ordenar mejor su vida hoy?

Andar dignamente

Por lo cual también nosotros, desde el día que lo oímos, no cesamos de orar por vosotros y de pedir que seáis llenos del conocimiento de su voluntad en toda sabiduría e inteligencia espiritual. Así podréis andar como es digno del Señor, agradándolo en todo, llevando fruto en toda buena obra y creciendo en el conocimiento de Dios. **Colosenses 1.9-10**

Nuestra lucha por descubrir la voluntad de Dios normalmente se manifiesta en esos momentos críticos de nuestra vida cuando nos vemos enfrentados a una decisión que es crucial para nuestro futuro: escoger a la persona que será nuestra pareja, elegir una carrera, cambiar de trabajo, evaluar la posibilidad de una mudanza o, incluso, el traslado a otro país. Frente a estos desafíos, elevamos oraciones y súplicas a Dios, porque queremos hacer lo que es correcto delante de él.

La oración de Pablo por la iglesia de Colosas es instructiva en este sentido. Pablo podría haber pedido muchas cosas por ellos, pero decidió orar por esto: que fueran llenos del conocimiento de su voluntad. Tal oración presupone que el conocimiento de la voluntad de Dios es un aspecto fundamental de la vida del cristiano. De hecho, el mismo apóstol, en la carta de Romanos, nos describe como «esclavos de la obediencia» (Ro 6.16). Nuestra condición de esclavos a la obediencia convierte en fundamentales las instrucciones del Señor para nuestra vida, pues ningún esclavo puede obedecer si no ha recibido instrucciones.

Quiero, sin embargo, que usted tome nota de algo: la razón por la cuál Pablo pide que ellos sean llenos del conocimiento de la voluntad de Dios no es porque la congregación se enfrentaba a una decisión fundamental que afectaría el futuro de la iglesia. Más bien, el deseo del apóstol era que anduvieran «como es digno del Señor». De esta manera, introduce un elemento mucho más ordinario a su oración de lo que nosotros estamos acostumbrados a contemplar. No está pensando en aquellos dramáticos dilemas que nos presenta la vida, sino en los rutinarios acontecimientos que son una parte de cada día.

La implicación es clara: el Señor pretende ser Señor en situaciones tan «poco espirituales» como los momentos en que usted interactúa con su familia, realiza las labores de su trabajo, o conduce el carro. Es precisamente en estas situaciones cuando tendemos a vivir sin darle mayor importancia a lo espiritual. El deseo del Señor, sin embargo, es que le agrademos en todo, que llevemos fruto en toda buena obra y que crezcamos a cada instante en el conocimiento de él.

La oración de Pablo, entonces, nos llama no solamente a entender que la voluntad de Dios debe ser clara en todas y cada una de las situaciones que enfrentamos a diario, sino también a estar atentos a la guía de su Espíritu que estará interesado en revelarnos esa voluntad a cada paso de la vida. Nuestra búsqueda de sus deseos no debe estar limitada a las instancias definitorias de la vida, sino también a los pequeños momentos, que con frecuencia descartamos por insignificantes.

Para pensar:

¿En que áreas de la vida acostumbra hacer las cosas automáticamente, sin pensar en la voluntad del Señor? ¿Cómo suele discernir la voluntad de Dios? ¿De qué maneras puede volverse más sensible a sus instrucciones?

Ver lo que otros no ven

Hizo luego pasar Isaí siete hijos suyos delante de Samuel; pero Samuel dijo a Isaí: «Jehová no ha elegido a estos». Entonces dijo Samuel a Isaí: «¿Son estos todos tus hijos?» Isaí respondió: «Queda aún el menor, que apacienta las ovejas». Y dijo Samuel a Isaí: «Envía por él, porque no nos sentaremos a la mesa hasta que él venga aquí». **1 Samuel 16.10-11**

Las instrucciones del Señor a Samuel fueron muy claras: «Llena tu cuerno de aceite y ven, te enviaré a Isaí de Belén, porque de entre sus hijos me he elegido un rey» (16.1). Dios veía en David las cualidades necesarias para ser la clase de rey que él buscaba: un corazón enamorado de su Creador, junto a un carácter humilde, sencillo, obediente y responsable. Era, además, valiente y esforzado cuando las circunstancias así lo requerían.

¿Quién de nosotros no quisiera tener un líder en medio nuestro con esas cualidades? Los elementos básicos que algún día convertirían a David en el más grande rey que jamás haya tenido Israel, ya existían en la vida de este joven pastor de ovejas.

Quisiera señalar, sin embargo, que cuando Isaí consagró a sus hijos y los preparó para que participaran, junto al gran profeta, del sacrificio que había venido a ofrecer, ni siquiera llamó a su hijo menor. Tampoco ninguno de sus hermanos pareció notar que David no estaba presente, o al menos ninguno hizo algo al respecto. ¿Si David poseía cualidades tan extraordinarias, cómo es que ninguno de los miembros de la familia lo notó?

Dos respuestas parecen evidentes. En primer lugar, las cualidades que son atractivas al Señor rara vez resultan atractivas a los hombres. En demasiadas ocasiones simplemente adaptamos los modelos del mundo a las necesidades de la iglesia. La Palabra, sin embargo, declara que «lo necio del mundo escogió Dios para avergonzar a los sabios; y lo débil del mundo escogió Dios para avergonzar a lo fuerte» (1 Co 1.27).

En segundo lugar, existe algo más profundo que tiene que ver con la falta de visión que produce la excesiva cercanía a otras personas. Cuando pasamos mucho tiempo con otros, dejan de impactarnos sus cualidades y empezamos a acostumbrarnos a ellas. Vemos solamente lo ordinario y cotidiano. A veces, cuando la otra persona se ausenta volvemos a recuperar una apreciación por las cualidades que siempre estuvieron presentes en su vida, pero que ya no notábamos.

Como formador de vidas, usted corre peligro de que la familiaridad con los suyos lo lleve a pasar por alto a aquellos que son futuros obreros en la casa de Dios. Sus dones ya no le llaman la atención y usted ya se ha quedado con una imagen fija de ellos. Los de Nazaret no pudieron ver en Jesús más que un simple carpintero, aun cuando en todos lados se hablaba de sus extraordinarias cualidades.

Para pensar:

¿Será que hay un futuro «rey» en su medio y usted no lo ha notado? Necesitamos que Dios mantenga nuestra visión sintonizada con la de él, para ver a los de nuestro alrededor con sus ojos. No se quede con lo ordinario. ¡Puede ser que detrás de lo ordinario exista una persona extraordinaria! Pídale sabiduría al Señor para ver a esa persona.

Una fiesta sin fin

Todos los días del afligido son malos, pero el de corazón alegre tiene un banquete continuo. **Proverbios 15.15 (LBLA)**

Si usted ha estado cerca de una persona negativa sabe lo desgastante que es. No importa cuál es la circunstancia en la que se encuentra, esta persona siempre encuentra algo de qué quejarse. Sus comentarios están repletos de lamentos, críticas y comentarios depresivos con respecto al futuro. Uno se siente tentado a huir de tal persona, porque su actitud lentamente va apagando toda manifestación de alegría o esperanza en los demás.

Es importante que tengamos en cuenta cuál es la esencia del error de esta clase de personas, porque la semilla de esta actitud yace en cada uno de nuestros corazones. Esto no tiene por qué sorprendernos, pues estamos inmersos en un sistema cultural que se esfuerza por hacernos creer que la verdadera felicidad depende de lo que está a nuestro alrededor, la abundancia de nuestras pertenencias, lo abultado de nuestro sueldo, lo agradable de nuestras circunstancias y lo extenso de nuestra lista de amigos. Como esta no es nuestra realidad, podemos pasar todo nuestro tiempo lamentando el hecho de que estas condiciones -que según la filosofía popular son esenciales para nuestra felicidad- nos han sido negadas.

El autor de Proverbios, con sabiduría incisiva, nos está señalando que la alegría de vivir no tiene nada que ver con lo que tenemos, ni tampoco con lo que está pasando a nuestro alrededor. La posibilidad de ver la vida con gratitud y alegría, viene de una realidad que se ha instalado en la profundidad de nuestro corazón, y no hay circunstancia que la pueda desalojar. Por esta razón, el de corazón alegre, siempre encuentra motivos para celebrar, aun en medio de las circunstancias más adversas. El afligido, en cambio, puede encontrarse rodeado de una realidad envidiable, e igualmente concentrarse solamente en lo que le desagrada.

¿Cómo cultivar esta actitud? Estamos hablando aquí de una tendencia a la celebración constante, y esta actitud no puede tener otro origen que la certeza de que Dios está presente siempre, obrando en cada circunstancia y procurando lo mejor para mi vida. La persona de corazón alegre ve la bondad de Dios en todos lados, y esto la motiva a ofrecer continuas expresiones de gratitud y gozo. No pierde oportunidad para hacer partícipes a los demás de la fiesta que vive con el Señor. Es decir, bendice, ¡porque se siente bendecida!

¿Será, entonces, que necesitamos sentirnos bendecidos para irrumpir en esta clase de vida celebratoria? ¡De ninguna manera!, pues ya hemos sido bendecidos con toda bendición espiritual en los lugares celestiales en Cristo Jesús (Ef 1.3). Aunque usted no lo sienta, la bendición ya ha sido derramada en abundancia. Lo que necesitamos, más bien, es recuperar una perspectiva celestial de la vida. Esto sólo será posible si hacemos de la celebración una disciplina que contrarreste el espíritu de queja y crítica tan prevaleciente en nuestros tiempos. «Regocijaos en el Señor siempre», nos dice Pablo, «Otra vez digo: ¡Regocijaos!» (Flp 4.4).

Para pensar:

Richard Foster, autor de Alabanza a la disciplina, *escribe: «El estar libre de la ansiedad y la preocupación es el fundamento de la celebración. Como sabemos que Dios tiene cuidado de nosotros, podemos echar todas nuestras ansiedades sobre él. Dios ha cambiado nuestro lamento en baile».*

No hubiéramos bailado

Fue David y trasladó con alegría el Arca de Dios de casa de Obed-edom a la ciudad de David... David, vestido con un efod de lino, danzaba con todas sus fuerzas delante de Jehová... Cuando el Arca de Jehová llegaba a la ciudad de David, aconteció que Mical, hija de Saúl, miró desde una ventana, y al ver al rey David que saltaba y danzaba delante de Jehová, lo despreció en su corazón.

2 Samuel 6.12, 14, 16

Cierre sus ojos y sienta, por un momento, el ambiente de fiesta en esta escena; abra su corazón y déjelo vibrar con la exuberancia de los sentimientos del rey David. Dice el texto que «trasladó con alegría el Arca», que «danzaba con todas sus fuerzas delante de Jehová» y que cuando llegó a la ciudad «saltaba y danzaba delante de Jehová». ¿Ve al rey? Su alegría lo desborda. Salta, canta, danza, pega brincos, bate las palmas, derrama lágrimas, grita, se ríe, celebra, festeja... ¡Qué escena tan extraña para nosotros!

Digo que es extraña, porque no estamos acostumbrados a estas desaforadas manifestaciones de gozo. Nuestra espiritualidad es muy prolija. Todos nos ponemos de pie juntos. Todos nos sentamos juntos. Todos cantamos los mismos cánticos o los mismos himnos. Nuestra «celebración» está domesticada. No alcanzamos a entender el júbilo de este «loco», ¡que andaba a saltos delante de Dios!

Puedo pensar en por lo menos tres razones por las cuales nosotros no nos hubiéramos unido a la fiesta. En primer lugar, hubiéramos estado pensando en lo que podrían decir los de nuestro alrededor. Su opinión nos es muy importante. No queremos dar lugar a que nadie piense algo «malo» de nosotros. Por eso nos vestimos de la manera en que nos vestimos, decimos las cosas que decimos y hacemos las cosas que hacemos. Deseamos que los demás hablen bien de nosotros.

En segundo lugar, sabemos que todo debe hacerse en orden. El afán por el orden ha llevado a que nuestras reuniones sean aburridamente predecibles. Primero la bienvenida. Luego unos cantos para entrar en espíritu. Luego los anuncios y la ofrenda. Quizás algún testimonio. Después, la proclamación de la Palabra. Reunión tras reunión, el mismo programa «ordenado».

En tercer lugar, nosotros los líderes no hubiéramos dado tal espectáculo, quizás porque sabíamos que nuestras esposas nos iban a condenar, como lo hizo Mical. No queriendo experimentar su desprecio, preferimos adaptar y controlar nuestra experiencia espiritual. ¿No es esta, acaso, una buena manera de mostrar nuestro amor por ellas?

Sin embargo sospecho que, en lo secreto de nuestros corazones, nos sentimos atraídos por este rey danzante. Si pudiéramos echarle mano a un poco de su entusiasmo... ¡cuán diferentes serían nuestras vidas! Si lográramos por un momento soltarnos un poquito para expresar algo más genuino, no tan ensayado... qué delicia sería vivir la vida cristiana. Si nos animáramos a hacer a un lado, por un momento, nuestro programa estructurado, para que él irrumpa en medio nuestro como un torrente... qué diferentes seríamos.

¡Será por esto que Dios llamó a David un hombre conforme al corazón de Jehová? ¡Cómo amaba este varón las cosas de Dios!

Oración:

«Señor, derriba mis estructuras, mis programas y mis conceptos, para conducirme por el camino que anduvo David. Despierta en mí ese espíritu alocado de celebración. ¡Qué tú puedas ser para mí, motivo de fiesta, todos los días, siempre!»

Segundas oportunidades

Descendí a casa del alfarero, y hallé que él estaba trabajando en el torno. Y la vasija de barro que él hacía se echó a perder en sus manos, pero él volvió a hacer otra vasija, según le pareció mejor hacerla. Entonces vino a mí palabra de Jehová, diciendo: «¿No podré yo hacer con vosotros como este alfarero, casa de Israel?, dice Jehová. Como el barro en manos del alfarero, así sois vosotros en mis manos, casa de Israel». **Jeremías 18.3-6**

Cuando se presenta a la verdad usando ilustraciones visibles y reales de la vida cotidiana, es fácilmente asimilada. El pasaje de hoy ilustra a la perfección esta metodología. El Señor deseaba hacer una declaración acerca de su trato con Israel. En lugar de simplemente enunciar el principio, mandó al profeta a que descendiera a la casa del alfarero para observarlo mientras trabajaba. Jeremías obedeció y comenzó a mirar al artesano. Con la destreza natural de quienes trabajan todos los días en el mismo oficio, el hombre tomó una masa de barro y la colocó sobre la rueda, para luego hacerla girar a velocidad. Remojando continuamente sus manos en agua, fue lentamente trabajando el barro, hasta que comenzó a surgir la forma de una vasija. Habiendo acabado con la forma externa, comenzó a vaciar el interior. En un momento, sin embargo, se derrumbó el costado de la vasija. Con paciencia, el alfarero tomó lo que quedaba de su trabajo, lo amasó de nuevo y comenzó otra vez a darle forma.

En ese momento, el Señor le habló al profeta: «Así hago también con la obra de mis manos», le dijo. En un instante, Jeremías captó la esencia del espíritu perseverante que caracteriza a Dios, un Dios que no se da por vencido cuando las cosas se echan a perder. Al contrario, no desvía su intención de hacer algo útil del barro. Comienza otra vez a trabajar hasta que consigue lo que quiere.

Este principio sublime debe tener profundo significado para los que estamos sirviendo dentro del pueblo de Dios. En primer lugar, porque nos anima a creer que aun cuando cometemos los peores errores, siempre existe la oportunidad de volver a empezar. El hecho de que Moisés asesinara a un egipcio, no desvió el plan de Dios. El hecho de que Elías huyera al desierto y pidiera la muerte, no llevó al Señor a abandonarlo y a buscar a otro profeta. El hecho de que Pedro negara tres veces a Cristo, no llevó al Señor a desechar al apóstol de la obra para la cual lo había llamado. En cada uno de estos casos, el alfarero divino simplemente tomó lo que quedaba de su obra original y le volvió a dar forma. Así también en nuestras vidas; él podrá redimir aun nuestras faltas más groseras.

Esto debe animarnos también con las personas que estamos formando. Muchas veces van a equivocar el camino. Nosotros nos sentiremos tentados a «tirar la toalla» con ellos. Pero el Señor nos recuerda que él no desecha a nadie. Deberemos, por tanto, armarnos de la misma paciencia y bondad que el Señor para terminar la obra que se nos ha encomendado.

Para pensar:

Cuando él ha escogido a alguien, nada ni nadie podrá descarrilar ese proyecto, aunque pueda haber muchos contratiempos en el camino.

Incomodados por la Palabra

Jehová dirigió su palabra a Jonás hijo de Amitai y le dijo: «Levántate y vé a Nínive, aquella gran ciudad, y clama contra ella, porque su maldad ha subido hasta mí». Pero Jonás se levantó para huir de la presencia de Jehová a Tarsis, y descendió a Jope, donde encontró una nave que partía para Tarsis; pagó su pasaje, y se embarcó para irse con ellos a Tarsis, lejos de la presencia de Jehová. **Jonás 1.1-3**

¿Cómo podemos saber si nuestro Dios nos está hablando? Esta pregunta es importante, pues la vida del creyente, que debe vivirse en obediencia a él, no será posible si no podemos discernir lo que él nos está diciendo. De modo que necesitamos alguna forma de evaluar si la palabra que recibimos es realmente Palabra de Dios, o no.

Nuestra capacidad de convencernos que lo que hemos escuchado es Palabra de Dios no tiene límites. Sin embargo, no es ninguna garantía de que esto haya acontecido. Cuando Saúl perseguía a David, y hacía ya tiempo que el Espíritu de Dios se había apartado de él, vinieron a decirle dónde se escondía el fugitivo pastor de Belén. El rey exclamó: «Benditos seáis vosotros de Jehová, que habéis tenido compasión de mí» (1 S 23.21). Nosotros sabemos, sin embargo, que esto no aconteció por la mano de Dios. Ni tampoco estaban en lo cierto los hombres de David cuando lo animaron a matar a Saúl, diciendo «Jehová ha entregado en tus manos a tu enemigo». La verdad es que si deseamos algo con suficiente pasión, podemos fácilmente convencernos de que Dios mismo está detrás de nuestros proyectos y de que es él quien nos habla con respecto a ellos.

Una de las características que vemos en las Escrituras, sin embargo, es que la Palabra incomodaba al que la recibía. Hasta le podía parecer escandalosa o ridícula. Piense en Moisés argumentando con Dios frente a la zarza. Piense en Sara que se reía de la propuesta de un embarazo en su vejez. Piense en Jeremías confundido por el llamado de Dios. Piense en Jonás, que huyó de la presencia de Dios. Piense en Zacarías frente al anuncio de un hijo. Piense en el joven rico, que se fue triste porque tenía mucho dinero. O piense en los que dejaron de seguir a Cristo, porque sus palabras eran muy duras. La lista es interminable. En todos hay una constante. Cuando Dios habló, las personas se sintieron incómodas, indignadas, desafiadas, escandalizadas... ¡pero nunca entusiasmadas! La razón es sencilla; estamos en el proceso de ser transformados, y su Palabra siempre va a chocar con los aspectos no redimidos de nuestra vida. Al escuchar lo que nos dice, la carne inmediatamente se levantará a protestar.

Para pensar:

Si las únicas palabras que usted escucha hablar al Padre son siempre las Palabras que le hacen sentir bien o que le conceden lo que usted quiere, puede estar seguro que no es el Señor el que le está hablando. Cuando él habla, lo más probable es que a usted se le ocurran muchas razones para convencerse de que ¡no es Dios el que está hablando!

Pero...

Pero Jonás se levantó para huir de la presencia de Jehová a Tarsis, y descendió a Jope, donde encontró una nave que partía para Tarsis; pagó su pasaje, y se embarcó para irse con ellos a Tarsis, lejos de la presencia de Jehová. **Jonás 1.3**

Desde la comodidad de nuestro sillón favorito resulta fácil leer la respuesta de Jonás y ponerse en el papel de juez, condenando la falta de fe del profeta. Debemos, sin embargo, entender la naturaleza de la tarea a la cual había sido llamado. Los asirios no era vecinos pacíficos de los israelitas. Era una nación ferozmente guerrera que había conquistado a nación tras nación. Su extrema crueldad con los prisioneros era notoria en toda la región. De manera que cuando Dios le propone a Jonás el ir a proclamar juicio contra este pueblo, al joven profeta no le pareció una misión atractiva en lo más mínimo.

A pesar de esto, es inevitable sentir un poco de tristeza cuando vemos esa pequeña palabrita con la cual comienza el versículo de hoy: «pero». Nos choca, porque habla de un hombre que deliberadamente hizo lo opuesto de lo que se le había mandado. Es una palabra que encierra una actitud de rebeldía; nos hace pensar en discusiones y argumentos. Nos duele porque hace eco con la multitud de «peros» que han sido parte de nuestro propio peregrinaje espiritual.

¿Se puso a meditar en las veces que aparece esa palabra en historias del pueblo de Dios? El Señor le había mandado a Saúl no perdonar a Agag, rey de los amalecitas. «PERO, Saúl y el pueblo perdonaron a Agag, y a lo mejor de las ovejas» (1 S 15.9). Dios había mandado a los israelitas a que no se unieran en matrimonio con mujeres de otras naciones. «PERO el rey Salomón amó, además de la hija del faraón, a muchas mujeres extranjeras, de Moab, de Amón, de Edom, de Sidón, y heteas» (1 Re 11.1). El Señor había instruído a Israel que no oprimiera a la viuda, al huérfano, al extranjero, ni al pobre. «PERO no quisieron escuchar, sino que volvieron la espalda y se taparon los oídos para no oir»(Zac 7.11). Jesús mandó al leproso que no dijera nada a nadie. «PERO, al salir, comenzó a publicar y a divulgar mucho el hecho» (Mr 1.45). En cada uno de estos ejemplos, y muchos otros que podríamos mencionar, se hizo exactamente lo que Dios había dicho que no se hiciera.

En el devocional de ayer hablaba de cómo la Palabra de Dios incomoda, porque siempre nos desafía a cosas que no son fáciles. Necesitamos saber que cada vez que el Señor nos encomienda algo va a incomodarnos. Esto es una constante, y es precisamente esta incomodidad la que moviliza en nosotros la tendencia a interponer nuestros «peros», esa multitud de razones por las cuales nos parece que esta palabra puntual que Dios trae a nuestras vidas no es para nosotros.

Oración:

¿Se anima a hacer esta oración? «Señor, mis "peros" hablan de la semilla de rebeldía que hay en mi corazón. Es la manifestación de la carne, que se opone al espíritu. Quiero comprometerme a sujetar todo razonamiento altivo y toda desobediencia al señorío de Cristo. Que mis "peros" sean transformados en "¡sí, Señor, así lo haré!" Amén».

Huir de su presencia

Pero Jonás se levantó para huir de la presencia de Jehová a Tarsis, y descendió a Jope, donde encontró una nave que partía para Tarsis; pagó su pasaje, y se embarcó para irse con ellos a Tarsis, lejos de la presencia de Jehová. Pero Jehová hizo soplar un gran viento en el mar, y hubo en el mar una tempestad tan grande que se pensó que se partiría la nave. **Jonás 1.3-4**

¿Nunca se sintió tentado a huir de Dios? Claro, usted no se subiría a un barco, ni se tomaría un avión para alejarse de la presencia del Altísimo. Al igual que el salmista, usted y yo podemos exclamar: «¿A dónde me iré de tu espíritu? ¿Y a dónde huiré de tu presencia?» (Sal 139.7). Todos sabemos que es imposible huir de su presencia, porque él está en todos lados.

Piense, sin embargo, en estas situaciones. Una persona no quiere ir a las reuniones de la congregación porque sabe que está en pecado y teme ser confrontado. Otra persona evita pasar por un lugar donde sabe que vive un hermano, porque tendrá que pedirle perdón por algo que ha hecho. Una tercera persona posterga ir a un encuentro de misiones porque sabe que habrá un llamado a un compromiso y teme las consecuencias de asumirlo. Aun otra persona más resiste las invitaciones a ser parte de un proceso de discipulado, porque sabe que de hacerlo tendrá que comenzar a rendir cuentas por su vida.

En cada uno de estos casos las personas están evitando una situación porque no desean hacer algo que saben que el Señor requerirá de ellos. No podrán seguir caminando con él si no obedecen. En definitiva cada una de ellas está «huyendo», a su manera, de la presencia de Dios.

El deseo de querer huir viene en esos momentos en los cuales se desata una fuerte lucha entre nuestros deseos y la voluntad declarada del Señor. Ni siquiera el Hijo de Dios fue librado de esta batalla. En Getsemaní, abrió su corazón al Padre y le dijo, con absoluta franqueza: «¡si existe alguna otra manera de hacer esto, por favor muéstramela!» Necesitamos saber que este tipo de conflictos interiores son parte del precio que debemos pagar por seguirlo a él. Es normal experimentarlos.

Lo que no es aceptable, es dejar que nuestra voluntad imponga sus deseos sobre el rumbo que hemos de tomar. No es aceptable, en primer lugar, porque alimenta la esencia de rebeldía que cada uno de nosotros heredamos de Adán. Pero en segundo lugar, no es lícito porque no es posible evadir la voluntad de Dios, al menos si nuestro compromiso con él es serio. Podemos postergar por un tiempo poner por obra lo que Dios nos está llamando a hacer. No dude por un instante, sin embargo, que si el Señor ha puesto su mano sobre nuestras vidas él nos irá a buscar no importa dónde nos «escondamos». Jonás es el ejemplo perfecto de esta verdad.

Para pensar:

¿Cuántos dolores de cabeza le producen a usted esas situaciones donde se demora en hacer lo que Dios está pidiendo? ¿Cómo puede acortar el tiempo que pasa entre recibir instrucciones del Padre y hacer lo que él manda? ¿Cuáles son las áreas de su vida donde más lucha con hacer lo que Dios le manda?

La reprensión del necio

Los marineros tuvieron miedo y cada uno clamaba a su dios. Luego echaron al mar los enseres que había en la nave, para descargarla de ellos. Mientras tanto, Jonás había bajado al interior de la nave y se había echado a dormir. Entonces el patrón de la nave se le acercó y le dijo: «¿Qué tienes, dormilón? Levántate y clama a tu Dios. Quizá tenga compasión de nosotros y no perezcamos». **Jonás 1.5-6**

¿Por qué dormía Jonás? Cuando yo era joven, fui llamado a cumplir con el servicio militar obligatorio en mi país. Fui sorteado, según el método de distribución que se usaba en ese tiempo, y salí destinado a la marina. Pasados unos meses dentro de ese cuerpo, salimos embarcados en un buque de guerra hacia unas bases navales lejanas. A los tres días de zarpar, sin embargo, se desató una feroz tormenta que nos golpeó sin cesar durante dos días y dos noches. Hasta los marineros veteranos estaban descompuestos por los violentos movimientos del barco. Al tercer día una alarma nos despertó a la madrugada. El barco estaba a punto de hundirse. No recuerdo haber visto en esta oportunidad a nadie durmiendo en esa situación. Al contrario, la desesperación y el miedo estaban dibujados en el rostro de la mayoría. Cada uno buscaba calmar su ansiedad a su manera. ¡Pero nadie dormía!

¿Por qué dormía Jonás? Pienso que el alivio de haber escapado de la misión que se le había encomendado era tan intenso que Jonás se podía dar el lujo de descansar un poco. ¿Cómo podía tenerle miedo a una tormenta cuando había escapado de la tarea de predicar el arrepentimiento a los asirios? ¡Esto ni se comparaba con aquello otro! Su insensatez había producido en él un falsa ilusión de seguridad.

Cuando hemos elegido el camino de la desobediencia, Dios echa mano de lo que necesita para reprendernos. Muchas veces ha usado a los paganos que están en tinieblas, como voceros del Altísimo. Hasta un asno puede ser su instrumento, como lo fue en el caso de Balaam (Nm 22.21-31). En este caso, el mismo capitán del barco vino a reprender a Jonás, exhortándolo a hacer lo que debería haber hecho desde un primer momento: clamar a Dios.

El hecho es que no podemos desobedecer a Dios en una cosa, sin que sean afectados otros aspectos de la vida. La desobediencia en un área acarrea consecuencias para la vida toda. Cuando Jonás le dio la espalda al Señor, comenzó a transitar por ese peligroso camino donde se intenta seguir a Dios «a nuestra manera». El pecado produce en nosotros un adormecimiento que nos lleva a perder toda sensibilidad espiritual. En el Salmo 32.9, el autor nos dice que la persona que no confiesa sus pecados es como «el caballo, o como el mulo, sin entendimiento, que han de ser sujetados con cabestro y con freno». En un sentido figurado, cuando escogemos darle la espalda a Dios, él deberá sujetarnos con «cabestro y freno», porque el diálogo ya no funcionará en nuestro caso.

Para pensar:

«Un poco de pecado sumará dificultades a tu vida, restará fuerzas a tus energías y añadirá contratiempos a tu andar». Anónimo.

Contradicciones

Entre tanto, cada uno decía a su compañero: «Venid y echemos suertes, para que sepamos quién es el culpable de que nos haya venido este mal». Echaron, pues, suertes, y la suerte cayó sobre Jonás. Entonces ellos le dijeron: «Explícanos ahora por qué nos ha venido este mal. ¿Qué oficio tienes y de dónde vienes? ¿Cuál es tu tierra y de qué pueblo eres?» Él les respondió: «Soy hebreo y temo a Jehová, Dios de los cielos, que hizo el mar y la tierra».

Jonás 1.7-9

Como vimos en el devocional de ayer, cuando Dios quiere hablarnos, lo puede hacer usando cualquier instrumento que él escoja. Aun en una cosa tan mundana como el echar suertes, el Señor puede dirigir todas las cosas para que salgan conforme a su perfecta voluntad. Los marineros, totalmente carentes de discernimiento, llegaron a la «conclusión» de que el mal que vivían era por culpa de Jonás y lo interrogaron acerca de su situación.

Quisiera detenerme un instante en la respuesta de Jonás: «Soy hebreo, y temo a Jehová, Dios de los cielos, que hizo el mar y la tierra». El diccionario bíblico define la palabra «temor» como una actitud de respeto, reverencia y adoración. El término se usa para describir una postura de sumisión a una figura que tiene mayor autoridad que la de uno mismo. Por esta razón, el temor normalmente va de la mano de la obediencia, porque cuando este ser superior habla, sus palabras tienen un peso que las ubica por encima de cualquier consideración personal.

Se pueden decir muchas cosas de Jonás. Hay una cosa, sin embargo, que podemos afirmar sin temor a equivocarnos: no era, ¡ni por casualidad!, un hombre que temiera a Dios. En su declaración, no solamente dice que lo teme, sino que reconoce que él hizo el mar y la tierra.

¿Cómo puede un hombre, que afirma que Dios es el creador de todas las cosas, estar metido en un barco intentando huir de la presencia del que hizo el mismo mar en el cual navega? ¡Es absurdo!

La declaración de Jonás revela la clásica contradicción que existe entre las palabras y los hechos de quienes creen solamente con la cabeza. El profeta, como buen israelita, tenía todas las respuestas correctas memorizadas. Quizás hasta se las compartía a sus vecinos o compañeros de trabajo y se las enseñaba a sus hijos. Proclamaba su compromiso con estas verdades, pero su vida mostraba que en su corazón había otros principios en juego.

Muchas veces nosotros también hemos transitado por este camino, afirmando el valor de las verdades eternas de Dios, pero viviendo conforme a nuestros principios personales. Esta incongruencia, en los más sensibles, siempre va acompañada de cierta vergüenza. Al igual que el apóstol Santiago, exclamamos: «Hermanos míos, esto no debe ser así» (3.10).

Para pensar:

¿Cuáles son las áreas de su experiencia espiritual donde nota que sus palabras no coinciden con sus actos? ¿Qué pasos puede tomar para acortar la distancia entre lo que dice y lo que hace? Tome un momento y pídale al Señor que él trabaje en su vida para que lo que cree con la mente se instale también en su corazón.

La hora de definiciones

Como el mar se embravecía cada vez más, le preguntaron: «¿Qué haremos contigo para que el mar se nos aquiete?» Él les respondió: «Tomadme y echadme al mar, y el mar se os aquietará, pues sé que por mi causa os ha sobrevenido esta gran tempestad». **Jonás 1.11-12**

No podemos saber exactamente en qué pensaba Jonás cuando le dijo a los marineros que lo tomaran y echaran al mar. De seguro que no sabía absolutamente nada del gran pez que Dios enviaría a rescatarlo, pues el Señor estaba manejando esto a solas. Lo que sí vemos es que la convicción de pecado lo había llevado a asumir la responsabilidad por la tormenta que azotaba la embarcación. Aun poseía suficiente discernimiento para entender que esto era algo que él mismo había provocado.

No obstante, su independencia persiste. Lo apropiado hubiera sido que clamara a Dios por misericordia, confesando su pecado y declarando su voluntad de hacer lo que se le había encomendado. Mas Jonás no discernía el corazón misericordioso de Dios y entendía que, una vez desviado, su pecado no tenía solución. Perdido por perdido, decidió tirarse al mar y enfrentarse a una muerte casi segura.

¿Alguna vez, como líder, se ha encontrado luchando con sentimientos similares? Parece que nuestros pecados pesan más cuando estamos involucrados en ministrar al pueblo de Dios. Quizás, al estar en el ojo público, nos acosa con mayor fuerza el sentimiento de vergüenza por lo que hemos hecho. De todas maneras, en ocasiones hemos contemplado el abandonarlo todo, porque sentimos que nuestro pecado ha acabado con la posibilidad de seguir siendo útiles en las manos de Dios. Al igual que Pedro, pensamos seriamente en volver a nuestras redes.

Esta forma de pensar es una de las razones por las cuales practicamos tan poco la confesión. El enemigo de nuestras almas se encarga de trabajar en nuestras mentes para que creamos que los pecados que hemos cometido no tienen arreglo. El gran «gancho» por el cual nos mantiene atrapados es la culpa. Creemos que Dios ya no podrá escucharnos, porque nuestra maldad no tiene arreglo. Convencidos de esta realidad, entramos en la desesperación y procuramos ponerle fin a nuestra miserable existencia.

El gran estorbo a nuestra relación con Dios no es lo abominable de nuestro pecado, sino los requisitos que nosotros mismos nos imponemos para venir a él. Nuestro pecado es una abominación, pero puede ser perdonado con una simple confesión. Nosotros, no obstante, queremos adornar nuestra confesión con demostraciones prácticas de nuestro arrepentimiento que son innecesarias. Inmersos en el pecado, el mejor camino es acercarnos a él sin vueltas, arrepentidos y, a la vez, confiados en su inmenso amor.

Para pensar:

En su magnífico libro La Oración, *Richard Foster describe la oración que es la base de todas las otras oraciones, la oración sencilla. «Cometemos errores,» nos dice «muchos de ellos. Pecamos, caemos, y esto con frecuencia -pero cada vez nos levantamos y comenzamos de vuelta. Y otra vez nuestra insolencia nos derrota. No importa. Confesamos y comenzamos otra vez... y otra vez... y otra vez. Es más; la oración sencilla muchas veces es llamada la "oración de los nuevos comienzos"».*

A pesar nuestro

Entonces clamaron a Jehová y dijeron: «Te rogamos ahora, Jehová, que no perezcamos nosotros por la vida de este hombre, ni nos hagas responsables de la sangre de un inocente; porque tú, Jehová, has obrado como has querido». Tomaron luego a Jonás y lo echaron al mar; y se aquietó el furor del mar. Sintieron aquellos hombres gran temor por Jehová, le ofrecieron un sacrificio y le hicieron votos. **Jonás 1.14-16**

Hemos estado mirando la vida de este siervo involuntario del Señor, Jonás. Su vida como profeta no comenzó con el aire romántico que a veces queremos atribuirle a los que sirven a Dios. No le gustó la misión que se le había dado; creyó estar a salvo huyendo de su presencia y, cuando todo estaba perdido, decidió echarse al mar para acabar de una buena vez con el asunto. No tenemos en este cuadro la imagen de un líder consagrado e inspirador, cuya vida ejemplifica la calidad de servicio que queremos que nuestra gente imite.

Lo increíble de este relato es que Dios usó a este hombre a pesar de sus actitudes y comportamiento. En el pasaje de hoy notamos dos resultados de la crisis de Jonás. En primer lugar, los marineros reconocían que Jehová había hecho como él quería. No es poca cosa este descubrimiento. Existe una declaración implícita de la soberanía de Dios sobre todo, hallazgo que es indispensable para dar el paso de someterse a sus designios.

En segundo lugar, al echar al mar a Jonás, vieron que las palabras del «profeta» habían sido acertadas: las aguas inmediatamente se aplacaron y sobrevino una gran calma sobre la castigada embarcación de los marineros. Este acontecimiento llevó a que aquellos hombres temieran a Jehová, le ofrecieran sacrificios, e hicieran votos. Somos testigos, entonces, de la conversión de estos hombres paganos, que han comprobado que la manifestación de poder de Jehová es superior a la de cualquier dios que jamás hayan conocido.

El incidente debe animar el corazón de todos los que estamos sirviendo al pueblo de Dios en diferentes ministerios. La lección es clara. El Señor se ha propuesto bendecir a los que él desea. Nosotros somos invitados a colaborar con este proyecto celestial y muchas veces nos es concedido el privilegio de ser sus instrumentos. Lo que es especialmente digno de notar, sin embargo, es que el Señor a veces bendice ¡a pesar de nuestros esfuerzos! Cometemos errores, desobedecemos, a veces hacemos las cosas de mala gana; a pesar de todo esto su gracia se derrama y el pueblo es bendecido de todas maneras.

¿Cómo no agradecerle esta sobreabundante manifestación de gracia? No es para que digamos: «la verdad, no importa cómo hagamos las cosas porque igualmente él va a lograr su cometido». De ninguna manera, pues es esta la más pobre manifestación de servicio. Hemos sido llamados a la excelencia y a eso debemos aspirar. No obstante, nos alivia el corazón saber que nuestras debilidades y flaquezas están cubiertas por su gracia. ¡Bendito sea su nombre!

Para pensar:

«No puedes ser demasiado activo en lo que a tus propios esfuerzos respecta; no puedes ser demasiado dependiente en lo que a gracia divina respecta. Haz todas las cosas como si Dios no hiciera nada; depende del Señor como si él lo hiciera todo». J. A. James.

Oraciones de emergencia

Pero Jehová tenía dispuesto un gran pez para que se tragara a Jonás, y Jonás estuvo en el vientre del pez tres días y tres noches. Entonces oró Jonás a Jehová, su Dios, desde el vientre del pez. **Jonás 1.17, 2.1**

Muchos de nosotros tenemos una vida de oración que bien podría estar acompañada de un cartel que diga: «¡úsese solamente en casos de emergencia!» Son estas las oraciones que se elevan cuando la crisis ha llegado a tal estado que ya no nos queda otra salida que mirar hacia los cielos y clamar que Dios intervenga. En su misericordia, él muchas veces responde, pero nosotros no recibimos otra cosa que eso: una respuesta a nuestro problema.

Pensar en la oración en estos términos es tener una perspectiva muy limitada acerca de este aspecto sagrado de la vida espiritual. Es, sin embargo, un concepto arraigado en nosotros. El resultado es que nuestras oraciones se asemejan a la lista que elaboramos cuando vamos de compras. Elevamos nuestros pedidos al cielo y luego seguimos por nuestro camino.

«La verdadera oración», decía el gran San Agustín, *«no es otra cosa que el amor»*. Sobre este tema Richard Foster, en su libro *La oración*, escribe: *«Hoy el corazón de Dios es una herida abierta de amor. Él se duele por nuestra distancia y nuestras preocupaciones. Se lamenta que no nos acercamos a él. Se lamenta porque nos hemos olvidado de él. Llora por nuestra obsesión con lo mucho. Anhela nuestra presencia»*.

Estas frases nos acercan a lo que es la verdadera naturaleza de la oración. ¿Piensa que la única razón por la que Jesús se apartaba con frecuencia a lugares solitarios era para pedir cosas de Dios? Claro que no, ¿verdad? Necesitaba disfrutar de esa amistad transformadora que resulta de los momentos de intimidad con el Padre, y que son mediados por la oración. Seguramente por esta razón los discípulos se acercaron y le pidieron que les enseñara a orar (Lc 11.1-11). No es que no supieran elevar peticiones a Dios, sino que carecían de entendimiento acerca del verdadero misterio que llamamos oración. Discernían en Cristo una dimensión espiritual que faltaba en ellos.

¡Qué fácil es para nosotros, sumergidos en la vorágine del ministerio, convertir la oración en una lista de peticiones para sacarnos de apuros! El Señor, sin embargo, nos invita a ingresar a otra clase de experiencia. Por esta razón Jesús decía que, cuando oramos, debemos encerrarnos en nuestro cuarto interior (Mt 6.6). Nadie cierra la puerta de su habitación si tiene intención de salir al minuto de haber entrado. Más bien, Cristo vislumbraba un tiempo de intimidad con el Padre en el cual el resultado principal es que él nos transforme a nosotros por medio de nuestras oraciones. ¡Todos necesitamos caminar por este camino!

Para pensar:

¿Se anima a hacer suya esta oración?: «Oh mi Dios, Trinidad que adoro, ayúdame a desentenderme por entero de mí mismo, para instalarme en ti, inmóvil y pacífico, como si mi alma residiera ya en la eternidad. Que nada pueda perturbar mi paz ni desligarme de ti, oh mi Inmutable, y que a cada minuto me hunda más profundamente en tu Misterio. Amén.» I. Larrañaga.

Votos desesperados

«Invoqué en mi angustia a Jehová, y él me oyó; desde el seno del seol clamé, y mi voz oíste... Cuando mi alma desfallecía en mí, me acordé de Jehová, y mi oración llegó hasta ti, hasta tu santo Templo. Los que siguen vanidades ilusorias, su fidelidad abandonan. Mas yo, con voz de alabanza, te ofreceré sacrificios; Cumpliré lo que te prometí. ¡La salvación viene de Jehová!».

Jonás 2.2, 7-9

El trato de Dios es normalmente el del silbo apacible. Como dice el profeta Isaías, su estilo no es clamar ni levantar la voz (42.2). El corazón tierno del Señor le lleva a tratar con cariño y paciencia a los suyos, esperando que respondan a este trato personalizado. A veces, sin embargo, sus palabras no toman este camino. Lo intenta una, dos o tres veces. Luego, debe optar por métodos más dramáticos. Tal es el caso de Jacob, que luchó con Dios hasta el amanecer, o el caso de Pedro, que debió transitar por el camino de la negación para entender las palabras de Cristo.

Así también aconteció en la vida de Jonás. Resulta evidente que el profeta ya estaba quebrantado por su falta de obediencia. Pero su quebrantamiento no lo había conducido a la presencia de Dios para confesar la rebeldía de sus caminos. Su tristeza era de muerte y, alocadamente, se había lanzado al mar. Al Señor, sin embargo, le interesa la tristeza que produce vida, «porque la tristeza que es según Dios produce arrepentimiento para salvación» (2 Co 7.10). En cuanto Jonás entró en el vientre del pez se acordó de Dios y elevó a él una oración desesperada.

Note que su oración, además, incluye votos y promesas al Señor. Esto es típico de las oraciones que hacemos en situaciones límites. Nos interesa mayormente poder salir de la situación y, para convencer a Dios de que debe intervenir, le realizamos juramentos que cumpliremos ni bien nos saque de la situación en la cual estamos.

Estas promesas, que delatan la falta de entendimiento acerca de quién es Dios, rara vez producen cambios en nuestras vidas. Normalmente las olvidamos tan pronto como haya pasado la tormenta. Las olvidamos porque no son la expresión de un corazón de devoción, sino simplemente los ingredientes de una transacción entre dos partes: «Tú me salvas y yo, a cambio, te doy esto otro». ¡Reducen la vida cristiana a un plano meramente comercial!

Necesitamos redescubrir el corazón bondadoso de nuestro Padre celestial. Su amor no necesita ser comprado. Él siempre está dispuesto a bendecir e intervenir en nuestras vidas. Pero, como dice el psicólogo cristiano Larry Crabb: *«cuando nuestra pasión más fuerte es resolver nuestros problemas, buscamos un plan a seguir más que una persona en quien confiar»*. No permita que su relación con Dios ingrese en este plano. Cultive su pasión a diario y no tendrá necesidad de hacer votos desesperados en medio de las crisis.

Para pensar:

¿Recuerda alguna vez en la cual haya hecho votos desesperados a Dios? ¿Cómo le fue con el cumplimiento de ellos? ¿En qué situaciones se ve tentado a negociar con Dios? ¿Cómo puede avanzar hacia una relación más personal con él?

Lección repetida

Jehová se dirigió por segunda vez a Jonás y le dijo: «Levántate y ve a Nínive, aquella gran ciudad, y proclama en ella el mensaje que yo te diré». **Jonás 3.1-2**

Cuando estaba en la escuela a veces me ausentaba de alguna clase, porque era muy difícil, muy aburrida, o simplemente porque no tenía ganas de presenciarla. Esto no era más que una pequeña aventura juvenil. Siempre celebraba con mis compañeros mi picardía. Lo que no entendía era que la clase perdida formaba parte de un programa anual de aprendizaje. En el examen final iban a aparecer temas relacionados a esa clase perdida. Si no había tomado tiempo para aprender lo que se había compartido en aquella ocasión me encontraría en problemas.

En la vida espiritual ocurre lo mismo, salvo que las consecuencias son más serias. No se puede saltear etapas ni obviar las lecciones que nuestro Padre celestial quiere enseñarnos. Lo que no se aprende hoy, se tendrá que aprender mañana. Quizás el contexto haya cambiado, los años hayan pasado y las personas sean otras; no obstante, la lección será la misma.

No deja de sorprenderme, sin embargo, la cantidad de veces en mi vida que he querido «faltar» a clases. Enfrentándome a algún desafío especialmente difícil he optado por cambiar mis circunstancias, a veces hasta radicalmente. Años más tarde, me encuentro luchando con el mismo problema que no supe resolver espiritualmente en aquella ocasión.

El Señor se ha propuesto formar en nosotros la imagen de su Hijo Jesucristo. No hay, en su lista de metas para nosotros, elementos que sean opcionales. Todo lo que quiere lograr en nosotros es una parte indispensable de su propósito para nuestras vidas. De manera que, como artesano paciente y cuidadoso que es, trabajará en nosotros hasta lograr estos propósitos.

Grabe en su corazón la frase «vino palabra del Señor por segunda vez» (Jon 3.1 - LBLA). Detrás de ella vemos a un Dios persistente que no se dará por vencido. Es la realidad que respalda la afirmación del apóstol Pablo: «el que comenzó en vosotros la buena obra, la perfeccionará para el día de Jesucristo» (Flp 1.6). Note, además, que la consigna para Jonás es exactamente la misma: «Levántate y ve a Nínive, aquella gran ciudad, y proclama en ella el mensaje que yo te diré».

Cuando intentamos evadir lecciones y tareas divinas, observaremos dos cosas en nuestra vida: en primer lugar, los nuevos proyectos que asumamos carecerán del apoyo pleno y de la autoridad espiritual que necesitamos. Estarán construidos sobre un fundamento incompleto. En segundo lugar, descubriremos que nuestro andar nos enfrentará una y otra vez con el mismo desafío que quisimos evitar tiempo atrás. Los años pueden pasar, pero el desafío permanece. No desaparecerá hasta que cumplamos con sus demandas.

Para pensar:

Está a nuestro alcance evitar este penoso camino de la repetición. Solamente hace falta que asumamos en nuestros corazones que las propuestas del Señor no son negociables. Pueden tener aspecto desagradable en el momento que las recibimos, pero su fruto es uno cuyo valor es eterno. Si estamos convencidos de que en la escuela de Dios no se puede saltear lecciones, ¡vamos por buen camino!

Un corazón compasivo

Comenzó Jonás a adentrarse en la ciudad, y caminó todo un día predicando y diciendo: «¡Dentro de cuarenta días Nínive será destruida!». Los hombres de Nínive creyeron a Dios, proclamaron ayuno y, desde el mayor hasta el más pequeño, se vistieron con ropas ásperas... Vio Dios lo que hicieron, que se convirtieron de su mal camino, y se arrepintió del mal que había anunciado hacerles, y no lo hizo. **Jonás 3.4-5, 10**

¡Cuán fuerte debe ser el deseo de nuestro Dios de bendecir al hombre que aun en las peores circunstancias está dispuesto a dar marcha atrás y buscar el menor indicio de arrepentimiento! Su accionar no depende tanto de lo completo de nuestro quebranto sino más bien de su corazón compasivo. Este es el mismo mensaje que había hablado al profeta Jeremías: «si esas naciones se convierten de su maldad contra la cual hablé, yo me arrepentiré del mal que había pensado hacerles, y en un instante hablaré de esas naciones y de esos reinos, para edificar y para plantar» (Jer 18.8-9).

Todo accionar de Dios tiene como propósito final la restauración de lo que se ha perdido, nunca el castigo y la destrucción. Esta última opción es solamente el camino a seguir cuando se han agotado todos los otros medios para llegar a la reconciliación. En su corazón, no obstante, el Señor anhela que volvamos a caminar en intimidad con él, disfrutando de sus tesoros y compartiendo con otros lo que recibimos de su mano.

Observe usted cuán imperfecta había sido la obra de Jonás. Comenzó en abierta rebelión contra las directivas de Jehová. Aun cuando fue sacudido por una violenta tormenta, no escogió el camino del acercamiento a su Creador. Solamente cuando se encontró en el vientre del pez, cara a cara con la muerte, se acordó de orar y pedir misericordia. Imagine usted, entonces, que realizó su misión más por miedo a ser otra vez tragado por el monstruo marino que por una genuina actitud de compasión hacia los habitantes de Nínive. Con todo esto, su mensaje fue escuchado y el pueblo se arrepintió.

¿Se da cuenta de que los verdaderos frutos de su trabajo dependen mucho más de la compasión y bondad de Dios que de la perfección de nuestros esfuerzos? Muchas veces, como líderes, creemos que todas las cosas se tienen que dar de una cierta manera para que veamos la manifestación de la gracia de Dios. Nos preocupamos por los detalles y corremos detrás de los elementos que juzgamos indispensables para que las cosas salgan como deseamos. En la mayoría de las situaciones, sin embargo, no es esto lo que garantiza una bendición de parte del Señor. Como escribe Pablo: «Tendré misericordia del que yo tenga misericordia y me compadeceré del que yo me compadezca. Así que no depende del que quiere, ni del que corre, sino de Dios que tiene misericordia» (Ro 9.15-16).

Para pensar:

¿Cuál debe ser su actitud? ¡Relájese! No se tome todo tan en serio. Aleje la ansiedad de su esfuerzo en el ministerio. No es usted el que mueve los corazones, sino Dios. Haga lo que le corresponde hacer, pero descanse en la certeza de que Dios también hará su parte. ¡El interés de Dios en redimir a los caídos es mayor que el suyo!

El lado oscuro del éxito

Pero Jonás se disgustó en extremo, y se enojó. Así que oró a Jehová y le dijo: «¡Ah, Jehová!, ¿no es esto lo que yo decía cuando aún estaba en mi tierra? Por eso me apresuré a huir a Tarsis, porque yo sabía que tú eres un Dios clemente y piadoso, tardo en enojarte y de gran misericordia, que te arrepientes del mal. Ahora, pues, Jehová, te ruego que me quites la vida, porque mejor me es la muerte que la vida». **Jonás 4.1-3**

Uno de los elementos que prueban a fuego el corazón del líder es el éxito. Muchos líderes, que en tiempos de trabajo y esfuerzo se condujeron con verdadera santidad y entrega, caen por el orgullo y la soberbia cuando empiezan a cosechar los frutos de ese esfuerzo. Sus ministerios crecen, su autoridad es reconocida, su trayectoria es honrada, ¡y empiezan a creer que el reino avanza pura y exclusivamente por su accionar! La sencillez y la humildad de los años en los cuales iniciaron su trabajo desaparecen como las hojas otoñales. En su lugar queda una actitud que marchita a los de su alrededor.

Tal parece ser la experiencia de Jonás. Las posibilidades de que los asirios recibieran con agrado el mensaje que Jonás traía ¡eran remotas en extremo! Marchaba hacia una muerte segura, pues, ¿qué recibimiento podía esperar un hombre que venía a la nación más poderosa de la tierra para decirle que Dios la iba a aniquilar? Contra toda expectativa, sin embargo, la gente escuchó el mensaje del desventurado profeta. No solamente esto, sino que llegó a oídos del rey mismo. La ciudad entera se vistió de cilicio y clamó a Dios por misericordia. ¿Qué hombre no se sentiría con autoridad frente a semejante respuesta? ¿Quién de nosotros no se hubiera sentido más importante de lo que realmente era? ¡Así también lo sintió Jonás!

En medio de esta intoxicante acogida, Dios decide perdonarle la vida a los asirios. Para el profeta, ¡este fue un duro revés! ¿Cómo justificaba ahora su profecía de la inminente destrucción de Nínive? ¿Acaso Dios no lo estaba desautorizando? Había perdido credibilidad, y esto lo molestó profundamente.

¿Cómo no entender su reacción? En más de una ocasión hemos sentido sutiles insinuaciones acerca del rol «fundamental» que ha tenido nuestro papel en producir una respuesta en los que ministramos. ¡Con cuánta facilidad cedemos frente a esta vana forma de ver las cosas!

Para pensar:

¿Será usted la clase de persona a quien Dios le puede confiar algunos éxitos ministeriales? Para serlo, necesitamos la misma profunda convicción que tuvo Juan el Bautista. Sus discípulos, indignados por el «robo de ovejas» que estaba realizando Jesús, lo animaron a defender los frutos de «su» ministerio. El gran profeta exclamó: «No puede el hombre recibir nada a menos que le sea dado del cielo. Vosotros mismos me sois testigos de que dije: "Yo no soy el Cristo, sino que soy enviado delante de él". El que tiene a la esposa es el esposo; pero el amigo del esposo, el que está a su lado y lo oye, se goza grandemente de la voz del esposo. Por eso, mi gozo está completo. Es necesario que él crezca, y que yo disminuya». (Jn 3.27-30).

¡Peor que la desobediencia!

Pero Jonás se disgustó en extremo, y se enojó. Así que oró a Jehová y le dijo: «¡Ah, Jehová!, ¿no es esto lo que yo decía cuando aún estaba en mi tierra? Por eso me apresuré a huir a Tarsis, porque yo sabía que tú eres un Dios clemente y piadoso, tardo en enojarte y de gran misericordia, que te arrepientes del mal. Ahora, pues, Jehová, te ruego que me quites la vida, porque mejor me es la muerte que la vida». **Jonás 4.1-3**

Un santo, Henry Smith, observó en cierta ocasión: «*¡El pecado justificado es doble pecado!*» ¡Cuánta verdad hay en esta declaración! No cabe duda que la desobediencia es detestable a nuestro Dios. A este pecado, sin embargo, se le agrega uno que es aún más despreciable: nuestra incurable tendencia a justificar nuestro pecado, ya sea delante de los hombres o delante del Señor mismo. ¿Ha notado cuántas veces los relatos de desobediencia van acompañados de esta lamentable tendencia? Adán, confrontado, dijo: «la mujer que me diste». Eva, confrontada, dijo: «La serpiente me engañó». Aarón, confrontado por hacer el becerro de oro, dijo: «¡Yo no hice nada, sino que tiré el oro al fuego y este becerro salió solo». Saúl, confrontado por su desviación de la palabra, dijo: «No fui yo, sino el pueblo que estaba conmigo».

¡Cuántas veces usted y yo hemos hecho lo mismo! Piense en todas esas ocasiones que condenamos rotundamente en otros aquello que nosotros mismos también hacemos. En nuestro caso, no obstante, siempre tenemos una elaborada explicación para demostrar que, en realidad, nuestro pecado no es pecado; mas el pecado del otro sí lo es.

A pesar de todo esto, nuestros argumentos no convencen a Dios. El Señor no castigó a Adán por el pecado de Eva, ni a Eva por el pecado de la serpiente, ni al pueblo por el pecado de Aarón, ni a los israelitas por el pecado de Saúl. Cada uno recibió el justo y merecido pago por sus propios pecados. Así también será en su vida y la mía. Ante su trono nuestros argumentos serán como paja que se lleva el viento. «Porque es necesario que todos nosotros comparezcamos ante el tribunal de Cristo, para que cada uno reciba según lo que haya hecho mientras estaba en el cuerpo, sea bueno o sea malo» (2 Co 5.10).

Para pensar:

Existe un camino más corto y sencillo para nuestras rebeliones. Es el de la humilde confesión que viene de un corazón contrito y quebrantado. Tal es la confesión del gran rey David, en el Salmo 51.3-4: «Porque yo reconozco mis rebeliones, y mi pecado está siempre delante de mí. Contra ti, contra ti solo he pecado; he hecho lo malo delante de tus ojos, para que seas reconocido justo en tu palabra y tenido por puro en tu juicio». Como líder usted tiene el desafío no solamente de andar en sencillez de corazón, sino también de darle ejemplo de esto a su pueblo. Qué su pueblo le pueda conocer como una persona que no tiene permanentes justificativos para lo que claramente no es justificable. Elija el camino de la confesión sin rodeos. ¡Le hará bien a usted, y también a los que está formando!

Posturas radicales

Así que oró a Jehová y le dijo: «¡Ah, Jehová!, ¿no es esto lo que yo decía cuando aún estaba en mi tierra? Por eso me apresuré a huir a Tarsis, porque yo sabía que tú eres un Dios clemente y piadoso, tardo en enojarte y de gran misericordia, que te arrepientes del mal. Ahora, pues, Jehová, te ruego que me quites la vida, porque mejor me es la muerte que la vida». **Jonás 4.2-3**

¿Cómo se comporta usted cuando no se sale con la suya? Esto es, en muchas situaciones, lo que marca la diferencia entre un líder rendido a Dios y un líder cuyo objetivo principal en la vida es avanzar en sus propios proyectos.

A Jonás no le gustó nada la decisión que el Señor había tomado con los asirios. Se enojó grandemente, elevó un airado reproche, luego le pidió a Dios que le quitara la vida. Es una decisión muy extrema para un problema que, básicamente, tiene que ver solamente con su propio orgullo herido.

Es precisamente en este tipo de circunstancias que vemos dónde está lo que verdaderamente mueve a un líder. Cuando yo era joven, insistía que mi visión era la adecuada para la congregación donde pastoreaba. Otros, en el equipo ministerial, no lo veían de la misma manera. En el afán de convencerlos, no tardé en armarme de argumentos para demostrar que mi visión y la visión del Señor eran idénticas. Aún así, ellos no se convencían. Cansado de las discusiones y de la aparente «resistencia» a lo que yo quería hacer, opté por irme de aquella congregación. Una decisión radical para lo que era, en su esencia, una puja de voluntades.

Esta es una historia que se ha repetido infinidad de veces dentro del pueblo de Dios. Convencidos de que somos dueños de la verdad, creemos que son aceptables, decisiones tan radicales como marcharnos, abandonar el ministerio, o incluso dividir la iglesia. Con esta actitud es imposible trabajar en equipo, porque es un requisito indispensable que los demás vean las cosas como el líder. La belleza de la diversidad del cuerpo se pierde, el desafío de aprender a dialogar con otros se desaprovecha y la posibilidad de cultivar un carácter santo y aprobado por Dios se desperdicia.

Observe la exhortación de Pablo: «Nada hagáis por egoísmo o por vanagloria, sino que con actitud humilde cada uno de nosotros considere al otro como más importante que a sí mismo, no buscando cada uno sus propios intereses, sino más bien los intereses de los demás» (Flp 2.3-4 - LBLA). La vanagloria no es más que una gloria ficticia. Es aquella que tiene apariencia de ser genuina, pero que en realidad viene de una fuente que jamás puede producir verdadera gloria, porque el único que posee gloria es Dios mismo. Aquellas cosas en las cuales su persona es claramente visible, también poseen gloria. Las otras «glorias» son las que fabricamos nosotros los hombres: tienen muy poco brillo.

Para pensar:

Vuelva a meditar en la pregunta que se encuentra al principio del devocional: ¿Cómo se comporta cuando no se sale con la suya? ¿Sus compañeros de equipo le consideran una persona humilde? ¿Qué cosas hace para fomentar el diálogo con los demás? ¿En qué situaciones ha cedido porque considera al otro como mejor que usted mismo?

Remedio para el airado

Pero Jehová le respondió: «¿Haces bien en enojarte tanto?» Jonás salió de la ciudad y acampó hacia el oriente de ella; allí se hizo una enramada y se sentó a su sombra, para ver qué sucedería en la ciudad. **Jonás 4.4-5**

Entre los muchos buenos consejos que nos da el libro de Proverbios, encontramos este: «La respuesta suave aplaca la ira, pero la palabra áspera hace subir el furor» (Pr 15.1). El hecho es que la persona airada pocas veces está dispuesta a escuchar razones. Toda palabra le servirá para seguir alimentando su ira. De modo que la persona sabia hablará con mucha cautela cuando se encuentra frente a una persona airada.

Así lo hace Dios con Jonás. La ira del profeta es totalmente desmedida y egoísta, pero el Señor sabe que este no es momento para hacerlo entrar en razón. Este estado fuertemente emocional deberá correr su curso, hasta que se produzca en Jonás mayor apertura para ser tratado. Por esta razón, el Señor solamente le hace una pregunta: «¿Haces bien en enojarte tanto?» No le provee una respuesta, ni una enseñanza sobre cómo manejar las emociones. Tampoco lo reprende. Simplemente deja que esta pregunta produzca en Jonás un proceso de reflexión.

El método tiene rasgos similares al incidente de Elías en el desierto. Cansado y desanimado, el profeta se había refugiado bajo un enebro. También este varón deseaba la muerte. El Señor sabía que Elías necesitaba reponer sus fuerzas y recuperar la perspectiva antes de que pudiera entrar en un diálogo con Dios. Por eso, envió un ángel con instrucciones muy sencillas: «Levántate y come» (1 R 19.5).

Nuestra respuesta con personas airadas puede hacer la diferencia entre la posibilidad de ayudarlas o hundirlas más en las ataduras que produce el enojo en nuestras vidas.

Note usted, además, que Jonás no entendió la pregunta que le hizo el Señor. En lugar de reflexionar sobre su comportamiento, que era completamente inapropiado para un siervo de Dios, el profeta siguió viendo las cosas con ojos de ofendido, e interpretó incorrectamente la pregunta que Dios le había hecho. Creía que Dios le estaba diciendo: «¡No te impacientes; ya los voy a destruir!».

Sin embargo, nuestro Dios es un maestro extraordinario, e iba a enseñarle una importante lección al profeta. Cuánta paciencia vemos desplegada en el trato que él tiene hacia Jonás, un hombre que nosotros hubiéramos desechado y dado por perdido. Pero vemos que, aun en asignaturas ministeriales pendientes, el Señor desea trabajar en el corazón de sus obreros para que ellos sean la clase de personas que él desea.

De la misma manera, usted necesita tener mucha paciencia con las personas que está formando. Sea sabio en cuanto a la manera en que los corrige. La corrección dada a destiempo solamente añade dificultades. Pero la palabra suave, hablada en el momento justo, tiene poder para redimir y transformar comportamientos que deshonran a nuestro Señor.

Para pensar:

¿Cómo reacciona frente a la ira de los demás? ¿Su respuesta aumenta los problemas o provee soluciones? ¿Cómo puede incorporar respuestas más sabias frente a reacciones airadas? Recuerde: Nuestra respuesta con personas airadas puede hacer la diferencia entre la posibilidad de ayudarlas o hundirlas más en las ataduras que produce el enojo en nuestras vidas.

Reprensión divina

Pero Dios dijo a Jonás: «¿Tanto te enojas por la calabacera?» «Mucho me enojo, hasta la muerte», respondió él. Entonces Jehová le dijo: «Tú tienes lástima de una calabacera en la que no trabajaste, ni a la cual has hecho crecer, que en espacio de una noche nació y en espacio de otra noche pereció, ¿y no tendré yo piedad de Nínive, aquella gran ciudad donde hay más de ciento veinte mil personas que no saben discernir entre su mano derecha y su mano izquierda, y muchos animales?» **Jonás 4.9-11**

Los grandes maestros saben que las palabras son solamente una de las muchas herramientas que tienen a su alcance. Entienden que el hombre aprende más por lo que ve y experimenta que por lo que escucha. Por eso, no pierden oportunidad para presentar sus enseñanzas de manera que el hombre sea impactado en la totalidad de su ser por la lección a enseñar. El devocional de hoy presenta una de esa clase de lecciones.

Dios sabe lo propenso que es el hombre a aferrarse rápidamente a los regalos que recibe, especialmente cuando estos tienen que ver con el mundo material. El Señor anticipa esta tendencia y hace crecer una calabacera junto a Jonás. La reacción del profeta era predecible; ni bien Jonás se había acomodado debajo la frondosa planta, que le brindaba una deliciosa sombra en medio del desierto calcinante, comenzó a sentirse dueño de ella. Cuando, al día siguiente, la planta se secó, el profeta lo lamentó como si hubiera perdido a un ser querido.

El contraste que Dios logra con su admirable ilustración deja a la vista el egoísmo del profeta. Su reacción delata cuán apartados son nuestros intereses de las cosas que realmente importan al corazón del Padre. Nos preocupamos principalmente por aquello que contribuye a nuestro propio bienestar. Un rápido recorrido por los temas que son parte de nuestra vida de oración revelarán cuán centrados estamos en lo nuestro.

¿Cómo librarnos de esta tendencia a preocuparnos por lo efímero y pasajero? Si no logramos este quiebre con lo transitorio, nuestros ministerios siempre sufrirán de una perspectiva mezquina y terrenal. No será, sin embargo, ningún esfuerzo humano el que logre esta transformación en nosotros. Al contrario, esto logrará que la carne se exprese con mayor fuerza, pues «los designios de la carne son enemistad contra Dios, porque no se sujetan a la Ley de Dios, ni tampoco pueden; y los que viven según la carne no pueden agradar a Dios». (Ro 8.7-8).

Para pensar:

La lección de hoy nos lleva a una de esas escenas bíblicas donde Dios abre su corazón y permite que veamos lo que a él le interesa. Comparte con el profeta su insondable compasión. En este acto tenemos la respuesta a la transformación que necesitamos, si no hemos de aferrarnos a las cosas que son pasajeras y sin importancia. La solución está en percibir el corazón de Dios. Y esto solamente será posible si nos acercamos a él y permitimos que él lo comparta con nosotros. La compasión es más producto del contagio que del esfuerzo. Acerquémonos, pues, a su persona para ver lo que no podremos ver de lejos.

Fieles a la Palabra

Pero Josafat dijo: ¿No queda aún aquí algún profeta del Señor, para que le consultemos? Y el rey de Israel dijo a Josafat: Todavía queda un hombre por medio de quien podemos consultar al Señor, pero lo aborrezco, porque no profetiza lo bueno en cuanto a mí, sino lo malo. Es Micaías, hijo de Imla.

1 Reyes 22.7-8 (LBLA)

La palabra de Dios con frecuencia es confrontadora. Pone en relieve nuestras rebeldías, la tendencia a la desobediencia. Traza los principios eternos que son una parte integral del reino de Dios, y nos llama a hacer los cambios necesarios en nuestras vidas para que nuestros corazones estén enteramente alineados con su manifiesta voluntad.

Esta ha sido siempre la definición más sencilla de la tarea de los profetas. Interpretaban para el pueblo cuál era la realidad en la que estaban viviendo y en qué aspectos difería esta de los parámetros establecidos por la Palabra de Dios. Su proclamación de la Verdad siempre iba acompañada de una exhortación para volver a los caminos señalados por Dios para su pueblo.

Es precisamente en este punto donde el hombre no responde bien. Podemos menear la cabeza y compartir lamentos con otros, por la falta de espiritualidad en el pueblo. Casi sin pensar se nos viene a la mente una lista de personas a las que les vendría bien «escuchar esta palabra». Nuestro entusiasmo, sin embargo, desaparece cuando la exhortación es dirigida directamente hacia nuestra persona. En ese instante nos llenamos de argumentos y de razonamientos necios que justifican nuestra falta de compromiso.

En el pasaje de hoy vemos un caso extremo de esta resistencia a la Palabra. El rey, que seguramente usaba su poder e influencia para torcer la voluntad de los que estaban a su alrededor, tenía en su medio un profeta que no cedía frente a las presiones del soberano, insistiendo en proclamar profecías que el rey no quería escuchar. Se había ganado, de esta manera, el desprecio profundo del rey. ¡Cuán grande debe haber sido la presión sobre este varón, especialmente cuando vemos que todos los otros «profetas» estaban proclamando palabras agradables a los oídos de su señor!

Para los que estamos en el ministerio de la palabra, la incomodidad de tener que resistirnos a este tipo de presiones por parte de aquellos que tienen «comezón de oir» puede llevar a que nos sintamos tentados a «diluir» la Palabra. Después de todo, podríamos razonar, la popularidad nos abre puertas importantes en el pueblo. Este tipo de «respeto» por parte de los que reciben la Palabra, sin embargo, tiene un precio, y es que perdemos el respaldo divino sobre nuestros ministerios.

Para pensar:

Tomemos nota, pues, de la exhortación de Pablo a Timoteo: te mando «que prediques la palabra y que instes a tiempo y fuera de tiempo. Redarguye, reprende, exhorta con toda paciencia y doctrina, pues vendrá tiempo cuando no soportarán la sana doctrina, sino que, teniendo comezón de oir, se amontonarán maestros conforme a sus propias pasiones» (2 Ti 4.2-3). No permita que otros impongan sobre su ministerio el mensaje que ellos quieren escuchar, ni tampoco imponga usted su propio mensaje. Busque que sus palabras sean las palabras que Dios le ha dado para hablar. Solamente esto producirá fruto eterno.

Pobreza con potencial

Este, cuando vio a Pedro y a Juan que iban a entrar en el Templo, les rogaba que le dieran limosna. Pedro, con Juan, fijando en él los ojos, le dijo: «Míranos». Entonces él los miró atento, esperando recibir de ellos algo. Pero Pedro dijo: «No tengo plata ni oro, pero lo que tengo te doy: en el nombre de Jesucristo de Nazaret, levántate y anda».

Hechos 3.3-6

¿Cuánto puede valer una limosna? ¿Algunos centavos? Cuando alguien nos pide una, con certeza que no nos está pidiendo mucho; algunas monedas que irá sumando a las que otras almas piadosas también le puedan acercar. Nadie, sin embargo, se va a quedar sin comer por dar una limosna.

Pedro y Juan no tenían ni siquiera el dinero para esto, un simple acto de caridad hacia el prójimo. Tenían, sin embargo, algo que no tenía que ver con el dinero. Un tesoro de experiencias junto al Maestro de Galilea, y corazones que habían sido transformados por la compasión de Dios. De esto que tenían, le dieron al mendigo, y el hombre fue transformado también por el poder de Dios.

Dos lecciones importantes se desprenden de este incidente. En primer lugar, lo que la gente está pidiendo muchas veces no es lo que realmente necesita. Cada uno da prioridad a las cosas que tienen que ver con su propio mundo, y elabora sus peticiones conforme a su propia realidad. Lo que pedimos, sin embargo, no es lo que más necesitamos. Podemos darle gracias a Dios que, en su infinita bondad, no siempre nos ha dado conforme a lo que le hemos pedido, sino según lo que necesitamos. Como siervos del Señor, también es importante discernir las peticiones que otros nos hacen, para saber si realmente necesitan lo que piden. El buen líder no concederá todo lo que los suyos le pidan, sino que buscará dar lo que el Espíritu le dirija.

En segundo lugar, el pasaje nos deja otro importante principio: debemos movernos con lo que tenemos. Esto parece demasiado obvio como para mencionarlo en esta reflexión. La verdad, sin embargo, es que demasiadas congregaciones no hacen muchas cosas porque se quedan pensando en los recursos que no tienen. Juan y Pedro bien podrían haberse ido tristes, sintiendo la frustración de no poder hacer «más» debido a la escasez de recursos con que contaban. Hasta podrían haber vuelto a la congregación para hablarles de lo importante que es dar con mayor generosidad, para cubrir las muchas necesidades en Jerusalén.

¡Cuántas veces he escuchado a pastores lamentarse porque no tienen los recursos «necesarios» para el ministerio! La verdad es que Dios nos ha dado lo que necesitamos para hacer la obra que él nos ha encomendado. Él no ha enviado a nadie al ministerio sin equiparlo con todo lo que necesita.

Para pensar:

Lo necesario no siempre cumple con los requisitos que establecen los hombres para hacer la obra. Si Dios muestra un proyecto, los recursos están. Pero como todas las cosas en el reino, el respaldo de Dios se acciona cuando nosotros nos ponemos en marcha con lo que tenemos. Como observa un santo de otros tiempos: «Aquel que no es generoso con lo que tiene, ¡no hace más que engañarse a sí mismo al pensar que sería generoso si tuviera más!».

Superar la adversidad

Llevado, pues, José a Egipto, Potifar, un egipcio oficial del faraón, capitán de la guardia, lo compró de los ismaelitas que lo habían llevado allá. Pero Jehová estaba con José, quien llegó a ser un hombre próspero, y vivía en la casa del egipcio, su amo. Vio su amo que Jehová estaba con él, que Jehová lo hacía prosperar en todas sus empresas. **Génesis 39.1-3**

Es muy difícil para nosotros imaginarnos la magnitud de la calamidad que visitó a José al ser vendido por sus hermanos. El relato ocupa apenas unos versículos en la Biblia, pero las consecuencias devastadoras de semejante traición quedan escondidas. De todas maneras, es claro que el golpe debe haber afectado en lo más profundo la vida del joven israelita.

En realidad, no podía ser de otra forma. En el lapso de unas semanas lo perdió todo. Primero su libertad, al ser echado a un pozo. Luego, su dignidad, cuando fue vendido por unas monedas de plata. Al ser puesto en cadenas, perdió también su futuro y la posibilidad de escoger los caminos por los cuales transitaría. Cuando llegó a Egipto, también perdió la cultura y el idioma de su familia. Comprado por Potifar como esclavo, perdió también la posibilidad de pertenecer a una familia. ¿Quién podría sobreponerse a semejante catástrofe? ¿Cómo no hundirse en el pozo más hondo de amargura y depresión, almacenando en el corazón odio y rencor hacia los hermanos?

En el pasaje de hoy, sin embargo, encontramos a un José próspero. Su prosperidad, lo aclara bien el historiador, fue producto del respaldo, la compañía y la presencia de Jehová en su vida. Dios estaba con él. Sabemos bien que el Señor no bendice a los que albergan en su alma pensamientos de odio, rencor y venganza. El salmista pregunta: «Jehová, ¿quién habitará en tu Tabernáculo?, ¿quién morará en tu monte santo? El que anda en integridad y hace justicia; el que habla verdad en su corazón; el que no calumnia con su lengua ni hace mal a su prójimo ni admite reproche alguno contra su vecino» (15.1-3). De manera que resulta claro que José logró sobreponerse a este duro revés que le presentó la vida.

Esta es una de las características que distingue al líder del resto del pueblo. El líder no está libre de dificultades, contratiempos, y dolores; no permite, sin embargo, que estos determinen lo que ocurre en su vida. Como observa Henry Blackaby, el autor de *Mi experiencia con Dios*, «líderes no son aquellas personas que están libres de la adversidad, sino aquellas que logran superar los escollos de la vida». La historia está repleta de líderes que vivieron durísimas experiencias personales. Lo que distinguió a estos hombres, sin embargo, es que usaron sus experiencias personales de fracaso y angustia para avanzar hacia cosas mayores. Fueron los escalones sobre los cuales construyeron, más adelante, sus más grandes victorias.

Para pensar:

«Un error es un acontecimiento cuyo pleno beneficio aún no hemos podido cosechar». Anónimo.

La disciplina de la gratitud

Cantad alegres a Dios, habitantes de toda la tierra. Servid a Jehová con alegría; venid ante su presencia con regocijo. Reconoced que Jehová es Dios; él nos hizo y no nosotros a nosotros mismos; pueblo suyo somos y ovejas de su prado. Entrad por sus puertas con acción de gracias, por sus atrios con alabanza. ¡Alabadlo, bendecid su nombre! porque Jehová es bueno; para siempre es su misericordia. **Salmo 100.1-5**

¿Ha reparado en la característica de los verbos de este salmo, que invitan a una celebración de la bondad de Dios? Todos ellos son mandamientos: cantad, servid, venid, reconoced, entrad, alabadlo, bendecid su nombre. Qué cosa extraña, ¿verdad?

El salmista nos invita -en realidad nos ordena- a que nos detengamos para pensar en nuestra existencia, no con una perspectiva humana, sino como participantes de una realidad que trasciende lo terrenal. Nos anima a que nos unamos a otros para, como dice Dallas Willard, *«meditar en la grandeza de Dios, revelada en su infinita bondad hacia nosotros»*. El salmista confía que solo detenerse para este ejercicio producirá en nosotros un aire festivo, ¡con abundancia de alegría, regocijo, gratitud, alabanza y declaraciones de la bondad de Dios!

Piense un momento en cuál es nuestra realidad:
Él creó los cielos... nosotros los disfrutamos.
Él hizo el aire... nosotros lo respiramos.
Él proveyó la comida... nosotros la degustamos.
Él nos regaló amigos... nosotros los atesoramos.
Él nos dio sueños... nosotros los soñamos.
Él nos otorgó dones... nosotros los usamos.
Él nos concedió un ministerio... nosotros lo realizamos.
Él proveyó una familia... nosotros la administramos.

Si dejáramos que su Espíritu nos guiara en este ejercicio, nuestra lista podría ser interminable. Todo, absolutamente todo lo que tenemos y disfrutamos a diario, viene de su mano bondadosa.

Cuán importante es para nosotros, preocupados con los quehaceres del ministerio, ¡detenernos para celebrar las multifacéticas manifestaciones de la bondad de Dios! El gozo y la gratitud son el gran antídoto contra la desesperación. Por esta razón, el salmista nos anima a que nos unamos al espíritu de festejo de los que son parte del pueblo de Dios: «Porque Jehová es bueno; para siempre es su misericordia».

Para pensar:

Cuando nota que su estado de ánimo está decayendo y la depresión está al acecho, ese es el momento de entrar por sus puertas con gratitud. Al principio, solamente su voluntad le acompañará. Sus emociones se retirarán, ofendidas, a un rincón de su alma. Si usted persiste, sin embargo, ellas no podrán resistirse al espíritu de celebración que lentamente se va apoderando de su ser. Eventualmente, aun su cuerpo no querrá que lo dejen afuera de la fiesta. Practique la disciplina de la celebración. ¡No será la misma persona que antes!

Obediencia a medias

Jehová había dicho a Abram: «Vete de tu tierra, de tu parentela y de la casa de tu padre, a la tierra que te mostraré...». Se fue Abram, como Jehová le dijo, y con él marchó Lot. **Génesis 12.1, 4**

La consigna que Dios le dio a Abram era bastante clara: «vete de tu tierra y de tu parentela». Abram hizo exactamente eso; se levantó y abandonó la casa de su padre y la tierra, junto a sus costumbres, sus contactos y toda una vida construida en ese lugar. Salió hacia lo desconocido, una tierra prometida que ni siquiera sabía dónde estaba. Hasta ese momento, todo iba bien.

En la orden de dejar atrás a su parentela, sin embargo, Abram se enfrentaba a un verdadero desafío. Esto tenía que ver con el sentido de responsabilidad que Abram tenía hacia el hijo de su hermano. Existía también la posibilidad de que Abram no quisiera largarse a esta aventura solo, y por eso procuró la compañía de un hombre más joven, como lo era Lot. La verdad es que decenas de razones podrían justificar la acción del patriarca.

He aquí nuestra mayor dificultad en llevar adelante las obras que se nos han encomendado. Lejos de entender que Dios no es nuestro socio, tenemos siempre una abundancia de razonamientos para argumentar que sería mejor hacer las cosas de otra manera. Con dificultad reprimimos el deseo de hacer las cosas a nuestra manera y a la tentación de realizar pequeñas modificaciones a las instrucciones recibidas, de manera que obedecemos pero «a nuestra manera».

Abram cumplió gran parte de lo que se le había mandado hacer. Quizás deberíamos reconocer que fue mucho lo que hizo, ya que no era fácil el sacrificio de darle la espalda a todo lo que le daba seguridad en la vida. Pero el valor del sacrificio que realizó se vio disminuido por esa pequeña frase que sigue al relato, casi como un apéndice de la historia principal: «con él marchó Lot».

Echemos un vistazo a las consecuencias que le trajo esta decisión. Ni bien se hubo establecido el patriarca en la tierra, los pastores de Lot comenzaron a pelear con los de Abram por los lugares de pastura. Abram tuvo que intervenir y realizar una separación de tierras (Gn 13.1-18). Más adelante, se vio envuelto en una misión de rescate en medio de las abominaciones de la ciudad donde su sobrino vivía, Sodoma (Gn 18.16-33). Ambas situaciones trajeron complicaciones innecesarias a la vida del patriarca. Más serio que esto, sin embargo, fueron las consecuencias a largo plazo. Los descendientes de Lot, los moabitas y los amonitas, se convirtieron en un verdadero aguijón en la carne para los descendientes de Abram (Gn 36–38).

La obediencia incondicional descansa sobre una convicción de que Dios es bueno y sabe bien lo que hace. Mientras haya en nosotros alguna duda al respecto, siempre nos sentiremos tentados a modificar en algo sus instrucciones para nuestras vidas. Lo que no poseemos, sin embargo, es la capacidad de anticiparnos a las consecuencias de ello. Cultivemos, entonces, la disciplina de la obediencia absoluta. Es el camino que eligió el Hijo, aun teniendo comunión perfecta con el Padre.

Para pensar:

«Jesús ha hablado; suya es la Palabra, nuestra la obediencia». D. Bonhoeffer.

Guardar la unidad

Yo, pues, preso en el Señor, os ruego que andéis como es digno de la vocación con que fuisteis llamados: con toda humildad y mansedumbre, soportándoos con paciencia los unos a los otros en amor, procurando mantener la unidad del Espíritu en el vínculo de la paz. **Efesios 4.1-3**

Con frecuencia escucho en ámbitos eclesiásticos frases tales como: «debemos procurar la unidad; hay que hacer actividades que fomenten la unidad; necesitamos acercarnos a otras congregaciones para cultivar la unidad...». Tales expresiones delatan la convicción de que somos capaces de producir la unidad entre los hijos de Dios. El pasaje de hoy nos anima a guardar la unidad. No se puede guardar algo que no existe. De manera que nos exhorta a preservar algo que ya es parte de la realidad de la iglesia, no a buscar las formas de crear algo que aún no se ha establecido.

«¡Un momento!», me dice usted. «¿Cómo podemos hablar de la unidad de la iglesia, cuando existen tantas divisiones, discusiones y peleas entre los que son de la casa de Dios?»

Observe por un momento la exhortación sobre la cual estamos reflexionando. Incluye palabras tales como humildad, mansedumbre, soportarse y ser pacientes unos con otros. Estas no son frases que hablan de un trabajo de construcción, sino más bien de actitudes necesarias para no ser responsables de quebrar la unidad del Espíritu en el vínculo de la paz.

El hecho es que la unidad no es algo natural en nosotros, sino algo sobrenatural. Por esta razón, es del Espíritu. No podemos producirla, ni fomentarla. Solamente podemos disfrutarla como una manifestación de la presencia de Dios entre nosotros. Podemos ser uno, porque el Padre, el Hijo y el Espíritu son una perfecta unidad. Al estar unidos a ellos, por medio del Hijo, la unidad se transmite a su pueblo.

¿Qué es lo que podemos hacer nosotros? Solamente quebrar la unidad. Esto lo hacemos con actitudes de soberbia, altivez, egoísmo e impaciencia. Por esto, el camino apropiado para restaurar la unidad no es el de los proyectos que la van a producir, sino el del arrepentimiento. La unidad se preservaría, de no ser por nuestras actitudes incorrectas. Para que pueda manifestarse en toda su plenitud, debemos hacer a un lado las tendencias individualistas que nos son naturales para dejar que ese espíritu de amor y mansedumbre que es propio del Señor comience a trabajar en nuestros corazones.

Cabe señalar que la unidad es una condición espiritual, no mental. Entre nosotros muchas veces se entiende a la unidad como «uniformidad»; es decir, que todos pensemos de la misma manera, y hagamos las mismas cosas. Con esto en mente, organizamos eventos masivos y animamos a la congregación a participar, para «mostrar la unidad de la iglesia». Esta es la unidad que quería imponer la iglesia de Jerusalén sobre Pablo y Bernabé: todos dedicados a una sola tarea. Este tipo de unidad no admite diferencias. Más la verdadera unidad del Espíritu permite que un Padre, un Hijo y un Espíritu convivan en perfecta armonía, aunque son enteramente diferentes el uno del otro.

Para pensar:

«La unidad en Cristo no es algo que debemos lograr, sino algo que debemos reconocer». A. W. Tozer.

Quebrantamiento espiritual

Esté ahora atento tu oído y abiertos tus ojos para oír la oración de tu siervo, que hago ahora delante de ti, día y noche, por los hijos de Israel, tus siervos. Confieso los pecados que los hijos de Israel hemos cometido contra ti; sí, yo y la casa de mi padre hemos pecado. En extremo nos hemos corrompido contra ti y no hemos guardado los mandamientos, estatutos y preceptos que diste a Moisés, tu siervo. **Nehemías 1.6-7**

El clamor de Nehemías es uno de los mejores ejemplos que tenemos en las Escrituras de lo que es la oración. En ella encontramos expresados los grandes temas que son parte de una verdadera comprensión del mundo espiritual en la que nos movemos. Sirve como modelo para nuestras propias oraciones. No obstante, si bien podemos copiar e imitar diferentes aspectos de esta oración, la verdad es que vemos en ella el corazón de un hombre que había sido quebrantado por el Espíritu de Dios, y esto no puede ser copiado.

Quisiera concentrarme en un aspecto de este quebrantamiento espiritual; tiene que ver con la confesión de pecados que hace Nehemías. Es común entre nosotros escuchar fogosas denuncias de los pecados que han cometido otros, o de los pecados que son parte de la iglesia en general. Estas denuncias van acompañadas de cierto tono de superioridad, pues los que las realizan se sienten libres de estos mismos pecados.

Este tipo de denuncia no viene del Espíritu. Cuando una persona realmente ha sido quebrantada por Dios, no habla del pecado de «ellos», sino del pecado de «nosotros». Nehemías no había vivido durante la época de extrema dureza espiritual que eventualmente produjo la invasión de Israel y el exilio de sus habitantes. Sin embargo, Nehemías ora por el pecado que «yo y la casa de mi padre» hemos cometido contra ti. El copero del rey había reconocido que la misma semilla de rebeldía y dureza de corazón que había existido en la vida de sus antepasados también se encontraba en su propio corazón.

Esta percepción espiritual del pecado es también la que tuvo Isaías cuando vio al Señor sentado en su santo templo. No exclamó: «Ay de mí, porque habito en medio de un pueblo inmundo!» Más bien exclamó: «¡Ay de mí...! siendo hombre inmundo de labios y habitando en medio de un pueblo que tiene labios inmundos» (Is 6.5). La magnífica revelación de la grandeza y santidad de Dios le permitió ver que el pecado había contaminado por completo no solamente la vida de los demás, sino también la suya.

Cómo líder usted debe saber que las airadas denuncias de pecado en los demás rara vez producen cambios. Al contrario, los que las escuchan se sienten agredidos y condenados. Cuando estas mismas personas ven, sin embargo, que usted está quebrantado por el pecado en su propia vida primeramente, se sentirán también impulsadas a buscar la purificación de parte de Dios. Y este tipo de quebranto es producto de estar en la presencia de Aquel que es luz y santidad.

Para pensar:

¿Cómo reacciona frente al pecado de los demás? ¿Qué revela esto acerca de la clase de persona que usted es? ¿Cuánto tiempo le dedica a la confesión de sus propios pecados?

Honrar a la novia

Maridos, amad a vuestras mujeres, así como Cristo amó a la iglesia y se entregó a sí mismo por ella, para santificarla, habiéndola purificado en el lavamiento del agua por la palabra, a fin de presentársela a sí mismo, una iglesia gloriosa, que no tuviera mancha ni arruga ni cosa semejante, sino que fuera santa y sin mancha. **Efesios 5.25-27**

¡Qué tiempo tan especial es la etapa del noviazgo en la vida de una persona! Los días no alcanzan para descubrir las profundidades de los maravillosos atributos que cada uno posee. Cada uno está deslumbrado por la perfección de la personalidad del otro. No importa cuánto tiempo estén juntos, ¡no descubren en el otro defecto alguno!

Claro, los que estamos fuera de esta relación somos conscientes de las imperfecciones que tienen los integrantes de la pareja. A veces, sufrimos por causa de las obvias incompatibilidades que vemos en ellos, porque sabemos que con el pasar del tiempo se convertirán en verdaderos escollos para el matrimonio y podemos anticiparnos a ciertos tipos de fricciones que esta pareja tendrá en el futuro.

¿Ha intentado alguna vez señalarle estas imperfecciones a una pareja de novios? ¿Cómo le fue? Sintió que se había metido en la boca de un lobo ¿no es cierto? La verdad es que si existe alguna persona que no está dispuesta a escuchar comentarios adversos con respecto a su pareja, es aquella que está profundamente enamorada. En ocasiones, el enamoramiento produce una ceguera que nos desespera.

Así es el amor de Cristo por la iglesia.

Cuántos comentarios escuchamos acerca de la liviandad de la iglesia, de su poca espiritualidad, de la falta de compromiso hacia su Señor. Donde quiera que vayamos, nos encontraremos con personas que, indignadas, denuncian las obvias imperfecciones que tiene la iglesia. Desilusionados, deciden dejar de congregarse porque los hermanos son una verdadera piedra de tropiezo para sus vidas.

¡Tienen razón! La iglesia es todo esto, y mucho más. Si usted está sirviendo a los santos en algún ministerio dentro del cuerpo, muchas veces habrá sentido profunda desesperación por la falta de espiritualidad de ellos. Es posible que más de alguna vez usted mismo haya denunciado la falta de compromiso en el pueblo de Dios. ¡Hasta le puede haber parecido que todo es inútil! La iglesia nunca va a ser diferente a lo que es.

Yo sé que más de una vez he luchado con estos sentimientos.

En medio de esa desilusión, Cristo nos habla, y nos dice: «¡Un momento! Estás hablando de mi novia». Nuestra indignación es tan intensa que insistimos con nuestras denuncias. Y él, de vuelta, nos dice: «Tienes razón, pero ¡yo la amo!».

Si lo escuchamos, habremos percibido uno de los grandes misterios del reino: el amor de Dios por su pueblo, por nosotros. No tiene lógica; no tiene explicación; se resiste al análisis. Nos basta con exclamar: ¡Bendito amor celestial, que no se da por vencido a pesar de lo que somos!

Para pensar:

¿Está un poco cansado de la iglesia? ¿Le pesa servir a la novia de Cristo? ¿Porqué no se toma un momento para que el novio le hable de lo mucho que él ama a esta iglesia? Renueve su amor por la novia, pasando tiempo con el novio. Seguramente el novio le dirá: «¡Si me amas a mí, deberás amar también a mi novia!».

Atrapado sin salida

Al oir la mujer de Urías que su marido Urías había muerto, hizo duelo por él. Pasado el luto, envió David por ella, la trajo a su casa y la hizo su mujer; ella le dio a luz un hijo. Pero esto que David había hecho fue desagradable ante los ojos de Jehová. **2 Samuel 11.26-27**

David se había acostado con la mujer de su prójimo y, como suele ocurrir en estas situaciones, ella quedó embarazada. El capítulo entero relata los desesperados intentos del rey por esconder el pecado que había cometido. Al enterarse que Betsabé estaba encinta, debe haber pasado horas -quizás días- agonizando acerca de cómo deshacer lo que había hecho. Primeramente optó por lo más fácil: traer del frente de batalla a Urías, con la esperanza de que este se acostara con su esposa. ¿Cómo podía fallar un plan tan sencillo y apetitoso para este varón que había estado mucho tiempo alejado de casa? David, sin embargo, no tomó en cuenta el sentido de deber que tenía Urías, quien rehusó bajar a su casa mientras el ejército estaba de campaña.

Exasperado, extendió los días del retiro para el oficial y lo invitó a un banquete donde le dio abundante bebida. ¡Seguramente que en estado de ebriedad no se aferraría a sus convicciones! Mas Urías permaneció firme en su postura.

No hay duda de que el rey desesperaba, porque en cualquier momento se podía descubrir la condición de la esposa de Urías. La desesperación eventualmente llevó a David a contemplar lo impensable: darle muerte al joven oficial. Lo planificó con cuidado y dio las órdenes necesarias.

Las siguientes semanas deben haber llevado la agonía interior de David a niveles intolerables. Betsabé avanzaba en su condición de mujer embarazada y no llegaban noticias de la muerte de Urías. Finalmente, sin embargo, le confirmaron de que su despreciable plan había dado resultado: el hombre de honor, que había honrado a sus compañeros y a su rey, estaba muerto. Rápidamente la pareja cumplió con las formalidades del caso, y luego completaron lo que habían comenzado meses atrás: se convirtieron en marido y mujer.

Si usted ha podido sentir el agobio de David, producto de las interminables intrigas del caso, no le costará imaginarse el alivio que ahora experimentaba. ¡Finalmente había podido resolver la situación!

Es al final de esta historia que nos encontramos con esta frase: «Pero esto que David había hecho fue desagradable ante los ojos de Jehová». ¡Qué necia que es nuestra perspectiva de las cosas! ¡Cuán limitado es nuestro entendimiento de las verdaderas dimensiones del pecado! Vemos solamente lo que está relacionado con este mundo y ponemos todo nuestro empeño en acomodar lo visible. Buscamos, por medio de argumentos, razonamientos complicados y explicaciones interminables, convencer a los demás que nuestro pecado en realidad nunca ocurrió. No percibimos que las consecuencias más graves, no son las terrenales, sino las espirituales. Cuántas dificultades nos evitaríamos si pudiéramos percibir lo que significa nuestro pecado para el Señor. David había acomodado sus circunstancias. Obtuvo paz por unos días, pero su calvario recién comenzaba.

Para pensar:

Pecar es grave. Pero es aún más grave querer encubrir lo que hemos hecho. Dios es un espectador permanente de nuestros actos. Lo ve todo. Escojamos el camino corto y más fácil: confesemos rápidamente nuestro pecado y disfrutemos de su perdón.

La elocuencia de la cruz

No me envió Cristo a bautizar, sino a predicar el evangelio; no con sabiduría de palabras, para que no se haga vana la cruz de Cristo.
1 Corintios 1.17

Cuando yo era seminarista, una de las materias que tuve que cursar fue homilética, o el «arte de predicar». Es indudable que pasar tiempo con un profesor ya experimentado en la proclamación de la Palabra fue de mucho beneficio. Me ayudó a ganar confianza, a identificar errores y hábitos que entorpecían la comunicación, como también a incorporar técnicas que hicieran más eficiente y atractiva la tarea de predicar.

Junto a estos beneficios, sin embargo, llegó también la inevitable tendencia a prestarle más atención que la necesaria a la elocuencia de la retórica. El énfasis en la importancia de la preparación cuidadosa del mensaje muchas veces pasaba por una meticulosa observación de los detalles: las ilustraciones, los puntos del bosquejo, la motivación, el tono de voz, los silencios, la lógica del argumento, etcétera. Sin darme cuenta, los detalles pasaron a dominar todo.

El testimonio concreto de que había errado el camino no tardó en mostrarse. Habiendo completado la materia, ya no podía escuchar la predicación de la Palabra sin hacer una evaluación crítica del «estilo» del predicador. ¿Usó suficientes ilustraciones? ¿Fueron claros los puntos de su presentación? ¿Los versículos que citó apoyaban su argumento? ¿Realizó la conclusión en forma esmerada y apelativa? Todas estas preguntas -y muchas otras- me habían robado la sencillez de recibir con mansedumbre la Palabra de Dios. Ya no era un discípulo deseoso de ser ministrado por las Escrituras, sino un ¡técnico analista en comunicación!

Tristemente, después de más de veinte años de predicación, noto que algunos predicadores nunca superan esta etapa. Han dedicado un tiempo desmedido a pulir estos aspectos secundarios en su oratoria. El afán por cultivar la elocuencia delata, sin que se den cuenta, un secreto en sus vidas. El asombroso poder de Dios, demostrado en la muerte de Cristo, no está impactando sus vidas y produciendo en ellos esa maravillosa transformación que trasciende las palabras. La convicción de que la cruz de Cristo, de por sí, tiene poco atractivo se ve a cada instante en sus prédicas. Por esta razón es necesario «embellecerla» con una elocuencia elaboradamente compleja.

Si usted está en el ministerio de la proclamación de la Palabra, ¡no deje que su elocuencia se le vaya a la cabeza! El apóstol Pablo descartaba este estilo por causa de su inmensa reverencia hacia la cruz de Cristo. En la versión *Dios habla hoy*, el versículo de hoy está traducido: «Pues Cristo no me mandó a bautizar, sino a anunciar el evangelio, y no con alardes de sabiduría y retórica, para no quitarle valor a la muerte de Cristo en la cruz». Como predicadores, debemos pulir el don que Dios nos ha dado. Pero no nos confundamos: ¡No es nuestra «técnica» la que toca los corazones! Es el poder de la cruz. Evitemos, entonces, quitarle brillo, esforzándonos por mantener en nuestras predicaciones un estilo sencillo y sin demasiados adornos.

Para pensar:

«Pues el reino de Dios no consiste en palabras, sino en poder» (1 Co 4.20). ¡Qué maravillosa verdad para recordar cada vez que nos acercamos al púlpito!

Desacuerdos ministeriales

Hubo tal desacuerdo entre ambos, que se separaron el uno del otro; Bernabé, tomando a Marcos, navegó a Chipre, y Pablo, escogiendo a Silas, salió encomendado por los hermanos a la gracia del Señor. **Hechos 15.39-40**

¿Cómo podemos explicar esto? Si somos sinceros, la aparente violencia de este incidente nos golpea duro. No podemos reconciliarlo con la imagen que tenemos de estos dos siervos de Dios.

Permítame compartir con usted algunos pensamientos al respecto.

En primer lugar, los que estamos trabajando en equipo con otros, debemos tener presente que donde hay un grupo de personas trabajando en un mismo proyecto, van a surgir diferencias. A veces los integrantes del equipo se desaniman por esto. Un buen equipo, sin embargo, no es aquel en el cual todos ven las cosas de la misma manera. Cuando es así, lo más probable es que el líder se ha rodeado de gente que simplemente aprueba sus propios proyectos. Las diferencias de opinión son una de las preciosas manifestaciones de la diversidad que Dios ha puesto en el cuerpo (1 Co 12). El ministerio se enriquece cuando contempla la perspectiva y la contribución de personas que son enteramente diferentes entre ellas.

En segundo lugar, las diferencias se tienen que manejar espiritualmente. Lo que produce daño al cuerpo es el creer que nuestras diferencias nos dan licencia para atacar al otro y perpetrar contra su persona toda clase de mal. Por más acertada que sea la perspectiva propia, Dios jamás nos da licencia para denigrar y humillar a nuestro prójimo, sea o no de la familia. «Quítense de vosotros toda amargura, enojo, ira, gritería, maledicencia y toda malicia. Antes sed bondadosos unos con otros, misericordiosos, perdonándoos unos a otros, como Dios también os perdonó a vosotros en Cristo» (Ef 4.31-32).

En tercer lugar, a veces la única alternativa es la separación. No cabe duda de que es una decisión radical para un problema serio. Deben agotarse todos los caminos y todos los medios para llegar a un acuerdo. No debemos cesar en nuestro intento de conciliar posiciones, vistiéndonos de la bondad de Cristo; él nos manda a que, «con actitud humilde cada uno de vosotros considere al otro como más importante que a sí mismo, no buscando cada uno sus propios intereses, sino más bien los intereses de los demás» (Flp 2.3-4 - LBLA). Habiendo intentado todo esto, sin embargo, a veces la separación es el mejor camino a seguir. Pablo y Bernabé, dos gigantes espirituales, optaron por esta solución. Ambos continuaron con ministerios sumamente eficaces. ¿Siendo nosotros mucho menos que ellos, será realista creer que el acuerdo siempre será posible?

Para pensar:

Note que el pasaje no dice que se dividieron; dice que se separaron. La división produce dos partes debilitadas. La separación produce dos partes capacitadas para seguir adelante. La diferencia la hace la actitud. Cuando los que se separan lo hacen con corazones llenos de amargura, rencor y bronca, puede estar seguro que fue una decisión enteramente carnal. En mi experiencia, el 95% de las separaciones no han sido tal cosa. Han sido divisiones.

Líderes con gracia

Esteban, lleno de gracia y de poder, hacía grandes prodigios y señales entre el pueblo. **Hechos 6.8**

Para describir a sus líderes, el pueblo puede referirse a diferentes aspectos de ellos. Pueden hablar de su sentido de responsabilidad y dedicación al ministerio. Quizás escojan hablar más de su inteligencia para resolver dificultades. Otros pueden alabar las virtudes del líder como predicador o maestro. Las cualidades y los elementos que distinguen la vida de los que sirven en la iglesia pueden ser muy variados. No es muy frecuente, sin embargo, escuchar a una congregación decir de su líder: «es una persona llena de gracia».

¿En qué pensaba el autor del libro de los Hechos cuando decía que Esteban era un hombre lleno de gracia? Seguramente estaba citando el testimonio que la iglesia misma había dado de este extraordinario diácono. ¿Y en qué cualidades pensaban ellos cuando decían que Esteban era un hombre lleno de gracia? Unos versículos más adelante, Lucas nos dice que los integrantes del Concilio, «al fijar los ojos en él, vieron su rostro como el rostro de un ángel» (6.15).

Quizás esta frase nos ayude a descifrar lo que significa la expresión «lleno de gracia». Parece referirse a algo sobrenatural, algo no producido por los hombres, algo que tiene una cualidad celestial. A decir verdad, es precisamente por esto que se nos hace difícil entender lo que es estar lleno de gracia, porque es un concepto muy alejado de la realidad cotidiana del ser humano. En nuestro entorno prima la ley del esfuerzo. Nadie en este mundo llega a algo si no es por este camino. Y esto lleva implícito tener que competir con otros para dejarlos fuera de la carrera. Solamente los más disciplinados y decididos llegan a conquistar los lugares de mayor poder y prestigio.

La gracia se mueve en otra esfera completamente diferente. El entorno ideal para su manifestación es el de la debilidad, la fragilidad y la inseguridad. Lo vemos más frecuentemente entre aquellos que no inspiran naturalmente por sus cualidades luchadoras. La gracia se hace fuerte en situaciones donde los propios recursos se han agotado. Viene sobre nuestras vidas cuando reconocemos que el camino a recorrer es imposible de conquistar.

Cuando la iglesia describía a Esteban como un hombre lleno de gracia, por lo tanto, estaba describiendo a un líder que ministraba desde su debilidad, no desde sus fuerzas. Era una persona que tenía profunda conciencia de su falta de capacidad para hacer lo que se le había encomendado hacer. Le faltaba eficiencia; carecía de elocuencia; quizás sus fuerzas físicas eran muy escasas. No sabemos con certeza dónde estaban sus debilidades. Lo que sí podemos afirmar es que la iglesia veía en él un hombre absolutamente dependiente de Dios en todo y para todo. En fin, era un hombre ¡lleno de gracia!

Para pensar:

¿Cómo lo describiría a usted la gente de su congregación? ¿Qué cualidades de su persona escogerían para resaltar? ¿Lo perciben ellos como alguien que es absolutamente consciente de su falta de aptitud para hacer lo que se le ha mandado hacer? Qué maravilloso sería que pudieran decir de usted y de mí: son personas ¡llenas de gracia!

Oraciones que no son

El fariseo, puesto en pie, oraba consigo mismo de esta manera: "Dios, te doy gracias porque no soy como los otros hombres: ladrones, injustos, adúlteros, ni aun como este publicano; ayuno dos veces a la semana, diezmo de todo lo que gano". **Lucas 18.11-12**

Nuestra primera reacción a esta escena es fácilmente previsible. Sentimos inmediata indignación por la hipocresía del fariseo. ¿Cómo es posible que un hombre -nos preguntamos- sea tan ciego y orgulloso que se haya atrevido a elevar a Dios semejante monumento a la vanidad? Seguros de que nunca hemos elevado a los cielos una oración tan grosera como la del fariseo, desecharlo no exige de nosotros más que unos instantes de reflexión. Avanzamos en nuestra lectura y nos encontramos con el publicano. El contraste es demasiado marcado; la conclusión no es más que un trámite. ¿Quién de nosotros no sabe que la del publicano es la postura aceptable delante de Dios?

Un momento. ¡No avance usted tan rápido! Pasó por alto una frase que es profundamente inquietante; el evangelista dice que el líder religioso, poniéndose en pie, «oraba consigo mismo». La *Nueva Versión Internacional* traduce este versículo así: «El fariseo se puso a orar consigo mismo». Olvídese por un instante de lo obviamente egocéntricas que son las frases de este hombre, y medite en esta realidad: hay oraciones que no están dirigidas a Dios, sino a uno mismo. ¿No le hace temblar? Sabiendo que nuestro corazón nos engaña permanentemente, no podemos descartar con tanta facilidad que este no sea nuestro caso.

El ejercicio de la oración tiene una característica que la hace propensa a esta debilidad. Cuando oramos, nuestro diálogo con él no incluye la voz audible del Señor que nos corrige y encamina nuestras oraciones hacia cosas más espirituales. Solamente nosotros nos oímos. Por eso debemos prestar atención al susurro del Espíritu que le da testimonio a nuestro espíritu acerca de lo acertado o no de nuestra espiritualidad. No obstante, ¡qué fácil es errar el camino!

Esta cuestión no es de fácil resolución, de modo que hacemos bien al estar en permanente guardia contra este peligro. Permanecer conscientes de que muchas de nuestras oraciones pueden estar dirigidas más hacia nosotros mismos que a Dios, ya es un avance importante. Como mínimo, debemos proceder con mucha cautela.

Quisiera agregar dos observaciones más. En primer lugar, existe mucho peligro en el exceso de palabras. El autor de Eclesiastés nos recomienda: «Cuando vayas a la casa de Dios, guarda tu pie. Acércate más para oir que para ofrecer el sacrificio de los necios, quienes no saben que hacen mal. No te des prisa a abrir tu boca, ni tu corazón se apresure a proferir palabra delante de Dios, porque Dios está en el cielo, y tú sobre la tierra. Sean, por tanto, pocas tus palabras» (5.1-2). Y en segundo lugar, es muy fácil que nuestras oraciones estén enteramente ocupadas con nosotros mismos: mis deseos, mis pedidos, mis necesidades, mis planes, mis confesiones. Cuando usted note que la palabra «yo» o la palabra «mi» abunda en sus palabras, comience a preocuparse.

Para pensar:
¿Ha analizado alguna vez sus oraciones? ¿Qué tan genuinas son? ¿Cuánta palabrería innecesaria las acompañan? ¿Dónde necesita hacer modificaciones para que no acabar «orando consigo mismo»?

El alma abatida

¿Por qué te abates, alma mía, y por qué te turbas dentro de mí? Espera en Dios, pues he de alabarle otra vez por la salvación de su presencia.
Salmos 42.5 (LBLA)

Este es un salmo escrito por un hombre envuelto en una profunda lucha personal. En el versículo 3, el salmista describe su condición: «Mis lágrimas han sido mi alimento de día y de noche». En el versículo 6, con una franqueza que nos asombra, confiesa: «Dios mío, mi alma está en mí deprimida» (LBLA).

Para muchos de nosotros, la depresión es inadmisible en quienes pertenecen al pueblo de Dios. ¿Cómo alguien que tiene acceso al poder ilimitado del Dios de los cielos y la tierra puede llegar a estar deprimido? Creyendo que esto es un pecado, nos esforzamos por mostrar esos valientes -pero huecos- despliegues de triunfalismo que pretenden convencer a los demás que estamos viviendo la victoria de Cristo cada día.

La verdad es que la vida con frecuencia nos lleva por caminos en los cuales experimentamos toda la gama de emociones y sentimientos que son propios de nuestra frágil humanidad. En la honesta confesión del salmista no encontramos otra cosa que la sincera expresión de sentimientos con los cuales todos hemos luchado en ocasiones. ¡Hasta el Hijo de Dios no se vio librado de ellos! Frente a la inminencia de la muerte, confesó a sus más íntimos: «Mi alma está muy afligida, hasta el punto de la muerte». (Mt 26.38 - LBLA).

El problema no está en experimentar estos sentimientos. Ellos son la reacción de nuestra alma a situaciones adversas y tristes; normales en cualquier persona. La complicación radica en la tendencia a dejar que nuestros sentimientos sean los que gobiernen nuestra vida. Es precisamente en esto que muchos cristianos caen. Ceden frente a los sentimientos de abatimiento, angustia, tristeza y desánimo y esto los lleva a abandonar la oración, la congregación y su devoción a Dios. Esto, a su vez, produce aún mayor depresión.

Nuestros sentimientos son inestables, cambiantes y poco confiables. Piense en todas las cosas que tenemos que hacer cada día, y no podemos depender de lo que sentimos. Sólo salir de la cama cada mañana implica, para algunos, ¡librar batalla con las emociones! No obstante, hacemos caso omiso del revoltijo interior y sacamos el pie de la cama.

El salmista reconocía el peligro de permitir que sus sentimientos comenzaran a dirigir su vida, y él mismo confrontaba con disciplina a su corazón: «¿Por qué te abates, alma mía, y por qué te turbas dentro de mí?» Luego, con tono firme, le dio una orden: «Espera en Dios, pues he de alabarle otra vez por la salvación de su presencia». Esto es imponer los principios eternos de la Palabra sobre los sentimientos pasajeros del momento. Muchas veces, como líder, usted tendrá que dar este ejemplo de disciplina a los suyos.

Para pensar:

¿Cuáles son los sentimientos con los que lucha con más frecuencia? ¿A qué comportamientos lo invitan estos sentimientos? ¿Qué necesita hacer para que sus sentimientos no gobiernen su vida? ¿Cómo puede vivir una vida de mayor estabilidad emocional?

Un testimonio incontrovertible

Cuando terminó de hablar, se arrodilló y oró con todos ellos. Y comenzaron a llorar desconsoladamente, y abrazando a Pablo, lo besaban, afligidos especialmente por la palabra que había dicho de que ya no volverían a ver su rostro.

Hechos 20.36-38 (LBLA)

Con frecuencia se alude al carácter fuerte de Pablo, a su corazón un tanto duro. Una ilustración típica de estas características, se nos dice, es el incidente con Juan Marcos (Hch 15). El apóstol opinaba que quien había desertado una vez del ministerio no debía seguirles acompañando en futuros viajes. Bernabé creía que se le debía dar una segunda oportunidad. La disputa entre los dos fue tan grande que no pudieron llegar a un acuerdo y tuvieron que separarse. No son pocos los comentaristas que opinan que el mayor causante de esta separación fue Pablo, principalmente por causa de su intolerancia.

No nos cabe duda que, con el pasar de los años, Dios va tratando la vida de un líder para quitar aquellas asperezas que causan dolor a los demás. Con seguridad el gran apóstol no quedó fuera de este trato del Alfarero Divino. En su segunda carta a los Corintios Pablo parece haber experimentado, entre otras cosas, latigazos, prisiones, azotes y un sinnúmero de padecimientos menores.

La verdadera naturaleza de un líder, sin embargo, la dan a conocer los que están más cerca de su persona. Son los que le han acompañado en medio de las dificultades, los que han conocido de cerca sus debilidades y que han gozado de la particular gracia que Dios ha derramado en su vida. Son las personas que lo han observado con mayor atención, que han compartido sus sueños, sus victorias y sus derrotas. Como tales, se encuentran autorizadas a emitir un veredicto sobre su vida y ministerio.

La despedida de Pablo en Mileto nos ofrece el mejor comentario acerca de la clase de persona que él era, porque lo vemos rodeado de los que más cerca estuvieron de él. Lucas nos dice que ellos comenzaron a llorar desconsoladamente, afligidos porque Pablo les había dicho que no lo iban a volver a ver. Tristemente, en más de una de nuestras congregaciones, la partida de su líder sería motivo de alivio. Pero esas personas que estaban con Pablo lo besaban y abrazaban, mientras derramaban abundantes lágrimas por la inminente partida del gran maestro y apóstol. Un observador no necesitaba interrogarlas acerca de lo que sentían por él. Sus gestos y su comportamiento hablaban con singular elocuencia del lugar que se había ganado en sus corazones.

Quizás las personas no comenzarán a valorar totalmente todo lo que usted, como líder, ha hecho por ellos, sino hasta que usted ya no esté más en medio de ellos. Pero la forma en que lo despidan hablará más que mil palabras acerca del respeto y cariño que usted se ha ganado durante los años que los ha ministrado. En tiempos de crisis, el fallo de ellos será más revelador que en cualquier otro momento.

Para pensar:

¿Si tuviera que despedirse hoy de su gente, cómo recibirían ellos la noticia? ¿En qué cosas se basa para creer que lo despedirán de esta manera? ¿Cómo puede hacer una inversión más personal en la vida de los que están cerca suyo? ¿Qué necesita hacer para que sean conscientes de que los ama incondicionalmente?

Los secretos del Señor

Los secretos del Señor son para los que le temen y El les dará a conocer su pacto. **Salmo 25.14 (LBLA)**

Durante muchos años parte de mi actividad hizo que me moviera en los ambientes académicos de las instituciones teológicas de la iglesia. En ellas, gran parte del esfuerzo y tiempo de los que formaban esta comunidad se enfocaba en el estudio, el análisis y la observación de todos los aspectos imaginables de la vida espiritual. Hombres y mujeres de gran inteligencia disertaban acerca de cómo son las cosas relacionadas con Dios y su accionar entre los hombres. En pocas ocasiones, sin embargo, escuché a un profesor o un alumno admitir que había aspectos de la vida espiritual que francamente no entendían. ¿Y cómo iba a ser de otra forma? Se supone que estas instituciones existen para proveer respuestas a los alumnos.

Cuando nos referimos a la persona de Dios, sin embargo, no nos estamos acercando a una materia como cualquier otra. Él no puede ser analizado, desmenuzado y explicado en términos fácilmente comprensibles para el ser humano. Es un ser cuya esencia es enteramente diferente a la de cualquier otra cosa sobre la faz de la tierra. No se mueve con las leyes que gobiernan la creación, ni puede ser contenido en la abundancia de sabiduría que puedan acumular los hombres. En resumen, está más allá del alcance de la inteligencia de nuestra mente.

En la persona de Dios nos enfrentamos a una realidad diferente. Cuando nos acercamos a estudiarlo, dependemos absolutamente de un requisito: él debe darse a conocer, para no seguir siendo un misterio. De no hacerlo, no podremos descubrir nada por nuestra propia cuenta. El resultado normal del estudio de la persona de Dios debería ser, pues, que cuanto más le observamos y analizamos, más entendemos lo inescrutables que son sus caminos. La respuesta más apropiada sería postramos frente a su grandeza.

Note la ironía de la declaración del salmista: «Los secretos del Señor son para los que le temen». Justamente lo que faltaba en las aulas de muchas de estas instituciones era mayor temor de Jehová. Al contrario, entre muchos profesores y estudiantes ¡había una explicación para todo! El Señor revela sus secretos, sin embargo, justamente a aquellos que no tienen interés en conocerlos. Son las personas en cuyo corazón hay un fuerte sentir de que Dios es un misterio, y que deben acercarse a su persona en silencio y humildad. A ellas, el Señor las hace partícipes de un conocimiento que trasciende las dimensiones de lo académico.

¿Qué nos está diciendo el salmista? A Dios no se le conoce primordialmente por el estudio, sino por la experiencia de vivir en su presencia. Y esa experiencia le es concedida a aquellos cuya pasión no es el estudio de Dios, sino Dios mismo.

Para pensar:

¿Qué importancia le da usted a los estudios? ¿Si hiciera un análisis de su vida, cuánto tiempo pasa estudiando a Dios, y cuánto tiempo disfrutando a Dios? ¿Cómo puede cultivar mayor temor de su persona?

Ignorancia fatal

Tú dices: Yo soy rico, me he enriquecido y de nada tengo necesidad. Pero no sabes que eres desventurado, miserable, pobre, ciego y estás desnudo.
Apocalipsis 3.17

En muchas ocasiones, estudiando este pasaje con mis alumnos, les he preguntado cuál creen ellos que era el problema en la iglesia de Laodicea. He recibido una diversidad de respuestas que intentan explicar dónde estaba el error de esta congregación. Algunos piensan que la iglesia sufría de una falta de compromiso. Otros opinan que su problema principal era el orgullo. Aun otros más son de la idea de que la congregación era muy individualista.

Todas estas condiciones pueden ofrecer una posible explicación a la fuerte condena que recibió de parte del Señor. Seguramente muchos otros problemas espirituales eran parte de la realidad de esta congregación. Ninguno de estos, sin embargo, fue la cuestión fundamental que afectaba a la congregación. La clave está en el versículo sobre el cual hoy reflexionamos, y se encuentra en la frase «no sabes».

La verdad es que muchos elementos pueden condicionar nuestro crecimiento espiritual. Cuales quiera que sean, no obstante, el verdadero obstáculo para nosotros se encuentra en no poderlos discernir. ¿Cómo se puede tratar una enfermedad si uno no está enterado de su existencia? ¿Cómo se puede remediar un problema si uno no tiene conciencia de que ha surgido? La verdadera dimensión de la dificultad que enfrentaba la iglesia de Laodicea estaba en el desconocimiento de que existía una situación que necesitaba ser remediada.

Esta pequeña pero importantísima diferencia es crucial para nosotros. El problema es que ningún ser humano está en condiciones para realizar un diagnóstico acertado de su propia condición espiritual. «¿Quién puede decir: "Yo he limpiado mi corazón, limpio estoy de mi pecado"?», pregunta el autor de Proverbios (20.9). La respuesta está implícita en la misma pregunta: Nadie puede afirmar que ha limpiado su propio corazón. Esta es tarea para el Espíritu de Dios, quien escudriña y examina todas las cosas a la luz de los principios eternos de la verdad. Antes de que podamos tratar un problema en nuestra vida, entonces, ¡es necesario que nos enteremos de la existencia de ese problema!

Como líder, es importante que usted se tome tiempo regularmente para que el Señor pueda examinar su vida y su ministerio. Solamente el veredicto de Dios acerca de su verdadera condición espiritual importa. Para eso, es necesario que usted venga ante su presencia despojándose de todo preconcepto, para hacer silencio y permitir que él le diga qué es lo que discierne. No solamente tiene que estar dispuesto a callar, sino también a que él le sorprenda con lo que revela. Note la dramática diferencia entre la evaluación de la iglesia de Laodicea y la de Cristo. Ellos decían que eran ricos. ¡Cristo decía que eran pobres, ciegos y que estaban desnudos! Es posible que esta misma diferencia abrumadora exista en nuestras propias vidas. Solamente él podrá revelarla.

Para pensar:

¿Qué herramientas usa para evaluar su propia condición espiritual? ¿Cómo sabe que estas herramientas son eficaces para esta tarea? ¿Qué lugar tiene el Espíritu de Dios en este proceso?

Fuerza sobrenatural

Y Sansón descendió a Timnat con su padre y con su madre, y llegó hasta los viñedos de Timnat; y he aquí, un león joven venía rugiendo hacia él. Y el Espíritu del Señor vino sobre él con gran poder, y lo despedazó como se despedaza un cabrito, aunque no tenía nada en su mano; pero no contó a su padre ni a su madre lo que había hecho. **Jueces 14.5-6 (LBLA)**

¿Alguna vez ha visto una de esas superproducciones de Hollywood acerca de la vida de Sansón? En las películas que yo he visto, Sansón siempre es un coloso humano, con una estatura imponente y fornidos brazos y piernas cuyos abultados músculos le permitirían presentarse sin problemas en cualquier competencia de fisiculturismo. ¡Su mera presencia infunde asombro y temor! Lo mismo vemos en las Biblias ilustradas. Todas las que yo he visto ilustran a Sansón como un imponente gigante que inspira terror en los filisteos que lo ven.

Observe el versículo que hoy nos interesa. Sansón iba a Timnat para tomar una mujer de entre los filisteos. En el camino un joven león lo comenzó a perseguir. Entonces, nos dice el texto bíblico, «el Espíritu del Señor vino sobre él con gran poder»; el resultado fue que Sansón tomó al animal y lo despedazó usando solamente las manos. La implicación del versículo es clara: Sansón no despedazó al animal por la brutal fuerza que poseía, sino porque el Espíritu de Dios vino sobre él con gran poder. La potencia no era de Sansón, sino del Espíritu.

Si la cosa realmente era así, entonces Sansón bien podría haber sido una persona cuyo aspecto pasara totalmente desapercibido. Sus medidas no serían diferentes a las de cualquier otro ser humano, ni su musculatura superior a la de sus compañeros, pues su fuerza no venía de él, sino del Espíritu.

La manera en que imaginamos al juez de Israel, sin embargo, muestra lo difícil que es para nosotros aceptar que una obra sea completamente del Señor. En nuestra mente, normalmente, el Señor bendice condiciones que ya existen en nosotros. De esta manera, el 70% del mérito es nuestro y el 30% restante lo pone el Señor.

¿Cuántas veces en la iglesia escogemos a personas por sus talentos naturales, y pedimos al Señor que bendiga aquello que ya existe en ellos? En el reino, sin embargo, opera otro principio completamente diferente. Dios escoge lo necio del mundo «para avergonzar a los sabios; y lo débil del mundo escogió Dios para avergonzar a lo fuerte» (1 Co 1.27). ¿No ha sido siempre así? Escogió a dos ancianos estériles para ser padres de una nación, a un esclavo para ser primer ministro del pueblo más poderoso de la tierra, a un tartamudo para representar a Israel en las negociaciones con el faraón y a unos ignorantes pescadores para ser los apóstoles de la futura iglesia. Como líderes, lo mejor que nos puede pasar es que nos sintamos incapaces de la tarea que tenemos por delante. ¡Solamente esto nos conducirá a una dependencia absoluta del Señor!

Para pensar:

¿Con cuánta frecuencia se siente con poca capacidad para hacer lo que tiene que hacer? ¿Qué revela esto acerca del estilo ministerial que tiene? ¿Cómo puede combatir la excesiva confianza en sí mismo?

Creerle a él

Nadie te podrá hacer frente en todos los días de tu vida. Así como estuve con Moisés, estaré contigo; no te dejaré ni te abandonaré... ¿No te lo he ordenado yo? ¡Sé fuerte y valiente! No temas ni te acobardes, porque el Señor tu Dios estará contigo dondequiera que vayas. **Josué 1.5, 9 (LBLA)**

Permítame hacerle una pregunta. ¿Usted apostaría su futuro en base a una promesa? Había llegado el momento en que Josué debía asumir la responsabilidad por la conducción del pueblo de Israel. Reemplazaba, nada más ni nada menos, que al gran profeta Moisés. Le esperaba un difícil camino por delante, y Josué seguramente no se hacía ilusiones acerca de esto. Cuando Dios le decía que había estado con Moisés, se le vendrían a la mente las incontables veces que habían visto la poderosa mano de Jehová obrando a su favor. Pero no cabe duda que también tendría presente la multitud de obstáculos, dificultades y contratiempos que los acompañó durante cuarenta años en el desierto. Para animarle el corazón, el Señor le da una promesa: «el Señor tu Dios estará contigo dondequiera que vayas».

Una promesa posee extraordinarios poderes para motivar, porque pone delante de nosotros una esperanza que nos anima el corazón y alimenta nuestra imaginación acerca de cosas futuras. Cuando la recibimos tendemos a atesorarla en nuestro interior creyendo, contra viento y marea, en el cumplimiento de aquello que se ha anunciado por adelantado. Una promesa, sin embargo, no tiene poder alguno al menos que escojamos creerla.

Tristemente, para muchos la vida es una suma de promesas no cumplidas. En algunos casos esto comenzó ya de muy pequeños, con palabras que los propios padres nunca cumplieron. Más adelante, se sumaron parientes, amigos y personas cercanas a nuestro entorno que agregaron su propia cuota de compromisos no honrados. Ya de adultos, experimentamos el aluvión de votos que viene de empresas de servicio, políticos y gobernantes, que pretenden convencernos que viven solamente para atender nuestras necesidades. Inevitablemente viene, con el pasar de los años, cierto escepticismo de quienes han escuchado, en muchas oportunidades, promesas que no son más que palabras huecas.

¡He aquí nuestro dilema! La vida espiritual que Dios nos propone requiere, como elemento indispensable para su desarrollo, que creamos las promesas que él nos da. El apóstol Pedro declara que Dios «nos ha dado preciosas y grandísimas promesas, para que por ellas lleguéis a ser participantes de la naturaleza divina» (2 P 1.3-4). De modo que la promesa es una parte esencial del plan de Dios.

Precisamente por esta razón el Señor le dice a Josué: «¡Se fuerte y valiente! No temas ni te acobardes...» Frente a circunstancias particularmente difíciles en la vida, es fácil creer que hemos sido olvidados. Si le sumamos nuestras reiteradas desilusiones ¿cómo no hemos de vivir atemorizados? El temor, no obstante, nos paraliza. No permite que cultivemos esa convicción atrevida que es una característica esencial de los que eligen creer las declaraciones de Dios. Y si no le creemos, sus promesas no tienen eficacia en nuestra vida.

Para pensar:
Nuestro desafío es ser valientes para no creer las mentiras que indudablemente aparecen en tiempos de crisis. Para triunfar debemos escoger la confiabilidad de los votos que Dios ha hecho a nuestro favor; y él, a su vez, ¡los respaldará!

La restauración del caído

Hermanos, aun si alguno es sorprendido en alguna falta, vosotros que sois espirituales, restauradlo en un espíritu de mansedumbre, mirándote a ti mismo, no sea que tú también seas tentado. **Gálatas 6.1 (LBLA)**

La restauración de los que han caído por el camino es una de las responsabilidades importantes de los que son parte del cuerpo de Cristo. El pecado es parte de la realidad de la vida cristiana y constantemente produce estragos en la familia de Dios. De manera que hacemos bien en prestar particular atención a las instrucciones que da la Palabra sobre el tema, para que nuestra tarea de restaurar sea correcta.

En primer lugar, debemos entender que hay dos tipos de pecado. Uno es el resultado de una actitud de obstinación y rebeldía que actúa sabiendo que está haciendo lo malo. Se rehúsa a escuchar consejo y persiste en lo incorrecto. Una segunda categoría, sin embargo -la que el apóstol Pablo tiene en mente en este pasaje- es aquel pecado que se produce en forma sorpresiva, sin premeditación. La palabra que usa indica una persona que repentinamente es sobrepasada por un pecado. Ninguna de las dos formas de pecado es excusable, pero hay una diferencia importante en la actitud que debe ser tomada en cuenta a la hora de la restauración. En nuestra perspectiva simplista, tendemos a considerar todo pecado como el resultado de un acto de obstinada rebeldía.

En segundo lugar, la tarea del líder es restaurar. La palabra «restaurar» significa devolverle a algo su estado original, su funcionalidad, repararlo. No ignoramos que muchas veces la llamada «restauración» de una persona en la iglesia ha sido exactamente lo opuesto de esto. En lugar de llevarla otra vez a un estado saludable, la persona ha sido hundida en un pozo de condenación, del cual algunos difícilmente se han recuperado. Dios, sin embargo, llama a sus siervos a trabajar en la reparación de vidas. Aun en el caso extremo de entregar a alguien a Satanás, Pablo menciona que su objetivo fue que esta persona salvara el alma en el día del juicio (1 Co 5.5).

En tercer lugar, la restauración debe llevarse a cabo en un espíritu de mansedumbre. Quiere decir que toda forma de agresión, violencia e ira deben estar ausentes en la persona que realiza la restauración. Esto es precisamente porque estas actitudes son las que más entorpecen el proceso de reparación. Por el mismo engaño del pecado, el que debe ser restaurado va a ofrecer cierta resistencia. Si queremos evitar, sin embargo, que esa resistencia se convierta en rebeldía, nuestra actitud debe ser de ternura y mansedumbre. Esto se puede lograr sin dejar de lado la firmeza necesaria para la confrontación.

Lo que más nos va ayudar en todo este proceso es mirar nuestras propias vidas. Nada nos hace tan implacables y duros como la soberbia que viene de creer que nosotros nunca hubiéramos caído como cayó nuestro hermano. Recordar que nosotros estamos sujetos a las mismas debilidades nos ayudará a proceder con mucha misericordia y dará lugar a que la gracia de Dios actúe profundamente en la vida del caído.

Para pensar:

«La doctrina de la gracia humilla al hombre sin degradarlo, y lo exalta sin inflarlo». Carlos Hodge.

¡Maravilloso misterio!

Cuando veo tus cielos, obra de tus dedos, la luna y las estrellas que tú formaste, digo: «¿Qué es el hombre, para que tengas de él memoria, y el hijo del hombre, para que lo visites?». **Salmos 8.3-4**

Cuando yo era joven tuve la oportunidad de embarcarme en un buque que zarpó hacia mar abierto, donde pasamos más de cinco meses. Antes de la partida, participamos de una alocada carrera por abastecer el navío de todo lo que haría falta para las semanas que pasaríamos en alta mar. Decenas de camiones se alineaban a nuestro costado para que transfiriéramos su cargamento a nuestras bodegas. Anclados en puerto, el barco se veía imponente en comparación a los pequeños camiones y las grúas que operaban día y noche en preparación para su partida. Yo era nuevo en la marina y me impresionaba lo sofisticado del buque, con su instrumental de navegación, sus interminables pasillos y los cientos de tubos, cables y conductos que recorrían su interior.

Finalmente llegó el día de la partida. Lentamente, la costa comenzó a alejarse y, al cabo de unas horas, estábamos completamente rodeados de agua. De horizonte a horizonte, el mar se extendía, interminable e indomable. No tardé en sentir lo que siente todo marino: que uno es, en realidad, muy pequeño. Nuestro buque, que junto al muelle se había visto tan imponente, no era más que un pequeño objeto en un gigantesco océano. Creo que en ese momento entendí lo que el salmista expresa en los versículos que hoy nos interesan.

Al levantar los ojos a los cielos, David experimentó esa misma sensación de pequeñez frente a la inmensidad de la creación de Dios. Sintiéndose abrumado por su propia insignificancia, no pudo evitar preguntarle al Señor: «Si tú eres tan grande, y lo que has hecho es tan vasto y majestuoso, ¿cómo es que te fijas en nosotros, que somos tan pequeños e insignificantes?».

¿Quién puede, en realidad, entender semejante misterio? El Dios que creó los cielos y la tierra, que ordenó al ejército de las estrellas y que conoce los secretos más intrínsecos del mundo a nuestro alrededor, ha elegido tener comunión con nosotros, ¡que no somos más que una gota en el universo!

En este tiempo, en el cual el hombre experimenta con la clonación y parece que son ilimitados los avances tecnológicos, qué bueno sería que pudiéramos recuperar este sentido de pequeñez. Cuando lo perdemos, dejamos de maravillarnos por el eterno misterio de Dios, que ha escogido acercarse a nosotros ¡para interesarse en nuestras vidas! No solamente se pierde ese sentido de maravilla, sino que también comenzamos a inflarnos con un exagerado sentido de nuestra propia importancia. Creemos que las cosas pasan porque estamos involucrados en ellas. Estimamos como indispensable nuestra contribución para el buen funcionamiento de todo lo que nos rodea. Nuestra propia importancia hace menguar nuestro sentido de necesidad. Y si no lo necesitamos, ¿qué esperanza hay para nosotros?

Para pensar:

¿Por qué no se toma un momento para meditar en la grandeza de Dios? Permítale al Espíritu que produzca en usted otra vez ese asombro santo que le llevará a exclamar: «¿Qué es el hombre, para que tengas de él memoria, y el hijo del hombre, para que lo visites?» ¡Las cosas tienen otro color cuando las contemplamos en su correcta dimensión!

El conocimiento que vale

Pues su divino poder nos ha concedido todo cuanto concierne a la vida y a la piedad, mediante el verdadero conocimiento de aquel que nos llamó por su gloria y excelencia. **2 Pedro 1.3 (LBLA)**

En un intento por traducir con mayor fidelidad la palabra «conocimiento», la versión de *La Biblia de las Américas* incorpora a este versículo la frase «verdadero conocimiento». De verdad que es una buena alternativa porque hay conocimientos que solo son apariencia.

En el griego existen dos palabras distintas para el término castellano «conocimiento». La primera es la palabra *gnosis*. Esta palabra indica una erudición que es producto del estudio. Típicamente se la relaciona con el fruto del proceso académico que ocurre por medio de un minucioso análisis de todos los aspectos relacionados con determinada materia, a fin de llegar al conocimiento cabal de un tema. De esta manera, la persona que ha cumplido con el proceso podría ser considerada como experta en la materia.

La otra palabra es *epiglotis*, también, en la mayoría de las versiones de la Biblia es traducida por «conocimiento». En el idioma original, sin embargo, la diferencia entre una palabra y la otra es muy marcada. El segundo tipo de conocimiento no es fruto del estudio, sino de la observación. Es la clase de conocimiento que podría tener un esposo de su esposa. Nadie le ha enseñado al varón que a su esposa le gustan dos cucharadas de azúcar en el té, ni que le encanta que le regalen flores. Lo ha aprendido, más bien, porque ha convivido con ella durante muchos años. En la cercanía a su persona ha adquirido un cúmulo de conocimiento sobre ella que otras personas no poseen.

Este tipo de conocimiento que menciona el apóstol Pedro, es el eje central de la vida espiritual a la cual hemos sido llamados. No es el conocimiento de Dios adquirido como resultado de lo que hemos leído, ni lo que otros nos han contado, ni tampoco de lo que hemos podido estudiar nosotros mismos. Es, más bien, el conocimiento que hemos obtenido como fruto de haber pasado mucho tiempo con él. Podemos hablar con cierta confianza acerca de su persona, porque hemos cultivado la clase de intimidad que es común entre dos seres que se aman.

Este tipo de conocimiento, nos dice el apóstol, es la llave de la vida espiritual. Propicia nuestra confianza plena en Aquel que nos ha llamado, porque sabemos por experiencia personal que no nos fallará, aun en las peores tormentas. Permite que le busquemos cuando necesitamos de su gracia, porque tenemos la certeza de no volver con las manos vacías.

Para pensar:

El apóstol Pablo, autor de las más profundas doctrinas del Nuevo Testamento, eximio conocedor de la Palabra, consideraba que aún tenía mucho por recorrer en su conocimiento de la persona de Dios. Poco antes de morir, declaró: «Pero cuantas cosas eran para mí ganancia, las he estimado como pérdida por amor de Cristo. Y ciertamente, aun estimo todas las cosas como pérdida por la excelencia del conocimiento de Cristo Jesús, mi Señor. Por amor a él lo he perdido todo y lo tengo por basura, para ganar a Cristo... a fin de conocerlo» (Flp 3.7-10).

Andar confiado

El que camina en integridad anda confiado,
pero el que pervierte sus caminos sufrirá quebranto. **Proverbios 10.9**

La integridad es una de las posesiones más preciadas que puede tener un líder. Probablemente sea el factor que más dramáticamente afecta la confianza que los seguidores tienen en el ministerio del líder. Cuando se pierde la integridad, es muy difícil volver a construirla, porque el daño que le hace a la credibilidad del ministro es profundo. En algunas ocasiones, irreparable.

El diccionario define la integridad de la siguiente manera: «Un fuerte compromiso con principios morales; la condición de estar sin corrupción ni mancha; honestidad, entereza, sinceridad».

Cuando el diccionario se refiere al estado de corrupción, no se está refiriendo tanto a pecados puntuales, sino más bien a una falta de consistencia entre los principios y el comportamiento del líder. Esto se manifiesta con mayor frecuencia en una contradicción entre lo que predica o enseña y lo que practica y vive a diario. Proclama el amor, pero es duro e insensible con su familia. Exhorta a la obediencia, pero vive en desobediencia a las leyes de su país. Pregona la honestidad, pero es poco transparente en el manejo de las finanzas. Este doble mensaje daña la autoridad del líder. Un autor que escribe sobre el tema no duda en afirmar: *«la prueba final sobre la cual descansa la credibilidad de cualquier líder es si hace lo que dice»*.

La integridad es difícil de encontrar en cualquier esfera de la vida, pero es particularmente escasa entre los que vivimos y ministramos en Latinoamérica. De alguna manera la iglesia ha divorciado su doctrina de la realidad que se vive a diario en la vida espiritual. Encontramos que los miembros de nuestra congregación son de una manera en las reuniones y de otra completamente diferente durante la semana. Su testimonio en el trabajo y con sus vecinos no solamente es pobre, sino que en muchos casos constituye una verdadera piedra de tropiezo para que otros lleguen al conocimiento de la verdad.

No podemos, como líderes, desentendernos de esta triste realidad. En más de una situación, nuestra gente no ha hecho más que imitar lo que ve en nosotros, porque nuestro ejemplo habla más fuerte que nuestras palabras.

El pasaje de hoy describe la confianza que se tiene el hombre íntegro. Se topará con problemas, dificultades y contratiempos. No obstante, su compromiso de vivir una vida sin dobles mensajes le proveerá de una convicción y una seguridad que será de gran inspiración a los que están a su alrededor. Sabe que las verdaderas batallas en la vida no son las que nos presentan las circunstancias, sino aquellas que libramos día a día con las perversidades de nuestro propio corazón. Confiado en que cultiva a diario este aspecto de su vida, no le teme a las complicaciones que le pueda presentar la vida. Hay una rigidez moral en su espíritu que le permite caminar con la frente erguida en cualquier situación.

Para pensar:

El gran comentarista Matthew Henry observó: «Los buenos principios fijados en la cabeza producirán buenas decisiones en el corazón y buenos comportamientos en la vida».

Aprender de nuestros errores

Jesús dijo a Simón Pedro: Simón, hijo de Juan, ¿me amas más que éstos? Pedro le dijo: Sí, Señor, tú sabes que te quiero. Jesús le dijo: Apacienta mis corderos. **Juan 21.15 (LBLA)**

La mayoría de las traducciones de este versículo no capta una diferencia clave en las palabras que intercambiaron el Señor y Pedro, y por eso he optado por usar la versión de *La Biblia de las Américas* en el texto de hoy.

Cuando Cristo le preguntó a Pedro si lo amaba escogió la palabra griega *ágape*. De las tres palabras para amor en ese idioma, esta es la más sublime. Personifica el amor expresado por la vida y obra de Jesucristo. Es un amor que tiene el más elevado grado de compromiso con el prójimo y que se traduce en sacrificio por el bien del otro. La mejor descripción de esta clase de amor la tenemos en Filipenses 2.5-11.

En su respuesta Pedro, sin embargo, no usó la misma palabra que el Maestro, sino que optó por el término *fileo*. Esta palabra expresa la relación que existe entre hermanos y definitivamente está por debajo del vínculo que encierra el concepto de amor *ágape*. La versión de *La Biblia de las Américas* correctamente traduce la respuesta de Pedro: «Sí, Señor, tú sabes que te quiero».

Quizás usted piensa que estamos perdiendo tiempo en un detalle de poca relevancia. La verdad, sin embargo, es que la diferencia revela un importante principio en la vida de Pedro. En la noche en que Jesús fue traicionado, Pedro había proclamado con confianza que él estaba dispuesto a seguir al Señor donde quiera que fuera. Aun cuando el Señor le advirtió que no sería así, él siguió insistiendo que, si fuera necesario, estaría dispuesto a dar su vida por Cristo. En otras palabras, creía que su compromiso estaba a la altura de la clase de sacrificio que demanda el amor *ágape*.

Ahora, sin embargo, entendía que sus declaraciones habían sido muy presumidas. Vivía con la vergüenza de haber negado tres veces al Señor. Creo firmemente que en este incidente el Señor estaba restaurando a Pedro, para que pudiera ocupar el lugar clave que le estaba reservado en la iglesia naciente. Para este trabajo de restauración, no obstante, era necesario tener la certeza de que Pedro había aprendido la lección acerca de las serias limitaciones que tenía su propio entusiasmo y celo por las cosas de Dios.

La respuesta del discípulo nos muestra que Pedro sí había aprendido de sus propios errores. Una vez había afirmado confiadamente que su amor era incondicional. Pero no estaba dispuesto a transitar por este camino una segunda vez.

Nuestros errores y nuestras derrotas pueden ser el semillero para algunas de las lecciones más importantes de la vida. Todo error tiene el potencial de enseñarnos algo. Para poder aprender esas lecciones, sin embargo, tenemos que estar dispuestos a reflexionar sobre lo vivido, evaluar dónde nos equivocamos, y descifrar cuáles son los comportamientos necesarios para evitar pasar nuevamente por el mismo camino. Nuestros errores, entonces, pueden convertirse en nuestras más valiosas experiencias. Está en nosotros aprovechar el potencial que poseen.

Para pensar:

¿Cómo reacciona cuando se equivoca? ¿Cuánto tiempo pierde en lamentos y reproches? ¿Qué revelan sus reacciones acerca de la clase de persona que es? ¿Cómo puede usar sus errores para crecer?

Cartas abiertas

¿Comenzamos otra vez a recomendarnos a nosotros mismos? ¿O tenemos necesidad, como algunos, de cartas de recomendación para vosotros o de recomendación de vosotros? Nuestras cartas sois vosotros, escritas en nuestros corazones, conocidas y leídas por todos los hombres. Y es manifiesto que sois carta de Cristo expedida por nosotros, escrita no con tinta, sino con el Espíritu del Dios vivo; no en tablas de piedra, sino en tablas de carne del corazón. **2 Corintios 3.1-3**

Los hijos de un matrimonio pueden revelar mucho acerca de la clase de personas que son sus padres. Vemos en ellos pequeñas copias de los adultos, justamente porque tienden a imitar y copiar los modismos, los comportamientos y las actitudes de los padres. Las convicciones y principios que gobiernan la vida de sus padres comienzan a ser parte de sus vidas, aun cuando nunca son enseñados o discutidos en el seno de la familia. Al compartir el mismo hogar se comunican infinidad de mensajes a diario, que lentamente comienzan a incorporarse en la vida de cada uno de los integrantes de la familia.

El mismo principio rige la vida de una congregación. Si queremos saber qué clase de persona es el líder que está al frente de ella, no tendremos más que mirar la vida y el comportamiento de las personas que pastorea. Ellos serán el reflejo más fiel de las convicciones, el compromiso, y el estilo de liderazgo que posee la persona que ministra a la congregación. Al igual que en la familia, las convicciones que los miembros posean se les habrán contagiado a los miembros simplemente por estar compartiendo tiempo con el líder.

Muchos líderes no entienden esta importante verdad. Cuando ven actitudes, comportamientos y compromisos débiles en sus miembros, tienden a condenarlos duramente, mientras sueñan con todas las cosas que podrían lograr si tuvieran una congregación de personas «más comprometidas». El problema principal, en la mayoría de los casos, sin embargo, no está en los miembros sino en la persona que los está pastoreando.

Howard Hendricks, uno de los extraordinarios educadores de la iglesia en EE.UU., cuenta la historia de una invitación que recibió para compartir en una congregación de varios cientos de personas. Cuando llegó la hora de comenzar, no había allí más que un puñado de personas. El pastor principal, que había dado extensa publicidad previa al evento, se quejaba por la falta de compromiso en sus miembros. Hendricks lo escuchó, y luego le dijo: «Pastor, yo sé cuál es su problema». El pastor se puso contento, pues creyó que iba a recibir la solución para motivar mejor a su gente. Mas cuando le preguntó a Hendricks cuál era el problema, el educador le respondió sin titubear: «¡Usted! Tendría que estar dando gracias por las veinte personas que llegaron y no perdiendo el tiempo pensando en las 480 que no llegaron!». Puede estar seguro que las veinte que estaban presentes ya habían percibido el fastidio del pastor.

Para pensar:

Las actitudes y convicciones suyas las verá fielmente reflejadas en su gente. Puede que repitan todas las frases que usted les enseña. En el comportamiento de ellos, sin embargo, verá un mensaje más claro acerca del trabajo que usted está realizando como líder. Si no están respondiendo, usted necesita evaluar cómo les está ministrando.

La medida de la fe

Y los apóstoles dijeron al Señor: ¡Auméntanos la fe! Entonces el Señor dijo: Si tuvierais fe como un grano de mostaza, diríais a este sicómoro: "Desarráigate y plántate en el mar". Y os obedecería. **Lucas 17.5-6 (LBLA)**

El pedido de los discípulos no ha de extrañarnos si tenemos en cuenta lo que Cristo les estaba tratando de enseñar. El tema que compartía era sobre el perdón. En esta ocasión, el Señor les había pedido ¡algo realmente imposible de cumplir! Si un hermano venía siete veces en el día para pedir perdón por alguna ofensa cometida, porque sinceramente estaba arrepentido, entonces los discípulos debían perdonarlo. Ante semejante desafío los discípulos, alarmados, lógicamente solicitaron más fe. Es difícil convivir con un hermano, en el mejor de los casos. Pero perdonarlo siete veces en un mismo día, sin fastidiarse ni amargarse... ¡esto sí que es para gigantes espirituales!

En la reacción de los discípulos encontramos uno de los conceptos populares más arraigados en el pueblo de Dios, y es que la fe viene en diferentes cantidades para ser distribuida en mayor o menor grado en la vida de aquellos que siguen al Señor. De allí provienen frases tan comunes como «hermanos, cantemos esta canción con más fe» o «es una persona de mucha fe, y por eso Dios la usa». Los que tenemos vidas que carecen de las más deslumbrantes manifestaciones de Dios pertenecemos a la categoría de personas que tienen poca fe.

Cristo, en el pasaje de hoy, intentaba corregir esta idea errada sobre la fe. Cuando pensamos que el tamaño de la fe de una persona es lo que hace la diferencia, automáticamente estamos avanzando por un camino errado, porque ponemos el acento en nosotros y no en Dios. Para modificar su pensar, el Señor usó la ilustración de un grano de mostaza. La semilla del grano de mostaza es excesivamente chica. Son pocas las personas que, al verla, crean que están frente a algo con increíble potencial.

En lo que a la fe respecta, la clave no está en el tamaño, sino en el objeto en que se deposita la fe. Es por esto que en la vida espiritual no hace falta grandes cantidades de fe, ya que es el objeto en el que se deposita la fe lo que hace la diferencia. Dios es todopoderoso, soberano y maravilloso. Quien cree en él puede experimentar en su propia vida todos sus extraordinarios atributos.

En realidad, la cuestión no está en tener o no tener fe porque, a decir verdad, todos tenemos fe. Sin embargo, muchos de nosotros no orientamos nuestra fe hacia Dios, sino que la depositamos en nuestros propios criterios o en las opiniones de otros que están a nuestro alrededor. No ha de sorprendernos, entonces, que nuestra fe produzca escasos resultados. Para que empiece realmente a verse el obrar de Dios en nosotros, es necesario que orientemos nuestra fe -aún siendo esta excesivamente pequeña- exclusivamente hacia la persona de Dios. ¡Allí sí que veremos la extraordinaria manifestación de un árbol que se desarraiga para plantarse en el mar!

Para pensar:

«¡Algunas personas piensan que necesitan fe como una montaña para mover un grano de mostaza!» Anónimo.

La esencia de la fe

Y los apóstoles dijeron al Señor: ¡Auméntanos la fe! Entonces el Señor dijo: Si tuvierais fe como un grano de mostaza, diríais a este sicómoro: "Desarráigate y plántate en el mar". Y os obedecería. **Lucas 17.5-6 (LBLA)**

El concepto de la obediencia aparece tres veces en este corto pasaje sobre la fe. Lo vemos en el texto que hoy nos ocupa, pero también aparece en el versículo 9 y una tercera vez en el versículo 10. La mención de la obediencia en este contexto nos da una importante pista acerca de lo que es, en realidad, la fe.

Entre nosotros es común el concepto de que la persona de fe es aquella que se atreve a pedirle cosas a Dios que nosotros jamás nos atreveríamos a pedir. Miramos con cierta envidia su vida, porque parece conseguir resultados más extraordinarios que los que nosotros conseguimos. Creemos que esto se debe a que esta persona posee mucha fe y se anima a soñar en grande.

La fe, según lo que Cristo enseñó a sus discípulos, está ligada con los proyectos de Dios, no de los hombres. La fe no es un cheque en blanco que Dios le da a sus discípulos para que pidan lo que quieran, sabiendo que él se compromete a respaldarlos en cualquier cosa que se propongan. Más bien es la convicción de que Dios cumplirá lo que él ha hablado.

No hace falta más que un rápido recorrido por la vida de algunos de los grandes héroes de la fe para ver que en cada situación no hicieron más que obedecer las instrucciones que habían recibido. Abraham pudo ofrecer a Isaac en sacrificio porque creyó la palabra que había recibido acerca de un heredero. Moisés dividió las aguas del Mar Rojo porque creyó la palabra que recibió de Dios. También sacó agua de la roca porque Dios mismo le había mandado que así lo hiciera. Josué vio la destrucción de Jericó porque siguió las instrucciones que Dios le dio acerca de aquella ciudad. Elías derrotó a los profetas de Baal porque había hecho todas las cosas según la palabra que había recibido de Dios.

Este es, de hecho, el argumento principal del autor de Hebreos. En el capítulo 4 escribe: «Temamos, pues, no sea que permaneciendo aún la promesa de entrar en su reposo, alguno de vosotros parezca no haberlo alcanzado. También a nosotros se nos ha anunciado la buena nueva como a ellos; a ellos de nada les sirvió haber oído la palabra, por no ir acompañada de fe en los que la oyeron» (1-2). De manera que es imposible ejercer fe en algo que no hemos recibido por palabra del Señor, porque la fe solamente es aplicable a aquellas situaciones donde Dios ha hablado con claridad y nos invita a creerle. En el acto de movernos según las instrucciones que hemos recibido es que encontramos la demostración de la fe.

Para pensar:

«Jamás podrás entender por qué el Señor hace lo que hace; pero si le crees, solo eso te hará falta. Aprendamos, pues, a confiar en él por lo que él es». Elizabet Elliot.

Lo ordinario de la fe

¿Acaso da gracias al siervo porque hizo lo que se le había mandado? Pienso que no. Así también vosotros, cuando hayáis hecho todo lo que os ha sido ordenado, decid: «Siervos inútiles somos, pues lo que debíamos hacer, hicimos». **Lucas 17.9-10**

Hemos estado considerando algunos aspectos de este pasaje que presenta una de las enseñanzas que Cristo le dio a los discípulos acerca del tema de la fe. En nuestra reflexión de hoy queremos examinar el ejercicio de la fe en la vida del cristiano.

Subsiste una tendencia entre nosotros a creer que el ejercicio de la fe en la vida es algo especial. Cuando relatamos anécdotas donde se vieron extraordinarias manifestaciones de fe lo hacemos con ese asombro de quienes están frente a algo increíble. No pocos dentro de la iglesia creen que hay personas que poseen una capacidad especial para moverse en fe, personas que están en otra dimensión de la vida espiritual que nosotros. Esto no hace más que recalcar que estamos distanciados de la clase de vida que deberíamos estar viviendo en Cristo Jesús.

En el pasaje de hoy Cristo ilustró esta verdad con el trabajo de un siervo en el campo. Habiendo recibido instrucciones al inicio del día, el siervo salió y trabajó toda la jornada en lo que se le había mandado. Cuando llegara la tarde, ¿el amo de aquel siervo lo esperaría con la cena lista, como premio por el buen desempeño que tuvo durante el día de trabajo? ¡Por supuesto que no! No recibiría ningún tipo de reconocimiento, porque en realidad no había estado haciendo más que cumplir con lo que se le había mandado hacer.

De la misma manera, el discípulo que vive por fe no está demostrando un extraordinario compromiso con Cristo, ni avanzando más allá de lo que se espera de él. Simplemente está viviendo de la manera que su amo espera. Moverse por fe, entonces, no es vivir con un mayor grado de compromiso que los demás. Es, simplemente, vivir la vida espiritual como Dios manda. Él nos da a cada momento sus instrucciones, y nosotros obedecemos, haciendo exactamente lo que él nos indica hacer. No tiene ningún mérito lo que hacemos.

Tratar con especial reverencia a aquellas personas que se mueven por fe no hace más que ofrecer un elocuente testimonio de la pobreza de nuestra propia vida espiritual.

Se cuenta que Jorge Müller, el hombre que fundó incontables orfanatos moviéndose solamente por fe, visitó muchas iglesias en los últimos años de su vida, dando testimonio de cómo el Señor había provisto fielmente para las necesidades de miles de niños. La gente que lo escuchaba se maravillaba del gran compromiso que tenía este hombre. Müller les señalaba, sin embargo, que él no había hecho nada extraordinario. Simplemente escogió creer las promesas del Señor cada día de su larga vida. Había hecho lo que se le pide a todo el que cree en Cristo, y eso no tiene ningún mérito en el reino. Fue, en última instancia, nada más que un siervo inútil.

Para pensar:

«La fe es al mundo espiritual lo que el dinero es al mundo comercial». Anónimo.

«Yo también soy hombre»

Cuando Pedro entró, salió Cornelio a recibirlo y, postrándose a sus pies, lo adoró. Pero Pedro lo levantó, diciendo: –Levántate, pues yo mismo también soy un hombre. **Hechos 10.25-26**

El ministerio normalmente nos ubica en los lugares públicos y visibles de la iglesia, porque nuestra vocación es servir a las personas. Muchas de ellas están necesitadas. Vienen a consultarnos para que las orientemos frente a las decisiones importantes de la vida. Cuando están atribuladas, buscan de nosotros el consuelo y la comprensión para sobrellevar la tristeza del momento. En los momentos de confusión acuden a nosotros para que las ayudemos a interpretar el obrar del Señor en sus vidas. Otras nos buscan porque encuentran en nosotros una expresión sincera del amor de Dios.

Todo esto nos pone en una posición de autoridad con respecto a la vida de las personas a quienes ministramos. Somos tratados con respeto. No pocas sienten profunda gratitud por la ayuda que les hemos podido dar en el momento oportuno. Frente a esta actitud de sumisión y aprecio aparece también uno de los grandes peligros del ministerio: comenzar a creer que somos poseedores de alguna cualidad especial que nos distingue de los demás. Perdemos de vista que los frutos que estamos viendo son el resultado de los dones y la gracia que Dios ha derramado en nosotros. Caemos en una falsa estimación de nuestro propio valor. Esto, a su vez, nos lleva a un orgullo que le quita eficacia al ministerio al que hemos sido llamados.

Recuerdo con tristeza a un pastor cuyo ministerio creció notablemente en nuestro país. Ahora, él se mueve a todos lados rodeado de guardaespaldas. De ser un pastor de personas se ha convertido en un maestro de ceremonias para reuniones. Ahora no se le puede ver más que arriba de la plataforma. ¡Con cuánta facilidad caemos presa de nuestra propia vanidad!

Cornelio también estaba necesitado. Le llegaron noticias que, nada más ni nada menos, uno de los apóstoles iba a visitarlo. Cuando Pedro entró en su casa asumió una postura absolutamente inadmisible para cualquier ser humano: lo adoró. Mas Pedro, con admirable sencillez, lo puso en pie y lo corrigió tiernamente: «yo mismo también soy un hombre». En este gesto vemos el intento del apóstol de frenar la adulación que muchas de las personas querían ofrecerle a quien fuera compañero del mismo Cristo.

Si su ministerio es medianamente exitoso, muchos van a querer elevarlo a una posición que no es sana para usted, ni tampoco para las personas con las cuales trabaja. El líder sabio trabaja para que los demás tengan una correcta perspectiva de su persona. No fomenta en otros el sentimiento de que él es indispensable. No busca un trato reverencial ni diferenciado para su persona, sino que ayuda a los demás a entender que él también es peregrino en proceso de transformación. Ha sido llamado a una labor importante, pero esto no lo eleva por encima de los demás ni le da privilegios especiales. En la sencillez y la sinceridad de su andar estará el verdadero secreto de su impacto sobre la vida del pueblo.

Para pensar:

«Los grandes hombres nunca piensan que son grandes, los pequeños nunca piensan que son pequeños». Anónimo.

La meta del ministerio

A Él nosotros proclamamos, amonestando a todos los hombres, y enseñando a todos los hombres con toda sabiduría, a fin de poder presentar a todo hombre perfecto en Cristo. Y con este fin también trabajo, esforzándome según su poder que obra poderosamente en mí. **Colosenses 1.28-29 (LBLA)**

En estos dos versículos encontramos admirablemente presentada la filosofía ministerial del apóstol Pablo. Vale la pena que meditemos en ella por unos minutos.

En primer lugar, el gran apóstol afirma que su objetivo es presentar a todo hombre perfecto en Cristo. Para entender esto, es necesario tener conocimiento del sentido de la palabra en el griego. Cuando Pablo habla de «perfecto» no se está refiriendo a un estado en el cual ha dejado de existir el pecado. La perfección, en el concepto paulino, tiene que ver con restaurar en una persona los propósitos originales de la creación. En otras palabras, la obra ministerial tiene como objetivo volver a colocar al hombre en la relación y el funcionamiento que tenía en mente Dios cuando lo creó. Es restaurar todo aquello que quedó desvirtuado por el pecado. Sin lugar a dudas esta es una tarea que demanda toda una vida.

En segundo lugar, el apóstol nos dice que el método a seguir tiene, que ver con una doble función: amonestar y enseñar. Quien conoce algo de la vida espiritual sabe que es imposible construir sobre un fundamento equivocado. El fundamento debe ser el que exige la Palabra de Dios. Para esto, es necesaria la tarea de amonestar, que denuncia todo aquello en la vida del hombre que ofende a la persona de Dios. Una vida, sin embargo, no se puede edificar solamente en base de amonestaciones. A la amonestación se le tiene que agregar la enseñanza acerca de la clase de vida que el Señor pretende para sus hijos.

En tercer lugar, esta enseñanza debe ser dada con toda sabiduría. No se puede tratar al ser humano como si fuera una máquina, ni tampoco como si todos hubieran sido creados exactamente iguales. Si bien cada persona tiene rasgos en común con sus pares, también es verdad que todo individuo tiene características únicas que lo distinguen de los demás. Enseñar con sabiduría significa discernir la realidad de cada persona y presentar la verdad en un formato que la haga comprensible dentro de su cultura particular. Como maestros, debemos evitar las enseñanzas «enlatadas» que son iguales para todos.

Por último, el apóstol nos dice que este proyecto demanda trabajo y esfuerzo. Este es quizás el punto en donde más frecuentemente fallamos en nuestro ministerio. Creemos que con sólo dar un par de lecciones sobre un tema ya hemos formado a las personas en determinado aspecto de sus vidas. Pero formar a aquellos que nos han sido confiados demanda de una perseverancia y de un compromiso permanente con el esfuerzo. Incorporar la verdad a la mente es la parte más fácil del ministerio. El verdadero desafío, no obstante, está en llevar a las personas a incorporar esa verdad a su comportamiento cotidiano.

Para pensar:

Pablo aclara que todo su ministerio está impulsado por el poder de Cristo «que obra poderosamente» en él. Este es un concepto clave para el éxito, pues realizar el ministerio en las fuerzas propias producirá un intolerable desgaste en el líder.

Sabias advertencias

Respondiendo Pedro, le dijo: «Aunque todos se escandalicen de ti, yo nunca me escandalizaré». Jesús le dijo: «De cierto te digo que esta noche, antes que el gallo cante, me negarás tres veces». Pedro le dijo: «Aunque tenga que morir contigo, no te negaré». Y todos los discípulos dijeron lo mismo. **Mateo 26.33-35**

Con frecuencia las enseñanzas sobre este pasaje se enfocan en la necedad de Pedro, que no quiso escuchar al Señor. Quiero invitarle a que me acompañe en una reflexión diferente de esta escena, realizada desde la perspectiva de Cristo. Ubíquese por un instante en el lugar de Jesús como líder del grupo, con responsabilidad en el proceso de formación de estos doce hombres. ¿Alguna vez se ha encontrado en una situación similar? Usted ve en otra persona una actitud o una decisión que claramente va a tener consecuencias muy negativas. Intenta advertirle, pero la otra persona no quiere escucharlo. ¿Cómo procede en esa situación?

¿Cómo se habrá sentido Cristo, frente a la obstinada insistencia del afable Pedro? No podemos aducir que no entendió lo que Cristo quiso decir; además de la proclamación a todo el grupo, el Señor le habló en forma personal al discípulo y le profetizó que lo negaría no una vez, sino ¡tres veces! Mas Pedro no tenía apertura para recibir este tipo de proclamaciones. ¿Percibe usted la frustración y el dolor de Jesús? Quiere evitarle un trago amargo a Pedro, pero este no quiere recibir la ayuda que le está ofreciendo.

La manera en que actuamos como líderes, en estas situaciones, es clave para las futuras intervenciones en la vida de quienes pretendemos formar. Muchas veces, esta obstinada insistencia en lo errado produce en nosotros acaloradas denuncias, excesivas argumentaciones, o el aumento de presiones para que la persona desista del camino que ha escogido. Esta manera de proceder rara vez produce cambios. Más serio que esto, sin embargo, es no entender que este comportamiento puede dañar irreparablemente nuestras posibilidades de ayudar más adelante, cuando la persona entre en crisis por su propia necedad.

Cristo optó por el silencio. La palabra ya había sido dada. Ahora el Espíritu se encargaría de usar esta palabra, en el momento oportuno, para producir en Pedro un quebrantamiento santo. El silencio del Maestro no solamente creó el espacio necesario para esta obra del Espíritu, sino que también dejó abierta la puerta para esa preciosa restauración que relata el último capítulo del evangelio de Juan. Al no haber optado por la agresión -en ninguna de sus sutiles manifestaciones- Cristo dejó intacta la confianza que Pedro tenía en su amor. Esto le dio la entrada necesaria para seguir trabajando en la vida de su discípulo.

Para pensar:

Estamos invirtiendo para la eternidad. Muchas veces nos encaprichamos en conseguir un avance en un momento de la vida, sin anticiparnos a las consecuencias de este comportamiento a largo plazo. El amor, que evalúa todo a largo plazo, sabe cuándo es mejor guardar silencio, y cuándo es preferible avanzar. El líder maduro entiende la diferencia.

Interpretaciones convenientes

Arrojando piedras contra David y contra todos los siervos del rey David, mientras todo el pueblo y todos los hombres valientes marchaban a su derecha y a su izquierda. Simei lo maldecía diciendo: «¡Fuera, fuera, hombre sanguinario y perverso! Jehová te ha dado el pago por toda la sangre de la casa de Saúl, en lugar del cual tú has reinado, y Jehová ha entregado el reino en manos de tu hijo Absalón; has sido sorprendido en tu maldad, porque eres un hombre sanguinario». **2 Samuel 16.6-8**

La escena que hoy nos trae el texto bíblico ocurre en el momento en que Absalón se levantó en rebelión contra su padre David. El rey, temiendo por su vida y la de los suyos, abandonó Jerusalén y huyó al desierto. En el camino, cansado y triste, le salió al cruce este descendiente de Saúl, que lo insultaba y agredía con piedras.

Lo invito a que reflexionemos juntos, por un instante, en la interpretación que le da este hombre a los eventos que estaban sucediendo en Israel en ese momento. Con todo el rencor y la ira acumulada por la pérdida del reino, Simei proclamaba confiadamente: «Jehová te ha dado el pago de toda la sangre de la casa de Saúl, en lugar del cual tú has reinado, y Jehová ha entregado el reino en manos de tu hijo Absalón». Seguramente su denuncia no carecía de cierta satisfacción perversa en la situación, pues Simei veía en estos eventos el pago por todo el mal que había vivido la casa de Saúl.

Lo que debe atemorizarnos es esa tremenda facilidad que poseemos de interpretar el accionar de Dios según nuestra propia conveniencia; y no solamente esto, sino tener la profunda convicción de que las cosas son, en realidad, así como las estamos describiendo. Saúl mismo, con todos los delirios que había experimentado por darle la espalda a Dios, le había dado también, en su momento, esta conveniente interpretación a las circunstancias. Cuando uno de sus hombres delató el lugar donde se escondía David, había exclamado: «Dios lo ha entregado en mis manos, pues él mismo se ha encerrado al entrar en una ciudad con puertas y cerraduras» (1 S 23.7). Hacía tiempo que el Espíritu de Dios se había apartado de Saúl, pero él seguía creyendo que el Señor lo ayudaba en su afán de destruir a David.

Sabemos que en ambas situaciones la interpretación de estos dos hombres estaba completamente errada. Lo sabemos, sin embargo, porque poseemos el relato completo de la historia, junto a la interpretación de quien escribiera este libro. ¿En cuántas situaciones, donde no contamos con estos elementos, nos convencemos de estar interpretando correctamente el accionar de Dios, no sabiendo que estamos completamente equivocados? La equivocación es fácil de cometer, pues cada uno de nosotros es arrastrado por los intereses personales de nuestra propia vida. Imaginamos que Dios está prácticamente abocado a acomodar todas las cosas solamente para nosotros.

Para pensar:

La verdad es muy diferente. Los caminos del Señor no son nuestros caminos, ni tampoco sus pensamientos son los nuestros. Si somos honestos, tenemos que reconocer que su manera de moverse es radicalmente diferente a la nuestra. Por esta razón, conviene mucha mesura a la hora de interpretar espiritualmente los acontecimientos que nos rodean. ¿Quién puede verdaderamente entender los misterios de Dios?

Lealtad

Porque vuestra lealtad es como nube matinal, y como el rocío, que temprano desaparece... Porque más me deleito en la lealtad que en el sacrificio, y más en el conocimiento de Dios que en los holocaustos. **Oseas 6.4, 6 (LBLA)**

Cuando leo este pasaje me siento un poco avergonzado al pensar en muchas de nuestras reuniones dentro de la iglesia. En ellas, cantamos y declaramos una y otra vez nuestro profundo amor por el Señor. Frecuentemente estas proclamas van acompañadas de lágrimas y un quebranto espiritual. El día lunes, no obstante, nuestra vida sigue su mismo rumbo predecible y usual, sin que los del alrededor sospechen que el día anterior hemos ofrecido a nuestro Dios apasionados votos de compromiso y amor incondicional.

Por supuesto que no tiene nada de malo que expresemos públicamente nuestro amor al Padre. ¡Gracias a Dios que se dan abundantes oportunidades en las que podemos reunirnos para declarar, junto al pueblo escogido, nuestra lealtad hacia el Señor! Este debe ser un elemento importante en la vida de todo discípulo de Cristo.

El problema, más bien, radica en que nuestra lealtad es, justamente, como la nube matinal. ¡Cuán gráfica es esta ilustración! La niebla matinal es espesa e impenetrable. Su presencia lo llena todo. Quien la contempla tiene la impresión de que nunca más volverá a disiparse, pues como un manto denso cubre todas las cosas y hasta parece sofocarlas. Ni bien asoma el sol, sin embargo, se comienza a evaporar. Al poco tiempo, no queda rastro alguno que delate su existencia durante la noche.

Lo que hace que desaparezca la niebla, es precisamente el calor del sol. De la misma manera, la lealtad muchas veces existe hasta que se presenta alguna dificultad. Cuando la vida comienza a presentarnos sus interminables complicaciones, se evaporan los buenos sentimientos, las promesas, y los compromisos de amar por toda la eternidad. En su lugar queda la obsesión por encontrar la salida para la situación puntual que nos enfrenta.

La verdadera lealtad, sin embargo, no puede ser comprobada sino HASTA que aparecen las dificultades. Cualquiera de nosotros es capaz de proferir votos de compromiso para con Dios o con nuestros semejantes. Esa es la parte fácil. La parte difícil es mantenerse fiel a ellos cuando la vida nos invita a descartarlos. Es precisamente en este punto que la vida espiritual de muchos de nosotros se derrumba. Al igual que el pueblo de Israel en el desierto, la menor dificultad nos lleva a cuestionar con indignación las intenciones de nuestro Dios para con nuestra vida.

Para pensar:

¿Debemos, pues, dejar de cantar y proclamar nuestro amor por él? ¡De ninguna manera! Debemos ser un poco más medidos en nuestras declaraciones, sabiendo que detrás de nuestras palabras hay una voluntad débil. Pero aún mejor que esto es tener como garantía de nuestras palabras una vida realmente devota a él, que no es el resultado de las emociones del momento ni de las palabras elocuentes de quienes dirigen la reunión. Al igual que a Israel, él nos dice: «¿sabes una cosa, mi amado? Me encanta que me digas lo mucho que me quieres cuando estás con otros. Pero aún más que esto, me gusta que me lo sigas diciendo cuando estás solo, y la vida se pone dura. ¡Eso sí que llena mi corazón de gozo!».

Confianza peligrosa

¡Maldito aquel que confía en el hombre, que pone su confianza en la fuerza humana, mientras su corazón se aparta de Jehová! **Jeremías 17.5**

¿Cómo hemos de entender esta dramática declaración a la luz de pasajes como el de 1 Corintios 13.7, donde el apóstol Pablo afirma que el amor «todo lo sufre, todo lo cree, todo lo espera, todo lo soporta»? ¿Será que el profeta Jeremías está condenando toda actitud de confianza en el prójimo? ¿Nos estará invitando a transitar por esta vida con una postura de permanente desconfianza hacia todo?

Si usted alguna vez ha estado en contacto con una persona que es, por naturaleza, desconfiada, seguramente me dirá que esto no puede ser lo que tenía en mente el profeta. ¡Y tiene razón! El desconfiado es aquella persona que piensa que los demás siempre quieren sacarle ventaja. Cuando se le presenta una oferta atractiva, inmediatamente comienza a buscar dónde está la trampa en el asunto. Mira el mundo y se dice a sí mismo: «si yo no velo por mis propios intereses, nadie lo va a hacer». Está convencido de que si deja esta postura de vigilancia permanente, los demás se aprovecharán de él y le harán daño. Es muy difícil llegar a entablar una relación íntima con él, porque la sospecha todo lo contamina. En resumen, es evidente que en tales personas no está operando la gracia de Dios sino el temor de los hombres.

¿A qué, pues, se refiere el profeta? El resto del versículo nos da claros indicios acerca del problema que denuncia. Habla de la persona que ha renunciado a depositar su confianza en Dios para depositarla en los hombres. La confianza a la cual el Señor invita a todos los hombres, consiste en permitir que «él sea nuestro Dios y nosotros seamos su pueblo». Es decir, que nosotros dejemos que él provea para nuestras necesidades, guíe nuestras decisiones y sea nuestro consuelo en tiempos de crisis. El hombre que ha escogido confiar en los hombres y hacer de la carne su fortaleza ha decidido transferir estas atribuciones a otros hombres: pretende que ellos provean para sus necesidades, lo guíen en sus decisiones y lo consuelen en tiempos de crisis.

En realidad, estos comportamientos son parte de nuestras relaciones con otros. Muchas veces otros proveen para nosotros, nos orientan en tiempos de confusión y proveen consuelo en momentos de crisis. En esto está la bendición de poder disfrutar de relaciones profundas e íntimas con otros, y lo recibimos como un regalo. El problema radica en pretender que los demás siempre cumplan con estas funciones en nuestra vida. Una vez que transferimos esta carga a otros, cada vez que nos fallen nos sentiremos traicionados, defraudados o desilusionados. La esencia del problema, no obstante, no es lo efímero de nuestras relaciones con los demás, sino que pretendamos recibir de los hombres lo que solamente Dios puede dar. Quien busca entre los seres humanos lo que el Señor se ha comprometido a darnos se abrirá a una vida de desilusiones constantes.

Para pensar:

Resista la tentación de buscar entre los hombres aquello que es solamente de Dios. Si los hombres le fallan, no se enoje con ellos. Pídale perdón al Señor por tener expectativas irreales para con sus pares y vuelva a transferir su lealtad al Único cuyo compromiso es seguro.

Todos por igual

Pero David dijo: «No hagáis eso, hermanos míos, con lo que nos ha dado Jehová. Nos ha guardado y ha entregado en nuestras manos a los salteadores que nos atacaron. ¿Quién os dará razón en este caso? Porque conforme a la parte del que desciende a la batalla, así ha de ser la parte del que se queda con el bagaje; les tocará por igual». **1 Samuel 30.23-24**

Es esta una de las tantas anécdotas en la vida del gran rey David, que confirma las notables convicciones espirituales que poseía. En esta oportunidad, el pastor de Belén volvía de perseguir a los amalecitas quienes, aprovechado la ausencia de David y sus hombres, atacaron a los que habían quedado en el pueblo y se llevaron todo aquello que encontraron. El Señor bendijo la operación de rescate y recuperaron no solamente todos sus bienes, sino también el botín de guerra que los amalecitas habían juntado en incursiones contra otras ciudades. Al regresar, se encontraron con doscientos de sus propios hombres que habían estado demasiado fatigados para acompañarlos. Como habían quedado cuidando el bagaje, ahora los guerreros de David no querían compartir con ellos los despojos de la campaña.

Esta reacción revela la profunda inclinación del hombre a construir sistemas de jerarquía que dividen y separan a las personas en categorías. La predisposición a establecer estas categorías -y así perpetuar una forma encubierta de elitismo- es un elocuente testimonio de los devastadores efectos del pecado. En el origen mismo del pecado el primer matrimonio experimentó la separación y alienación que son el resultado directo de darle la espalda al Señor.

Esta jerarquización está instalada en los valores más elementales de la sociedad. El sistema económico está fundamentado en la convicción de que algunas personas son mucho más valiosas que otras. Por esta razón, el gerente de una importante empresa puede llegar a ganar hasta cien veces más que el empleado más humilde. Así está construido el mundo en el cual vivimos.

Lo triste es que este sistema de jerarquías se haya también instalado dentro del ámbito de la iglesia. Consideramos más importantes a algunos miembros de la congregación que a otros. En algunos casos, se trata de los que más ofrendan. En otros casos, son los que más trabajan dentro del ministerio. Y también, en muchos casos, son los líderes los que mayor honra reciben. Sea cual sea la situación, se presta para que hagamos diferencias entre un hermano y otro.

David consideraba valiosos a todos sus hombres. Es verdad que algunos habían arriesgado su vida en la batalla, mientras otros cuidaban el bagaje. Pero los que pelearon, pudieron hacerlo justamente porque no estaban ocupados en cuidar el bagaje. David insistió en que a todos se los tratara con los mismos privilegios y derechos. A pesar de las protestas de sus hombres, hizo repartir por igual el botín.

Para pensar:

Qué importante es que nosotros, como líderes, identifiquemos estos prejuicios e impidamos su desafortunado resultado. Cada una de las personas que nos ha sido confiada tienen un valor inestimable para Cristo. A cada una debemos honrar. A cada una debemos atesorar. ¡A cada una debemos considerar parte importante del cuerpo de Cristo!

Riesgos del consejero

Pero Ahitofel, viendo que no se había seguido su consejo, ensilló su asno, se levantó y se fue a su casa en su ciudad; y después de poner la casa en orden, se ahorcó. Así murió, y fue sepultado en el sepulcro de su padre. **2 Samuel 17.23**

¿Cómo debemos actuar cuando otros no aceptan nuestros consejos? Para entender bien el dramático final de la historia que hoy compartimos necesitamos considerar el lugar que ocupaba Ahitofel entre los consejeros del rey. No hace falta deducir nada del texto, pues el mismo historiador nos dice que «el consejo que daba Ahitofel era como si se consultara la palabra de Dios, tanto cuando aconsejaba a David como a Absalón» (2 S 16.23). Este hombre no solamente era una persona con una evidente gracia de Dios para aconsejar en los problemas más complicados. Era, además, una persona que durante una larga trayectoria se había acostumbrado a que los hombres más poderosos de la nación lo consultaran en todo. El pueblo y los funcionarios lo tenían en alta estima.

Llegó, sin embargo, el día en el cual el usurpador del trono, Absalón, decidió desatender el consejo de Ahitofel. Su decisión se basó en el consejo de otro hombre, Husai. A Absalón le pareció mejor este segundo consejo, y descartó la palabra que le había dado el hombre que durante años había dirigido los pasos de David. En un sorprendente desenlace, Ahitofel volvió para su casa, puso en orden sus asuntos, y se quitó la vida.

Ser escuchado como consejero tiene cierto efecto intoxicante en nosotros. Cuánto más nos escuchan, más propensos somos a creer que nuestro aporte ha sido muy importante para la resolución del problema. Cuando nuestra trayectoria como consejeros es extensa, siendo muchos los que han acudido a nosotros para recibir sabiduría, no ha de sorprendernos la facilidad con la cual se instala en nosotros la idea de que nuestra participación en toda decisión es indispensable.

La naturaleza de un consejo, no obstante, es precisamente que se ofrece en calidad de sugerencia, no de mandamiento. Algunos piden que compartamos con ellos nuestro parecer en cuanto a determinada situación, porque aprecian el aporte que podemos hacer. Pero ninguno de los que acude a nosotros, como líderes, está obligado a hacer lo que nosotros aconsejamos. La buena consejería se construye sobre esta premisa: el respeto absoluto por la libertad que tiene la otra persona para tomar sus propias decisiones (y también para acarrear las consecuencias de ellas).

¿No es así el trato de nuestro Padre Celestial con nosotros? ¡Él puede ser, en ocasiones, sumamente persuasivo! Pero todo el misterio de nuestra relación con Dios gira entorno al hecho de que él respeta nuestra libertad de elección. Richard Foster declara que *«Dios nos concede perfecta libertad porque él desea criaturas que libremente escogen tener una relación con él... Relaciones de este tipo nunca pueden ser manipuladas o forzadas».* De la misma manera, un consejero sabio le hace el regalo más precioso a las personas que lo escuchan cuando les da libertad de aceptar o rechazar sus consejos.

Para pensar:

¿Cómo reacciona cuando otros no lo escuchan? ¿Qué revelan estas reacciones acerca de la clase de líder que es usted? ¿Qué modificaciones necesita hacer a su tarea como consejero, para mostrar más respeto por los demás?

Raíces de amargura

Buscad la paz con todos y la santidad, sin la cual nadie verá al Señor. Mirad bien de que nadie deje de alcanzar la gracia de Dios; de que ninguna raíz de amargura, brotando, cause dificultades y por ella muchos sean contaminados.

Hebreos 12.14-15 (LBLA)

Este pasaje presenta varios puntos interesantes sobre el problema de la raíz de amargura en la vida de los cristianos. Primeramente, observe que el contexto del problema se encuentra en el marco de las relaciones interpersonales. El pasaje comienza animando a los hebreos a que procuren vivir sus relaciones en un ámbito de paz y santidad. Esto quiere decir llevar la interacción con otras personas a una dimensión totalmente diferente a la que usualmente se ve entre los que no son de la casa de Dios. Las relaciones deben estar caracterizadas por una pureza y un bienestar que testifican el obrar del Espíritu en todo momento. Los conflictos y las diferencias se resuelven dentro un marco de armonía y de respeto mutuo.

Es justamente con esta perspectiva, entonces, que se puede entender la advertencia contra la manifestación de una raíz de amargura. El término que usa el autor «raíz de amargura» es particularmente gráfico. La raíz de la planta es la parte que no se ve. Desciende a lugares desconocidos e invisibles para el hombre. Pero cumple una función vital en la planta, pues la alimenta y nutre a diario. De la misma manera, una raíz de amargura se instala en los lugares más escondidos y oscuros del alma. Por esta razón es difícil detectar exactamente dónde se ha alojado, aunque sus despreciables frutos son fácilmente visibles. Desde este lugar escondido alimenta y condiciona la vida de la persona.

Aunque su detección es difícil, el versículo anterior señala cuál es el contexto propicio para su surgimiento. Todos aquellos conflictos e injusticias que el ser humano vive -que forman parte intrínseca de la vida, y que no son resueltos espiritualmente- proveen el terreno fértil para la raíz de amargura. Su mismo nombre describe la clase de «planta» que es. Su característica es ese estado de disgusto y acidez que tiñe todas las cosas y no nos permite pensar ni hablar de otra cosa sino del mal que hemos vivido. ¡Entre las víctimas más claras de la raíz de amargura se encuentra el gozo! La solución a su insidiosa influencia es la gracia de Dios. Por esta razón el autor anima a que ninguno deje de alcanzar la gracia, ese elemento divino que permite resolver correctamente las situaciones más devastadoras.

En último lugar, debemos notar que la raíz de amargura se hace fuerte primero en la vida de una persona, pero luego contamina a los de su alrededor. Su influencia va enfermando a los que antes estaban sanos. Por eso urge que sea enérgico el proceso de detectarla y arrancarla.

Para pensar:

Oísteis que fue dicho: «Amarás a tu prójimo y odiarás a tu enemigo». Pero yo os digo: «Amad a vuestros enemigos, bendecid a los que os maldicen, haced bien a los que os odian y orad por los que os ultrajan y os persiguen, para que seáis hijos de vuestro Padre que está en los cielos, que hace salir su sol sobre malos y buenos y llover sobre justos e injustos» (Mt *5.43-45).*

Intimidades divinas

Vino luego esta palabra de Jehová a Samuel: «Me pesa haber hecho rey a Saúl, porque se ha apartado de mí y no ha cumplido mis palabras». Se apesadumbró Samuel y clamó a Jehová toda aquella noche. **1 Samuel 15.10-11**

Estos versículos, perdidos en el dramático relato de la segunda desobediencia de Saúl, casi pasan desapercibidos. El genio del historiador, no obstante, lo llevó a insertar en medio de un relato netamente carnal, una mirilla que nos permite ver por un instante lo que estaba pasando en el plano espiritual de esta anécdota. Cuando nos detenemos, como espectadores, en este segundo escenario, no podemos dejar de sentirnos atraídos por la extraordinaria intimidad del cuadro que presenta.

Observe el tono de este intercambio entre Dios y su profeta. El comentario tiene todas las características de una confidencia entre dos amigos, acostumbrados a revelar los sentimientos más íntimos de su corazón. Como quien habla de igual a igual, el Señor abre su corazón y comparte su desilusión con Samuel. Más allá del tono triste de la confesión, está el tremendo hecho de que Samuel fuera partícipe de esta revelación. No es la clase de intimidad que el Señor compartiría con cualquiera. Vemos, sin embargo, que Samuel gozaba de una cercanía a Jehová que le daba acceso a los aspectos más secretos y misteriosos del Señor.

La reacción de Samuel nos revela la esencia de lo que significa conocer de cerca los proyectos de Dios. La misión a la cual hemos sido llamados depende absolutamente de nuestra capacidad de discernir las cosas que son importantes para el Señor. En la cercanía a su persona comenzamos a percibir cuáles son los anhelos de su corazón, cuáles los deseos más profundos de su espíritu y por qué cosas Dios realmente se conmueve. Descubrimos que aquellos proyectos y objetos que nosotros muchas veces consideramos importantes, no siempre coinciden con las prioridades de nuestro Padre Celestial.

Quien no percibe los deseos del corazón de Dios, está condenado a improvisar proyectos para agradarle. Y si somos honestos, esto es, en gran medida, lo que ocurre en nuestros ministerios. Al no tener una idea clara de cuáles son los deseos y anhelos de Dios para la congregación que estamos pastoreando, vivimos inventando emprendimientos que esperamos sean de su agrado. De esta manera, la iglesia es activa, pero no siempre conforme a las obras que él ha preparado para ella.

Cristo, en los días de su ministerio terrenal, afirmó: «De cierto, de cierto os digo: No puede el Hijo hacer nada por sí mismo, sino lo que ve hacer al Padre. Todo lo que el Padre hace, también lo hace el Hijo igualmente» (Jn 5.19). ¿Y cómo se enteraba de lo que estaba haciendo el Padre? Justamente en experiencias como las de Samuel, momentos de cercanía en los cuales percibía el latido del corazón del Padre, y veía los lugares donde el Padre estaba trabajando.

Para pensar:

Para nosotros, como líderes, es fundamental que nos hagamos de esos espacios en los cuales podemos hacer silencio para prestar atención a lo que carga el corazón de nuestro Padre Celestial. ¡De esa revelación depende la eficacia de nuestro ministerio! ¿Tiene tiempo para escuchar las intimidades de nuestro Padre Celestial?

Firmes en la fe

Mantengamos firme la profesión de nuestra esperanza sin vacilar, porque fiel es el que prometió. **Hebreos 10.23 (LBLA)**

Muchas de las angustias que sufrimos en la vida cristiana no tienen que ver con las circunstancias adversas de nuestra vida. Más bien sentimos dolor cuando nuestro ser interior no tiene la capacidad de sobreponerse a las dificultades y contratiempos que se nos presentan. Si nuestro bienestar dependiera exclusivamente de un entorno agradable, ¡habría pocas esperanzas de una vida plena para la mayoría de nosotros! El versículo de hoy nos anima a una firmeza interior que no descarta, en momentos de desesperación, la profesión de esperanza que alguna vez hicimos.

La esperanza es un aspecto crucial de la vida cristiana. Por esto, el apóstol Pablo oró por la iglesia de Éfeso para que los ojos de sus corazones fueran iluminados a fin de que supieran «cuál es la esperanza de su llamamiento» (1.18 - LBLA). En Tesalonicenses felicita a la iglesia por su «constancia en la esperanza en nuestro Señor Jesucristo» (1.3). La esperanza anima nuestro corazón porque trae consigo la promesa de cosas mejores.

La mayoría de nosotros, sin embargo, no tiene más que una idea muy borrosa de lo que implica la esperanza que tenemos en Cristo. Sabemos que se nos ha prometido la vida eterna, pero no estamos muy seguros de qué se trata el asunto. ¡Esta esperanza no inspira ni fortalece el corazón de nadie!

No ha de sorprendernos, entonces, que exista un alto grado de fluctuación en nuestra esperanza. Depende de las circunstancias y los sentimientos en los diferentes momentos de la vida. Cuando las cosas se presentan agradables, nuestra profesión se mantiene firme. En tiempos de crisis, titubeamos entre la esperanza y la desesperanza.

Note usted que el autor de Hebreos se desentiende completamente del tema de las particularidades de nuestra situación personal. Más bien señala que es el carácter irreprochable y absolutamente confiable de Aquel que nos ha dado esperanza, lo que debe motivarnos a mantenernos firmes. Si él ha prometido una vida plena y abundante para aquellos que creen, haciendo brotar en ellos ríos de agua viva, entonces él es fiel para producir esto.

Precisamente en este punto es que se derrumba la fe. En tiempos de crisis tendemos a cuestionar la bondad de Dios y su confiabilidad como nuestro guardador. Piense en las innumerables circunstancias en el desierto, en que los israelitas cuestionaron el carácter de Dios. ¡Cuántas veces dudaron de las buenas intenciones del Señor para con ellos! Y esas dudas los llevaron una y otra vez a mirar con nostalgia la vida que habían dejado en Egipto.

No es posible vivir una relación de intimidad con Dios si no tenemos absoluta certeza de la confiabilidad de su persona. Por esta razón, el autor de Proverbios animaba: «Confía en Jehová con todo tu corazón y no te apoyes en tu propia prudencia» (3.5).

Para pensar:

La estrategia más efectiva que tiene el enemigo de nuestras almas es la de poner en tela de juicio la bondad de Dios. Pero usted, no se mueva de la convicción que lo ha sostenido siempre. ¡El que ha prometido es fiel para cumplir con Su palabra en su vida!

Tiempo de retirarse

Isbi-benob, uno de los descendientes de los gigantes, cuya lanza pesaba trescientos ciclos de bronce, y que llevaba ceñida una espada nueva, trató de matar a David; pero Abisai hijo de Sarvia llegó en su ayuda, hirió al filisteo y lo mató. Entonces los hombres de David juraron, diciendo: «Nunca más de aquí en adelante saldrás con nosotros a la batalla, no sea que apagues la lámpara de Israel». **2 Samuel 21.16-17**

¿Cuándo es el tiempo en el que un líder debe hacerse a un lado para dejar lugar a los más jóvenes? Todos hemos conocido situaciones donde un líder ya no tiene la vitalidad ni el empuje que tenía cuando era joven y, a pesar de esto, sigue insistiendo en ser el que lleva adelante el ministerio, de la misma manera que lo hizo en años pasados. Esto produce un estado de verdadera frustración en la generación que debería haber recibido de sus manos la antorcha.

En el pasaje de hoy encontramos una escena muy similar a aquella en la que David, siendo joven, obtuvo una gran victoria contra el gigante de Gat. En aquella ocasión, David no era más que un muchacho y el Señor le concedió una hazaña que quedó registrada para siempre en los anales del pueblo de Dios. A esa victoria inicial David había sumado una larga lista de extraordinarias demostraciones de valentía y coraje en el campo de batalla.

Ahora, sin embargo, David ya no era el mismo hombre. La valentía que lo había caracterizado toda la vida aún seguía siendo una cualidad sobresaliente de su persona, pero carecía de la destreza y la fuerza que había poseído en otros tiempos. El resultado fue que este segundo gigante casi extingue la vida al rey de Israel. Uno de los hombres buenos y valientes que rodeaba a David se interpuso y logró evitar lo que hubiera sido una verdadera tragedia para el pueblo.

Ni bien había pasado el mal momento, los hombres de David lo exhortaron a no salir más a la batalla a fin de preservar su vida. Era un momento de transición para el gran rey de Israel; un momento que lo retaba a hacer los ajustes necesarios en su vida, para ser consecuente con las crecientes debilidades que lo acompañaban.

Bien pudo haberse ofendido David frente a la sugerencia de sus hombres. El momento se prestaba para que luchara por retener aquello que se desvanecía lentamente con el pasar de los años. Pero la grandeza de espíritu que siempre caracterizó su vida no lo traicionó en este momento. Aceptó sus limitaciones y tuvo la humildad de escuchar a sus hombres. Nunca más salió a la batalla. Había llegado la hora en que hombres más jóvenes asumieran la responsabilidad de velar por la seguridad de Israel.

Oración:

¡Qué bueno sería prepararse desde la juventud para este momento! ¿Se anima a hacer suya esta oración? «Señor, permíteme envejecer con gracia. Guárdame de aferrarme a un puesto. Dame un espíritu generoso para que pueda ceder con gozo el lugar a los que vienen detrás de mí. ¡Líbrame de la amargura en los años de mi vejez! Amén».

Impartiendo dignidad

Y el Señor dijo a Moisés: Toma a Josué, hijo de Nun, hombre en quien está el Espíritu, y pon tu mano sobre él; y haz que se ponga delante del sacerdote Eleazar, y delante de toda la congregación, e impártele autoridad a la vista de ellos. Y pondrás sobre él parte de tu dignidad a fin de que le obedezca toda la congregación de los hijos de Israel. **Números 27.18-20 (LBLA)**

¡Qué difícil es para un líder joven reemplazar a un veterano del ministerio! Esto es especialmente cierto cuando la persona que se está retirando posee una profunda trayectoria espiritual y goza de muy alta estima entre el pueblo a quien él ha ministrado. Ellos harán sus comparaciones entre los dos líderes e inevitablemente saldrá perdiendo el líder más joven. Pocos recordarán que el líder maduro también fue joven alguna vez, cometiendo sus propios desaciertos y, en ocasiones, confundiendo el camino a seguir.

La etapa de transición entre los dos líderes es crucial para la continuidad del proyecto ministerial. En este caso, Moisés había llevado al pueblo hasta las puertas de la tierra prometida. Su misión estaba cumplida. Josué, el sucesor designado por Dios, tenía por delante una compleja asignatura: guiar a un pueblo con poca experiencia de guerra en la dura tarea de desalojar a los habitantes de Canaán, para tomar posesión de la heredad de Jacob.

Es en la etapa de transición cuando el pueblo puede desanimarse o rebelarse con facilidad, porque todo cambio produce inseguridad y necesita una mano firme que guíe sus pasos. ¡Qué tremenda manifestación del cuidado de Dios vemos en las instrucciones precisas que le da a Moisés! No llama al líder a desaparecer. Hay una ceremonia pública en la cual se traspasa el mando de una generación a la otra.

Como todo el pueblo debía estar presente le confirió a la ceremonia un peso que no hubiera tenido si se hubiera realizado en privado. El pueblo debía ser testigo del respaldo que Moisés le daba a Josué y saber que este nuevo líder surgía con su pleno apoyo. Note, además, el énfasis en la imposición de manos. Este es un rito que tiene poco significado para nosotros, pero estaba cargado de sentido para los israelitas. Jacob bendijo a sus nietos con la imposición de manos (Gn 48.14); la gente imponía manos sobre los blasfemos para transferir a ellos la culpa de sus declaraciones (Lv 24.14); los adoradores imponían manos sobre el animal sacrificial para indicar que él tomaba sus lugares en la paga por el pecado (Lv 1.4). De manera que en la ceremonia los israelitas sabían que se estaba haciendo una transferencia espiritual.

En esta transferencia, Moisés le imparte las dos cosas más importantes que necesita para el ministerio: autoridad y dignidad. La autoridad tiene que ver con el respaldo a la vida del líder. La dignidad tiene que ver con la integridad de su persona. Ambos atributos tenían un propósito claro: lograr que los israelitas lo obedecieran en todo.

Para pensar:

Por medio de esta ceremonia Josué se quedó con parte de la riqueza espiritual que Moisés había cultivado a lo largo de su vida. ¡Qué hermoso legado para un joven líder!

Ojos espirituales

Mi oración es que los ojos de vuestro corazón sean iluminados, para que sepáis... **Efesios 1.18 (LBLA)**

¿Qué temas incluye en sus oraciones por la gente a la cual ministra? Yo encuentro que a veces me concentro en pedirle a Dios por trivialidades que no son de verdadero peso en la vida espiritual. Cuando veo que mi tendencia es hacia esto, vuelvo a estudiar las oraciones de Pablo por las iglesias que había fundado (Ef 1.15-23; 3.14-19; Flp 1.4-6; Col 1.9-12). ¡Qué profundidad de percepción hay en estas plegarias! Cuán claro era el entendimiento del apóstol acerca de las cosas que verdaderamente son una parte esencial de la vida espiritual.

La frase de hoy, que es parte de un pedido más extenso, es un excelente ejemplo de esta realidad. Con frecuencia lo que más traba la vida del hijo de Dios es su fijación en las realidades de esta vida terrenal y pasajera. Ve las circunstancias con los ojos físicos que el Señor le ha dado. Contempla sus relaciones a través de una perspectiva netamente humana. Mira sus recursos y los mide con los mismos parámetros que usa el hombre de la calle. El resultado de todo esto es que su andar sufre permanentes limitaciones por la deficiencia de visión. Se deprime; siente miedo; se angustia; se enoja; y queda preso de todas estas emociones negativas.

Pablo comienza su oración pidiéndole a Dios que active los ojos del corazón de cada uno de los miembros de la iglesia de Éfeso. La frase es sencilla pero encierra una imagen muy gráfica. El hombre espiritual, hemos de entender, posee dos pares de ojos. Con los ojos físicos ve la realidad del mundo natural en el que se mueve a diario. Pero con los ojos del corazón, que solamente pueden ser abiertos por el accionar del Espíritu, ve las cosas que pertenecen exclusivamente al mundo espiritual. Como las cosas del mundo espiritual son las que verdaderamente tienen peso eterno, esta segunda visión es mucho más importante que la primera.

Medite un momento en la persona de Jesús y piense en todas las veces que él vio cosas que otros no veían. Considere, por ejemplo, su lamento por Jerusalén (Lc 19.41-44). Cuando la vio, lloró. Donde otros veían edificios, calles y multitudes, Cristo veía una ciudad que no reconocía el tiempo de su visitación. Piense en el regreso de los setenta. Ellos estaban entusiasmados por la obra que habían llegado a realizar. Cristo vio a Satanás caer del cielo como un rayo (Lc 10.18). ¿Y qué de la mujer samaritana? Los discípulos veían a una mujer con la cual no se podía hablar (Jn 4.27). Jesús veía una oportunidad en su ministerio, producida por el Espíritu. Lo mismo se puede decir del joven rico. Quienes lo rodeaban veían a un hombre piadoso, deseoso de alinear su vida con el reino. El Señor veía a un hombre cuyo dios era el dinero (Lc 18.22).

Para pensar:

Ver la realidad espiritual es fruto del accionar del Espíritu. Pero también es consecuencia de una disciplina de nuestra parte. Pablo testificaba que, en medio de las permanentes pruebas, decidía no poner su vista «en las cosas que se ven, sino en las que no se ven, pues las cosas que se ven son temporales, pero las que no se ven son eternas» (2 Co 4.18).

Lamento inútil

Y el Señor dijo a Samuel: ¿Hasta cuándo te lamentarás por Saúl, después que yo lo he desechado para que no reine sobre Israel? Llena tu cuerno de aceite y ve; te enviaré a Isaí, el de Belén, porque de entre sus hijos he escogido un rey para mí. **1 Samuel 16.1 (LBLA)**

Una de las cosas que más nos cuesta superar son las desilusiones y derrotas del pasado, especialmente cuando estamos en el ministerio. Esta responsabilidad le otorga un peso adicional a las situaciones que no resultaron como esperábamos. Quizás se trate de una persona de quien teníamos grandes expectativas; invertimos mucho en su formación, pero no resultó ser lo que esparábamos. Quizás el desánimo tenga que ver con una decisión que tomamos, creyendo en el momento que era la mejor opción para la congregación.

El tiempo, sin embargo, ha demostrado que la decisión fue errada y estamos pagando un alto precio por ello. Podría tratarse de un problema en la congregación, que manejamos incorrectamente. Hoy vemos claramente las consecuencias de esto, en reproches y tensiones que afectan nuestras relaciones con otros. El hecho es que nuestra desilusión podría atribuirse a un sin fin de razones. La vida rara vez se ajusta a nuestras expectativas. Las cosas no son tan sencillas como esperábamos y la frustración es frecuentemente una compañera de nuestra experiencia ministerial. El proceso de maduración consiste en descubrir que esto es parte de la realidad con la cual tenemos que convivir a diario.

Para muchas personas, no obstante, las desilusiones y los sinsabores de la vida pueden convertirse en obstáculos más difíciles de superar que los problemas que produjeron estos sentimientos. Presos de estas fuertes emociones, se nos puede ir la vida en lamentos por lo que nos tocó vivir. Una frase que frecuentemente se escucha en esta situación es: «si solamente hubiera hecho esto, o dicho lo otro...». Armados con este pensamiento, volvemos una y otra vez a las situaciones del pasado, imaginando cómo serían las cosas si hubiéramos actuado de otra manera.

Observe la pregunta que Dios le hace a Samuel: «Hasta cuándo te lamentarás...?» El lamento es poco productivo, porque el pasado no puede ser cambiado. Solamente podemos aprender de él las lecciones necesarias para no cometer los mismos errores en el futuro. Mientras Samuel seguía lamentándose, el Señor había avanzado hacia la próxima etapa en sus proyectos: «de entre sus hijos he escogido un rey para mí». Su mirada ya estaba puesta en otro hombre y las cosas que iba a lograr a través de la vida de este varón.

En las instrucciones del Señor a Samuel hay un deseo de movilizar una vez más a su profeta, de librarlo de la melancolía en la cual había caído. El hecho es que hay un solo camino que podemos recorrer, y ese camino está por delante. No debemos perder más tiempo de lo necesario meditando en las derrotas del pasado. Cuando hayamos sacado las lecciones necesarias de la experiencia, le podemos dar la espalda al pasado y avanzar con paso firme hacia el futuro. La vida está por delante.

Para pensar:

«Hermanos, yo mismo no pretendo haberlo ya alcanzado; pero una cosa hago: olvidando ciertamente lo que queda atrás y extendiéndome a lo que está delante, prosigo hacia la meta» Flp 3.14.

El Dios suficiente

Yo te amo, Señor, fortaleza mía. El Señor es mi roca, mi baluarte y mi libertador; mi Dios, mi roca en quien me refugio; mi escudo y el cuerno de mi salvación, mi altura inexpugnable. **Salmo 18.1-2 (LBLA)**

La nota que encabeza este salmo, en la versión de *La Biblia de las Américas*, dice: «Para el director del coro. Salmo de David, siervo del Señor, el cual dirigió al Señor las palabras de este cántico el día que el Señor lo libró de la mano de todos sus enemigos y de la mano de Saúl». Aunque no tuviéramos esta explicación sobre el contexto en el cual nace esta eufórica proclamación de los múltiples atributos de Dios, el tono mismo de la poesía no deja lugar a duda: que fueron escritas por una persona que había gustado, en carne propia, la magnifica intervención del soberano.

David menciona al menos siete diferentes características de Dios, todas ellas relacionadas con la particular situación que vivía. Durante años se había refugiado en el desierto. Su estancia en este lugar no fue, sin embargo, similar a la pacífica existencia de Moisés en Madián. Huyendo de cueva en cueva, siempre atento a los movimientos de su enemigo, se había encontrado en incontables aprietos donde solamente la intervención milagrosa de Dios lo había librado de la muerte segura. El tema principal de este salmo es precisamente este.

Para David, estas características de Jehová eran reales porque las había comprobado en su propia experiencia cotidiana. Para algunos de nosotros, sin embargo, no son más que atributos que asignamos a Dios porque nuestro intelecto así lo exige. Sabemos, intelectualmente, que él es una roca, un baluarte y un libertador. Cantamos de estas cosas en nuestras reuniones. Conocemos innumerables pasajes que así lo describen. Otros nos han dado testimonio de haber experimentado estas facetas en su andar con el Padre Celestial. En nuestra vida, no obstante, estas verdades no han salido del ámbito de lo teórico.

¿Cómo se puede comprobar que Dios es realmente así? De hecho, ¡él es así!, pero quizás no lo sea en mi vida o en la suya. Para que estos aspectos de su persona se hagan reales en nuestra vida, debemos estar dispuestos a abrirle un espacio para demostrar precisamente su fidelidad hacia los que están en apuros. Es decir, para comprobar que es fortaleza, necesitamos reconocer que somos debilidad. Para que él sea nuestra roca, debemos reconocer que estamos parados sobre fundamentos movedizos. Para sentirlo como nuestro baluarte, tenemos que admitir que nos sentimos desprotegidos. Para que se manifieste como nuestro libertador, tenemos que reconocer que estamos atrapados. Para que sea nuestro escudo, necesitamos confesar que nos sentimos indefensos. Para que se levante como cuerno de salvación, debemos admitir que estamos perdidos. Para que sea altura inexpugnable, necesitamos reconocer que estamos hundidos en el más profundo de los pozos.

Para pensar:

La realidad de Dios expresada en estos atributos divinos se ve solamente en la vida de aquellos que reconocen su necesidad de él. No nos lamentemos por sentir angustia y desesperanza. Al contrario, regocijémonos, porque recibiremos su poderosa visitación en la hora de necesidad.

Cuando la disciplina abruma

Es suficiente para tal persona este castigo que le fue impuesto por la mayoría; así que, por el contrario, vosotros más bien deberíais perdonarlo y consolarlo, no sea que en alguna manera éste sea abrumado por tanta tristeza. Por lo cual os ruego que reafirméis vuestro amor hacia él. **2 Corintios 2.6-8 (LBLA)**

En la iglesia en Corinto había una persona que había caído en pecado. Por una decisión de la mayoría, la persona fue disciplinada. Esta disciplina, aparentemente, fue con el aval del apóstol Pablo, aunque no estuvo presente en el momento de la decisión. Según el testimonio de 1 Corintios 5.3, sin embargo, el apóstol les acompañó en espíritu. Ahora, sin embargo, se hace necesario que Pablo corrija la severidad en el trato que había recibido esta persona. La razón es que toda corrección tiene como objetivo restaurar al caído y ayudarlo a volver a caminar en santidad con el Señor.

Existe en nosotros, sin embargo, la tendencia de acompañar nuestros esfuerzos por disciplinar con una buena dosis de ira o rencor. ¿Cuántas veces, como padres, hemos sido excesivamente duros con nuestros hijos, porque no actuamos en el momento indicado? Nuestra paciencia no fue paciencia sino negligencia, y permitió que se acumularan sentimientos de fastidio y rabia. Cuando llegó el momento de corregir, lo usamos también para descargar todo nuestro disgusto sobre nuestro hijo. La presencia de estos elementos anula el beneficio de la disciplina porque utiliza un espíritu incorrecto.

De la misma manera, dentro de la iglesia la disciplina frecuentemente es prolongada por un espíritu de dureza hacia el infractor. Se le somete a humillaciones innecesarias y muchos optan por tener el menor contacto posible con esa persona. No obstante, la disciplina es una experiencia sumamente positiva para la vida de los que anhelan mayor crecimiento espiritual. Por medio de ella podemos ser corregidos y encaminados correctamente. También debemos admitir que es algo sumamente desagradable. Nos sentimos agredidos y nuestro orgullo inmediatamente comienza a demandar algún tipo de retribución. Caemos en un estado general de tristeza y desconsuelo que, de prolongarse, podría tener repercusiones serias para nuestra vida espiritual. Sabiendo esto, el apóstol Pablo anima a los hermanos a que no «abrumen» con demasiada tristeza a la persona disciplinada. El deseo es que la persona no sea enterrada y hundida por la acción de sus hermanos, porque la disciplina perdería su sentido.

En lugar de esto Pablo los anima a que «reafirmen su amor» hacia el caído. Esta exhortación recalca una de las grandes verdades del reino. El poder que más transforma la vida de otros es el que proviene del amor. La disciplina corrige, pero es el amor el que cala hondo en el corazón y lo abre a las experiencias más espirituales. Por esta razón, Cristo se apresuró a reafirmar su amor hacia Pedro, luego de que este lo negó tres veces. El amor incondicional en el acto de Jesús encaminó definitivamente al apóstol en el ministerio que se le había encomendado.

Para pensar:

«El lugar más solitario del planeta es el corazón humano al que le falta el amor». Anónimo.

Interpretaciones dudosas

Entonces dijo Isaías a Ezequías: «Oye palabra de Jehová de los ejércitos: "He aquí vienen días en que será llevado a Babilonia todo lo que hay en tu casa, lo que tus padres han atesorado hasta hoy; ninguna cosa quedará, dice Jehová. De tus hijos que saldrán de ti y que habrás engendrado, tomarán, y serán eunucos en el palacio del rey de Babilonia"». Y dijo Ezequías a Isaías: «La palabra de Jehová que has hablado es buena». Y añadió: «A lo menos, haya paz y seguridad en mis días». **Isaías 39.5-8**

Existen dos desafíos puntuales que nos enfrentan en relación a la Palabra de Dios. El primero de ellos es recibirla. Pareciera que mencionarlo es innecesario, pues esta necesidad es bien obvia y evidente para todos los que desean caminar en rectitud delante de él. No obstante, existe una gran diferencia entre entender que necesitamos su Palabra y experimentar día a día que el Señor le habla a nuestra vida.

El desafío de recibir la Palabra es grande porque todos nosotros estamos ocupados e inmersos en nuestras actividades cotidianas. Para que él nos hable, es necesario que cese -aunque no sea más que por un momento- el bullicio y el movimiento de nuestras vidas. Es difícil hablarle a quien está concentrado en otras cosas. Pero aun cuando cesan nuestras actividades, no tenemos garantía de nuestra capacidad de escucharlo. En nuestro interior también existe un incesante movimiento de las muchas cosas que estimulan nuestros pensamientos y alimentan nuestra preocupación. Por eso es imprescindible que adquiramos la disciplina de aquietar nuestros espíritus. El silencio y el oído atento son condiciones indispensables para poder escuchar al Señor.

Si logramos acallar nuestra alma para recibir con mansedumbre la Palabra habremos ganado la mitad de la batalla. Ahora se nos presenta un nuevo desafío: entender qué significa lo que hemos escuchado. Y es aquí donde frecuentemente nos desviamos de la verdad, pues le damos a la Palabra una interpretación enteramente favorable a nuestra situación personal. El deseo de escuchar del Señor sólo lo que es dulce a nuestros oídos es fuerte en cada uno de nosotros. Las interpretaciones convenientes le salvarán a nuestro espíritu esos momentos de incomodidad cuando la Palabra penetra hasta las profundidades del ser.

Ninguno de nosotros hemos tenido la bendición de que un profeta de la estatura de Isaías venga a proclamarnos la Palabra de Dios. El rey Ezequías, un hombre temeroso de Dios, tuvo este privilegio. Por medio del profeta le fue anunciado que toda sus posesiones, junto a sus hijos, serían llevados a Babilonia. Para un rey sumamente preocupado por las crecientes hostilidades con Asiria, esto sonaba a una alianza estratégica con el país que mejor los podía proteger. Se abrazó a la Palabra y dijo con alegría: «¡esta Palabra es buena!»

¡Qué equivocado estaba en su interpretación! El mensaje del profeta no anunciaba otra cosa que la destrucción de Jerusalén y el cautiverio para el pueblo de Israel. La lección, para nosotros, es clara. Seamos precavidos a la hora de proclamar el significado de su Palabra.

Para pensar:

El problema principal en la interpretación es creer que hay una sola interpretación posible de lo que se ha dicho. Tenga cuidado con esas interpretaciones en las que todo es acomodado a la conveniencia del intérprete. La palabra de Dios usualmente nos incomoda.

Sorpresas aterradoras

Pero a la cuarta vigilia de la noche, Jesús fue a ellos andando sobre el mar. Los discípulos, viéndolo andar sobre el mar, se turbaron, diciendo: «¡Un fantasma!» Y gritaron de miedo. **Mateo 14.25-26**

¡Cuán limitada es nuestra capacidad de aceptar lo sobrenatural! Podemos convencernos de que creemos en cualquier manifestación divina porque, teológicamente, sabemos que está dentro de lo posible. A la hora de manifestarse Dios puede hacerlo de la manera que quiera, en el lugar que quiera y usando los medios que más le convengan. Confesamos entusiasmadamente que no tenemos problema con nada de esto, pues creemos en un Dios sin límites de poder.

Todo esto, sin embargo, no deja de ser un ejercicio de probabilidades, las cuales a menudo consideramos remotas. Ninguno de nosotros pone en duda que Dios pueda hacer cualquier cosa. Pero a la hora de su manifestación, quedamos apabullados por los medios que escoge y entramos en profundo conflicto con nosotros mismos.

Los discípulos llevaban al menos dos años con el Mesías. Conocían bien su rostro. Habían caminado, trabajado y ministrado a la par de Jesús. Tuvieron amplia oportunidad para estudiar sus rasgos físicos. Sin embargo, cuando apareció caminando sobre el agua, se llenaron de temor y proclamaron que estaban frente a un «fantasma».

No reconocían a Jesús. No estamos hablando aquí del Jesús físico, de carne y hueso. Era la misma persona con quien habían compartido tantos momentos íntimos. No era su persona la que no reconocían, sino el marco en el cual se estaba manifestando. Trascendía lo aceptable. Ni siquiera era imaginable esta posibilidad. Su presencia en un medio absolutamente diferente a todo lo que habían visto en la vida no les permitía reconciliar la imagen del Cristo que conocían, con la figura que venía a ellos sobre las aguas. Sus estructuras mentales no contenían parámetros para definir esta escena tan increíble y asombrosa. Descartaron la evidencia de los ojos y ajustaron lo que veían a sus explicaciones preconcebidas: ¡seguro que se trataba de un fantasma!

Esta reacción nos da una idea de qué tan acondicionados estamos por los parámetros que utilizamos, para entender y explicar el mundo en el cual nos movemos. La gente del pueblo de Jesús no podía aceptar que él fuera algo más que un humilde carpintero (Mt 13.55). ¿Se debía al hecho de que no era más que un carpintero? ¡De ninguna manera! Era el Mesías, pero los fuertes condicionamientos personales de los nazarenos no les permitía ver a Jesús salvo como un simple carpintero. De la misma manera nosotros, cuando nos hemos formado una idea sobre ciertos asuntos, difícilmente la modificamos, aun teniendo abundante evidencia que demuestra lo contrario.

Para pensar:

¿A qué nos lleva esta reflexión? A entender que nuestras estructuras personales tienen una gran influencia sobre la manera en que vemos a Dios y a los que están a nuestro alrededor. Por lo tanto, es saludable recordar que la vida es mucho más profunda y misteriosa de lo que podamos entender. Si le damos un carácter más relativo a nuestras explicaciones, no perderemos la capacidad de que otros nos corrijan, nos enseñen y, sobre todo, nos sorprendan.

Fines celestiales

...a fin de poder mostrar en los siglos venideros las sobreabundantes riquezas de su gracia por su bondad para con nosotros en Cristo Jesús.
Efesios 2.7 (LBLA)

El primer y segundo capítulo de Efesios presentan la más extraordinaria descripción de la obra soberana de Dios al redimirnos de la vida de muerte en la cual estábamos atrapados. Pablo enumera en un versículo tras otro el sacrificio de Dios a nuestro favor, presentando una larga lista de los fabulosos beneficios que esto ha traído a todos aquellos que han hecho de Cristo su Señor. Es, literalmente, un testamento que debe ser estudiado cuidadosamente por sus hijos, pues una mera leída no servirá para entender la profundidad ni la extensión de los beneficios que hemos obtenido en él.

Observe por un momento la declaración del objetivo de este regalo de Dios a los hombres: «...a fin de poder mostrar en los siglos venideros las sobreabundantes riquezas de su gracia por su bondad para con nosotros en Cristo Jesús». Es de sumo interés para nosotros notar dos cosas puntuales en esta declaración.

En primer lugar, el objetivo de Dios se extiende mucho más allá de los objetivos nuestros. Aun en el caso de las personas más espirituales, nuestros objetivos rara vez se refieren a eventos más allá de nuestra propia vida. Para la mayoría de nosotros las metas de nuestra vida se expresan, más bien, en términos de meses y años. Aquellos pocos que están construyendo a largo plazo, pueden estirarse a metas que se miden en términos de décadas. La declaración de Pablo nos impacta porque declara que la meta de Dios ¡se mide en cuestión de siglos! Mucho después de que Pablo hubiera muerto y los detalles de sus viajes quedaran en el olvido, el Señor estaría cosechando los frutos de la obra que él realizó en y por medio del gran apóstol.

Todos deseamos contribuir en algo a la generación en la que vivimos. El Señor tiene la perspectiva puesta en la eternidad, recordándonos que solamente vale la pena esforzarse y luchar por aquellas cosas que están contempladas dentro de esta dimensión del tiempo. Muchas de las cosas que nos parecían tan importantes en su momento habrán sido olvidadas por las generaciones futuras.

En segundo lugar, notamos una vez más, que lo que Dios desea dar a conocer a los hombres de todas las épocas son «las sobreabundantes riquezas de su gracia». Es decir, que los hombres puedan mirar para atrás y decir de todo corazón: «¡realmente Dios ha sido maravillosamente bueno para con nosotros!»

Un diccionario del Nuevo Testamento define la palabra «gracia» como «una especial manifestación de la presencia, actividad, poder o gloria divina, un favor, un regalo, una bendición». En este sentido, lo visible, con el pasar de los años, las décadas y los siglos, será el carácter bondadoso, misericordioso y paciente de Dios, que ha perseguido con amor insistente, a lo largo de todas las épocas, a un ser humano terco y pervertido en sus caminos. ¿Qué testimonio nos deja está actitud por parte del Padre? El amor persistente de Dios no conoce la frase «darse por vencido».

Oración:

Oh, Dios eterno, tu misericordia ni una sombra de duda tendrá. Tu compasión y tu bondad nunca fallan, y por los siglos ¡el mismo serás!

El brillo de nuestra luz

Así brille vuestra luz delante de los hombres, para que vean vuestras buenas acciones y glorifiquen a vuestro Padre que está en los cielos.
Mateo 5.16 (LBLA)

Con frecuencia hago la siguiente pregunta a las personas de la iglesia: ¿Si no pudieras abrir tu boca para explicarle a otros que eres un discípulo de Cristo, cómo podrían darse cuenta de que tú lo eres? No se apresure en desechar la pregunta sin antes meditar en sus implicancias para nuestra vida. El hecho es que para una gran mayoría de personas el testimonio descansa enteramente sobre una proclamación verbal. Nuestro comportamiento contradice ese testimonio, de manera que las personas llegan a la conclusión de que realmente no nos diferenciamos en nada a ellos, salvo que «afirmamos» ser cristianos.

En el versículo de hoy, Cristo muestra el camino que quería para sus seguidores, un camino por el cual se daría evidencia a los de afuera que ellos estaban claramente identificados con su persona. La expectativa de Jesús era que se dedicaran a las buenas obras, de tal manera que los otros se maravillaran por su forma de vida radicalmente diferente. Las buenas acciones se prepararon no para generar luz, sino para la manifestación de la luz. Es decir, la luz no tiene que realizar acciones especiales para darse a conocer. Quienes ven su resplandor llegan a la conclusión inevitable de que es luz. De igual manera, era la voluntad de Jesús que sus seguidores vivieran haciendo el bien a los demás a fin de que, aun cuando hablar no fuera posible, la gente los identificara como personas de otro «mundo».

Los que somos de la iglesia evangélica aún sufrimos de un fuerte condicionamiento en contra de las buenas obras. No queremos que nadie diga ni piense que deseamos ganarnos el cielo con nuestras acciones. El resultado, sin embargo, es que hemos descartado completamente las buenas obras de nuestra vida espiritual. No obstante, considere las siguientes declaraciones: «Pues somos hechura suya, creados en Cristo Jesús para buenas obras, las cuales Dios preparó de antemano para que anduviéramos en ellas» (Ef 2.10). «Preséntate tú en todo como ejemplo de buenas obras» (Tt 2.7). «Él se dio a sí mismo por nosotros para redimirnos de toda maldad y purificar para sí un pueblo propio, celoso de buenas obras» (Tt 2.14). «Palabra fiel es esta, y en estas cosas quiero que insistas con firmeza, para que los que creen en Dios procuren ocuparse en buenas obras» (Tt 3.8). «Y considerémonos unos a otros para estimularnos al amor y a las buenas obras» (Heb 10.24). «Mantened buena vuestra manera de vivir entre los gentiles, para que en lo que murmuran de vosotros como de malhechores, glorifiquen a Dios en el día de la visitación, al considerar vuestras buenas obras» (1 P 2.12).

En ninguno de estos versículos se declara que las buenas obras no son importantes para los que siguen a Cristo. Al contrario, afirman que ¡los que siguen a Cristo son conocidos por sus buenas obras! Pidamos pues, al Padre, que nos muestre dónde está trabajando él, para que nos unamos a las buenas obras que preparó de antemano para que anduviéramos en ellas.

Para pensar:
«Has todo el bien que puedas, a todas las personas que puedas, de todas las maneras que puedas, por todo el tiempo que puedas». Juan Wesley.

Palabra de vida

Orad... por mí, a fin de que al abrir mi boca, me sea dada palabra para dar a conocer con denuedo el misterio del evangelio. **Efesios 6.19**

¡Qué interesante que es este pedido de Pablo a los creyentes de la iglesia de Éfeso! Sería bueno que todos los que estamos involucrados en la proclamación de la Palabra pudiéramos solicitar esto antes de cada compromiso ministerial.

La construcción de la frase nos muestra claramente dónde podemos errar en el ministerio de la proclamación. Es fácil abrir la boca pero no es tan sencillo hablar palabra de lo alto. De hecho, es una de las características que más preocupan en la iglesia del siglo XXI, la falta de Palabra en muchas de las predicaciones y enseñanzas que se escuchan hoy. Ha crecido mucho la tendencia de leer un versículo para luego compartir las propias opiniones acerca de cómo obra Dios y qué es lo que está haciendo en este tiempo. El resultado es que tenemos una interminable sucesión de «intérpretes» espirituales, enamorados de sus propios razonamientos, pero escasea la Palabra pura de Dios que es poderosa para transformar la vida de los oyentes.

En las personas que hemos recibido formación en el arte de la buena comunicación, el peligro es aún mayor, pues podemos disfrazar con mucha elegancia nuestra ignorancia de la Palabra utilizando todos los recursos de la buena oratoria. El resultado puede entretener, pero no ayuda a que el pueblo avance hacia la madurez en Cristo Jesús.

Pablo tenía un deseo similar al de Cristo. El Hijo de Dios le dijo a sus discípulos: «Mi enseñanza no es mía, sino del que me envió» (Jn 7.16 - LBLA). Más adelante aclaró: «No he hablado por mi propia cuenta, sino que el Padre mismo que me ha enviado me ha dado mandamiento sobre lo que he de decir y lo que he de hablar» (Jn 12.49 - LBLA). De la misma manera, el apóstol -que no era ningún neófito en temas de comunicación- temblaba ante la posibilidad de malgastar el tiempo hablando de sus propias opiniones e ideas. Por eso le pedía a los creyentes que oraran por él, para que cuando abriera su boca no se escucharan palabras de hombre, sino de Dios.

Debemos, como líderes, tener convicción de que esta es la única Palabra que vale la pena compartir. Nuestra palabra informa, entretiene y aclara; pero se entremezcla con las miles de palabras que escucha el pueblo cada semana por la radio, la televisión y por boca de vecinos, compañeros de trabajo y amigos. Solamente la Palabra de Dios es «viva y eficaz, y más cortante que cualquier espada de dos filos; penetra hasta la división del alma y del espíritu, de las coyunturas y los tuétanos, y es poderosa para discernir los pensamientos y las intenciones del corazón» (Heb 4.12-13 - LBLA). Puede ser proclamada con suma sencillez, mas su efecto será profundo y duradero porque esta es la Palabra que tiene vida.

Para pensar:

Para proclamar su Palabra necesitamos ser estudiantes de la Palabra. ¿Cuánto tiempo está dedicando al estudio diligente de las Escrituras? ¿Qué efecto tiene esto sobre su vida personal? ¿Sobre su vida ministerial? ¿Qué otras cosas puede hacer para crecer en el conocimiento de la Palabra?

Entusiasmos pasajeros

Mientras estaba en Jerusalén, en la fiesta de la Pascua, muchos creyeron en su nombre al ver las señales que hacía. Pero Jesús mismo no se fiaba de ellos, porque los conocía a todos; y no necesitaba que nadie le explicara nada acerca del hombre, pues él sabía lo que hay en el hombre. **Juan 2.23-25**

Esta visita a Jerusalén probablemente se produjo en el primer año de ministerio de Jesús, un año acompañado de un crecimiento vertiginoso en su popularidad. Donde quiera que iba el Hijo del Hombre lo acompañaban las señales y los prodigios que atraían cada vez más a las multitudes. Su paso por Jerusalén tuvo esta misma característica, con un resultado predecible: «muchos creyeron en su nombre». El evangelista agrega un pequeño comentario, no obstante, para aclarar qué era lo que los había movido a creer en el Cristo: eran, precisamente, estas mismas señales.

Quizás sea por la monotonía de nuestras vidas que las manifestaciones sobrenaturales y lo sensacional nos llaman tanto la atención. Donde existen milagros también encontraremos multitudes de curiosos. A estos se agregarán otros que están dispuestos a trabajar para retener y perpetuar lo milagroso. Todos ellos, sin embargo, estarán movidos, mayormente, por ese asombro frente a lo diferente que tiene muy poco que ver con la fe y las cosas de la vida espiritual. Es el mismo asombro y entusiasmo que tantas veces acompañan nuestras propias experiencias de «creer». Nos gustó la elocuencia del que predicó, o nos conmovió la particular combinación de canciones que tocaron los músicos, o nos sentimos movidos por el emotivo testimonio de alguno que compartió su experiencia con la congregación. No hemos de dudar por un instante que Dios puede usar todas estas cosas para tocar nuestros corazones. Debemos aclarar, sin embargo, que la mayoría de estas reacciones no es espiritual, sino emocional. La convicción resultante tiene poco poder para cambiar la vida. Lamentablemente, si nuestra convicción no produce transformación, su valor para la eternidad es muy escaso.

Cristo no se fiaba de ellos porque sabía que gran parte de estas reacciones no estaban basadas en una genuina convicción espiritual. Conocía la realidad del corazón del hombre; lo que hay allí no cede con decisiones tomadas en un momento de euforia. Cede, más bien, cuando hay un profundo quebrantamiento por parte de Dios que produce apertura a su obra purificadora en nosotros.

Considere en cuántas cosas creemos, que no alteran en nada nuestro comportamiento. Pocos dudan de la importancia de una buena dieta, acompañada de moderación a la hora de comer. Es difícil encontrar quienes la practican. La mayoría de nosotros sabe lo fundamental que es el descanso. Son muy pocos los líderes en el ministerio que lo practican. Los que tenemos un ministerio de enseñanza sabemos lo fundamental que es la buena preparación. ¿Cuántos, sin embargo, realmente le dedicamos el tiempo necesario? En todo esto queda revelado que nuestras convicciones muchas veces no afectan nuestro comportamiento. No ha de sorprendernos, entonces, que a Jesús no lo conmovían las decisiones de euforia que veía a su alrededor.

Para pensar:

El acento en la vida tiene que estar en los cambios que se producen en nuestra manera de vivir. Cuando se producen cambios podemos tener la certeza de que la decisión fue espiritual.

La firmeza del líder

Él les dijo por tercera vez: «¿Pues qué mal ha hecho este? Ningún delito digno de muerte he hallado en él; lo castigaré y lo soltaré». Pero ellos insistían a gritos, pidiendo que fuera crucificado; y las voces de ellos y de los principales sacerdotes se impusieron. **Lucas 23.22-23**

El líder muchas veces se enfrenta a la necesidad de tomar decisiones, algunas de ellas de un peso trascendental para la gente que lo rodea. Si ha sido sabio habrá formado un equipo de colegas con quienes podrá estudiar cuidadosamente las decisiones y escuchar atentamente la opinión de cada uno de ellos. En última instancia, no obstante, deberá hacerse cargo de las decisiones y comunicar al pueblo qué determinación ha escogido.

En unas pocas situaciones el líder deberá enfrentarse a decisiones en las cuales estarán en juego complejos principios éticos que no siempre tienen fácil resolución. Su decisión probablemente sea el resultado de un agónico proceso de evaluación en el cual habrá pesado una y otra vez cada aspecto del tema bajo consideración. El camino recorrido para llegar a una determinación seguramente será intensamente solitario.

Sea cual sea la particularidad del proceso de decisión, sin embargo, habrá siempre una constante: personas que usarán todo tipo de presiones para asegurarse que las cosas se decidan como ellos quieren. La presión puede venir por medio de las amistades del líder. En la mayoría de los casos, sin embargo, la presión se hará sentir por medios más agresivos, desde el uso de los versículos que apoyan la opinión del que sugiere el camino a seguir, hasta la amenaza y la formación de bandos que trabajan incansablemente para conseguir el cometido.

Pilato se encontraba en una de estas situaciones. Siendo el juicio a Cristo algo que lo superaba, lo había enviado a Herodes para que le ayudara. Este último, sin embargo, se había desentendido del tema, regresándolo de vuelta a Jerusalén. Pilato no encontraba culpa en Cristo; se enfrentaba, sin embargo, a una multitud airada que lo presionaba a hacer algo que violaba su conciencia: condenar al Galileo. Intentó razonar con ellos, e incluso apaciguarlos con la promesa de un severo castigo a Jesús. Pero la multitud pedía su muerte, no su libertad.

«Y las voces de ellos y de los principales sacerdotes se impusieron». ¡Qué nefasta que es esta frase! Pilato no pudo resistirse a la presión y cedió, para hacer lo que claramente violaba sus propias convicciones y la evaluación de la situación.

Para pensar:

Un líder tiene que estar dispuesto a enfrentarse a las consecuencias de sus decisiones, aun cuando el pueblo entero lo condene, porque lo acertado de las decisiones muchas veces se ve solamente con el pasar del tiempo. Además, en una gran cantidad de situaciones ha quedado claramente demostrado que la voz de la mayoría es la voz del pecado. Se necesita, sin embargo, de una particular manifestación de coraje para permanecer firme hasta las últimas consecuencias. El que escoge lo correcto, no obstante, será reivindicado por el Señor cuando el tiempo sea apropiado.

«¡No está para la venta!»

Cuando Simón vio que el Espíritu se daba por la imposición de las manos de los apóstoles, les ofreció dinero, diciendo: Dadme también a mí esta autoridad, de manera que todo aquel sobre quien ponga mis manos reciba al Espíritu Santo. **Hechos 8.18-19 (LBLA)**

Un elemento crucial para poder ejercer influencia sobre la vida de otros es la autoridad. La autoridad de un líder puede existir simplemente por el cargo que ocupa. Pero también puede venir por el reconocimiento que le dan otros, ya sea por su conocimiento, su trayectoria o porque se ven en su vida aspectos que le otorgan un peso diferente que a las otras personas. Sea cual sea la manifestación de autoridad en la vida del líder, lo que es claro es que no podrá impactar vidas si no la tiene.

Es por esta razón que Dios siempre le confiere autoridad a las personas que ha escogido para ministrar a su pueblo. Para Moisés la credibilidad frente al pueblo era un asunto fundamental. Dios le dio tres señales que podía utilizar para convencer a aquellos que dudaban de su legitimidad (Ex 4.1-9). Cuando el Señor nombró a Josué su sucesor, ordenó una ceremonia pública para que el pueblo vea el traspaso de autoridad al nuevo líder (Nm 27.18-20). Cristo actuó de la misma manera: cuando llamó a los doce fue, entre otras cosas, para darles autoridad «para echar fuera demonios» (Mc 3.14-15). Al enviarlos de dos en dos les confirió autoridad para hacer la obra encomendada (Lc 9.1). Antes de ascender al cielo, reunió a los suyos y les anunció que les encomendaba la tarea de hacer discípulos en todas las naciones. Para esto, les reveló que toda autoridad le había sido dada en los cielos y en la tierra, de manera que la labor que les confiaba estaba respaldada por esta posición de supremacía del Mesías resucitado.

En el libro de los Hechos vemos que los apóstoles se movieron libremente en esta autoridad recibida. Su confianza en el respaldo de Dios les permitía avanzar osadamente en las situaciones más difíciles, siendo testigos de las manifestaciones más extraordinarias del Señor por medio de sus ministerios.

Fueron precisamente estas manifestaciones las que llevaron a Simón el mago -un hombre acostumbrado también a deslumbrar- a pedirle a los apóstoles que le vendieran el poder que estaban usando. Mas fue censurado duramente por los apóstoles, porque había en el corazón de Simón una burda manifestación de algo que se ha instalado muy sutilmente en el ministerio de muchos líderes: el deseo de usar la autoridad que Dios nos ha dado para nuestro propio beneficio, ya sea para llamar la atención, para ganar popularidad o para manipular a la gente. Todo esto es más que censurable. La autoridad que hemos recibido solamente puede ser usada dentro del marco de la obra a la cual hemos sido llamados, recibiendo Dios toda la gloria y el beneficio del uso, de nuestra parte, de algo que le pertenece exclusivamente a él.

Para pensar:

¿De qué formas podemos abusar del poder que hemos recibido? ¿Cómo podemos estar en guardia contra esto? ¿Qué precauciones necesitamos tomar para evitar situaciones de mal uso de la autoridad?

Los misterios del reino

Decía además: «Así es el reino de Dios, como cuando un hombre echa semilla en la tierra. Duerma y vele, de noche y de día, la semilla brota y crece sin que él sepa cómo, porque de por sí lleva fruto la tierra: primero hierba, luego espiga, después grano lleno en la espiga; y cuando el fruto está maduro, en seguida se mete la hoz, porque la siega ha llegado». **Marcos 4.26-29**

Cuando yo era joven, pensaba que todo se podía entender y explicar si se lo analizaba con un espíritu cuidadoso y perseverante. A decir verdad, como muchos jóvenes a mi alrededor, aun de aquello que no entendía me atrevía a dar explicaciones. Muchas veces también, en el rol de maestro, me sentía en la obligación de dar una respuesta a mis alumnos de cosas que no entendía con mucha claridad.

Con el pasar de los años he entendido cada vez más que gran parte de lo que ocurre a nuestro alrededor está envuelto en un manto de misterio. La vida se ha encargado de mostrarme que muchas de las cosas acerca de las cuales hacía afirmaciones categóricas no eran tal cual yo las describía. Hoy, me siento más cómodo (y creo, también, que es más honesto) admitiendo ante aquellos a quien Dios me ha dado el privilegio de instruir que hay muchas cosas que no entiendo muy bien.

Seguramente esta era una de las verdades que Cristo estaba queriendo comunicarle a sus discípulos en esta parábola que compartió con ellos. El cultivo de la tierra era una actividad tan antigua como Israel misma. La mayoría de las personas tenía contacto con la actividad de sembrar y cosechar. El proceso por el cual una pequeña semilla, aparentemente seca, se convertía en una planta frondosa con frutos provechosos para el hombre era enteramente misterioso para los que cultivaban la tierra. Solamente podían afirmar que una semilla echada en tierra produciría, unos meses más tarde, una planta de la cual se podrían sacar alimentos.

El proceso de crecimiento dentro del reino también está velado por el misterio. ¿Quién puede explicar el proceso por el cual una persona rebelde, airada o deprimida se convierte en un discípulo gozoso y comprometido con la persona de Cristo? ¿Quién de nosotros entiende bien cómo es que ocurre la transformación que nos lleva a ser cada vez más parecidos al Señor? ¿En qué momento ocurre? ¿Cuáles son sus agentes? ¿Qué fenómenos la acompañan? La verdad es que la mayoría de nosotros solamente puede testificar que ocurre, porque vemos sus frutos luego de un período determinado de tiempo.

¿Por qué es importante que entendamos esto? Porque existe una tendencia en cada uno a creer que es nuestro esfuerzo el que produce los resultados, que son nuestros programas los que aseguran el crecimiento de la iglesia, que nuestra elocuencia produce convicción en los que nos escuchan. Todo esto es una falacia. La gran mayoría de las cosas que ocurren en el mundo espiritual resiste a la explicación. No las entendemos. Solamente podemos celebrarlas, dando gracias porque nos es dado a comer de sus frutos.

Para pensar:

«El crecimiento nunca es el producto del esfuerzo, sino de la vida». Augusto Strong.

Dar con sacrificio

Arauna dijo a David: «Tome y ofrezca mi señor el rey lo que bien le parezca; ahí tienes bueyes para el holocausto, los trillos y los yugos de los bueyes para leña. Todo esto, oh rey, Arauna lo da al rey». Luego dijo Arauna al rey: «Jehová, tu Dios, te sea propicio». El rey dijo a Arauna: «No; la compraré por su precio; porque no ofreceré a Jehová, mi Dios, holocaustos que no me cuesten nada». Y David compró la era y los bueyes por cincuenta siclos de plata.

2 Samuel 24.22-24

El Señor había instruido a David, conforme a la palabra del profeta Gad, que subiera a la era de Arauna, Jebuseo, para ofrecer un sacrificio que detuviera la plaga que había caído sobre Israel por causa del censo del pueblo. Cuando llegó a la casa de Arauna este le dio libertad de escoger todo lo que quisiera de entre sus pertenencias, para realizar el holocausto necesario. En la respuesta de David observamos dos importantes principios.

En primer lugar, hemos de notar que como rey se podría haber servido de lo que quisiera. Era uno de los «privilegios» que acompañaba la investidura que llevaba. Es más, el mismo Arauna le ofreció al rey, de su propia voluntad, que se sirviera libremente de sus pertenencias. Mas David entendía que a un gobernante le correspondía velar por los derechos de los demás, haciendo a un lado privilegios que podían ser perfectamente legítimos. A mayor autoridad, mayor cautela en el uso de ella, de manera que los más débiles no sientan que se aprovechan de ellos. A muchos pastores les vendría bien recordar que la posición que ocupan está acompañada por un llamado a ser extremadamente cuidadosos a la hora de ejercer algún privilegio especial con los que pastorean.

En segundo lugar, David rehusó tomar de lo que Arauna le ofreció, porque entendía que los sacrificios que no tienen precio no tienen validez para la vida espiritual. Este principio tiene especial importancia porque con frecuencia damos no de lo que nos cuesta, sino de lo que nos sobra. Lo que sobra, sin embargo, rara vez duele, precisamente porque no lo necesitamos.

Pero ¿por qué es importante que nuestra ofrenda tenga una cuota de sacrificio personal? En la respuesta a esta pregunta radica la esencia misma del reino de Dios. El precio por resolver la situación pecaminosa del hombre fue la vida del Hijo de Dios. Es un precio sumamente elevado porque las dimensiones del problema son de una gravedad absoluta. Las soluciones fáciles son el resultado predecible de considerar con frivolidad la realidad del ser humano. Y quien considera con liviandad la problemática del pecado está condenado a seguir atormentado y atado por sus devastadores efectos en la vida. Solamente cuando estamos dispuestos a acompañar el sacrificio de Cristo con una devoción que exige la negación de uno mismo, veremos un fruto genuino en nuestra vida espiritual. David entendía esta realidad, y por eso ofrendó con sacrificio.

Para pensar:

«Una religión que no cuesta nada, tampoco vale nada». J. C. Ryle.

«No sabéis lo que pedís»

Entonces Jesús, respondiendo, dijo: «No sabéis lo que pedís. ¿Podéis beber del vaso que yo he de beber, y ser bautizados con el bautismo con que yo soy bautizado?» Ellos le respondieron: «Podemos». Él les dijo: «A la verdad, de mi vaso beberéis, y con el bautismo con que yo soy bautizado seréis bautizados; pero el sentaros a mi derecha y a mi izquierda no es mío darlo, sino a aquellos para quienes está preparado por mi Padre». **Mateo 20.22-23**

En Juan 14 y 15 Cristo reiteró varias veces a sus discípulos esta promesa: «Todo lo que pidáis en mi nombre, lo haré, para que el Padre sea glorificado en el Hijo» (Jn 14.13 - LBLA). Más allá de la condición establecida, no ha dejado de ser una declaración que ha inspirado a generaciones de hijos de Dios animándolos a orar en toda circunstancia y en todo momento.

Dentro del ámbito de la iglesia no siempre hemos entendido cuánto peso tiene el hecho de que nuestras oraciones deben ser «en su nombre». Con una inocencia que a veces raya en lo necio, hemos creído que cualquier petición que hagamos nos será concedida siempre y cuando agreguemos la frase «mágica» al final de nuestra petición: «y esto lo pedimos en el nombre de Jesús».

El verdadero sentido de esta condición se puede entender mejor si nos imaginamos a un padre que le dice a su hijo: «ve a decirle a mamá que necesito las llaves del auto». El niño corre a su madre y le comparte el mensaje que le ha dado el padre. El mensaje no es del niño, es del padre. El niño solamente hace las veces de vocero para el padre. De la misma manera, pedir algo en el nombre de Jesús es elevar al Padre una petición que el Hijo haría por sí mismo si estuviera presente.

Muchas de nuestras oraciones no reciben respuesta porque no cumplen con esta condición fundamental: no estamos pidiendo lo que Cristo pediría si estuviera con nosotros. Aun así, la oración no es una actividad que tiene como única finalidad asegurar una respuesta de parte de Dios. La oración, la más misteriosa de las disciplinas espirituales, nos introduce en una actividad en la cual somos transformados por el mismo proceso de hablar con el Padre. En este sentido, San Agustín astutamente observa: *«el que buscó, ya encontró»*. Lo encontrado radica en el proceso de orar, no en la respuesta.

No obstante, hemos de afirmar que también en las respuestas está la mano formadora de Dios. En su sabiduría, él a veces nos da lo que pedimos, aunque no sabemos realmente lo que estamos pidiendo. Nuestra insistencia es tal, no obstante, que el Señor nos concede lo pedido. A los israelitas les concedió un rey pero no era lo que necesitaban. A los hijos de Zebedeo les concedió beber de su misma copa, aunque significaba algo totalmente diferente a lo que ellos tenían en mente. De la misma manera, a nosotros a veces nos responde aunque no hemos orado con sabiduría. Su respuesta no implica su aprobación, sino la existencia de una lección por aprender.

Para pensar:

«Si se diera el caso que Dios está obligado a darnos todo lo que pedimos, yo, en primer lugar, nunca más oraría, pues no tendría suficiente confianza en mi propia sabiduría para pedirle cosas a Dios». J. A. Motyer.

Los alcances de su visión

Les dijo: «No os toca a vosotros saber los tiempos o las ocasiones que el Padre puso en su sola potestad; pero recibiréis poder cuando haya venido sobre vosotros el Espíritu Santo, y me seréis testigos en Jerusalén, en toda Judea, en Samaria y hasta lo último de la tierra». **Hechos 1.7-8**

En su último encuentro con el Mesías resucitado los apóstoles seguían preocupados con el tema de la restauración del reino en Israel. Ante su insistencia, Jesús compartió con ellos la declaración que hoy es parte de nuestra reflexión. Él deseaba que ellos estuvieran más preocupados por la visión de su Padre que en las cosas netamente relacionadas con el mundo en el cual vivían.

Romper con tal preocupación, sin embargo, no era cosa fácil. Cuando Dios levantó al apóstol Pablo para extender el trabajo de la iglesia naciente hacia lo último de la tierra, los líderes de la iglesia en Jerusalén se opusieron tenazmente a la obra que intentaba hacer. Fue solamente como resultado de un intenso debate, que los apóstoles accedieron a esta nueva iniciativa, aunque ellos optaron por quedarse en Jerusalén (Hch 15).

La resistencia de la iglesia moderna al llamado universal sigue siendo muy parecida a la de ese primer grupo reunido en Jerusalén. Esta obsesión con la obra en el ámbito local se debe, en parte, a una lectura equivocada de este pasaje. Esta lectura da a entender que la obra en Samaria solamente se puede iniciar cuando se haya terminado la obra en Jerusalén. Del mismo modo, la obra «hasta lo último de la tierra» no podrá realizarse hasta que se haya completado la obra en Samaria. Con esta perspectiva, muchos pastores justifican su falta de visión con la pregunta: «¿cómo vamos a involucrarnos en misiones si aún no hemos alcanzado a nuestro barrio?».

Una traducción más fiel de este mandamiento es la que encontramos en la *Nueva Versión Internacional*, que dice: «Pero cuando venga el Espíritu Santo sobre ustedes, recibirán poder y serán mis testigos tanto en Jerusalén como en toda Judea y Samaria, y hasta los confines de la tierra». El sentido de la frase es que la obra en Jerusalén debe ser realizada a la par de la obra en Samaria y que la obra hasta los confines de la tierra. Todo el trabajo es simultáneo.

No podemos dejar de observar que, con respecto a esto, el movimiento misionero -que ha sido altamente positivo para la iglesia en nuestro continente- tampoco ha podido escapar de este mismo error, que es el de enfatizar una obra por encima de otra. En el caso de ellos, la obra de llegar hasta los confines de la tierra era más importante que la obra en Jerusalén.

Para pensar:

El punto en todo esto es que Dios tiene una carga tan personalizada, que le interesa lo que está pasando en el reducido mundo de cada uno de sus hijos. Pero su visión es tan amplia que también le interesa lo que ocurre en Argentina, Alaska o Australia. Las dos cosas son simultáneas. Así debe ser también para sus hijos. Nos debe interesar lo que ocurre en nuestro propio barrio y con nuestros mismos vecinos. También debemos estar ocupados en extender el reino en los lugares más remotos de la tierra, para así vivir en toda su dimensión la obra a la cual hemos sido llamados.

El valor de la paciencia

«Estad quietos, y conoced que yo soy Dios». **Salmo 46.10**

Vivimos en tiempos donde esperar es cada vez más desagradable. Donde en otros tiempos la demora se medía en cuestiones de días y meses, hoy consideramos «demora» el tiempo que nuestra computadora tarde en abrir un programa, lo que el microondas requiere para calentar nuestro café, lo que una persona tarda en atender el teléfono o lo que tarda el semáforo en cambiar de rojo a verde. Es decir, la impaciencia se ha instalado con tal prepotencia en nuestra vida que medimos el uso eficaz del tiempo en cuestión de segundos. Aun cuando la espera es ínfima, nuestro espíritu inquieto no puede controlar los sentimientos de ansiedad y afán que son propios de la existencia del hombre en la sociedad moderna.

La sabiduría popular afirma que la paciencia es el arte de saber esperar. El problema con esta definición radica en creer que nuestra actividad principal, en momentos en que no podemos apurar la marcha del tiempo, es, precisamente, esperar. El salmista agrega un elemento importante al proceso de aquietar el espíritu y dominar los impulsos de la desesperación: «...y conoced que yo soy Dios». Nuestro llamado primordial en la vida es a orientar nuestra existencia total hacia las permanentes invitaciones de Dios a caminar con él y a buscar su mano en las situaciones más frustrantes. De esta manera podríamos definir la paciencia como el desafío de disfrutar de Dios cuando las circunstancias nos invitan a la preocupación, la ansiedad y el afán.

Considere la siguiente situación típica de nuestra existencia. Estamos esperando en una fila para hacer un trámite en alguna oficina del gobierno. Hemos entregado los papeles con los que se inicia el trámite y ahora no podremos retirarnos del lugar hasta finalizada la gestión. En un momento, un oficial del gobierno se presenta e informa a las personas de la fila -que ya de por sí están molestas- que se ha caído el sistema de computación. Todos deberán esperar hasta que el sistema se habilite de nuevo. De inmediato pensamos en las otras cosas que urgentemente nos están esperando en el trabajo. Comenzamos a caminar por el lugar llenos de pensamientos airados contra el gobierno, sus empleados y el sistema al que están sujetos. Cuanto más tiempo pasa, más notoria es nuestra agitación interior y más visible nuestro fastidio. Es acertado afirmar que estamos esperando, pero no estamos disfrutando del momento. Nos hemos perdido la oportunidad de comulgar con Aquel que, hace dos días en la reunión del domingo, proclamábamos como el ser más importante del universo.

Para pensar:

El mayor desafío en tiempos de fastidio por las «intolerables» demoras que debemos «soportar» es el de aquietar nuestro espíritu. Es nuestra responsabilidad quitar los ojos de las circunstancias y elevarlas a Dios, para saber que él reina soberano en todo momento. La próxima vez que se encuentre en una situación sobre la cual no tiene control, lleve su espíritu a la presencia del Pastor de Israel y permita que él le conduzca junto a aguas de reposo.

Buscar su intervención

«Si se humilla mi pueblo, sobre el cual mi nombre es invocado, y oran, y buscan mi rostro, y se convierten de sus malos caminos; entonces yo oiré desde los cielos, perdonaré sus pecados y sanaré su tierra». **2 Crónicas 7.14**

Este es un pasaje muy conocido para nosotros y especialmente apto para nuestro atribulado continente, tan castigado por el abuso de poder y la corrupción que ha diezmado notoriamente sus recursos naturales. En el hay una serie de pasos para asegurar la intervención de Dios en tiempos de crisis.

Debemos notar que es la combinación de estos pasos lo que puede llegar a producir una respuesta del Altísimo. En muchas ocasiones optamos por uno u otro de los elementos, pero no por el conjunto. Tomados en forma aislada, no obstante, tienen poca eficacia. Por ejemplo, cuando Dios declaró que Israel andaría errante por el desierto durante cuarenta años, el pueblo se arrepintió, pero no fue prosperado porque su arrepentimiento no estuvo acompañado de una búsqueda del rostro de Dios (Nm 14.40-45). De la misma manera, en Isaías 58, el profeta condenó al pueblo porque se habían humillado, pero no se habían arrepentido de sus malos caminos (58.1-4).

Por esta razón podemos decir que el arrepentimiento es un proceso más profundo que la experiencia de un momento. Tiene pasos concretos que afirman la decisión del arrepentido de ordenar completamente su vida según los preceptos de Dios. Transitar por este camino asegura que el cambio no sea meramente un ejercicio religioso.

En este proceso, entonces, tenemos estos cuatro pasos: humillarse, orar, buscar su rostro y volverse de los malos caminos. En la humillación está el reconocimiento de que uno ha sido orgulloso y autosuficiente, que no ha caminado por el camino que el Señor demanda de los hombres. Es admitir lo pobres que han sido los resultados de nuestros propios proyectos. Al orar nos aseguramos que nuestra humillación no sea simplemente una depresión momentánea. Le ponemos palabras a nuestros sentimientos y expresamos a Dios nuestra vergüenza por la manera en que hemos vivido, proceso que es saludable para nuestro espíritu. Buscar su rostro implica una postura de adoración, de contemplación. De esta manera nos aseguramos de que nuestro arrepentimiento no esté acompañado por nuestra propia idea de cómo arreglar lo que hemos hecho mal, como lo hizo el hijo pródigo. Al buscar su rostro cultivamos una actitud de espera, para que él nos guíe por el camino a seguir. Más que solucionar nuestro problema, nos preocupa reestablecer nuestra relación con él. Por último, tenemos la certeza de que no podemos caminar por el camino que hemos transitado. Volvernos de nuestros caminos implica que desechamos todo lo que antes hacíamos porque entendemos que es la causa de muchos de nuestros problemas. Es una forma de declarar que no volveremos a transitar por esos senderos.

Al igual que José con sus hermanos, Dios no se resiste al corazón humillado y contrito. Cuando genuinamente hay un cambio en nosotros, Dios nos oye desde los cielos, perdona nuestros pecados y sana nuestras vidas. ¡Qué regalo tan sublime!

Para pensar:

«Arrepentirse es mucho más que pedirle disculpas a Dios». Anónimo.

El pecado al acecho

Entonces el Señor dijo a Caín: ¿Por qué estás enojado, y por qué se ha demudado tu semblante? Si haces bien, ¿no serás aceptado? Y si no haces bien, el pecado yace a la puerta y te codicia, pero tú debes dominarlo.
Génesis 4.6-7 (LBLA)

Siempre resulta admirable ver en las Escrituras lo increíblemente sencillas que son las enseñanzas de Dios a sus hijos. Él escoge presentarlas en el idioma y contexto que ellos pueden entender, de manera que la verdad presentada queda fácilmente grabada en el corazón. En este caso, el Señor usa una dramática analogía de la vida real para comunicarle a Caín un principio eterno de la vida espiritual.

Caín y Abel eran personas acostumbradas a la vida agreste, uno como labrador y el otro como pastor de ovejas. No hemos de dudar que con frecuencia tuvieron que enfrentarse a las fieras del campo que intentaban devorarse los animales del rebaño. De esta experiencia, Dios se sirvió de una ilustración que ayudaría a Caín a entender la dinámica por la cual el pecado se hace fuerte en nuestras vidas.

Cuando escogemos hacer lo que no es correcto, hemos optado por un estilo de vida que acarrea ciertas consecuencias para nosotros. El que anda en lo malo, atrae la maldad. Frente a Caín, el Señor escogió la frase «el pecado yace a la puerta». La palabra «yace» podría traducirse «está agazapado» y describe a la perfección la postura del animal de caza que estudia intensamente a su víctima para pegar el dramático salto que lo pondrá en sus garras. Nos da la imagen, tantas veces vista en documentales, del león escondido en los pastizales, lentamente acercándose a un animal que no sospecha de su presencia. De la misma manera, quien anda en lo malo es «escogido» por el pecado como una presa segura.

La víctima tiene todas las características que la hacen atractiva para el enemigo. Por esta razón, el Señor usó la frase «te codicia». Contrario a los mitos populares, los animales de caza no siempre atrapan a las víctimas que escogen. Los leones, por ejemplo, pierden más del cincuenta por ciento de sus víctimas. Debido a esto, es parte de la estrategia del león buscar a los animales más débiles y desprovistos de protección. Quien anda en lo malo debilita sus defensas espirituales y se abre a los ataques sorpresivos del pecado, que fácilmente se instalará en su vida.

Continuando con la analogía, el Señor insta a Caín a que domine al animal que está por atacar. En otras palabras, viendo su postura agazapada, debía tomar la iniciativa y atacar antes de ser atacado. En esto, vemos una segunda lección importante con respecto al pecado. Es nuestra responsabilidad no permitir que se haga fuerte en nuestro interior. Nadie puede hacer esto por nosotros. Debemos resistirnos a sus asechanzas y echarlo de nuestra presencia antes de que pegue el zarpaso. Una postura de permanente vigilancia es indispensable para resistirse al pecado.

Para pensar:
«Velad y orad, para que no entréis en tentación; el espíritu a la verdad está dispuesto, pero la carne es débil» (Mt 26.41).

Otro nombre

José, un levita natural de Chipre, a quien también los apóstoles llamaban Bernabé (que traducido significa hijo de consolación).

Hechos 4.36 (LBLA)

La costumbre de modificar el nombre de una persona, para que represente más fielmente la obra de Dios en su vida, acompañó siempre la relación del Señor con sus siervos. En Génesis, por ejemplo, Dios cambió el nombre de Abram por Abraham (Gn 17.5), porque lo había llamado a ser padre de muchedumbres. A Jacob le cambió el nombre por Israel (Gn 32.28), porque se había convertido en uno que gobierna como el Señor. De la misma forma, en el Nuevo Testamento, el ángel instruyó a María que le pusiera por nombre a su hijo, Jesús, porque este nombre simbolizaría la esencia de la misión que se le había encomendado. El mismo Jesús le cambió el nombre a Simón, para darle el nombre de Pedro (Mt 16.18), mostrando de esta manera que la obra transformadora del Espíritu convertiría al insignificante pescador en una roca dentro de la iglesia.

Detrás de esta costumbre parece haber un principio, y es que el Señor nos ve y considera según los propósitos espirituales que él tiene para nuestras vidas. Estos propósitos generalmente difieren dramáticamente de los caminos que, como seres humanos, hemos escogido para nuestra existencia terrenal. De manera que estos nombres «espirituales» reflejan lo que en verdad somos con mucha mayor fidelidad que los nombres que escogieron para nosotros nuestros padres.

Dentro de este marco resulta interesante que la iglesia del primer siglo también modificara algunos nombres. Al hombre llamado José, los apóstoles llamaron Bernabé, que significa hijo de consolación. Por lo que podemos observar en el relato del libro de Hechos, esta era una característica sobresaliente en la vida de este siervo de Dios. Fue el hombre que se encargó de buscar a Pablo para presentarlo en Jerusalén, el que fue enviado a Antioquía para apaciguar los ánimos y el que recogió a Juan Marcos luego de que Pablo lo descartó para un futuro ministerio.

El valor de esta reflexión no está en que debemos cambiar nuestros nombres, pero vale la pena reflexionar sobre el siguiente punto: si Dios fuera a cambiar nuestro nombre, para que refleje más fielmente la obra que está deseando realizar en nosotros, ¿que nombre nos pondría? Más allá de esta pregunta, sin embargo, podemos resaltar el contraste entre esta costumbre bíblica y la costumbre de los hombres, de darle apodos a las personas, casi exclusivamente por aquellas características sobre las cuales la persona tiene poco o ningún control: flaco, gordo, negro, narigón, tuerto, polaco, ruso, etcétera. Estos apodos rara vez engrandecen a la persona, más bien expresan desprecio.

Para pensar:

Entre los de la familia de Dios, no debe ser así. Debemos cultivar la capacidad de ver la realidad espiritual que el Señor está llevando a cabo en la vida de aquellos que son nuestros hermanos y hermanas en Cristo. Al percibirlo podremos animar a la persona y cooperar con esa obra de gracia. Somos habitantes de otro reino, y nuestras relaciones lo deben reflejar.

Avanzar hacia la madurez

Por tanto, dejando las enseñanzas elementales acerca de Cristo, avancemos hacia la madurez. **Hebreos 6.1 (LBLA)**

La preocupación del autor de Hebreos, que debe ser también la preocupación de aquellos que servimos a la iglesia de Jesucristo, era que los cristianos se habían detenido en su proceso de crecimiento. Estaba compartiendo con ellos algunos conceptos profundos de la vida espiritual, pero en medio de esta enseñanza exclama con frustración: «Acerca de esto tenemos mucho que decir, pero es difícil de explicar, por cuanto os habéis hecho tardos para oir» (5.11). La evidencia parece señalar que esta gente llevaba unos cuantos años en la vida espiritual pero seguía necesitando de la leche que es apropiada para los niños y no para los adultos.

El concepto de avanzar hacia la madurez es difícil de entender para nosotros. En el mundo de las cosas físicas, el crecimiento es un proceso que ocurre sin nuestra intervención. Salvo en casos extremos de desnutrición, el cuerpo crece solo y alcanza la etapa de adulto sin nuestra ayuda. Por supuesto que una buena dieta, el ejercicio y el descanso apropiado pueden contribuir a un resultado más saludable. Aun en las personas que no hacen ninguna de estas cosas, sin embargo, el cuerpo madura igual.

En el mundo de las cosas espirituales, sin embargo, una realidad enteramente diferente gobierna el proceso de crecimiento. Aquí, no se alcanza el estado de adulto por el mero paso del tiempo. Es, más bien, consecuencia de un esfuerzo deliberado por cultivar una relación continua con el que produce el crecimiento, Dios mismo. Sin este esfuerzo -que debe ser llevado en la gracia de Dios- las personas quedarán en un estado donde no es visible prácticamente ninguna transformación. Es precisamente por esto que en la iglesia encontramos tantas personas que apenas han avanzado más allá de la etapa inicial de fervor por las cosas de Cristo. A pesar de esto, no es poco común recompensar a las personas con cargos de responsabilidad basados en los años que llevan en la congregación, sin mirar si estos años han producido un verdadero crecimiento espiritual en ellos.

El autor de Hebreos insta a sus lectores a avanzar hacia la madurez con una actitud deliberada y sostenida. Aquí no se está hablando de entusiasmos pasajeros, sino de disciplinas cuidadosamente cultivadas. En infinidad de oportunidades se presentarán circunstancias que invitan a abandonar estas prácticas. La persona que desea ardientemente la madurez, sin embargo, no escuchará razonamientos ni argumentos, ni conocerá, tampoco, la fatiga y el cansancio en la búsqueda de una relación profunda e íntima con Dios. Se ha propuesto deliberadamente avanzar y esto hará, con la ayuda de Dios.

Para pensar:

¿Qué plan tiene para lograr un crecimiento sostenido en la vida espiritual? ¿Qué disciplinas incluye este programa? ¿Qué modificaciones necesita incorporar a su rutina para ser más deliberado en la búsqueda del crecimiento?

Sorprendido por Cristo

Cuando Jesús llegó a aquel lugar, mirando hacia arriba lo vio, y le dijo: «Zaqueo, date prisa, desciende, porque hoy es necesario que me hospede en tu casa». **Lucas 19.5**

Para el judío en tiempos de Cristo, de los personajes despreciables que podían ser parte de la sociedad en que vivía, ninguno era tan odioso como el publicano. El cobrador de impuestos tenía tres características por las cuales era particularmente repugnante: 1) colaboraba con el enemigo que ocupaba Israel, 2) permanentemente estaba en contacto con los gentiles y 3) era notablemente corrupto en la administración de las riquezas. Zaqueo, en su rol de jefe de publicanos, no solamente cobraba impuestos, sino que también recibía un porcentaje de la recaudación de sus empleados.

Imagine lo que debe haber sido la existencia de este hombre. Cuando caminaba por las calles muy pocos lo saludaban; muchos lo insultaban. Sus hijos no tenían derecho a ningún tipo de educación. En casos de litigio no podía acceder a una defensa legal por ser considerado un no-ciudadano. Le estaba prohibido entrar y participar de las actividades de la sinagoga. Sus vecinos seguramente lo ignoraban. Donde quiera que fuera tendría abundantes evidencias de que era considerado un enemigo público.

Cuando pienso en Zaqueo subido al árbol, no puedo evitar la imagen de miles de aficionados que se agolpan a la entrada del pabellón donde se hace la entrega de los premios Oscar. Cada uno de ellos espera poder ver, fugazmente, a sus actores o actrices favoritos. Ese es su sueño y por ello están dispuestos a tolerar horas de espera y la incomodidad de estar parados junto a una multitud de otros con aspiraciones similares. Al llegar los famosos, pueden verlos durante los breves quince segundos que tardan en bajar del automóvil y entrar al edificio.

Si pudiéramos hablar con cualquiera de estos aficionados, ninguno de ellos nos diría que tienen esperanza en que alguno de estos personajes se detenga para saludarlos. Para los famosos, las personas de la multitud ¡no existen! No tienen el menor interés en conocerlos. Están muy intoxicados con su propia grandeza como para mirar hacia los costados. Así también Zaqueo -a quien absolutamente nadie prestaba atención- no tenía más esperanza que simplemente ver a Jesús; jamás imaginó que Jesús se podría fijar en él. Si al nivel del piso nadie lo miraba, ¡mucho menos subido a un árbol!

Imagine, entonces, cuál debe haber sido el impacto en su vida cuando Jesús se detuvo y le habló por su nombre, escogiendo su casa como el lugar para detenerse a descansar. ¿Ha de sorprendernos que Zaqueo se haya convertido? Ni en sus más alocados sueños se le podría haber ocurrido a este varón que Jesús lo miraría. ¡Y ni hablar de la posibilidad de ser visitado por él! Así es nuestro Dios. Él supera nuestros más alocados sueños, irrumpiendo en nuestras vidas de la manera más increíble y prodigiosa. Su accionar es insólito. ¡Y qué maravillosa sensación de asombro sentimos cuando nos sorprende!

Para pensar:

«Y a Aquel que es poderoso para hacer todas las cosas mucho más abundantemente de lo que pedimos o entendemos, según el poder que actúa en nosotros, a él sea gloria en la iglesia en Cristo Jesús por todas las edades, por los siglos de los siglos. Amén». (Ef 3.20-21).

Una cuestión de tiempos

Y ella tenía una hermana que se llamaba María, que sentada a los pies del Señor, escuchaba su palabra. Pero Marta se preocupaba con todos los preparativos. **Lucas 10.39-40 (LBLA)**

Nuestro estudio de este pasaje sería poco productivo si nos concentráramos en el valor relativo de las actividades de las dos hermanas. El Señor no quiso exaltar la pasividad por encima del activismo. De hecho, cualquiera de las dos actividades puede ser perjudicial si es llevada a un extremo.

Por un lado tenemos el peligro de la persona inquieta. Es la persona que no puede detenerse, que necesita siempre estar haciendo algo. En muchos casos esta es una persona que tiene ciertas carencias afectivas. Esconde su dolor o inseguridad en un estilo de vida que no deja lugar para los tiempos de recogimiento, intimidad o reflexión. Es difícil tener que convivir con ella porque su permanente movimiento no la deja dedicarse a otras realidades de la vida que no se cultivan por medio de trabajos y proyectos. El ministerio es especialmente atractivo para ella, porque le provee de un medio para ganarse el afecto y la aprobación que tanto necesita. Un pastor con quien hablé me contó, haciendo alusión a su entrega «incondicional» al Señor, que no había tomado vacaciones ni descansos en siete años. Es una postura común entre esta clase de personalidades.

Por otro lado, no obstante, tenemos a la persona que carece de todo interés en cualquier tipo de actividad. Su vida está gobernada por la ley del menor esfuerzo y siempre busca la manera de conseguir beneficios sin hacer demasiado a cambio. Esta clase de persona, cuando está dentro del cuerpo de Cristo, espiritualiza su vagancia explicando que Dios la ha llamado a cosas «mayores». Es la clase de persona que tiene visiones, recibe palabras y profecías y siempre está lista para disertar sobre la Palabra. Nunca está, sin embargo, a la hora de arremangarse para trabajar en algún proyecto que implica esfuerzo y sacrificio. También de estas hay en abundancia dentro de la casa de Dios.

De modo que podemos afirmar que tanto el activismo excesivo como el ocio desmedido son altamente perjudiciales para la vida de aquellos que desean caminar fielmente con Cristo.

¿Cuál es la lección que Cristo quiso enseñarle a Marta en este incidente absolutamente cotidiano, común a la vida de cada uno de nosotros? No estaba condenando la actividad de Marta, que de por sí era buena, sino el hecho de que estaba abocada a una actividad loable en el momento incorrecto. He aquí la diferencia entre la persona madura y la inmadura. La inmadura se dedica a destiempo a las cosas que otros hacen en el momento correcto. Hay un tiempo indicado para el trabajo y el esfuerzo. Quien se dedica al descanso, la instrucción y la reflexión, cuando es tiempo de trabajo, hace lo incorrecto. De la misma manera, quien se dedica al trabajo cuando es tiempo para el descanso, la instrucción y la reflexión, también hace lo incorrecto.

Oración:

«Señor, enséñame a discernir los tiempos para estas dos actividades, para dedicarme de todo corazón a cada una de ellas en el momento oportuno».

Transformación total

Y vinieron a Jesús, y vieron al que había estado endemoniado, sentado, vestido y en su cabal juicio, el mismo que había tenido la legión; y tuvieron miedo.
Marcos 5.15 (LBLA)

No es solamente para agregar color al relato que el evangelista describe la condición exacta en la cual los pobladores encontraron al hombre que había estado endemoniado. Es precisamente su condición transformada la que impactó tan profundamente a los que estaban presentes.

Si juntáramos el relato de Marcos con el de Lucas, tendríamos la imagen patética de un hombre completamente atormentado por la vida y las circunstancias en las que vivía. Marcos nos dice que el gadareno, que moraba entre los sepulcros, daba grandes gritos y se hería continuamente con piedras. Seguramente este comportamiento era producto de sus desesperados esfuerzos por ponerle fin al tormento en que vivía. Lucas agrega el detalle de que el hombre no vestía ropa alguna, de manera que se le veía por las colinas de la zona corriendo completamente desnudo.

No debe escapar de nuestra observación los «métodos» que habían usado los pobladores de la zona para solucionar el problema del endemoniado. Ninguno de ellos se caracterizaba por la misericordia o la compasión. Más bien, con una violencia absolutamente injustificable, lo habían atado muchas veces con cadenas y grillos para tratar de contenerlo. Son los medios de este mundo, donde es más importante asegurar nuestra comodidad y tranquilidad que liberar a los cautivos de su sufrimiento. Hoy no lo hacemos con grillos y cadenas, pero tenemos instituciones para aislar y sacar del camino a personas con este tipo de «desequilibrios mentales».

Jesús declaró explícitamente que vino a este mundo para sanar a personajes como este endemoniado (Lc 4.18-19). Lejos de ignorarlo, el Señor le ministró y puso fin a su tortuosa experiencia, para encaminarlo hacia una vida sana y restaurada. Queremos, en esta reflexión, notar la profundidad de ese cambio. Antes el hombre andaba desnudo; ahora estaba vestido. Antes corría por doquier buscando herirse con piedras; ahora estaba sentado. Antes daba grandes gritos; ahora estaba en su sano juicio. ¡Qué tremenda transformación! Es la clase de cambio que Dios quiere producir en la vida de todos aquellos cuyas vidas toca.

En la iglesia no siempre hemos entendido esta realidad, prefiriendo atender solamente los aspectos «espirituales» del ser humano. Lo espiritual, sin embargo, no puede estar divorciado de lo emocional, lo mental o lo físico. La redención que Dios propone al ser humano es una redención que afecta al hombre total. Con esa clase de obra debemos estar comprometidos, para buscar la transformación del hombre en todos los aspectos de su vida.

Para pensar:

El apóstol Santiago le hizo un planteamiento incisivo a los cristianos del primer siglo, uno que no ha perdido poder a pesar del transcurso de 2000 años desde aquella pregunta. «Si un hermano o una hermana -escribía el apóstol-, no tienen ropa y carecen del sustento diario, y uno de vosotros les dice: Id en paz, calentaos y saciaos, pero no les dais lo necesario para su cuerpo ¿de qué sirve?» (2.15-16 - LBLA). Es una pregunta en la cual vale la pena reflexionar.

El valor del dominio propio

24 DE JUNIO

Como ciudad sin defensa y sin murallas es quien no sabe dominarse. **Proverbios 25.28 (NVI)**

La defensa de una ciudad no era un asunto que simplemente le agregaba una cuota adicional de seguridad a sus habitantes. En los tiempos del rey Salomón, era una cuestión de vida o muerte pues, según la práctica de la época, las batallas y guerras entre los pueblos frecuentemente incluían el subyugar a las poblaciones mediante el saqueo de sus ciudades. En las ciudades se encontraban los centros de administración, comercio y distribución de alimentos. Los pobladores de la zona sabían también que podían encontrar en las ciudades el socorro y la protección que necesitaban frente a la llegada de un enemigo.

Típicamente una ciudad estaba rodeada de un muro. Los muros muchas veces tenían hasta siete metros de ancho y diez metros de altura. En la base del muro, se colocaban terraplenes inclinados, rellenos con pedregullo para dificultar los intentos de escalarlos. El terraplén, en algunos casos, terminaba en una fosa que imposibilitaba el cruce de los ejércitos que buscaban acercarse hasta los muros. Las ciudades tenían pocas entradas y estas estaban construidas con elaborados diseños que impedían el paso de grandes cantidades de personas a la vez. Sobre los muros existían aberturas desde las cuales el ejército defensor podía herir a los atacantes con flechas y otros mísiles. También, los muros contenían torres donde se concentraba la mayor cantidad de soldados para la defensa de puntos estratégicos. Algunos historiadores afirman que una ciudad construida de esta manera podía, en ocasiones, resistir durante años un estado de sitio.

¿Cuál era el propósito de esta defensa? Evitar que el ejército atacante entrara en la ciudad y arrasara con todo lo que encontrara en el camino. Una vez tomada una ciudad, sus edificios eran destruidos, sus habitantes eran tomados prisioneros y sus pertenencias pasaban a ser parte del botín de guerra del ejército conquistador. Como ciudad dejaba de tener utilidad alguna.

Así, dice el autor de Proverbios, es el hombre que carece de dominio propio. Piense en la persona que no sabe callarse. Vive rodeado de pleitos y controversias, y se enreda en todo tipo de dificultades, porque no sabe guardar silencio en el momento oportuno. Piense en la persona que no sabe decirle que no a los pedidos que otros le hacen. Pierde control de su propia vida y se pasa el tiempo tratando de satisfacer las demandas de todos los que se le cruzan por el camino. Piense en la persona que no sabe disciplinarse en la comida. Pierde su buen estado de salud y comienza a adquirir peso en desproporción a su estatura, sufriendo todas las complicaciones propias de la obesidad. Piense en la persona que no puede resistirse a las seductoras invitaciones del pecado. Pierde su santidad y se hunde en todo tipo de prácticas que debilitan profundamente su vida espiritual.

Para pensar:

Tener dominio propio es saber tomar las medidas necesarias para cuidar y proteger los recursos que hemos recibido del Señor. Es poseer la disciplina para resistirse a los impulsos naturales de la carne. Es una decisión que, en el momento parece innecesaria, pero que produce un fruto precioso en el futuro. Todo líder debe estar ejercitado en el dominio propio.

Vivir en abundancia y escasez

Todo lo puedo en Cristo que me fortalece.
Filipenses 4.13

No cabe duda que este versículo presenta un principio general de la vida espiritual, pero resulta mucho más interesante pensar en el significado que tiene dentro del contexto que estaba escribiendo el apóstol Pablo.

El tema tratado en este segmento del capítulo 4 es, precisamente, la respuesta del cristiano frente a diferentes estados económicos. La iglesia de Filipos había enviado al apóstol una ofrenda, acción que le produjo gran alegría. Mas Pablo aclara inmediatamente que su alegría no era tanto por la ofrenda en sí, sino por la oportunidad de dar para aquellos que andan en novedad de vida. En lo que a él se refería, señala que su gozo frente a la ofrenda no es «...porque tenga escasez, pues he aprendido a contentarme, cualquiera que sea mi situación. Sé vivir humildemente y sé tener abundancia; en todo y por todo estoy enseñado, así para estar saciado como para tener hambre, así para tener abundancia como para padecer necesidad (Flp 4.11-12). Y luego agrega: «Todo lo puedo en Cristo que me fortalece» (Flp 4.13).

Tomemos nota de este contexto. Hay muchos desafíos que enfrentan al discípulo de Cristo, que requieren de un especial compromiso con Dios para ser sobrellevados victoriosamente. De todos ellos, sin embargo, ninguno pone al cristiano frente a un peligro tan grande como el tema del dinero. En otra carta, Pablo había declarado categóricamente: «porque raíz de todos los males es el amor al dinero, el cual codiciando algunos, se extraviaron de la fe, y fueron atormentados con muchos dolores» (1 Ti 6.10). En mi experiencia pastoral no he encontrado, tampoco, algo que posea mayor capacidad para robarse el corazón del hijo de Dios que los asuntos relacionados al dinero.

¿A qué peligros, puntualmente, se está refiriendo el apóstol en el pasaje de hoy? Al reto de vivir en abundancia y en escasez. La abundancia trae consigo el particular desafío de no ceder frente a la soberbia que producen las riquezas, confiando más en los tesoros de este mundo que en el Señor. La pobreza, por otro lado, nos desafía a no creer que el dinero es la solución a todos los problemas de la vida. El pobre es acosado por su necesidad a cada momento y puede llegar, desde un lugar muy diferente al rico, a estar obsesionado también por el dinero.

El apóstol Pablo les dice a los filipenses que él había aprendido a vivir con contentamiento. Es decir, esa particular disposición a dar gracias siempre por lo que uno ha recibido, sin fijarse en lo que a uno le falta. Es esa convicción profunda, de que todo lo que tenemos, sea mucho o poco, viene de la mano de un Dios amoroso que no tiene obligación de darnos nada. Todo, en última instancia, es un regalo. De allí la permanente felicidad del apóstol.

Para pensar:

Señor mío,... No me des pobreza ni riquezas, sino susténtame con el pan necesario, no sea que, una vez saciado, te niegue y diga: «¿Quién es Jehová?», o que, siendo pobre, robe y blasfeme contra el nombre de mi Dios (Pr 30.8-9).

Las sutilezas del orgullo

Te haré pequeño entre las naciones, menospreciado entre los hombres. Te engañaron tu arrogancia y la soberbia de tu corazón. Tú, que habitas en las hendiduras de las peñas, que alcanzas las alturas del monte, aunque eleves como el águila tu nido, de allí te haré descender, dice Jehová. **Jeremías 49.15-16**

Ninguna condición neutraliza tan eficazmente al hijo de Dios como el orgullo. Con una contundencia absoluta, pone fin a la relación con el Altísimo y deja a las personas expuestas a toda clase de engaño espiritual. Cuando no se corrige a tiempo, invita al juicio y al castigo. Nos basta con mirar la vida del rey Saúl para ver cuán irreversibles fueron las consecuencias del pecado de soberbia para él.

Considerando lo devastador que son los efectos del orgullo en nuestra vida, todos nosotros deberíamos andar con temor y temblor, para que no se instale esta actitud en nuestro corazón. Mas la lucha con el orgullo es compleja, porque no nos enfrentamos a un problema de fácil identificación. El orgullo es profundamente engañoso. Al estar íntimamente ligado con la vida espiritual, fácilmente se lo confunde con la verdadera pasión y devoción por los asuntos de Dios. Por su misma esencia, nos resulta más fácil identificarlo en la vida de nuestro prójimo que en nuestro propio corazón, pues nos engaña en cuanto a descubrirlo y desecharlo.

En segundo lugar, aun cuando descubrimos su presencia en nuestras vidas (por la acción del Espíritu), el orgullo no es una actitud que cederá mansamente frente a nuestro intento de desenmascararlo. Nos llena de argumentos, razonamientos y justificativos para convencernos de que en realidad no es lo que pensamos que es. Exige siempre la última palabra en todo y jamás permite que nos sintamos cómodos pidiendo disculpas, reconociendo nuestros errores o dándole preferencia a otra persona.

¿Dónde tiene su raíz el orgullo? El pasaje de hoy, que se une a una multitud de pasajes en la Palabra sobre el tema, nos da una importante pista: la esencia del orgullo es querer ocupar un lugar de supremacía que no nos corresponde. Solamente el Señor debe ser exaltado. Todos nosotros somos iguales, mas el orgullo, que es lo que produjo la caída de Lucifer, quiere que ocupemos un puesto por encima de los demás y aun de Dios mismo. Ya sea que no permita recibir corrección, o que no reconozca mis errores, o que me dedique a juzgar a los demás, o que no me relacione con los que no piensan como yo, el orgullo siempre me instala en una posición donde me considero superior al otro.

Debemos, de veras, temblar ante la posibilidad de quedar presos del orgullo. Solamente el Señor puede librarnos, porque solamente él lo puede identificar claramente en nuestro corazón. No nos quedemos con nuestro propio análisis de nuestras vidas. Sabiendo lo evasivo que es el orgullo, pidamos al Señor que examine nuestros corazones. Luego, con actitud valiente, hagamos silencio para que él nos diga lo que él ve en nosotros. Aunque duela, su diagnóstico es certero y traerá libertad.

Para pensar:

«¿Quién puede discernir sus propios errores? Líbrame de los que me son ocultos. Preserva también a tu siervo de las soberbias, que no se enseñoreen de mí. Entonces seré íntegro y estaré limpio de gran rebelión» (Sal 19.12-13).

Buscar la reconciliación

Por tanto, si traes tu ofrenda al altar y allí te acuerdas de que tu hermano tiene algo contra ti, deja allí tu ofrenda delante del altar y ve, reconcíliate primero con tu hermano, y entonces vuelve y presenta tu ofrenda. **Mateo 5.23-24**

Esta enseñanza contradice los conceptos populares de lo que debemos hacer en situaciones de conflicto interpersonal. Normalmente nosotros enseñaríamos que si alguien tiene algo contra otra persona debe ir y hablarlo con ella. Mas Cristo revierte los roles y nos dice que si tenemos conciencia de que nuestro hermano tiene algo contra nosotros debemos tomar la iniciativa de buscarlo.

La razón pareciera encontrarse en las características que asumimos cuando estamos ofendidos. Lejos de buscar la manera de resolver nuestro conflicto, nos airamos y tendemos a aislarnos de la persona que, según entendemos, nos ha ofendido. Por naturaleza no buscamos hablar las cosas y poner todo en claro. Más bien tendemos a encerrarnos en nosotros mismos y dejar que nuestro corazón se llene de pensamientos indignos hacia la otra persona. Quizás es la misma intensidad de estos sentimientos que nos impide buscar al otro para hablar sobre lo sucedido. Sea cual sea la razón, Cristo anima a la persona que es causante de la ofensa (sea real o imaginada) a que tome la iniciativa de ir a hablar con el ofendido. De esta manera se asegura que, cualquiera sea el camino a recorrer, una relación quebrada no continúe indefinidamente en este estado.

El Señor creía que esta necesidad de reconciliación era tan fundamental para la salud espiritual de los involucrados que ordenó que se interrumpiera un acto de adoración hacia Dios para realizar este paso de restauración. En muchas situaciones creemos que nuestra relación con Dios puede seguir normalmente, a pesar de que nuestras relaciones horizontales con los que son de la familia no gozan de la salud que deberían tener. Cristo, sin embargo, deseaba recalcar que la rotura de las relaciones con nuestros hermanos afecta dramáticamente nuestra relación con el Padre. Aun cuando queramos convencernos de que nuestra ofrenda es recibida con agrado, la Palabra revela que Dios se resiste a la devoción de aquellos que no están en paz con sus semejantes. En Isaías 58, un pasaje que denuncia con dureza la religiosidad de Israel, el profeta condena al pueblo porque ayunan, se visten de cilicio y oran al Señor mientras oprimen a sus trabajadores y buscan cada uno su propia conveniencia. «He aquí que para contiendas y debates ayunáis, y para herir con el puño inicuamente» (58.4). El pasaje anima a una expresión de la vida espiritual que se traduce en relaciones armoniosas con Dios y con los hombres.

Por todo esto Cristo resaltó que la restauración de las relaciones era una prioridad impostergable en la vida de los hijos de Dios. El asunto fundamental en juego no es quién tiene razón en el pleito o la disputa existente. La cuestión esencial es si las dos personas están dispuestas a dar paso a la ley del amor, que es la primera ley, y la que resume todos los demás mandamientos.

Para pensar:

«Somos como bestias cuando asesinamos. Somos como hombres cuando juzgamos. Somos como Dios cuando perdonamos». Anónimo.

Avergonzar al enemigo

Preséntate tú en todo como ejemplo de buenas obras; en la enseñanza, mostrando integridad, seriedad, palabra sana e irreprochable, de modo que el adversario se avergüence y no tenga nada malo que decir de vosotros.

Tito 2.7-8

En el libro de Job se nos presenta una imagen vívida de un encuentro entre Dios y Satanás. En este encuentro, Satanás intenta convencer a Jehová de que la aparente piedad de Job no es más que el resultado predecible de la abundancia y prosperidad en la que vive. Sugiere que si se le quita toda esa abundancia bien pronto dejará de caminar en rectitud delante del Señor. Detrás de esta sugerencia vemos un deseo, por parte de Satanás, de encontrar algo en la vida de Job que le sirva para realizar lo que es su actividad principal: acusar a los escogidos. Según la descripción que tenemos en Apocalipsis, esta es una actividad en la que no conoce el descanso, pues afirma la Palabra que acusa a los santos «delante de nuestro Dios día y noche» (Ap 12.10).

Saber esto nos puede ayudar a entender lo profundamente espiritual que es la exhortación de Pablo a Tito. Aquí no se está hablando de una sugerencia sino de no darle pie al enemigo, ni ser partícipe involuntario de ninguna de sus inmundas estrategias para enturbiar la obra de Dios. La manera de lograr esto, según la exhortación del apóstol, es viviendo de tal forma que el enemigo no tenga de qué asirse en la vida del hijo de Dios. En otras palabras, por más que examine nuestra vida con detenimiento no podrá encontrar elemento alguno que le sirva para acusarnos delante del Padre.

Este objetivo necesariamente nos tiene que conducir al plano del comportamiento, dejando de lado la idea, tan común, de que la verdad se define por medio de elaborados ejercicios intelectuales. En la visión de Pablo, la verdad se proclama con la vida. El enemigo no examina nuestra doctrina, para ver si encuentra en ella contradicciones teológicas o falta de evidencias bíblicas. El enemigo observa nuestro andar cotidiano. Nos mira cuando estamos sentados en familia. Nos observa cuando caminamos por la calle. Nos estudia cuando estamos en el lugar de trabajo. Nos escucha cuando hablamos. Nos analiza cuando estamos reunidos y cuando estamos solos. En todo esto él tiene una sola meta: encontrar en nosotros aquellas cosas que deshonran al Señor, para presentarse delante de su trono con la evidencia de nuestra condición indigna.

Debe animar nuestro corazón que, frente a las acusaciones insistentes del enemigo, tengamos también un abogado ante el Padre: Jesucristo (1 Jn 2.1). Él intercede por nosotros y defiende nuestra causa, ¡bendito sea su nombre! No obstante, vemos en el pasaje de hoy un llamado muy serio a vivir en santidad. Pablo nos exhorta a andar de tal manera que el enemigo tenga que «ponerse colorado» para acusarnos, porque no tiene otro recurso que mentir acerca de nuestras vidas. Nuestras obras proclaman que nos hemos comprometido sin reservas con Aquel que nos llamó de las tinieblas a su admirable luz. ¡Qué tremendo desafío!

Para pensar:

«La santidad es la cara visible de la salvación». C. H. Spurgeon.

Relaciones que «afilan»

El hierro se afila con el hierro, y el hombre en el trato con el hombre.
Proverbios 27.17 (NVI)

El hierro era un metal de relativamente bajo valor en los tiempos bíblicos, pero de gran utilidad en la vida cotidiana. Del hierro se fabricaban cuchillos, espadas, arados, clavos y otros elementos para las diferentes actividades de la vida diaria. El hierro, sin embargo, debía ser trabajado cuidadosamente para adquirir el filo y la forma que lo convertía en una herramienta útil en las manos del hombre. Este trabajo se realizaba mayormente mediante un proceso en el cual un pedazo de hierro era limado con otro.

El autor de Proverbios utiliza la imagen de este trabajo para hablar del proceso que ayuda a un hombre a adquirir el «filo» necesario para ser contundente y eficaz en las cosas que hace. Debemos notar, primeramente, que la analogía de Proverbios descarta la posibilidad de la formación aislada, por el mismo esfuerzo del individuo. A pesar de esto, muchas personas están empecinadas en limitar el esfuerzo por crecer y madurar en la vida, a sus propios proyectos individuales. Vivimos rodeados de multitudes pero nuestra existencia es solitaria, evitando un contacto significativo con otros.

Sin ese contacto no es posible adquirir esa forma y ese filo que convierten nuestras vidas en herramientas útiles en las manos del Señor. Al igual que en el trabajo de afilar hierro con hierro, el contacto con otros debe ser deliberado, sostenido y esforzado. No son los encuentros fugaces y ocasionales los que producirán oportunidades de crecimiento. Es necesario que los encuentros no solamente tengan continuidad, sino que también no sea librado al azar el cultivo de este tipo de relaciones. Como sabemos, es posible que nos encontremos con otros y pasemos largo tiempo conversando sin que necesariamente se hable de asuntos que conduzcan a un intercambio de vida. Para que ocurra esto es necesario que, en acuerdo común con la otra persona, estemos dispuestos a conducir nuestra relación por caminos que normalmente no escogeríamos. Hay que dejar espacio para preguntas que inviten al otro a abrirse, o para hacer comentarios que obliguen a examinar actitudes o comportamientos en la vida de uno mismo. También que permitamos incorporar a nuestra relación, dentro de un marco de amor y compromiso, la exhortación, la corrección, la reprensión, la instrucción y la enseñanza. Todos estos elementos ayudarán a que nuestro encuentro con los demás no deje como resultado haber simplemente pasado un buen momento juntos.

Para los que ocupan un lugar de responsabilidad dentro de la iglesia esto es especialmente importante. El ministerio tiende a aislarnos. Debemos, por lo tanto, cultivar con algunas personas clave una relación de intimidad que permita este tipo de intercambio. Personas con las cuales nos sintamos invitados y desafiados a seguir estirándonos para alcanzar nuestro máximo potencial en Cristo.

Para pensar:

¿Puede pensar en dos o tres personas con las cuales comparte este tipo de relación? ¿Qué elementos ayudan a que la relación sea tal que se «afilen» mutuamente? ¿Qué cosas puede introducir en la relación para crecer más en este aspecto?

El precio del éxito

Donde no hay bueyes, el pesebre está limpio, pero mucho rendimiento se obtiene por la fuerza del buey. **Proverbios 14.4 (LBLA)**

Este proverbio nos invita a hacer dos reflexiones importantes. En primer lugar, existe en todos nosotros una tendencia a darle prioridad en nuestra vida a cosas que son secundarias. En este caso, el autor de Proverbios escoge el tema de la limpieza. Nadie en su sano juicio va a argumentar que es saludable vivir rodeado de suciedad, en condiciones poco higiénicas; pero he conocido muchas personas para las cuales la limpieza es una obsesión. Están dispuestas a pelearse con otros para defender e imponer condiciones de extrema higiene en su vida cotidiana, aunque estas sean innecesarias.

Podríamos trasladar esta obsesión a otros aspectos de la vida. Considere el tema de la puntualidad. Es importante ser puntual y mostrar respeto por el tiempo de los demás. Pero la persona obsesionada con el reloj insiste en la puntualidad aun cuando está de vacaciones y no existe horario alguno. O piense en la tendencia del perfeccionista. Para esta persona es inaceptable que un proyecto contenga imperfecciones. Creemos que es importante hacer todo con un grado de excelencia. Pero el perfeccionista no puede quedar satisfecho con algo menos que perfecto, aunque sea en una cosa insignificante.

En todo esto vemos lo propensos que somos, como seres humanos, a construir nuestras vidas alrededor de valores que tienen poca importancia en la dimensión espiritual de nuestra existencia. El desafío, entonces, es no dejar que este tipo de obsesiones dominen y controlen nuestra existencia.

El autor de Proverbios, sin embargo, nos está llevando a una segunda reflexión: Todo logro en esta vida trae consigo ciertos aspectos desagradables. No es posible alcanzar el éxito en un proyecto difícil si no estamos dispuestos a algunos sacrificios. En el ejemplo que nos presenta el versículo de hoy la ilustración es clara: el buey es un animal indispensable para ayudar en las tareas del campo. Con el uso del buey el campesino puede avanzar mucho más en sus tareas que si tuviera que hacerlas solo. Pero cuando lleva al buey al pesebre, por la noche deja sus desechos en el piso. Es el precio de tener un buey. De la misma manera, quien desea alcanzar ciertas metas en esta vida, debe estar dispuesto a acarrear los costos que dicha conquista trae. ¿Quiere que la iglesia crezca? Debe estar dispuesto a que se llene de personas que no tendrán el comportamiento prolijo de los evangélicos. ¿Quiere ayudar a los pobres? Deberá estar dispuesto a caminar por el barro, y beber agua contaminada. ¿Quiere formar discípulos? Debe estar dispuesto a aguantar las inmadureces y necedades de ellos. Cada proyecto tiene sus aspectos desagradables. No pueden ser evitados. Nosotros debemos estar dispuestos a pagar el precio necesario para lograr el éxito.

Para pensar:

¿Qué cosas pueden estar ocupando un lugar más importante en su vida de lo que deben ocupar? ¿Cuál es el precio que debe pagar para crecer en los proyectos que tiene en este momento? ¿Qué pasos debe tomar para seguir avanzando hacia el éxito?

Contra la intolerancia

Juan le respondió diciendo: «Maestro, hemos visto a uno que en tu nombre echaba fuera demonios, pero él no nos sigue, y se lo prohibimos, porque no nos seguía». Pero Jesús dijo: «No se lo prohibáis, porque ninguno hay que haga milagro en mi nombre, que luego pueda hablar mal de mí». **Marcos 9.38-39**

Observe los detalles del testimonio de Juan. Los discípulos se habían encontrado con una persona que también estaba ministrando a los endemoniados. Quizás sería una de las incontables personas que habían sido tocadas por el ministerio de Cristo. Restaurado por la gracia de Dios, estaba dedicando su tiempo a ministrar a los que vivían bajo opresión y tormento. Al verlo, en seguida intervinieron para impedirle que siguiera haciendo ese trabajo. ¿Cuál era el criterio que usaron para censurar el ministerio que realizaba? ¡Que no era parte del grupo selecto de hombres que seguía a Cristo! No demostraron interés por examinar los frutos de su ministerio, ni tampoco en determinar si genuinamente estaba obrando en el poder y la gracia del Espíritu Santo. Descartaron lo que hacía porque no estaba con ellos, y si no estaba con ellos ¡evidentemente no podía ser de Dios lo que estaba haciendo!

Este pequeño incidente revela una de las más persistentes tendencias en nosotros, que es la de creer que solamente hay una forma aceptable de hacer las cosas: ¡la nuestra! Esta postura es la que da origen a la mayoría de los conflictos dentro de la iglesia. Revela cuán propensos somos a creer que nuestra manera de hacer las cosas es la única válida; que el ministerio en el cual estamos invirtiendo tiempo es el único ministerio que realmente importa.

Precisamente por esta actitud hemos sido visitados con frecuencia, en nuestras congregaciones, por personas enamoradas de sus propios proyectos. Unos tienen pasión por misiones e intentan convencernos de que todos los que no estamos involucrados en esto no estamos en el centro de la voluntad de Dios. Otros tienen carga por los judíos; buscan la forma de demostrar que el ministerio a los israelitas es la prioridad del pueblo de Dios. Otros tienen pasión por la evangelización; nos hacen sentir culpables porque no compartimos las buenas nuevas con al menos una persona por día. Cada uno de ellos promociona lo suyo y, sutilmente, desprecia lo que están haciendo los demás.

Cristo quiso enseñarles a los discípulos que el reino es mucho más grande de lo que nosotros entendemos. Dios está trabajando de muchas maneras diferentes, por medio de muchas personas diferentes, en muchos proyectos que son importantes para sus propósitos. Desea que sus hijos cultiven una perspectiva más generosa hacia otros que también están sirviendo, aunque lo hagan de forma completamente diferente a la nuestra. La validez de un ministerio la determina el Señor, no nuestra perspectiva de las cosas.

Para pensar:

¡Gracias a Dios que no todos trabajan en lo que nosotros trabajamos, ni tienen las mismas convicciones! Esto es parte de la maravillosa experiencia de ser miembros del cuerpo de Cristo, con sus multifacéticas expresiones y funciones. Cultive el hábito de orar y promocionar el ministerio de otros que trabajan en proyectos diferentes al suyo.

Agradar a Cristo

«¿Acaso busco ahora la aprobación de los hombres o la de Dios? ¿O trato de agradar a los hombres? Si todavía agradara a los hombres, no sería siervo de Cristo». **Gálatas 1.10**

La iglesia de Galacia se había enredado en una serie de conflictos relacionados con la clase de vida que debían llevar los discípulos de Cristo. Un grupo de judaizantes argumentaba que era necesario que los nuevos convertidos incorporaran a sus vidas las prácticas de la ley para ser salvos. Una de las acusaciones que habían elevado contra el apóstol -el cual insistía en que los gentiles se podían convertir sin este elaborado proceso- era que él había «aguado» los requisitos de la ley para caer en gracia con los gentiles. Argumentaban que muchos de ellos no se hubieran convertido si hubieran sabido los verdaderos «requisitos» para seguir a Jesús. Veían en Pablo a alguien culpable de adaptar el evangelio para no ofender a sus oyentes.

Tal acusación no debe ser tomada con liviandad. Todos nosotros tenemos un profundo deseo de ser aceptados por los que nos rodean. A nadie le gusta vivir aislado y marginado por sus pares. En algunos, este deseo puede ser tan intenso, que están dispuestos a ceder en sus convicciones con tal de recibir la aprobación de los demás.

Para aquellos que servimos dentro de la iglesia en ministerios de enseñanza y predicación de la Palabra, el peligro de adaptar el evangelio siempre está presente. Considere lo poco popular que son muchas de las verdades que proclama la Palabra, como el llamado a la santidad, la sencillez, la negación de uno mismo, o el rechazo absoluto hacia ciertas prácticas pecaminosas. Los principios del reino contradicen y confrontan los conceptos populares del mundo. Quien se dedica a proclamarlos sin modificación puede ser tildado de radical, insensible, anticuado o desubicado. Es mucho más fácil «adaptar» el mensaje a la cultura en la que vivimos, hablando y proclamando aquellas verdades que serán bien recibidas por el pueblo. De hecho, esta es una tendencia que caracterizará a la iglesia de Cristo en los últimos tiempos. Pablo afirma, en su segunda carta a Timoteo, que en los últimos tiempos habrá personas que «no soportarán la sana doctrina, sino que, teniendo comezón de oir, se amontonarán maestros conforme a sus propias pasiones, y apartarán de la verdad el oído y se volverán a las fábulas» (4.3-4).

Observe cuán radical es la respuesta de Pablo a las acusaciones de los judaizantes en la iglesia de Galacia. Declara, sin rodeos, que no es posible servir a Cristo si uno desea agradar a los hombres. Una cosa es incompatible con la otra. Quien se dedica a proclamar la Verdad de Dios debe estar dispuesto a convivir con los reproches y los reclamos de aquellos que se escandalizan por nuestra enseñanza. No buscamos escandalizar deliberadamente, mas será uno de los resultados inevitables de proclamar la Palabra. Todo ministro debe evaluar si está dispuesto a pagar este precio para ser fiel a su llamado.

Para pensar:

«Vive en paz, si es posible; mas vive la Verdad, cueste lo que cueste». Martín Lutero.

La bendición de sentir hambre

«Bienaventurados los que tienen hambre y sed de justicia, porque serán saciados». **Mateo 5.6**

La sensación de tener hambre y sed, por más desagradable que sea, es algo que cumple un rol indispensable en el buen funcionamiento del cuerpo. Nos alerta al hecho de que nuestras reservas de energía están bajas y deben ser repuestas. Nos insta a procurar alimentos y bebida para satisfacer las necesidades elementales de nuestro ser. De no sentir hambre correríamos el peligro de ser negligentes y alimentar incorrectamente nuestro cuerpo.

Podemos trasladar esta observación al mundo de las cosas espirituales. Es por medio de las sensaciones de necesidad que nos sentimos impelidos a buscar de Dios aquellos elementos que son necesarios para nutrir nuestra vida espiritual. Por esta razón, Cristo podía decir que aquel que tenía hambre y sed de justicia era «bienaventurado», pues su necesidad abría el camino para la provisión de Dios.

Un sencillo principio se desprende de esta observación: el camino que frecuentemente recorre el Señor en su trato con nuestra vida es el de producir la necesidad en nosotros para que, luego, busquemos su rostro y pidamos su intervención en nuestras vidas. Con frecuencia nos conduce a lugares donde tomamos conciencia de nuestra necesidad, y eso es lo que activa nuestra búsqueda de él. Las experiencias que revelan nuestras flaquezas pueden ser profundamente desagradables para nosotros. A menudo vienen por medio de fracasos y amargas derrotas personales. Cuando procesamos correctamente lo que estamos viviendo, reconocemos nuestra necesidad y levantamos nuestros ojos a Cristo Jesús para que él supla lo que no podemos procurar por nuestros propios medios. Sin este sentido de necesidad no habría búsqueda de nuestra parte.

El mismo principio se aplica a la evangelización. Nuestros esfuerzos por «salvar» a otros no van a dar resultados si los otros no están enterados de que están «perdidos». ¡Queremos interesarlos en algo que aún no se han enterado que necesitan! Es fundamental que exista primeramente en ellos hambre y sed.

Al observar la escuela por la cual transitaron muchos de los grandes siervos de Dios, podremos ver que muchos de ellos tuvieron que caminar por tiempos y experiencias de profunda angustia personal. Esta angustia era producto de sus propios esfuerzos por avanzar en los proyectos de Dios. Tal es el caso de Abraham, que tomó a Agar para engendrar un hijo, de Moisés que intentó liberar al pueblo con la violencia, o de Pedro que intentó dar su vida por Cristo. La frustración de sus proyectos personales abrió paso para que Dios obrara en ellos de manera asombrosa. Mas era necesario primeramente que experimentaran la derrota, pues sobre sus derrotas el Señor construyó sus victorias.

Debemos, pues, regocijarnos grandemente en esas situaciones que revelan nuestra necesidad, nuestra condición de hambrientos y sedientos. Estas sensaciones son las que impulsan nuestra vida hacia la fuente de toda cosa buena, Dios mismo.

Para pensar:

«Venid y volvamos a Jehová, pues él nos destrozó, mas nos curará; nos hirió, mas nos vendará» (Os 6.1).

La disciplina de Dios

4 DE JULIO

«Porque el Señor al que ama, disciplina,
y azota a todo el que recibe por hijo». **Hebreos 12.6**

El tema de la disciplina es algo que nos cuesta entender, especialmente porque estamos muy condicionados por la cultura en la cual vivimos. En muchos ámbitos educativos se ha descartado cualquier tipo de disciplina hacia los estudiantes, porque se considera que el daño emocional de una disciplina impuesta es irreparable. Influenciados por esta filosofía humanista, muchos padres cristianos han claudicado frente a la responsabilidad de disciplinar a sus hijos para criarlos en el temor de Dios. Por otro lado, en nuestra cultura latina no es inusual encontrarnos con padres que son exageradamente violentos en la forma de disciplinar a sus hijos, usando el momento de la disciplina para descargar frustraciones e ira acumulada. ¡No hace falta señalar que en estas circunstancias la disciplina deja de tener utilidad para la vida del disciplinado!

En la reflexión de hoy nos interesa meditar en la disciplina como el resultado de un compromiso de amor hacia la persona disciplinada. Note, en primer lugar, que la disciplina y el amor no son incompatibles. Al contrario, el autor de Hebreos señala que una de las maneras en que conocemos el amor del Señor hacia nosotros es en la disciplina que trae sobre nuestras vidas. Esta aparente contradicción es más fácil de entender cuando no nos concentramos en el proceso de la disciplina, sino en el producto de dicha experiencia. La disciplina no se administra para obtener resultados a corto plazo. Es una inversión que producirá fruto a lo largo de muchos años. Quien disciplina con esta verdad en mente, sabe que lo desagradable del momento es necesario, para que en el futuro se vean los resultados positivos de las acciones tomadas. Esta es la perspectiva de la exhortación de Proverbios, cuando dice: «No rehúses corregir al muchacho, porque si lo castigas con vara, no morirá. Castígalo con la vara y librarás su alma del seol» (23.13-14). ¡La administración de la disciplina tiene consecuencias relacionadas con la eternidad!

La persona disciplinada no es la única que se duele en la experiencia. El que disciplina también sufre. Si usted ha disciplinado en amor a un hijo, sabrá que el corazón de un padre o una madre sufre y se quebranta por tal acción. Experimentamos, además, desilusión por el comportamiento inapropiado que ha hecho necesaria la administración de la disciplina.

En este sentido podemos entender el dolor de nuestro buen Padre celestial cuando se hace necesario que nos discipline. Seguramente su corazón se carga de tristeza por nuestras acciones inapropiadas que lo motivan a disciplinarnos. Mas, por nuestro bien, no desiste de la disciplina. De la misma manera, nosotros que hemos sido llamados a formar a otros, debemos estar dispuestos a ejercitar la disciplina cuando sea necesario, con espíritu tierno pero firme. Es una parte esencial de nuestra labor pastoral, y no debemos descuidarla.

Para pensar:

«Es verdad que ninguna disciplina al presente parece ser causa de gozo, sino de tristeza; pero después da fruto apacible de justicia a los que por medio de ella han sido ejercitados» (Heb 12.11).

Andar en él

«Por tanto, de la manera que habéis recibido al Señor Jesucristo, andad en él, arraigados y sobreedificados en él y confirmados en la fe, así como habéis sido enseñados, abundando en acciones de gracias».

Colosenses 2.6

Piense por un momento en cómo fue su experiencia de conversión. Por una serie de circunstancias arribó a una convicción profunda de que le estaba faltando algo en su vida, y que ese algo era Jesucristo. Quizás estaba cansado de los sinsabores de su propia existencia, o deprimido porque sus esfuerzos no producían los resultados anhelados. Quizás estaba en una situación límite, sin ninguna esperanza de revertir su realidad personal. Fueran cuales fueran las particularidades de su propia experiencia, se dio cuenta de que solamente Dios podía poner orden en su vida. Se entregó sin reservas ni condiciones, confesando su fragilidad y pidiendo al Altísimo que interviniera en su vida. Lo único que poseía era una profunda convicción de que Jesús le ofrecía lo que usted necesitaba.

Pablo anima a los colosenses a que caminen en el mismo espíritu con que comenzaron su vida espiritual, es decir, con esa misma sencillez y confianza que caracterizó su conversión. Esta exhortación no es en vano, pues la tendencia de cada uno de nosotros es a abandonar la sencillez del primer amor para enredarnos en las complejidades de una experiencia religiosa, con sus largas listas de exigencias y demandas. La vida en Cristo, sin embargo, es una relación, y debe ser conducida con la misma pasión y confianza absoluta que caracterizó nuestros primeros tiempos en el evangelio.

Para dejar esto en claro el apóstol habla de cuatro aspectos que considera indispensables en el andar cotidiano con Cristo. En primer lugar, hace alusión a las raíces de una planta, que la nutren y fortalecen. Así también, el hijo de Dios debe estar firmemente arraigado a la persona de Cristo, procurando de su persona los nutrientes que precisa. Luego, el apóstol hace referencia a un edificio, animando a que todo lo que se construye también sea en Cristo. Es decir, todos los proyectos y emprendimientos del discípulo deben estar permeados e impregnados de la persona de Jesús. Un tercer elemento tiene que ver con la confirmación de la fe. En esto debemos otorgarle al Señor la oportunidad de demostrar que todas las acciones tomadas por fe tienen su fruto y su recompensa en él. Por último, Pablo anima a que la experiencia de andar en Cristo esté sazonada en todo momento con expresiones continuas de gratitud por todas la bondades recibidas.

Para pensar:

La vida cristiana se desvirtúa cuando intentamos reducirla a una serie de actividades que deben garantizar su continuidad. El camino a seguir es el de buscar siempre que el Señor sea parte de todo lo que vivimos y experimentamos. Unos versículos más adelante el apóstol explica por qué es necesario esto: «Porque en él (Cristo) habita corporalmente toda la plenitud de la divinidad, y vosotros estáis completos en él, que es la cabeza de todo principado y potestad» (Col 2.9).

Esclavos de la obediencia

«¿No sabéis que cuando os presentáis a alguno como esclavos para obedecerle, sois esclavos de aquel a quien obedecéis, ya sea del pecado para muerte, o de la obediencia para justicia?».
Romanos 6.16 (LBLA)

Una afirmación que frecuentemente escuchamos dentro de la iglesia es que Cristo nos ha hecho libres. La idea en esto es que ahora somos libres para escoger el camino que queramos, gozando del beneficio adicional: que Dios añade su bendición a las decisiones que tomamos. De hecho, Pablo afirma en Gálatas 5.1 «Estad, pues, firmes en la libertad con que Cristo nos hizo libres, y no estéis otra vez sujetos al yugo de esclavitud». Mas la libertad de la que hablan las Escrituras no es una libertad que nos ha sido entregada.

Para entender mejor este concepto es bueno que reflexionemos sobre el versículo de hoy. Con el deseo de aclarar una profunda verdad espiritual Pablo echa mano de una realidad que era bien conocida en el mundo en el que vivía: el de la esclavitud. Como sabemos, un esclavo en esos tiempos era considerado como la propiedad de su dueño. No era una persona sino más bien un objeto. El dueño podía disponer de su vida según le complaciera, incluso dándole muerte si así lo quería. Si aplicáramos a esta analogía, entonces, el concepto popular de la libertad en Cristo, la salvación podría compararse a un esclavo que recupera su libertad y tiene ahora la posibilidad de construir su propia vida como el resto de las personas.

El pasaje de hoy contradice esta noción. Más bien señala que hemos pasado de un estado de esclavitud a otro. Antes, nuestro amo era el pecado. Aun cuando queríamos hacer lo bueno, no podíamos porque el pecado reinaba en nuestras vidas. Ahora, según este pasaje, tenemos un nuevo amo: la obediencia. Si volvemos a la analogía de los esclavos del Imperio Romano, entonces, la imagen sería la siguiente: la libertad que nos ha sido dada no es la libertad incondicional, sino el haber sido libertados de los caprichos y deseos de nuestro antiguo amo. Ahora, un nuevo amo -Cristo Jesús- nos ha comprado y le debemos a él el mismo servicio que le debíamos a nuestro amo anterior. Es decir, hemos pasado de un estado de esclavitud a otro. No es nuestra condición la que ha cambiado sino el amo a quien servimos.

Es interesante notar, además, que Pablo podría haber declarado que ahora somos esclavos de Cristo, cosa que es verdad. Mas el apóstol escogió decir que somos esclavos de la obediencia. En otras palabras, hemos sido introducidos en un estilo de vida donde la Palabra de Dios se constituye en las instrucciones que guían nuestro diario vivir. No opinamos ni discutimos acerca de lo que nos pide el Señor, porque somos esclavos de la obediencia. ¡Aunque quisiéramos hacer lo contrario no podemos, porque nuestro lema es obedecer en todo lugar y en todo momento!

Para pensar:

«Esta es la voluntad de Dios: que haciendo bien, hagáis callar la ignorancia de los hombres insensatos. Actuad como personas libres, pero no como los que tienen la libertad como pretexto para hacer lo malo, sino como siervos de Dios» (1 P 2.15-16).

Pastores, no señores

«Apacentad la grey de Dios que está entre vosotros... no como teniendo señorío sobre los que están a vuestro cuidado, sino siendo ejemplos de la grey».

1 Pedro 5.2-3

Entre los problemas que más frecuentemente anulan el ministerio del pastor está la tendencia a confundir la responsabilidad pastoral con un llamado a adueñarse de la vida de los miembros del cuerpo de Cristo. Probablemente esta postura sea la que más ha contribuido a frenar los proyectos del reino y a dañar profundamente la vida espiritual de los hijos de Dios.

El pasaje de hoy contiene un llamado a apacentar la grey de Dios. La palabra «apacentar» comunica el concepto de bondad, ternura y tranquilidad. Quien ha tenido la oportunidad de observar a un pastor de ovejas habrá notado que, de todos los trabajos que involucran el cuidado de animales, este es el que requiere mayor mansedumbre y sosiego. La oveja es un animal indefenso que fácilmente se mete en problemas. El buen pastor la conduce con un espíritu apacible y contagia al animal su propio comportamiento lento y pausado. Los movimientos violentos y agresivos tienden a espantar al rebaño.

A modo de aclaración, el apóstol Pedro específicamente instruye a los ancianos a que no se enseñoreen de la grey. El diccionario define el término como «controlar, subyugar, ejercer dominio, imponerse». Estas definiciones revelan un agresivo espíritu de competencia que busca una posición de supremacía sobre los demás; viene acompañado del mensaje implícito de que el pastor merece esa posición de superioridad por ser mejor que los demás, ya sea por su rol, por sus dones o por su llamado.

En la práctica, esta actitud produce congregaciones llenas de tensión. La palabra del pastor no puede ser cuestionada porque tiene mayor autoridad que los demás. El pastor tiene derecho a decidir por los demás, sin darles la oportunidad a que piensen o participen en el proceso. Puede imponer cambios en la congregación sin consultar a nadie, simplemente por ser el pastor. Todas las decisiones que los demás quieran tomar deben ser autorizadas por su persona. Nadie puede avanzar en un proyecto si él no ha dado su «visto bueno».

Usted ya se habrá dado cuenta que esta situación tiene matices bastante enfermizos. No obstante, es muy triste ver la cantidad de congregaciones que funcionan con estos parámetros. Pedro ofrece una alternativa a este modelo: que el pastor/anciano sea de ejemplo. En este enfoque el énfasis está en la vida del líder. Lo llama a estar más preocupado por su propia conducta que por vigilar si los demás lo obedecen o toman en cuenta. La razón es sencilla: el factor que más afecta el proceso de transformación en los demás es el impacto de una vida santa. El pastor no debe obligar a los demás, sino que, con su propia devoción, debe influenciarlos para ser como Cristo. ¡Qué tremendo desafío! Pero bien vale la pena invertir en este estilo de liderazgo. ¡Las personas a las que usted ministra jamás serán iguales!

Para pensar:

¿Qué clase de líder es usted? ¿Cómo lo describirían las personas que lo conocen? ¿Qué cosas necesita hacer para ser más pastor y menos «señor»?

La esperanza del miserable

«¡Miserable de mí! ¿Quién me librará de este cuerpo de muerte? ¡Gracias doy a Dios, por Jesucristo Señor nuestro!».
Romanos 7.24-25

«Lo que hago, no lo entiendo, pues no hago lo que quiero, sino lo que detesto, eso hago... no hago el bien que quiero, sino el mal que no quiero, eso hago» (Ro 7.15, 20). ¿Quién de nosotros no se ha sentido identificado con la descripción tan acertada que hace Pablo de la lucha que tenemos con el pecado? Leemos este pasaje y no podemos evitar exclamar: ¡ese soy yo! Este es el calvario diario de nuestra existencia. Nuestro espíritu anhela todo aquello que es bueno y puro; pero nuestro cuerpo está gobernado por una ley que, en ocasiones, parece indomable. A cada rato sentimos las insinuaciones seductoras del pecado, invitándonos a caminar por el camino que aborrecemos. ¡Miserable de nosotros!

La pregunta del apóstol, ¿quién nos librará de este cuerpo de muerte?, no es tanto una pregunta teológica como la frustrada exclamación de quien se siente agobiado por la constante lucha con la carne. Esta pregunta refleja su agonía personal.

Debemos prestar mucha atención a la respuesta, pues en ella encontramos la libertad que tanto anhelamos. La solución a nuestra lucha no es un programa sino una persona: Cristo Jesús. Esto contradice toda nuestra formación, pues somos parte de un pueblo que ha construido su existencia sobre «el hacer». Nuestra filosofía privilegia el movimiento y la acción decisiva, sobre la pasividad y la quietud. Cuando se nos presenta un desafío, nos informamos acerca de las formas más eficaces de hacerle frente y luego intentamos avanzar confiadamente hacia la conquista del problema. Creemos que la cuota indicada de esfuerzo y perseverancia harán que los obstáculos desaparezcan. En muchas esferas de la vida ocurre así. Mas el pecado no se resuelve con ningún programa, tampoco cede frente a los persistentes embates de la disciplina. El pecado es una realidad que no podemos vencer.

¿Quién nos puede librar? ¡Cristo Jesús, Señor nuestro! ¿Cómo lo hace? ¡No sabemos!, pero él es la solución para nuestra lucha. Una vez más viene a nuestra mente la imagen de Cristo agonizando en Getsemaní. Su lucha es la nuestra: el espíritu quería someterse a la voluntad del Padre, pero la carne se rebelaba contra este deseo. ¿Cómo solucionó su dilema? Buscó el rostro del Padre. No vemos ninguna manifestación física del Espíritu en esta escena. No somos testigos de ningún accionar dramático en la vida de Cristo. Solamente lo podemos observar derramando su dilema delante del Padre. Luego de volver por tercera vez, su lucha terminó. La paz se había instalado en su interior. La carne se había sujetado al Espíritu.

Quizás es lo misterioso del proceso lo que crea en nosotros una resistencia a aceptar una solución tan sencilla. Sin embargo, no podemos escapar de esta realidad. La exhortación de la Palabra es que lo busquemos a él. No pongamos nuestra esperanza en un programa de cinco pasos fáciles, ni en un libro, ni tampoco en un curso. ¿Quién puede librarnos? ¡Gracias a Dios, por Jesucristo, Señor nuestro!

Para pensar:

¿Qué siente cuando hace lo que no quiere? ¿Qué pasos da para solucionarlo? ¿Cómo participa Cristo de esta solución?

La «lógica» del fracaso

Entonces todos los discípulos, dejándolo, huyeron. **Marcos 14.50**

La tarea de formar líderes es compleja. Demanda de aquella persona que está llevando adelante el proceso, un compromiso y una perseverancia poco comunes. La formación no se puede ajustar a un programa inflexible porque se está invirtiendo en la vida de personas que son diferentes entre sí. Cada uno trae su trasfondo particular, con su perspectiva personal acerca de la vida y del ministerio. Cada uno es producto de su propia cultura, influenciado por su familia, amigos, y experiencias. El formador debe estar dispuesto a cambiar y adaptar el proceso a las necesidades individuales de cada discípulo que le ha sido confiado.

Frente a semejante desafío, naturalmente, buscamos inspiración en la figura de Jesús. Si alguna vez existió un hombre que entendía cabalmente el proceso necesario para convertir a sus hombres en discípulos fieles, Cristo es esa persona. Supo aprovechar a la perfección cada una de las oportunidades que se le presentaron, llevando a sus discípulos poco a poco hacia un mayor contacto con la verdad y la realidad del reino. ¡Que tremendo privilegio tuvo este grupo de escogidos, de caminar día tras día con el mismo Hijo de Dios! Pudieron observar de cerca su ministerio, su vida de comunión con Dios, sus hábitos personales, su amor y compasión por las personas a quienes ministraba. Cómo no ser influenciados si este era, sin duda, el más completo «programa» de formación al cuál jamás hayan tenido acceso los hijos de Dios. ¡Qué tremendo «producto» podemos esperar de semejante modelo!

No obstante, en la primera gran prueba a la que fueron sometidos los discípulos, todos -absolutamente todos- fracasaron. ¿Para qué sirvieron el esfuerzo y la dedicación, cuando los resultados iban a desilusionar tan profundamente? Si Jesús, que se dedicó con tanta pasión a formar a los doce, obtuvo estos resultados, ¿qué podemos esperar nosotros?

Existen dos claras lecciones en esta situación. En primer lugar, no hay proceso alguno que garantice el resultado cuando de personas se trata. Las garantías se pueden dar cuando estamos trabajando con material inanimado, que se somete a todo lo que le hacemos. Pero cada individuo tiene su personalidad y sus procesos internos propios, y no existe programa alguno que asegure un «producto» determinado. Es el riesgo que todo formador debe asumir cuando invierte en otros.

En segundo lugar, el fracaso en el reino no se mide por situaciones puntuales. Un incidente en la vida de una persona la puede marcar profundamente. Pero nuestro Padre celestial pesa la vida completa de una persona, y mide los resultados mirando la totalidad de su peregrinaje terrenal. La escena de hoy sólo representa un revés en un camino lleno de logros y victorias.

Para pensar:

La inversión que Cristo hizo era buena, y sus frutos se verían a lo largo de la vida de los once, que se sobrepusieron a esta amarga experiencia para retomar su andar con el Señor. Se convirtieron, con el tiempo, -cada uno de ellos- en ministros fieles del reino. ¡El trabajo del Maestro no fue en vano!

Toda autoridad

Jesús se acercó y les habló diciendo: «Toda potestad me es dada en el cielo y en la tierra». **Mateo 28.18**

Con frecuencia he preguntado a mis estudiantes cuál es la Gran Comisión. La mayoría responde, sin dudar: «Id y haced discípulos a todas las naciones...» etcétera, lo cual es correcto, pero solamente en parte. La Gran Comisión no comienza en el versículo 19, sino en el versículo 18, que hoy ocupa nuestra atención. Es un testimonio elocuente de lo centrados que estamos en nuestras propias actividades que la mayoría de nosotros crea que comienza con la parte que nos toca a nosotros: ¡ir a hacer discípulos!

Si hubiéramos sido parte de aquel grupo de discípulos que acompañó a Cristo durante su peregrinaje terrenal, creo que nos hubiéramos sentido un tanto intimidados por la magnitud de la tarea encomendada. ¿Hacer discípulos de todas las naciones? Apenas habían salido fuera de Israel una o dos veces en la vida. ¿Cómo podían ellos, que ya estaban confundidos y un tanto perdidos, abarcar semejante emprendimiento? ¿Por dónde podrían comenzar? ¿Cómo harían para sobreponerse a todos los obstáculos que seguramente enfrentarían? ¿Y qué del ambiente hostil que habían visto en las últimas semanas?

Cristo entendía todas estas preguntas y tantas otras que ni siquiera sabían formular. Por esta razón hizo primeramente esta declaración, pues de otro modo la inmensidad del proyecto con seguridad los abrumaría. Queda claro, por la manera en que Jesús les habló, que él no les estaba dejando una intolerable carga; los llamaba a avanzar confiados sobre la victoria que obtuvo por medio de su muerte y resurrección. Es precisamente esta conquista la que le permitió recibir «toda potestad» en el cielo y en la tierra.

El diccionario define la palabra «autoridad» (o potestad, en algunas traducciones) con los siguientes términos: privilegio, capacidad, competencia, libertad, magisterio, potentado, control, poder, derecho, fuerza. Basta con leer esta lista para darnos cuenta de lo que encierran estas palabras de Cristo: «toda autoridad me es dada». El Señor está hablando de la licencia recibida para avanzar donde quiera, tomar lo que quiera, cuando lo quiera y donde lo quiera. Es decir, los obstáculos que un enemigo no derrotado presentaba a sus proyectos han desaparecido. Sentado a la diestra del Padre, llevando el nombre que está por encima de todo nombre, Cristo ahora es la autoridad suprema y absoluta de los cielos y la tierra.

Los discípulos deben moverse en esta autoridad. La timidez y el miedo ya no deben formar parte de su experiencia cotidiana. Pertenecen a la familia de Aquel que ha conquistado la muerte. Mientras vivan en dependencia absoluta del rey, nadie podrá hacerles frente, ni oponer resistencia. Para los que estamos en el empresa de hacer discípulos, saber que él tiene toda autoridad debe producir en nosotros una osadía y un atrevimiento que roza la insensatez. ¡Avanzamos en el camino que él ya conquistó!

Para pensar:

Seguramente Cristo anticipaba algo de esto cuando le dijo a Pedro: «sobre esta roca edificaré mi iglesia, y las puertas del Hades no la dominarán» (Mt 16.18). La iglesia avanza, osada en su victoria, y se mete en la ciudad misma del enemigo. ¡Sus puertas no podrán frenar el avance del pueblo de Dios!

Mientras van

«Por tanto, id y haced discípulos a todas las naciones, bautizándolos en el nombre del Padre, del Hijo y del Espíritu Santo». **Mateo 28.19**

La frase «por tanto» nos da una clara indicación de que esta comisión está íntimamente relacionada a la declaración que Cristo acaba de hacer: «toda potestad me es dada en el cielo y en la tierra» (Mt 28.18). Es de vital importancia, para el éxito de esta empresa, que los discípulos caminen y se muevan en esa autoridad

En la reflexión de hoy quisiera hacer notar que el verbo «id» no está en imperativo en el idioma original; es decir, no es un mandamiento, aunque la mayoría de los cristianos cree que el mandamiento en la Gran Comisión se refiere a salir del lugar de donde uno está para ir a hacer discípulos. De hecho, muchas de las organizaciones misioneras usan este versículo para motivar a algunos dentro de la iglesia a involucrarse con el trabajo transcultural. Y es esta interpretación la que ha llevado a la iglesia a pensar en la formación de discípulos como el resultado de un ministerio programado. Si lo vemos como un ministerio especial, el resultado lógico será creer que solamente algunos poseen este llamado. Los que no hemos respondido nos sentimos seguros en la convicción de que «este» no es nuestro llamado.

Al no usar el modo imperativo en el griego, el verbo podría traducirse más precisamente como: «mientras van». Es decir, el «ir» no es el resultado de una acción planificada ni deliberada de nuestra parte. Más bien es el resultado del camino que nos va marcando la vida. Con los desafíos y las oportunidades de la vida, cada uno se instalará en diferentes ambientes desde donde llevará adelante su actividad cotidiana. Y aunque dediquemos mucho tiempo a su planificación, rara vez está en nuestras manos. Más bien nos adaptamos a las circunstancias que se nos presentan. Es, entonces, dentro del marco de nuestras actividades cotidianas, que debemos obedecer el llamado a hacer discípulos.

Esta exhortación coincide con el estilo de Cristo, para quien el hacer discípulos era consecuencia de su andar diario. Lo vemos paseando entre las multitudes, respondiendo a las situaciones que el Espíritu le presentaba. No planificaba actividades especiales para formar discípulos sino que, dondequiera que iba, aprovechaba las oportunidades para introducir a otros al reino de los cielos.

Desde esta perspectiva, entonces, para obedecer la Gran Comisión no se requiere de programas especiales por parte de la iglesia, sino del compromiso de todos sus miembros para hacer discípulos a través de la vida que desarrollan de lunes a sábado. El carnicero presenta para Cristo a aquellos que son sus clientes. El empresario comparte las buenas nuevas con sus compañeros de la empresa. El taxista está atento a las oportunidades para compartir las buenas nuevas con sus pasajeros. Cada uno ejerce este ministerio en el lugar donde Dios lo ha puesto, y en su andar diario va formando discípulos de Cristo.

Para pensar:

Para aquellos que estamos en el ministerio de capacitar a los santos para la obra, es fundamental comunicar este concepto. Solamente de esta manera lograremos cumplir con los cometidos de la Gran Comisión. Hacer discípulos es responsabilidad de toda la iglesia.

Hacer discípulos

«Por tanto, id y haced discípulos a todas las naciones, bautizándolos en el nombre del Padre, del Hijo y del Espíritu Santo». **Mateo 28.19**

En el devocional de ayer meditábamos sobre la palabra «ir», que no es un mandamiento. El mandamiento en la Gran Comisión es hacer discípulos. Bien podría traducirse el versículo de la siguiente manera: «Mientras van por la vida, dedíquense a hacer discípulos en todas las naciones...».

Resulta un tanto cómico que la iglesia ha convertido en mandamiento lo que no es y en opción lo que es un mandamiento. De esta manera hemos producido una situación donde un puñado de personas trabaja incansablemente para lograr lo que todo el cuerpo de Cristo debería estar haciendo.

No es casualidad que el imperativo se encuentre en la palabra «hacer». Nos ayuda a tomar conciencia de que un discípulo no se forma solo. Cuando alguien se convierte, no es discípulo. Debe ser formado y capacitado para convertirse en discípulo. Para esto se necesita la clase de compromiso que había asumido Pablo, quien afirmaba que su ministerio consistía en anunciar a Cristo Jesús, «amonestando a todo hombre y enseñando a todo hombre en toda sabiduría, a fin de presentar perfecto en Cristo Jesús a todo hombre. Para esto también trabajo, luchando según la fuerza de él, la cual actúa poderosamente en mí». (Col 1.28-29) Observe que el trabajo de formación consistía al menos en tres actividades: anunciar, amonestar y enseñar.

Nos es suficiente con recorrer las páginas de los evangelios para ver que la tarea de hacer discípulos no se logra con un curso de tres semanas. Jesús convivió con los doce y los hizo partícipes de la mayoría de sus experiencias. Lo escucharon predicar y lo vieron sanar. Lo oyeron debatiendo con los fariseos y lo observaron expulsando demonios. Lo acompañaron mientras caminaba y conocieron sus frecuentes ausencias para estar a solas con el Padre. Todo esto era parte de la valiosa tarea de formarlos como discípulos.

Queda claro que la formación de un discípulo es el resultado de un compromiso profundo por parte del discipulador. Debemos estar dispuestos a caminar juntos, a luchar por ellos, a perseverar en la tarea de formarlos hasta que Cristo sea claramente visible en sus vidas. Requiere de un pacto y un sacrificio de nuestra parte. Cuando no existe este compromiso, terminamos incorporando a la iglesia personas cuya experiencia cristiana va a consistir, mayormente, en observar lo que otros hacen, mientras ellos se limitan a asistir a reuniones en señal de su compromiso con Jesús.

¡Dios los ha llamado a mucho más que esto! Es nuestra responsabilidad trabajar incansablemente para que alcancen su máximo potencial en Cristo. Es un trabajo sacrificado. Pero no existe en la iglesia otra actividad que le dé al líder tantas satisfacciones como la de hacer discípulos.

Para pensar:

Como líderes corremos siempre el peligro de ministrar a todos e invertir en nadie. Confiados de que nuestro trabajo con toda la congregación producirá su fruto, evitamos el compromiso de trabajar profundamente en la vida de unos pocos. Esta es, sin embargo, la inversión más productiva que podemos hacer. Todo líder debe poder nombrar, sin tener que pensar mucho, a las cinco o seis personas a quienes está discipulando personalmente.

Discípulos

Jesús se acercó y les habló diciendo: «Toda potestad me es dada en el cielo y en la tierra. Por tanto, id y haced discípulos a todas las naciones, bautizándolos en el nombre del Padre, del Hijo y del Espíritu Santo, y enseñándoles que guarden todas las cosas que os he mandado. Y yo estoy con vosotros todos los días, hasta el fin del mundo». **Mateo 28.18-20**

Hemos estado meditando en el último encargo de Jesús a sus discípulos. Hemos visto que esta actividad se realiza en el marco de la vida cotidiana y que la formación de un discípulo requiere de un compromiso incondicional por parte del formador. Un discípulo, como dice un famoso texto, no nace; se hace.

En la reflexión de este día queremos detenernos en la meta de nuestro esfuerzo: hacer discípulos. Un discípulo se diferencia marcadamente de un creyente. La misma palabra «creyente» nos indica dónde está el acento de la vida de esta persona: en creer. Creer, en nuestro contexto, es una actividad netamente intelectual. Saber esto nos ayuda a entender por qué tantos asistentes dentro de nuestras congregaciones llevan vidas que no testifican del poder de Cristo obrando transformación en ellos. Son vidas construidas sobre una afirmación del valor de ciertas verdades doctrinales. Pero las verdades almacenadas en la cabeza carecen de poder para producir cambios o un compromiso genuino con el Señor. El resultado es que la iglesia tiene muchos adherentes al cristianismo, pero pocos discípulos.

En el Nuevo Testamento, cuando se hablaba de discípulos, la gente inmediatamente pensaba en la relación existente entre un alumno y su maestro. La vida de los discípulos era inseparable de la vida de sus maestros. Cuando las multitudes identificaban a los discípulos de Cristo, sabían que eran personas que andaban con el Maestro de Galilea. Se les veía con él en todo momento, y ellos lo seguían donde quiera que él iba. He aquí, entonces, la definición más sencilla y clara de lo que es un discípulo: es alguien que está siguiendo a Cristo.

La palabra «seguir» indica movimiento. Nuestro llamado, entonces, consiste en llevar a las personas a una vida de movimiento. ¡Con esto no nos estamos refiriendo al viaje de ida y vuelta a las reuniones! El movimiento es el que existe como resultado de seguir a Jesús, mientras se mueve en nuestras relaciones familiares, en nuestro trabajo, en nuestros tiempos de ocio y entre aquellos que son de la casa de Dios. Él nunca está quieto, y sus hijos tampoco pueden estarlo. Formar un discípulo es, en esencia, enseñarle a otro el secreto de caminar todo el día con Cristo.

Una vez más, nos damos cuenta de que no se trata de una clase, ni de un curso de tres semanas. Requiere entablar una relación donde, primordialmente, la otra persona observa nuestro propio ejemplo. A esta sagrada y difícil comisión hemos sido llamados. Hemos de notar, no obstante, que el creyente necesita de atención permanente porque no tiene, en sí, la realidad interior que produce verdadera vida espiritual. Eventualmente, un discípulo no solamente aprenderá a caminar solo, sino que también se reproducirá en otros. De esta manera se extiende el reino.

Para pensar:

«El discipulado consiste en algo más que llegar a saber lo que sabe el maestro. Es llegar a ser como el maestro». Juan Carlos Ortiz.

A todas las naciones

«Por tanto, id y haced discípulos a todas las naciones, bautizándolos en el nombre del Padre, del Hijo y del Espíritu Santo». **Mateo 28.19**

Hemos estado ocupados en meditar sobre las últimas instrucciones de Cristo a sus discípulos, las que trazaron los objetivos y las metas para el camino que les quedaba por recorrer en los años venideros. En su expresión más sencilla, la Gran Comisión mandaba a los discípulos a repetir, una y otra vez, el mismo modelo que habían vivido con Jesucristo. En este sentido el mandamiento es extremadamente simple, pues de todos los encargos que se nos pueden dar, el más fácil de cumplir es el de, simplemente, repetir con otros las experiencias que nos ha tocado vivir a nosotros. Como parte de esa tarea, Cristo señaló a quiénes apuntaba este proyecto: «todas las naciones».

Esta exhortación, al igual que todas las enseñanzas de Jesús, está perfectamente alineada con el espíritu del Antiguo Testamento. En los orígenes, cuando Jehová habló con Abraham, le describió claramente su plan: «haré de ti una nación grande, te bendeciré, engrandeceré tu nombre y serás bendición. Bendeciré a los que te bendigan, y a los que te maldigan maldeciré; y serán benditas en ti todas las familias de la tierra» (Gn 12.2-3). Dios levantaba para sí una nación no solamente porque quería tener comunión con ella, sino también porque deseaba que esta fuera un instrumento para tocar a todos los pueblos de la tierra, para que fuera, en las palabras del profeta Isaías, «por luz de las naciones» (Is 42.6).

Una de las tragedias de la historia de Israel es que nunca comprendió que habían sido llamada para cumplir una misión sobre la tierra. En lugar de esto, Israel se aisló en una actitud de desprecio y condenación hacia los demás. Mas el plan de Dios seguía vigente, y Jesús les recuerda a los suyos que deben hacer discípulos de todas las naciones.

La palabra «naciones», en el griego, viene del término «etnia». El término etnia aclara que Cristo no estaba pensando en las divisiones políticas por las cuales denominamos a grupos humanos «naciones», sino en esos conjuntos de personas que comparten en común una misma cultura, un mismo idioma y una misma historia. Desde esta perspectiva, existen sobre la tierra muchas más etnias que naciones. Cada una de ellas debe tener acceso al evangelio, que son las buenas nuevas de Dios.

Es en la increíble amplitud de este objetivo que vemos el extraordinario amor de nuestro Dios. Abarca no solamente a todas las personas de nuestra propia cultura, sino también a las más disímiles a la nuestra. No debemos limitarnos a aquellos que viven y piensan como nosotros. Nuestra misión es llegar a aquellos con vidas enteramente diferentes a las nuestras. Estos también deben enterarse que son atesorados por el Dios que hizo los cielos y la tierra.

Para pensar:

¿Qué cosas hacen en su congregación para llegar a otros grupos étnicos diferentes al suyo? ¿Cuánto esfuerzo dedican a orar y promocionar la obra en otras partes de la tierra? ¿Cómo puede cultivar una visión más global del ministerio?

Identificados con Cristo

«Por tanto, id y haced discípulos a todas las naciones, bautizándolos en el nombre del Padre, del Hijo y del Espíritu Santo».
Mateo 28.19

En los devocionales de estos días hemos estado reflexionando sobre las implicaciones de la Gran Comisión, el último encargo de Jesús a sus discípulos. Hemos analizado la importancia de caminar en la autoridad de Cristo, asumiendo el compromiso de hacer discípulos donde las circunstancias de la vida nos lleven. También hemos meditado en la importancia del esfuerzo que involucra el proceso de formar a otros para que sean discípulos del Señor.

Como parte de las instrucciones acerca de la forma en que debe llevarse adelante este proceso, Cristo les indica a los apóstoles que deben bautizar a los discípulos. Para nosotros, no siempre resulta claro por qué el bautismo es una parte importante en la formación de un discípulo. En nuestras congregaciones el bautismo muchas veces no es mucho más que una ceremonia religiosa. Mas el bautismo, en tiempos del Nuevo Testamento, indicaba una radical conversión e identificación con el mensaje del reino.

Una clara expresión de este importante paso la encontramos en el ministerio de Juan el Bautista, al observar la conversión de las multitudes que acudían para escuchar sus predicaciones. Lucas nos dice que Juan «fue por toda la región contigua al Jordán predicando el bautismo del arrepentimiento para perdón de pecados» (3.3). Si leemos el mensaje que predicaba este profeta podremos darnos cuenta de cuán íntimamente estaba ligada la experiencia del bautismo al arrepentimiento. Juan exhortaba, en términos prácticos y personales, a cada uno de los que se acercaban, a que escogiera vivir de una manera diferente a lo que hacía hasta ese momento. No se les presentaba con una lista de requisitos, sino que llevaba la aplicación de este cambio al ámbito personal de cada uno. Las exhortaciones a los fariseos eran diferentes a las hechas a los soldados, y las de los soldados no eran parecidas a las de los publicanos. Se estaba llamando a un cambio personal.

Es en este cambio que encontramos la esencia del significado del bautismo. En un acto físico de inmersión en el agua, estamos señalando nuestra decisión de hacernos uno con Cristo para morir a la vieja manera de vivir. El agua, que efectúa una limpieza de todo lo sucio sobre nuestros cuerpos, abre camino a una limpieza espiritual por la cual nuestra vieja vida es sepultada y nacemos a una nueva existencia. El apóstol Pablo explica su significado en Romanos 6.3-4: «¿No sabéis que todos los que hemos sido bautizados en Cristo Jesús, hemos sido bautizados en su muerte?, porque somos sepultados juntamente con él para muerte por el bautismo, a fin de que como Cristo resucitó de los muertos por la gloria del Padre, así también nosotros andemos en vida nueva».

Para pensar:
Esta identificación radical con Cristo es la base fundamental sobre la cual se construye una nueva vida. En ella le damos la espalda a nuestra antigua manera de vivir. No nos comprometemos a enmendar la vieja vida, sino a desecharla, para andar por un nuevo camino. Lo antiguo queda descartado y comienza para nosotros el proyecto de Dios.

Enviados en el nombre de Dios

«Por tanto, id y haced discípulos a todas las naciones, bautizándolos en el nombre del Padre, del Hijo y del Espíritu Santo». **Mateo 28.19**

Con frecuencia hablamos de la Gran Comisión -en la cual hemos estado meditando en estos días- como las instrucciones de Cristo a sus discípulos. Y de hecho fueron las instrucciones que el Maestro dejó a los suyos. Pero al hablar de las indicaciones de Jesús, tendemos a olvidarnos que el Hijo no actuaba solo, ni por iniciativa propia. Su exhortación es a bautizar a los discípulos en el nombre de todo el «equipo», es decir, el Padre, el Hijo y el Espíritu Santo.

Realmente nos cuesta entender la dimensión de la unidad que existe entre los tres miembros de la trinidad. Nuestra experiencia de ministerio está demasiado limitada a nuestro propio esfuerzo, a nuestra visión y a nuestra manera de hacer las cosas. Solamente en raras ocasiones he podido observar un equipo ministerial que verdaderamente funcione como equipo. Estoy hablando de un grupo donde todos honran a los demás miembros del equipo; se trabaja dando cuidadosa consideración a la opinión de cada uno de los integrantes, y están respaldados por una profunda convicción de que cada uno de ellos ha recibido dones y gracia de Dios para ser parte de los proyectos del reino. En la mayoría de nuestros «equipos» hay una persona que hace prevalecer su opinión por encima de la de los demás. En muchos equipos, incluso, existe un acuerdo implícito de que la opinión de este «líder» no puede ser cuestionada. Tristemente, este lugar muchas veces lo ocupa el pastor.

¡Cuán diferente es el funcionamiento del Padre, del Hijo y del Espíritu! Cada uno está abocado a darle honra y gloria a los demás miembros del equipo. Cristo decía: «El que habla por su propia cuenta, su propia gloria busca; pero el que busca la gloria del que lo envió, este es verdadero y no hay en él injusticia» (Jn 7.18). De su Padre afirmó: «Si yo me glorifico a mí mismo, mi gloria nada es; mi Padre es el que me glorifica, el que vosotros decís que es vuestro Dios» (Jn 8.54). En su última oración, pidió al Padre: «Padre, la hora ha llegado: glorifica a tu Hijo, para que también tu Hijo te glorifique a ti» (Jn 17.1) Del Espíritu, declaró: «Él me glorificará, porque tomará de lo mío y os lo hará saber» (Jn 16.14). El deleite de estos tres es exaltar y resaltar a los otros dos. Su funcionamiento está en perfecta armonía y ninguno hace nada sin que haya acuerdo absoluto en todo.

Los discípulos debían, no solamente trabajar de manera que se viera el respaldo de Dios Padre, Hijo y Espíritu en todo lo que hacían, sino que habían sido llamados a unirse a este mismo equipo. No trabajaban solos. Trabajaban como extensión de, y bajo sujeción al Dios que les enviaba. Su andar debía revelar este mismo deseo de honrar, bendecir y buscar la gloria de Otro mucho más grande que ellos.

Para pensar:

«Tres son los que dan testimonio en el cielo: el Padre, el Verbo y el Espíritu Santo; y estos tres son uno» (1 Jn 5.7).

El «ministerio» de la enseñanza

«...y enseñándoles que guarden todas las cosas que os he mandado. Y yo estoy con vosotros todos los días, hasta el fin del mundo». **Mateo 28.20**

Hemos estado meditando en las instrucciones de Jesús a los once, de hacer discípulos de todas las naciones. Habiendo analizado la magnitud y amplitud de este encargo estamos ahora reflexionando en los pasos a seguir para su cumplimiento. El primero requiere que aquellos que se acerquen a Cristo, se identifiquen con su muerte a través de la experiencia del bautismo. El segundo paso es el que contempla la reflexión de hoy: enseñar al discípulo.

Para nuestra mentalidad moderna hablar de enseñanza es pensar, casi automáticamente, en aulas, libros y cursos. Enseñanza es sinónimo de «clases». Debemos hacer a un lado este concepto si es que queremos entender lo que Jesús tenía en mente cuando hablaba de enseñanza. Aunque ninguno de los discípulos había tomado cursos sobre pedagogía o técnicas de enseñanza, la metodología a seguir la habían visto claramente demostrada en la vida y ministerio del Maestro.

La enseñanza en el ministerio de Cristo vino a través de varios caminos. La más formal fue la de sus predicaciones. Un ejemplo de esto es el Sermón del Monte. Es una de las formas en que enseñamos y el énfasis del método está en la transmisión de la verdad por medio de proclamaciones públicas. Una técnica menos formal que frecuentemente usó el Mesías, fue la del diálogo. En infinidad de situaciones surgidas de la realidad cotidiana, los discípulos le traían sus inquietudes y preguntas. Jesús entraba en diálogo con ellos y los guiaba hacia la verdad. Otra forma de enseñanza estaba relacionada con su propia experiencia como discípulos. Cristo los enviaba a hacer diferentes tareas ministeriales. Luego se tomaban el tiempo para hablar de las mismas y evaluar lo vivido. En la reflexión surgían valiosas lecciones acerca de los principios que guían un ministerio eficaz.

El método que más frecuentemente usó, sin embargo, fue el de enseñar por medio del ejemplo de su propia vida. Los discípulos, por ejemplo, lo habían observado y escuchado orando. Veían algo en la calidad de su comunión con el Padre que no estaba presente en sus propias vidas; y se le acercaron y le pidieron que les enseñara a orar (Lc 11.1). En otra ocasión, sin decir nada, les lavó los pies, dejando así la más clara lección sobre el servicio que jamás hayan recibido.

En todo esto vemos que el trabajo de enseñar pasa por muchos carriles diferentes. El maestro eficaz no puede limitar su actividad a un aula y una clase que dura cuarenta y cinco minutos. La enseñanza es algo más amplio y profundo que esto. En este sentido, todo cristiano puede ejercer el ministerio de la enseñanza sin necesariamente poseer la habilidad para hacer una presentación formal de la verdad. Por esta razón, el llamado de enseñar a los que son discípulos, es un llamado para todo el pueblo de Dios.

Para pensar:

«El método de Dios siempre es encarnacional. Le encanta tomar su verdad y envolverla con la vida de alguno de sus hijos». H. Hendricks.

Guardar su Palabra

«...y enseñándoles que guarden todas las cosas que os he mandado. Y yo estoy con vosotros todos los días, hasta el fin del mundo». **Mateo 28.20**

La reflexión de ayer, como parte de esta serie sobre la Gran Comisión, se centró en las diversas maneras en que se lleva a cabo la tarea de enseñar a los que se están transformando en discípulos. Dentro de sus instrucciones sobre la formación, Jesús especificó que la enseñanza debía procurar que los «alumnos» guardaran todas las cosas que él había mandado.

Si nos detenemos un instante en la frase «que os he mandado», vamos a entender rápidamente a qué se refería el Maestro. Una gran parte de lo que se enseña dentro de la iglesia hoy tiene el objetivo de informar a los miembros del cuerpo. Nos enredamos en interminables estudios sobre todos los temas posiblemente relacionados con la vida cristiana. Al examinar los evangelios, sin embargo, encontraremos que la enseñanza de Cristo nunca tuvo el objetivo de informar a los discípulos. En más de una ocasión ellos mismos lo presionaron para que les diera información como, por ejemplo, cuando quisieron averiguar acerca de los tiempos en que sería restaurado el reino de Israel. Jesús esquivó estas preguntas y se concentró en darles instrucciones acerca de la manera en que debían conducirse dentro del reino. Sus enseñanzas no consistían en la opinión que tenía acerca de la vida espiritual. Eran una serie de mandamientos que tenían como objetivo producir en ellos obediencia.

Este es un punto clave para todo discípulo. Santiago advierte del peligro que corremos de volvernos «oidores olvidadizos» (1.25). Este tipo de persona, dice el apóstol, es aquella que se engaña a sí misma, pues entiende que la Palabra es buena para su propia edificación pero no hace nada al respecto. Los bienaventurados son aquellos que convierten la Palabra en su estilo de vida.

Producir una transformación en la vida de aquellos que escuchan la Palabra es uno de los objetivos primordiales de nuestro ministerio como maestros. ¡De nada sirve que los que nos oyen queden entusiasmados con la enseñanza, si es que van a seguir viviendo de la misma manera que antes! Cuando muchos judíos se entusiasmaron con la enseñanza de Jesús y creyeron en él, los confrontó y les dijo en términos absolutamente claros: «si vosotros permanecéis en mi palabra, seréis verdaderamente mis discípulos» (Jn 8.31).

El Dr. Bruce Wilkinson, autor de varios libros sobre la enseñanza, llama a esta decisión una de las siete leyes del estudiante. Nos hace notar que la palabra que más va a impactar la vida de un aprendiz es aquella que primeramente impactó la vida del maestro. Es por esta razón que nosotros debemos estar permanentemente en guardia contra la tentación de entretenernos en los detalles de las Escrituras y perder de vista que todo lo que se ha escrito ha sido escrito «para que creáis que Jesús es el Cristo, el Hijo de Dios, y para que, creyendo, tengáis vida en su nombre» (Jn 20.31).

Para pensar:

«Las Escrituras no nos han sido dadas para nuestra información, sino para nuestra transformación». D. L. Moody.

Todo el consejo de Dios

19 DE JULIO

«...y enseñándoles que guarden todas las cosas que os he mandado. Y yo estoy con vosotros todos los días, hasta el fin del mundo». **Mateo 28.20**

Nuestra meditación sobre este texto nos ha llevado a reflexionar sobre las diferentes implicaciones del último gran encargo de Cristo a sus discípulos. Meditando en la metodología a seguir, hemos observado la importancia de una identificación absoluta con la muerte de Cristo, y hemos analizado las múltiples maneras en que se puede llevar adelante la tarea de enseñar a otros la Palabra de Dios. Hoy queremos detenernos en la exhortación de esta enseñanza, que se refiere a todo lo que Cristo le mandó a sus discípulos.

Hay al menos dos observaciones relacionadas con este aspecto. En primer lugar, las instrucciones son que se enseñe lo que Cristo les había mandado. Debemos tomar nota de que él no dijo que debían enseñar lo que él les había enseñado, sino lo que les había ordenado. Es decir, no debían simplemente transmitir las historias y las verdades que habían escuchado del Maestro. Entre nosotros, muchas veces la enseñanza se concentra en repetir lo que hemos escuchado decir a otros. Cristo les estaba mandando a que enseñaran aquellas verdades a las cuales ellos también estaban sujetos y debían obedecer.

Esto se refiere a que la tarea de enseñar a otros estaba fundamentada en una práctica personal. No estaban librados de cumplir los mandamientos que estaban comunicando a otros. Al contrario, sus ministerios estarían construidos sobre la sólida base de la vivencia personal. Esto aseguraba que la enseñanza que impartirían a otros nunca procedería del plano de lo teórico, que es una de las razones por las cuales mucha de la enseñanza en nuestros tiempos no impacta: está apoyada en una comprensión intelectual de la vida espiritual y no en una experiencia cotidiana. Es precisamente esta vivencia diaria la que le otorga a un maestro verdadera autoridad espiritual.

En segundo lugar, notamos que la «materia» a enseñar debía ser todo aquello que habían recibido del Maestro. Muchas veces reducimos toda la verdad a tres o cuatro principios que el nuevo discípulo debe entender, como si la vida espiritual consistiera solamente en esto. Cristo, sin embargo, se había propuesto una transformación absoluta de aquellos que eran sus discípulos. Para esto, era necesario que cada aspecto de la vida espiritual fuera examinado a la luz de todo el consejo de Dios. No se trata tanto de una lista de temas, sino más bien de un llamado a un estilo de vida donde todos los aspectos de nuestro andar sean tocados por la Palabra de Dios: nuestra vestimenta, nuestros hábitos alimenticios, nuestras relaciones familiares, nuestro concepto del trabajo, nuestra manera de conducirnos en público, nuestra manera de divertirnos, nuestros pensamientos más íntimos y una infinidad de otros asuntos más. La verdadera transformación del discípulo se produce precisamente cuando la Palabra lo confronta en cada una de las áreas de su vida, de modo que se vea obligado a entronar a Cristo como su Señor en todo momento y lugar.

Para pensar:

«Todo el conocimiento que tú deseas se encuentra en un libro, la Biblia». J. Wesley.

Un compañero eterno

«...y enseñándoles que guarden todas las cosas que os he mandado. Y yo estoy con vosotros todos los días, hasta el fin del mundo». **Mateo 28.20**

Comenzamos nuestra serie de reflexiones sobre la Gran Comisión meditando en el hecho de que la tarea de hacer discípulos tiene sus raíces en la autoridad absoluta que Cristo ha recibido en los cielos y la tierra. Esta autoridad es la que permite que avancemos con osadía y confianza en el ministerio de hacer discípulos, seguros en la convicción de que, en Cristo, «somos más que vencedores» (Ro 8.37).

Esta convicción, sin embargo, no nos va a librar de las dificultades y los contratiempos que son propios del ministerio. Jesús experimentó estas dificultades a diario. Le tuvo que hacer frente al cansancio, al acoso de las multitudes, a la incomprensión y a los cuestionamientos. Además, tuvo que convivir con los permanentes desafíos que le presentaban sus propios discípulos. En ocasiones lo cuestionaban; en otras, demostraban falta de madurez o visión espiritual. En más de una oportunidad lo decepcionaron con sus actitudes egoístas.

Jesús había advertido a sus discípulos que ellos vivirían una experiencia muy similar a la de él. Les dijo que serían bienaventurados cuando por su causa «os insulten, os persigan y digan toda clase de mal contra vosotros, mintiendo» (Mt 5.11). También les señaló que «el discípulo no es más que su maestro ni el siervo más que su señor. Bástale al discípulo ser como su maestro y al siervo como su señor. Si al padre de familia llamaron Beelzebú, ¡cuánto más a los de su casa!» (Mt 10.24-25). Explicó, en términos muy gráficos, que el discipulado consistía en tomar una cruz para seguirle (Mt 10.38), una clara alusión a que habría persecución y sufrimiento para aquellos que se identificaran con su persona.

Por todo esto y mucho más, los discípulos sabían que les esperaba un camino repleto de dificultades. Se les había asegurado, no obstante, que la victoria final ya les había sido otorgada por medio del Mesías resucitado. Saber que se les había concedido una clara victoria crearía en ellos un férreo espíritu de perseverancia. Ahora, Cristo añadía a esto otro elemento: su compañía en todo momento y lugar. Cuando los persiguieran, él estaría con ellos; cuando se sintieran solos, él estaría con ellos; cuando fueran cuestionados, él estaría con ellos; cuando tuvieran que dar cuenta de su fe, él estaría con ellos; cuando le hicieran frente a la pobreza y la enfermedad, él estaría con ellos. Es decir, nunca estarían luchando solos en la empresa que les estaba dejando. Él sería un compañero constante en cada paso de su andar.

Para los que estamos involucrados en el servicio a su pueblo, esta verdad no tiene precio. No tenemos por qué cargar con las dificultades, los contratiempos y las adversidades de ministrar solos, aunque muchos pastores lo hacen. Tenemos a quien acudir siempre, alguien a quien podemos confiar nuestras luchas más intensas. Él está atento a nuestro clamor. Desea intervenir para aliviar nuestra carga. ¿Cómo no aprovechar, entonces, tamaña ventaja a nuestro favor?

Para pensar:

«¡Cristo está solamente a una oración de distancia de nosotros!» Anónimo.

Cristo, de primera mano

Muchos más creyeron por la palabra de él, y decían a la mujer: «Ya no creemos solamente por lo que has dicho, pues nosotros mismos hemos oído y sabemos que verdaderamente este es el Salvador del mundo, el Cristo». **Juan 4.41-42**

El diálogo de Cristo con la mujer samaritana junto al pozo de agua es uno de los más increíbles registrados en la Escritura. Jesús no fue ni agresivo ni irrespetuoso con ella, pero con una habilidad asombrosa, el Maestro la guió hasta el momento de confrontarla con su necesidad de un cambio profundo.

Cuando analizamos las verdaderas dimensiones de este encuentro podemos entender por qué el testimonio de la mujer fue tan dramático. Ella no era una persona con una reputación muy sólida. Había pasado por cinco matrimonios y estaba en el proceso, seguramente, de construir un sexto fracaso. Luego de la conversación con Cristo, sin embargo, algo aconteció en ella que convirtieron sus palabras en un testimonio vivo y dramático. Toda la aldea vino a conocer al «profeta» que le había revelado la verdad de Dios. Terminaron rogándole a Cristo que se quedara entre ellos, y muchos más creyeron por la Palabra de él.

El testimonio de esta gente señala la importancia de una experiencia personal con Cristo. A la mujer le decían: «ya no creemos solamente por tu testimonio, sino por lo que hemos oído personalmente de Cristo». La experiencia inicial, por el testimonio de la mujer, rápidamente fue reemplazada por el contacto personal que cada uno tuvo con el Mesías, y sus vidas fueron transformadas.

La mayoría de nosotros tuvo una experiencia de conversión similar. Nos acercamos a Cristo por lo que otros nos contaron, o por lo que vimos en sus vidas. Sus testimonios despertaron en nosotros un deseo de conocer a Jesús personalmente. Esta experiencia personal estableció la base de nuestras primeras vivencias en la vida cristiana.

Es importante notar que este principio es la base de todo ejercicio espiritual transformador. Tristemente, muchos cristianos no avanzan más allá de esta experiencia inicial. Su «evidencia» de la eficacia de la vida espiritual vuelve a descansar sobre el testimonio de otros, porque no alimentaron esa relación incipiente con Cristo, llevándola más allá del entusiasmo y el fervor inicial. Al carecer de una relación cotidiana con Jesús, se resignan a observar en otros lo que no poseen en su propia vida personal. Saben que Cristo es real, pero no por experiencia propia sino por el testimonio de otros. Con el pasar del tiempo, esto produce un cinismo y una religiosidad que seca toda expresión de gracia.

¡Cuán importante es, entonces, que cada día renovemos nuestro andar con él! Debemos buscar una relación que nos permita compartir el testimonio de los samaritanos: «Ya no creemos solamente por lo que has dicho, pues nosotros mismos hemos oído y sabemos que verdaderamente este es el Salvador del mundo, el Cristo».

Para pensar:

¿Cómo anda su relación con el Señor? ¿Puede dar testimonio de que él le habla y ministra diariamente? ¿Qué cosas necesita hacer para cultivar mayor intimidad con él? ¿Qué expectativas tiene Cristo de su relación con usted?

Convivir con las olas

Pero al ver el fuerte viento, tuvo miedo y comenzó a hundirse. Entonces gritó: «¡Señor, sálvame!». **Mateo 14.30**

La experiencia de Pedro andando sobre las aguas tiene un atractivo especial para nosotros. Nos presenta una escena radicalmente diferente a todo lo que hemos conocido en nuestra propia vida. Por otro lado, la osada petición del discípulo también toca algo en nosotros. Nunca dejan de sorprendernos las respuestas impulsivas y espontáneas del más atrevido del grupo de los doce. Quisiera, sin embargo, hacer algunas observaciones en cuanto a ese momento particular en el relato, cuando la intensidad del viento y la furia de las olas le puso fin a la breve aventura del futuro apóstol.

Las olas no aparecieron en el momento en que Pedro comenzó a andar sobre el agua. El texto nos dice que los discípulos habían estado remando durante unas cuantas horas, sin avanzar gran distancia, porque el viento les era contrario y las olas golpeaban la embarcación (14.24). Estas condiciones habían acompañado a los discípulos durante toda la noche pero, hasta el momento, las olas no eran más que un molesto contratiempo a sus esfuerzos. Eran hombres acostumbrados al mar y esto era, seguramente, una situación que conocían bien. Del mismo modo, nosotros vivimos rodeados de dificultades y aflicciones que muchas veces, no tienen mayor impacto sobre nosotros.

Cuando Pedro salió de la barca, las olas seguían siendo las mismas que cuando estaba adentro. Su fascinación con la aventura o con la persona de Cristo, no obstante, le permitió ignorar completamente la existencia de las mismas. Estaba completamente concentrado y absorbido por el desafío de caminar sobre las aguas hacia la persona de Jesús. Del mismo modo, en momentos de gran pasión espiritual, ni siquiera registramos la existencia de los contratiempos y obstáculos de la vida. Su existencia o no es algo que no afecta en lo más mínimo nuestra propia vivencia espiritual.

En un momento, sin embargo, Pedro quitó los ojos de Cristo y miró las aguas. Al hacerlo, vio las olas que habían estado allí durante toda la noche. Pero ahora su situación había cambiado: era extremadamente precaria y peligrosa. Las mismas olas ahora le infundían un temor que lo llevó a paralizarse e interrumpieron dramáticamente su experiencia de andar por las aguas. Comenzó a hundirse y solamente la rápida intervención del Maestro lo salvó de ahogarse.

¿Qué conclusión nos deja esta serie de observaciones? Muchas veces creemos que lo que nos ha hecho tambalear en la vida son las circunstancias particulares que vivimos. La experiencia de Pedro nos revela otra cosa: no son las circunstancias las que nos afectan, sino nuestra perspectiva de ellas. El lugar donde estamos parados en el momento de la tormenta va a determinar qué clase de respuesta tenemos. Las olas eran siempre las mismas. Pedro en el barco, Pedro caminando, y Pedro hundiéndose nos muestra que la misma persona no tiene siempre la misma reacción. ¡Nuestra perspectiva de las cosas lo es todo!

Para pensar:

¿Cómo reacciona en tiempos de crisis? ¿Qué le dicen estas reacciones acerca de su propia persona? ¿Qué aspectos debe trabajar para tener reacciones más espirituales?

Paz en Cristo

«Estas cosas os he hablado para que en mí tengáis paz. En el mundo tendréis aflicción; pero confiad, yo he vencido al mundo». **Juan 16.33**

La sinceridad de Cristo con sus discípulos presenta un marcado contraste con la proclamación de una gran cantidad de «profetas» de nuestro tiempo. Ellos ofrecen una vida llena de bendiciones, donde todo es victoria y alegría. Inclusive, uno de los famosos grupos religiosos que han surgido en los últimos años tiene como lema: «¡Pare de sufrir!»

Cristo no anduvo con vueltas, ni trató de esconder la realidad a sus discípulos. Su declaración es sencilla y directa: «¡En el mundo tendréis aflicción!»

No hacía falta que diera mayores explicaciones acerca del tema, pues los discípulos mismos eran testigos del sufrido paso de Jesús por la tierra. Se había visto obligado a luchar con el hambre, el cansancio y el frío. A diario debía manejar el acoso de las multitudes, con su interminable procesión de curiosos, interesados y necesitados. Además de esto, debió lidiar con los cuestionamientos, las sospechas y las agresiones por parte de los movimientos religiosos del momento. Y, ¿qué podremos decir de las angustias particulares que el grupo de hombres cercano a él le produjo en más de una ocasión? Todo esto formaba parte de la experiencia de transitar por este mundo.

En esta ocasión Cristo acompaña esta revelación con algunos principios importantes. Gran parte del sufrimiento en tiempo de aflicción no procede de la circunstancia misma, sino de la manera en que reaccionamos a ella. Nuestra reacción frecuentemente es negativa porque nos sorprende lo que nos ha tocado vivir. La inocencia de nuestro pensar queda admirablemente expuesta cuando exclamamos: «¿por qué a mí?» Jesús les dijo que lo que les había compartido era para que tuvieran paz en él. Es decir, ninguno de ellos podía aducir que nadie les había advertido lo que les esperaba como consecuencia de ser discípulo del Mesías. Se reducía, de esta manera, un importante obstáculo en el manejo de conflictos.

Acompañó esta observación declarando que, como hijos de Dios, tenían acceso a la paz. Esta es, de hecho, la característica más sobresaliente de aquellos que viven conforme al Espíritu, y no a la carne. No es que están libres de las dificultades, los contratiempos y los sufrimientos, sino que en medio de las más feroces tormentas experimentan una quietud y un sosiego interior que no tiene explicación. Son inamovibles en sus posturas, porque lo que ocurre fuera de ellos no logra derribar la realidad interna.

Cristo les hizo notar, sin embargo, que esta paz la tenían en él. No era producto de la disciplina, ni del cumplimiento de una serie de requisitos religiosos, ni de una decisión que habían tomado en el pasado de seguir a Jesús. La paz estaba en la persona de Cristo y solamente tendrían acceso a ella quienes estaban cerca de él. La paz es, en última instancia, el resultado directo de su victoria, no de la nuestra.

Para pensar:

Dios en su sabiduría no nos da la paz, sino acceso a la persona que tiene la paz. Esto nos obliga a buscarlo siempre a él, fuente eterna de vida y plenitud.

¿Pecados privados?

Pero los hijos de Israel cometieron una infidelidad en cuanto al anatema, porque Acán hijo de Carmi, hijo de Zabdi, hijo de Zera, de la tribu de Judá, tomó algo del anatema, y la ira de Jehová se encendió contra los hijos de Israel. **Josué 7.1**

Esta es una historia que golpea fuerte, porque viene inmediatamente después de la extraordinaria victoria que Jehová le concedió a los israelitas sobre Jericó. La manera particular en que se dio la toma de la ciudad dejó un poderoso testimonio acerca del futuro que esperaba al pueblo si caminaba de la mano del Señor. En el siguiente capítulo, sin embargo, vemos a Israel derrotado y humillado por un adversario insignificante. El pasaje de hoy, tomado del capítulo que relata la totalidad del lamentable episodio, nos ofrece la explicación por esta derrota: había pecado en el pueblo y esto cortó en forma dramática el obrar de Dios.

Lo increíble de esta situación es que era solamente un hombre el que había pecado. Acán, de la tribu de Benjamín, vio entre los despojos de Jericó un manto babilónico muy bueno, doscientos siclos de plata y un lingote de oro de cincuenta siclos de peso, lo cual codició y tomó (Jos 7.21). Dios, sin embargo, había dado instrucciones específicas: «La ciudad será como anatema a Jehová, con todas las cosas que están en ella... Pero vosotros guardaos del anatema; no toquéis ni toméis cosa alguna del anatema, no sea que hagáis caer la maldición sobre el campamento de Israel, y le traigáis desgracia» (Jos 6.17, 18).

No deja de llamar la atención que todo el pueblo sufriera las consecuencias por la falta de un sólo hombre. Nuestro asombro revela cuán convencidos estamos de que el pecado es un asunto muy personal, algo entre nosotros y Dios. Esta historia nos presenta la más dramática y contundente evidencia de que no existe tal cosa como el «pecado privado». Todo pecado es una ofensa contra Dios y su pueblo y tiene consecuencias que van mucho más allá de nuestra propia vida.

Ser parte del pueblo de Dios implica la existencia de vínculos espirituales que no dependen de nosotros. No existimos en forma aislada, tengamos o no una relación fluída con los demás. Cuando alguno de nosotros peca, no pecamos solamente contra Dios, sino que también dañamos la relación con nuestros hermanos, pues se interrumpe el accionar de Dios en nuestro medio, no solamente en mi vida. El pecado secreto es un asunto serio, porque afecta la vida de todas las personas que están relacionados con esa persona, de la misma manera que el alcohólico trae miseria a todos los que conviven con él o ella. Aunque no veamos las consecuencias, los resultados de nuestras acciones no pueden ser detenidos.

Para pensar:

Seguramente a esta realidad se refería Pablo, cuando decía que «si un miembro padece, todos los miembros se duelen con él» (1 Co 12.26). El concepto no es que debemos dolernos con el otro, sino que el dolor de uno afecta a todo el cuerpo, aunque escogemos ignorarlo. De la misma manera, el pecado tiene consecuencias comunitarias. Saber esto le da un peso adicional al llamado a vivir en santidad.

El camino de la humillación

Pero cuando se vio en angustia, oró a Jehová, su Dios, y se humilló profundamente en la presencia del Dios de sus padres. Oró a él y fue atendido; pues Dios oyó su oración y lo hizo retornar a su reino en Jerusalén. Entonces reconoció Manasés que Jehová era Dios. **2 Crónicas 33.12-13**

Luego de la desaparición de Israel (las diez tribus del norte), devorado por la insaciable política expansionista de los asirios, Manasés asumió el trono en Judá. Le sucedía a Ezequías, el rey de las reformas. Su reinando se extendió durante cuarenta interminables años. El comentarista de la crónica bíblica nos dice de Manasés que «hizo lo malo ante los ojos de Jehová, conforme a las abominaciones de las naciones que Jehová había echado de delante de los hijos de Israel» (2 Cr 33.2). Es decir, incorporó a Judá todas las detestables prácticas de los cananeos, llegando aun a instalar ídolos dentro del mismo templo de Salomón. Se cree también que el profeta Isaías fue muerto durante este tiempo, como resultado de la fuerte persecución contra todos los que se mantenían fieles a Jehová.

Dios lo juzgó y Manasés fue tomado prisionero y llevado cautivo a Nínive. Era costumbre de los asirios conducir a los reyes capturados mediante un gancho que pasaba por su nariz o labios. Luego eran puestos a trabajar como esclavos en condiciones de extrema crueldad. Fue durante este período que Manasés elevó a Jehová el clamor que describe el pasaje de hoy. Angustiado y humillado, le pidió perdón al Dios de sus padres y clamó que lo librara de su tormento. El Señor lo oyó y fue devuelto a Jerusalén y restaurado a su trono. Manasés, profundamente arrepentido, implementó una serie de reformas por las cuales quitó todos los ídolos y lugares de sacrificio que había establecido anteriormente.

La historia nos deja dos claras lecciones. En primer lugar, no podemos dejar de notar que no importa cuán profundamente haya caído una persona de la gracia de Dios, el camino para volver nunca está cerrado. Dios es, en esencia, un Dios de misericordia y compasión. El clamor del arrepentido llega inmediatamente a su corazón, aun cuando sus caminos hayan sido abominables. Siempre está deseoso de restaurar una vez más su relación con sus hijos. Cada vez que nos arrepintamos y humillemos, él estará dispuesto a intervenir para restaurar lo que nuestra maldad ha destruido.

En segundo lugar, debemos notar que el resultado final de este proceso de gran sufrimiento fue que Manasés reconoció que Jehová era Dios. A diferencia de nuestra tendencia vengativa, que busca infligir sobre los demás el mismo sufrimiento que ellos nos han causado, el Señor siempre nos trata con el deseo de que lo conozcamos a él como quien es realmente. Su trato puede ser duro y doloroso, mas el fruto es un conocimiento veraz y acertado de su persona. Ese conocimiento no tiene precio, aunque se lo haya obtenido por medio del dolor, las lágrimas y la angustia.

Para pensar:

«La alternativa a la disciplina es el desastre». V. Havner.

La meditación del sabio

Todos los que oyeron, se maravillaron de lo que los pastores les decían. Pero María guardaba todas estas cosas, meditándolas en su corazón. **Lucas 2.18-19**

¿Cómo no iban los pastores a sentirse maravillados por lo que les había tocado vivir? Recordemos que estos eran hombres sencillos. Sus vidas transcurrían en la quietud y la soledad de los que viven al aire libre, acompañando y conduciendo a sus ovejas con el ritmo pausado propio de su oficio. Repentinamente, irrumpió sobre esta existencia pacífica una escena de proporciones dramáticas y sobrenaturales. ¡Un ángel del Señor se les apareció y la gloria de Dios se manifestó a su alrededor! El ángel calmó sus temerosos corazones y les compartió las buenas nuevas de Cristo. No había terminado de hablar cuando una multitud de huestes rodearon al ángel, proclamando las maravillas del Altísimo.

Con la sencillez de los humildes fueron al lugar que les había sido indicado y encontraron al niño Jesús exactamente donde debía estar. Seguramente esta segunda experiencia añadió una cuota adicional al asombro de los pastores. Podemos imaginar que, quizás, se interrumpían entre ellos para dar los detalles de lo que les había acontecido. Y todos los que los oían también se contagiaban del mismo sentido de maravilla que ellos.

Así es nuestra reacción frente a las manifestaciones de lo divino. Puede ser porque se nos haya concedido presenciar una visitación especial del Señor sobre la vida de una persona allegada a nosotros, o porque hemos visto al Señor tocar milagrosamente a un enfermo, o porque una persona resistente al evangelio se ha quebrado, para entregarse finalmente a la insistente invitación de Cristo. Sea cual sea esta manifestación, nos deja con una sensación de euforia y entusiasmo.

Al testimonio de la experiencia de los pastores el evangelista agrega este pequeño comentario: «Pero María guardaba todas estas cosas, meditándolas en su corazón». Al comenzar con la palabra «pero» nos está ayudando a entender que la madre de Jesús había adoptado una postura que contrastaba con la de los pastores. ¿Es que ella no había experimentado ningún tipo de asombro? ¡Lo dudamos!, pues seguramente ella no cesaba de sorprenderse continuamente por la forma en que Dios estaba obrando en su vida. El contraste de su reacción se debe a que añadió una actitud de meditación al asombro que había vivido. Es decir, María entendía que detrás de estas increíbles manifestaciones del Altísimo, había una realidad espiritual que debía ser entendida. Esta comprensión le sería concedida a aquellos que estaban dispuestos a detenerse en lo vivido para dedicarle un análisis cuidadoso y atento en los lugares secretos del corazón.

Esta es una actitud de madurez digna de imitación. Más allá de nuestro entusiasmo momentáneo, Dios nos llama a meditar en los acontecimientos y las experiencias que nos tocan vivir. Es por medio de la meditación que la dimensión completa de lo vivido, en toda su riqueza y profundidad, nos será revelada.

Para pensar:

«La reflexión espiritual siempre nos confronta con la persona de Jesús y nos llama a vestirnos de su carácter, sus pensamientos, sus hábitos, su pasión y su compasión».
R. Foster.

Sembrar con lágrimas

Los que sembraron con lágrimas, con regocijo segarán. Irá andando y llorando el que lleva la preciosa semilla, pero al volver vendrá con regocijo trayendo sus gavillas. **Salmo 126.5-6**

El conocido autor A. W. Tozer observa, en uno de sus libros: «*La Biblia fue escrita con lágrimas y es al que derrama lágrimas que revelará sus mejores tesoros*». De esta manera, Tozer identificaba un importante principio acerca del mundo de las cosas espirituales, y es que las lágrimas siempre han sido parte de la experiencia de aquellos que han conocido las más profundas intimidades de Dios. Probablemente la mayoría de nosotros no entiende muy bien por qué esto es así y, quizás, ni siquiera haga falta entenderlo. Nos basta con aceptar que este es un componente ineludible de la vida espiritual.

Si recorremos las páginas de la Palabra, rápidamente veremos que muchos héroes de la fe fueron también personas acostumbradas al quebranto. Job lloró amargamente delante de Jehová por la angustia de su aflicción (16.20). José no pudo contener las lágrimas cuando volvió a encontrarse con sus hermanos (Gn 43.30). Ana, la madre de Samuel, lloraba desconsolada por su esterilidad (1 Sa 1.7). Cuando David se encontró con la ciudad destrozada por los amalecitas, lloró hasta que no le quedaron fuerzas (1 Sa 30.4). En los salmos el mismo David confiesa que las lágrimas frecuentemente fueron su pan de día y de noche (42.3). Elías huyó al desierto, tan angustiado que deseó la muerte (2 Re 17) El rey Ezequías lloró con gran angustia cuando le anunciaron su muerte, y fue oído por sus lágrimas (Is 38.5) A Jeremías frecuentemente se lo ha identificado como el profeta de las lágrimas (Jer 13.17). Jesús lloró en varias ocasiones. La Palabra testifica que también fue oído por sus lágrimas (Heb 5.7). Pablo sirvió al Señor con humildad y con muchas lágrimas y pruebas (Hch 20.19).

Sin entender bien el proceso, sabemos que ocurre algo en nuestro corazón cuando lloramos. Con el llanto existe la posibilidad de que se ablande, y debemos reconocer que el obstáculo a una vida de mayor comunión con Dios es la dureza de nuestros corazones. Con la suma de frustraciones y fracasos finalmente claudican nuestros esfuerzos por encaminar nuestra vida, y admitimos delante de Dios nuestra condición frágil e inestable. Es el comienzo de algo nuevo. Seguramente por esto Jesús podía proclamar: «Bienaventurados los que lloran, porque ellos recibirán consolación» (Mt 5. 4).

Las lágrimas, sin embargo, no siempre son producto de la frustración. También pueden indicar un corazón trabajado por Dios, sensible a las cosas del Espíritu. Esta clase de persona es la que se quiebra por las mismas cosas que quebrantan el corazón de Dios. Observe las lágrimas de Cristo por Jerusalén (Lc 19.41), o las de Juan en Apocalipsis (5.4). Ellos percibían una realidad espiritual de tal magnitud que los llevó a llorar delante de Dios.

Sea cual sea la razón de las lágrimas, para aquellos que andan en el Señor, son la puerta hacia cosas más profundas y espirituales.

Para pensar:

«Mantener la mano en el arado, mientras nos secamos las lágrimas, este es nuestro llamado». Watchman Nee.

Soberano absoluto

Entonces Saúl envió mensajeros para que trajeran a David, los cuales vieron una compañía de profetas que profetizaban, y a Samuel que estaba allí y los presidía. Vino el Espíritu de Dios sobre los mensajeros de Saúl y ellos también profetizaron. **1 Samuel 19.20**

Esta es una de las tantas escenas extrañas con las que nos encontramos en las Escrituras. Es extraña porque no llegamos a captar la verdadera dimensión de los acontecimientos que nos describe.

De todos modos, vale la pena una pequeña reflexión sobre los eventos que nos describe el pasaje. El odio de Saúl hacia David ya había llegado a proporciones realmente grotescas. Al menos en dos ocasiones, con su lanza, había intentado clavarlo contra la pared. Había dado órdenes claras a sus hombres de que apresaran al joven pastor de Belén, pero David siempre escapaba de ellos antes de que pudieran hacerlo. En esta ocasión, se le dio aviso a Saúl del lugar donde se encontraba David, e inmediatamente envió mensajeros para que lo trajeran de vuelta. Más el Espíritu de Dios vino sobre ellos y comenzaron a profetizar junto a los demás profetas reunidos con Samuel. Esta escena se repitió tres veces y en cada una de ellas los mensajeros fueron arrebatados por el Espíritu de Dios. Al final Saúl decidió ir en persona para buscar a David. Seguramente, a estas alturas de las circunstancias el rey dominaba con dificultad la furia que le despertaba la aparente «ineptitud» de sus hombres. Cuando el rey llegó al lugar donde estaba David, junto al profeta Samuel y otros profetas, vino también sobre él el Espíritu de Dios y anduvo profetizando durante todo un día y una noche. No pudo hacer absolutamente nada para evitar la situación, ni tampoco para llevar adelante sus malvados planes contra la vida del joven israelita que tantos celos despertaba en su interior.

Nos atrevemos a hacer dos sencillas observaciones en cuanto a lo sucedido. En primer lugar, debemos notar que cada uno de los mensajeros -y el mismo rey- comenzaron a profetizar, pero esto no los convirtió en profetas. Esta observación es importante, porque hay en nosotros una marcada tendencia a confundir las obras con la persona. Creemos que cualquiera que hace las obras cuenta con el aval de Dios sobre su persona. Mas Dios puede usar al que quiera, inclusive a un asno, de ser necesario. ¡Pero esto no convierte al asno en un consagrado siervo del Señor! Ser un ministro en la casa de Dios demanda mucho más que la habilidad de hacer cosas buenas para el Señor.

En segundo lugar, podemos observar que ningún plan del hombre prospera si Dios no lo autoriza, aun los planes de maldad. Muchas veces creemos que el enemigo anda suelto haciendo todo lo que le viene en gana, y nosotros no tenemos cómo defendernos contra él. Esta historia nos revela claramente que el enemigo avanza solamente hasta donde se le permite y ni un milímetro más. La autoridad de Dios se extiende aun sobre la vida de aquel que trama el mal día y noche.

Para pensar:

«Él convierte en nada a los poderosos, y a los que gobiernan la tierra hace como cosa vana» (Is 40.23).

Verdaderos adoradores

Pero la hora viene, y ahora es, cuando los verdaderos adoradores adorarán al Padre en espíritu y en verdad, porque también el Padre tales adoradores busca que le adoren. **Juan 4.23**

Esta escena tiene un valor muy especial para todos aquellos que deseamos conocer mejor a nuestro Dios. Es una de esas pocas ocasiones en las cuales Jesús revela, con palabras, los deseos del Padre. No podemos dejar de sentirnos descolocados frente a su revelación, pues en medio de una discusión acerca de las «formas» de la adoración -algo absolutamente efímero (pero que no ha dejado, sin embargo, de seducirnos una y otra vez)- Cristo introduce una frase que sorpresivamente nos lleva a considerar lo que es la «esencia» de la adoración.

Uno de los aspectos de su declaración salta a la vista inmediatamente: existen dos clases de adoradores, los verdaderos y los falsos. No hace falta remarcar que si un adorador es falso, en realidad no es un adorador, sino alguien que asume el papel de adorador. Esto nos obliga a meditar en nuestras propias experiencias de adoración: ¿realmente adoramos o fingimos estar adorando durante los momentos públicos destinados a esta actividad?

Con solo pensar en esto nos damos cuenta de cuál es la diferencia entre una cosa y la otra. El falso adorador es, precisamente, el que considera a la adoración como una actividad. Es decir, por momentos deja lo que está haciendo para dedicarse a una nueva actividad: la de expresar adoración al Padre. No está haciendo más que asumir los movimientos e incorporar las palabras apropiadas a tal actividad. Quizás las ha visto en otros y las sabe imitar con facilidad. De todas maneras, en su mente la adoración es una de las tantas actividades relacionadas con la vida espiritual.

Cuando Cristo habla del verdadero adorador, no está describiendo las actividades de una persona; está haciendo referencia a lo que una persona es. De la misma manera que nosotros podríamos describir a una persona por su origen, diciendo que es griega, polaca o española -y se entendería que esto no se refiere a una actividad sino a su identidad-, Cristo identifica a ciertas personas dentro del reino por el corazón que poseen: son verdaderos adoradores del Padre.

Un adorador no puede convivir con la carne y el pecado. La adoración es, en última instancia, el resultado de un dramático y profundo encuentro con Dios, donde tales cosas se han vuelto abominables. El verdadero adorador que el Padre anhela es el que adora en espíritu y verdad. Es una persona que combina la realidad espiritual producida por el Espíritu de Dios (pues nadie puede relacionarse con Dios si no es por medio del Espíritu), y la purificación del ser interior que viene por medio de la verdad eterna. Es decir, es una persona que refleja con todo su ser la relación en la que está profundamente envuelta.

Para pensar:

¿Cómo se definiría como adorador? ¿Su adoración está limitada a actividades en reuniones públicas? ¿Cómo puede cultivar más su identidad como adorador?

Bendiciones invisibles

La reina del Sur se levantará en el juicio contra los hombres de esta generación y los condenará, porque ella vino desde los confines de la tierra para oír la sabiduría de Salomón, y en este lugar hay alguien que es más que Salomón. **Lucas 11.31**

Inmensas multitudes acompañaban a Jesús en su ministerio. Muchos de ellos eran curiosos que daban a entender que estaban dispuestos a comprometerse. Les faltaba apenas alguna señal del cielo para estar seguros de que él era realmente el Mesías. Jesús le habló a la multitud, diciendo: «Esta generación es mala; demanda señal, pero señal no le será dada, sino la señal de Jonás» (Lc 11.29).

Lo de la señal no era más que una excusa. Quien no quiere creer no cederá en su postura frente a las más dramáticas y contundentes evidencias del accionar de Dios. Tal era la generación de los israelitas que salió de Egipto, una generación obstinada y caprichosa que no confió aun cuando vieron cosas que ningún otro pueblo había visto. La fe es, en esencia, una respuesta espiritual al obrar del Espíritu en nuestro interior. A pesar de esto, con frecuencia nos convencemos de que nuestra fe sería más fuerte si tuviéramos mayores evidencias del obrar de Dios en nuestras vidas. Sentimos que todo el esfuerzo de creer recae sobre nosotros y sería oportuna una «ayudita» a nuestra fe.

El Señor, sin embargo, quería mostrarles algo diferente: las señales que buscaban ya existían, solamente que ellos no las veían. Como lo hizo en tantas otras ocasiones, Cristo escogió el ejemplo de aquellos que no eran del pueblo judío para ilustrar la correcta postura de fe. Mencionó a los habitantes de Nínive, que creyeron en la predicación de Jonás, un predicador con poca «gracia» para comunicar el mensaje. Sin embargo, creyeron porque existía en ellos la apertura espiritual necesaria para la fe.

Jesús mencionó también, en el pasaje que hoy nos ocupa, a la reina del Sur; es decir, la reina de Sabá que visitó a Salomón (1 Re 10.1-13). Esta mujer era la soberana de una nación en África, acostumbrada a que le sirvieran en todo lo que deseaba. No obstante, haciendo a un lado sus privilegios reales, viajó una enorme distancia buscando conocer la sabiduría del legendario rey de Israel. Los ninivitas y la reina del Sur poseían algo en común: una apertura a lo espiritual, algo marcadamente ausente entre los israelitas. Hemos de notar, además, que ni los ninivitas ni la reina de Sabá poseían la rica herencia espiritual que poseía el pueblo de Dios. Los que estaban con Jesús tenían acceso a la más extraordinaria señal jamás vista por los hombres. Sin embargo, entre los que más tenían se notaba la mayor pobreza de espíritu.

Así también ocurre en nuestras vidas. Frecuentemente estamos empecinados en buscar algo que, a nuestro criterio, nos está faltando. Nuestra obstinación no nos permite percibir ni disfrutar de aquellas bendiciones que están en nuestro medio y que, muchas veces, son mayores que aquello que estamos buscando.

Para pensar:

«La mente carnal no ve a Dios en nada, ni siquiera en las cosas espirituales. La mente espiritual ve a Dios en todo, aun en las cosas naturales». R. Leighton.

La estupidez de un rey

Entonces el rey se entristeció, pero a causa del juramento y de los que estaban con él a la mesa, mandó que se la dieran, y ordenó decapitar a Juan en la cárcel. **Mateo 14.9-10**

Estaba ordenado por Dios que Juan fuera muerto, ¡pero qué triste la manera en que aconteció! Su destino fue decidido en un momento de algarabía, donde las emociones de los hombres priman sobre los juicios correctos y justos. Herodes, incitado por los agraciados movimientos de la hija de Herodías, encontró la manera perfecta de congraciarse con los invitados: la proclamación de una oferta tan generosa que no podía menos que impresionar a todos los presentes. Lo exagerado de su voto, sin embargo, revela que habló lo primero que se le vino a la mente, sin medir las consecuencias de sus palabras. De esta manera, entonces, murió Juan, víctima del descontrol de un perverso gobernador en una fiesta de cumpleaños.

¡Cuán profundos son los deseos del hombre por agradar e impresionar a los demás! Este deseo de «quedar bien», de impactar a la gente con la manera en que actuamos y así ganarnos su favor y aprecio, es algo que nace en la esencia misma de lo que somos como seres humanos. Todos tenemos un hambre profunda de reconocimiento, de que nos tengan en cuenta y que nos valoren aquellos que están a nuestro alrededor. En muchos ministros que vienen heridos por la experiencia de un hogar sin afecto esta necesidad se convierte en obsesión. No alcanzan las horas ni los días para servir a los hermanos, los cuales parecen ofrecer la posibilidad de recibir expresiones de gratitud y aprecio.

La historia de Herodes ilustra hasta qué punto podemos llegar a enredarnos si permitimos que estos deseos gobiernen nuestras acciones. El rey se entristeció por la palabra que había hablado, porque repentinamente se dio cuenta de que su promesa había sido totalmente alocada. Su deseo de no desprestigiar su imagen frente a los demás, sin embargo, era mucho más fuerte que su momentánea incomodidad por la estupidez de sus acciones. El arrepentimiento requeriría la clase de coraje que tales hombres no poseen.

En nuestro afán por agradar muchas veces nos comprometemos a cosas que no podemos cumplir. Ninguna de ellas tiene la magnitud ni la seriedad de la promesa del Tetrarca, pero todas son igualmente dañinas. Acabamos involucrados en situaciones no deseadas o, incluso, detestables. Por esta razón muchas veces el cumplimiento de nuestro voto va acompañado de lamentos y quejas. Aún más importante que esto, las palabras impulsivas tienden, con el paso del tiempo, a erosionar nuestra autoridad como líderes porque no podemos cumplir muchas de ellas. Corremos el riesgo de que se nos conozca como personas cuya palabra tiene poco peso.

Para pensar:

Cuando Jesús enseñó que nuestro hablar debía ser sin juramentos (Mt 5.37) estaba aludiendo a la sencillez en nuestras expresiones. Esta sencillez incluye también una economía en el uso de las palabras, siendo más pausados y pensativos a la hora de comunicarnos con otros. De esta manera, evitaremos quedar enredados por las palabras que salen de nuestra boca.

¡Bendito amor celestial!

¿Quién nos separará del amor de Cristo?
¿Tribulación, angustia, persecución, hambre, desnudez, peligro o espada?
Romanos 8.35

Solía tener dificultades para entender este pasaje porque no cuadraba con la realidad de mi vida, ni tampoco con lo que veía en la vida de muchos otros que compartían la experiencia cristiana conmigo. «¿Cómo podía Pablo hablar de que nada nos puede separar del amor de Dios?» me preguntaba, «si a diario veo que hay infinidad de situaciones que compiten con nuestro amor por Cristo?». Cada una de ellas no solamente pugna con nuestro deseo de seguirlo a él sino que, en ocasiones, han conseguido alejarnos por completo de los caminos que el Señor ha trazado para nuestra vida.

El problema con esa interpretación es que yo estaba mirando este versículo con una óptica errada, centrada en nuestra devoción hacia Dios. Mi error revela qué tan profundamente arraigado está en nosotros el creer que somos los protagonistas de la vida espiritual. En el fondo creemos que es nuestra actividad la que mantiene vigorosa y viva nuestra relación con el Altísimo. Mis dificultades desaparecieron cuando pude entender que Pablo no está hablando aquí del amor, frágil y fluctuante, que nosotros tenemos por Dios, sino del amor que el Padre tiene por nosotros.

Es interesante notar que todos los términos que escoge Pablo como posibles provocadores de esta separación con el amor divino hacen referencia a experiencias relacionadas con el sufrimiento. Medite en ellas por un momento: Tribulación, angustia, persecución, hambre, desnudez, peligro, espada. Cada uno de esos elementos tiene que ver con situaciones donde experimentamos angustias personales con una intensidad difícil de sobrellevar.

¿Por qué escogió el apóstol estas experiencias en particular? La reacción casi universal de muchos cristianos en medio del sufrimiento (sea cual sea su origen) es creer que Dios los ha abandonado, que se ha olvidado de ellos. Observe, por ejemplo, la respuesta de Gedeón al ángel que lo visitó (Jue 6.13), la de los israelitas frente al Mar Rojo (Ex 14.11-12), o la de David en el Salmo 42.9, que exclamó: «¿por qué te has olvidado de mí?». Es en tiempos de angustia que nos sentimos especialmente tentados a cuestionar la existencia del amor de Dios por nosotros.

El apóstol afirma que no hay cosa creada, ni experiencia vivida que pueda hacer cesar el amor de Dios por nosotros. Usted y yo podremos, quizás, «sentir» que él no está con nosotros en tiempos de angustia. ¿Pero quién de nosotros tiene sentimientos que nos dicen la verdad? Lo que declara aquí Pablo es una de las verdades centrales sobre la cual está fundada la vida espiritual. La persona que experimenta la vida victoriosa, en todas sus dimensiones, es aquella que no duda del amor de Dios, aun cuando se encuentre cara a cara con la muerte. Tiene una certeza inamovible de que el amor de Dios por nosotros -insistente, incansable, perseverante- es un hecho tan real como la existencia de los cielos y de la tierra.

Para pensar:

«Por lo cual estoy seguro de que ni la muerte ni la vida, ni ángeles ni principados ni potestades, ni lo presente ni lo por venir, ni lo alto ni lo profundo, ni ninguna otra cosa creada nos podrá separar del amor de Dios, que es en Cristo Jesús, Señor nuestro» (Ro 8.38-39).

Tristeza con potencial

Me dijo el rey: «¿Por qué está triste tu rostro?, pues no estás enfermo. No es esto sino quebranto de corazón». Entonces tuve un gran temor. Y dije al rey: «¡Viva el rey para siempre! ¿Cómo no ha de estar triste mi rostro, cuando la ciudad, casa de los sepulcros de mis padres, está desierta, y sus puertas consumidas por el fuego?». **Nehemías 2.2-3**

El capítulo 1 del libro de Nehemías relata el encuentro que tuvo este varón de Dios con Hanani, la persona que había regresado de un viaje a Jerusalén. Nehemías, ansioso por saber cómo estaban las cosas en su tierra de origen, le pidió un informe acerca de los judíos que habían escapado del exilio. Hanani le dijo que «el resto, los que se salvaron de la cautividad, allí en la provincia, están en una situación muy difícil y vergonzosa. El muro de Jerusalén está en ruinas y sus puertas destruidas por el fuego» (Neh 1.3). El texto relata que este reporte produjo gran tristeza en Nehemías, quien se quebrantó y lloró.

Al igual que Nehemías, vivimos tiempos en los que abundan las malas noticias. En nuestra querida América Latina la violencia, la pobreza y la injusticia van en aumento. No pasa un día en el cual no oímos en la radio o vemos por televisión las consecuencias de estos males. Además de esto, como pastores y líderes, estamos día a día en contacto directo con las más angustiantes manifestaciones de la maldad del hombre. Las dificultades que vemos a diario tienden a cargar nuestro corazón de una tristeza que da lugar al desánimo, la desesperanza y la resignación. En cuántas ocasiones hemos participado en reuniones donde las tragedias y tristezas de otros sirven solamente para alimentar nuestra tendencia morbosa de indagar cada detalle de los acontecimientos. A medida que vamos alimentando el «ambiente» con nuevos relatos de desgracias, podemos prácticamente palpar cómo se van desinflando los ánimos y se va instalando un sentido de angustia generalizada. En esto no hacemos más que repetir el modelo que vemos en forma permanente a nuestro alrededor, donde hablar de lo mal que están las cosas es casi un pasatiempo.

Lo que nos diferencia de la persona de Nehemías es que él no se quedó con el desánimo. Su tristeza le sirvió para entrar a la presencia de Dios y derramar delante de su trono toda su angustia. En el proceso de compartir una y otra vez su dolor por esta situación se fue gestando en su corazón la disposición de hacer algo al respecto.

Necesitamos incorporar esta respuesta a nuestra vida cotidiana. De esta manera, nuestra tristeza puede servir como vehículo para algo productivo que pone en marcha un nuevo proyecto de Dios. Lo que vemos y oímos puede actuar como detonante para buscar el rostro de nuestro buen Padre celestial. Él tiene la perspectiva correcta de todas las cosas y sabe bien cuál es el camino a recorrer. Además de esto, quizás tenga alguna indicación que darnos con respecto a la situación. Dejemos de fijarnos en el problema y comencemos a mirar la solución. Lo que desesperadamente necesita hoy nuestro continente son personas con soluciones.

Para pensar:
«Echa sobre Jehová tu carga y él te sostendrá» (Sal 55.22).

Viviendo entre tensiones

Entonces dijo Moisés: «Te ruego que me muestres tu gloria». Jehová le respondió: «Yo haré pasar toda mi bondad delante de tu rostro y pronunciaré el nombre de Jehová delante de ti, pues tengo misericordia del que quiero tener misericordia, y soy clemente con quien quiero ser clemente; pero no podrás ver mi rostro, -añadió-, porque ningún hombre podrá verme y seguir viviendo». **Éxodo 33.18-20**

La vida espiritual es una vida de polaridades que existen en una tensión perfecta. Una de estas tensiones, por ejemplo, es la que existe entre la fe y las obras. Hemos sido llamados a vivir por fe. No obstante, como bien señala el apóstol Santiago, la fe que carece de obras es una fe muerta (2.17). De la misma manera las obras, cuando no están sustentadas por una fe viva y eficaz, se convierten en meros proyectos de hombres. Otra tensión tiene que ver con el esfuerzo y la gracia. Considere, por un momento, lo aparentemente contradictorio de esta exhortación de Pablo a Timoteo: «Tú, pues, hijo mío, esfuérzate en la gracia que es en Cristo Jesús» (2 Ti 2.1). La gracia tiene que ver con el obrar de Dios que suple nuestras debilidades. La fuerza tiene que ver con nuestra propia disciplinada contribución a cada emprendimiento que el Señor pone delante de nosotros. Cuando solamente existe el esfuerzo, creemos que somos nosotros los que movemos las cosas. Cuando solamente existe la gracia, caemos en una actitud de apatía espiritual que Bonhoeffer calificó de «gracia barata», es decir gracia que no valora el costo de lo recibido.

El pasaje de hoy pone de relieve otra polaridad, una que yace en el corazón mismo de nuestra experiencia espiritual. Está relacionada con experimentar a la vez la llenura y la insatisfacción. A Moisés le habían sido concedidas experiencias de gran profundidad e intimidad con Dios. La palabra nos dice que «Jehová hablaba con Moisés cara a cara, como habla cualquiera con su compañero» (Ex 33.11). No existen muchos hombres de los cuales se pueda decir lo mismo. En el pasaje de hoy, sin embargo, encontramos que Moisés solicita de Dios una experiencia aún más dramática: «¡muéstrame tu gloria!»

He aquí, entonces, una de las realidades más difíciles de sobrellevar. Por un lado, nuestra experiencia de Dios sacia nuestros deseos más profundos. Cuando vivimos plenamente la relación con él, se produce en nuestro interior un éxtasis espiritual que no tiene descripción. Sin embargo, estas experiencias también despiertan en nosotros un sentimiento de insatisfacción. Nuestra conciencia de lo mucho que lo necesitamos se agudiza. Se acentúa en nosotros esa sensación de que nos falta algo y esto, a su vez, nos impulsa a seguir buscando.

Para pensar:

Nuestro desafío es aprender a convivir con estas dos realidades. Si no aceptamos que esto es así, tendremos la tendencia de condenar nuestra experiencia espiritual como inútil, pues nunca nos da todo lo que buscamos. Sin embargo, esta sed es también santa. Por medio de ella, el Señor nos llama permanentemente a su presencia, a beber de las fuentes de agua eterna. ¡Si no la tuviéramos, no sabríamos que Cristo está obrando vida en nosotros!

Profesionales del evangelio

Pero tengo contra ti que has dejado tu primer amor. **Apocalipsis 2.4**

La carta que Juan le escribe al ángel de la iglesia de Éfeso no es, de ninguna manera, condenatoria. Felicita a la iglesia por sus obras, que incluyen un arduo trabajo llevado a cabo con gran paciencia. Se había formado en ellos una loable intolerancia por el pecado. También esta congregación había enfrentado a los que se decían ser apóstoles y no lo eran, procediendo a su denuncia como falsos ministros del evangelio. Los cristianos en Éfeso también habían soportado con paciencia las pruebas que les sobrevinieron como resultado de seguir a Cristo. En todo, escribe Juan, «has trabajado arduamente por amor de mi nombre y no has desmayado» (Ap 2.3). En medio de esta serie de características tan meritorias, sin embargo, Juan inserta esta pequeña frase: «pero tengo contra ti que has dejado tu primer amor». Sorpresivamente nos enteramos que a esta impresionante congregación le faltaba el ingrediente más importante: la pasión por Aquel a quien servimos.

En esto, la iglesia refleja lo que sucede en la mayoría de las relaciones humanas. Consideremos, por ejemplo, el camino que recorren muchos matrimonios. Comienzan con una pasión y un enamoramiento que lleva a la relación al centro mismo de todos los pensamientos y las actividades de la pareja. No alcanzan las horas y los días para estar juntos, para disfrutar de la compañía del otro y descubrir los tesoros escondidos que puede brindar una relación profunda con otro ser humano. Con el pasar de los años, no obstante, la relación pierde sus expresiones apasionadas y cae en una vida de prolijas rutinas donde lo que prima es el acostumbramiento.

Por lo común que resulta esta experiencia nos sentiríamos tentados a creer que la iglesia no está haciendo más que reflejar el paso de los años. ¿Cómo se puede mantener viva la pasión después de veinte o treinta años? No obstante, el ángel llama a la iglesia a recordar de dónde ha caído y la exhorta a volver a las primeras obras. Es decir, le está pidiendo que vuelva a recuperar esa alocada manera de vivir que tenía cuando inició la relación con Cristo.

La recuperación de esta pasión no es tan complicada como creemos. El ingrediente que más afecta la continuidad de una relación es la falta de tiempo. Preocupados y absorbidos por tantas actividades que forman parte de nuestra vida, la relación languidece porque simplemente no la atendemos. Estamos demasiado ocupados con otras cosas. Para mantener viva una relación, sin embargo, es indispensable que le dediquemos tiempo. Esta dedicación es el claro resultado de un compromiso con la otra persona, un compromiso que no conoce cláusulas de excepción. El romance y la pasión solamente se pueden mantener cuando insistimos en seguir celebrando a diario la relación que nos une. Lo hacemos con regalos, gestos de servicio, dedicación y abundantes expresiones de aprecio y gratitud hacia la otra persona.

Para pensar:

¿El ángel le diría a usted que ha perdido su primer amor? ¿Qué cosas hacía con Cristo, cuando recién se convirtió? ¿Qué ha dejado de hacer? ¿Cuáles de estas cosas debería volver a incorporar a su vida?

El camino del arrepentimiento

Volviendo en sí, dijo: «¡Cuántos jornaleros en casa de mi padre tienen abundancia de pan, y yo aquí perezco de hambre! Me levantaré e iré a mi padre, y le diré: "Padre, he pecado contra el cielo y contra ti. Ya no soy digno de ser llamado tu hijo; hazme como a uno de tus jornaleros"». **Lucas 15.17-19**

La parábola del hijo pródigo es una de las más bellas ilustraciones del amor misericordioso de Dios, en este caso desplegado hacia dos hijos que no entendían el corazón compasivo que tenía su padre. En el pasaje de hoy nos encontramos con el menor de estos hijos, sentado entre los cerdos, sucio, cansado, hambriento y olvidado por todos. Los tiempos de fiesta se han terminado y la desesperanza asoma por dondequiera que mire.

El pasaje nos dice que fue en este momento que el muchacho «volvió en sí». Es una expresión que bien podría aplicarse a quien estuvo anestesiado durante una operación. Nos da a entender que durante un tiempo este muchacho no había estado consciente de lo que estaba aconteciendo en su vida. De hecho, esto es exactamente lo que hace el pecado con nosotros: adormece nuestros sentidos y no nos permite entender la necedad de nuestros caminos. El primer paso en el arrepentimiento viene cuando se produce en nosotros la recuperación de esta pérdida de conciencia. Repentinamente vemos lo errado que ha sido nuestro camino. La luz ilumina nuestro entendimiento entenebrecido y vemos las cosas con otros ojos. La realidad de la vida de este joven hablaba claramente de lo bajo que había caído al abandonar la casa de su padre.

En segundo lugar, el joven entendió que el camino hacia la recuperación era el que lo llevaba indefectiblemente de vuelta a su casa, que el bien y la salud se encontraban en la relación con su padre. El arrepentimiento no solo consiste en reconocer que el camino que hemos estado transitando es el equivocado, sino también en iniciar un nuevo viaje que nos lleve de vuelta a la comunión y a la intimidad con Dios. Este viaje debe ponerle fin al silencio y la enajenación de nuestra vida.

Es en el tercer paso, sin embargo, que detectamos un error en el pensar del muchacho. Elabora un plan para corregir su vida: «hazme como a uno de tus jornaleros». Es precisamente en este punto donde el arrepentimiento muchas veces se descarrilla. Reconocemos el mal que hemos hecho y nos acercamos al Padre, pero traemos, bajo el brazo, nuestro plan para arreglar lo que hemos hecho mal. Dios no necesita de nuestros proyectos, ni tampoco de nuestra ayuda para deshacer lo que hemos hecho. Él tiene sus propios métodos, que son eficaces y certeros. Nos basta con darle libertad para trabajar en nuestra vida. El Padre es la solución para todas nuestras dificultades. Necesitamos acercarnos a él, no para hablar, sino para escuchar. Si tenemos que hacer algo él seguramente lo mostrará. Si no nos dice nada, disfrutemos de los besos y abrazos que nos ofrece, sabiendo que en la casa de nuestro Padre, siempre seremos bienvenidos.

Para pensar:

«El arrepentimiento y la fe son regalos que hemos recibido, no metas que hemos alcanzado». Anónimo.

La oración de un siervo

Ahora pues, Jehová, Dios mío, tú me has hecho rey a mí, tu siervo, en lugar de David, mi padre. Yo soy joven y no sé cómo entrar ni salir. Tu siervo está en medio de tu pueblo, el que tú escogiste; un pueblo grande, que no se puede contar por su multitud incalculable. Concede, pues, a tu siervo un corazón que entienda para juzgar a tu pueblo y discernir entre lo bueno y lo malo, pues ¿quién podrá gobernar a este pueblo tuyo tan grande? **1 Reyes 3.7-9**

Salomón era aún joven cuando se le apareció Jehová en sueños, diciendo: «Pide lo que quieras que yo te dé» (1 R 3.5). No dudamos de que podría haber pedido lo que quisiera y Dios se lo hubiera concedido, pues el Señor no es hombre para no cumplir con su Palabra. ¿Qué le hubiéramos pedido nosotros a Dios si nos hubiera hecho una oferta similar? La respuesta de Salomón no solamente impacta por la profundidad de su visión, sino que revela un marcado contraste con las peticiones mezquinas que tantas veces son el tema principal de nuestras propias oraciones. Bien podría servir como modelo para todos aquellos que tenemos responsabilidades en la casa de Dios.

En primer lugar, Salomón era conciente de que él no estaba en esa posición por el esfuerzo propio, ni tampoco lo ocupaba gracias a las cualidades que tenía como hombre. El rey sabía que era Dios el que lo había escogido y puesto por rey.

En segundo lugar, Salomón era absolutamente conciente de que carecía de capacidad para cumplir con la tarea que tenía por delante: «yo soy joven y no sé cómo entrar ni salir». ¡Qué refrescante es encontrarnos con alguien que honestamente confiesa sus limitaciones y reconoce su falta de experiencia para realizar un ministerio! Bien sabemos que nuestras debilidades son el medio principal por el cual se expresa la gracia de Dios. Sin embargo dedicamos mucho esfuerzo a esconderlas o disimularlas.

En tercer lugar, Salomón era consciente de que el pueblo sobre el cual estaba era el pueblo de Dios. No era un pueblo del cual podía disponer como quisiera, para hacer con ellos según sus propios criterios y deseos. Era un pueblo que había sido comprado por el Alto y Sublime. Debía ser cuidado y honrado, como hacemos con todo aquello que no nos pertenece. ¡Qué bueno sería que regularmente recordemos, como pastores, que el pueblo entre el cual hemos sido puestos no es nuestro, sino del Señor! Habrá un día en el que daremos cuenta de cada uno de ellos, hasta del más pequeño.

Por último, Salomón sabía que solamente podía llevar adelante su responsabilidad si Dios le daba los dones y las habilidades que precisaba para la tarea. No lo iba a poder realizar en sus propias fuerzas. Necesitaba ser revestido del poder de lo alto: «Concede, pues, a tu siervo un corazón que entienda para juzgar a tu pueblo y para discernir entre lo bueno y lo malo». No aspiraba a tener fama, ni reputación, ni reconocimiento. Solamente deseaba las capacidades necesarias para poder agradar a su Dios.

Para pensar:
Esta oración realmente inspira. ¿Se anima a apropiarse de ella para convertirla en su oración para el ministerio que se le ha confiado?

La crisis del justo

Cuando pensé para saber esto, fue duro trabajo para mí, hasta que, entrando en el santuario de Dios, comprendí el fin de ellos. **Salmo 73.16-17**

El salmista estaba hundido en una crisis de fe que, seguramente, también ha tocado nuestras vidas en algún momento de nuestro peregrinaje. Quizás su depresión vino en momentos de una prueba intensa en su vida espiritual. Quizás se vio envuelto en alguna experiencia de sufrimiento y persecución, producto de su deseo de honrar a Dios. El hecho es que, fueran cuales fueran sus circunstancias personales, miró hacia la vida de los impíos y vio que era mucho más placentera y fácil que la de los justos. Los impíos no solamente son prósperos, sino que no hay congoja en su muerte. Su vigor es permanente y no tienen que esforzarse ni trabajar duro toda la vida, como lo hace la mayoría de los mortales. Con una facilidad que tiene sabor a burla, «logran con creces los antojos del corazón» (Sal 73.7). Como si esto fuera poco, también se mueven por la vida con una arrogancia intolerable, haciendo alarde de su situación y despreciando a los que luchan día a día por subsistir.

¿Cómo no iba a entrar en crisis el salmista? Cuanto más meditaba este asunto, más indignación sentía. «¿Para qué tanto esfuerzo y tanta fidelidad, si estos otros logran una posición mucho más cómoda sin pasar por toda la angustia de los que intentan vivir vidas rectas y justas?» La medida de su propia inversión no justificaba los magros resultados obtenidos. Completamente frustrado, exclamó: «¡Verdaderamente en vano he limpiado mi corazón y en inocencia he lavado mis manos!» (Sal 73.13).

Seguramente, en algún momento, hemos luchado con sentimientos similares. En muchas ocasiones pareciera que no estamos logrando nada con nuestra devoción. Pasamos por los mismos tormentos y dolores que los impíos; sufrimos las mismas flaquezas y cometemos los mismos errores. Nuestros esfuerzos por honrar al Señor parecen no hacer más que añadir complicaciones a nuestra vida. Nuestra honestidad es condenada por los demás. Nuestra santidad es objeto de burla. Nuestro compromiso con el servicio está envuelto por reproches e ingratitud. ¿Quién de nosotros no se ha sentido tentado, en algún momento, a «tirar la toalla»?

La respuesta a nuestras dudas no se encuentra en la observación ni en el análisis de la realidad que nos rodea. Al contrario, al igual que el salmista, cuánto más lo pensamos más injusta nos va a parecer la vida que nos ha tocado. El salmista nos muestra el camino a seguir: entró al santuario de Dios. Allí, en la presencia del Señor, entendió que su perspectiva estaba seriamente limitada por su condición de hombre. Dios lo llevó a otro plano, el plano de las cosas eternales. Nuestra vida no está limitada a nuestro fugaz paso por esta tierra. Fue en ese momento que el salmista pudo entender «el fin de ellos» y vio cuán cerca estaba de una decisión fatal. Por esta razón exclamó, con gratitud: «casi se deslizaron mis pies, ¡por poco resbalaron mis pasos!» (Sal 73.2). El Señor lo hizo volver del abismo.

Para pensar:

El salmo nos deja un importante principio. Los dilemas, las dudas y las angustias de esta vida se resuelven en presencia del Altísimo. ¡No se demore en buscar, como primera opción, su rostro!

Hambre de Dios

Entonces me invocaréis. Vendréis y oraréis a mí, y yo os escucharé. Me buscaréis y me hallaréis, porque me buscaréis de todo vuestro corazón.

Jeremías 29.12-13

Este texto forma parte de una carta enviada por el profeta Jeremías a los judíos que vivían en exilio, en Babilonia. Habían surgido entre ellos los infaltables mensajeros del facilismo, los que decían que en poco tiempo estarían de regreso en Judá. Jeremías instruye al pueblo a que «eche raíces» en Babilonia, porque su estadía en ese lugar iba a ser prolongada. La profecía contiene, sin embargo, la afirmación que hoy forma parte de nuestra declaración, una promesa de que Dios será hallado por el pueblo cuando este deje sus costumbres religiosas y se dedique a buscarlo sinceramente, de corazón.

A pesar de su contexto histórico, es un texto que bien podría estar dirigido a la iglesia de nuestros tiempos. No es esta una referencia a lo mal que está el pueblo de Dios en esta época, sino un reconocimiento de la tendencia básica del ser humano hacia la experiencia religiosa. Por esto entendemos aquella lista de actividades que el hombre realiza a cambio de obtener el favor de Dios. No se trata de una relación con Dios, sino de un simple intercambio de favores. Nosotros cumplimos con las exigencias de la religión y el Ser Supremo nos otorga su bendición.

Esta manera de pensar no es característica de algún grupo en particular, aunque es más notorio en algunos que en otros. Tristemente, debemos reconocer que muchas de las actividades dentro de nuestras propias congregaciones tienen también estos matices. Nuestra pasión dura apenas lo que dura la reunión en la cual nos encontramos. Luego, retornamos a nuestra vida de aburridas rutinas donde todo sigue igual.

«Me buscaréis y me hallaréis, porque me buscaréis de todo vuestro corazón». La frase lo dice todo. Existe una promesa de un encuentro con Dios que, nos atrevemos a pensar, hasta podría tener las connotaciones dramáticas de los encuentros que han tenido algunos de los grandes héroes de la fe: Abraham, Moisés, David, Isaías, Pedro, Pablo o Juan. Sin importar los detalles particulares de ese encuentro con el Señor, la profecía afirma que se terminarán los tiempos de imaginar que estamos en contacto con Dios, de recurrir a complicadas explicaciones para demostrar que él está presente. La vida espiritual será otra, enteramente diferente, donde la experiencia con Dios lo llenará todo.

¿A quiénes se les concederá esta experiencia? A aquellos que lo buscan de «todo corazón». La frase descarta esas «búsquedas» que duran unas horas o algunos días. Aquí se habla de la persona cuya pasión la consume. Son las que «tienen hambre y sed de justicia». Es el clamor del salmista: «Mi alma tiene sed de ti, mi carne te anhela en tierra seca y árida donde no hay aguas» (63.1). Para estas personas está reservada una experiencia plena con Dios.

Para pensar:

¿Dónde están, hoy, los que gimen por el Señor? ¿Dónde se encuentran los que no pueden descansar porque claman continuamente por una visitación de Dios? ¿Será que se demora el avivamiento que tanto anhelamos, porque aún no existe un pueblo suficientemente hambriento?

Unción

El Espíritu del Señor está sobre mí, por cuanto me ha ungido para dar buenas nuevas a los pobres; me ha enviado a sanar a los quebrantados de corazón, a pregonar libertad a los cautivos y vista a los ciegos, a poner en libertad a los oprimidos. **Lucas 4.18**

Dentro de nuestra cultura existe una firme convicción de que la forma en que hacemos las cosas es la que determina el éxito o el fracaso de un emprendimiento. Cuando las cosas no han funcionado analizamos minuciosamente lo que hemos hecho para ver en qué paso nos equivocamos. Para los que formamos parte de la iglesia, esta mentalidad se traduce en interminables seminarios y talleres donde «aprendemos» cuáles son los pasos para lograr determinados resultados en nuestras congregaciones. Un ejemplo típico de esto es la euforia que existe en estos días por todo lo que sea células. Proliferan por doquier multitud de maestros que se dedican a explicar los procesos y pasos necesarios para llegar a tener una iglesia de proporciones multitudinarias. Un sinfín de líderes que asisten a estas clases implementan con fidelidad lo aprendido, sin obtener los resultados prometidos.

Nuestra reflexión de hoy nos lleva a pensar en el tema de la «unción». El pasaje que leyó Cristo en una sinagoga en Nazaret, menciona una larga lista de actividades que se le habían encomendado: dar, sanar, pregonar, poner en libertad, etcétera. Todo esto tiene que ver con la implementación práctica del ministerio. La clave, no obstante, no está en las actividades sino en el Espíritu que unge, el respaldo que Dios le da al que está detrás del ministerio. Dos pastores pueden realizar exactamente las mismas actividades en sus congregaciones. En una de ellas, sin embargo, no hay ningún resultado visible a los esfuerzos del líder. En la otra, sí los hay. ¿Dónde radica la diferencia? En la unción del que sirve.

¿En que consiste esta unción? Algunos grupos nos han querido convencer de que ellos son los poseedores de esta unción y que se la pueden pasar a quienes ellos escojan. Otros, que le dan una acepción mucho más suelta al concepto, llaman «ungido» a todo el que se pone de pie para enseñar o predicar. Es evidente, sin embargo, que la unción no es algo que manejan los hombres, sino algo que otorga Dios. La unción era, en la historia bíblica, un rito por el cual una persona o cosa era apartada para un servicio especial. En el caso de reyes y profetas, la unción era acompañada por una visitación del Espíritu que capacitaba a la persona para la tarea a la cual había sido llamada.

Esta capacitación divina es la que tanta falta hace en nuestros ministerios. Poseemos el «método», pero nos falta el motor, que es el mover del Espíritu. Al igual que los discípulos con el muchacho epiléptico, el error no está en la manera que ministramos, sino en nuestra falta de oración y ayuno.

Para pensar:

Esta autoridad divina es visible en la vida de hombres y mujeres que tienen gran intimidad con Dios. No hay atajos para esto. La iglesia gime por una nueva generación de ministros cuya credencial no es que saben trabajar, sino que conocen lo que es la comunión íntima con el Padre. ¡Sobre ellos descansará la unción de lo Alto!

Orar en el Espíritu

Orad en todo tiempo con toda oración y súplica en el Espíritu, y velad en ello con toda perseverancia y súplica por todos los santos. **Efesios 6.18**

Es evidente que este versículo está apuntando a mucho más que hablar en lenguas, aunque esta es una de las manifestaciones del Espíritu. Las palabras que escoge el apóstol para acompañar su exhortación -orar, suplicar, velar con toda perseverancia- nos hablan de una intensidad que trasciende la experiencia de oración en nuestras vidas. Para nosotros, la oración muchas veces consiste en elaborar una lista de peticiones y elevarlas al Señor, esperando que él se complazca en añadir su bendición.

Meditemos por un instante en el significado de esta frase «en el Espíritu». ¿Cuál es la diferencia entre una oración conducida por nuestra pasión y una que es efectuada en el Espíritu? Con sólo efectuar la pregunta comenzamos a vislumbrar la diferencia que puede haber entre una y otra. La oración elaborada por nuestra pasión puede ser muy profunda e intensa pero tiene justamente ese problema: ¡es nuestra! La oración en el Espíritu es, en su esencia, una oración donde el protagonista principal es precisamente el Espíritu. Es decir, el que impulsa las peticiones y expresiones hacia Dios es el mismo Señor. Es, en las palabras de un autor, «Cristo orando a través de nosotros».

Considere esto, a la luz de la siguiente declaración de Pablo: «De igual manera, el Espíritu nos ayuda en nuestra debilidad, pues qué hemos de pedir como conviene, no lo sabemos, pero el Espíritu mismo intercede por nosotros con gemidos indecibles» (Ro 8.26). Quedan claramente expuestos dos conceptos en este versículo. En primer lugar, nuestra oración se elabora desde una postura de debilidad, y esto consiste en que no sabemos qué es lo que debemos pedir. No obstante, en la mayoría de nuestras oraciones nos movemos como si supiéramos qué pedir, como si estuviéramos absolutamente seguros de las peticiones que tenemos que efectuar. Orar en el Espíritu, entonces, requeriría de nosotros que seamos mucho más cautos a la hora de pedir cosas o, incluso, a la hora de hablar en su presencia. Nos invita a escuchar, para que el Espíritu nos dé alguna indicación de qué tipos de peticiones podemos o debemos efectuar.

En segundo lugar, la declaración de Pablo nos informa que no importa cuán «prolijas» sean nuestras oraciones, el Espíritu las toma y traduce en algo que es entendible para el Padre. ¿Estamos afirmando que el Padre no nos entiende? ¡De ninguna manera! Lo que estamos diciendo es que el Espíritu toma nuestras oraciones muy humanas y las convierte en algo mucho más acorde a los deseos y las cargas del Padre. Interpreta el sentir de nuestro corazón, aunque nosotros no podamos darle palabras ni entenderlo.

Al igual que todas las otras actividades que forman parte de la vida espiritual de los hijos de Dios, la oración debe ser realizada como fruto del accionar del Espíritu. ¿Podremos detener suficientemente nuestros propios impulsos para darle lugar a él?

Para pensar:
«Sin la actividad del Espíritu una persona puede ser un líder, pero nunca será un líder espiritual». Blackaby.

El alcance de un deseo

David estaba entonces en la fortaleza y había en Belén una guarnición de los filisteos. Y David dijo con vehemencia: «¡Quién me diera a beber del agua del pozo de Belén que está junto a la puerta!». **2 Samuel 23.14-15**

David estaba de campaña contra los filisteos cuando ocurrió este incidente. Rodeado de los hombres valientes que le acompañaban siempre, el rey simplemente expresó un deseo que tenía: beber el agua fresca de uno de los pozos que había en Belén. Sus deseos, sin embargo, sirvieron para movilizar a tres de estos varones, quienes descendieron a la ciudad, arriesgando sus vidas y consiguiendo el agua que tanto deseaba su rey.

¡La valentía de estos tres varones resulta admirable! El hecho de que estuvieran dispuestos a correr semejante riesgo para obtener un poco de agua ofrece un elocuente testimonio acerca del nivel de lealtad y cariño que sentían por David. Un líder no se gana esta clase de respeto con facilidad. Es el resultado de un compromiso profundo con su gente, donde el amor está por encima de los proyectos y la gente tiene la seguridad de que sus vidas son importantes para el líder. Para un pastor, esto se logra cuando él se interesa más en las personas que están sirviendo en la iglesia que en los ministerios que están realizando. Muchas veces, sin embargo, la gente se da cuenta que al pastor solamente le interesa cubrir los «puestos» vacantes que existen en la congregación, porque necesita encontrar maestros de escuela dominical, directores de coro o líderes de jóvenes. Una vez que tiene cubiertas esas áreas, demuestra poco interés por la vida de los que están sirviendo. David era la clase de líder por quien su gente estaba dispuesta a dar la vida.

En este incidente, sin embargo, hay una advertencia para todo aquel que está en una posición de autoridad. Cuando las personas respetan y reconocen a un líder, esa persona ejerce influencia sobre sus vidas; más de lo que se imagina. Sus palabras tienen un peso que no tienen las palabras de los demás. Cuando habla, las personas lo escuchan con especial atención e interpretan sus dichos de manera diferente a los dichos de sus amigos, parientes o conocidos.

David no hizo más que expresar un deseo, como lo podría haber hecho cualquier otra persona. Sus hombres, no obstante, tomaron este deseo como un pedido. El rey no se dio cuenta de lo que había suscitado con sus palabras hasta que ellos volvieron de Belén con el agua. Recién allí se apoderó de él la vergüenza y el arrepentimiento por haber expresado un deseo que terminó poniendo en riesgo la vida de tres de sus hombres.

El líder sabio entiende que hasta las cosas que habla con ligereza son tomadas en serio por el pueblo. Es el precio de estar en un lugar de autoridad. Por supuesto que esta realidad se presta para el abuso, pero en líderes maduros los llevará a medir cada uno de sus dichos. ¡No sabemos las consecuencias que nuestras palabras puedan tener en la vida de aquellos que nos admiran!

Para pensar:

El líder siempre está siendo observado, aun en esos momentos que no se consideran «espirituales», o cuando no está actuando oficialmente como líder.

La bendición de consejeros

Donde no hay buen consejo, el pueblo cae, pero en la abundancia de consejeros está la victoria.
Proverbios 11.14 (LBLA)

En la porción de hoy se nos invita a reflexionar en dos posibles desenlaces en la historia de un mismo pueblo: la derrota o la victoria. La diferencia entre una y otra no está en la falta de un líder que guíe al pueblo, sino en la falta de consejeros. La existencia de consejeros presupone una apertura por parte de aquellos que están en autoridad, a escuchar otras opiniones que puedan enriquecer la perspectiva que tienen de las cosas. No libra al líder de la necesidad de tomar las decisiones que cada situación requiere; mas la abundancia de consejeros le permitirá realizar esas decisiones dotado de toda la información pertinente, luego de considerar cuidadosamente cada aspecto de los temas a tratar.

Por esta razón, un buen líder siempre se rodea de consejeros sabios. No obstante, hay una tendencia entre los que tienen autoridad en la iglesia a actuar en forma totalmente unilateral. No cabe duda de que este tipo de liderazgo es mucho menos problemático que aquel estilo que demanda el esfuerzo de escuchar y considerar cuidadosamente las opiniones de los demás. Sin embargo, este primer estilo expone al pueblo a los caprichos y a las limitaciones de una sola persona, y acaba por producir situaciones donde toda la congregación flaquea por las decisiones del líder. Se presta para el abuso de poder típico de aquellos que no tienen la obligación de rendirle cuentas a nadie.

Para trabajar rodeado de buenos consejeros hacen falta varias cosas. En primer lugar, el líder debe tener un espíritu enseñable. Cuando un líder cree que nadie puede enseñarle nada, porque su sola posición de líder lo convierte en autoridad en cualquier tema relacionado con la iglesia, entonces no le dará ningún valor a la opinión de los demás. En su corazón tendrá la convicción de que nadie puede entender ni hacer las cosas como las hace él, y esto lo cerrará a toda comunicación productiva con sus hermanos.

En segundo lugar, un líder deberá rodearse de un grupo de personas que le ofrezcan una variedad de opiniones y perspectivas sobre los asuntos de la iglesia. Muchos líderes han formado un grupo de consejeros que los asesoran, pero para ello seleccionaron solamente a aquellas personas que piensan exactamente igual que ellos. En este grupo, naturalmente, siempre existe unanimidad de criterio porque todos concuerdan absolutamente con el líder. Quizás, en este grupo se sobreentiende que solamente hay apertura para escuchar a los que opinan de igual manera que el pastor.

En tercer lugar, para aprovechar bien a los consejeros, el líder deberá escucharlos con atención y mostrar el mayor respeto por sus opiniones, aun cuando estás sean contrarias a sus ideas. Se ganará el respeto de su gente cuando ellos sientan que son parte de un equipo donde se permite la libre expresión de ideas, sin importar cuán diferentes sean a las del líder. La riqueza de tener diversidad de consejeros es que la perspectiva conjunta de todos nos acerca a una visión más realista de las cosas.

Para pensar:

«Prefiero estar con maestros buenos y fieles que me corrigen y reprenden, a estar con hipócritas que me adulen y aplaudan». Martin Lutero.

Sumisión

Someteos unos a otros en el temor de Dios. **Efesios 5.21**

La sumisión es un asunto de suma importancia para el discípulo de Cristo. No obstante, existe en la iglesia mucha ignorancia al respecto. Podemos también afirmar que en nombre de la sumisión se han visto las más terribles manifestaciones de abuso de autoridad. Es bueno, por lo tanto, que meditemos un instante sobre este concepto.

El versículo de hoy nos anima a practicar la sumisión mutua. Es decir, se aleja de la idea que predomina en la mente de muchos líderes de que la sumisión es un camino en una sola dirección; es decir, es algo que practican los miembros de la iglesia hacia los que están en autoridad, mientras que ellos están libres de este compromiso. La exhortación de Pablo es bien clara: «someteos unos a otros». Para demostrar cómo se practica esta sumisión, Pablo escoge tres tipos de relaciones humanas donde existe la reciprocidad, y ejemplifica la clase de actitudes que debemos tener. Estas tres relaciones son el matrimonio, la familia y el trabajo. En cada una de ellas la sumisión toma diferentes matices pero es igualmente obligatoria para todas. De modo que, trasladando la figura a la iglesia, se puede afirmar que un pastor no puede insistir en que la sumisión solamente es responsabilidad de los miembros, sino que él mismo también debe practicar la sumisión hacia las personas que pastorea.

Es interesante notar, sin embargo, que los mayores abusos en cuanto a la sumisión existen en aquellos líderes que creen que no tienen que dar cuentas a nadie de su comportamiento. En ellos vemos una constante insistencia en «exigir» la sumisión de las personas de su congregación. Uno de los principios fundamentales de la sumisión, sin embargo, es que no es algo que se exige sino que se otorga. Es decir, no conseguimos que otros se sometan a nosotros mediante airadas denuncias acerca de su rebeldía, ni usando constantes recordatorios de que deben hacerlo porque la Biblia lo demanda. La sumisión se gana mediante un estilo de vida que invita a otros a someterse a nosotros. Si recorremos las páginas del evangelio no encontraremos una sola instancia donde Cristo les recordara a sus discípulos que debían someterse a él. Sin embargo, todos ellos entendieron que la sujeción era un elemento indispensable para una relación sana con él.

El apóstol nos deja un segundo principio en el versículo de hoy, y es que la sumisión debe ser en el temor de Dios. Frecuentemente no practicamos la sumisión porque no vemos en la otra persona las características que «merezcan» nuestra sumisión. Pablo aclara que, a la hora de practicar la sumisión, no debe inspirarnos la figura de la otra persona, sino que debemos hacerlo por temor a Dios. Lo que nos motiva es que entendemos que la sumisión es algo que agrada a nuestro Padre. De hecho, el Señor ha trabajado intensamente en la vida de todos sus grandes siervos para enseñarles la sumisión, pues sin la sumisión es imposible agradarle. Aun el Hijo de Dios practicó la sumisión absoluta a la voluntad del Padre.

Para pensar:

«La enseñanza bíblica sobre la sumisión no pretende establecer una jerarquía de relaciones, sino cultivar una actitud interna de honra hacia los demás». R. Foster.

De la abundancia del corazón

Porque de la abundancia del corazón habla la boca. El hombre bueno, del buen tesoro del corazón saca buenas cosas, y el hombre malo, del mal tesoro saca malas cosas.
Mateo 12.34-35

Quien ya tiene unos cuantos años de vida sabe que las palabras que hablamos tienen un tremendo potencial. Pueden ser el medio por el cual bendecimos a aquellos que están a nuestro alrededor. La palabra justa, hablada en el momento oportuno puede devolverle el ánimo al que está deprimido. Con palabras edificamos, confrontamos, exhortamos y corregimos, tareas todas relacionadas con el ministerio de formar vidas. Tampoco desconocemos, sin embargo, el poder destructivo de las palabras. Conocemos personas que han sido sistemáticamente avergonzadas por las palabras de sus pares, sus padres o sus compañeros de trabajo. Aunque han sido solamente palabras, lo que han escuchado ha dejado profundas huellas en sus vidas.

Por todo esto la vida nos ha enseñado que debemos ser cautelosos a la hora de hablar, aunque muchas veces la lengua es la que más se resiste a ser disciplinada. Cristo, sin embargo, nos está mostrando en esta declaración que hay un camino más sencillo para santificar la boca. La lengua, en un sentido, solamente es la vocera de lo que tenemos almacenado en el corazón, y esta es la verdadera fuente de la cual provienen las palabras. La persona realmente sabia, entonces, concentrará sus esfuerzos más en el corazón que en la lengua, aunque nunca está de más ser medido en las palabras.

Cuando hablamos aquello que es incorrecto no estamos haciendo más que revelar lo que está en nuestro interior. La persona que siempre critica tiene un corazón legalista que vive evaluando lo que los demás están haciendo. La persona que siempre encuentra lo malo en todo tiene un corazón de ingratitud. La persona que siempre se está justificando delante de los demás tiene un corazón lleno de inseguridad y temor. La persona cuya conversación siempre gira en torno al dinero, es una persona en cuyo corazón se ha instalado el dios Mamón. Los que estamos sirviendo en diferentes ministerios dentro de la iglesia haremos bien en considerar el contenido de las palabras de las personas con las cuales trabajamos, pues ellas nos ayudarán a saber dónde están los verdaderos problemas que tienen.

El desafío para cada uno de nosotros, entonces, es llenar el corazón de cosas buenas que irán sazonando nuestra conversación de tal manera que aquellos que nos escuchan se sientan bendecidos y edificados. Para esto, es necesario que prestemos mucha atención a nuestras palabras y que seamos absolutamente honestos con nosotros mismos. ¿Qué es lo que nuestras palabras revelan de nuestro corazón? ¿Cuáles son los temas que más dominan nuestra conversación? ¿De qué manera nos dirigimos a los demás cuando les hablamos? Las respuestas a estas preguntas nos darán valiosas pistas acerca del verdadero contenido de nuestro corazón. Sabiendo lo que hay en nuestro interior podemos acercarnos al Señor para pedirle que comience en nosotros esa obra de transformación que tanto necesitamos. Al identificar y confesar lo malo, el Señor tendrá oportunidad de comenzar a depositar en nosotros lo bueno y justo.

Para pensar:

«Por lo cual, desechando toda inmundicia y abundancia de malicia, recibid con mansedumbre la palabra implantada, la cual puede salvar vuestras almas» (Stg 1.21).

Ser como niños

De cierto os digo que si no os volvéis y os hacéis como niños, no entraréis en el reino de los cielos. **Mateo 18.3**

Esta declaración de Cristo surgió como respuesta a una pregunta que le hicieron los discípulos: «¿quién es el mayor en el reino de los cielos?». No fue esta la única vez que tuvo que tratar el tema de la grandeza con sus discípulos. En varias oportunidades surgieron disputas entre ellos sobre los lugares y cargos que tendrían cuando Cristo finalmente estableciera su reino.

El Maestro bien podría haber dado una detallada descripción de las características deseadas en todos aquellos que lo seguían. Mas no lo hizo. Simplemente tomó a uno de los pequeños que acompañaban a los adultos y lo colocó en medio de los hombres que eran sus colaboradores. Señalando al pequeño, les dijo: «el que quiere ser grande tiene que ser como este niño».

Inmediatamente se hace evidente una aparente contradicción en las palabras de Jesús. Basta con echarle una mirada a este pequeño para entender que no tiene ninguna grandeza. No lleva sobre sus hombros la responsabilidad por las decisiones de peso que deciden el rumbo de los hombres. No tiene que buscar la manera de sustentar a diario las necesidades de su familia. No participa en los asuntos que conciernen al fundamento de la sociedad. Hasta su estatura puede llevar a que fácilmente pase desapercibido. Cristo, sin embargo, no veía a este niño como lo veían los hombres. Él estaba haciendo referencia a aquellas características que los adultos han perdido y que necesitan volver a recuperar. Acompáñeme por un instante, mientras reflexionamos sobre ellas.

Lo primero que hacen los niños, cuando despiertan por la mañana, es ponerse a jugar. No se les ve levantarse preocupados, o cansados porque no pudieron dormir durante la noche. Se despiertan y comienzan a disfrutar del día. Los niños tampoco se preocupan acerca de las necesidades del día. No se pasan horas pensando de dónde vendrá la comida para el almuerzo, o quién podrá prepararlo. Juegan tranquilos porque saben que hay otros que velan por su bienestar. En el momento que necesitan algo, se acercan a algún adulto para pedirlo. No andan con rodeos, ni con vueltas. Piden porque confían en que los grandes pueden suplir sus necesidades. Cuando se lastiman, inmediatamente buscan a su madre o a su padre para recibir de ellos el consuelo que necesitan. A veces, con un solo beso o una caricia, desaparecen las lágrimas y vuelve la alegría. Tampoco poseen capacidad para recordar las cosas malas que han vivido. No guardan rencor, ni buscan vengarse como lo hacen los adultos. Pueden ser disciplinados por sus padres y al rato ya están jugando otra vez. Los niños también poseen una admirable capacidad de soñar, usando su imaginación. ¿Se encontró alguna vez con un niño cuestionador o desconfiado? Usted les habla de Papá Noel y ellos creen, a ciegas, en su existencia. Solamente de adultos adquirimos esa tendencia de dudar siempre de todo.

Para pensar:

Por todas estas razones, y muchas más, los niños nos muestran el camino que deben seguir los que quieren avanzar hacia la madurez espiritual. Es el camino de la sencillez, de la vida sin complicaciones, de fe y de alegría, de gozarse a cada momento en las cosas de la vida.

No ser como niños

Porque todo el que toma sólo leche, no está acostumbrado a la palabra de justicia, porque es niño. Pero el alimento sólido es para los adultos.
Hebreos 5.13-14 (LBLA)

El autor de Hebreos expresa en este pasaje cierta frustración por las personas a las cuales está escribiendo. El tema que está tratando no es fácil de explicar. La dificultad, sin embargo, se ve multiplicada porque ellos se habían hecho tardos para oir. En lugar de haber avanzado hacia los asuntos de personas maduras, seguían dando vueltas con los asuntos propios de los niños. En este contexto, entonces, el autor señala que no es natural que una persona, que tenga cierta cantidad de años en Cristo, siga con actitudes y comportamientos inmaduros.

¿A qué actitudes y comportamientos hacía referencia? Pues en primer lugar, los niños no poseen ninguna capacidad de relacionarse adecuadamente con los demás. Los niños no han transitado todavía por esas experiencias, ni han vivido aquellos procesos que los ayudan a entender que el mundo no gira exclusivamente en función de ellos. De la misma manera, las cristianos inmaduros tienen una perspectiva particular de la vida espiritual: creen que la iglesia, los líderes y los ministerios deben existir exclusivamente para suplir sus necesidades. Todo lo que acontece en la iglesia lo miden en relación a sus propias vidas y no consiguen separar correctamente los temas relacionados a la vida.

Los niños tampoco poseen los elementos necesarios para saber discernir lo que les conviene y lo que potencialmente les puede resultar peligroso. Un niño encuentra igualmente atractivo un juguete tirado en el piso, como la llama de una estufa encendida o la salida eléctrica de algún artefacto hogareño. Con la misma curiosidad toma todo en sus manos. Por esta razón es necesario que sus padres estén alerta y vigilen sus movimientos. El cristiano inmaduro no posee discernimiento para saber qué le conviene y qué no. Por esta razón es arrastrado por todo «viento de doctrina» y cae preso de las enseñanzas extrañas que pasan muchas veces por la iglesia.

Los niños tampoco poseen la capacidad de atender sus propias necesidades. No saben procurar alimento, cambiar su ropa o asearse. Para todo, dependen de sus padres. De la misma manera el cristiano inmaduro necesita que siempre lo estén atendiendo. No puede estudiar solo, ni puede presentar el evangelio a un amigo. Necesita que otros lo hagan por él, y si no lo hacen entonces las tareas quedan inconclusas.

Estos comportamientos son comprensibles en los que tienen pocos años de vida. Entendemos y asumimos que en esta etapa de la vida nosotros deberemos proporcionarles mucha ayuda. No veríamos como normal, sin embargo, estar dispensando estas mismas atenciones a una persona de veinte o treinta años. De la misma manera, no es aceptable que personas que llevan diez, quince o veinte años dentro de la iglesia sigan insistiendo en comportamientos que son propios de niños.

Para pensar:
Para avanzar hacia el manejo de asuntos propios de maduros, es necesario el deseo de abandonar lo que es de niños. Esas actitudes infantiles, que son egoístas, deben ser descartadas para dar lugar a comportamientos y perspectivas propias de adultos.

Novedad de vida

En cuanto a la pasada manera de vivir, despojaos del viejo hombre, que está corrompido por los deseos engañosos, renovaos en el espíritu de vuestra mente, y vestíos del nuevo hombre, creado según Dios en la justicia y santidad de la verdad. **Efesios 4.22-24**

Hay algo que es un motivo de preocupación permanente en la iglesia, en esta amada tierra latina. Me refiero a la falta de evidencia de una conversión moral en los que son del pueblo de Dios. A pesar de que hay personas que tienen años en el «camino», siguen con los mismos comportamientos cuestionables que tenían cuando estaban en el mundo. Somos testigos de que la mentira, la falsedad, la deshonestidad y la falta de transparencia están instaladas en la vida de muchas congregaciones. Si bien esto no es más que una manifestación común en las culturas de nuestros diferentes países, es triste que entre los hijos de Dios estas conductas continúen practicándose en forma natural.

Pablo, en un extenso pasaje dedicado a este tema, exhorta claramente a los cristianos: «En cuanto a la pasada manera de vivir, despojaos del viejo hombre». La palabra «despojaos» nos indica que la anterior manera de vivir debe ser descartada, enterrada, repudiada; es decir, no hay esperanza para ella. Queda claro que la vieja naturaleza no puede ser redimida. No se trata aquí de buscar la forma de mejorar lo que hacíamos mal en otro tiempo. El que anda en Cristo debe andar en novedad de vida, en un comportamiento enteramente nuevo.

La exhortación es tan amplia que bien podríamos creer que la interpretación de la misma queda librada al criterio de cada creyente. Para evitar tales conclusiones el apóstol provee claros ejemplos de lo que significa andar en novedad de vida. La nueva vida incluye dejar la mentira (Ef 4.25), la ira (v. 26), el robo (v. 28), las malas palabras (v. 29) y los gritos (v. 31). En su lugar, el discípulo debe andar en la verdad, la ternura, la generosidad y las palabras de edificación y cariño. En el siguiente capítulo Pablo exhorta también a que dejemos de lado las inmundicias, las palabras deshonestas y la truhanería (Ef 5.4).

La alternativa para los que pertenecemos al reino es la de vestirnos del nuevo hombre. Notamos, una vez más, que no se trata de una reforma del viejo hombre sino de «vestirse» con ropa nueva. La clave para esto es el proceso de transformación de nuestra mente, producido por el Espíritu de Dios. Es por esta razón que el apóstol menciona que el nuevo hombre ha sido creado según Dios en la justicia y santidad de la verdad. Es justamente por sus orígenes que sus características son enteramente diferentes a las del viejo hombre.

Para pensar:

Si bien es verdad que todo el pueblo debe vestirse del nuevo hombre, la influencia de los líderes es clave en este proceso. Aquellos que tienen mayor responsabilidad deben ser los que den el ejemplo de una vida éticamente transformada. La honestidad, la sencillez, la verdad y la transparencia deben ser cualidades visibles en la vida de todo ministro de Dios.

Fidelidad que aflige

Yo sé, SEÑOR, que tus juicios son justos, y que en tu fidelidad me has afligido.
Salmo 119.75 (LBLA)

Sin duda la mayoría de nosotros coincidimos plenamente con la declaración de David en cuanto a los juicios del Señor, que en verdad son justos. Lo creemos de corazón y por eso estudiamos con diligencia su Palabra, para conocer mejor los caminos y los preceptos de Dios. La segunda parte de la declaración del salmista, sin embargo, nos lleva a un plano que es mucho más difícil de aceptar. Unos cuantos, entre nosotros, hasta se opondrían con vehemencia a esta afirmación: que Dios en su fidelidad nos aflige.

No nos cuesta creer que las aflicciones son parte de la vida, aunque algunos tienen dificultad aun para aceptar esto, prefiriendo una espiritualidad triunfalista que niega la existencia del dolor, la angustia y el sufrimiento. Nos basta con mirar la vida, no obstante, para ver que las aflicciones están inseparablemente ligadas al mundo en que vivimos. Nuestra teología, entonces, nos indica que nuestro Padre celestial permite la existencia de estas aflicciones para nuestro bien y que debemos buscar en él la fortaleza e integridad que necesitamos para sobrellevarlas con fidelidad.

En este pasaje, sin embargo, David agrega al tema de las aflicciones una observación que, francamente, nos incomoda. En ella el salmista declara que las aflicciones fueron una demostración del amor del Señor hacia nosotros. ¿Cómo podemos abrazarnos a esta verdad, cuando el sufrimiento produce en nosotros tanta congoja? ¿Quién puede verdaderamente creer que Dios, en su fidelidad, nos aflige? La misma frase hasta parece ser contradictoria, pues la fidelidad, según la entendemos, requiere que Dios nos libre de las aflicciones, ¡no que las produzca!

Si nos trasladamos por un instante al plano de la relación de un padre con su hijo, donde normalmente vemos las manifestaciones más puras de fidelidad, podremos entender por qué nos resistimos a la declaración de David. Todo aquel que tiene un hijo le da prioridad a buscar la forma de evitar que su hijo sufra. Puede ser en cosas tan pequeñas como hacerle los deberes para evitarle problemas en la escuela, o en cosas tan grandes como asegurarle el futuro mediante una apelación a personas de influencia en una empresa o en el gobierno. La meta siempre es la misma: evitar que nuestros hijos pasen un mal momento.

Nuestro amor imperfecto, sin embargo, tiene implicaciones a largo plazo. La más fácil de identificar es que ese hijo no tendrá capacidad de enfrentar ni de responder a las adversidades que inevitablemente le presentará la vida. Tampoco desarrollará la grandeza de carácter que solamente se cultiva por medio del dolor. De modo que, evitándole una incomodidad presente, le hacemos daño para el futuro.

El Señor invierte en nosotros con la eternidad en mente. Hay aspectos de nuestra vida que necesitan ser tratados. Hay lecciones que debemos aprender, si es que vamos a caminar en fidelidad por sus caminos. Nuestro carácter debe ser pulido y refinado. Es por esto, entonces, que él no solamente permite la aflicción en nuestras vidas, sino que a veces la produce.

Para pensar:
David revela un aspecto del amor de Dios que no entendemos muy bien. ¿Se anima, de todas maneras, por fe, a darle gracias a Dios porque en su fidelidad nos aflige? ¡Su opinión del Padre cambiará radicalmente cuando comience a hacerlo!

La lucha del que sirve

Quiero pues, que sepáis cuán grande lucha sostengo por vosotros, por los que están en Laodicea y por todos los que nunca han visto mi rostro. Lucho para que sean consolados sus corazones y para que, unidos en amor, alcancen todas las riquezas de pleno entendimiento, a fin de conocer el misterio de Dios el Padre y de Cristo. **Colosenses 2.1-2**

Como en todos los escritos del apóstol, esta carta también nos revela, aunque sea fugazmente, algo del corazón de este siervo de Jesucristo a los gentiles. El apóstol, sin entrar en detalles, afirma que está involucrado en una intensa lucha por la iglesia. Sabemos con certeza que esta pugna incluía toda clase de pruebas externas, algunas de las cuales están mencionadas en su segunda carta a los Corintios. Estas aflicciones incluyeron tales cosas como hambre, prisiones, azotes y naufragios, que habían sufrido por causa del evangelio. Mas Pablo, en el texto de hoy, se está refiriendo a otra clase de lucha, la que se libra en el ser interior del siervo. Esta es la carga pastoral que Dios pone sobre el corazón de aquellos que sirven a su pueblo. En el mismo pasaje de Corintios, él escribe: «Y además de otras cosas, lo que sobre mí se añade cada día: la preocupación por todas las iglesias. ¿Quién enferma y yo no enfermo? ¿A quién se le hace tropezar y yo no me indigno» (2 Co 11.28-29).

Esta carga es la que distingue al pastor que lo es por vocación celestial, de aquel pastor que no es más que un asalariado. La lucha principal del asalariado está en mantener en movimiento los diferentes programas de la congregación. No tiene mucho tiempo para estar con la gente porque está demasiado ocupado con sus muchas actividades. Mas el pastor que es pastor de corazón, entiende que los programas son un medio para un fin mucho más importante: la formación de Cristo en la vida de cada uno de sus hermanos. Tiene sus ojos firmemente puestos en este objetivo y sabe, con absoluta certeza, que esto no se logra con una buena dosis de actividades. La formación de un discípulo es un proceso esencialmente espiritual y el pastor vive intensamente este proceso, con oración, con súplicas, con lágrimas y ruegos a favor de cada uno de los que le han sido confiados.

La evidencia más contundente de que esta carga es producida por el Espíritu de Dios, la encontramos en lo que Pablo dice: que su lucha incluye a los que nunca han visto su rostro. ¡Qué grandeza de espíritu! La mayoría de nosotros apenas lucha por los nuestros. De veras que nos interesan poco la obra y el trabajo de los demás, especialmente de los que viven en otros lugares. Pablo trabajaba y sufría también por aquellas congregaciones en las cuales nunca había estado personalmente, pero que eran de sumo interés para su Señor. La carga de Cristo estaba también sobre su corazón. Y cuando los intereses de los demás comienzan a importarnos, sabemos con certeza que Dios nos ha librado del egoísmo que tanto entorpece su obra en nosotros.

Para pensar:

Cómo líder, ¿cuánto tiempo pasa intercediendo por el ministerio de otros? ¿Cuánto esfuerzo dedica a promocionar proyectos ajenos a los suyos? ¿Cómo comunica a su congregación este mismo desinterés ministerial?

El regalo de Jesús

Y él mismo constituyó a unos, apóstoles; a otros, profetas; a otros, evangelistas; a otros, pastores y maestros, a fin de perfeccionar a los santos para la obra del ministerio, para la edificación del cuerpo de Cristo.
Efesios 4.11-12

Un comentarista bíblico ha hecho una interesante observación: que en el Nuevo Testamento existen tres pasajes que hablan de los dones otorgados por el Dios Trino a los hombres. En Romanos 12.6-8 se encuentra la lista de dones que el Padre le dio a sus hijos. En 1 Corintios 12 y 14 se encuentra la descripción de los dones que el Espíritu dio a la iglesia. Y en Efesios 4.11-12, se encuentran los dones que Jesús le dio a su iglesia. Si la interpretación de este comentarista es acertada, nos presenta una muy interesante revelación del corazón de Dios para con su iglesia, junto a la particular función que cada uno cumple en la formación del pueblo.

Los dones que el Padre y el Espíritu han dado a la iglesia son regalos que se manifiestan en la vida de sus hijos, tales como la misericordia, el servicio, la exhortación, el discernimiento, la palabra de ciencia o la sanidad. Por medio de ellos se pueden realizar las buenas obras que son parte de la vida a la que hemos sido llamados pues, como dice la Escritura, el pueblo de Dios debe ser un pueblo «celoso de buenas obras» (Tt 2.14).

Cuando observamos el regalo de Cristo a la iglesia, sin embargo, podemos notar una importante diferencia. En Efesios capítulo 4 el apóstol NO dice que él dio a la iglesia ministerios apostólicos, proféticos, evangelísticos, pastorales y de enseñanza. Lo que Cristo dio a la iglesia no fueron ministerios, sino personas. Esto no tiene por qué sorprendernos, pues Jesús mismo trajo las Buenas Nuevas del Padre en persona. «Y el Verbo se hizo carne y habitó entre nosotros lleno de gracia y de verdad; y vimos su gloria, gloria como del unigénito del Padre» (Jn 1.14). Al regalarle a la iglesia hombres y mujeres que fueran apóstoles, profetas, evangelistas, pastores y maestros, Jesús no estaba haciendo más que perpetuar el modelo que él mismo inició al invertir en la vida de los discípulos.

Esta observación tiene una importantísima connotación para todos aquellos que han sido constituidos por Cristo para estos ministerios. El valor principal de la presencia del apóstol, profeta, evangelista, pastor y maestro en la iglesia no se encuentra en el ministerio que desarrolla, aunque siempre tendemos a valorar a los hombres por sus obras. El valor principal que tienen estas personas es la clase de personas que son. Enseñan con su vida, como lo hizo Cristo. El llamado a ser líder dentro de la iglesia es un llamado que demanda de nosotros las más altas expresiones de devoción, compromiso y santidad.

Para pensar:

En tiempos de angustia, confusión y dificultad, la iglesia no debe buscar inspiración en sus doctrinas, sino en la vida de aquellos que han sido puestos para formar la vida de los santos. El contacto que tiene el pueblo de Dios con estos líderes no puede estar limitado a los momentos de reuniones formales dentro del programa establecido de la congregación. La gente que estamos formando necesita tener amplio acceso a nuestra vida, pues nosotros somos ¡el regalo de Cristo para su vida!

Las dimensiones de nuestro llamado

Y él mismo constituyó a unos, apóstoles; a otros, profetas; a otros, evangelistas; a otros, pastores y maestros a fin de perfeccionar a los santos para la obra del ministerio, para la edificación del cuerpo de Cristo. **Efesios 4.11-12**

Hay algunos textos en la Palabra que nos presentan lo que, hoy en día, llamaríamos una descripción de trabajo. Es decir, nos ayudan a entender cuál es la función que debe estar cumpliendo la persona que ocupa determinado rol dentro del pueblo de Dios. El pasaje de hoy es uno de esos textos que proporcionan una clara descripción de la función de aquellos llamados a ministerios de liderazgo dentro de la iglesia.

La lista de Pablo tiene una amplitud de roles que hoy está faltando en la iglesia. Las autoridades más comunes entre nosotros son, sin duda, los pastores y maestros. La iglesia no ha sabido bien qué hacer con los demás ministerios de esta lista: apóstoles, profetas y evangelistas. Algunos grupos, por medio de un inexplicable salto exegético, creen que estos ministerios ya no son válidos. Otros muestran cierta tolerancia hacia ellos, aunque no crean los espacios necesarios para su expresión dentro del cuerpo. Esto ha obligado a los que poseen estos roles a optar por los llamados «ministerios paraeclesiásticos», que frecuentemente son el resultado de la frustrante falta de apertura de la iglesia local. En los últimos años hemos visto todo un resurgimiento de los ministerios no tradicionales de apóstol y profeta, pero sospecho que esto tiene mucho más que ver con un insaciable deseo de autoridad y prestigio, que con una genuina comprensión de la importancia que tienen para el cuerpo de Cristo.

Pablo efectúa tres afirmaciones relacionadas con estos ministros en la iglesia. En primer lugar, el rol de todos ellos -y no solamente del pastor- es la capacitación de los santos. Por esto se entiende darle a los santos todas las herramientas y la formación necesarias para que ellos cumplan con el rol que se les ha asignado. Ésta es una tarea que no ha sido delegada a ninguna otra persona dentro del cuerpo de Cristo, y es fundamental que los líderes lo entiendan.

En segundo lugar, la función de los santos es hacer la obra del ministerio. Es decir, actividades tales como la visitación, el servicio, el apoyo a los caídos, la atención de los nuevos, el evangelismo personal, y tantas otras cosas, deben ser responsabilidad de los santos, no de los líderes. Es en esto que encontramos el error conceptual más arraigado en la iglesia, pues los santos creen que esta es la responsabilidad del líder. Nuestro idioma refleja esta idea, pues decimos que el pastor se dedica «tiempo completo» al ministerio. En la mayoría de los casos, esto convierte a los santos en observadores pasivos.

La tercera afirmación de Pablo es que el funcionamiento adecuado de cada uno dentro del cuerpo es lo que produce su edificación. Tome nota que no dice que el pastor edifica la iglesia, sino que Cristo la edifica mientras cada uno hace lo que le corresponde.

Para pensar:

Este modelo tiene implicaciones fabulosas y un potencial que no puede ser exagerado. ¡Qué excelente momento para redescubrir el genial proyecto de Dios al establecer en la tierra la iglesia, que es el cuerpo de Cristo!

Cuando predica la carne

Algunos, a la verdad, predican a Cristo por envidia y rivalidad; pero otros lo hacen de buena voluntad ¿Qué, pues? Que no obstante, de todas maneras, o por pretexto o por verdad, Cristo es anunciado; y en esto me gozo, y me gozaré siempre. **Filipenses 1.15, 18**

Pablo estaba preso en Roma cuando escribió la carta a la iglesia de Filipos. Entre las muchas cosas que había sufrido por causa del evangelio, se le agregó aquí una nueva afrenta, la de soportar los ataques de personas que buscaban desprestigiar la obra del anciano apóstol. No falta nunca esta clase de personas entre los de la casa de Dios. Probablemente veían las prisiones de Pablo como el castigo del Señor sobre su vida y aprovechaban sus prédicas para mostrar lo errado de sus caminos. El texto no nos proporciona los detalles particulares de sus actividades, pero sí sabemos que el apóstol se dolía por ellos.

A pesar de este sufrimiento, el apóstol no podía esconder su gozo en estas circunstancias, pues aunque las motivaciones eran erradas, el evangelio de Cristo igualmente recibía provecho de estos ministerios adulterados. Queriendo hacerle daño a Pablo, la palabra de Cristo se proclamaba y el inexorable avance del reino continuaba.

El texto de hoy nos revela cuán profunda era la comprensión de este siervo de Cristo de las cosas espirituales. Revela un importante principio en cuanto al ministerio. El Señor, en su soberanía, usa aun las situaciones más adversas para avanzar en los proyectos que tiene. Lo que es aun más notorio que esto es que él siempre ha llamado a servirle a hombres y mujeres que son una mezcla de espiritualidad y carnalidad. Jacob, uno de los patriarcas de Israel, era un hombre propenso a la mentira y el engaño. Moisés era un hombre violento, cuya ira lo llevó a asesinar a un egipcio. Rahab fue clave en la conquista de Jericó, pero se dedicaba a la prostitución. David, uno de los más notables varones en la historia del pueblo de Dios, cayó en adulterio y, para tapar su pecado, asesinó al marido de la mujer con la cual se había acostado. Pedro, el hombre llamado a ser apóstol, negó públicamente a Cristo tres veces. Pablo, el hombre que proclamaba la incomparable grandeza del amor de Dios, descartó a Marcos porque le había fallado.

Vemos, de esta manera, que aun en el caso de las personas más consagradas, siempre existieron también las más notables manifestaciones de carnalidad. Dios igualmente usó a estas personas y sus planes no se descarrilaron.

Esto, entonces, puede servirnos para afirmar que realmente no importa el estado del que sirve, porque Dios igualmente va a sacar provecho de su ministerio. Y, en un sentido, ¡esto es verdad!

¿Cuál es, entonces, el valor de una vida consagrada, de santidad? El valor está en que el grado de nuestra entrega permite que se multiplique la efectividad de la obra de Dios. Los resultados se van a dar igual, pero cuando la obra de Dios está acompañada por obreros santos, el efecto del ministerio se potencia en forma extraordinaria. ¡La santidad del obrero sí importa!

Para pensar:

«Así que, si alguno se limpia de estas cosas, será instrumento para honra, santificado, útil al Señor, y dispuesto para toda buena obra» (2 Ti 2.21).

Es lo mismo

También decís: «¡Ay, que fastidio!» Y con indiferencia lo despreciáis -dice el SEÑOR de los ejércitos- y traéis lo robado, o cojo, o enfermo; así traéis la ofrenda. ¿Aceptaré eso de vuestra mano? -dice el SEÑOR.
Malaquías 1.13 (LBLA)

Existen muchas condiciones en el ser humano que son difíciles de revertir. Cada uno de nosotros tiene una obstinada tendencia a insistir en lo malo, aun cuando hayamos comprobado fehacientemente que el camino por el cual estamos andando solamente produce angustia, dolor y tribulación. De todas las condiciones que pueden instalarse en lo profundo del corazón humano, sin embargo, ninguna es tan difícil de revertir como la indiferencia.

La indiferencia es ese estado donde nos ha dejado de interesar algo. Es posible que en otros tiempos existiera por determinado proyecto, sueño o individuo una pasión y un compromiso que desbordaban nuestro ser y contagiaban a otros el mismo sentir. Con el pasar del tiempo, sin embargo, los avatares de la vida, las desilusiones con las personas o simplemente la imposibilidad de ver realizados los sueños, lentamente fueron apagando nuestra pasión. Eventualmente se instaló en nuestro corazón una actitud de desinterés absoluto. Y si apareciera, como por arte de magia, la posibilidad de lograr lo que en otro tiempo tanto anhelábamos, ya no produciría en nosotros la más mínima demostración de entusiasmo. Hemos llegado al peor de los estados humanos: la muerte en vida.

Muchas veces, la indiferencia es el resultado de la frustración prolongada. Es decir, con el pasar de los años hemos comprobado que nuestros mejores esfuerzos no producen ningún cambio, ni afectan el rumbo de las cosas. En las épocas de fervor y pasión poseíamos una convicción de que no había nada que no pudiéramos lograr si invertíamos todo nuestro entusiasmo y energía en eso. Pero las cosas no cambiaron, los resultados no se dieron, los sueños no se materializaron. Llegamos a la conclusión de que no importa qué es lo que hagamos, todo seguirá igual. ¿Para qué seguir perdiendo el tiempo?

Muchas veces, la indiferencia también se instala en el ministerio. Creíamos que nuestra pasión y devoción iban a ser los ingredientes claves para llevar adelante la tarea que se nos encomendó. Con el pasar de los años, no obstante, no desarrollamos ese ministerio exitoso con el cual soñábamos, ni tampoco creció nuestra congregación como estábamos esperando. Se instaló en nosotros primero la desilusión y, luego, una actitud cínica. Comenzamos, entonces, a conducir el ministerio en «piloto automático», realizando las actividades, pero dejando afuera el corazón.

Comprobar que no somos nosotros los que movemos las cosas en el reino es una lección saludable para todo ministro. Es por el accionar de Dios que se produce vida, y vida en abundancia. Cuando un líder llega a la convicción profunda que «si el Señor no obra, en vano trabajan los obreros», está en óptimas condiciones para participar de los proyectos de Dios. Habrá dejado de confiar en sus propias habilidades, pasiones e impulsos, para depositar toda su confianza en su Padre Celestial. ¡Esto sí que es un estado deseable de lograr!

Para pensar:

«El corazón del hombre se propone un camino, pero Jehová endereza sus pasos» (Pr 16.9).

Apelar al amor

Por eso, aunque tengo mucha libertad en Cristo para mandarte lo que conviene, prefiero rogártelo apelando a tu amor, siendo yo, Pablo, ya anciano, y ahora, además, prisionero de Jesucristo. **Filemón 1.8-9**

Esta es una de esas situaciones que, desde la perspectiva de nuestra sociedad, libre del comercio de esclavos, parece presentar la más clara y sencilla resolución. Como cristianos, creemos que la esclavitud es inaceptable en cualquiera de sus manifestaciones, sea laboral, económica o racial. Nuestra seguridad, no obstante, tiene mucho que ver con la ausencia visible de esclavitud a nuestro alrededor. En otros temas tales como el divorcio, vivir de préstamos o el materialismo desenfrenado, nuestras convicciones tambalean, pues son temas que forman parte integral de nuestra cultura.

La esclavitud en el siglo primero también era parte de una realidad cotidiana. Las personas que poseían modestos medios económicos eran dueños de al menos un esclavo. Es importante tomar conciencia de esto, porque nos ayudará a entender lo radical del gesto del apóstol Pablo. Defender a un esclavo que había escapado de la casa de su amo, una ofensa penada con la muerte, era una postura que resultaría incomprensible a la mayoría de las personas. Produciría una reacción similar hoy, si un cristiano afirmara que el divorcio es una opción aceptable para los que están en Cristo. No obstante, el apóstol, movido por una ley mucho más fuerte que la ley romana, apela a Filemón a que despliegue una actitud de gracia y perdón hacia el esclavo que había perdido.

La intención de este devocional es reflexionar sobre la forma en que el apóstol realizó esta petición a Filemón. No sabemos con certeza el momento en que Filemón conoció a Pablo, pero parece muy probable que el apóstol haya sido una pieza clave en su conversión. La inversión de Pablo en su vida debe haber sido intensa y, quizás, prolongada. El apóstol le escribe, a manera de recordatorio «por no decirte que aun tú mismo te me debes también» (Flm 1.19). Es a este punto que Pablo se refiere en el versículo de hoy. La posición de autoridad espiritual que tenía con respecto a la vida de Filemón le daba derecho a Pablo, en Cristo, de ordenarle que hiciese tal como le estaba indicando. El apóstol no solamente creía que le pertenecía esta facultad, sino que confiaba que, de usarla, Filemón lo obedecería.

Pablo optó, sin embargo, por no recorrer este camino. En lugar de esto, efectuó su petición usando como argumento solamente el amor que unía la vida de ambos hombres. Nos deja una importante lección sobre la manera en que un líder insta a los suyos a la obediencia. Las órdenes impuestas siempre tienen que ser el último recurso que usa un pastor. Tienden a producir resentimiento y a levantar resistencia porque, entre adultos, se entiende que el diálogo es siempre el camino más deseable. Pablo quería evitar que un posible resentimiento se canalizara luego hacia la vida de Onésimo. Apeló al amor, porque cuando el amor nos motiva produce una poderosa transformación en nuestras vidas. Es, siempre, el mejor camino.

Para pensar:

Apelar al amor presupone una relación entre líder y seguidor. Ninguna apelación tendrá resultado si esta relación no existe. La prioridad del líder debe ser cultivar esta relación. Es una inversión que en el futuro dará su buen retorno.

Golpe de timón

Cuando llegaron a Misia, intentaron ir a Bitinia, pero el Espíritu no se lo permitió. Entonces, pasando junto a Misia, descendieron a Troas. Una noche, Pablo tuvo una visión. Un varón macedonio estaba en pie, rogándole y diciendo: «Pasa a Macedonia y ayúdanos». **Hechos 16.7-9**

Este incidente en la vida del equipo misionero que viajaba con el apóstol nos ofrece valiosas lecciones acerca de la relación que debe existir entre los que hacen la obra y el Espíritu. Nos recuerda que servimos a Dios y que nuestro deseo debe ser siempre estar caminando en las obras que «Dios preparó de antemano para que anduviéramos en ellas» (Ef 2.10).

No debemos olvidar que Cristo dejó instrucciones específicas a los discípulos cuando ascendió al Padre: «me seréis testigos en Jerusalén, en toda Judea, en Samaria y hasta lo último de la tierra» (Hch 1.8). Habiendo recibido tales directivas, pensaríamos que entonces lo único necesario era comenzar a cumplirlas. En esto, Pablo no hacía más que buscar la manera de extender el reino hasta lo último de la tierra. Teniendo posesión de las directivas generales, la implementación específica de las mismas quedaba en sus manos. Esta postura, sin embargo, hace innecesaria la obra del Espíritu, el cual ha sido dado para guiar a los hijos de Dios (Ro 8.14) y claramente contradice el estilo del libro de Hechos. Allí encontramos mucha evidencia de la manera en que obra nuestro Señor en sus proyectos, participando plenamente en ellos a cada paso del proceso. No desea que sus hijos descarten en ningún momento el saludable hábito de incluirlo en todo lo que hacen.

Es por esta razón que no puedo evitar cierta incomodidad con esos planes evangelísticos y misioneros donde dividimos la ciudad o el mundo en sectores y asignamos cada parte a diferentes grupos. No hay nada de malo con la idea; solamente que es muy racional y humana. La manera en que Dios guía parece ser enteramente diferente a estos planes elaborados con el uso de estrategias sistemáticas. Él sabe cuáles son los lugares particulares y el momento oportuno para nuestra colaboración. Si bien no pierde de vista el objetivo final, los pasos puntuales los tiene que determinar él, usando un sinfín de elementos que desconocemos por completo.

Conocer su voluntad, entonces, pareciera requerir de una permanente comunicación con el Señor, acompañada de una sensibilidad absoluta a las maneras en que quiera corregir nuestros pasos mientras vamos por el camino que, según entendemos, nos ha marcado.

Lo que sí parece evidente es que el Señor no revela su voluntad a las personas que están sentadas esperando conocer sus deseos antes de ponerse en marcha. Tenemos suficientes directivas generales para saber en qué dirección comenzar a caminar. Es mientras caminamos que él hará las correcciones necesarias para que lleguemos al destino indicado. Esto presupone, de nuestra parte, una disposición a ser corregidos y un deseo de abandonar nuestro plan para apropiarnos de su plan. No es una mala manera de trabajar. ¡La iglesia de Hechos consiguió convulsionar el mundo romano con esta estrategia!

Para pensar:

¿Cómo descubre la voluntad de Dios para su ministerio? ¿Qué parte tiene el Señor en la elaboración de estos planes? ¿Qué pasos toma para que el Señor los pueda modificar, si fuera necesario?

Insertados en la historia

Entonces él les dijo: «¡Insensatos y tardos de corazón para creer todo lo que los profetas han dicho! ¿No era necesario que el Cristo padeciera estas cosas y que entrara en su gloria?». Y comenzando desde Moisés y siguiendo por todos los profetas, les declaraba en todas las Escrituras lo que de él decían. **Lucas 24.25-27**

Los discípulos que caminaban hacia Emaús estaban completamente confundidos por los eventos de los últimos días. Durante el tiempo compartido con el Mesías habían descubierto asombrosas cualidades en su persona. Se imaginaban un apasionante e increíble futuro a la par de Jesús. Mas ahora, todo quedaba en la ruina. De un plumazo Cristo había sido quitado de sus vidas y colgado de un madero mientras sus seguidores se dispersaban, llenos de pánico.

La depresión y el desánimo instalado en el corazón de estos dos que van por el camino se debe, en parte, a que no logran quitar los ojos de la calamidad que les ha acontecido. No logran retroceder en el tiempo para rescatar, de entre las muchas enseñanzas de Jesús, las palabras que él les había dado con respecto a este preciso evento. La única realidad que ellos conocen es este presente de aguda angustia. Por estar detenidos en él no encuentran los elementos para reconstruir su realidad ni para hacerle frente al futuro.

Cristo llegó hasta ellos en forma anónima y, nos dice el texto de hoy, «comenzando desde Moisés y siguiendo por todos los profetas, les declaraba en todas las Escrituras lo que de él decían». Es decir, el Mesías los elevó por encima de lo inmediato y consiguió darles una perspectiva más real de los acontecimientos, insertándolos en el desarrollo de la historia según la visión del que determina los caminos del hombre, Dios mismo.

¡Qué importante es poseer la capacidad de salir de lo inmediato, para contemplar nuestra realidad dentro del marco del accionar de Dios a lo largo de los siglos! Todos nosotros tenemos la tendencia a creer que la vida comienza y termina con nosotros, que el ministerio en el cual servimos nació por iniciativa nuestra y que todo gira en torno de nuestra existencia. Con esta perspectiva sumamente pequeña de las cosas, nuestras inversiones tienden a ser temporales y nuestro compromiso pasajero. Es importante, sin embargo, que veamos nuestra existencia dentro de la historia de un pueblo que ha caminado con el Señor desde antaño. No existimos en un vacío, sino que nuestras vidas son parte de la marcha de una nación santa, apartada para servir en los propósitos de Dios.

Cuando entendemos que lo nuestro es una parte muy pequeña de algo mucho más grande que nosotros, nuestro sentido de importancia disminuye notablemente. No somos indispensables para nada, ni lo que estamos haciendo resulta tan fundamental como creemos. Se nos ha concedido la gracia de participar en los proyectos eternos del Señor, pero mucho antes de que nosotros llegáramos él estaba moviéndose, y mucho después de que hayamos desaparecido, él seguirá moviéndose. Lo nuestro solamente tiene sentido cuando se contempla dentro de las pinceladas del Dios eterno a quien servimos.

Para pensar:

«Si miramos a nuestro alrededor, un momento puede parecer mucho tiempo. Pero si levantamos nuestro corazón al cielo, mil años pueden parecer apenas un instante». Juan Calvino.

Culpable del cuerpo y la sangre

Así pues, todas las veces que comáis este pan y bebáis esta copa, la muerte del Señor anunciáis hasta que él venga. De manera que cualquiera que coma este pan o beba esta copa del Señor indignamente, será culpado del cuerpo y de la sangre del Señor.

1 Corintios 11.26-27

En todos los años que llevo sirviendo dentro de la iglesia, estudiando y enseñando la Palabra de Dios, nunca he podido entender cuál es el origen de un concepto firmemente instalado en la mayoría de las congregaciones que he conocido. Esta enseñanza afirma que participar de la cena en forma indigna se refiere a no estar bautizado. Cuánto más leo el pasaje sobre el cual meditamos hoy menos sustento encuentro para este argumento.

Es verdad que Pablo afirma, en 1 Corintios 12.13, que por medio del Espíritu fuimos todos bautizados en un mismo cuerpo. La afirmación, sin embargo, no da ningún indicio de que era esto lo que tenía en mente cuando exhortó a la iglesia acerca de la práctica de la cena. Pablo amonesta a la iglesia por un tema que ya ha tratado en otra parte de su carta, el asunto de las divisiones existentes entre ellos. Esto forma la base de su exhortación. Su tristeza se debe a que «al comer, cada uno se adelanta a tomar su propia cena; y mientras uno tiene hambre, otro se embriaga» (1 Co 11.21). Es decir, dentro de las reuniones se veían los mismos comportamientos egoístas e individualistas que caracterizan a aquellos que no tienen a Cristo. Cada uno pensaba solamente en su propia necesidad, sin importarle la situación de la persona que tenía a su lado. Por esta razón el apóstol afirma que el congregarse no es «para lo mejor, sino para lo peor» (1 Co 11.17).

En la carta a la iglesia de Éfeso el apóstol declara: «todo el cuerpo, bien concertado y unido entre sí por todas las coyunturas que se ayudan mutuamente, según la actividad propia de cada miembro, recibe su crecimiento para ir edificándose en amor» (4.16). El texto claramente revela que el crecimiento del cuerpo se produce cuando las partes están unidas y funcionan correctamente unas con otras. Cuando cada parte del cuerpo piensa solamente en su propia necesidad, no puede cumplir la función para la cual fue creada, que es bendecir y complementar las otras partes del cuerpo.

La cena es un tiempo en el cual recordamos la muerte de Cristo. El acto de recordar, sin embargo, no se concentra en la muerte física del Mesías, sino en la razón por la cual fue necesaria esa muerte: el pecado que nos convirtió en seres con un marcado desinterés en Dios y en los demás. Cuando participamos indignamente de la cena estamos despreciando el sacrificio que buscó revertir esa situación, porque insistimos en los mismos comportamientos pecaminosos que han caracterizado la vida del hombre desde la misma caída.

Para pensar:

¿Qué actitudes en su vida podrían ser de poca edificación para el cuerpo de Cristo? ¿Qué pasos toma para combatir el individualismo que es común a todos los hombres? ¿Cómo puede mostrar mayor aprecio por el sacrificio que Cristo hizo en la cruz?

La sal de la tierra

Vosotros sois la sal de la tierra; pero si la sal pierde su sabor, ¿con qué será salada? No sirve más para nada, sino para ser echada fuera y pisoteada por los hombres. **Mateo 5.13**

Jesús, al igual que en otras ocasiones, escogió un elemento común en la vida de los israelitas para ilustrar la influencia que debe ejercer un discípulo en el mundo. En la antigua Palestina, la sal tenía dos funciones principales. Se la usaba para darle gusto a la comida y como medio para preservar la carne de la descomposición. También estaba incluida en algunas de las ceremonias religiosas en el templo, atribuyéndole un significado purificador. La sal que usaban los israelitas provenía de las orillas del Mar Muerto. Por estar mezclada con otros minerales, no contenía la misma pureza que otras sales, pero era fácilmente accesible.

Cristo comparó la función de los discípulos en el mundo con el uso de la sal. En primer lugar, debemos notar que la sal es enteramente diferente a la comida y mantiene su sabor distintivo al ponerla en los alimentos. No adquiere el sabor de la comida a la cual se la agrega, sino que la comida queda saborizada por la presencia de la sal. De la misma manera, un discípulo de Cristo debe poseer una vida distintiva, diferente a la de las personas a su alrededor. Cuando participa de actividades y eventos que lo llevan a tener contacto con la gente del mundo, el discípulo debe claramente contagiar a otros sus principios y conductas. De ningún modo debe adquirir el «sabor» del mundo.

En segundo lugar, la influencia de la sal en la comida se da simplemente por su presencia en ella. Cuando la sal es mezclada con los alimentos, no reacciona de manera particular para producir el sabor salado. El sabor se debe al hecho de que está presente en la comida. Del mismo modo, un discípulo no se dedica a realizar actividades especiales para «salar» a los de su alrededor. La acción de salar no se programa, sino que es el resultado de un estilo de vida cuya acción es permanente, pero no deliberada.

En tercer lugar, debemos notar que la sal es más efectiva cuando se la pone en la medida justa. Si se echa demasiada sal en la comida no se podrá comer. De la misma manera la presencia del discípulo en el mundo es más efectiva cuando su testimonio se produce en forma natural y espontánea, como parte de su experiencia cotidiana. Ciertos sectores de la iglesia se han dedicado a instar a sus miembros a una actitud de permanentes prédicas de condenación hacia los que no están en Cristo. En la mayoría de los casos, solamente consiguen poner a las personas en contra del evangelio.

Por último, la sal se utilizaba para evitar el proceso de descomposición de la comida, especialmente la carne. La presencia de la iglesia en la sociedad debe ser un factor que preserva al hombre de la podredumbre natural que produce el pecado. Donde están los hijos de Dios, se debe ver la acción redentora del Señor.

Para pensar:

La sal solamente sirve mientras sea sal. Al dejar de cumplir la función de sal deja de tener razón de ser.

Cristo, la vid verdadera

Yo soy la vid verdadera y mi Padre es el labrador. Todo pámpano que en mí no lleva fruto, lo quitará; y todo aquel que lleva fruto, lo limpiará, para que lleve más fruto. **Juan 15.1-2**

Con frecuencia Israel había sido representada, en el Antiguo Testamento, como una vid. En la mayoría de los casos, sin embargo, esto no constituía ningún halago, pues los profetas casi siempre la habían denunciado por la pobre calidad de su fruto. Cristo declaró a sus discípulos que él era la vid verdadera. Él es la planta de la cual se nutre toda rama, todo gajo, toda hoja, todo racimo y toda uva. La iglesia no es la vid, ni tampoco lo son los pastores, ni los encargados de diferentes ministerios dentro de la congregación. La iglesia es parte de las ramas, pero lo que sostiene a todo, y está en todo, y se mueve por todos, es Cristo.

El Padre no es la vid. El Padre es el dueño de la vid y el que la trabaja. Solamente él ve la vid en su totalidad y sabe dónde necesita ser podada, dónde necesita ser apuntalada, dónde necesita que la tierra alrededor de sus raíces sea removida. Él conoce las necesidades de la vid como no pueden conocerlas los más astutos observadores humanos. El trabajo del Padre tiene el propósito de asegurar que la vid cumpla la función para la cual ha sido creada, que es producir uvas en abundancia.

Para asegurarse este resultado, el Padre realiza dos actividades fundamentales. A las ramas que no producen fruto las corta y las echa fuera. En esto, Cristo no anduvo con rodeos, sino que dejó absolutamente claro el procedimiento del Padre. La rama existe para llevar el fruto que la vid produce en ella. La rama que no cumple esa función no puede permanecer en la vid como adorno. De persistir su infertilidad, aun habiéndole proporcionado los cuidados necesarios, se la quita de la planta. Esa rama está utilizando recursos y energía que podrían ser mejor aprovechados por las ramas que sí son productivas.

Una segunda actividad del Padre tiene que ver con las ramas que producen fruto. Cristo no dijo que las ramas se comparaban entre ellas para ver cuál daba más uvas, o cuál producía la fruta más sabrosa. Tampoco dice que el Padre les da una «palmadita» por su buen trabajo en producir fruto. El Señor declaró que el padre poda las ramas que dan fruto, para que produzcan mayor fruto. Cualquier productor sabe que este proceso, que es momentáneamente doloroso, acaba fortaleciendo a la rama y a la planta en general.

Para pensar:

La analogía apunta a dos claras conclusiones. En primer lugar, no existen categorías de ramas, algunas con «llamado» y otras no. Todas las ramas, sin excepción, deben producir fruto. Ninguna rama ha sido destinada a la función de decorar. En segundo lugar, nadie se salva de la tijera de Dios, ni siquiera los que «andan bien». ¡Todos son podados! Algunos para vida, y otros para muerte.

Un camino de doble mano

Permaneced en mí, y yo en vosotros. Como el pámpano no puede llevar fruto por sí mismo, si no permanece en la vid, así tampoco vosotros, si no permanecéis en mí. Yo soy la vid, vosotros los pámpanos; el que permanece en mí, y yo en él, éste lleva mucho fruto; porque separados de mí nada podéis hacer. **Juan 15.4-5**

Ni bien la rama es quitada de la planta, se seca y muere. No puede subsistir por si sola, y mucho menos podrá llevar fruto. Todos los elementos que necesita para la vida están en la vid. No puede almacenarlos, ni tampoco desarrollar la capacidad de eventualmente proveer para sus propias necesidades. Su única esperanza es la de nutrirse de la vid, y para eso debe permanecer en ella.

Cristo llamó a los discípulos a permanecer en él, porque sin él no podían hacer nada. Es importante que notemos lo categórico de esta frase. No es que, separados de él, las cosas van a ser más difíciles, o que los logros serán insignificantes. Cristo les dijo que no habría una sola cosa que podrían realizar si no estaban unidos a él.

¿Qué significa, entonces, este «permanecer» en él? La rama tiene una relación continua con la planta. No se encuentra con la vid una vez por día, o dos veces por semana. Se nutre de la vid en todo momento. De manera que «permanecer», en su sentido más sencillo, implica abrirse a cada paso a la vida que Cristo quiere producir en nosotros. Es poner toda la atención y el enfoque en él, buscando que él sea el todo de nuestra existencia.

Cristo, sin embargo, añadió otra condición para dar fruto. Le señaló a los discípulos que también era necesario que él permaneciera en ellos. En esto vemos claramente que la relación no depende enteramente de nosotros. Muchas veces, con nuestra lista de actividades que intentan cultivar una vida espiritual, creemos que estamos permaneciendo en él. Mas Cristo dijo que todo esto tendría poco valor si él no permanecía en nosotros.

¿Y cómo permanece él en nosotros? Él les dijo «Si permanecéis en mí y mis palabras permanecen en vosotros» (Jn 15.7), dando a entender que se trataba no solamente de buscarlo, sino de prestar atención a lo que él quería decirnos. En el caso de que siguieran sin entender, añadió: «si guardáis mis mandamientos, permaneceréis en mi amor» (Jn 15.10). Es decir, toda nuestra devoción, nuestra alabanza y nuestras oraciones, no tienen sentido si no están acompañadas de una vida de obediencia a él. Es en el cumplimiento de sus mandamientos que nos aseguramos que él tiene participación en nuestra vida, y no solamente nosotros en la de él.

Debe quedar claro, entonces, que esta vida a la que hemos sido llamados no podrá prosperar si insistimos en ser nosotros los que la dirigimos. No se nos ha pedido que nos esforcemos por buscarlo, sino que dejemos que él dirija nuestra vida. Esto implica que nuestras actividades no son tan importantes como las actividades que él realiza en nosotros.

Para pensar:

«El que tiene mis mandamientos, y los guarda, ése es el que me ama; y el que me ama será amado por mi Padre, y yo le amaré y me manifestaré a él» (Jn 14.21).

De dos en dos

Después de estas cosas, el Señor designó también a otros setenta, a quienes envió de dos en dos delante de él a toda ciudad y lugar adonde él había de ir.

Lucas 10.1

El Señor Jesús no se adhería a esa línea de pensamiento que sostiene que a un obrero no se le puede confiar ninguna responsabilidad hasta que esté formado, hasta que haya madurado lo suficiente como para llevar el peso de su llamado. Mientras él seguía invirtiendo en la capacitación de los discípulos, los reunió y les dio una tarea para hacer. Para que pudieran llevar adelante este proyecto les proveyó claras instrucciones para cada aspecto del viaje. Con seguridad los discípulos no percibieron que el cuidado amoroso de Cristo por sus vidas se reflejaba en un detalle adicional: los envió de dos en dos. ¡Que buena estrategia! Cuánta sabiduría hay en esta decisión, y qué buen ejemplo nos deja a nosotros, en nuestra tarea de formar obreros.

En primer lugar, cuando estamos acompañados, los desafíos siempre se ven más fáciles. Podemos consultar a nuestro compañero, compartir con él o ella nuestras dudas y temores y alimentarnos de la osadía natural que viene de estar acompañado. Aunque la otra persona no tenga la respuesta que estamos buscando, solamente contar con su amistad y compañía ya es parte de la provisión de Dios para nuestras necesidades.

En segundo lugar, andar de a dos enriquece nuestra perspectiva. En lugar de depender enteramente de nuestros propios criterios y visión, podemos escuchar a la otra persona y considerar su punto de vista de las cosas. Seguramente el otro va a ver aspectos que yo no he visto, y esto me ayudará a ser más equilibrado en todo lo que hago.

En tercer lugar, dos realizan una tarea mejor que uno. Nuestros dones y talentos se complementan, de tal manera que trabajando juntos podemos lograr un mejor resultado que por separado. Seguramente la persona que me acompaña aportará aquellas cualidades y particularidades que son esencialmente suyas; una demostración de la increíble diversidad con la cual Dios nos ha creado.

En cuarto lugar, trabajando juntos tenemos a nuestro lado una persona que nos ayuda a evaluar nuestro propio desempeño. Puede corregir nuestros errores y reconocer nuestros aciertos, ayudando a que cada día seamos más sabios en la manera en que realizamos las tareas que se nos han encomendado.

En quinto lugar, esta persona nos servirá de consuelo y sostén cuando las cosas no salgan como estábamos esperando. Durante el viaje seguramente experimentaremos oposición, desánimo y confusión. Al estar juntos, podemos compartir la angustia del fracaso y también llevar la frustración a Dios.

Por último, este compañero traerá gozo a nuestra vida al tener con quien compartir las alegrías experimentadas. Cuando vivimos una alegría intensa, nada mejor que celebrarla con otro. Las victorias y los logros definitivamente tienen otro sabor cuando las vivimos en equipo.

Para pensar:

Nos queda un pequeño detalle por considerar. Para ir de dos en dos tengo que tener absoluta convicción de que la otra persona realmente es un regalo de Dios para mi vida. ¡Y de veras lo es! Solamente necesito considerarla como tal.

La utilidad del espejo

Sed hacedores de la palabra y no tan solamente oidores, engañándoos a vosotros mismos. Si alguno es oidor de la palabra pero no hacedor de ella, ese es semejante al hombre que considera en un espejo su rostro natural, él se considera a sí mismo y se va y pronto olvida cómo era. **Santiago 1.22-24**

Santiago identifica, en este texto, lo que es nuestro eterno problema frente a la Palabra. Somos oidores olvidadizos. Esto se nota mucho más en estos tiempos en los cuales tenemos una excesiva saturación de la Palabra. La escuchamos en interminables reuniones durante la semana, la escuchamos por la radio, la escuchamos por cassettes, la bajamos de Internet, la leemos en libros, la estudiamos en nuestros devocionales. Imagínese lo que sería su vida y la mía si lleváramos a la práctica apenas un diez por ciento de todo lo que escuchamos. ¡Seríamos verdaderos gigantes en el reino!

Lastimosamente, nuestra tendencia es siempre hacia el olvido. La totalidad del consejo de Dios, sin embargo, desde el Génesis hasta el Apocalipsis, nos exhorta a que seamos gente que practica su Palabra. El que es solamente oidor, dice Santiago, es una persona que se engaña a sí mismo. ¿En que consiste este engaño? Se lo puede comparar a las promesas vacías de un padre que no cumple con sus hijos. Les dice que va a realizar tal actividad con ellos, sus hijos, naturalmente, se entusiasman y comienzan ya a soñar con la llegada de ese momento especial con su padre. Mas su entusiasmo quedará en la nada, porque él no es una persona que guarda su palabra. De la misma manera acontece con el que es solamente oidor de la Palabra. La escucha y reconoce en ella las indicaciones necesarias para la situación personal que está enfrentando. Aun puede experimentar regocijo en su espíritu porque Dios le ha hablado con mucha claridad. «Cuánto necesitaba esta Palabra» se dice a sí mismo. Pero al poco tiempo todos estos sentimientos han quedado en la nada, porque no actuó después de haber escuchado.

Santiago, con esa admirable sencillez de los grandes maestros de la Palabra, nos ayuda a entender este tema usando una muy simple analogía, la de un espejo. ¿Ha meditado en cuál es la función de un espejo? No es solamente para que usted se mire. Cumple una función mucho más importante que esto. Le permite ver las partes de su cuerpo que usted no puede ver con sus ojos naturales. Es decir, le da acceso a lo que está escondido a la vista. Con la imagen que usted tiene en el espejo puede darse cuenta qué cambios necesita realizar para estar presentable.

La Palabra cumple esta función en nuestra vida. Nos permite ver las cosas que no podemos ver por nosotros mismos, cosas que deben ser vistas en «el espíritu». Estas son las cosas sobre las cuales usted y yo debemos actuar. ¿Usted no pierde tiempo en el espejo si no va a hacer nada al respecto, verdad? De la misma manera, Dios le llama a que no pierda el tiempo con la Palabra si no tiene intención de hacer nada al respecto. La Palabra cumple una función en nuestras vidas. Está en nosotros aprovecharla.

Para pensar:

«En el día del juicio, no se te preguntará: "¿qué leíste?" sino "¿qué hiciste?"». Tomás Kempis.

Tened por sumo gozo

Hermanos míos, gozaos profundamente cuando os halléis en diversas pruebas, sabiendo que la prueba de vuestra fe produce paciencia. Pero tenga la paciencia su obra completa, para que seáis perfectos y cabales, sin que os falte cosa alguna. **Santiago 1.2-4**

Este es un pasaje bien conocido para todos los que llevamos un tiempo en el camino del Señor. No debemos permitir, sin embargo, que la familiaridad con el texto nos robe la posibilidad de seguir aprendiendo lo que Dios quiere decirnos a través de su Palabra. Hay varios puntos importantes en la exhortación del apóstol Santiago.

En primer lugar, debemos notar que el apóstol anima a los hermanos a una actitud de gozo en medio de las dificultades. El gozo es una de las cosas que caracteriza a los que andan en Cristo y no deben existir situaciones que nos priven de disfrutar de él. Normalmente, el gozo es el resultado de algo que nos hace bien, algún acontecimiento, alguna palabra, alguna experiencia que encontramos agradable para nuestro ser. En estas situaciones, nuestro gozo se desborda y lo compartimos con otros.

He aquí nuestra dificultad, entonces. ¿Cómo gozarnos cuando nos encontramos en situaciones de prueba? La mayoría de nosotros no logramos sentir el más mínimo gozo cuando estamos sumergidos en situaciones que consideramos negativas o tristes. Santiago, sin embargo, nos está ayudando a entender que esto NO es el resultado de tener los ojos puestos en la prueba o tribulación por la que estamos atravesando. Lógicamente, ninguna crisis va a inspirarnos para dar gracias, ni tampoco a sentir alegría. Al contrario, cuanto más la analizamos más profundamente nos desanimamos.

La exhortación de Santiago no es a mirar la prueba, sino el resultado de la prueba. ¿Cuál es ese resultado? Que seamos perfectos y cabales, sin que nos falte nada. ¡En esa expresión «sin que os falte cosa alguna» está incluida justamente la perspectiva que en este momento no nos permite gozarnos! La palabra «perfecto» es muy importante en el Nuevo Testamento. No se refiere a que seamos personas que nunca cometen errores, ni caen en pecado. ¡Nada de eso! Se refiere más bien a la perfección desde la óptica de Dios, que es la posibilidad de vivir, en toda su plenitud, la vida a la cual el Señor nos ha llamado, cumpliendo así el propósito para el cual fuimos creados.

Tome nota de un detalle importante en el texto: no es usted el que está siendo probado, sino su fe. Claro, usted me dirá que de todos modos usted es el que sufre la prueba. El Señor, sin embargo, no se ha propuesto hacerle pasar un mal momento solamente por un capricho de él. Él está trabajando para que su fe sea la que debe ser. Usted y yo sabemos que esto es muy importante, pues la fe es uno de los ingredientes básicos de la vida espiritual. «Sin fe», nos dice el autor de Hebreos, «es imposible agradar a Dios» (11.6). De modo que necesitamos de toda la ayuda que él pueda darnos en esto, para tener una fe viva, dinámica y robusta.

Para pensar:

¿Cómo se lleva a la práctica esto? Lea Hechos 16.22-34 para ver cómo lo hicieron Pablo y Silas. ¡Allí tenemos un tremendo ejemplo del gozo en medio de las aflicciones!

Llamados a estar en el mundo

Yo les he dado tu palabra, y el mundo los odió, porque no son del mundo, como tampoco yo soy del mundo. No ruego que los quites del mundo, sino que los guardes del mal. No son del mundo, como tampoco yo soy del mundo. **Juan 17.14-16**

Las palabras del Señor parecen ser, a primera vista, un poco contradictorias. Por un lado afirma que el mundo ha rechazado a sus discípulos, precisamente porque pertenecen a otro reino enteramente diferente. Las diferencias en los estilos de vida, en los valores y en los compromisos, se conjugan para poner en evidencia las faltas de los que están identificados con este presente siglo malo. El resultado es, para los que están en Cristo, conflicto y persecución.

En la siguiente frase, sin embargo, Jesús le pide al Padre exactamente lo opuesto de lo que hubiéramos pedido nosotros: que no los quite del mundo. Digo que es lo opuesto de lo que, instintivamente, haríamos nosotros, porque siempre creemos que lo mejor que le puede ocurrir al otro, si está dentro de nuestras posibilidades hacerlo, es que le evitemos pasar un momento de dificultad.

Cristo aclara en su oración que los discípulos no son del mundo. Por esta razón no pretende en ningún momento que se sientan cómodos en este entorno. A pesar de esto, muchos hijos del Señor están dedicados a buscar la manera de pasarlo lo más bien posible en la tierra, mientras caminan hacia la eternidad.

Debemos meditar en este pedido que le hizo al Padre: «No ruego que los quites del mundo, sino que los guardes del mal». ¿Cuál es la razón de esta petición? Es que hemos sido llamados a cumplir una misión, no en otro lado, sino en la tierra donde vivimos. Dios nos ha bendecido para que seamos de bendición a todos los que él pone en nuestro camino. «Como me envió el Padre, así también yo os envío» (Jn 20.21) Esta es una parte esencial del llamado de todo discípulo de Cristo. No es posible cumplir este llamado si no estamos en el mundo, ¡precisamente rodeados de aquellas personas que nos rechazan!

Debe causarnos un poco de tristeza, entonces, notar que en muchas oportunidades la iglesia se ha aislado del mundo, tomando refugio en una multitud de programas que tienen como objetivo bendecir a aquellos que ya han sido bendecidos. Nosotros, los pastores, imponemos este mismo estilo a los que se convierten, pues ni bien se han insertado dentro del cuerpo comenzamos a cortar todos los vínculos que tienen con la gente del mundo. Decimos que es para protegerlos de la influencia de los que andan en pecado. Lo que en realidad estamos logrando es frustrar la oración de Cristo, que específicamente le pidió al Padre que no sacara a nadie del mundo.

Más bien, debemos buscar la forma para que, estando activamente involucrados en el mundo, Dios los guarde del mal. Esto es lo que pidió Cristo, y no podemos hacer menos que él. Si salimos del mundo, le hemos dado la espalda a nuestra vocación. Y sin vocación de servicio, no podemos ser discípulos.

Para pensar:

¿Tiene amigos del mundo? ¿Cuánto tiempo les dedica? ¿Se sienten amados por usted? ¿Cuánto tiempo pasa con sus hermanos en la fe?

Cada uno especial

La gloria de los jóvenes es su fuerza; la belleza de los ancianos, su vejez.
Proverbios 20.29

El autor de Proverbios escoge dos grupos de personas que están en extremos opuestos de la vida, para compartir una importante observación con nosotros. Los jóvenes están comenzando a construir su vida, realizando el proceso de integración que los convertirá en miembros útiles de la sociedad. En la otra punta se encuentran los ancianos, la gente que ya está terminando la carrera y que ha, en gran parte, completado su aporte a la sociedad. Ambos, nos dice el versículo, son especiales.

A nosotros nos ha tocado vivir en una sociedad que eleva a un lugar de privilegio a la juventud. Pagamos cifras millonarias a muchachos que deslumbran con sus habilidades de jugar al fútbol o al básquet. Las «súper» modelos del mundo de la ropa son las estrellas que siguen alocadamente multitudes de adolescentes que pretenden ser iguales a ellas. Los jóvenes con talento para la música, dueños de contratos de grabación astronómicos, son los que imprimen sobre toda una generación sus valores y criterios acerca de la vida. En el mundo de las empresas, las personas con cuarenta años de servicio leal a la compañía se tornan dispensables, pues deben hacer lugar para la ola de graduados universitarios que, se cree, representan el futuro del mercado.

Dentro de este marco, la vejez es un castigo. El que ha entrado en la etapa de retiro es una persona que no tiene delante suyo otro desafío que esperar la llegada de la muerte. Aunque mostramos cierta ternura hacia los que son ancianos, pocos los consideramos como miembros valiosos de la sociedad.

El texto de hoy corrige esa creencia, tan arraigada en el ser humano, de que hay una etapa de la vida que es mejor que la otra. Cada etapa es especial. Trae consigo ciertos desafíos que son diferentes a los que enfrentan aquellos que se encuentran en otras etapas de la vida. Es justamente porque queremos medir todas las etapas con el mismo criterio, que se convierten en indeseables. Si tomamos lo que es la gloria de la juventud y la aplicamos a la vejez, de seguro tendremos la opinión de que es una etapa muy triste. Los ancianos son personas que pierden, día a día, la vitalidad y la fuerza que en otro tiempo poseían en abundancia. De la misma manera, si nuestro ideal tiene que ver con la belleza física, el cuerpo esculpido y el rostro reluciente, nos resistiremos con toda nuestra fuerza al avance de los años.

El texto de hoy, no obstante, nos dice que la hermosura de los ancianos es, precisamente, su vejez. Detrás de esas arrugas y esos cabellos canosos, hay toda una vida de experiencia, de luchas y victorias. En sus rostros hay una historia que merece ser contada. De sus errores y aciertos hay muchas lecciones que podemos aprender. Les debemos nuestro respeto porque han corrido con perseverancia la carrera de la vida. Nosotros aún no sabemos si llegaremos a donde ellos han llegado. El anciano, en el reino de Dios, es valioso porque hace un aporte que el joven no puede hacer.

Para pensar:

«Delante de las canas te levantarás y honrarás el rostro del anciano. De tu Dios tendrás temor. Yo, Jehová» (Lv 19.32).

Medidas radicales

Por tanto, si tu mano o tu pie te es ocasión de caer, córtalo y échalo de ti: mejor te es entrar en la vida cojo o manco, que teniendo dos manos o dos pies ser arrojado en el fuego eterno. Y si tu ojo te es ocasión de caer, sácalo y échalo de ti: mejor te es entrar con un solo ojo en la vida, que teniendo dos ojos ser echado en el infierno de fuego. **Mateo 18.8-10**

La Palabra nos da al menos dos claros procedimientos para resolver el tema del pecado en nuestras vidas. Uno de ellos se refiere a lo que podríamos llamar «pecados ocasionales». Estos pecados son comunes a todas las personas y en los mismos ocasionalmente también caemos nosotros. Para este tipo de pecados, 2 Corintios 10 nos señala el camino a seguir. Quien está espiritualmente atento a lo que está pasando en su vida podrá detectar el nacimiento de un pensamiento que invita al pecado. El apóstol Pablo afirma que para andar en obediencia es necesario tomar estos pensamientos cautivos. Es decir, debemos «arrestar» el pensamiento mientras aún se está formando y colocarlo a los pies de Cristo, reafirmando que estamos bajo Su señorío.

El texto de hoy se refiere a una segunda categoría de pecados, aquellos que podríamos llamar pecados «habituales». Estos son los pecados que ya se han instalado en forma permanente en nuestra vida. Nos encontramos atrapados en un círculo vicioso que no produce ninguna solución definitiva a nuestro problema. Caemos en pecado, lo confesamos, hacemos votos de nunca más cometer ese pecado, pero al poco tiempo estamos otra vez en la misma situación.

Cristo es radical con este tipo de situaciones. Nos dice que donde ya no existe la posibilidad de vencer por medio del dominio propio, porque el dominio propio es muy débil en determinada área, entonces debemos adoptar una postura más tajante. Debemos extirpar de nuestra vida aquella actividad, circunstancia o situación que continúa alimentando un hábito pecaminoso.

Permítame ilustrar esto. Supongamos que a un joven le apasiona el fútbol. Cada vez que juega, sin embargo, pierde los estribos y entra en comportamientos de agresión violenta contra sus hermanos. Ya ha confesado muchas veces su pecado, y también ha pedido perdón a los involucrados. Pero siempre vuelve a caer. ¿Cuál es la solución que propone Cristo? Que deje de jugar al fútbol hasta que pueda adquirir el dominio propio para jugar sin deshonrar al Señor.

La misma realidad podría aplicarse al que mira mucha televisión, o al que es muy discutidor o a la persona que no puede controlar sus gastos. En cada caso, el camino de la resistencia no dará resultados. Lo que hace falta es un remedio más radical. Evitar la situación particular que nos lleva a caer una y otra vez en ese pecado.

El pecado no es un asunto para tomar con ligereza. Cuando no se corrige, va empañando nuestra visión y endureciendo nuestro corazón para, eventualmente, como señala el apóstol Santiago, producir en nosotros la muerte (1.15). Para semejante mal solamente servirán decisiones que dan un corte definitivo al problema. Es mejor perderse algunas cosas en esta tierra y tener amplia entrada en el cielo.

Para pensar:

«Es mejor morirse de hambre que ir a pedirle comida al diablo». Tomás Watson.

La venganza y el reino

Si es posible, en cuanto dependa de vosotros, estad en paz con todos los hombres. No os venguéis vosotros mismos, amados míos, sino dejad lugar a la ira de Dios, porque escrito está: «Mía es la venganza, yo pagaré, dice el Señor». **Romanos 12.18-19**

Hay pocas cosas que calan tan profundo en nuestros corazones como los males que otros nos hacen. Es más fácil aceptar las dificultades económicas, la falta de trabajo o la enfermedad. Cuando otras personas nos traicionan, nos sentimos dolidos en lo más íntimo de nuestro ser. Superar el mal momento es todo un desafío.

En el texto de hoy Pablo nos da una orientación con respecto a este tema. Primeramente, nos recuerda que la paz debe ser una de las características de los que andan en Cristo, porque siguen a un Dios de paz . De todas formas, la frase «en cuanto dependa de vosotros» nos advierte que estar en paz con los demás es algo que requiere la colaboración de dos personas. Es decir, no implica solamente la ausencia de agresión de mi parte, sino también el mismo compromiso de parte de la otra persona. Por esta razón la paz no siempre es absoluta, pues nuestros deseos de estar en paz con los demás no son correspondidos por la otra parte. Nuestro llamado, no obstante, es agotar todos los caminos posibles para cultivar y mantener una relación de paz con aquellos que son parte de nuestra vida.

Donde más nos cuesta llevar a la práctica esta exhortación es en aquellas relaciones donde nos hemos sentido agredidos, despreciados o tratados injustamente por otros. Allí nuestros deseos de paz se esfuman y sentimos en nuestro interior una indignación intensa que demanda que este mal sea corregido, sin importar lo que se tengamos que hacer para lograrlo.

Es en estas instancias que comenzamos a luchar con los deseos de venganza. Muchas veces creemos que el tema de la venganza pasa por una agresión abierta hacia la otra persona. La venganza, sin embargo, se disfraza de muchas maneras diferentes. Nos basta con saber que la venganza busca que la otra persona pase un mal momento, similar o peor al que hemos vivido nosotros. Esto puede incluir cosas tan sutiles como simplemente desear que al otro le vaya mal en la vida o humillarlo públicamente. La venganza es, en última instancia, un sentimiento que se aloja en nuestros corazones. El acto puntual de venganza no es más que una manifestación de ese espíritu amargado que reside dentro de nosotros.

Pablo llama a entregar esto en manos de Dios. Esto es sabio, no solamente porque Dios es el que defiende la causa de sus hijos, sino también porque es quien juzga correctamente todos los elementos de una situación y discierne el camino correcto a seguir. Cuando dejamos las cosas en sus manos estamos afirmando que él sabe bien qué es lo que necesitamos y no hará otra cosa que lo mejor para nosotros.

Para pensar:

«Porque también Cristo padeció por nosotros, dejándonos ejemplo para que sigáis sus pisadas. [...] Cuando lo maldecían, no respondía con maldición; cuando padecía, no amenazaba, sino que encomendaba la causa al que juzga justamente» (1 Pe 2.21-23).

Juicios justos

Oíd entre vuestros hermanos, y juzgad justamente entre el hombre y su hermano, o un extranjero. No hagáis distinción de persona en el juicio: tanto al pequeño como al grande oiréis. No tendréis temor de ninguno, porque el juicio es de Dios. **Deuteronomio 1.16-17**

Una de nuestras responsabilidades, como pastores, es la de intervenir en situaciones donde existen pleitos o conflictos entre hermanos. Estas son una parte normal de la existencia del ser humano pero requieren, muchas veces, de la intervención de un tercero para su correcta resolución.

El gran desafío para el líder en este tipo de situaciones es limitar, en todo lo que sea posible, la expresión de su humanidad. Esto no quiere decir que no sea posible llegar a un juicio justo por vías humanas, pues como personas guardamos aún ciertos vestigios del conocimiento de la verdad. En la mayoría de las situaciones, sin embargo, nuestra humanidad es un factor que entorpece los juicios con que juzgamos a los demás.

Moisés anima a los que ha puesto sobre el pueblo para ayudar en la resolución de conflictos, a que juzguen justamente. La clave aquí está en no hacer acepción de personas. Es decir, no ceder frente a la tentación de darle preferencia a algunos por encima de otros. Un caso típico podría ser prestarle más atención al rico que al pobre, o al residente que al extranjero. Esta posibilidad nos parece remota, hasta que recordamos que con frecuencia dentro de la iglesia escuchamos con mayor atención al que más ofrenda, o a las familias que más tiempo llevan en la congregación.

El argumento de Moisés es que un ministro no debe temerle a los hombres, porque el juicio es de Dios. Es decir, el juicio justo no solamente proviene del Señor, que juzga correctamente en todas las situaciones porque conoce las intenciones de los corazones, sino también Moisés está señalando que la autoridad para juzgar ha sido otorgada por el Señor. Esto es precisamente lo que comparte Pablo en su carta a los Romanos: «porque no hay autoridad que no provenga de Dios, y las que hay, por Dios han sido establecidas. De modo que quien se opone a la autoridad, a lo establecido por Dios resiste» (13.1-2). Por esta razón debemos emitir con temor nuestros juicios, porque tendremos que justificar delante del Dios de los cielos el uso que le hemos dado a la responsabilidad que nos ha confiado.

Salomón, que se sentía incapaz de llevar adelante esta tarea, pidió a Dios que le diera la sabiduría que él no poseía en sí mismo. El Señor concedió su petición, y su fama como juez justo se extendió por toda la tierra. El ejemplo que nos deja es valioso. Tener la responsabilidad de juzgar en las situaciones de conflicto que existen entre nuestros hermanos no debe ser tomada con ligereza.

Lo más importante, quizás, es no ser apresurado en llegar a una conclusión. Esa falta de apuro permitirá que nos tomemos el tiempo para considerar con cuidado lo que hemos oído, buscando la guía del Espíritu para que, cuando hablemos, nuestras palabras coincidan con el sentir del Dios a quien servimos.

Para pensar:

«La justicia engrandece a la nación; el pecado es afrenta de las naciones» (Pr 14.34).

Desde el Monte

Viendo la multitud, subió al monte y se sentó. Se le acercaron sus discípulos, y él, abriendo su boca, les enseñaba diciendo... **Mateo 5.1-2**

Hay una conexión directa entre las multitudes que seguían a Cristo y la decisión de subir al monte. Esta no es ninguna enseñanza improvisada sobre la marcha, sino que Jesús vio que el momento era apropiado para entregarle a la multitud -y a sus discípulos- una serie de enseñanzas que los ayudarían a entender los valores del reino.

No es que faltaba enseñanza sobre la vida espiritual en Israel. Las enseñanzas de los escribas y los fariseos, sin embargo, se concentraban en el cumplimiento ciego de la ley, especialmente en todo aquello que afectaba la manera en que otros los veían. Por esta razón Cristo advirtió a sus oyentes: «Guardaos de hacer vuestra justicia delante de los hombres para ser vistos por ellos; de otra manera no tendréis recompensa de vuestro Padre que está en los cielos» (Mt 6.1). Es esta la tentación que nos enfrenta en forma permanente: estar pendientes de la opinión que otros pueden tener de nosotros. La lucha es especialmente intensa para los que ocupamos un lugar en el ministerio público de la iglesia. ¡Cuántas frases y posturas asumimos sobre la plataforma, que solamente tienen como objetivo impresionar a los demás con nuestra aparente devoción!

En el Sermón del Monte, Cristo quiere llevar a sus oyentes a pensar en ese aspecto de la vida que los de afuera no ven, pero que tiene trascendencia eterna: la vida interior, lo secreto del espíritu, que solamente el Señor conoce con intimidad. Deliberadamente lleva a las personas a dejar de pensar en las acciones, para que comiencen a evaluar los motivos que los conducen a tales acciones.

Al hablar de las bienaventuranzas, Jesús se está refiriendo a las características de un ciudadano del reino. No nos está entregando una nueva fórmula para llegar a Dios, como la larga lista de requisitos que presentaban los religiosos del momento. Más bien, describe las cualidades presentes en aquellos que han sido encaminados en la vida espiritual por el Señor mismo. No es fruto del esfuerzo humano, sino el producto de una visitación sobrenatural, que es el origen de todo lo que verdaderamente perdura por la eternidad.

La palabra «bienaventurado» no hace referencia a un estado emocional; describe mucho más que la felicidad. Es el estado de plenitud que ha alcanzado aquella persona que ha sido tocada por Dios. El Señor trae consigo vida, y vida en abundancia. Poseerla, es ser bienaventurado. Cuando Cristo abrió su boca y comenzó a proclamar esto, deseaba que la gente entendiera que valía la pena entregarse a una vida con Dios. Describía para ellos un mundo enteramente diferente al mundo mezquino, amargo y depresivo que ellos conocían a diario. Cada una de nuestras enseñanzas y predicaciones debe, del mismo modo, contener una generosa cuota de gozo, esperanza y aliento, pues también somos anunciantes de buenas nuevas.

Para pensar:

Cuando Cristo terminó de enseñar la Palabra «la gente estaba admirada de su doctrina, porque les enseñaba como quien tiene autoridad, y no como los escribas» (Mt 7.29). *¿Su gente siente la misma admiración después de que usted ha predicado?*

Bienaventurados los pobres en espíritu

Bienaventurados los pobres en espíritu, porque de ellos es el reino de los cielos. **Mateo 5.3**

La primera bienaventuranza identifica el punto donde comienza toda obra espiritual en la vida del hombre: un reconocimiento de la pobreza de nuestra propia condición. Es el resultado de un momento de iluminación, producido por el Señor, donde desaparecen todas las cosas que nos han llevado a creer que somos algo. Nos vemos como él nos ve: en un estado de bancarrota espiritual.

El mejor ejemplo de esto lo tenemos en la historia del hijo pródigo. Los días de gloria en los cuales la vida era una sucesión de fiestas, facilitada por una abultada billetera y un interminable desfile de admiradores, habían quedado atrás. Sentado entre los puercos, con la ropa rasgada y sucia, sintiendo el implacable acoso del hambre, el muchacho «volvió en sí». Es decir, llegó un momento en el cual vio su verdadera condición y entendió que estaba absolutamente perdido y solo en el mundo. La pobreza de su condición lo llevó a emprender el camino de regreso hacia la casa de su padre.

Pobreza de espíritu, debemos aclarar, no se refiere exclusivamente a la experiencia que eventualmente nos conduce a la conversión. Más bien es una condición a la cual periódicamente nos llevará de nuevo el Señor. A medida que transitamos por la vida, una y otra vez caemos en posturas de soberbia y altivez que son contrarias al espíritu del reino. La única esperanza para nosotros, en esas ocasiones, será volver a percibir nuestra real condición espiritual. Tal fue la experiencia de Pedro que, llevado por su propio entusiasmo, quiso dar testimonio de su fidelidad a Jesús entregando su vida por él. El quebranto, doloroso y profundo, lo ayudó a ver con absoluta claridad su condición personal.

Cristo proclamó que la bendición que acompañaba esta condición era poseer el reino de los cielos. En esto, no podemos dejar de notar el marcado contraste con los conceptos del mundo, donde los reinos se conquistan con fuerza y violencia. Las ambiciones agresivas de aquellos que han llegado a las más altas posiciones en el mundo político, empresarial o cultural parecen confirmar la observación de que en este mundo no hay espacio para los débiles ni los humildes. Y esto creemos, hasta que aparece en medio nuestro una Madre Teresa, una diminuta figura que se dedicó sin reservas a servir a los más olvidados de la tierra. Hacia el final de su vida caminó entre los poderosos, entrevistó a presidentes y reyes, y compartió su mensaje con billones de personas. Pero no lo logró por esfuerzo, sino por el camino de la pobreza de espíritu. En el ámbito espiritual, el reino es entregado a aquellos que reconocen que no poseen aptitud alguna. Debemos recordar la palabra del Señor a los israelitas, «en la conversión y en el reposo seréis salvos; en la quietud y en confianza estará vuestra fortaleza». (Is 30.15).

Para pensar:

«Tú dices: Yo soy rico, me he enriquecido y de nada tengo necesidad. Pero no sabes que eres desventurado, miserable, pobre, ciego y estás desnudo» (Ap 3.17).

Bienaventurados los que lloran

Bienaventurados los que lloran, porque recibirán consolación. **Mateo 5.4**

El principio de una experiencia espiritual significativa, según lo que notamos en la primera bienaventuranza, es reconocer la pobreza de nuestro propio corazón. Es hacer un inventario de nuestros bienes, en lo que al espíritu se refiere, y descubrir que estamos completamente desprovistos de riquezas en este ámbito de la vida.

Este descubrimiento podría ser el principio de algo nuevo, pero no necesariamente es así. Muchos de nosotros reconocemos que hay aspectos de nuestra vida que están mal, pero esto no produce en nosotros más que un encogimiento de hombros. Incluso podría utilizarse el descubrimiento de nuestra pobreza para una extraña manifestación de orgullo.

Cuando esta revelación es obra del Espíritu de Dios, sin embargo, nos conduce a este segundo paso, que es el del llanto. Nuestra verdadera condición delante de Dios trae consigo una profunda tristeza, porque entendemos cuán grande ha sido nuestra ofensa contra él. En su misericordia, él permite que derramemos lágrimas por nuestra situación, porque las lágrimas son el principio de la sanidad.

Esta verdad es contraria a muchas de las enseñanzas que nos transmite nuestra cultura, especialmente si somos hombres. «Los hombres no lloran», nos proclamaban nuestros mayores, aun cuando no teníamos suficiente edad para entender siquiera lo que era un hombre. La ausencia de lágrimas, no obstante, denota una extraña dureza de corazón, producto de una falta de contacto con nuestra vida emocional. Quien no llora aprendió en algún momento de su vida que las lágrimas solamente le traían problemas. En su deseo de evitar estas dificultades, reprimió un aspecto de su personalidad que es tan natural y necesario como alimentarse.

David, uno de los hombres más genuinamente espirituales en la Biblia, frecuentemente derramó lágrimas. En el Salmo 6 confesó que había regado su cama con sus lágrimas. En el Salmo 42 declaró que sus lágrimas habían sido su pan de día y de noche. Cristo lloró en más de una oportunidad por cosas que nosotros ni siquiera entendemos. Pedro lloró desconsoladamente luego de negar a su Señor. Los hermanos de Éfeso lloraron intensamente cuando Pablo les dijo que ya no los volvería a ver. Todo esto indica una manera natural de expresar tristeza y abrir las puertas al obrar de Dios.

Es precisamente a esto que Cristo apunta cuando declara que los que lloran son bienaventurados. Sus lágrimas no los dejarán vacíos y solos. El llanto de origen espiritual no produce desconsuelo (2 Co 7.10). Junto al llanto vendrá la mano tierna de Dios, que consuela a los afligidos y seca sus lágrimas, pues él es un Dios que «sana a los quebrantados de corazón y venda sus heridas» (Sal 147.3). Quien ha experimentado este consuelo sabe que luego del llanto uno se siente purificado y refrescado, como la tierra sobre la cual ha caído la lluvia.

Como líderes, debemos animar a nuestra gente a ser genuinos en la expresión de sus sentimientos, y también debemos serlo nosotros. No es ninguna vergüenza llorar por la acción del Espíritu en nuestras vidas. ¡Benditas lágrimas celestiales!

Para pensar:

Ay de los que nunca lloran, porque la tristeza y la angustia los acecharán toda la vida.

Bienaventurados los mansos

Bienaventurados los mansos,
porque recibirán la tierra por heredad. **Mateo 5.5**

Las primeras dos bienaventuranzas tienen que ver con un estado espiritual producido por la intervención de Dios en nuestra vida. Se refieren a la acción del Espíritu por la cual logramos descubrir nuestra verdadera condición humana. Quedan desnudadas todas las posturas y actitudes que en algún momento nos llevaron a pensar que éramos algo. Nuestra penuria espiritual se torna dolorosamente evidente y nos quebrantamos internamente por esta realidad tan radicalmente opuesta a la que creíamos poseer.

La bienaventuranza de hoy está apoyada sobre la condición espiritual que describen la primera y segunda bienaventuranzas. Al igual que los eslabones de una cadena, esta condición no puede existir aislada de la pobreza y el quebranto espiritual. La mansedumbre, no obstante, nos introduce en el plano de las relaciones humanas. Es importante que entendamos que las relaciones sanas no dependen de la calidad de las personas que las componen, sino de la existencia de un fundamento espiritual que permite que nos veamos tal cual somos.

La mansedumbre es la actitud que confirma que la conciencia de pobreza espiritual es verdaderamente producto de un accionar de Dios, y no de nosotros mismos. Cuando estamos vestidos de mansedumbre podemos aceptar, con una actitud de quietud y sosiego interior, aquellas cosas que nos resultan dolorosas, humillantes o difíciles. Cuando otros pueden acercarse a nosotros para señalar nuestros defectos y errores, no reaccionamos con airada indignación, buscando justificar lo injustificable. Es el Espíritu el que ha traído a la luz estas mismas condiciones y por eso podemos tomar las palabras de los demás como una confirmación de lo que ya nos ha sido revelado.

Frente a situaciones de injusticia somos lentos para reaccionar. No nos preocupan los insultos o las acciones que dañan nuestra reputación. Estamos confiados en que Dios defiende a los suyos y no requiere de nuestra ayuda para hacerlo. Tal fue la actitud de Moisés cuando se levantaron contra él María y Aarón (Nm 12) o los hijos de Coré (Nm 16). La Palabra lo describe como el hombre más manso de la tierra (Nm 12.3). Jesucristo invitó a todos los cargados y angustiados a que se acercaran a él, porque él era «manso y humilde de corazón» (Mt 11.29). En el momento más duro de su trayectoria terrenal demostró mansedumbre absoluta; «cuando lo maldecían, no respondía con maldición; cuando padecía, no amenazaba » (1 P 2.23). No podemos evitar la sospecha de que gran parte de nuestra fatiga se debe, precisamente, a nuestros interminables esfuerzos por defender y justificar lo nuestro.

Una vez más, vemos que la recompensa marca un fuerte contraste con los conceptos típicos del mundo. La tierra, afirma la filosofía de estos tiempos, es de aquellos que no «se dejan estar». En el reino de los cielos, la tierra es precisamente de aquellos que dejan de luchar, argumentar y pelear para asegurarse del reconocimiento que, según entienden, les pertenece. Descansan en Dios y saben que él es quien levanta y derriba, el que sostiene y el que quita. Es ampliamente generoso para velar por los intereses de sus hijos.

Para pensar:
Ay de los que nunca pueden bajar la guardia, pues ellos siempre tendrán que depender de sus propios esfuerzos.

Hambre y sed de justicia

Bienaventurados los que tienen hambre y sed de justicia, porque serán saciados. **Mateo 5.6**

Hemos estado meditando en el proceso por el cual Dios conduce a alguien a que tome conciencia de su verdadera condición espiritual. Al percibir, por medio del Espíritu, su pobreza frente a las cosas de Dios, la persona se siente quebrantada. Se resiste a la tentación de argumentar y defender su situación. Lo que otros pueden decir de su persona solamente le sirve de confirmación para lo que ya le ha sido revelado por Dios.

Este proceso de quebranto, en el cual repudiamos la manera en que hemos estado viviendo hasta este momento, bien podría prestarse para que se forme en nosotros la decisión de producir un cambio en nuestra vida, no importa cuál sea el costo ni el camino a recorrer. He aquí el verdadero peligro que lleva esta revelación, pues podría impulsarnos a asumir nosotros la responsabilidad del cambio. Viendo el punto en el cual hemos fallado, hacemos voto de que no volverá a ocurrir y ponemos toda nuestra energía en producir el cambio que juzgamos necesario para no volver a caer. Una decisión de esta naturaleza no haría más que descarrilar la obra que el Señor está llevando adelante en nuestro corazón.

Las bienaventuranzas revelan un camino diferente, el camino de la acción soberana de Dios. Las declaraciones de Cristo no describen un método a seguir, cuyo resultado está garantizado si cumplimos con cada paso del proceso. Ni bien asumimos nosotros el control del proceso de transformación en nuestras vidas, se detendrá nuestro crecimiento espiritual. Al igual que el hijo pródigo, no podemos traerle al Padre nuestra idea de cómo debe tratar con nuestra vida, porque él ya sabe lo que necesitamos y no precisa de nuestras sugerencias. Nos debe servir de advertencia la pregunta que Pablo hizo a los Gálatas: «Habiendo comenzado por el Espíritu, ahora vais a acabar por la carne?» (Gl 3.3). Nuestra respuesta tiene que ser rotunda: «¡De ninguna manera!».

El camino que se abre delante nuestro es venir al Señor con nuestras debilidades y nuestros errores, para clamar a él por esa obra que solamente el Espíritu puede realizar. Por eso esta bienaventuranza expresa que la bendición se encuentra en tener hambre y sed de justicia. La justicia no es algo que el hombre puede elaborar, sino una realidad que es producto de la intervención divina. La transformación que tanto anhelamos la tenemos que buscar de sus manos. «Cristo en nosotros» es la respuesta que procuramos.

La recompensa, según lo señala Cristo, es que esta hambre será satisfecha. Dios no se quedará quieto ante nuestro clamor, pues «no tenemos un sumo sacerdote que no pueda compadecerse de nuestras debilidades, sino uno que fue tentado en todo según nuestra semejanza, pero sin pecado. Acerquémonos, pues, confiadamente al trono de la gracia, para alcanzar misericordia y hallar gracia para el oportuno socorro» (Heb 4.15-16). ¡Él está más interesado que nosotros en producir esa transformación que buscamos!

Para pensar:

Ay de los que no tienen interés en ser santos, pues vivirán atormentados buscando saciar su necesidad con lo que no sacia.

Bienaventurados los misericordiosos

Bienaventurados los misericordiosos, porque alcanzarán misericordia. **Mateo 5.7**

En esta bienaventuranza tenemos una de las más claras evidencias de que es Dios el que está obrando transformación en la vida y no la persona misma. La misericordia se refiere específicamente a una sensibilidad al dolor de otros que, a su vez, produce un deseo de aportar alivio al afligido. Este sentimiento es el que más refleja el carácter de Dios, pues la misericordia tiene que ver con un corazón compasivo, bondadoso y tierno, que no mide si la otra persona es merecedora de nuestro socorro, sino que se da a sí mismo por el bien del otro.

Es lógico que esta actitud de misericordia sea el fruto de una vida que tiene hambre y sed de justicia, ya que las bienaventuranzas se refieren a una progresión espiritual. Esa necesidad espiritual solamente puede ser saciada al entrar en intimidad con Dios mismo. La cercanía a su persona, sin embargo, no solamente sacia las necesidades de nuestra alma, sino que comienza a contagiarnos un interés por la realidad que afecta la vida de los demás. Ya no juzgamos con dureza a aquellos que están en situaciones difíciles, condenándolos porque vemos en sus vidas las claras consecuencias del pecado. Más bien, comenzamos a ver que son personas atrapadas en un sistema maligno, enceguecidas por las tinieblas de este mundo, que necesitan con desesperación que alguien se les acerque para indicarles el camino hacia la luz y la vida.

No hace falta señalar que la expresión de la misericordia muchas veces escandaliza a aquellos que pretenden ser los auténticos defensores de todo lo que es bueno y justo. Los fariseos, por ejemplo, no mostraron una pizca de misericordia hacia la mujer sorprendida en adulterio (Jn 8.1-11). Lejos de extenderle la misericordia necesaria para que fuera librada del lazo en el que había caído, la trajeron a Jesús con el deseo de sellar la condenación que ya habían formado en sus propios corazones. Jesús no dijo, en ningún momento, que aprobaba la práctica del adulterio. Sin embargo, demostró compasión por esta mujer afirmando que no la condenaba, aunque era digna de condenación.

De la misma manera, Simón el fariseo se mostró horrorizado de que el Maestro permitiera que una mujer pecadora lo tocara (Lc 7.1-50). ¡Un fariseo jamás hubiera tenido contacto con esta clase de persona! Jesús, no obstante, le extendió la bondadosa compasión de Dios y fue, literalmente, transformada en otra persona. Cuando hemos sido alcanzados por la misericordia, también podemos ser misericordiosos con otros. Para esto, es necesario que Dios periódicamente nos recuerde lo mucho que él nos ha perdonado a nosotros, pues el que mucho ama, mucho ha sido perdonado.

En varios momentos durante su peregrinaje Cristo le recordó a los discípulos que Dios sería generoso con aquellos que fueran generosos. El principio es claro: todos hemos recibido la invitación a ser parte del reino. Pero una vez que hemos sido admitidos, es inadmisible que no tengamos la misma actitud de misericordia hacia los demás, que ha sido mostrada hacia nuestras personas. Bienaventurados los misericordiosos, porque ellos recibirán aun mayores demostraciones de misericordia.

Para pensar:
Ay de los que tienen un corazón duro, porque vivirán con la misma dureza que han sembrado.

Pureza de corazón

Bienaventurados los de limpio corazón, porque verán a Dios. **Mateo 5.8**

Hemos estado considerando la restauración progresiva del ser humano cuando Dios irrumpe en su vida. Al igual que en la parábola del hijo pródigo, todo comenzó en un momento en que fueron abiertos los ojos y vimos nuestra vida como realmente era: estábamos hundidos en la peor de las miserias. Esa revelación fue suficiente para dar comienzo en nosotros a un proceso que eventualmente nos llevaría a los brazos de nuestro Padre Celestial. En el texto de hoy, Jesús declara que son bendecidos aquellos que poseen corazones puros.

Una vez más, las enseñanzas de Cristo nos alejan de lo que es la práctica de una vida religiosa, cuyo acento siempre recae sobre los ritos y comportamientos externos del ser humano. Por medio de la práctica de una vida disciplinada podemos impresionar a quienes nos rodean y dar la imagen de ser personas sumamente piadosas, pero a Dios no lo podemos conmover. Él no mira la parte externa y visible del ser humano sino que pesa los corazones. Aquello que está escondido a los ojos de la mayoría es lo que realmente importa a la hora de pesar la vida.

La limpieza de corazón se refiere a las motivaciones y los pensamientos que controlan gran parte de los comportamientos del ser humano. Es allí donde se cultiva la verdadera santidad. En esta ocasión Cristo iba a sorprender a las multitudes llevándolas a un plano que ningún otro maestro había logrado. Donde existía preocupación por el acto sexual del adulterio, Jesús señaló que todo comienza con una mirada llena de malos deseos (Mt 5.29). Donde lo condenable parecía ser un acto de homicidio, Jesús señaló que era igualmente grave juzgar como necia a una persona en lo secreto de nuestro corazón (Mt 5.22). La lección que dejaba era clara: la única vida que realmente agrada al Padre es aquella que tiene una pureza tanto externa como interna. A esto se refiere la santidad, que es el resultado de una actitud de sinceridad y pureza. Así lo declaraba el salmista: «¿Quién subirá al monte de Jehová? ¿Y quién estará en su lugar santo? El limpio de manos y puro de corazón; el que no ha elevado su alma a cosas vanas, ni jurado con engaño» (24.3-4).

El autor de Hebreos exhorta: «seguid la paz con todos y la santidad, sin la cual nadie verá al Señor» (12.14). Cristo hace precisamente esta declaración. La bendición que encierra una vida de pureza interior es que le permite a la persona ver al Señor, pues el Señor es santo y nadie que vive en un estado de impureza puede acercarse a él. Mas para los limpios de corazón, el camino está siempre abierto.

Hemos de notar que la pureza no puede estar divorciada del plano de las relaciones con los demás. Es allí donde se manifiestan las motivaciones egoístas, las dobles intenciones y los deseos de usar a los demás para nuestro beneficio. Por esta razón, el lugar donde más necesitamos el proceso purificador de Dios en nuestra vida es, precisamente, en el trato que tenemos a diario con aquellos que nos acompañan en esta vida.

Para pensar:

Ay de los hipócritas, porque tendrán que conformarse con fabricar las experiencias de Dios.

Los que procuran la paz

Bienaventurados los pacificadores, porque serán llamados hijos de Dios. **Mateo 5.9**

A medida que avanza el proceso de transformación, producto del accionar de Dios en nuestra vida, según las características que hemos visto en los devocionales anteriores, estamos cada vez en mejores condiciones para bendecir a quienes nos rodean, con una bendición que es espiritual.

Las relaciones entre los seres humanos están plagadas de toda clase de conflictos. El simple hecho de convivir dos personas en una misma casa lleva a situaciones de tensión, pues los intereses de uno seguramente interferirán en los intereses del otro. Cuando trasladamos esas tensiones a la sociedad, donde los compromisos con el prójimo son mucho más débiles, es fácil entender por qué los conflictos y las peleas abundan a nuestro alrededor. Dios nos ha creado para convivir en paz y armonía los unos con los otros, pero la presencia del pecado en nuestra vida hace que muchas veces esto sea una imposibilidad a la hora de llevarlo a la práctica.

No es posible llevar las relaciones al plano de la paz -que en la Palabra se refiere a mucho más que la ausencia de conflictos- salvo que sea por medio de una acción sobrenatural. El hombre ha intentado imponer la paz por sus propios medios, pero siempre termina siendo un acto de agresión hacia los demás. Tal fue la actitud de Pedro, cuando quiso defender al Cristo arrestado usando su espada, o la de Moisés cuando quiso bendecir a sus hermanos hebreos por medio del asesinato de un egipcio. «Porque la ira del hombre no obra la justicia de Dios», advierte el apóstol Santiago (1.20). Es necesario entender que la verdadera paz es el resultado de una profunda transformación en nuestro corazón, tal como la que está describiendo Cristo en las bienaventuranzas.

Es por medio de esta obra espiritual que Cristo pidió al Padre que no tomara en cuenta el pecado de los que lo crucificaban. Por esta misma obra, Esteban oraba por los que lo estaban apedreando, aun cuando se encontraba en medio de un agónico proceso de muerte. Los que procuran la paz son aquellos que desean que la plenitud de la bendición de Dios alcance a los que están a su alrededor, permitiendo que los hombres disfruten de las relaciones sin la permanente tendencia a la ofensa. Los que buscan la paz también asumen el compromiso de intervenir en toda situación de potencial conflicto, evitando que un pleito llegue a desencadenar una crisis de proporciones incontrolables. Entienden que el principio de una contienda es como el soltar de muchas aguas (Pr 17.14).

La consecuencia de esta actitud es que los tales serán llamados hijos de Dios, un privilegio que también otorga una autoridad espiritual sin igual. Los hijos de Dios son aquellos que gozan del respaldo y el favor especial del Padre, pudiendo avanzar sin temor en todas las cosas que él les manda, pues Dios los acompañará a cada paso del camino.

Para pensar:

Ay de los que viven con el lema «¡no te metas!». Cuando necesiten ayuda, no tendrán un Padre celestial que los cuide.

Bienaventurados los perseguidos

Bienaventurados los que padecen persecución por causa de la justicia, porque de ellos es el reino de los cielos. Bienaventurados seréis cuando por mi causa os insulten, os persigan y digan toda clase de mal contra vosotros, mintiendo. **Mateo 5.10-11**

Una de las ironías de las bienaventuranzas es que la obra de transformación que hemos estado describiendo en estos días, la cual alinea nuestras vidas con los propósitos de Dios, no es bien recibida por quienes nos rodean. Al contrario, es inevitable que la persona que opta por contradecir las pautas y actitudes que gobiernan este mundo caído, eventualmente sea perseguida y resistida por los que andan en pecado. La vida de la persona redimida pone en evidencia las debilidades y enfermedades propias de una cultura pecaminosa. Todo aquel que proclama, con su estilo de vida, que el mundo está necesitado de un cambio, sufrirá persecución.

Hemos de notar, sin embargo, que la bendición que proclama Jesús está condicionada a una realidad: que los insultos, la injusticia y la oposición son el resultado de seguir a Cristo. Los conflictos, los malos entendidos y las peleas son factores comunes a la vida misma. Todos, en algún momento de la vida, pueden llegar a experimentarlos. La diferencia está en que muchas veces estos conflictos no son más que el producto de la necedad de uno mismo. Por eso, el apóstol Pedro pregunta, «¿qué mérito tiene el soportar que os abofeteen si habéis pecado?». De seguro que esto no tiene ningún mérito, salvo soportar las consecuencias de nuestro propio pecado. «Pero si por hacer lo que es bueno sufrís, y lo soportáis, esto ciertamente es aprobado delante de Dios» (1 Pe 2.20).

La persecución, como hemos señalado en otros devocionales, ha sido la marca de todos los grandes siervos de Dios. Hebreos 11 nos dice que muchos «experimentaron oprobios, azotes y, a más de esto, prisiones y cárceles. Fueron apedreados, aserrados, puestos a prueba, muertos a filo de espada. Anduvieron de acá para allá cubiertos de pieles de ovejas y de cabras, pobres, angustiados, maltratados. Estos hombres, de los cuales el mundo no era digno, anduvieron errantes por los desiertos, por los montes, por las cuevas y por las cavernas de la tierra» (36-38). De modo que no debemos sorprendernos de la oposición, sino más bien verla como la confirmación de que hemos pasado a una nueva dimensión de la vida, una en la que Cristo establece las pautas que guían nuestra existencia.

A esto, precisamente, se refiere la recompensa descripta en el pasaje: «de ellos es el reino de los cielos». La persecución pareciera colocar a las personas en una posición en la cual lo pierden todo. En casos extremos como el de Pablo, Esteban, Pedro u otros mártires de la iglesia, la persecución terminó con la vida misma de aquellos que servían a Cristo. No obstante, hay algo que no les puede ser quitado por ningún ser humano, y es la participación plena y absoluta en la vida que Dios otorga a los suyos, aun estando muertos en cuerpo. Esto no le pertenece a los hombres, sino que es el premio a la fidelidad entre aquellos que se gozan en ser parte de su pueblo.

Para pensar:

Ay de los que huyen del sufrimiento, porque no recibirán aprobación ni se les contará entre los grandes.

Capacitar al obrero

Instruye a Josué, y anímalo y fortalécelo, porque él ha de pasar delante de este pueblo, y él les entregará la tierra que verás.
Deuteronomio 3.28

La tarea que Israel tenía por delante era sumamente compleja y ardua. De la mano de Moisés habían conquistado gran parte del territorio que estaba al este del río Jordán. Sin embargo, Dios le había dicho claramente al patriarca que a él no se le permitiría entrar en la tierra prometida. Esta parte del proyecto quedaría en manos de Josué, el sucesor escogido por Jehová. Este joven líder había sido afectado dramáticamente por su misión con los doce espías. Ante su insistencia junto a Caleb, de que la tierra se podía conquistar de la mano de Dios, el pueblo casi lo había apedreado. Seguramente no se sentía en condiciones para asumir el mando frente a tamaño desafío.

Es debido a esta realidad que el Señor le habla a Moisés, impartiendo claras directivas acerca de la tarea que debía realizar con su sucesor. Estas instrucciones incluían tres pasos: encargar, animar y fortalecer.

Dios no dejó que Josué adivinara cuál era la tarea por hacer, ni tampoco que inventara proyectos para el pueblo. Le dijo a Moisés que específicamente le explicara lo que el Señor esperaba de él. Para cada uno de los pasos que debía tomar le proveyó instrucciones puntuales. Este es un aspecto importante del trabajo de un líder. Muchas veces le pedimos a nuestros obreros que asuman la responsabilidad de un proyecto sin explicarles qué es lo que esperamos de ellos. Si no tienen instrucciones claras, no van a saber qué es lo que deben estar haciendo y, con seguridad, no completarán la tarea como deberían hacerla.

El segundo aspecto del trabajo de Moisés apuntaba a su responsabilidad de animar. La palabra original se refiere a otorgarle poder y fuerza a una persona. El medio principal para esto es ayudar a la persona a tomar conciencia de dónde está parado como siervo de Dios y con qué herramientas cuenta. Note que en cada llamado que Dios hizo a alguna persona, parte de la estrategia del Señor fue recordarle que no iba solo, sino que estaría acompañado por el Señor mismo. Tristemente, muchos líderes abandonan a sus obreros en la tarea y no se aseguran de que ellos poseen la fortaleza para hacer el trabajo que tienen por delante. El trabajo de alentar y animar es fundamental para la eficacia del obrero.

La tercera responsabilidad de Moisés era la de fortalecer. La palabra que usa el texto hebreo se refiere al trabajo de identificar las debilidades del obrero y dar los pasos necesarios para reparar lo que sea necesario. Esto también es importante. Josué, al parecer, era un hombre temeroso e inseguro. Estas debilidades serían un escollo para el ministerio. La solución no estaba en condenarlo por estas características, sino en ayudarlo a superarlas. Debidamente fortalecido, podía hacerle frente a cualquier desafío. Como líderes, tenemos que estar atentos a las debilidades de nuestros obreros, pero no para denunciarlos, sino para buscar la manera de ayudarlos.

Para pensar:
Muchos pastores quieren producir cambios mediante la crítica constante y la identificación de los errores que cometen sus obreros. Lo único que consiguen es sembrar el desánimo y el rencor. ¡Asegúrese de ser una persona que anima y edifica a sus obreros!

Señor del momento

Ya la barca estaba en medio del mar, azotada por las olas, porque el viento era contrario. Pero a la cuarta vigilia de la noche, Jesús fue a ellos andando sobre el mar. **Mateo 14.24-25**

Los discípulos, que habían recibido instrucciones del Señor en cuanto a pasar a la otra ribera del mar, probablemente emprendieron su viaje al atardecer. El pasaje claramente nos dice que Jesús estaba solo cuando llegó la noche. El Mesías llegó hasta ellos en algún momento, durante la cuarta vigilia, el período que se extendía entre las tres y las seis de mañana. Podemos, entonces, estimar que habían pasado al menos nueve horas en el agua, intentando realizar un viaje que normalmente duraría apenas una hora.

Imagine usted cuál puede haber sido el estado de los discípulos en ese momento. Físicamente estarían sumamente cansados. A la fatiga de estar batallando contra el feroz viento que no les permitía avanzar se le sumaría el cansancio de toda una noche desvelados. Y esto venía después de un día de intenso ministerio con emociones fuertes y encontradas.

¿Cómo se sentirían los discípulos? ¿Cómo se hubiera sentido usted en esta situación? Estaban acostumbrados a que Cristo siempre proveyera las directivas y las palabras necesarias para orientar su vida en tiempos de dificultad. Pero Cristo no estaba con ellos. Seguramente algunos de ellos se preguntaban por qué se le había ocurrido al Maestro enviarlos solos. ¿Acaso no se dio cuenta de que se avecinaba un fuerte viento? ¿Es que no le importaba lo que les pasara a ellos? ¿Por qué había permitido que esta situación sucediera? Además, ¿cómo iba a hacer él para alcanzarlos luego?

Mientras tanto, la Palabra dice que Jesús había subido al monte para orar. Había solo un monte en esa zona y desde su cima se podía ver todo el mar de Galilea. Lo más probable, hablando desde un plano netamente humano, es que durante gran parte de la noche la barca de los discípulos fuera visible sobre la superficie de las aguas. Podemos suponer, además, que en su espíritu Cristo conocía la situación por la que atravesaban los discípulos. No obstante, permitió que avanzara la noche sin que él interviniera ni se moviera del lugar donde estaba. Para cualquier observador, la actitud de Jesús tendría toda la apariencia de una indiferencia muy poco comprometida con las personas que decía amar.

¡Verdaderamente los caminos de Dios no son nuestros caminos! El Señor, sin duda, quería enseñarles algo y por esta razón se abstuvo de intervenir. Nuestra intervención para socorrer a los que están en tiempos de angustia, aunque bien intencionada, no siempre es lo más aconsejable. A veces, es necesario que la persona se fortalezca en medio de la crisis. En otras circunstancias, es bueno que la persona se dé cuenta de cuán limitados son sus recursos. Sea cual sea la situación, Dios viene a nosotros en el momento justo, en el tiempo perfecto para que le saquemos el máximo provecho a la situación que estamos viviendo.

Para pensar:

A veces parece que él se ha olvidado de nosotros, pero Dios observa todo desde un lugar que le permite una mejor perspectiva que la nuestra. No se desespere. Cuando sea el momento justo, vendrá a usted del modo menos esperado.

La plegaria del peregrino

Peregrino soy en la tierra, no escondas de mí tus mandamientos **Salmo 119.19 (LBLA)**

Nunca podemos dejar de asombrarnos frente a los conceptos que nos presenta la Palabra. Algunos de ellos, como el versículo de hoy, son increíblemente sencillos pero encierran una gran verdad.

El salmista, al presentarse delante de Dios, reconoce su verdadera condición en esta tierra: la de un peregrino. El diccionario de sinónimos nos presenta estos equivalentes para la palabra «peregrino»: emigrante, turista, andariego, viajante, excursionista. Es decir, un peregrino es alguien que se encuentra temporalmente en un lugar. No está donde reside habitualmente, sino que las circunstancias lo han llevado a otro territorio. Esta persona no tiene intención de permanecer allí más que por un tiempo.

Con esta simple descripción de la condición de peregrino nos podemos dar cuenta de la esencia del llamado de los que andan en Cristo. No tienen la intención de quedarse por largo tiempo en esta tierra. Como tales, viajan livianos y rápido, como el pueblo de Israel en el desierto, para que no se les pegue nada ni tengan que cargar con elementos innecesarios. Este cuadro, sin embargo, contradice la situación de muchos cristianos. El que nos observa de afuera no diría que estamos de paso. Al contrario, creería que nos hemos acomodado para quedarnos en este lugar mucho tiempo, acumulando toda clase de bienes para estar lo mejor posible.

La otra característica del peregrino es que, justamente por estar en una tierra que no es la suya, desconoce las costumbres y la cultura en la que se encuentra. Como lo sabe toda persona que alguna vez ha estado de paso en un país extraño, uno se siente profundamente inseguro y solo en medio de la cultura de esa nación. Necesita alguien que lo acompañe, que le señale las costumbres, los lugares a visitar, y los comportamientos apropiados para cada ocasión. Si el peregrino desconoce el idioma, será como un niño que requiere de asistencia aun para las cosas más simples.

Esta dependencia absoluta lleva al salmista a elevar a Dios una plegaria: «no escondas de mí tus mandamientos». Es decir, si el guía no provee los mapas y las indicaciones necesarias, estará totalmente perdido en esta tierra, de la cual no es parte. Esto también es una buena imagen de nuestra situación en Cristo. Como cristianos deberíamos tener convicción de que no nos es posible avanzar siquiera un paso en este mundo si no recibimos instrucciones precisas de Aquel que conoce el camino. Tal convicción debería llevarnos a una profunda dependencia de él. Al igual que Moisés, nos sentiríamos obligados a exclamar cada día: «Si tu presencia no va con nosotros, no nos hagas partir de aquí» (Ex 33.15 - LBLA).

Por último, hemos de notar en la oración de David, que no puede obtener la Palabra por sí mismo. Al pedirle a Dios que «no esconda» su Palabra, está reconociendo que toda revelación de su voluntad es, en esencia, un acto de pura misericordia hacia nosotros. En esto también se afirma esa dependencia santa y buena en la bondad de Aquel que es nuestro guía en una tierra extraña y solitaria.

Para pensar:

«Si amáramos al mundo como Dios lo ama, no lo amaríamos de la manera que lo amamos». Anónimo.

Cosas buenas que no lo son

Pero volviéndose El, dijo a Pedro:
¡Quítate de delante de mí, Satanás! Me eres piedra de tropiezo;
porque no estás pensando en las cosas de Dios, sino en las de los hombres.
Mateo 16.23 (LBLA)

¿Puede imaginarse cómo se sentiría si alguien en la iglesia lo reprendiera de esta manera? ¡Qué sorprendido debe haberse sentido Pedro al encontrar que la expresión de sus buenos deseos hacia el Hijo de Dios haya despertado una respuesta tan violenta por parte de Cristo! No hay duda que Jesús tenía autoridad para reprender a Pedro y que estaba justificado en lo que hacía. Sin embargo, no deja de chocarnos la escena pues Cristo no usa el nombre de Pedro al reprenderlo, sino el de Satanás.

Nuestra confusión probablemente se deba a que no poseemos la absoluta claridad que poseía Cristo acerca de lo que es el reino de Dios y el reino de las tinieblas. Nuestro andar en la vida espiritual se caracteriza más por una confusa combinación de aciertos y desaciertos que por una confiada expresión del llamado que hemos recibido. Cosas que, a nuestro entender, son meras trivialidades, para Cristo son asuntos de un peso y una gravedad absoluta. Sobre todo, no entendemos que nuestro llamado consista en algo esencialmente diferente a simplemente ser buenas personas. Las buenas intenciones muchas veces pueden ser la mejor herramienta del enemigo para descarrilarnos de los propósitos divinos.

Más allá de estas consideraciones, una lección queda claramente revelada en el incidente que hoy consideramos: el enemigo puede usarnos para avanzar en los principios y comportamientos que son contrarios a los deseos de Dios. Que estemos «en Cristo» no nos provee ninguna garantía para que, en ocasiones, no hagamos un trabajo eficaz a favor del enemigo.

Para esta obra no hace falta que estemos aliados con Satanás, ni mucho menos. Él se sirve de todo lo que puede usar para hacer avanzar el reino de las tinieblas. La esencia del pecado consiste, precisamente, en lo que Cristo denuncia en el texto de hoy: «no estás pensando en las cosas de Dios, sino en las de los hombres». Es decir, hacer la obra del enemigo es fomentar en uno mismo y en los demás una forma de ver la vida que no es según los principios eternos de Dios, sino conforme a la sabiduría de este presente siglo malo. Es precisamente por esto que es fácil confundir lo bueno con lo justo. No todo lo que nosotros consideramos bueno está conforme a la justicia de Dios, aunque con frecuencia nuestros consejos están llenos de «buenas» recomendaciones para los demás. En el reino de Dios, sin embargo, lo bueno no es suficiente.

Abraham y Sara consideraban una «buena» idea engendrar un hijo por medio de Agar. Los israelitas, arrepentidos por su falta de fe, creían que Dios vería bien sus intentos de subir a tomar la tierra por sus propios medios. Los hombres de David consideraban que Dios había entregado en manos de su líder al rey Saúl para darle muerte. Podemos pensar en decenas de ejemplos. En cada uno, las buenas intenciones no eran suficientes para hacer la voluntad de Dios.

Para pensar:

«No os conforméis a este mundo, sino transformaos por medio de la renovación de vuestro entendimiento, para que comprobéis cuál es la buena voluntad de Dios, agradable y perfecta» (Ro 12.2).

De cara a la oposición

Y ahora, Señor, mira sus amenazas y concede a tus siervos que con toda valentía hablen tu palabra, mientras extiendes tu mano para que se hagan sanidades, señales y prodigios mediante el nombre de tu santo Hijo Jesús.
Hechos 4.29-30

Toda aquella persona que está claramente identificada con Cristo y que ha decidido servirle en todo lo que él manda, de seguro se enfrentará a diferentes tipos de persecución. Esto es tan cierto como que el sol sale cada mañana. Una gran nube de testigos de todos los tiempos testifican que la persecución es parte del precio que debemos pagar por seguir al Hijo de Dios. No solamente esto, sino que en abundantes pasajes bíblicos, y en especial del Nuevo Testamento, se nos dice que vamos a sufrir por causa del evangelio. El hecho es que no somos del sistema de este mundo, ni nos conformamos a sus parámetros. Al igual que una sustancia extraña en nuestros cuerpos, el mundo busca expulsar todo aquello que no es de sí mismo.

La cuestión clave para nosotros, entonces, no es si vamos o no a sufrir, sino cuál debe ser nuestra actitud frente a las dificultades. Los apóstoles en la iglesia naciente predicaban con palabra y hechos que el Cristo había resucitado, y que ahora estaba sentado a la diestra del Padre gobernando con toda autoridad. Toda clase de señales y prodigios acompañaban a los que habían creído, y su número aumentaba día a día. Para los que habían dado muerte a Jesús esto claramente constituía una nueva amenaza, y actuaron con celeridad arrestando a los apóstoles. Al soltarlos los amenazaron, prohibiéndoles que predicaran en el nombre de Jesús.

Su reacción frente a este contratiempo nos deja una clara lección acerca de la manera en que el líder debe reaccionar en tiempos de oposición. En la mayoría de los casos que yo he conocido, cuando las personas están en dificultades se obsesionan por encontrar alguna manera de eliminar esos problemas. Sus oraciones van todas en una sola dirección: «Señor, te pido que me saques de esta situación, o que quites esta dificultad de mi camino».

Note que los apóstoles no oraron de esta manera. Entendían que la oposición era parte del llamado. Más bien, pidieron a Dios que les diera fidelidad en medio de la tormenta. Es decir, su preocupación era que, en medio de la persecución, no fueran infieles a Cristo. Tenían una vocación: proclamar las buenas nuevas del reino. La amenaza del Sanedrín hacía peligrar esta misión que les había sido encomendada. Esto era lo que verdaderamente les preocupaba. Deseaban seguir realizando la tarea a la cual habían sido llamados, aun cuando las cosas se habían puesto difíciles.

En medio de esta determinación de seguir adelante sin importar las circunstancias, pidieron a Dios no solamente que les diera coraje, sino que él confirmara la obra de sus manos por medio de señales y prodigios. Claramente la oración fue del agrado de Dios, pues no habían terminado de hablar cuando el lugar se estremeció y todos fueron llenos del Espíritu. Recibieron lo que necesitaban y la obra siguió avanzando conforme a la voluntad de Dios.

Para pensar:
¿Cómo reacciona en tiempos de dificultad? ¿Qué revelan sus reacciones de su relación con Dios? ¿Cómo perciben los demás su manejo de situaciones de crisis?

Lo ilógico de la lógica

Pero los hombres que subieron con él dijeron: «No podemos subir contra aquel pueblo, porque es más fuerte que nosotros». **Números 13.31**

El serio problema que experimentó el pueblo de Israel tenía su origen en que no habían prestado atención a las instrucciones que Dios les había dado. Al enviar a los doce espías, él le había dicho claramente a Moisés: «Envía unos hombres que reconozcan la tierra de Canaán, la cual yo doy a los hijos de Israel» (Nm 13.2). La función de estos hombres no fue, en ningún momento, evaluar si la conquista de la tierra era factible. Solamente debían reconocer la tierra, pues Dios había dicho que sería él quien la daría. Me imagino que el Señor deseaba animar el corazón de la gente con el reporte de las maravillas que les esperaban en la tierra que había prometido a sus padres, como podría también entusiasmarnos a nosotros, si vemos la película de un lugar que pronto vamos a visitar.

Por no haber entendido cuál era la naturaleza de su misión, los hombres creyeron que Dios les había dado autoridad para decidir si la misión era factible o no. Este error le costó a una generación entera la entrada al lugar reservado para ellos.

Es de sumo interés para nosotros observar los argumentos que presentan estos hombres para justificar su informe. En las explicaciones que dieron vemos la clara evidencia de una de las estrategias más comunes que utiliza el enemigo contra los hijos de Dios. Consiste en apelar a la mente del ser humano, presentando argumentos lógicos y cuidadosamente fundamentados, para que la persona desista de hacer lo que Dios le pide. No tenemos más que observar la vida de algunos de los personajes de la Biblia para ver que esto es muy común.

Consideremos, por ejemplo, el llamado de Moisés. Presentó al menos tres argumentos para tratar de convencer al Señor de que había cometido un error: que no le creerían, que era tartamudo y que era una persona insignificante, todas observaciones acertadas. Cuando Dios llamó a Gedeón, este argumentó que él era el más pequeño de una familia pobre, afirmaciones que también eran verdad. Cuando Saúl vio la disposición de David para ir contra Goliat, lo tuvo en menos porque era un joven sin experiencia en la guerra. Esto también era verdad. En cada uno de estos casos, la lógica estaba del lado de la persona que discutía con Dios.

El asunto es que la vida espiritual no se basa en la lógica. Al contrario, la lógica casi siempre es un estorbo para los que quieren avanzar en las cosas de la fe. Dios se ríe de la lógica. Él no escoge a los que nosotros escogeríamos, ni hace las cosas como nosotros las haríamos. No hay nada de malo en razonar las cosas, pero a la hora de seguir al Señor no son nuestros argumentos los que deben guiar nuestros pasos, sino una convicción absoluta de que Dios sabe lo que está haciendo, aunque sus propuestas nos sean completamente ilógicas. Armados pues, de la fe, que se construye sobre la Palabra de Dios, avancemos en los proyectos del Señor.

Para pensar:

«Nunca podrás entender por qué Dios hace lo que hace, pero si le crees, eso será todo lo que haga falta. Aprendamos a confiar en él por lo que es». Elizabeth Elliot.

Disposición de escuchar

Porque de las muchas ocupaciones vienen los sueños, y de la multitud de palabras la voz del necio. **Eclesiastés 5.3**

Hace poco tiempo tuve la oportunidad de conocer al pastor de una gran congregación en una importante ciudad de América Latina. Me acerqué para presentarme. Cuando nos saludamos, comenzó a hablar de todo lo que él estaba haciendo en el ministerio. Como estaban dando inicio a la reunión a la que lo habían invitado, me pidió disculpas y entró para compartir la Palabra con algunos consiervos. La reunión duró tres horas, lapso de tiempo durante el cual este líder habló ¡sin interrupción! Terminada la reunión, se sentó a la mesa para compartir la comida con los presentes. Lo miré durante el transcurso de la comida y noté que, increíblemente, él seguía hablando de sus cosas. En ningún momento mostró el menor interés por los demás, ni siquiera en saber quiénes eran. Estaba demasiado inflado con su propia importancia como para creer que, quizás, habría alguien allí presente que tuviera algo de más valor para decir que lo que él estaba compartiendo.

¿Cómo se puede ser pastor, si uno no tiene disposición de escuchar a los demás? La única alternativa que veo es que uno se convierta en pastor «de plataforma», de esos que le hablan al pueblo, ¡pero no están con el pueblo! De hecho, este líder no era más que el director de un programa. No tenía las cualidades que hacen a un verdadero pastor.

Para aquella persona que ha sido llamada a trabajar con la vida de otros, es indispensable contar con la habilidad de escuchar a los demás. ¿Cómo podemos saber qué está pasando en la vida de nuestra gente, si no los escuchamos? ¿Cómo podemos enterarnos de sus cargas, sus luchas y sus aciertos, si no les damos espacio para hablar? ¿Cómo hemos de traerles la Palabra apropiada para sus circunstancias si no conocemos la realidad con la que viven y pelean cada día? La única manera es abriendo nuestros ojos y nuestros oídos para conocerlos.

Estar dispuestos a oir, sin embargo, tiene un precio. Tenemos que amarlos más a ellos que a nosotros mismos. Demasiados pastores están enamorados de sí mismos. Les gusta escuchar el sonido de sus propias voces, especialmente con un micrófono en la mano. Pero el pastor que es pastor de vocación, se deleita en estar con sus ovejas. Y cuando está con ellas, toma la iniciativa de acercarse para preguntarles cómo están. No es un mero formalismo, sino que genuinamente está interesado en saber qué está haciendo Dios en su vida. Dispone de su tiempo para escuchar no solamente con los oídos, sino también con el corazón, pues con el corazón se percibe la verdadera dimensión de las palabras. No está apurado, ni se distrae con otras cosas. Toda su postura le dice a la persona: «¡Me interesa tu vida! Quiero escuchar lo que tú tienes para decirme».

Esto requiere disciplina de nuestra parte, pues verdaderamente es más fácil hablar que escuchar. Pero, como dice el sabio Salomón, en las muchas palabras hay necedad. En lo que a mí respecta, yo desconfío del pastor que solamente sabe hablar.

Para pensar:

«Aunque el silencio ocasionalmente hace necesaria la ausencia de palabras, siempre hace necesario el hábito de escuchar». R. Foster.

Una cuestión de sentido

Andad en todo el camino que Jehová, vuestro Dios, os ha mandado, para que viváis, os vaya bien y prolonguéis vuestros días en la tierra que habéis de poseer. **Deuteronomio 5.33**

La Biblia usa con mucha frecuencia la palabra «camino» para describir la vida del hombre, unas 554 veces según mi concordancia. Estas referencias incluyen alusiones al buen camino, al camino trazado por Jehová, al camino torcido, al camino malo que lleva a la perdición y a la persona que se aparta del camino. En el Nuevo Testamento, incluso, se nos presenta a Cristo como el camino (Jn 14.6), dándonos a entender que la vía para llegar al Padre es por medio del Hijo.

Para los propósitos de esta reflexión la analogía del camino nos será útil para meditar acerca del peregrinaje espiritual que estamos realizando. En lugar de pensar en varios caminos, nos será útil pensar en un solo camino. La clave, entonces, no consiste en definir en qué camino estamos, sino en qué sentido nos estamos moviendo. En el camino solamente existen dos sentidos. No es posible moverse en ninguna otra dirección, porque una calle solamente permite circulación en dos sentidos. Podemos, entonces, imaginarnos a toda la humanidad ubicada en algún punto sobre este camino.

Dependiendo de la dirección en la que nos movemos, el camino tiene dos sentidos. Delante nuestro existe un destino: Jesucristo. La Palabra describe ese destino como llegar a ser como él (Ro 8.29), hasta que todos alcancemos «la medida de la estatura de la plenitud de Cristo» (Ef 4.13). En la dirección opuesta tenemos otro destino: la perdición; es decir, perder todo rasgo de semejanza con Dios, quedando solamente la abominable criatura que resulta de la abundancia del pecado.

¿Cómo se mueven los individuos que se encuentran sobre el camino? Por medio de actos individuales que resultan de las decisiones que toman. Cada acto produce un movimiento en nuestras vidas que tiene solamente dos posibles desenlaces: nos lleva a estar más cerca de Cristo, o nos lleva a estar más lejos de él. Nuestra existencia es la suma de comportamientos basados en las decisiones que hemos tomado, y cada uno de ellos tiene un resultado espiritual.

Estamos, entonces, en permanente movimiento en el camino de la vida, aunque muchas veces no somos conscientes de esto. Gran parte de nuestras decisiones son inconscientes, nuestros comportamientos automáticos. Cada uno de ellos, sin embargo, tiene un peso eterno y, en la analogía del camino, nos mueve en uno u otro sentido.

Entender esto es importante. Nuestro movimiento en el camino de la vida no se decide por la cantidad de reuniones a las cuales asistimos, ni por la cantidad de veces que leamos la Biblia. El movimiento lo decide la suma de decisiones que tomamos cada día, a cada paso de la vida, seamos o no conscientes de esas determinaciones. Es por esto que urge sensibilizar nuestro espíritu a la acción del Espíritu de Dios, para que a cada paso él pueda indicarnos las decisiones correctas.

Para pensar:

David cometió adulterio, encubrió su pecado y mató a un hombre. Cuando el Señor dice que fue un hombre conforme al corazón de Dios, no está pensando en estos hechos puntuales de su vida, sino en la suma de toda una vida de decisiones que lo acercaron a Jehová.

Planes de restitución

Yo os restituiré los años que comió la oruga, el saltón, el revoltón y la langosta, mi gran ejército que envié contra vosotros. Comeréis hasta saciaros, y alabaréis el nombre de Jehová, vuestro Dios, el cual hizo maravillas con vosotros; y nunca jamás será mi pueblo avergonzado. **Joel 2.25-26**

Las profecías de Joel vienen a un pueblo que ha sufrido duras experiencias de pérdida. En una campaña militar tras otra, diferentes agresores destruyeron paulatinamente las ciudades y despojaron a los israelitas de su ganado, su cosecha y sus bienes materiales. Una serie de calamidades naturales, tales como plagas de langostas y períodos de intensa sequía, también habían diezmado los recursos del pueblo.

El pasaje de hoy nos da una clara y precisa descripción de los objetivos de Dios para con su pueblo. Revela que todas las circunstancias y los acontecimientos en la vida del ser humano están al servicio de los propósitos eternos. Él ordena todas las circunstancias para que cumplan una función espiritual y su mano está presente en todo.

Es importante que nosotros entendamos esto porque, en tiempos de calamidad, creemos que Dios se ha olvidado de nosotros o que la situación se le ha escapado de las manos. En la tormenta sobre el Mar de Galilea, por ejemplo, los discípulos despertaron a Jesús y le reprocharon que a él no le importaba lo que les estaba pasando. El Señor, sin embargo, no solamente conoce lo que está sucediendo, sino que él mismo es el que encausa los acontecimientos para lograr en nosotros ciertos cambios. En ningún momento deja de ejercer su soberanía absoluta sobre todos los elementos, pues él es Creador y dispone de todo como a él le place.

El segundo principio que vemos en el texto de hoy es que las calamidades, adversidades y dificultades tienen una «vida útil». Es decir, no han sido enviadas para atormentar indefinidamente al ser humano. Las dificultades han sido enviadas por un tiempo. Ni bien han cumplido con el objetivo divino, son quitadas y Dios restaura lo que se ha perdido. Este es un principio que vemos en diversos lugares en la Palabra. En la vida de Job, por ejemplo, cuando terminó la prueba Dios quitó la aflicción y le devolvió el doble de todo lo que había perdido (Job 42.10). José, luego de sus años de esclavitud y prisión, alcanzó las más altas esferas gubernamentales, con todas las riquezas del país a su disposición. Cuando Cristo terminó su confrontación con el diablo en el desierto vinieron ángeles a él que le ministraban (Mt 4.11).

El cumplimiento de este principio revela el corazón tierno de Dios, cuyo deseo principal es bendecir y prosperar a sus hijos. No necesitamos rogarle que nos bendiga porque él está deseoso de hacerlo. Cuando ha terminado de probarnos, automáticamente restituye y multiplica su favor sobre nuestras vidas. Como observa el salmista, «porque por un momento será su ira, pero su favor dura toda la vida. Por la noche durará el lloro, y a la mañana vendrá la alegría» (30.5).

Para pensar:

¿Cómo reacciona a la disciplina de Dios? ¿Qué elementos le advierten que el Señor intenta disciplinar su vida? ¿Cómo puede descubrir el propósito de la disciplina del Señor?

La llenura del Espíritu

No os embriaguéis con vino, en lo cual hay disolución; antes bien sed llenos del Espíritu. **Efesios 5.18**

El texto de hoy señala varios elementos relacionados con la llenura del Espíritu los cuales debemos comprender si es que vamos a lograr este estado. En primer lugar, podemos afirmar que Dios desea llenarnos de su Espíritu. No debe existir duda alguna con respecto a este tema. No es necesario clamar, insistir y «patalear» para que nos conceda este estado espiritual. Cristo le dijo a los discípulos: «si vosotros, siendo malos, sabéis dar buenas dádivas a vuestros hijos, ¿cuánto más vuestro Padre celestial dará el Espíritu Santo a los que se lo pidan?» (Lc 11.13). ¡El Señor nos insta a ser llenos porque él es el que más interesado está en producir en nosotros esa condición!

En segundo lugar, la llenura del Espíritu no se puede producir en un recipiente que ya está lleno de otra cosa. Si nosotros tuviéramos en nuestra mano una jarra con leche y quisiéramos llenarla con algún jugo, tendríamos primero que vaciar la leche para crear el espacio necesario para el jugo. De la misma manera, como cristianos muchas veces estamos pidiendo la llenura sin darnos cuenta de que no existe, en nuestro ser, el espacio necesario para que el Espíritu nos llene. La única manera en que podemos experimentar este vaciamiento es por medio de la cruz. No estoy hablando, sin embargo, de la experiencia de conversión, sino de la negación de uno mismo por la cual nuestro ser muere, para darle lugar a Dios en nuestra vida. Es necesario negarse a uno mismo, con sus deseos, sus aspiraciones, sus planes y sus proyectos, si es que queremos experimentar la plenitud de Dios.

En tercer lugar, la llenura del Espíritu es un estado que, según la analogía que escoge el apóstol Pablo, puede ser comparada al estado de embriaguez que produce el vino. Esto no se refiere tanto a la alegría que demuestra la persona que se ha pasado de copas, aunque es verdad que el Espíritu produce profundas manifestaciones de gozo, aun en las situaciones más adversas. Creo, sin embargo, que el apóstol hacía referencia al estado de influencia o control que ejerce el vino sobre la persona. Cuando una persona está embriagada, sus sentidos ya no responden a los comandos que la mente puede darle. Es posible que, racionalmente, la persona decida ponerse en pie y caminar. Pero sus piernas y su sentido de equilibro ya no están bajo su control. Se ha «adueñado» de ellos el vino. Cuando intenta realizar la acción, ellos le «desobedecen», pues están bajo la influencia de algo más fuerte que la voluntad. De esto se trata la llenura del Espíritu. Debería permitir en nosotros un estado semejante al de la persona embriagada. Es decir, es tan fuerte la presencia del Espíritu en nosotros que aún cuando procuramos hacer lo que la carne nos propone, no lo podemos lograr, porque ¡el que está en nosotros es más fuerte que nosotros!

Para pensar:

«Cuando terminaron de orar, el lugar en que estaban congregados tembló; y todos fueron llenos del Espíritu Santo y hablaban con valentía la palabra de Dios. Y con gran poder los apóstoles daban testimonio de la resurrección del Señor Jesús, y abundante gracia era sobre todos ellos» (Hch 4.31, 33).

El premio de los insistentes

Al oir que era Jesús nazareno, comenzó a gritar: «¡Jesús, Hijo de David, ten misericordia de mí!». Y muchos lo reprendían para que callara, pero él clamaba mucho más: «¡Hijo de David, ten misericordia de mí!». **Marcos 10.47-48**

Como todos aquellos cuya vida transcurre en las calles y los lugares públicos de la ciudad, Bartimeo era un hombre que estaba enterado de todo lo que estaba pasando a su alrededor. La gente lo conocía, pues mendigaba siempre en el mismo sitio. Sin saber en qué preciso instante se enteró de la existencia de un tal Jesús de Nazaret, es evidente que estaba al tanto de los increíbles relatos que se contaban de este profeta que había surgido en Israel. El incidente que nos describe este evangelio nos deja un interesante ejemplo del valor, en el reino, ¡de ser obstinado!

La historia de Bartimeo revela que para lograr un cambio en nuestra vida tenemos que estar insatisfechos con lo que tenemos. No cabe duda de que esto es el comienzo de algo nuevo. No obstante, no toda insatisfacción lleva a la búsqueda de algo mejor. En muchas personas la insatisfacción es un estado permanente que solamente ha servido para que vivan vidas amargas y resentidas. La clave en este tema es el grado de insatisfacción que sentimos. En mi país las personas a veces dicen: «estoy mal, pero acostumbrado». Al igual que los israelitas en Egipto, están tan hundidos en el pozo de la resignación que ya no albergan esperanza.

Bartimeo nos muestra una segunda verdad. Para lograr un cambio en la vida es necesario que tengamos una convicción absolutamente inamovible de que Jesús tiene lo que estamos buscando. Pienso que lo favorecía su posición de discapacitado. Estaba completamente perdido en la vida, pues la falta de visión lo había privado de lo más elemental. Se veía obligado a mendigar y depender, en todo, de los demás. No le quedaba mucho por perder, pues ya lo había perdido prácticamente todo. De todas maneras Bartimeo creía, por lo que había escuchado, que Jesús podía resolver su situación. Estaba dispuesto a buscar de él aquello que necesitaba, a gritos si fuera necesario.

En tercer lugar, Bartimeo nos muestra que, para lograr un cambio, tenemos que estar dispuestos a cerrar los oídos a los que nos quieren desanimar. Al comenzar a gritar, muchos de los que estaban a su alrededor lo reprendieron y le decían que se callara. En demasiadas ocasiones en nuestra vida hemos permitido que otros nos intimiden. En otras ocasiones, son nuestros propios temores los que nos han frenado. No nos hemos animado a hacer el papel de ridículo, ni a pasar situaciones de vergüenza para lograr lo que estamos buscando. Nos ha preocupado demasiado el «qué dirán». Atemorizados, hemos mirado de lejos, deseando en lo secreto de nuestro corazón lo que Dios nos ofrecía, pero no animándonos a pagar el precio para tomarlo.

Bartimeo estaba desesperado, y eso lo llevó a pedir, a grito pelado, que Jesús lo sanara. Cristo lo escuchó y le devolvió la vista, demostrando que muchas bendiciones en el reino son de los atrevidos.

Para pensar:

¿Cuánta pasión hay en sus plegarias? ¿Tiene convicción de que realmente no puede vivir sin esa bendición que le pide a Dios? ¿Cuánta humillación está dispuesto a soportar para conseguir lo que quiere?

La tenacidad del profeta

Pero la casa de Israel no te querrá oir, porque no me quiere oir a mí; porque toda la casa de Israel es dura de frente y obstinada de corazón. Yo he hecho tu rostro fuerte contra los rostros de ellos, y tu frente fuerte contra sus frentes. Como el diamante, más fuerte que el pedernal he hecho tu frente; no los temas ni tengas miedo delante de ellos, porque son una casa rebelde. **Ezequiel 3.7-9**

Dios había hablado al profeta Ezequiel, diciéndole: «Hijo de hombre, ve y entra a la casa de Israel y háblales con mis palabras» (Ez 3.4). Mas le advirtió también que el pueblo no lo iba a escuchar, pues «no me quiere oir a mí; porque toda la casa de Israel es dura de frente y obstinada de corazón». La tarea que se le estaba encomendando al profeta era clara. Lo que no resultaba nada claro era el propósito de esta obra. ¿Cuál era el sentido de ir a hablarle a un pueblo que ya se sabía de antemano no iba a escuchar el mensaje que le llevaba? ¿No era esto, acaso, una pérdida de tiempo?

Es precisamente por esto que nos encontramos con uno de los mayores desafíos de aquellos que sirven al Señor: el de no detenerse a analizar la necesidad de la misión que se le ha encomendado. Nuestro llamado es a obedecer las instrucciones de Aquel que nos ha enviado, aun cuando no entendamos la razón por la cual nos está enviando. Cuando Dios, en el libro de los Hechos, le habló a Ananías para que fuera a visitar al postrado Saulo, este le replicó que tal misión sería una locura (Hch 9.13). Es decir, al no entender la razón por la cual estaba siendo enviado, no quería obedecer. Dios, no obstante, no nos ha llamado a analizar sus pedidos, sino a cumplirlos.

Era necesario que el profeta tuviera cierta valentía para cumplir con la tarea que se le había encomendado. No es fácil ni agradable tener que ir a hablarle a personas rebeldes que no van a tener ningún interés en escucharnos. Cuando nos sentimos intimidados por personas de actitud agresiva y obstinada, nuestra tentación es pedirle al Señor que él les hable o, como Moisés, a sugerirle que mejor envíe a otra persona. Dios fortaleció el corazón de Ezequiel al revelarle que él iba a endurecer, en el buen sentido de la palabra, el corazón del profeta para que el temor no lo venciera. Al describir su condición como la de un diamante, el Señor le estaba mostrando que la dureza de los demás no iba a mellar ni dañar su propio espíritu.

Esta convicción y fortaleza espiritual es un elemento indispensable para hacerle frente a esas situaciones adversas que preferiríamos evitar. Dios reviste de estas cualidades a los líderes que están dispuestos a servirle, no solamente en las situaciones agradables, sino también en aquellas que requieren de valentía y coraje. Él no envía a los suyos sin los elementos necesarios para cumplir con la tarea que tienen por delante.

Para pensar:

«Muéstrate cuando te sientas tentado a esconderte, y escóndete cuando te sientas tentado a mostrarte». *A. B. Bruce.*

Una advertencia

No os engañéis; Dios no puede ser burlado, pues todo lo que el hombre siembre, eso también segará, porque el que siembra para su carne, de la carne segará corrupción; pero el que siembra para el Espíritu, del Espíritu segará vida eterna. **Gálatas 6.7-8**

La analogía de la siembra, tomada del mundo de la agricultura, pierde fuerza en nuestro medio porque la mayoría de nosotros vivimos dentro de las grandes urbes, alejados de esta realidad. Provee, sin embargo, una excelente ilustración de los principios que gobiernan la vida espiritual. En el texto de hoy, podemos destacar al menos dos verdades que son de suma importancia.

En primer lugar, existe un principio inviolable en lo que a cultivo de la tierra se refiere: lo que la persona pone en la tierra es lo cosechará más adelante. Ningún agricultor siembra trigo esperando, en el día de la cosecha, obtener manzanas. Si echó a la tierra semillas de trigo, lo que podrá cosechar es solamente trigo. Esta verdad gobierna también, en forma absoluta, la vida espiritual. Lo que sembramos es lo que vamos a cosechar. Es decir, si sembramos crítica, condena, o legalismo, lo que cosecharemos será, precisamente, crítica, condena o legalismo.

Es en este punto que debemos detenernos, como líderes, a reflexionar por un instante. Con frecuencia percibo que, como pastores, estamos ansiosos por cosechar aquello que no sembramos. Me pregunto, frente a una ley tan sencilla y clara, ¿cómo es que podemos ser tan inocentes? Si no cultivamos un compromiso claro con nuestra gente, ¿cómo es que pretendemos que ellos estén comprometidos con nuestra persona? Si nosotros, como pastores, no nos tomamos el tiempo para escucharlos y amarlos, ¿cómo es que ahora pretendemos que ellos sean una comunidad de personas compasivas y amorosas? Si nosotros no nos tomamos el tiempo para formar líderes, ¿cómo es que hoy nos lamentamos porque no tenemos ningún líder en nuestra congregación? Si no sembramos líderes, no podemos pretender que «mágicamente» aparezcan líderes en nuestro medio. Esta ley gobierna todos los aspectos de la vida y, por esta razón, el apóstol nos advierte solemnemente: «Dios no puede ser burlado». Es decir, no podemos caer en la trampa de creer que el Señor no vio lo que sembramos y que, por eso, nos va a dar otro fruto del que realmente debería darnos.

Una segunda realidad en esta analogía es que nunca se cosecha, al instante, lo que uno ha sembrado. Es importante notar este detalle, porque es precisamente esto lo que nos lleva a darle poca importancia a nuestras acciones. La persona que está acostumbrada a trabajar la tierra sabe que, por un período de varios meses, no verá ningún fruto de su trabajo. De la misma manera, cuando sembramos en la carne, no aparece un ángel a reprendernos, ni cae del cielo un rayo que señala el juicio de Dios. Todo sigue igual. Y es este estado el que nos lleva a pensar que nuestras acciones no tienen importancia. Pero el agricultor, cuando siembra, no está pensando en el presente, sino en el futuro. El hombre sabio, en el reino, entiende que sus acciones hoy tienen consecuencias para el mañana y, por esta razón, es cuidadoso en el presente.

Para pensar:
«No nos cansemos, pues, de hacer bien, porque a su tiempo segaremos, si no desmayamos» (Gl 6.9).

El corazón del líder

A uno de tus hermanos pondrás sobre ti como rey; no podrás poner sobre ti a un hombre extranjero que no sea tu hermano. Pero él no deberá tener muchos caballos, ni hará volver al pueblo a Egipto con el fin de adquirir caballos, pues Jehová os ha dicho: «No volváis nunca por este camino». Tampoco deberá tener muchas mujeres, para que su corazón no se desvíe; ni amontonará para sí demasiada plata ni oro. **Deuteronomio 17.15-17**

Aunque estas palabras fueron habladas a Moisés hace casi 4000 años, los conceptos que encierran no han perdido su carácter radical. Con una simple lectura del texto nos damos cuenta de algunos de los elementos que Dios considera indispensables para aquellos que ejercen autoridad.

En primer lugar, la persona que fuera rey debía salir de entre el pueblo. Esto garantizaba que fuera alguien que entendía bien la realidad de la gente que iba a gobernar. Sería un conocedor de sus costumbres, sus valores, sus luchas y su historia. Todo esto lo ayudaría a evitar la clase de imposiciones que provocarían innecesariamente al pueblo, típicas de aquellas personas que entran a una posición de autoridad sin conocer bien a las personas sobre las cuales ejercitarán su gobierno. En muchas ocasiones, un pastor que llega de afuera implementa cambios que terminan por inflamar los ánimos de la congregación que pretende pastorear. Para toda persona que está en autoridad, es fundamental que se gane el respeto y la buena disposición de aquellos que dirige. Solamente de esa manera estarán dispuestos a seguirla y a colaborar en los proyectos que propone para mejorar sus vidas

Un segundo elemento tiene que ver con la cercanía del rey al pueblo. Dios deseaba que el rey no se enriqueciera, ni que acumulara para sí bienes, ni muchas mujeres. Estas cosas solamente servirían para introducirlo en una realidad distinta a la de las personas que debía representar. Los que tienen abundancia en su casa rápidamente endurecen su corazón y pierden sensibilidad hacia aquellos que están en situación de escasez.

No obstante esta advertencia, no ha existido en la historia de la humanidad un rey que no se haya rodeado de abundancia de lujos. Por esta razón resultó tan difícil para las autoridades aceptar el estilo de Cristo, el único rey que ha vivido entre el pueblo. Muchos pastores también han aprovechado su situación para acumular riquezas escandalosas, que no han hecho más que poner una barrera entre ellos y las personas que pretenden pastorear. Para que el pastor atienda bien a sus ovejas debe vivir en una situación similar a la de ellas.

Por último, Dios pretendía que un rey nunca buscara lo que necesitaba en otros países, tales como Egipto. Las necesidades del pueblo debía elevarlas al Señor, dirigiendo al pueblo dentro de un marco puramente espiritual. De igual manera, el pastor ha sido llamado a una vida de absoluta dependencia de Dios, buscando del Señor lo que no tiene en sí mismo para dar. Una tarea espiritual requiere una perspectiva espiritual de la autoridad.

Para pensar:

Lea Ezequiel 34.1-16 a la luz del texto de hoy y podrá entender por qué Dios condenó con tanta dureza a los pastores de Israel.

Reflexiones sobre la unidad

Yo, pues, preso en el Señor, os ruego que andéis como es digno de la vocación con que fuisteis llamados: procurando mantener la unidad del Espíritu en el vínculo de la paz. **Efesios 4.1, 3**

Ningún tema relacionado a la vida en Cristo ha sido tan descuidado como la unidad del cuerpo. Es mayormente por nuestra falta en este aspecto que no hemos logrado presentar en forma convincente al mundo la Buena Noticia del evangelio. Es bueno, entonces, que meditemos en las razones por las cuales la unidad es tan difícil de practicar.

Hemos de notar que la exhortación de Pablo no nos motiva a trabajar para crear la unidad, sino a mantenerla. Es importante tomar nota de la diferencia porque frecuentemente escucho en la iglesia llamados a «trabajar» hacia la unidad. La verdad es que la unidad es un regalo de Dios. Llegamos a la unidad porque estamos vinculados con un Dios que vive en perfecta unidad. Lo único que podemos hacer nosotros es quebrar esa unidad. Por esta razón nuestro esfuerzo debe estar dirigido hacia la preservación de lo que el Señor ha establecido.

Gran parte de la dificultad en disfrutar de la unidad radica en una confusión acerca de lo que significa el concepto. En la mente de muchos de nosotros «unidad» se refiere a que seamos todos iguales. Es decir, que todos pensemos de la misma manera, tengamos las mismas metas y trabajemos en los mismos proyectos. Eso no es unidad, sino uniformidad. Hemos visto, en las congregaciones donde se impone la uniformidad, lo artificial que resulta la vida espiritual que se practica a diario. No se puede disentir, ni tener opinión diferente a la de los líderes porque esto es «quebrar» la unidad. Esta tendencia es la que vemos claramente reflejada en el primer concilio de la iglesia en Hechos 15. Algunos de los líderes querían imponer la uniformidad.

Es precisamente por este criterio que se nos hace tan difícil practicar la unidad. Al entender que unidad se refiere a una relación con aquellos que piensan de la misma manera que nosotros, nuestro círculo de relaciones es muy pequeño. Unidad, sin embargo, no es la descripción de una coincidencia de ideas y conceptos sino de un compromiso. Vivir en unidad es aceptar el llamado de amar y honrar a todos los que son de la casa de Dios, aun cuando sean enteramente diferentes a lo que nosotros somos. Se funda sobre la convicción de que las ideas y los métodos pasarán, pero el amor permanecerá para siempre. Quebramos la unidad cuando creemos que las diferencias con los demás nos dan licencia para criticar, despreciar y condenar.

En este tema nuestro rol como pastores es fundamental. Las personas observan nuestras actitudes. Escuchan los términos que usamos para referirnos a otros. Analizan la manera en que manejamos a aquellos que actúan y piensan diferente a nosotros. Muchas veces, nuestro ejemplo será el factor más importante para ayudarlos a no quebrar la unidad del Espíritu. El Señor nos conceda, sobre todas las cosas, ser conocidos por la abundancia de amor en nuestra vida.

Para pensar:

¿Cómo reacciona frente a las diferencias con otros? ¿Cuán tolerante lo considera la gente que lo conoce? ¿Qué cambios debe hacer en su vida para seguir avanzando hacia la unidad?

Las minucias del caso

Y si te lo dicen y has oído hablar *de ello, harás una investigación minuciosa. Y he aquí, si es verdad y es cierto el hecho...*
Deuteronomio 17.4 (LBLA)

Uno de los errores que he cometido con mayor frecuencia es la de apresurarme a juzgar una situación. Muchas veces he tenido que arrepentirme de las conclusiones iniciales a las cuales llegué, porque no eran acertadas ni justas.

El Señor sabe que esta es una de las debilidades con la que tendrá que vivir el ser humano. Existen abundantes ejemplos en la historia de las naciones en las cuales se han condenado a prisión o muerte a personas completamente inocentes. En algunos casos, muchos años más tarde, las personas pudieron recuperar la libertad porque se encontró evidencia que comprobaba su inocencia. En muchos otros casos, sin embargo, las personas fueron muertas y la condena se tornó irreversible. Sencillamente no poseemos el discernimiento necesario para ser justos en todos los casos que nos toca evaluar.

Por esta razón el Señor dejó claras instrucciones a Moisés en cuanto a la manera en que debían ser juzgadas todas esas situaciones en las cuales alguien traía una acusación contra su prójimo. Estas indicaciones señalan que, además de escuchar la denuncia de labios de la persona que la traía, el que juzgaba debía haberse enterado por otras fuentes de la existencia de tal problema. El pasaje nos advierte que la perspectiva de una sola persona siempre está condicionada por su propia visión, y por esto una persona no podía ser condenada salvo por el testimonio de dos o tres personas (Dt 17.6 - LBLA). El que juzga tiene mayor posibilidad de acercarse a la verdad al escuchar el testimonio de varias personas.

El líder tampoco debía basarse exclusivamente en lo que otros le decían. Dios pidió a Moisés que la persona que juzgaba debía realizar una «investigación minuciosa» del asunto. Es decir, el testimonio de los demás no era suficiente. El juez debía tomarse el trabajo de investigar la acusación, prestando atención a todos los pequeños detalles que pudieran ayudar a un desenlace justo. Es precisamente en los detalles que frecuentemente encontramos que la cosa «no es tan así como nos la contaron».

¡Qué importante es para nosotros, como pastores, tener esta misma actitud de cautela a la hora de intervenir en situaciones de conflicto en la iglesia! Somos seres complicados que torcemos los eventos para que se ajusten a nuestra interpretación de las cosas. El corazón, dice el profeta Jeremías, es engañoso «más que todas las cosas, y perverso» (17.9 - RVR95). Hacemos bien en no apresurarnos a la hora de emitir un juicio sobre aquello que vemos o hemos escuchado. Al estudiar detenidamente todos los aspectos de una situación tendremos mayores posibilidades de acercarnos a la verdad.

El Nuevo Testamento dice que por medio del Espíritu se nos ha dado el don del discernimiento. Esto se refiere a la posibilidad de ver cosas que no vemos con nuestra propia inteligencia. Es importante, tanto en la consejería como en la intervención en situaciones de conflicto, que siempre tengamos el oído sintonizado al Espíritu. Él podrá revelarnos cosas que no encontraríamos de ningún otro modo.

Para pensar:

«Los hombres malos no comprenden lo que es recto, pero los que buscan a Jehová comprenden todas las cosas» (Pr 28.5).

Un error común

Éste vino a Jesús de noche y le dijo: «Rabí, sabemos que has venido de Dios como maestro, porque nadie puede hacer estas señales que tú haces si no está Dios con él». **Juan 3.2**

Es evidente que Nicodemo estaba inquieto por lo que veía en la persona de Cristo. Sus compañeros fariseos permanentemente buscaban la manera de desacreditarlo. Nicodemo, sin embargo, procuró hablarle a solas, tomando las precauciones necesarias para que no lo vieran.

La primera frase que pronunció el fariseo revela uno de los errores más comunes en nuestra cultura: creer que las buenas obras son una señal incuestionable de la presencia de Dios en la vida de una persona. Es una de las razones por las que existe tanta confusión acerca de quiénes son verdaderamente los siervos de Dios entre nosotros. No pasa semana en la cual no converso con alguna persona que señala la abundancia de «señales» en algún ministerio, como clara evidencia de la operación del Espíritu en la vida de algún líder.

Debemos recordar que el enemigo también tiene poder para obrar milagros. Cuando Moisés se presentó delante del faraón y convirtió su vara en serpiente, los magos de la corte hicieron exactamente lo mismo. En Mateo 7.22 Cristo solemnemente advierte que en el día del juicio final se presentarán delante de él personas que le dirán: «Señor, ¿no profetizamos en tu nombre, y en tu nombre echamos fuera demonios, y en tu nombre hicimos muchos milagros?», ¡personas que él no conoce! ¡Cuán profundamente defraudados se sentirán al escuchar de la boca de Cristo que él los llama «hacedores de maldad»!

No obstante el contenido dramático de este texto, en veinticinco años de experiencia ministerial he visto al pueblo de Dios seducido una y otra vez por este concepto. Han desfilado por la iglesia un sinnúmero de profetas, sanadores y hacedores de milagros. Deslumbrados por sus obras, no nos detuvimos a pensar que muchos de ellos no mostraban la verdadera señal de una persona consagrada a Dios, aquella señal que el diablo no puede imitar, ni falsificar. Cristo indicó que esta señal es la ÚNICA evidencia de la obra de Dios: haber nacido a una nueva vida por la exclusiva acción del Espíritu Santo.

Es la obra soberana del Espíritu la que produce en el ser humano un corazón regenerado que se manifiesta en actitudes completamente diferentes a las de las personas que viven en tinieblas. En esa vida se podrá ver claramente el amor, el gozo, la paz, la paciencia, la benignidad, la bondad, la fidelidad, la mansedumbre y el dominio propio (Gl 5.22-23). La Palabra claramente señala que los hombres serán conocidos por estos frutos.

Para pensar:

¿Implica esto que todos los que obran milagros son indignos de nuestras confianza? ¡De ninguna manera! Dios ha dado a su pueblo acceso a todas las manifestaciones del Espíritu, incluyendo la posibilidad de obrar milagros, señales y prodigios. No debemos, sin embargo, mirar estas manifestaciones para evaluar si un ministerio es genuino, sino la vida de la persona que está detrás del ministerio. Los que caminan con Dios indefectiblemente tendrán perfume de cosas santas y se verá en su vida el mismo carácter del varón de Galilea.

Gozo completado

Estas cosas os he hablado para que mi gozo esté en vosotros, y vuestro gozo sea completo. **Juan 15.11**

La expresión «que vuestro (o nuestro) gozo sea completo» se repite con frecuencia en el Nuevo Testamento. Juan el Bautista, por ejemplo, le dijo a sus discípulos: «El que tiene a la esposa es el esposo; pero el amigo del esposo, el que está a su lado y lo oye, se goza grandemente de la voz del esposo. Por eso, mi gozo está completo» (Jn 3.29). En el texto de hoy, Cristo le dijo a sus discípulos que la razón por la que les había compartido la Palabra era para que su gozo fuera completo. Cuando los animó a pedir todo lo que necesitaran, aclaró: «Hasta ahora nada habéis pedido en mi nombre; pedid, y recibiréis, para que vuestro gozo sea completo» (Jn 16.24). De la misma manera, cuando oraba a solas con su Padre, en Juan 17.13, dijo: «Pero ahora vuelvo a ti, y hablo esto en el mundo para que tengan mi gozo completo en sí mismos».

El concepto que Cristo tenía del gozo parece también haber impactado la vida del discípulo amado, Juan, pues usa expresiones muy similares a las de su Maestro. Al iniciar su primera carta, le dice a sus lectores: «Estas cosas os escribimos para que vuestro gozo sea completo» (1 Jn 1.4). De la misma manera, en su segunda carta comparte un anhelo: «Tengo muchas cosas que escribiros, pero no he querido hacerlo por medio de papel y tinta, pues espero ir a vosotros y hablar cara a cara, para que nuestro gozo sea completo» (2 Jn 1.12).

¿Cuál es el elemento que une todas estas expresiones? El gozo es el resultado de compartir. Es decir, un sentimiento de alegría no alcanza su máxima expresión hasta que hayamos hecho a otros partícipes de esa experiencia. Piense en el nacimiento de un nuevo hijo. Ningún padre mantiene en secreto tal acontecimiento sino que, en forma alocada, busca compartir las buenas noticias con los que más cerca están a su persona. O considere un hecho tan trivial como la conversión de un gol en un partido de fútbol. Si alguna vez ha estado en un estadio habrá observado que los jugadores enseguida buscan con quien festejar su logro. No solamente esto, sino que los hinchas festejan con delirio y se abrazan con personas que ni siquiera conocen.

Hemos sido creados para la comunión los unos con los otros. No ha sido la intención de Dios que vivamos en forma aislada las experiencias que más profundamente afectan nuestra vida, ya sean tristes o de gran alegría. Es natural y normal que una persona busque compartir los momentos que mayor gozo le producen con aquellos que están a su alrededor.

De esta observación, entonces, se desprende un principio importante. Para experimentar el gozo en todas sus dimensiones, es necesario participar a otros de lo que ha producido en nosotros este estado.

Para pensar:

¿Será esta la razón por la que muchos de nosotros no vivimos en toda su plenitud el gozo de Dios? Hemos recibido abundantes expresiones de bondad por parte de nuestro Señor, pero estamos callados. Nuestro silencio inhibe la expresión completa del gozo. Imitemos, pues, el estilo de Cristo. ¡Hagamos completo nuestro gozo, invitando a otros a ser parte de lo que hemos recibido!

Negociar con Dios

Allí hizo voto Jacob, diciendo: «Si va Dios conmigo y me guarda en este viaje en que estoy, si me da pan para comer y vestido para vestir y si vuelvo en paz a casa de mi padre, Jehová será mi Dios. Y esta piedra que he puesto por señal será casa de Dios; y de todo lo que me des, el diezmo apartaré para ti».

Génesis 28.20-22

Si leyéramos de corrido el relato de los tres patriarcas de Génesis: Abraham, Isaac y Jacob, veríamos claras evidencias de que la fe no se hereda. Abraham, el padre de la fe, fue un hombre que caminó en intimidad con Dios y recibió aprobación de él. Aunque Isaac fue una persona espiritual, ya no vemos en él la devoción y la pasión de su padre. Es en Jacob, sin embargo, que nos encontramos con el más grande contraste. Jacob fue un hombre que luchó toda la vida, echando mano del método que más apropiado le parecía, para conseguir lo que él quería.

En el pasaje del devocional de este día, Jacob acababa de recibir una revelación de parte de Dios, similar a las que tuvieron su padre y su abuelo. Lo que le había sido revelado no era nada menos que la manifestación del favor incondicional de Dios sobre su vida. «Será tu descendencia como el polvo de la tierra, y te extenderás al occidente, al oriente, al norte y al sur; y todas las familias de la tierra serán benditas en ti y en tu simiente, pues yo estoy contigo, te guardaré dondequiera que vayas y volveré a traerte a esta tierra, porque no te dejaré hasta que haya hecho lo que te he dicho» (Gn 28.14-15).

Lo notable en esta escena, sin embargo, no es la reiteración de la promesa de convertir en nación a esta familia, sino la respuesta de Jacob. Normalmente, semejante manifestación divina produciría en una persona una clara respuesta de adoración al reconocer lo inmerecido del regalo de Dios. Mas no ocurrió así con Jacob, sino que le dio a entender al Señor que solamente sería su Dios si se daban ciertas condiciones.

Note la reiteración de una palabrita que casi pasa desapercibida en el texto: «si vas conmigo, si me guardas, si me das pan, si me das vestido, si vuelvo en paz». Le estaba dando a entender al Señor que él también tenía sus prioridades. Si se cumplían, entonces sí seguiría a Dios.

La postura de Jacob revela una tendencia arraigada en nuestro corazón, que es la de creer que nosotros podemos manejar a Dios según nuestros caprichos. Nosotros ponemos las condiciones y él se ajusta a nuestras demandas. Es por esto que se torna tan difícil seguir al Señor, pues él no acepta negociar con nadie. Para tener una relación con él debemos estar dispuestos a rendirnos absolutamente a sus pies, exclamando, como María: «Aquí está la sierva del Señor; hágase conmigo conforme a tu palabra» (Lc 1.38). Nos resistimos a esto porque, en esencia, significa permitir que otro controle nuestra vida. En el reino, este es el único camino posible para el hombre.

Para pensar:

¿De qué manera intenta «negociar» con Dios? ¿Qué cosas delatan su resistencia a someterse a sus demandas? ¿Qué cosas están en juego si usted cede frente a él?

Mantener las apariencias

Los principales sacerdotes, los ancianos y todo el Concilio, buscaban falso testimonio contra Jesús para entregarlo a la muerte, pero no lo hallaron, aunque se presentaron muchos testigos falsos. **Mateo 26.59-60**

Muchos historiadores han analizado minuciosamente los detalles del juicio que los sacerdotes y ancianos le hicieron a Cristo. La mayoría de ellos coinciden en que todo el procedimiento no fue más que una burla al sistema legal establecido por la sociedad israelita. Los integrantes del Concilio ya habían decidido, hacía tiempo, darle muerte a Jesús sean cuales fueran los resultados del juicio. No obstante, insistieron en mantener la fachada de que estaban procediendo dentro del marco de la ley.

En esto, el Concilio se une a una extensa lista de tiranos, déspotas y dictadores que han obrado de similar manera. Los dos personajes más nefastos del siglo XX, Hitler y Stalin, insistieron en seguir meticulosamente los requerimientos de la ley, aunque no existía ninguna duda en cuanto al resultado final de cada una de sus acciones. Deseaban, de esta manera, mantener la fachada de legalidad mientras sembraban el terror y el espanto para el «bien» del pueblo.

Existe un deseo profundo en cada uno de nosotros de asegurarnos que nuestros actos no sean reprobados. La manifestación más frecuente de esto es la férrea costumbre de defender siempre lo que hacemos, aun cuando claramente estemos equivocados. Se perpetúa el mal en una permanente búsqueda de la manera de acomodar nuestros actos para que nuestra maldad no quede en evidencia.

Es importante, como líderes, que entendamos esta tendencia muy humana. Como pastores no queremos perpetuar una mala imagen delante de los demás. A su vez, tampoco queremos ceder ante la posibilidad de que nuestros asuntos tengan un desenlace contrario al que deseamos. Esto nos lleva, muchas veces, a comportamientos que tienen un objetivo difícil: mostrar actitudes espirituales y, a la vez, asegurar que nuestra voluntad se cumpla sin cuestionamientos.

Considere, por ejemplo, cuán fácil es para un líder convertir en una mera formalidad la discusión de sus propuestas. Para muchos pastores, invitar a otros a compartir su opinión no es más que un trámite. Todos saben que no existe la libertad para contradecir lo que el líder ya ha decidido. O piense en la cantidad de veces que «oramos» al final de una larga reunión de planificación, solamente para darle un sello de espiritualidad a lo que hemos proyectado. No es que estemos buscando conocer la voluntad de Dios. Más bien estamos interesados en que él apruebe y bendiga lo que ya hemos decidido por nosotros mismos.

En todo esto se delata que buscamos lo imposible: ¡retener el control de nuestra vida sin que otros se den cuenta de que lo estamos haciendo! Intelectualmente sabemos que tal propuesta es absurda, pero en la práctica caemos una y otra vez en el mismo comportamiento. Solamente es posible un cambio cuando entendemos que no podemos andar con Cristo, a menos que estemos dispuestos a ceder absolutamente todo a sus manos. Esto significa correr el «riesgo» de que las cosas no se hagan como nosotros queremos, sino como él quiere.

Para pensar:

«Todos los caminos del hombre son limpios ante sus propios ojos, pero el SEÑOR sondea los espíritus» (Pr 16.2 - LBLA).

Firmes en nuestra vocación

Si tenéis estas cosas y abundan en vosotros, no os dejarán estar ociosos ni sin fruto en cuanto al conocimiento de nuestro Señor Jesucristo. **2 Pedro 1.8**

Siempre me impactan los términos que la Palabra utiliza para ayudarnos a entender las verdades eternas de Dios. Son sencillos pero, a la vez, profundamente ilustrativos.

En el texto de hoy Pedro usa dos términos que son útiles para comprender qué es lo que debemos evitar, a toda costa, si es que vamos a ser fieles a nuestro llamado. Estas palabras son «sin fruto» y «ocioso». No es necesario que indaguemos en el idioma original para entender a qué se refería el autor, pues las palabras son claramente comprensibles para cada uno de nosotros.

El ocio no se refiere a la falta de actividad, sino a la ausencia de responsabilidad en la actividad. La persona ociosa puede estar involucrada en una diversidad de actividades pero ninguna de ellas es productiva ni provechosa. De esta manera, sus actividades no le traen ningún beneficio. Tristemente, esta condición podría describir la vida de muchos cristianos dentro de la iglesia. Están involucrados en una multitud de actividades, pero son actividades que tienen poco provecho para la vida espiritual. Estas actividades consisten, mayormente, en asistir a una interminable sucesión de reuniones que supuestamente sirven para edificar nuestra vida. Lo que en realidad logran es fomentar una pasividad que contribuye poco a la transformación.

Nuestro llamado no es a esta clase de «holgazanería» espiritual, donde nuestra meta es buscar siempre más bendición para nuestra vida. Hemos sido llamados a invertir en la vida de los demás. Esta verdad está expresada en lo que algunos han llamado la «carta magna» de la Biblia, contenida en Génesis 12.1-3. En ella Dios expresa claramente que es su intención bendecir para que seamos de bendición. Cuando el cristiano pierde de vista esto comienza a usar mal el tiempo, causando problemas para sí mismo y para los demás. Hemos de notar que la mayoría de las divisiones y los pleitos en la iglesia son fomentados por aquellos creyentes, normalmente con muchos años en la fe, que no están ocupados en buenas obras.

En segundo lugar Pedro nos dice que no debemos caer en la esterilidad. Las palabras «sin fruto» se refieren a la inhabilidad de engendrar vida nueva. Esta condición también es anormal en el seguidor de Cristo, pues hemos sido llamados a hacer discípulos de todas las naciones, cualquiera que sea nuestra actividad. La mayoría de los cristianos, sin embargo, habiendo escuchado las buenas nuevas por el gesto amoroso de otros, rara vez llevan a otros al conocimiento de la verdad. Esta situación tampoco es normal y por esta razón el apóstol exhorta a sus oyentes a «obrar con diligencia».

Nuestra vida solamente puede escapar de estos vicios cuando mantenemos la vista en el propósito de nuestro llamado. Debemos avanzar, con paso deliberado, hacia esta meta. No podemos dejar que nos lleve la corriente de la inercia. El reino es de los osados, los que anhelan alcanzar la plenitud de su vocación en Cristo.

Para pensar:

«Por lo cual, hermanos, tanto más procurad hacer firme vuestra vocación y elección, porque haciendo estas cosas, jamás caeréis» (2 P 1.10).

Las obras que Dios preparó de antemano

Y al día siguiente, levantándose, se fue con ellos; y lo acompañaron algunos de los hermanos de Jope. Al otro día entraron en Cesarea. Cornelio los estaba esperando, habiendo convocado a sus parientes y amigos más íntimos.

Hechos 10.23-24

Esta es, quizás, una de las mejores ilustraciones que encontramos en la Palabra de lo que significa el texto que dice: «pues somos hechura suya, creados en Cristo Jesús para buenas obras, las cuales Dios preparó de antemano para que anduviéramos en ellas» (Ef 2.10). La historia de Pedro con Cornelio revela cómo el Padre, por medio del Espíritu, ordena todas las partes de una misma historia para que su desenlace sea conforme a la voluntad divina.

El objetivo de este plan era que Cornelio, y toda su familia, llegaran a conocer las buenas nuevas de Cristo. La Palabra nos dice que Cornelio era un hombre «piadoso y temeroso de Dios con toda su casa, y que hacía muchas limosnas al pueblo y oraba siempre a Dios» (Hch. 10.2). No cabe duda, entonces, que la primera acción de Dios fue movilizar el corazón de este hombre para que lo buscara.

Después de un tiempo, el Señor intervino por segunda vez, envió un ángel para que hablara con él. El ángel le dio instrucciones a Cornelio de que mandara a buscar a Pedro, quien le mostraría el camino a seguir. Mientras los mensajeros de Cornelio salían rumbo a la costa para buscar a Pedro, Dios comenzó su tercera acción, que era revelarle a Pedro, por medio de una visión, los planes que él tenía preparados para que el apóstol anduviera en ellos.

Luego de una momentánea confusión, Pedro accedió a ir. Mientras aún expresaba su aceptación de la consigna, llegaron los hombres a buscarlo, que también habían sido movilizados por la acción de Dios. Juntos, los tres retornaron a la casa de Cornelio donde, seguramente movido por Dios, el hombre había juntado a su familia y sus vecinos. El escenario estaba ahora preparado para que Pedro presentara a estas personas a Jesucristo.

¡El desenlace de esta historia era previsible! «Mientras aún hablaba Pedro estas palabras, el Espíritu Santo cayó sobre todos los que oían el discurso» (Hch 10.44). Todos los detalles habían sido cuidadosamente coordinados por el Señor para producir este fruto. Y estos son los detalles que nosotros conocemos de la historia. ¿En cuántas otras cosas habrá intervenido Dios para producir esta conversión?

A la luz del relato de la conversión de Cornelio y su familia, resulta casi cómico el exagerado rol que nos atribuimos en los acontecimientos del reino. Con demasiada frecuencia creemos que nosotros somos los que estamos «empujando la carreta». En realidad nuestra parte es muy pequeña. La fatiga que experimentamos viene cuando no somos conscientes de lo que Dios está haciendo y creemos que estamos trabajando solos. La historia de hoy nos invita a relajarnos, a abrir los ojos para ver la obra de Dios en los proyectos donde tenemos participación. Sobre todo, nos invita a desistir de querer planificar nosotros las obras en las cuales vamos a andar.

Para pensar:

La clave para participar en este tipo de ministerio es mantener una absoluta sensibilidad, en todo momento, al Espíritu. Sin esa sensibilidad, trabajamos a ciegas.

La lucha por la vida

El ladrón no viene sino para hurtar, matar y destruir; yo he venido para que tengan vida, y para que la tengan en abundancia. **Juan 10.10**

Este pasaje pone de manifiesto el contraste entre las intenciones del buen pastor y el ladrón. Varias observaciones interesantes se desprenden de los diferentes objetivos que cada uno busca.

En primer lugar, es bueno que notemos que la estrategia del ladrón no está dirigida contra el buen pastor, sino contra las ovejas. Una creencia común en la iglesia es que Dios y Satanás están involucrados en una gran batalla cósmica, luchando sin tregua hasta el día del desenlace final. Esta perspectiva es falsa, pues Dios es Creador y el diablo es un ser creado. El enemigo no puede levantarse contra Dios más de lo que una hormiga puede hacerle la guerra a un elefante. La presa contra la cual se abalanza el diablo son aquellos que han sido creados a imagen y semejanza del Creador.

En segundo lugar, Cristo claramente enuncia cuáles son los objetivos de este ladrón. No ha venido para distraernos momentáneamente, ni para hacer más difícil nuestra existencia. No pretende, tampoco, subyugar nuestra vida. Es un enemigo que tiene planes mucho más contundentes que eso. Él no descansará hasta que haya concretado la destrucción total de la persona.

Note la progresión en su estrategia. Lo primero que hace es robar. Cuando roba, se lleva todo aquello que es nuestra herencia particular como seres creados a imagen y semejanza de Dios; nuestra capacidad de experimentar vida espiritual, nuestra posibilidad de tener comunión y disfrutar de las manifestaciones de amor, nuestra facultad de experimentar gozo y paz, de ver la vida con esperanza. La ausencia de estas cosas produce terribles estragos en nuestra propia identidad y nos conduce a una vida plagada de conflictos y dolor. En una segunda etapa, no obstante, el ladrón se propone la muerte de la persona. Es decir, que la vida tal cual la ha creado Dios, cese de existir. Mas aún no descansará, pues el objetivo final de todo lo que hace es la destrucción del ser humano. En esto, hemos de entender que se refiere a la muerte eterna, que consiste en la pérdida absoluta de todo lo que nos distinguía como seres humanos.

Si tomáramos la misma manera que usa Cristo para describir las actividades del ladrón, podríamos afirmar que el propósito del Hijo de Dios es el de dar, revivir y edificar. Es decir, su primer objetivo siempre es bendecir. Él se deleita en dar, aun a los que no lo merecen. Es un Dios que no descansa buscando a quién bendecir, porque su naturaleza misma se expresa en una generosidad sin reservas. A este acto de bendecir se le suma el deseo de otorgar vida, y vida en abundancia. Con esto, entendemos que Dios desea que vivamos en plenitud todas las dimensiones de la vida que nos ha dado, lo que incluye su expresión más sublime, que es la espiritual. A largo plazo, no obstante, Cristo está en el negocio de edificar para sí un pueblo santo, un reino de sacerdotes. Somos seres con un destino eterno y hacia él desea conducirnos el buen pastor.

Para pensar:

¿Se podría decir que usted vive una vida abundante? ¿Por qué? ¿Cómo puede experimentar aún mayor abundancia en Cristo?

Renovar la mente

Y no os adaptéis a este mundo, sino transformaos mediante la renovación de vuestra mente, para que verifiquéis cuál es la voluntad de Dios: lo que es bueno, aceptable y perfecto. **Romanos 12.2 (LBLA)**

A. W. Tozer escribe de la mente: «*Lo que ocupa nuestros pensamientos cuando tenemos tiempo para pensar en lo que queramos -eso es lo que somos o lo que pronto seremos. Nuestros pensamientos no solamente revelan lo que somos, sino que predicen la clase de personas que llegaremos a ser*».

La mayoría de nosotros no tiene idea de cuán profundamente afectan a nuestra vida los pensamientos que ocupan nuestra mente. La Palabra, sin embargo, nos advierte que la renovación de la mente es una de las claves para la vida transformada. Debemos, por lo tanto, prestar mucha atención a este tema si es que aspiramos a una vida que se nutre, cada día más, de la Palabra.

Nuestras acciones no son espontáneas, aunque a veces nos valemos de la frase «lo hice sin pensar en lo que estaba haciendo» para explicar el por qué de ciertos acontecimientos. La verdad es que toda acción es el fruto de un pensamiento, aun cuando no hayamos tomado conciencia de que ese pensamiento se había formado en nosotros. Jesús señaló este principio cuando, en el Sermón del Monte, mostró que el juicio de Dios no vendrá sobre nuestras acciones, sino sobre los pensamientos que los engendraron. Por esta razón, el verdadero pecado de adulterio comienza con la persona que codició a la mujer de su prójimo en lo secreto de su mente. El pecado del asesinato comienza cuando, en los pensamientos, calificamos a una persona de estúpida o idiota. Eventualmente, si no son cambiados esos pensamientos generarán actos que expresan lo que ha ocupado durante largo tiempo nuestra mente.

En el texto de hoy el apóstol Pablo nos exhorta a resistirnos a este mundo. La lucha, no obstante, no se realiza con acciones tan sencillas como las de no bailar o no fumar. El mundo pretende moldearnos a la cultura predominante de estos tiempos. Uno de los medios principales que utiliza es la infinidad de mensajes que nos «vende» el presente sistema perverso en el cual estamos inmersos. A veces esos mensajes son abiertos y fáciles de detectar. En la mayoría de los casos, sin embargo, están escondidos sutilmente en cosas que juzgaríamos como inofensivas.

Por esta razón el creyente tiene la obligación de trabajar en la renovación de su mente. Esta renovación se logra de dos maneras. En primer lugar, debemos identificar los pensamientos que no son dignos del Señor y llevarlos cautivos a la obediencia a Cristo (1 Co 10.5). Esto significa desecharlos. La mente, no obstante, no opera en vacío. El espacio que dejó ese pensamiento descartado debe ser llenado con otro pensamiento, si es que no queremos reincidir en el pensamiento pecaminoso. Es allí donde ocupamos la mente con la Verdad de Dios. Es a este proceso al que llamamos «meditar» en la Palabra. Debemos alimentar la mente con pensamientos que produzcan una transformación en nuestro carácter.

Para pensar:

«Por lo demás, hermanos, todo lo que es verdadero, todo lo honesto, todo lo justo, todo lo puro, todo lo amable, todo lo que es de buen nombre; si hay virtud alguna, si algo digno de alabanza, en esto pensad» (Flp 4.8).

El valor de los recuerdos

Sacrificarás la víctima de la Pascua a Jehová, tu Dios, de las ovejas y las vacas, en el lugar que Jehová escoja para que habite allí su nombre. No comerás con ella pan con levadura; durante siete días comerás con ella pan sin levadura, pan de aflicción, porque aprisa saliste de la tierra de Egipto, para que todos los días de tu vida te acuerdes del día en que saliste de la tierra de Egipto. **Deuteronomio 16.2-3**

Aunque muchas veces intentamos borrar de nuestro pasado aquellas experiencias negativas por las cuales hemos transitado, el Señor nos muestra, en el texto de hoy, que pueden cumplir un importante papel en nuestra vida espiritual. Para ayudar al pueblo de Israel a no olvidar el camino por el cual había transitado instituyó una fiesta anual con el solo propósito de que no olvidaran su peregrinaje como pueblo de Dios.

¿Qué era lo que puntualmente debían recordar? En primer lugar, debían recordar que en el pasado habían sido esclavos, sin esperanza de que alguien los librara de esa condición. La libertad que hoy gozaban era una libertad que les había sido regalada, no una adquirida por sus propios méritos o esfuerzo. En segundo lugar, el día que salieron de Egipto fue por la intervención poderosa de Dios a favor de ellos. Hubo un precio que pagar para que pudieran ser libres. Una nación sufrió toda clase de calamidades para que un faraón de duro corazón finalmente les otorgara el permiso de marcharse. En tercer lugar, habían salido de Egipto solamente con la ropa que llevaban puesta. No tenían ninguna de las posesiones que ahora disfrutaban. De la penuria absoluta, Dios los había transformado en una nación grande y próspera.

¿Cuál era el beneficio de que ellos recordaran todas estas cosas? Los ayudaría a ser agradecidos. Este es el gran problema que enfrentamos a diario. Nos levantamos y nos quejamos porque está lloviendo, porque no nos gusta la comida que hay en la mesa o porque tenemos que ir a trabajar. Nuestras palabras revelan que hemos perdido de vista que nada de lo que tenemos es nuestro por derecho, sino por la exclusiva bondad de Dios. La falta de conciencia de nuestra verdadera condición espiritual nos lleva a un corazón de ingratitud que se traduce en una vida llena de quejas y reclamos.

La gratitud no solamente nos lleva a recordar, a cada paso de nuestro andar, a la persona de Dios -de cuyas manos fluyen todas las cosas buenas-, sino que también produce en nosotros un deleite en cada experiencia, en cada relación, en cada actividad en la cual tenemos participación. Ya que lo que tenemos es un regalo, lo disfrutamos como algo inmerecido que demuestra el amor de Aquel que nos lo dio.

Para los que estamos sirviendo en la iglesia también es fácil olvidar de dónde nos sacó el Señor. Podemos caer en la queja y la ingratitud, reclamando mayor respeto o mayores privilegios, como si hubiéramos entrado al ministerio por nuestros propios méritos. Qué bueno es que cada día podamos recordar que servimos solamente porque él nos ha concedido tal privilegio.

Para pensar:

Entonces entró el rey David y se puso delante de Jehová, y dijo: «Señor Jehová, ¿quién soy yo, y qué es mi casa, para que tú me hayas traído hasta aquí?» (2 S 7.18).

Los imposibles de Dios

Mirándolo Jehová, le dijo: «Ve con esta tu fuerza y salvarás a Israel de manos de los madianitas. ¿No te envío yo?» Gedeón le respondió de nuevo: «Ah, señor mío, ¿con qué salvaré yo a Israel? He aquí que mi familia es pobre en Manasés, y yo soy el menor en la casa de mi padre». **Jueces 6.14-15**

Israel estaba ocupada por un pueblo enemigo, los madianitas. Con un poderoso ejército de 135.000 guerreros tenían completamente subyugado al pueblo de Dios. A modo de tributo, se llevaban lo mejor de la tierra y del ganado. El pueblo estaba, lógicamente, desmoralizado y sin esperanza.

En medio de esta situación un ángel se sentó cerca de Gedeón, quien estaba limpiando trigo para esconderlo de los madianitas. El texto de hoy nos da los detalles de la misión que Dios quería encomendarle a este varón. Sin rodeos, el Señor le hacía esta descabellada propuesta: ¡Que él, un individuo desconocido de la tribu de Manasés, de una familia sin recursos, se levantara para librar a Israel de la mano de Madián!

Si usted hace una lista de los atributos que tenía Gedeón para la misión que le estaban encomendando, no encontrará muchos elementos que lo inspiren a creer que Dios había encontrado a la persona indicada para esa tarea. Probablemente no tenía experiencia en lo militar, ni en la dirección de otros hombres. Era el menor de una familia pobre, una persona que seguramente estaba acostumbrada a no ser considerada en nada. Si le suma a esto las dimensiones de la misión que Dios le proponía, tendrá aún mayores razones para dudar acerca del desenlace exitoso del emprendimiento. ¿Qué podía hacer este «individuo insignificante» frente a semejante desafío?

Este es el método de Dios. El Señor se deleita en presentarnos con proyectos que son absolutamente imposibles de lograr. Miramos nuestros recursos y exclamamos: «¡Nadie puede hacer eso!». A Moisés le propuso levantarse con dos millones de israelitas que vivían en esclavitud, para tomar posesión de una tierra ocupada por pueblos hostiles. ¡A Josué le propuso conquistar una ciudad fortificada cantando coritos! A Jonás le propuso predicar la humillación a un pueblo que se había propuesto la conquista del mundo. A los apóstoles les propuso que hicieran discípulos de todas las naciones de la tierra.

Es precisamente esta sensación de sentirnos completamente desbordados por la magnitud de un proyecto, lo que nos asegura que estamos frente a una propuesta divina. Dios nunca nos hace partícipes de planes que pueden ser logrados por nuestras propias fuerzas. El Señor se deleita en meternos en situaciones donde toda nuestra astucia, nuestros recursos y nuestras proyecciones se ven como absolutamente ridículos.

Este es el método de Dios. Si usted quiere participar en los proyectos de Dios necesita sentir que sus propios recursos son completamente inadecuados. Los proyectos de Dios solamente se logran con los recursos del Señor.

Para pensar:

¿Qué proyectos tiene como pastor? ¿Qué desafíos le presentan? ¿Se anima a echar por la borda sus proyecciones humanas para comenzar a soñar a lo grande, no con la transformación de algunas vidas, sino de su ciudad, su nación y aun el mundo? Si otros se ríen de sus proyectos, seguramente está en la misma sintonía que el Señor.

Oración de David

¡Dios, Dios mío eres tú! ¡De madrugada te buscaré! Mi alma tiene sed de ti, mi carne te anhela en tierra seca y árida donde no hay aguas, para ver tu poder y tu gloria, así como te he mirado en el santuario. **Salmo 63.1-2**

¡A cuántas generaciones habrán inspirado estas preciosas palabras, escritas por David hace más de 3.000 años! Nos sentimos atraídos por el salmo porque el poeta logra captar con sus frases los sentimientos que nosotros apenas logramos expresar con muchos rodeos.

Estamos acostumbrados a proclamar nuestra devoción a Dios por medio del canto, la oración y la comunión con otros santos. Cuando la vida se nos presenta sin mayores contratiempos, estas palabras fluyen sin dificultad de nuestros labios. Sospecho, sin embargo, que la expresión de nuestra pasión tiene más que ver con lo agradable de nuestras circunstancias que con una verdadera entrega a la persona de Dios.

El momento en el cual David escribió este salmo fue enteramente diferente a lo que normalmente nos toca vivir a nosotros. El subtítulo del salmo dice que fue escrito cuando David se encontraba en el desierto de Judá. Hubo solo dos ocasiones en las cuales pasó por el desierto. Una de ellas es cuando huía de Saúl, buscando refugio en las cuevas y las hendiduras típicas de la región. La segunda oportunidad fue cuando Absalón se levantó en rebelión y le quitó el trono. El rey tuvo que huir con lo que tenía puesto. El relato bíblico nos dice que David llegó al desierto sucio, cansado y hambriento.

Si nos detenemos un instante a meditar en estas escenas podremos apreciar de una manera enteramente diferente el peso de las palabras de David. No es lo mismo decirle a Dios que él es nuestro Dios cuando la mayor aflicción que hemos pasado es no haber comido por medio día o habernos mojado porque la lluvia nos sorprendió sin paraguas. Me refiero al hecho de que nuestras aflicciones, en su mayoría, no son más que molestias momentáneas. Pocos de nosotros hemos huido de una feroz persecución que tiene como objetivo ponerle fin a nuestra vida. No sabemos lo que es sentirse completamente abandonado, sin tener dónde refugiarse ni a quien acudir para buscar socorro.

Medite otra vez en la primera frase de esta poesía: «¡Dios, Dios mío eres tú!». Esta es una declaración que tiene un profundo sentido, porque David lo había perdido todo. Sin embargo, estaba afirmando que lo único que realmente valía en la vida era el Señor. Todo lo demás era como paja muerta. Estaba declarando que no le importaban ni la comodidad, ni la seguridad, ni el futuro. Ni siquiera le importaba la vida. Dios era, verdaderamente, su Dios.

Esta capacidad de afirmar una entrega absoluta al Señor en los momentos más oscuros de la vida es la que destaca al gran líder. En el corazón de este líder no existen otros dioses. Para esta persona, Jehová es una pasión que opaca todas las demás cosas, incluyendo el brillo del ministerio.

Para pensar:

¿Dónde estaba el secreto de la devoción de David? Era un hombre que se había acostumbrado a buscar la comunión con Dios siempre («así como te he mirado en el santuario»). Con el tiempo, esta disciplina lo convirtió en una persona cuyo cuerpo mismo gemía por la gloria del Señor.

Intérpretes de profecías

Al oír esto, el rey Herodes se turbó, y toda Jerusalén con él. Y, habiendo convocado a todos los principales sacerdotes y escribas del pueblo, les preguntó dónde había de nacer el Cristo. Ellos le respondieron: «En Belén de Judea, porque así fue escrito por el profeta». **Mateo 2.3-5**

La llegada de los hombres sabios del oriente conmocionó a Jerusalén. Ellos venían movidos por una revelación de la que ninguna de las figuras importantes de aquella ciudad estaba enterada. Además de esto, hablaban de algo realmente preocupante: el nacimiento de un nuevo rey para los judíos. Alarmado, el rey Herodes buscó quién le explicara lo que estaba pasando y fueron convocados los entendidos de las Escrituras.

El incidente en el palacio de Herodes debe servirnos de lección. Los principales sacerdotes y escribas del pueblo no dudaron en proveerle rápidamente la respuesta que necesitaba. Conocían perfectamente la profecía de Miqueas que decía que el Cristo iba a nacer en Belén. Seguramente habían estudiado minuciosamente el texto, como es la costumbre de aquellos cuya vida espiritual es vivida mayormente en el plano de lo intelectual. Habrían analizado exhaustivamente las diferentes posibilidades que encerraba la declaración del profeta. Hasta es posible que existieran diferentes «escuelas» de interpretación. Los que decían que iba a nacer en Belén; los que decían que iba a desarrollar su ministerio en Belén o los que afirmaban que Belén tenía solamente un sentido simbólico que representaba la tribu de la cual saldría el Mesías.

Lo interesante del texto de hoy es que a pesar del conocimiento exacto y acabado de los textos que se referían a la llegada del Enviado, ¡ninguno de los entendidos en el tema estaba enterado de que el acontecimiento ya había ocurrido!

En este tiempo existe un renovado interés en las profecías bíblicas sobre los últimos tiempos. Muchos estudiosos analizan con cuidado cada texto e intentan descifrar los detalles escondidos en el mensaje bíblico. Mientras se dedican a esto, observan expectantes cada acontecimiento del mundo, para ver si pueden ver el cumplimiento de algunos de los textos que tan bien conocen. Los más atrevidos hacen afirmaciones categóricas acerca de la reconstrucción del templo, el anticristo y la identidad exacta de Gog y Magog.

Al igual que los principales sacerdotes y escribas, estar distraídos en el análisis de los textos bíblicos les robará la posibilidad de participar realmente de los acontecimientos espirituales a su alrededor. ¿Por qué? Porque es inevitable que de tanto estudio acabemos por dar rienda suelta a nuestra imaginación, elaborando nuestra propia «película» de cómo van a ser los acontecimientos finales. El cuadro que construyamos con tanto cuidado será el encargado de producir en nosotros la ceguera que no nos permitirá ver los eventos cuando ocurran. Estaremos buscando lo que creemos haber descubierto en la Escritura y descartaremos lo que no se ajuste a esta visión.

Fue por esto que los sacerdotes y escribas acabaron dando muerte a Cristo. Su concepto de lo que debía ser el Mesías, apoyado en muchos textos del Antiguo Testamento, no les permitía ver al verdadero Cristo, aunque lo tenían delante de sus narices.

Para pensar:

Para nosotros, es bueno saber que las cosas en el mundo espiritual rara vez son como lo que vemos. Nos basta con adorar al Señor con la escasa luz que tenemos.

Fe, amor y esperanza

Damos siempre gracias a Dios por todos vosotros, haciendo memoria de vosotros en nuestras oraciones, acordándonos sin cesar delante del Dios y Padre nuestro de la obra de vuestra fe, del trabajo de vuestro amor y de vuestra constancia en la esperanza en nuestro Señor Jesucristo.

1 Tesalonisenses 1.2-3

Esta no es la primera vez que se mencionan en conjunto estos tres aspectos de la vida espiritual. También son enumerados en Romanos, Corintios, Gálatas, Colosenses, Hebreos y la primera carta de Pedro. Evidentemente la iglesia naciente creía que la combinación de la fe, la esperanza y el amor es la que produce la condición de mayor madurez espiritual. Hacemos bien, pues, en detenernos a considerar este asunto.

En primer lugar, el apóstol menciona la obra de fe. Hemos de afirmar que esto es enteramente diferente a la fe por obras, la que pone su esperanza en que las obras producirán fe. El apóstol claramente declara que la fe es un don de Dios, recibido por gracia. A la vez, la fe que es bíblica es una fe que se traduce en obras. Esto es difícil de entender para nosotros, porque nos hemos acostumbrado a un concepto puramente intelectual de la fe, acompañada de una vida espiritual pasiva. La fe bíblica es una fe que está en movimiento, aunque no es inquieta. Está en movimiento, porque Dios está en movimiento. Para seguirlo es necesario que nos involucremos en las obras en las cuales él está interviniendo. De esta manera, la iglesia se torna una comunidad que revela sus convicciones en el estilo de vida que lleva.

En segundo lugar, esta congregación exhibía una labor fundamentada en el amor. Es interesante notar que en esto tampoco encontramos un punto en común con nuestros conceptos de amor. En nuestra cultura el amor es, mayormente, un sentimiento hacia los demás. En la iglesia de Tesalónica, sin embargo, el amor era un compromiso. Los creyentes entendían que habían sido llamados al amor y que esto demandaba de cada uno un esfuerzo. El esfuerzo es necesario precisamente porque el amor debe sobreponerse a una increíble diversidad de obstáculos para poder triunfar. El camino de Cristo hacia la cruz, su máxima expresión de amor, fue uno lleno de complicaciones, adversidades y contratiempos. La iglesia de Tesalónica seguía este ejemplo, pues Pablo utiliza un término que indica que habían trabajado hasta el punto de la fatiga.

La tercera gracia presente en la vida de la iglesia era la constancia en la esperanza. La esperanza es el elemento que más define los objetivos hacia los cuales estamos dirigidos. En medio de las dificultades, las luchas y los obstáculos, la esperanza nos ayuda a mantener los ojos puestos en lo que queremos obtener como fruto de nuestra relación con Cristo. Vemos a nuestro alrededor la destrucción y la inmundicia del pecado. Sentimos en nuestro interior la constante manifestación de la puja entre el espíritu y la carne. Mas en todo esto, no nos damos por vencidos porque delante de nosotros está la esperanza de alcanzar la madurez en Cristo, de entrar en su reposo, de ver nuestra vida y nuestra sociedad transformada por el poder del evangelio. Sin esperanza, seguramente desistiríamos de nuestro cometido.

Para pensar:

«Ahora permanecen la fe, la esperanza y el amor, estos tres; pero el mayor de ellos es el amor» (1 Co 13.13).

Obreros para la mies

Entonces dijo a sus discípulos: «A la verdad la mies es mucha, pero los obreros pocos. Rogad, pues, al Señor de la mies, que envíe obreros a su mies». **Mateo 9.37-38**

Levantar nuevos obreros es uno de los grandes desafíos que nos presenta la tarea pastoral. La formación de líderes en nuestras congregaciones asegura que la obra continuará aun cuando no estemos personalmente presentes para realizarla. Además, los obreros que formarán parte de nuestro equipo serán indispensables para distribuir correctamente la carga de trabajo. De esta manera nos aseguramos que ninguna persona sufra un desgaste anormal por el peso de la obra. La formación de obreros requiere, por lo tanto, actitudes de seriedad y responsabilidad.

En el texto del Evangelio de Juan, Cristo le dijo a los discípulos: «Alzad vuestros ojos y mirad los campos, porque ya están blancos para la siega» (4.35). Este pequeño movimiento, de alzar los ojos, es el principio del proceso de formación de obreros. Cuando caminamos mirando hacia el piso es porque estamos inmersos en nuestro propio mundo. La realidad a nuestro alrededor no entra dentro de nuestra perspectiva. No la percibimos, y al no percibirla no podemos tomar conciencia de su existencia. Al levantar los ojos reconocemos todo un mundo a nuestro alrededor, habitado por individuos como nosotros, con sus problemas, sus luchas, sus dificultades y sus frustraciones. Cada uno de ellos ha sido creado para una relación exclusiva con el Padre. Al verlos, debemos sentir en nuestro espíritu la angustia de Cristo, que los veía como ovejas sin pastor.

La dimensión de la obra también se manifiesta con esta mirada a nuestro alrededor. Cristo le señalaba a sus discípulos los campos, no un pequeño jardín. La tierra se extendía delante de ellos, sembrada y lista para la cosecha. Una sola persona no iba a poder cosechar toda esa extensión de campo. Se requeriría de la ayuda de muchas manos para poder hacer la obra. De igual forma, es bueno que los que estamos sirviendo en la casa del Señor nos sintamos abrumados por la inmensidad de la labor que tenemos por delante. Existen demasiados pastores que están convencidos de que ellos solos pueden llevar adelante toda la carga sin la ayuda de nadie. Esta actitud de suficiencia es contraproducente para la iglesia, pues no deja de ser más que una fantasía. Ningún hombre puede cosechar solo todo el campo.

El ver la inmensidad de la obra no debe conducirnos a un desesperado intento por realizar la obra, sino a caer de rodillas. Jesús les decía a los discípulos que su primera responsabilidad era apelar al dueño de los campos. Hemos intentado sustituir esta sagrada labor apelando, por medio de la culpa, a las personas que son parte de nuestras congregaciones. No obstante, Dios es el que tiene que movilizar a su pueblo. Haríamos bien en hablarle menos a la gente y hablarle más al Padre. ¡De seguro habría más obreros en su casa si nosotros dedicáramos más tiempo a la oración!

Para pensar:

«En aquellos días él fue al monte a orar, y pasó la noche orando a Dios. Cuando llegó el día, llamó a sus discípulos y escogió a doce de ellos» (Lc 6.12-13).

La perspectiva correcta

Entonces Faraón mandó llamar a José, y lo sacaron aprisa del calabozo; y después de afeitarse y cambiarse sus vestidos, vino a Faraón. Y Faraón dijo a José: He tenido un sueño y no hay quien lo interprete; y he oído decir de ti, que oyes un sueño y lo puedes interpretar. José respondió a Faraón, diciendo: No está en mí; Dios dará a Faraón una respuesta favorable.

Génesis 41.14-16 (LBLA)

Mucho nos cuesta imaginar lo dramático e inesperado de este evento. José, que no había hecho nada para merecerlo, vivía olvidado y solo en una de las cárceles del faraón. Su condición de esclavo hacía que cualquier esperanza de ser rescatado hubiera dejado de existir en su corazón. Nadie se ocupaba de defender los derechos de un esclavo, y mucho menos los derechos de un esclavo condenado por uno de los más altos oficiales de la corte.

Durante esos años de cárcel José había tenido la oportunidad de interpretar los sueños a dos prisioneros: el panadero y el copero del rey. Ahora, repentinamente, se le presentaba al joven hebreo la posibilidad de interpretar los sueños nada menos que del faraón, el hombre más poderoso de la tierra. Para José, el éxito del emprendimiento podía muy bien significar el fin de su cautiverio. Lo acertado de la interpretación de los sueños de sus compañeros de cárcel podía otorgarle cierta confianza frente a este nuevo desafío. ¡Qué fácil hubiera sido atribuirse la capacidad de interpretar sueños! ¿Qué importaba si el don realmente no le pertenecía? El faraón ni siquiera sabía quién era Jehová. ¿Para qué gastarse en explicaciones innecesarias?

Es fácil que uno se atribuya un don que es enteramente de Dios, porque somos muy propensos a creer que es nuestra mano la que mueve las cosas en la iglesia. En nuestro medio han surgido pastores que, según ellos, son dueños de una «unción» especial que solamente pueden administrar ellos mismos. La postura no hace más que revelar lo creativos que podemos llegar a ser a la hora de «defender» nuestro «puesto». Olvidamos que en el mundo espiritual no pasa absolutamente nada si Dios no lo ordena. En el mejor de los casos no dejamos de ser más que vasos frágiles en sus manos.

Aunque el futuro de José estaba en juego, el joven no dudó en aclarar exactamente cuál era la realidad de su situación. Él no tenía ninguna capacidad, en sí mismo, de interpretar sueños. Esta capacidad le pertenecía a Dios. Al realizar tal afirmación también estaba declarando que si Dios no daba la explicación, nadie la podía obtener. A Dios no se lo maneja como una máquina. Es soberano y se mueve como él quiere. Solamente podemos esperar que, en su gracia, se manifieste. No tenemos sobre él ningún control. Aunque hayamos interpretado mil sueños en el pasado, el don sigue siendo exclusiva propiedad de Dios.

Qué importante es que nunca perdamos de vista esta verdad. Somos meros canales del obrar de Dios. Mientras lo recordemos seremos instrumentos útiles en sus manos.

Para pensar:

«Al ver esto Pedro, dijo al pueblo: Varones israelitas ¿por qué os maravilláis de esto, o por qué nos miráis así, como si por nuestro propio poder o piedad le hubiéramos hecho andar?» (Hch 3.12 - LBLA).

Guarda el buen depósito

Guarda el buen depósito por el Espíritu Santo que mora en nosotros. **2 Timoteo 1.14**

Esta exhortación del apóstol Pablo a Timoteo ya la había realizado en su primera carta. Al término de una extensa epístola repleta de instrucciones referidas a la vida y el ministerio de su joven discípulo, se despide con estas palabras de advertencia: «Timoteo, guarda lo que se te ha encomendado» (1 Ti 6.20). Resulta provechoso para nosotros reflexionar sobre el problema que buscaba evitar el apóstol con este pedido.

Es una ley tan real como la que gobierna la gravedad, que el paso del tiempo expone todo lo que existe a un inevitable proceso de deterioro. Podríamos especular acerca de las razones por las cuales esto es así, aunque no nos ayudaría a resolver el problema. Seguramente estar insertados en un mundo caído que está bajo juicio tiene una directa relación con este proceso. El hecho es que el paso del tiempo trae desgaste. Nuestro cuerpo va perdiendo su movilidad y agilidad. La casa en que vivimos muestra las indudables señales del paso del tiempo. Sus paredes se descascaran. El techo comienza a gotear. Los caños de agua se van obstruyendo. Del mismo modo ocurre con cualquiera de las otras cosas que son parte de nuestro entorno cotidiano: el televisor, el radio, el carro o la computadora.

El mundo espiritual no está exento de este proceso. Note, por ejemplo, el deterioro que señala el profeta Isaías en este pasaje: «¿Cómo te has convertido en ramera, tú, la ciudad fiel? Llena estuvo de justicia, en ella habitó la equidad, ¡pero ahora la habitan los homicidas! Tu plata se ha convertido en escorias, tu vino está mezclado con agua» (Is 1.21-22). Lo que en algún momento fue glorioso puede, con el paso del tiempo, convertirse en algo triste y sin vida. No hace falta más que observar el edificio de cualquier iglesia o institución con más de cien años de existencia. En otro tiempo estaba lleno de una vida vibrante y contagiosa. Hoy, es una reliquia en la cual quedan apenas unos tenaces sobrevivientes.

Evidentemente Pablo estaba preocupado por el efecto de este proceso en la vida de Timoteo. Al animarle a «guardar» lo que tenía, estaba señalando que eso mismo podía echarse a perder. No mantendría siempre el mismo estado vigoroso y pujante que tenía en el presente. De no cuidarlo, lentamente iría perdiendo su fuerza y se convertiría en algo insignificante.

El principio espiritual al cual apunta esta exhortación es que la gloria de ayer no da vida para el presente. No importa cuán extraordinarias hayan sido las vivencias del pasado, el único camino que mantiene intacta la manifestación de la vida es estar relacionado con la fuente misma. Para «guardar» lo que hemos recibido, necesitamos renovar cada día nuestra relación y compromiso con el Señor. Y mucho más quienes estamos sirviendo como pastores y obreros, porque el desgaste del «buen depósito» que hemos recibido es intenso. ¿Será esta la razón por la cual Cristo, en los días de su carne, procuraba apartarse a lugares solitarios para estar con el Padre?

Para pensar:

¿Cuáles son las señales de desgaste en su propia vida? ¿Qué actividades necesita realizar para renovarse? ¿Cómo puede evitar el avance del deterioro?

La presencia de Dios

Manoa supo entonces que era el ángel de Jehová, pues no se les volvió a aparecer ni a él ni a su mujer. Y dijo Manoa a su mujer: «Ciertamente moriremos, porque hemos visto a Dios». **Jueces 13.21**

No deja de asombrarme la enorme diferencia que existe entre la respuesta a las manifestaciones divinas que encontramos en la Palabra, y las supuestas manifestaciones que nosotros experimentamos en nuestras reuniones semanales. La respuesta de Manoa, en el texto de hoy, es típica del personaje bíblico, especialmente en el Antiguo Testamento. Luego de que Dios luchó con Jacob durante toda una noche, el patriarca exclamó, asombrado: «Vi a Dios cara a cara, y fue librada mi alma» (Gn 32.30). De igual manera, cuando Gedeón entendió que había sido visitado por el ángel de Jehová, dijo: «"Ah, Señor Jehová, he visto al ángel de Jehová cara a cara". Pero Jehová le dijo: "La paz sea contigo. No tengas temor, no morirás"» (Jue 6.22-23). Así también ocurrió con el apóstol Juan, en Apocalipsis. Cuando contempló al Señor, cayó como muerto a sus pies (1.17).

Estos no son más que algunos de los muchos ejemplos que encontramos en la Palabra de personas que tuvieron un encuentro dramático con la persona de Dios. En todos los casos, sin excepción, vemos que el terror se apoderó de ellos.

En nuestro medio prácticamente no pasa una reunión en la cual no pidamos a Dios que se manifieste, que descienda fuego del cielo o que caiga sobre nosotros el Espíritu Santo. En aquellos encuentros de alabanza donde la combinación de música y canciones es del gusto particular del que dirige, este proclama que se «siente» la presencia de Dios, o que el Señor está en medio de nosotros. No obstante, no debemos olvidar que las visitaciones del Altísimo en la Palabra siempre fueron recibidas con profundo espanto por aquellos que estaban presentes.

¿Qué es lo que nos distingue a nosotros, para que nuestra experiencia de la presencia de Dios sea tan gratificante y placentera? Creo que podemos afirmar, sin temor a equivocarnos, que lo que nosotros llamamos «presencia» de Dios no es más que una serie de sensaciones agradables en un momento de ejercicio espiritual. El hecho de que nosotros cataloguemos de espiritual una experiencia particular en nuestra vida no indica para nada que dicha vivencia tenga matices sobrenaturales.

Las manifestaciones sobrenaturales en la Palabra tienen un carácter enteramente diferente a las nuestras. Observamos en la Biblia que, casi sin excepción, las personas que fueron visitadas no estaban buscando una visitación por parte de Dios. Aquellos que recibieron semejante manifestación fueron profundamente conscientes, en ese momento, de su absoluta pequeñez frente a la persona de Dios. No fue una experiencia placentera sino, más bien, un encuentro traumático.

Para pensar:

¿No será apropiado, entonces, revestirnos de cierta cautela a la hora de acercarnos a Dios? ¿Quién de nosotros entiende realmente su mover? ¿De dónde surgen estos expertos que declaran con tanta confianza que su «presencia» está en medio de nosotros? Tanta «familiaridad» con la persona de Dios siempre me deja con cierta sensación de vergüenza. ¡En cuanto a mí, prefiero que no sea tan obvia mi ignorancia!

Nacido del Espíritu

No te maravilles de que te dije: «Os es necesario nacer de nuevo». El viento sopla de donde quiere, y oyes su sonido, pero no sabes de dónde viene ni a dónde va. Así es todo aquel que nace del Espíritu. **Juan 3.7-8**

Como en tantas otras ocasiones, Jesús utilizó las más sencillas analogías de la vida cotidiana para ilustrar los conceptos relacionados con el reino de Dios. Sus palabras, sin embargo, resultaban confusas para Nicodemo. El problema no era lo complejo del idioma, ni tampoco la profundidad de los conceptos que el Maestro compartía con el fariseo. La dificultad se encontraba en otro lado. Los dos estaban hablando de mundos diferentes.

El mundo en el cual nos hemos criado tiene una fuerte influencia sobre la manera en que vemos lo que está a nuestro alrededor. Todo lo que forma parte de nuestra experiencia cotidiana está teñido por esta perspectiva. Al no ser concientes de esta visión «nublada», creemos que la vida y las personas son, en realidad, así como las vemos. Para la persona que ha sido golpeada y agredida, todos a su alrededor son potenciales agresores. Para la persona que le fue servido «todo en bandeja», el mundo y todo lo que contiene existe exclusivamente para su beneficio.

Cuando intentamos entender el mundo espiritual con la visión que hemos formado en el mundo terrenal, acabaremos tan confusos y perplejos como Nicodemo. La mente no puede abarcar las cosas del mundo espiritual, porque pertenecen a otro mundo. Solamente pueden ser comprendidas por la acción del Espíritu, que abre una ventana para ver un mundo que, hasta ahora, nos era oculto. Si Dios no nos concede esta experiencia, podemos analizar y observar hasta el día mismo de la muerte, mas no podremos discernir nada.

En ninguna faceta de la vida espiritual es tan evidente esta diferencia entre lo que es del Espíritu y lo que no lo es, como en el nuevo nacimiento. La operación por la cual una persona depresiva, desanimada y derrotada, hundida en una perspectiva absolutamente egoísta de la vida, se transforma en una persona llena de gozo, esperanza e interés, es enteramente misteriosa. No sabemos en qué parte de la persona se produce el cambio, ni cuán profundas son las intervenciones del Espíritu. Al igual que con el paso del viento, solamente podemos señalar un antes y un después cuyo contraste nos deja maravillados.

Esto no ha detenido en nada nuestros intentos por analizar y explicar minuciosamente el proceso de conversión. De hecho, hemos producido millares de tratados que explican los pasos necesarios para «recibir a Cristo en el corazón». Hemos querido convertir en un método lo que Jesús mismo describió como un misterio, desplazando al Espíritu e insertando al hombre como protagonista principal de este acontecimiento sagrado.

Para pensar:

Siendo ministros en su casa, es bueno que volvamos a recuperar una perspectiva bíblica de la conversión. Su esencia sigue siendo puramente un milagro. Nos invita a invertir más tiempo en clamar al Dios de las señales, los milagros y los prodigios, para que visite a aquellos que aún andan en tinieblas. Nosotros no nos callaremos pero, seguramente, llegará el momento en que lo único que podremos decir es «el viento está soplando».

Una voz profética

Mardoqueo dijo que le respondieran a Ester: «No pienses que escaparás en la casa del rey más que cualquier otro judío. Porque si callas absolutamente en este tiempo, respiro y liberación vendrá de alguna otra parte para los judíos; mas tú y la casa de tu padre pereceréis. ¿Y quién sabe si para esta hora has llegado al reino?». **Ester 4.13-14**

El libro de Ester contiene el asombroso relato de la intervención de un desconocido israelita, Mardoqueo, para salvar al pueblo de Dios de una gran calamidad, semejante a la que ocurrió durante la terrorífica dictadura de Hitler. Por medio de un decreto real, un hombre con poder en el palacio intentaba confiscar todos los bienes y llevar a cabo el exterminio absoluto del pueblo judío. En el texto de hoy encontramos un importante ejemplo de la voz profética que debe existir frente a las injusticias de este presente siglo malo.

Debemos notar que Mardoqueo tenía una profunda convicción de que nadie escaparía de esta persecución, ni siquiera la reina Ester que era la favorita del rey. Entendía que la maldad de esas persecuciones era tal que sus protagonistas no descansarían hasta haber logrado el exterminio completo del pueblo. Por esta razón advirtió a la reina que no había lugar seguro para nadie, ni siquiera para los que moraban dentro del mismo palacio del rey.

En la comprensión que tenía Mardoqueo de la situación notamos un marcado contraste con los intentos que hace la iglesia, en muchos lugares de la tierra, por ganarse un lugar de respeto en la sociedad que garantice su existencia pacífica. En varias naciones de nuestro continente he conocido a personas que creen que hemos sido llamados a procurar de los hombres impíos leyes que nos beneficien como institución. La historia del pueblo de Dios, sin embargo, revela que el compromiso con el Señor conlleva una persecución por parte del mundo.

Mardoqueo también entendía que la reina Ester tenía una responsabilidad profética frente a la injusticia que se estaba perpetrando, el llamado a levantar la voz para denunciar lo que ofende las leyes justas y buenas de Dios. En muchas ocasiones la iglesia ha tenido un rol pasivo frente a aquello que es injusto, preocupada más bien en asegurar que la maldad no afecte su propio funcionamiento. No obstante, nuestra misión es llamar al hombre al arrepentimiento por medio de un mensaje tan claro como el de Juan el Bautista. Mardoqueo creía que el lugar que ocupaba la reina le había sido dado para cumplir esta función.

Por último, Mardoqueo poseía la fuerte convicción de que si Ester no ocupaba su lugar Dios levantaría otras voces, pues el Señor no se mantendría callado frente a la maldad. De hecho, la historia del pueblo de Dios nos provee abundantes ejemplos de esto. Cuando los que tenían que hablar no hablaron, el Señor levantó a otros que avergonzaron a los que permanecieron en silencio.

Para pensar:

Debe animar nuestro corazón saber que el Señor tiene un fuerte compromiso de revelarnos sus deseos y sentimientos. ¡Ciertamente él no callará, aunque tenga que usar piedras para decir lo que tiene que decir!

Conocer su voluntad

Al pasar, vio a Leví hijo de Alfeo sentado al banco de los tributos públicos, y le dijo: «Sígueme». Y levantándose, lo siguió. **Marcos 2.14**

Existe entre nosotros un afán por conocer la voluntad de Dios porque deseamos agradarle en todo. En ocasiones, frente a decisiones de magnitud, mi vida entera se ha detenido mientras intento discernir los deseos del Señor para ese momento particular. Confieso, también, haber leído una diversidad de libros y artículos que ofrecen consejo acerca de cómo discernir la voluntad de Dios. En los últimos años, no obstante, una nueva perspectiva sobre el tema se ha ido formando en mi mente y mi espíritu.

Cuando leo las Escrituras no veo muchas situaciones donde las personas involucradas se afanaban por conocer la voluntad de Dios. Por supuesto que hay una serie de incidentes, especialmente en la vida de David, donde era necesario tomar una decisión con urgencia. Por ejemplo, cuando él y sus hombres debían saber si era necesario perseguir a quienes habían destruido a Siclag (1 S 30). En esa ocasión David ordenó traer el efod, para que pudieran conocer la voluntad del Altísimo. Estos ejemplos, sin embargo, parecen ser la excepción, no la regla.

El patrón que encontramos en la Palabra es otro. Al igual que en el texto de hoy, descubrimos personajes que estaban ocupados en las actividades de su vida cotidiana. No estaban buscando la voluntad de Dios ni tenían tampoco, por lo que podemos ver, mucho interés en descubrirla. Estaban enteramente dedicados a vivir su vida en el marco que les había tocado. En medio de esta situación de indiferencia, Dios irrumpe en medio de ellos y les trae una revelación que afecta su vida. La lista de personas cuya experiencia aconteció de este modo es larga: Abram, Moisés, Gedeón, David, Zacarías, María, Elizabet, José, Leví, Pedro, Ananías y hasta el apóstol Pablo. En cada uno de estos casos se produjo una irrupción divina que alteró su vida.

Esto me lleva a una segunda observación, y es que la revelación de la voluntad de Dios trajo aparejada, siempre, una interrupción de las actividades que realizaban estos personajes. No fueron iguales después de la visitación divina. No retomaron sus actividades normales. El curso de su vida sufrió una modificación dramática que los llevó por un camino enteramente diferente al que habían escogido. Muchos de ellos no aceptaron ir por este camino sin antes luchar y discutir con Dios. Lo que él les mostraba no cuadraba con los planes que ellos tenían para su propia vida.

Para pensar:

Estas observaciones me permiten esbozar un enunciado, sin el atrevimiento de pretender elaborar una «teología» o una «metodología» sobre el tema. La Biblia no parece presentarnos grandes argumentos acerca de la necesidad de «buscar» la voluntad de Dios. Pareciera, más bien, que nos invita a caminar en la luz que tenemos, para dejar que Dios corrija nuestro andar sobre la marcha. Sospecho, sin embargo, que en muchos casos no conocemos su voluntad porque lo que realmente estamos buscando es que apruebe el camino que ya hemos escogido. Para conocer su voluntad debemos estar dispuestos a que él interrumpa dramáticamente el transcurso de nuestra vida, para imponer sus planes sobre los nuestros.

De crisis en crisis

Dondequiera que vamos, llevamos siempre en el cuerpo la muerte de Jesús, para que también la vida de Jesús se manifieste en nuestros cuerpos, pues nosotros, que vivimos, siempre estamos entregados a muerte por causa de Jesús. **2 Corintios 4.10-11**

Un veterano pastor, con muchos años de trayectoria ministerial, compartió hace poco la siguiente observación: «un líder siempre se encuentra en crisis. Puede que esté saliendo de una, o que esté inmerso en una, o que esté entrando en una, pero siempre está en crisis». Al reflexionar sobre casi veinticinco años de experiencia ministerial me doy cuenta cuán acertada ha sido esta descripción. Durante una gran parte de este tiempo me he encontrado haciéndole frente a las dificultades de la más variada intensidad y naturaleza. Tengo certeza, por el testimonio de muchos colegas, que mi experiencia no es única. La trayectoria de las grandes figuras en la historia del pueblo de Dios añade aún mayor peso a esta observación: un líder siempre se encuentra en crisis.

Se torna esencial, por lo tanto, saber cómo sobrellevar las crisis, si deseamos que las mismas no provoquen la devastación de nuestros recursos espirituales. Un paso importante en este proceso es reconocer que la crisis en la vida del líder es normal. El apóstol Pablo indica, en el texto de hoy, que llevaba en su cuerpo la permanente manifestación de la muerte de Cristo. Sin entrar en los detalles de las particulares experiencias a las que se referiría, sabemos que esto implicaba la constante manifestación de la puja entre la vida y la muerte. De hecho, la crisis no sería crisis si no movilizara, dentro de nosotros, actitudes y respuestas que deben ser sometidas a la soberanía de Dios. Si bien la crisis puede tener sus orígenes en un evento externo a nosotros, su manifestación más intensa siempre es en los ámbitos del hombre interior. La experiencia de Jesús en Getsemaní nos provee el ejemplo más claro de esto.

Las crisis, no obstante, con frecuencia nos golpean con una fuerza inusitada porque no podemos reconciliar su manifestación con los propósitos de Dios para nuestra vida. «¿Cómo puede ser que nos esté pasando esto?» exclamamos, como si fuera, precisamente, algo anormal. Esta falta de aceptación produce más dolor que la prueba misma.

Por otro lado, nos será de mucha ayuda tener siempre presente la segunda parte de la declaración de Pablo: nuestra experiencia de muerte permite la expresión de la vida de Cristo en nosotros. De modo que podemos ver a la crisis como el medio más apropiado para que la plenitud del poder de Dios se manifieste en nuestra vida. Si reconocemos que, en nuestro estado natural «no hay quien busque a Dios» (Ro 3.11), podremos ver que el medio más eficaz que tiene a su disposición para producir en nosotros una dependencia santa es, precisamente, la crisis. En tiempos de crisis, un líder tiene dos caminos a recorrer: se desanima y desiste de su cometido o se presenta delante del trono de gracia para que el Señor le otorgue la ayuda que precisa. No cabe duda que las crisis son desagradables, mas pueden ser de un inestimable valor en la vida de un líder.

Para pensar:

«Amados, no os sorprendáis del fuego de la prueba que os ha sobrevenido, como si alguna cosa extraña os aconteciera» (1 P 4.12).

La vida en blanco y negro

Y le enviaron sus discípulos junto con los herodianos, diciendo: «Maestro, sabemos que eres amante de la verdad y que enseñas con verdad el camino de Dios, y no te cuidas de nadie, porque no miras la apariencia de los hombres. Dinos, pues, qué te parece: ¿Está permitido dar tributo a César, o no?». **Mateo 22.16-17**

Cristo adivinó inmediatamente la intención del corazón de estas personas. En su respuesta vemos que no le impresionaron ni por un instante las palabras lisonjeras con las que formularon su pregunta. «Conociendo la malicia de ellos, les dijo: "¿Por qué me tentáis, hipócritas?"» (Mt 22.18).

Más allá de las consideraciones de esta situación particular, nos será de mucho beneficio reflexionar sobre la convicción que llevó a los herodianos a formular su pregunta de esta manera. Sus mismas palabras delatan una perspectiva sumamente simplista de la vida: creían que todo problema solo tenía dos posibles respuestas. Este asunto que presentaban a Jesús no admitía complejidades, ni medias tintas.

La postura de los herodianos es muy similar a la de la gran mayoría de las personas. En parte, esta perspectiva obedece a nuestro deseo de reducir la complejidad del mundo a parámetros más fáciles de manejar. No cabe duda, sin embargo, que parte de esta perspectiva tiene sus orígenes en una actitud de soberbia que nos lleva a creer que el mundo, y todo lo que en él habita puede ser fácilmente comprendido por seres tan pequeños como nosotros.

Como pastores podemos fácilmente ceder frente a la tentación de movernos en esta perspectiva. «Todos los problemas del ser humano tienen un solo origen». «Con estos tres programas vamos a lograr el crecimiento de la iglesia». «Para un discípulo la cuestión es muy sencilla: o está comprometido o no está comprometido». Estas posturas nos llevan siempre por el camino de la condenación y la dureza. No tenemos tiempo para la gente que no tiene la misma «claridad» que nosotros. Nos impacientan aquellos que dudan, titubean o caen en el camino. Nuestro ministerio termina siendo áspero y pesado.

Cuando nos detenemos por un instante, sin embargo, nos damos cuenta de lo absurdo de nuestras afirmaciones. Nuestra propia vida no es sencilla. Somos una mezcla de aciertos y desaciertos, santidad y pecado, verdad y mentira. Las personas que pretendemos pastorear son tan complejas como nosotros. En ocasiones sentimos que están en perfecta armonía con el Espíritu. En otras, ¡crecen a pesar de nuestros esfuerzos! ¿Y quién de nosotros puede confiadamente realizar afirmaciones acerca de Dios y la manera en que obra? Gran parte del tiempo debemos abrazarnos a la afirmación de Jesús de que la obra del Espíritu es como el viento. No tenemos idea de dónde viene, ni hacia dónde se dirige; solamente nos es concedido ser testigos de sus efectos.

Para pensar:

Todo esto deja en relieve, una vez más, el más precioso legado que nos trae el evangelio: la gracia de Dios. La gracia sostiene, consuela y orienta a aquellos que se sienten abrumados por el misterio de la vida. Es una experiencia infinitamente más gratificante que la que ofrecen nuestras prolijas teorías acerca de la vida y lo que nos rodea. La gracia nos invita al descanso, porque hay uno que todo lo entiende. Nos basta con saberlo.

Reunidos en su nombre

Otra vez os digo que si dos de vosotros se ponen de acuerdo en la tierra acerca de cualquier cosa que pidan, les será hecho por mi Padre que está en los cielos, porque donde están dos o tres congregados en mi nombre, allí estoy yo en medio de ellos. **Mateo 18.19-20**

Debo confesar que, francamente, este versículo me incomoda. Contiene declaraciones que no cuadran con mi interpretación del evangelio, ni tampoco con lo que he visto dentro de la iglesia.

Para empezar, comparte esta increíble afirmación: «si dos de vosotros se ponen de acuerdo en la tierra acerca de cualquier cosa que pidan, les será hecho por mi Padre». ¿Acaso Cristo se refería a que el Padre actuaría conforme a lo que nosotros acordamos en la tierra? ¡Esto mismo parecen decir las palabras del texto! Pero, ¿cómo puede ser esto? ¿De veras que el Padre está dispuesto a hacer lo que le pidamos?

Nuestra reacción inicial es la de calificar, explicar o darle vuelta al sentido de las palabras. Nuestros argumentos, no obstante, no harán que desaparezcan ni que las mismas dejen de incomodarnos. Este «poder» de lograr que el cielo se alinee con nuestras peticiones nos ha sido concedido.

Entre nosotros la manifestación de esta verdad, sin embargo, es rara. ¿Por qué? Porque depende de que dos o tres se pongan de acuerdo. ¡Es tan sencilla la declaración y tan difícil su realización! Nuestro incansable compromiso con nosotros mismos presenta un notable escollo en el camino a recorrer. Queremos ser los dueños de una idea, los que la engendran y controlan, los protagonistas en todo. Estas mismas actitudes son las que impiden que podamos ponernos de acuerdo, pues esto solamente es posible cuando lo nuestro muera.

Y ¿qué podemos decir de la segunda parte del versículo? ¿En cuántos lugares he oído la consabida proclama que Cristo está presente, porque hay dos o tres reunidos? ¿Será tan sencilla la cosa? ¿Dos o tres cristianos nos presentamos físicamente en el mismo lugar y el Señor, automáticamente, se hace presente? ¿Qué pasa cuando estos dos o tres no se hablan más que los domingos? ¿Cómo puede estar presente Cristo entre dos o tres cuyo único acuerdo es el de orar juntos, como si esto garantizara la unidad de espíritu?

La condición para la manifestación de Cristo en nuestro medio no es que seamos dos o tres, ni tampoco que estemos reunidos en un mismo lugar. Es, más bien, que todo esto sea en su nombre. Es decir, los tres presentes reconocemos que es necesaria una sumisión conjunta a su persona. Nuestra reunión, no obstante, no es la suma de mi sumisión, más la sumisión de mis hermanos. Como comunidad, nos rendimos a sus pies e, inevitablemente, ¡nos rendimos a los pies los unos de los otros! Solamente cuando estemos dispuestos a darle la misma honra a los que están con nosotros será posible que Cristo acompañe.

Para pensar:

¡Qué interesante la realidad señalada por Cristo! «Allí estoy yo en medio de ellos». No está identificado con ningún individuo, ni otorga preferencia a uno por encima del otro. Está en medio de ellos. Es el Dios de una comunidad de fe, igualmente accesible a todos, igualmente deseoso de bendecir a cada uno.

¡Solo para osados!

Entonces le respondió Pedro, y dijo: «Señor, si eres tú, manda que yo vaya a ti sobre las aguas». Y él dijo: «Ven». Y descendiendo Pedro de la barca, andaba sobre las aguas para ir a Jesús. **Mateo 14.28-29**

He escuchado decenas de enseñanzas sobre este pasaje y yo mismo lo he usado en más de una predicación. En la mayoría de estas exposiciones he visto una tendencia que es demasiado común entre nosotros: enfocarnos en el error cometido. En este caso, usamos la aventura de Pedro para ilustrar lo importante que es mantener los ojos sobre Cristo para no naufragar en nuestros emprendimientos. No debemos mirar las olas, como él lo hizo. No deja de ser verdad lo que afirmamos, pero en el camino hemos perdido la oportunidad de apreciar la dimensión completa de la experiencia del discípulo.

La enseñanza de un amigo, que fue excelente maestro de la Palabra, me llevó a contemplar este pasaje desde otra perspectiva. En primer lugar, debemos notar que Pedro nos provee de un muy buen ejemplo acerca de cómo debemos encarar un proyecto. Cuando nos desborda el entusiasmo, tendemos a lanzarnos a un proyecto sin previa meditación. En el camino elevamos una oración a Dios pidiendo que nos bendiga en nuestro emprendimiento, aunque ya hemos tomado la decisión de realizarlo pase lo que pase. Pedro mismo, cuando negó a Cristo, pagó el precio de actuar de esta forma.

En este incidente, no obstante, Pedro sintió en su corazón el deseo de experimentar lo mismo que estaba haciendo su amigo Jesús. Tome nota que, a pesar de esto, no se lanzó al agua. «Señor, si eres tú, manda que yo vaya a ti sobre las aguas». Este es el proceder correcto en cualquier emprendimiento que queramos realizar. Debemos detenernos para preguntarle al Señor si él nos da la autorización para movernos, aun cuando todas las circunstancias parezcan indicar que estamos frente a una oportunidad sin igual.

Esta lección es especialmente importante para los que estamos al frente de diversos ministerios. Es sumamente fácil caer en la tentación de elaborar proyectos para Dios, creyendo que todo lo que hacemos en su nombre automáticamente goza de su bendición. Nuestros caminos no son sus caminos. La disciplina de detenerse y buscar autorización de lo alto es una de las más cruciales para un ministerio eficaz.

En segundo lugar, quisiera hacerle notar la osadía del pedido de Pedro. Él no quería perderse esta oportunidad. Cuando escuchó la invitación se largó a caminar sobre las olas. ¡Qué experiencia tan extraordinaria!

Es verdad que terminó hundiéndose, pero se dio el gusto de experimentar algo fuera de serie. Los otros once discípulos permanecieron en la seguridad del bote. De alguna manera esta escena capta lo que es la iglesia. La mayoría de nosotros preferimos la seguridad del bote, mientras criticamos a los que intentan algo nuevo. Algunos pocos, atrevidos en la fe, prefieren la aventura de andar en las alocadas propuestas de Cristo.

Imagine a los discípulos, ya viejos. Los once, quizás, podrían contarle a otros: «conocimos a un hombre que caminó sobre las aguas». Solamente Pedro, sin embargo, podría decir: «una vez, de joven, ¡anduve sobre las aguas!».

Para pensar:

«Un hombre con coraje es mayoría». Andrés Jackson.

Un corazón dividido

Acab convocó a todos los hijos de Israel, y reunió a los profetas en el monte Carmelo. Entonces Elías, acercándose a todo el pueblo, dijo: «¿Hasta cuándo vacilaréis vosotros entre dos pensamientos? Si Jehová es Dios, seguidle; si Baal, id en pos de él». Y el pueblo no respondió palabra.

1 Reyes 18.20-21

Cuando Elías confrontó al pueblo en el Monte Carmelo, los israelitas ya tenían una larga historia de prostitución con los dioses de la tierra. Antes de desafiar a los profetas de Baal, sin embargo, el profeta enfrentó al pueblo con las palabras que hoy forman parte de nuestro devocional. Aunque los líderes habían conducido al pueblo de Dios por un camino que no les convenía, ninguna persona podía escudarse detrás de este hecho. La pregunta que lanzó Elías hacia el pueblo muestra que creía firmemente que cada persona presente era, en última instancia, responsable de su propio pecado.

La clave de la situación que estaba viviendo el pueblo se encuentra en la palabra «vacilar». El diccionario de sinónimos nos presenta esta lista de términos similares: titubear, oscilar, balancear, fluctuar. Todas estas palabras dan una clara idea del estado en el que se encontraba el pueblo. No tenían un rumbo definido. No estaban comprometidos con una sola cosa. No poseían la seguridad, inamovible, de aquellos que saben dónde están plantados en la vida.

Debemos notar que esta situación afecta particularmente al pueblo de Dios. Los que no son parte de su casa están enteramente entregados al camino de las tinieblas. No experimentan más que un titubeo ocasional por el testimonio de su propia conciencia. La mayoría del tiempo, sin embargo, avanzan seguros por el camino que recorren todos los que están a su alrededor. Es el camino de la mayoría y no tienen por qué cuestionar si es el más apropiado para su vida.

La situación del hijo de Dios indeciso, en cambio, es la más desdichada de las condiciones. No es ni una cosa ni la otra. Habiendo probado lo que es la vida de la mano de Dios, ha optado por volver a recorrer el camino que había descartado. No logra, sin embargo, olvidarse de lo que ha experimentado cerca de Jehová, de modo que este camino ya no le produce la satisfacción que le dio en otro tiempo. Tampoco disfruta de la comunión plena con el Padre, porque su corazón está contaminado con las preocupaciones que son propias de los que andan en tinieblas.

La descripción más exacta de este desdichado estado la dejó el rey cuyo corazón nunca estuvo enteramente entregado a Dios: Salomón. Intentó caminar por los dos caminos a la vez. Sus conclusiones están relatadas en el libro de Eclesiastés, donde declara una y otra vez que todo es: «vanidad de vanidades».

Elías invita al pueblo a una postura de entrega absoluta, ya sea para un lado o para el otro. La vacilación nos paraliza y nos llena de dudas y temores. Cuando nos decidimos por un camino, es bueno que no cuestionemos más la decisión, sino que avancemos con paso firme y confiado, por el rumbo que creemos adecuado.

Para pensar:

«No piense, pues, quien tal haga, que recibirá cosa alguna del Señor, ya que es persona de doble ánimo e inconstante en todos sus caminos» (Stg 1.7-8).

Un compromiso a prueba de fuego

Sadrac, Mesac y Abed-nego respondieron al rey Nabucodonosor, diciendo: «No es necesario que te respondamos sobre este asunto. Nuestro Dios, a quien servimos, puede librarnos del horno de fuego ardiente; y de tus manos, rey, nos librará. Y si no, has de saber, oh rey, que no serviremos a tus dioses ni tampoco adoraremos la estatua que has levantado». **Daniel 3.16-18**

¡Qué fácil nos resulta leer esta historia, sentados en la comodidad de nuestra casa y conociendo de antemano cómo fue el desenlace! Nuestra tendencia triunfalista nos lleva a creer que todas las historias terminan de manera espectacular cuando afirmamos nuestra fidelidad a Dios. Mas luego recordamos a Esteban, a Hus, a Bonhoeffer, o a Nee, para mencionar solamente a algunos de los muchos que pagaron con la vida su postura de fe.

No obstante, los tres audaces protagonistas del texto sobre el cual hoy reflexionamos nos dejan una importante lección acerca de nuestra postura en tiempos de persecución. Cabe aclarar que esta persecución no necesita ser tan dramática como la de Sadrac, Mesac y Abed-nego. De muchas maneras diferentes nos enfrentamos, día a día, a las mismas presiones que estos varones. No debemos dudar ni por un instante que las mismas fuerzas malignas buscan moldearnos a la imagen de lo que es aceptado por este mundo. Puede ser la presión de no pagar impuestos, de hacer trampa en un examen, de colaborar en algún proyecto deshonesto en el trabajo, o de ceder frente a las filosofías predominantes de estos tiempos.

Los tres israelitas se valieron de dos argumentos para responderle a Nabucodonosor. El primero, descansaba sobre una convicción profunda y radical de que Dios era el que iba a determinar su futuro, no el rey de Babilonia. Esta es la misma postura que adoptó Cristo frente a Pilato, quien pretendía convencerlo de que tenía autoridad para hacer con él como quisiera. Mas Jesús le respondió: «Ninguna autoridad tendrías contra mí si no te fuera dada de arriba; por tanto, el que a ti me ha entregado, mayor pecado tiene» (Jn 19.11). Es decir, los hijos de Dios, en la hora de la prueba, no ceden frente a la tentación de creer que la situación en la que se encuentran está más allá del control del Altísimo. Saben que, aun en situaciones de las más atroces manifestaciones de maldad, existe un Dios soberano sin cuya autoridad no puede moverse nadie, ni siquiera el más malvado.

Los tres valientes de nuestra historia también se aferraban a una segunda convicción, y es que los hijos de Dios han sido llamados a una vida de obediencia incondicional. Frente a situaciones donde peligra aquello que garantiza su bienestar personal no dudan de escoger el camino de la lealtad hacia lo que es justo y bueno delante del Santo. En esto no permiten que su obediencia sea condicionada por ninguna circunstancia ni tampoco por ningún hombre. Ante tal postura se abren a la posibilidad de ver las más increíbles manifestaciones de gracia. En este caso, salieron ilesos del fuego. En el caso de Esteban, mientras moría vio el destino final de su fidelidad: los brazos de Aquel a quien no estaba dispuesto a negar.

Para pensar:

La palabra final, en toda historia humana, la tiene Aquel en cuyas manos está escondida la vida misma.

La eficacia del amor

En el amor no hay temor, sino que el perfecto amor echa fuera el temor, porque el temor lleva en sí castigo. De donde el que teme, no ha sido perfeccionado en el amor. **1 Juan 4.18**

Un indicio de la forma incorrecta en que nos fue administrada la disciplina durante nuestra niñez es que hoy, de adultos, vemos toda disciplina con ojos negativos. En demasiadas ocasiones la disciplina que impone un padre sobre su hijo está contaminada con la ira, produciendo un efecto de castigo desmedido, en lugar de corrección y restauración. Como resultado el niño no desobedece, motivado mayormente por miedo. Si bien esta motivación puede ser medianamente eficaz durante la niñez, a medida que una persona va creciendo debería producirse un proceso de maduración en su ser interior que lleve a la obediencia por decisión propia, no impuesta.

El texto de hoy nos da una clara indicación de la razón por la cual este estado es deseable en los hijos de Dios. La obediencia por temor libra a la persona del castigo, pero carece del poder necesario para producir en su vida una transformación profunda.

Es importante que nosotros reconozcamos la clara diferencia que existe entre los dos caminos. En demasiadas congregaciones se intimida a las personas, por medio de una serie de amenazas disfrazadas de espiritualidad, para que obedezcan los deseos de los que están al frente del ministerio. Esto producirá, en un amplio sector de la congregación, suficiente temor como para garantizar actitudes de sumisión al liderazgo. Una minoría que se resiste a ser presionada de esta manera cuestionará las intenciones de los líderes y, con el tiempo, terminará por irse de la congregación. El ambiente de temor en la congregación casi siempre llevará a que se tilde a este último grupo de «rebeldes».

Nuestro llamado principal no es asegurar la lealtad de la congregación a nuestra persona o a la institución a la cual pertenecemos. Hemos sido llamados a participar del ministerio de la transformación, que es la prioridad del Espíritu de Dios. Trabajamos y nos esforzamos para presentar a todo hombre «perfecto en Cristo Jesús» (Col 1.28). Es imposible llevar a cabo este cometido si los únicos instrumentos que utilizamos son la intimidación y el castigo. Esta era la herramienta preferida de los fariseos y toda una sociedad daba testimonio de la poca eficacia que tenía a la hora de producir cambios en la vida de las personas. Solamente un puñado de fanáticos podían realmente cumplir con la interminable lista de requisitos para ser «aceptables» delante de Dios.

Note, en el ministerio de Cristo, cuán eficaz era el amor. Logró la dramática transformación de un endurecido materialista como Zaqueo. Produjo el quebranto de una prostituta, despreciada y condenada, que se echó a besar sus pies en una cena pública. Trajo vida nueva a un puñado de guerrilleros cuyo idioma era el odio y la venganza. Ablandó el corazón de una mujer que había caído en adulterio. El amor es el instrumento más poderoso sobre la faz de la tierra y debe, por esta razón, ser el medio predilecto de todos aquellos que están sirviendo en el ministerio.

Para pensar:

La madre de un amigo solía decir: «es más fácil cazar moscas con miel, que con vinagre». ¡Qué gran verdad!

La otra mitad del evangelio

Si confiesas con tu boca que Jesús es el Señor y crees en tu corazón que Dios lo levantó de entre los muertos, serás salvo, porque con el corazón se cree para justicia, pero con la boca se confiesa para salvación. **Romanos 10.9-10**

Es muy interesante meditar en las condiciones que Pablo establece para la salvación. Es marcada la diferencia con la «fórmula» que solemos usar para invitar a las personas a «recibir a Jesús en el corazón». En la mayoría de las presentaciones que hacemos del evangelio ponemos el acento en el hecho de que Cristo murió por nuestros pecados, pagando en la cruz el precio necesario para nuestra redención. La evidencia bíblica a favor de esta afirmación es abundante y contundente; no necesitamos presentar citas para justificar esta verdad. Lo que deseo notar, no obstante, es que la obra en la cruz es solamente una mitad del evangelio. La otra mitad del evangelio se centra en el evento más dramático de la historia: que Cristo fue levantado de entre los muertos y sentado a la diestra del Padre, desde donde reina hoy.

Cuando nuestro concepto del evangelio se centra exclusivamente en la cruz, terminamos relacionados con un Jesús histórico. El evento que nos libró del pecado ocurrió hace dos mil años, pero nos separa tanta distancia de aquella figura que caminó por los tierras de Palestina, que fácilmente se convierte en un sabio maestro que ilumina, desde la historia, nuestros pasos hoy. No podremos escapar, sin embargo, de la sensación de que estamos solos en la vida, cada uno tratando de lograr una victoria espiritual por su cuenta.

Note el marcado contraste que presenta el versículo de hoy. Pablo afirma que para ser salvos son necesarias dos cosas: en primer lugar, confesar con la boca que Jesús es el Señor. Es interesante que esta afirmación deba ser verbal y audible. Para la gente que vivía en el mundo del apóstol, declarar el señorío de alguien implicaba el reconocimiento de un amo sobre su vida. No era simplemente un gerente, un director o un guía. Era la persona que tenía derechos absolutos sobre la vida de la persona, para disponer de su tiempo y sus bienes como mejor le parecía. De más está decir que un muerto no puede enseñorearse de nadie. Por esta razón la confesión se centraba en el Cristo vivo.

La segunda condición para ser salvo se refería a creer, con el corazón, «que Dios lo levantó de entre los muertos». Note, una vez más, el énfasis en los eventos que ocurrieron después de la muerte de Cristo. Creer que fue levantado de la muerte conduce, automáticamente, a la conclusión de que ¡él vive hoy! Y esta es, en realidad, la verdadera esperanza de los que están en Cristo. «Ya no vivo yo, mas vive Cristo en mí» (Gl 2.20), declaraba el apóstol en Gálatas. La vida cristiana consiste en descubrir las maneras en que el Cristo resucitado obra y se relaciona conmigo en el mundo en el que me encuentro, a inicios del siglo XXI.

Para pensar:

«La resurrección es a nuestra fe lo que el agua es al océano, la piedra a la montaña o la sangre al cuerpo». R. Linquist.

Ocupados en nuestra salvación

Por tanto, amados míos, como siempre habéis obedecido, no solamente cuando estoy presente, sino mucho más ahora que estoy ausente, ocupaos en vuestra salvación con temor y temblor, porque Dios es el que en vosotros produce así el querer como el hacer, por su buena voluntad. **Filipenses 2.12-13**

La frase que utiliza el apóstol Pablo en este texto: «ocupaos en vuestra salvación», nos descoloca un poco. En la iglesia contemporánea estamos muy acostumbrados a pensar en la salvación como un evento puntual de un solo momento en nuestro peregrinaje terrenal.

La verdad es que este no es el único texto en el Nuevo Testamento que presenta la salvación como un proceso. El apóstol Pedro declara: «desead, como niños recién nacidos, la leche espiritual no adulterada, para que por ella crezcáis para salvación» (1 P 2.2). El mismo Pablo, en Romanos, explica que, «si siendo enemigos, fuimos reconciliados con Dios por la muerte de su Hijo, mucho más, estando reconciliados, seremos salvos por su vida» (Ro 5.10). En 1 Co 15.2 afirma que la salvación solamente será posible si «retenéis la palabra que os he predicado».

La noción de un solo acto que define para siempre nuestra situación espiritual apela a nuestra mentalidad moderna. Es producto de lo que A. W. Tozer llama «cristianismo instantáneo». Para los que creen de esta manera, la salvación es similar a cualquier otro trámite que realizamos. Frente a la compra de una casa, la tramitación de una línea telefónica o la inscripción de un hijo en el registro gubernamental correspondiente, no tenemos más que presentarnos y llevar a cabo la gestión. Una vez que la hemos realizado no será necesario volver una y otra vez sobre esto, pues el trámite ha concluido.

El tema es que aquí no nos estamos refiriendo a una diligencia más en la vida. Cuando hablamos de la salvación estamos haciendo referencia a una realidad que pertenece a otro reino, que posee dimensiones esencialmente distintas a las de este mundo. Creer que una persona puede ser salva simplemente porque «aceptó» a Cristo en un determinando momento de su vida, aunque ha vivido siempre como quiso, solamente revela la profundidad de nuestra «inocencia espiritual» como seres humanos.

Pablo exhorta a que nos ocupemos de nuestra salvación con temor y temblor. La razón que da es que Dios produce en nosotros tanto el querer como el hacer. Es decir, el apóstol intenta señalar que la transformación de nuestro ser no es por obra nuestra, sino el producto de una intervención divina en nuestra vida. Como tal, puede asemejarse a la recepción de un regalo. El que nos ha entregado el regalo pretende de nosotros que lo utilicemos, que hagamos algo con aquello que nos ha sido entregado. La salvación no es un evento sino, más bien, el llamado a un estilo de vida. Se espera de nosotros que nos alineemos con ese cambio de estilo y vivamos conforme a los principios de Dios.

Para pensar:

«¿Cómo escaparemos nosotros, si descuidamos una salvación tan grande? La cual, habiendo sido anunciada primeramente por el Señor, nos fue confirmada por los que oyeron» (Heb 2.3).

Una mala elección

Pero el rey respondió al pueblo duramente, desechando el consejo que los ancianos le habían dado, y hablándoles conforme al consejo de los jóvenes, les dijo: «Mi padre agravó vuestro yugo, pero yo lo haré más pesado aún; mi padre os castigó con azotes, pero yo os castigaré con escorpiones».

1 Reyes 12.13-14

Una persona que asume responsabilidad en un puesto que nunca antes ha ocupado hace bien en buscar quien lo oriente. Este es prácticamente el único paso acertado que tomó Roboam cuando falleció su padre, Salomón. Antes de tomar la decisión sobre qué camino recorrer buscó el consejo de los que estaban cerca. Los ancianos, que conocían los excesos de Salomón, recomendaban un camino de mayor compasión y bondad. Los jóvenes, quizás inflados por el mero hecho de haber sido consultados, recomendaron «mano dura».

Estas dos posturas ilustran bien la diferencia que distancia a una generación de otra. Los jóvenes, que están en la etapa de los sueños y el idealismo propio de los inocentes, frecuentemente creen poder descubrir un camino que nadie ha recorrido. Desprecian la experiencia de otros porque creen que su propuesta, tal como ellos la presentan, nunca ha sido intentada. Creen en los imposibles: un mundo de paz, una tierra sin contaminación y una sociedad gobernada por el amor. Todas las propuestas padecen del mismo mal: no han sido probadas en el crisol de la vida y por lo tanto no pasan de ser simples sueños.

Por otro lado están los ancianos, los que han transitado una buena porción del camino que le toca recorrer a cada ser humano. La vida los ha golpeado. Han sufrido una interminable sucesión de contratiempos, obstáculos, infortunios e injusticias. Se han visto obligados a aceptar que la vida no resultó tan sencilla ni tan maleable como esperaban. Han sido expuestos a suficiente cantidad de situaciones como para opinar con cierto grado de inteligencia, sin ser expertos ni haber estudiado con cuidado las particularidades de cada caso.

En el pasaje de hoy, los ancianos recomendaban un camino que no tenía nada de revolucionario, ni extraordinario. Era el camino de la mansedumbre, la consideración y la sencillez. El camino de los jóvenes parecía mucho más atrevido y garantizaba, a corto plazo, resultados impresionantes. Desafortunadamente, Roboam escogió este segundo camino. El resultado fue que dañó irreparablemente las relaciones con las tribus del norte. El descontento eventualmente produciría una infranqueable división en la nación de Israel.

Vivimos en una época donde la persona de trayectoria es tratada cada día con mayor desprecio. Los mayores y los ancianos son contemplados con lástima, más que con respeto. Su opinión es considerada «pasada de moda». La Palabra, no obstante, nos anima a atesorar el camino recorrido por los mayores, a ofrecerles el respeto que merecen por haber transitado mayor distancia que nosotros en la vida. Esto no quiere decir que estamos obligados a hacer lo que ellos recomiendan. Pero la persona sabia escuchará con cuidado lo que tienen que decir: seguramente su perspectiva enriquecerá la nuestra y, en ocasiones, nos salvará de cometer errores innecesarios.

Para pensar:

¿Qué lugar ocupan los mayores en su congregación? ¿Qué clase de diálogo existe con ellos? ¿De qué manera se les honra?

Cada día te bendeciré

Te exaltaré, mi Dios, mi Rey, y bendeciré tu nombre eternamente y para siempre. Cada día te bendeciré y alabaré tu nombre eternamente y para siempre. **Salmo 145.1-2**

No sabemos en qué momento de su vida David compuso este salmo. Lo que sí podemos afirmar es que el compromiso expresado en los primeros dos versículos resume su actitud a lo largo de toda una vida. La práctica de esta disciplina espiritual es una de las razones por las cuales el pastor de Israel alcanzó tan elevado nivel de intimidad con Dios. Asimismo, no cabe duda de que esta insistente tendencia a proclamar en todo lugar la grandeza de Dios es la que también alimentaba y mantenía viva su devoción al Altísimo.

Hacemos bien en detenernos a meditar lo que expresan estos dos versículos. Contienen un voto, la expresión de un compromiso que guiará el comportamiento del salmista en el futuro. El sentido de este pacto es similar al que intentamos asumir cuando entramos en el vínculo del matrimonio. Prometemos amar a nuestro cónyuge en todo tiempo, pase lo que pase. Quien ha transitado un trecho por la experiencia del matrimonio sabe lo difícil que es cumplir dicho voto. No obstante, la vida espiritual está fundada sobre un pacto. Es lo que la mantiene viva y vibrante a lo largo de la vida. Un pacto es una promesa, a futuro, de permanecer firmes en una postura o una convicción. No contiene cláusulas que condicionan el cumplimiento de la misma. La persona mira al futuro y establece una pauta de comportamiento que va a permanecer constante en todo momento, sean cuales sean los acontecimientos que le toque vivir.

Lo que trae el futuro es algo que ningún ser humano puede conocer. Si miramos la vida, no obstante, podemos predecir con cierto grado de certeza que lo que viene consistirá en una mezcla de cosas buenas y malas, de momentos de alegría y tristeza, de victorias y derrotas, de abundancia y necesidad. Cada ser humano está expuesto a las condiciones fluctuantes que existen como resultado de vivir en un mundo caído.

En el caso de David, su propia vida estuvo repleta de toda clase de dificultades. Se enfrentó a la tenaz persecución de Saúl. Tuvo que hacerle frente a la soledad y el abandono. Convivió con las profundas consecuencias del pecado de adulterio. Bebió de la copa amarga de ser traicionado por su propio hijo. Mas en medio de esta larga cadena de aflicciones siempre se mantuvo firme en su compromiso de alabar y bendecir el nombre de Dios.

¡Cuán marcado es el contraste con nuestra cultura, tan sujeta a los sentimientos! Creemos ciegamente en la importancia de ser «genuinos», lo que significa solamente hacer las cosas cuando «sentimos» el deseo de hacerlas. De esta manera, alabamos y bendecimos solamente cuando nuestros sentimientos nos dan permiso de hacerlo. David nos muestra que es importante sujetar nuestros sentimientos a la voluntad, practicar las disciplinas de la vida espiritual aun cuando todo nuestro ser se rebele contra esto. Es más, la insistente práctica en tiempos de adversidad puede ser la que mayor fruto espiritual deje en nuestra vida.

Para pensar:

¿Cuán importantes son los sentimientos para usted? ¿De qué manera entorpecen su vida espiritual? ¿Qué puede hacer para que sus sentimientos participen más en sus expresiones de devoción hacia Dios?

Nuestra «búsqueda» de Dios

Mi corazón ha dicho de ti: «Buscad mi rostro». Tu rostro buscaré, Jehová. **Salmo 27.8**

En el texto de hoy el salmista comparte un dato importante acerca de la forma que se produce en nosotros la manifestación de la vida espiritual. Una de las secuelas que ha dejado el pecado en nosotros es que nos ha llevado a considerar que somos los protagonistas de todo lo que acontece a nuestro alrededor. Nuestra perspectiva egoísta nos ubica en el centro de la realidad en la cual estamos insertos. Nos cuesta concebir la vida sin nuestra participación en ella, entender que el mundo se mueve en forma absolutamente independiente de nuestra existencia.

Este concepto es el que más entorpece nuestro desarrollo espiritual, pues insistimos en creer que somos nosotros el «motor» que impulsa nuestra devoción. Nuestra perspectiva distorsionada nos ubica en el plano que realmente le corresponde a Dios y por esta razón perdemos mucho tiempo intentando lograr cosas que no son nuestra responsabilidad. Me explico: nuestra perspectiva de la vida espiritual es que nuestro acercamiento a Dios depende de nuestro propio esfuerzo. Al no poseer la disciplina suficiente como para cultivar una relación profunda y prolongada, nos desanimamos. «Yo busco a Dios», nos lamentamos, «pero no consigo entablar una relación significativa con él». Nos condenamos por nuestra falta de devoción y realizamos interminables promesas de comenzar de nuevo. Pero nuestra actividad siempre termina en el mismo lugar: ¡alcanzar al Señor parece cosa tan difícil!

El salmista, que no poseía la comprensión de la obra del Espíritu que tenemos nosotros, da testimonio de que escucha en su corazón un mensaje: «Buscad mi rostro». Esta voz interior no es más que la voz misma de Dios, pues las palabras están expresadas como una invitación divina. Como resultado de haber percibido este convite el salmista responde y pasa a disfrutar del encuentro con la persona de Dios. Note cuán sencillo es el proceso y cuán fácil es «encontrar» al Señor con este procedimiento. La sencillez se debe, precisamente, al hecho de que es Dios mismo el que nos está buscando, ¡mucho antes de que nosotros hayamos elaborado nuestro proyecto para alcanzarlo a él!

¿En qué consiste, entonces, esta relación con el Señor? ¿Cuáles son las dinámicas que gobiernan estos encuentros espirituales? En primer lugar, debemos echar por la borda nuestras propias técnicas y metodologías para entablar una relación con él. No somos nosotros los que impulsamos la relación, sino él. Es necesario que nos relajemos y permitamos que él nos seduzca con sus invitaciones. Para esto debemos aprender a aquietar el bullicio interior que acompaña nuestra existencia cotidiana. El Padre anhela esa relación con nosotros y buscará, de mil maneras diferentes, compartir ese mismo mensaje que impartió al salmista: «buscad mi rostro».

Si lográramos entender que él insiste todo el tiempo en acercarse a nosotros, percibiríamos que todo nuestro esfuerzo es innecesario. No tenemos que salir a buscarlo, porque él ha salido a buscarnos a nosotros. En esa actitud de quietud interior podremos comenzar a escuchar las seductoras invitaciones que nos hace y podremos responder: «tu rostro buscaré, Jehová».

Para pensar:
No hemos sido llamados a encontrar a Dios, sino a dejar que él nos encuentre a nosotros.

Falta de conocimiento

Mi pueblo fue destruido porque le faltó conocimiento. Por cuanto desechaste el conocimiento, yo te echaré del sacerdocio; puesto que olvidaste la ley de tu Dios, también yo me olvidaré de tus hijos. **Oseas 4.6**

Por medio de los profetas el Señor hizo conocer a Israel las razones por las cuales él los desechaba como pueblo y los enviaba al exilio. Una de las explicaciones la encontramos en el texto de hoy que, por cierto, no es el único lugar donde Dios señala el mal que aquejaba al pueblo.

Resulta provechoso reflexionar sobre esto porque vemos hoy, en la iglesia, la misma tendencia preocupante hacia la ausencia de conocimiento sólido y profundo de la Palabra. Ha surgido entre nosotros un estilo de predicación en el que los predicadores se dedican a hablar de sus propios conceptos acerca de la vida espiritual. En ocasiones estos discursos están adornados con algún versículo tomado de la Palabra, pero rara vez sirven para otra cosa que darle un barniz de respetabilidad a la prédica.

El pueblo que carece de conocimiento es un pueblo que se expone a la seducción de cuanta filosofía pueda aparecer en la sociedad. Esta es la condición que Pablo describe en la carta a la iglesia de Éfeso, cuando dice: «Así ya no seremos niños fluctuantes, llevados por doquiera de todo viento de doctrina, por estratagema de hombres que para engañar emplean con astucia las artimañas del error; sino que, siguiendo la verdad en amor, crezcamos en todo en aquel que es la cabeza, esto es, Cristo» (4.14-15). Y es precisamente esta tendencia la que observamos en muchas congregaciones, donde las personas corren tras cualquier moda que se exponga con elocuencia, pues son seducidas por las palabras de hombres y no poseen los elementos necesarios para evaluar la validez de lo que escuchan.

La responsabilidad por esta situación claramente recae sobre aquellos que han sido llamados a la formación de los santos, es decir, los pastores. El profeta Oseas declaraba que los sacerdotes habían «desechado» el conocimiento. En esta actitud vemos el problema de fondo, que es una actitud de desprecio por la Palabra. Este desprecio puede ser porque el mensaje de las Escrituras no resulta suficientemente atractivo en comparación con los mensajes que predominan en este tiempo. Vemos a la Palabra como «anticuada» y «pasada de moda». Buscamos un mensaje más adecuado para el momento que atraviesa la humanidad.

Sospecho, no obstante, que el desprecio se debe principalmente a que un compromiso con la Palabra requiere de nosotros, los pastores, la disposición de estudiar con diligencia el texto para discernir el mensaje que Dios desea compartir con su pueblo. Esto demanda un esfuerzo que puede fácilmente ser evitado si nos dedicamos simplemente a hablar de nuestros temas predilectos.

El pueblo, sin embargo, necesita la Palabra no adulterada de Dios. Solamente la Palabra trae luz a nuestra vida, e ilumina nuestros pasos. Solamente por medio de la Palabra se produce en nosotros esa transformación espiritual que es vital para una vida que agrada al Padre.

Para pensar:

Nuestra función, como pastores, no es entretener al pueblo, sino formarlo a la imagen de Jesucristo. Solo por medio de la Palabra lo podremos lograr.

Esperanza

La esperanza que se demora es tormento del corazón;
árbol de vida es el deseo cumplido. **Proverbios 13.12**

La esperanza es un elemento tan entretejido en nuestra existencia cotidiana que prácticamente no tenemos conciencia de su influencia en nosotros. No obstante, cumple una función fundamental en la vida.

La esperanza se refiere a una situación o realidad futura que promete ser mejor o más placentera que la presente. Como la vida está llena de contratiempos y dificultades, es por medio de la esperanza que superamos el desánimo y la desilusión que resultan de las experiencias negativas por las cuales transitamos. Nuestra esperanza puede estar dirigida hacia elementos tan intrascendentes como el clima, la comida o los programas de televisión. Pero la esperanza también se centra en cuestiones de mucho mayor peso, como el deseo de consolidar nuestra situación laboral, reconciliarnos con algún familiar distanciado o mejorar la calidad de nuestra relación con nuestros seres más queridos. En todo esto, nuestro corazón echa mano de aquellas situaciones futuras que esperamos, algún día, se hagan realidad en nuestra vida.

Es por esta razón que el autor de Proverbios describe como «árbol de vida» al deseo cumplido. Produce en nosotros un bienestar que puede ser comparado al beneficio que un árbol frondoso le trae a una parcela de tierra. No solamente la embellece, sino que da su sombra y su fruto a quien lo posee, convirtiéndose, de esta manera, en verdadera bendición.

Si la esperanza es importante para el ser humano que anda en tinieblas, mucho más lo será para aquellos que han sido alcanzados por la gracia. El Nuevo Testamento la señala como uno de los aspectos fundamentales para la plena experiencia en Cristo. El apóstol Pablo la veía tan importante que pidió, específicamente, por la iglesia de Éfeso: «que él alumbre los ojos de vuestro entendimiento, para que sepáis cuál es la esperanza a que él os ha llamado» (1.18). Creía que sin una verdadera comprensión de la esperanza la iglesia corría peligro de edificar sobre un fundamento efímero y pasajero, más relacionado con las cosas de este mundo que con el reino de Dios. De hecho, al no tener claridad sobre la verdadera naturaleza de nuestra esperanza en Cristo, la iglesia ha cifrado la realización de sus sueños en cosas de tan poco valor como la adquisición de bancas, equipos de sonido y edificios.

Es importante que nosotros, como líderes, tengamos en cuenta la importante función que cumple la esperanza en la vida. Podrá ser uno de los instrumentos por medio de los cuales el Espíritu logra transformar la vida de todos aquellos a quienes hemos sido llamados a ministrar. Del mismo modo, deberemos notar lo pesada que resulta la vida cuando la esperanza se demora indefinidamente. En muchas congregaciones las promesas de los pastores no son más que palabras vacías. En un primer instante, la gente se toma de ellas para soñar sobre el futuro. Con el pasar del tiempo, sin embargo, se apodera de ella la resignación, ese estado de indiferencia tan difícil de revertir. No debemos descuidar tan valioso elemento en nuestro servicio al pueblo de Dios.

Para pensar:

«Bendito el Dios y Padre de nuestro Señor Jesucristo, que según su gran misericordia nos hizo renacer para una esperanza viva, por la resurrección de Jesucristo de los muertos» (1 P 1.3).

Demasiado cómodo

Yendo por el camino, uno le dijo: «Señor, te seguiré adondequiera que vayas». Jesús le dijo: «Las zorras tienen guaridas y las aves de los cielos nidos, pero el Hijo del hombre no tiene donde recostar la cabeza». **Lucas 9.57-58**

Este encuentro de Jesús con un aspirante a discípulo tiene varios aspectos muy interesantes.

Debemos notar, en la primera impresión, que esta persona se acercó a Jesús con una propuesta que parecía más que generosa: «te seguiré adondequiera que vayas» El hombre está hablando de una entrega incondicional, la disposición de echar suerte con la persona de Cristo, pase lo que pase. Se asemeja a los votos de entrega que pronunciamos, muchas veces, en nuestros encuentros como iglesia de Cristo. Le ofrecemos nuestra lealtad y compromiso sin condiciones al Señor.

La respuesta de Jesús nos sorprende porque no parece tener mucha relación con lo que ha dicho esta persona. Podemos entender el sentido de su comentario, no obstante, cuando recordamos que el Señor, a diferencia de nosotros, no se impresiona con las palabras de nuestra boca. Sabe que nuestros labios frecuentemente hacen declaraciones que tienen poca relación con el contenido de nuestro corazón. La vida espiritual no se define con palabras, sino con obediencia.

Este varón, que parece tan comprometido, en realidad tiene un serio problema y Cristo lo ha percibido. Aspira a una vida espiritual pero no desea experimentar ninguna incomodidad, ni pasar por ningún tipo de situación que le proporcione molestias personales. Es por esta razón que el Señor declara que cualquier persona que desee ser parte de su grupo debe estar dispuesta a transitar por el mismo camino que él recorre. Esto puede incluir situaciones tan elementales como las de no tener casa a la cual retornar, ni cama para recostar la cabeza.

El movimiento monástico de la época medieval entendió que esto significaba un llamado a la negación de toda comodidad; por ende, sujetaban el cuerpo a todo tipo de aflicción. Bernard de Clairveaux, fundador de una comprometida orden monástica, casi perdió la vida por el exceso de celo en una vida de rigurosa privación personal. Estas prácticas no logran más que subrayar la ineficacia de nuestros caminos a la hora de seguir a Cristo. El Señor no estaba llamando a esta persona a castigar su cuerpo con severa disciplina, sino a entender que debía estar dispuesto a sacrificar su comodidad personal por seguirlo a él.

De todas maneras, el llamado de atención de Cristo nos viene bien. La comodidad personal es de suma importancia en la cultura en que vivimos. No tenemos más que intentar un ayuno para darnos cuenta cuán floja es nuestra capacidad de soportar la más leve privación. El Señor nos recuerda que él puede invitarnos a seguirlo mientras se mueve entre personas de mal olor, sin casas ordenaditas ni camas mullidas a nuestra disposición. Si deseamos acompañarlo deberemos estar dispuestos a sacrificar estas comodidades. El afán por asegurar nuestro propio bienestar puede tornarse un verdadero escollo a la hora de caminar con él.

Para pensar:

¿Cómo podemos saber el lugar que ocupa en nuestras vidas la comodidad personal? ¿Qué podemos hacer para vivir en mayor sujeción a Cristo? ¿Cuáles son los elementos de nuestra vida que son superfluos?

Conflictos de calendario

Y dijo a otro: «Sígueme». Él le respondió: «Señor, déjame que primero vaya y entierre a mi padre». Jesús le dijo: «Deja que los muertos entierren a sus muertos; pero tú vete a anunciar el reino de Dios». **Lucas 9.59-60**

En el trío de encuentros que relata el evangelista Lucas nos topamos con este segundo personaje, que bien podría simbolizar un individuo tomado de la calle hoy en día. Este no vino a ofrecerse a Cristo como discípulo, como el anterior, sino que fue llamado. Cabe señalar, de paso, que en el reino no existen voluntarios, sino solamente personas escogidas.

El llamado que Jesús hace a este individuo es similar al llamado que hizo a decenas de personas: «sígueme». En esa simple palabra está encapsulada la esencia de lo que significa ser un discípulo. No es un llamado a unirse a una religión, a asistir a una serie de reuniones o a congeniar con algunos enunciados acerca de la vida espiritual. Es una invitación a ponerse en pie para acompañar a Cristo a los lugares que él elige visitar y a las personas que él escoge tocar. El discípulo no decide el rumbo, ni la forma, ni el itinerario. La única decisión que toma es la de ponerse en pie y comenzar a caminar con el Señor.

El individuo del pasaje de hoy quería seguir al Señor, pero pidió que se le diera un tiempo para atender unos asuntos familiares. Como nota añadida, debemos observar que no estaba pidiendo permiso para ir a enterrar literalmente a su padre; más bien estaba usando una frase común en la época, que indicaba el compromiso de cuidar de los padres hasta que estos fallecieran. Una vez que los padres ya no estuvieran presentes esta persona quedaría enteramente libre para seguir a Cristo.

Si tuviéramos que traducir a nuestro idioma la petición de este varón, diríamos que contestó: «Señor, te seguiré con mucho gusto, pero primero tengo algunos asuntos que atender». En cuántas ocasiones, compartiendo el evangelio con otros, he escuchado a personas decir: «Me parece muy bueno, pero primero déjame que disfrute un poco de la vida».

En la respuesta encontramos uno de los mayores impedimentos para seguir a Cristo y es el deseo de decidir nosotros el «cuándo». No es que exista en nosotros un espíritu de desobediencia; todo lo contrario, tenemos la intención de hacer lo que se nos ha pedido. La única diferencia es que pretendemos hacerlo cuando sea más cómodo para nosotros. Esto es lo mismo que desobedecer. El ejemplo más claro de este sentir es el del pueblo de Israel cuando, alentado por el mal testimonio de diez de los espías, decidió no entrar a la tierra prometida. Cuando Dios anunció el castigo sobre ellos, cambiaron de parecer y decidieron subir. Mas Dios ya no estaba con ellos, porque el tiempo para la obediencia había pasado (Nm 14.40-45).

Es importante señalar que no existía nada de malo en el deseo de esta persona de cuidar a sus padres. Este precisamente es el problema, que los asuntos que nos impiden una entrega absoluta no son malos. Muchos de ellos son más que loables. Sin embargo, todo lo que se interpone entre nosotros y Cristo debe ser desechado.

Para pensar:

«El que ama a padre o madre más que a mí, no es digno de mí» (Mt 10.37).

Relaciones que no convienen

Entonces también dijo otro: «Te seguiré, Señor; pero déjame que me despida primero de los que están en mi casa». Jesús le contestó: «Ninguno que, habiendo puesto su mano en el arado, mira hacia atrás es apto para el reino de Dios». **Lucas 9.61-62**

El texto de hoy nos presenta al tercer individuo que expone Lucas. Como hemos observado anteriormente, el reino no admite voluntarios, aunque muchas veces nuestra actitud hacia la vida cristiana pareciera indicar que nosotros escogimos a Dios. El Nuevo Testamento indica claramente que todos los que caminan con él lo hacen porque han sido alcanzados por su misericordia.

La persona en este pasaje también deseaba incorporarse al grupo de seguidores que acompañaban a Cristo en todo momento. ¿Habría pensado que el Señor se iba a sentir impresionado por su abnegada entrega? No importa cuál fuera su motivación, él tenía una condición para su entrega, un «pero», y sabemos bien que no podemos imponer condiciones a Aquel que va a ocupar el lugar de amo en nuestra vida. El deseo de este varón era primeramente despedirse de los de su casa.

La cortesía de despedirge de sus parientes y amigos antes de embarcarse en esta aventura es muy meritoria. Mas Cristo detectaba en el corazón de él vínculos con su entorno que no eran sanos. Quizás existía la posibilidad de que, volviendo para despedirse, trataran de convencerlo de que desistiera de su cometido. Quizás lo iban a entretener con otras actividades que lo demorarían innecesariamente. El hecho es que estas personas representaban una amenaza para quien requería de un compromiso claro y sin vacilaciones para seguir a Cristo.

Como en tantas otras ocasiones Jesús puso un ejemplo de la vida cotidiana para ayudarlo a entender cuál era el peligro al que se estaba enfrentando. ¿Quién de sus oyentes no había visto a un hombre arando el campo con su yunta de bueyes? El pesado arado requería de toda la fuerza de los animales para remover la tierra, pero también necesitaba de la concentración del labrador para que los surcos salieran derechos y así facilitaran la tarea de sembrado. Ningún campesino podía arar correctamente la tierra si estaba continuamente volteándose para mirar hacia atrás.

El mensaje es claro. Seguir a Cristo requiere de un compromiso que no ceda a las distracciones. Es decir, necesitamos estar absolutamente atentos a la dirección en la cual se está moviendo, a sus palabras, a los aspectos de nuestra vida con los que quiere tratar. Todo esto será difícil si estamos distraídos con otros asuntos ajenos al reino, tan difícil como captar la atención de un niño cuando está enteramente absorto con su juguete favorito. Del mismo modo, en nuestro andar cotidiano, muchas veces nos entretenemos con actividades y pasiones que nos desvían de nuestra devoción a Cristo.

Para pensar:

Para los que estamos al frente de ministerios de formación ¡qué importante es tener un claro objetivo hacia el cual dirigirnos! Existen tantas actividades en la iglesia que son meras distracciones. El obrero eficaz nunca pierde de vista que ha sido llamado a participar en la transformación de vidas. Todo lo que hace debe estar al servicio de este cometido.

Sabiduría de lo alto

¿Quién es sabio y entendido entre vosotros? Muestre por la buena conducta sus obras en sabia mansedumbre. **Santiago 3.13**

Todos nosotros deberíamos meditar sobre la pregunta del apóstol Santiago, especialmente los que tenemos responsabilidades de liderazgo en medio del pueblo de Dios. El apóstol no plantea la pregunta en el vacío. A lo largo de todo el capítulo describe los estragos que causa el mal uso de la lengua. Utilizando un tono directo y claro declara: «la lengua es un fuego, un mundo de maldad. La lengua está puesta entre nuestros miembros, y contamina todo el cuerpo e inflama la rueda de la creación, y ella misma es inflamada por el infierno» (Stg 3.6). No necesitamos grandes ejercicios de exégesis para darnos cuenta de que su pregunta es una continuación del mismo tema.

De hecho, el mundo en el cual vivía Santiago había sido influenciado principalmente por la cultura griega; en esto no se diferencia mucho del nuestro. Esta cultura elevaba el conocimiento intelectual a tal grado que lo consideraba la más preciada de las posesiones humanas. Entre los héroes de la sociedad helénica estaban aquellos grandes oradores que podían, por medio de una elaborada dialéctica, deslumbrar con el manejo de los conceptos más complejos y profundos. La sabiduría, en esa cultura, se demostraba por medio de los iluminados discursos de los grandes pensadores.

¿No es así también entre nosotros? Solamente en raras ocasiones se elige a personas de trayectoria comprobada para enseñar en nuestros seminarios e institutos. La regla, casi sin excepción, pareciera ser que se busca a hombres y mujeres que poseen grandes conocimientos intelectuales sobre la materia a enseñar en el curso. Y en la iglesia, frecuentemente hemos sido testigos de las más acaloradas discusiones entre aquellas personas que pretenden definir el rumbo de un programa o la doctrina para una situación. Erradamente pensamos que en la elocuencia de nuestros argumentos está la demostración de la verdadera sabiduría.

Santiago señala para nosotros que esta «mal llamada» sabiduría no es la que vale en el reino de los cielos. En el reino operan principios que están en abierta contradicción con aquellos valores que tanto atesora el hombre. La sabiduría bíblica es aquella que se ve en los hechos, no en las palabras. Esta sabiduría no es la que está adornada con abundancia de argumentos, sino la que se viste de mansedumbre. ¡Hasta podríamos afirmar que se demuestra en la escasez de palabras!

Tal era la sabiduría de Abraham, cuando subía el monte para ofrecer a Isaac en sacrificio. Ante la pregunta del hijo no se lanzó a elocuentes explicaciones. Con sencillez, declaró: «Dios proveerá» (Gn 22.8). Así también la sabiduría de Moisés que, ante la rebelión de los hijos de Coré, se postró en tierra. Existía en estas personas una mansedumbre que demostraba que habían alcanzado los más elevados niveles de conocimiento espiritual, aquel estado en el cual entendemos nuestra verdadera pequeñez. Por esta razón, nuestras palabras deben ser pocas.

Para pensar:

¡Qué importante es ser un líder cuya vida posee estas características! Nuestras obras predican más que mil sermones, y nuestras actitudes señalan a Dios tan claramente como si estuviéramos testificando de él con la boca. Procuremos vestirnos de sabia mansedumbre, que es vestirnos de Cristo.

Un absurdo

¡Ay del que, no siendo más que un tiesto como cualquier tiesto de la tierra, pleitea con su Hacedor! ¿Dirá el barro al que lo modela: «¿Qué haces?», o: «Tu obra, ¿no tiene manos?». ¡Ay del que dice al padre: «¿Por qué engendraste?», y a la mujer: «¿Por qué diste a luz?». **Isaías 45.9-10**

Cuando uno de mis hijos era muy pequeño sugirió que compráramos algo que valía mucho dinero. «Hijo, no tenemos dinero para comprar eso», le expliqué. Mi hijo me miró, sorprendido de que yo no hubiera pensado en cuán fácil era la solución a dicho dilema. «Papi -replicó-, ¡entonces, vamos al banco y pidamos que ellos nos den el dinero que necesitamos!». Su inocente propuesta me causó gracia. Él sabía que el banco tiene dinero, y mucho. Lo que no podía entender son los complejos mecanismos que hacen posible que una persona pueda o no acceder a un crédito. Tampoco tenía edad como para que yo le ofreciera una explicación al respecto.

La anécdota ilustra lo desacertados que pueden ser nuestros comentarios cuando pretendemos hablar de asuntos de los cuales no sabemos nada. Quizás usted se ha cruzado con personas que, sea cual sea el tema de conversación, siempre tienen algo que decir. Estos individuos, lejos de impresionar por lo muy informados que están, son molestos porque resulta evidente que la mayoría del tiempo no tienen idea de lo que están diciendo. No obstante, hacen alarde de su ignorancia a cada instante.

Este es el cuadro absurdo que nos presenta el profeta Isaías. Imagínese cualquiera de estas situaciones: un ladrillo discute con el constructor acerca del lugar que debe ocupar en una vivienda. Un clavo argumenta con el carpintero porque cree que debería ser utilizado en un mueble diferente. La sal tiene un altercado con la cocinera porque opina que a esa comida no le hace falta su servicio. ¡Ridículo!, ¿verdad? Pensar en estos elementos entablando un diálogo con quienes los usan nos parece descabellado. ¿Cómo puede el barro decirle al alfarero cuál es la mejor manera de ser utilizado? ¿Cómo puede un bebé, en el instante mismo de nacer, ponerse a discutir con la madre porque cree que no es el momento indicado para venir al mundo?

Pero a pesar de que reconocemos lo absurdo de estas escenas, ni usted ni yo nos vemos impedidos de creer que podemos cuestionar la forma en que Dios actúa. «¡No entiendo cómo él ha permitido que esto ocurra!» exclamamos, perplejos. «Si Dios me ama -argumentamos-, ¿por qué no interviene?» Aunque no expresemos tales preguntas, seguramente en más de una ocasión hemos creído que podemos explicar confiadamente la manera en que Dios actúa. Como si fuéramos expertos en el asunto, nos explayamos con una ingenuidad que roza lo absurdo. La verdad es que la distancia que nos separa de Dios es la misma que separa al barro del alfarero. ¿Cuánto sabe o entiende el barro de lo que está haciendo el artesano? ¿Cuánto conocimiento tiene el bebé del tiempo y el proceso necesario para un parto? ¡Ninguno! Así también pasa con nosotros. ¡Guardemos silencio delante de nuestro Creador!

Para pensar:

«Algunos, desviándose de esto, se perdieron en vana palabrería. Pretenden ser doctores de la Ley, cuando no entienden ni lo que hablan ni lo que afirman». (1 Ti 1.6-7).

Prudencia desmedida

El que al viento observa, no sembrará,
y el que a las nubes mira, no segará. **Eclesiástes 11.4**

Algunos de nosotros hemos heredado un espíritu de perfeccionismo que con frecuencia nos juega una mala pasada. El perfeccionista no puede aceptar que sus proyectos no estén a la altura de sus expectativas. Cuando las expectativas tienen que ver con agradar a los demás, siempre contienen un grado de exigencia que es prácticamente imposible de alcanzar. Por buscar ese estado, en el cual no se puede mejorar más, la persona pierde valioso tiempo y esfuerzo. Y no solamente esto, sino que a veces acabamos por arruinar el trabajo que estamos realizando, porque nuestras exigencias demoran innecesariamente su ejecución, y cuando terminamos, ¡la necesidad que dio origen al proyecto ha desaparecido!

Posiblemente el autor de Eclesiastés no estaba pensando en el perfeccionista cuando escribió el versículo sobre el cual hoy meditamos. No obstante, su sabiduría tiene un elemento práctico que encaja bien a la hora de emprender un nuevo proyecto. Existe una temporada establecida para echar la semilla en la tierra y todo labrador la conoce bien. No es lo mismo sembrar en primavera que en invierno. Cada cultivo tiene su época de siembra y dentro de este momento establecido existe un limitado tiempo de variación. El labrador puede demorar una semana o dos el trabajo de colocar la semilla en tierra, pero si se demora más de lo debido perderá la oportunidad. Dios ha creado la naturaleza con sus propios ciclos y ella no espera a nadie.

A pesar de esto, algunos campesinos podrían estar buscando el momento «perfecto» para plantar sus semillas. Se dedican con cuidado a observar el viento y medir las nubes, esperando detectar el momento en que caerá la lluvia apropiada para que sus semillas germinen rápidamente. El autor de Eclesiastés le está advirtiendo a quien pasa demasiado tiempo buscando el momento preciso para realizar su tarea, que si se extiende mucho en este proceso perderá la oportunidad de sembrar y, por ende, de cosechar. Para un pueblo que vivía del cultivo de la tierra esto constituía una verdadera catástrofe.

El principio es tan válido para nosotros como lo es para aquellos que trabajan la tierra. Nuestra labor tiene que poseer una medida razonable de prudencia. He sido testigo de muchos proyectos en la iglesia que fueron armados a la «apurada» y que produjeron muy poco fruto por lo improvisado de su estructura. Existe otro mal, sin embargo, que es aún peor que este: el de creer que se tienen que dar todas las condiciones para emprender un nuevo proyecto. En el reino, son pocas las veces en que todo lo necesario está dado para que podamos avanzar en algo nuevo. De hecho, de esto se trata la aventura de andar por fe. Avanzamos en situaciones no perfectas, con la convicción de que hemos recibido órdenes de nuestro Señor para echarnos a andar. Como dicen en mi tierra, ¡no se demore mucho porque se le va a ir el tren!

Para pensar:

«Quizás temas avanzar por miedo a que las cosas salgan mal. En el reino de Dios, se nos concede la victoria en el mismo instante que escogemos dejar de observar la vida, para comenzar a vivirla». E. R. McManus.

Firmeza de propósito

Cuando se cumplió el tiempo en que él había de ser recibido arriba, afirmó su rostro para ir a Jerusalén. **Lucas 9.51**

El versículo del devocional de este día nos da una perspectiva interesante del ministerio de Jesús. El Hijo de Dios reveló, durante su peregrinaje terrenal, que su único interés era cumplir con la tarea que Dios le había puesto por delante. «Mi comida es que haga la voluntad del que me envió y que acabe su obra. He descendido del cielo, no para hacer mi voluntad, sino la voluntad del que me envió» (Jn 4.34; 6.38). En esta declaración vemos que entendía claramente su misión, la cual incluía entregar su vida en la cruz por aquellos que amaba.

El texto de hoy ilustra la manera en que se debe llevar adelante una misión. Este es un tema importante, pues aunque un líder sepa cuál es el proyecto en el que debe involucrarse también puede errar en la implementación del mismo. Tal fue el caso de Moisés que, notablemente, tenía a los cuarenta años el mismo objetivo que Dios le planteó a los ochenta: la liberación del pueblo israelita. Moisés, sin embargo, cometió el grave error de creer que el fin justificaba los medios y, por ende, atrasó cuatro décadas al cumplimiento de este proyecto.

En primer lugar podemos notar, en el actuar de Cristo, que existe un tiempo establecido para la implementación de un plan. Este tiempo lo determina, en su soberanía, el Dios a quien servimos. Nuestra responsabilidad, como líderes, es discernir cuándo es el momento propicio para ponernos en marcha. Cuando el Espíritu disuadió a Pablo de pasar a Asia (Hch 16.9-10) no indicaba, de ninguna manera, falta de interés porque los pueblos de esa región conocieran las buenas nuevas. Más bien era porque había otra región, Macedonia, que se encontraba en el momento ideal para recibir la visita del apóstol, pues el Espíritu la había preparado para recibirlo. De igual manera, Jesús percibió que había llegado el tiempo en que debía encaminarse hacia Jerusalén. Anteriormente había declarado a sus discípulos: «Subid vosotros a la fiesta; yo no subo todavía a esa fiesta, porque mi tiempo aún no se ha cumplido» (Jn 7.8). Podemos ver, entonces, que el tiempo es una cuestión fundamental para la eficacia de un proyecto.

En segundo lugar observamos que «afirmó su rostro» para ir a Jerusalén. La frase indica una decisión más firme que simplemente deambular por el camino hacia la gran ciudad judía. Jesús entendía que entraba en la etapa más difícil de su peregrinaje; en ella se enfrentaría no solamente a una creciente oposición, sino a sus propios temores frente a la cruz. Para avanzar con paso firme hacia la copa que el Padre le tenía reservada, era necesario que dispusiera su espíritu para desatender todo aquello que pudiera distraerlo de su cometido. Aunque no ignoraba las grandes dificultades que tenía por delante, decidió no permitir que las mismas afectaran el cumplimiento de su misión. Esta firmeza de propósito es fundamental para el líder que aspira a ser exitoso en su ministerio, pues de seguro se enfrentará a una multitud de situaciones adversas en el camino.

Para pensar:

«Solamente esfuérzate y sé muy valiente, cuidando de obrar conforme a toda la Ley que mi siervo Moisés te mandó». (Jos 1.7).

Una convicción inamovible

Aunque él me mate, en él esperaré. Ciertamente delante de él defenderé mis caminos, y él mismo será mi salvación, porque el impío no podrá entrar en su presencia. **Job 13.15-16**

Esta declaración de Job revela una de las razones por las cuales el Señor lo describe como un «varón perfecto y recto, temeroso de Dios y apartado del mal» (Job 1.8). En ella podemos encontrar la base de una vida de grandeza para con los asuntos del reino.

Job hace esta confesión luego de un prolongado intercambio entre él y sus tres amigos que habían llegado a consolarlo: Elifaz, el temanita, Bildad, el suhita, y Zofar, el naamatita (Job 2.11). Ellos guardaron silencio por siete días; pero luego se sintieron con autoridad para explicarle a Job la razón de las calamidades que habían sobrevenido a su vida. Con la misma convicción que poseen algunos líderes en nuestros tiempos, estos tres creían que el sufrimiento de Job estaba directamente relacionado con algún pecado oculto en la vida de su amigo. «Los que andan en integridad», afirmaban ellos, «no pasan malos momentos». No hace falta que hagamos referencia a lo errado de esta postura, pues hasta el mismo Hijo de Dios pasó por el fuego refinador del sufrimiento (Heb 5.8).

Algunas traducciones de este versículo cometen una injusticia con Job, pues dan a entender que él estaba diciendo: «Aunque Dios me mate, no voy a cambiar de opinión». Esta postura, no obstante, no refleja el espíritu humilde y temeroso que caracterizaba a este varón de Dios. Más bien delata una actitud de soberbia y obstinación.

La verdad es que Job no entendía cuál era la razón de la desgracia que había venido sobre él y su familia. Creo que nosotros, aun teniendo acceso al increíble intercambio entre Dios y Satanás en el primer capítulo, tampoco entendemos realmente por qué ocurrió lo que ocurrió. Sabemos que Dios quiso demostrar algo, pero si miramos la situación con ojos humanos nos parece cruel la actitud del Altísimo. Esto es precisamente lo que nos diferencia de la persona de Job. Él creía que Dios era justo y bueno, aunque actuaba de manera completamente incomprensible.

De hecho, la lectura del libro revela que Job estaba confundido por lo que había pasado. En medio de esa confusión, sin embargo, existe esta certeza: «Aun si llego a perder mi vida, sé que Dios no obrará injustamente conmigo. Él es bueno y recto y recompensa a todos los que esperan en él». Esta convicción inamovible constituye el fundamento sobre el cual se construye una vida de fe que agrada a nuestro Padre celestial. En esta tierra nos tocará transitar por muchísimas situaciones de sufrimiento y angustia. Mas algo que no debe cambiar nunca en nosotros es la convicción de que nuestro Dios es bueno y justo. Aunque todas las evidencias parezcan señalar algo diferente, sabemos que él jamás perpetrará una injusticia, ni se hallará mal alguno en su persona.

Para pensar:

Cuando esta convicción se convierte en la roca de nuestra fe podemos encarar la vida de otra manera. ¿Pasaremos por sufrimiento? ¡Por supuesto que sí! Pero ya no sufriremos el tormento y la angustia que padecen aquellos que creen que Dios los ha abandonado. Aun en medio de las lágrimas podremos decir: «Yo sé que mi Padre es bueno y que no existe en él injusticia alguna».

Limitaciones

Entonces Eliseo le envió un mensajero a decirle: «Ve y lávate siete veces en el Jordán; tu carne se restaurará y serás limpio». Naamán se fue enojado diciendo: «Yo que pensaba: "De seguro saldrá enseguida, y puesto en pie invocará el nombre de Jehová, su Dios, alzará su mano, tocará la parte enferma y sanará la lepra". Abana y Farfar, ríos de Damasco, ¿no son mejores que todas las aguas de Israel? Si me lavo en ellos, ¿no quedaré limpio también?». **2 Reyes 5.10-12**

No debe escapar de nuestra observación la forma en que Naamán fue recibido por Eliseo. Era un hombre acostumbrado a que otros le rindieran pleitesía, pues ocupaba un importante puesto en la corte del rey a quien servía. Seguramente lo acompañaban las más respetuosas y serviles recepciones dondequiera que se presentara. No ha de sorprendernos que él se considerara una persona más importante de lo que realmente era. En esto no se diferencia mucho de nosotros, pues fácilmente somos intoxicados con nuestro propio sentido de importancia.

Cuando llegó a la casa de Eliseo, el gran profeta ni siquiera salió a recibirlo en persona. Simplemente envió a su criado con un mensaje para el gran guerrero. Sin duda, parte del trato de Dios para aquellos con los que desea entablar una relación incluye hacerlos pasar por situaciones humillantes. Aunque Naamán debió sentirse insultado por semejante comportamiento, el obstáculo más grande para su sanidad no se encontraba en esta afrenta contra su dignidad. Él mismo delata la razón por la cual se sintió tan airado: «Yo que pensaba...». Es decir, Naamán se había formado una idea de cómo sería la intervención de Dios en su vida. Al igual que muchos de nosotros, una vez que tenía elaborado su concepto de cómo actuaría el Señor era incapaz de concebir que lo hiciera de otra forma. Cuando creemos que podemos anticiparnos al actuar de Dios, automáticamente descartamos otras manifestaciones; quedamos atrapados por nuestras propias expectativas. El Señor, no obstante, es tan creativo e impredecible que jamás podremos adelantarnos a la manera en que actuará. Al saber que su capacidad para intervenir es tan ilimitada, es mejor que nos armemos de un espíritu abierto, dispuestos a ser sorprendidos por las más extraordinarias y rebuscadas expresiones.

En segundo lugar, Naamán halló que la propuesta del profeta era ridícula. Si de bañarse en ríos se trataba el asunto, en su propio país había ríos de sobra y mejores que los del territorio de Israel. ¡Si hubiera sabido que le iban a proponer un plan tan absurdo, bien podría haberse evitado tan largo viaje! Pero es precisamente en este punto donde tropiezan las personas con las mentes más privilegiadas: creen que los planes de Dios tienen que poseer la misma lógica e inteligencia que los planes de los hombres. Al medirlos con esta vara, sin embargo, las propuestas del Señor son francamente incoherentes, como atestigua una y otra vez la historia del pueblo de Dios. ¡Quien pretende caminar con él debe estar dispuesto a hacer el ridículo!

Para pensar:

«Dios conoce el camino que tú tomas. Tú no conoces el camino que él toma». E. Elliot.

Espíritu enseñable

«Te haré entender y te enseñaré el camino en que debes andar; sobre ti fijaré mis ojos. No seáis como el caballo, o como el mulo, sin entendimiento, que han de ser sujetados con cabestro y con freno, porque si no, no se acercan a ti». **Salmo 32.8-9**

El Salmo 32 es uno de los tres salmos que nos ofrecen una perspectiva más completa del efecto del pecado sobre la vida del ser humano (vea también los Salmos 36 y 51). En este texto en particular el salmista celebra el alivio que acompaña al momento de confesión y anima a que «todo santo ore a ti en el tiempo en que puedas ser hallado» (32.6 - LBLA).

La problemática del pecado requiere que seamos un pueblo que practica a diario la disciplina de la confesión. Es la única forma en que podremos andar en santidad, pues día a día ofendemos a Dios de muchas y diferentes maneras. No obstante, el salmista incluye en el texto una palabra recibida del Señor: el pasaje en el cual reflexionamos este día, donde el Señor revela lo que podríamos llamar un camino preventivo para evitar caer en pecado con tanta frecuencia.

¿Cuál es la solución que propone nuestro Padre? Que seamos un pueblo dispuesto a aprender el camino por el que debemos andar. El pecado resulta, muchas veces, de nuestra ignorancia de los designios de nuestro Dios. Mas el Señor desea guiarnos para que conozcamos el camino que es agradable delante de sus ojos. Como un padre que está enseñando a su hijo a caminar, el Señor se compromete a fijar sus ojos sobre nosotros. Es decir, estará vigilando de cerca nuestro andar. En cada situación donde exista la posibilidad de caer, el Señor proveerá la directiva necesaria para salir adelante. En cierto sentido este cuadro nos presenta el mismo cuidado tierno que Cristo profetizó en Juan 14 y 16 con respecto al ministerio del Consolador.

El Señor, no obstante, conoce el corazón terco y obstinado del ser humano. Tampoco ignora que muchos de nuestros pecados no son el resultado de la ignorancia, sino de la rebeldía. Al igual que en tantas otras enseñanzas en su Palabra, el Señor se vale de una clara ilustración para ayudarnos a entender la postura que debemos evitar: «No seáis como el caballo, o como el mulo, sin entendimiento, que han de ser sujetados con cabestro y con freno, porque si no, no se acercan a ti». La terquedad del mulo y la naturaleza arisca del caballo señalan claramente la dificultad que enfrenta el hombre en su deseo de caminar con Dios: somos un pueblo que prefiere andar en su propio camino que en los caminos del Señor, que creemos más en nuestra propia sabiduría que en la de Jehová. No obstante, él nos anima a que resistamos la tendencia a un comportamiento rebelde, no sea que también se haga necesario que nos controlen con «cabestro y freno». Como esta postura obstinada es natural en nosotros deberemos estar atentos a su manifestación. Cada vez que aparezca tendremos que optar por aquietar nuestro espíritu para buscar las directivas de nuestro buen Dios. Solamente de esta forma podremos ser enseñados por él.

Para pensar:

«El camino del necio es recto a sus propios ojos, mas el que escucha consejos es sabio» (Pr 12.15 - LBLA).

El peso de la influencia

Si un gobernante hace caso a la mentira, todos sus servidores serán malvados.
Proverbios 29.12

El principio que enuncia este proverbio es sencillo, pero un líder debe recordarlo en todo momento: El pueblo termina siendo igual que su líder. Cuando el que gobierna es corrupto, los que lo rodean se volverán corruptos. Cuando el que gobierna es justo y recto, los de su alrededor acabarán convirtiéndose en justos y rectos. ¿Por qué ocurre esto? Porque las personas que están cerca de un líder se contagian de la vida y las convicciones que este tiene. Esta transferencia de «estilo de vida» es tan intangible que nos damos cuenta de ella solamente cuando vemos los mismos comportamientos en los seguidores del líder. Es por esto que un autor define la influencia como «el poder que afecta a personas, elementos o eventos y que opera sin el ejercicio deliberado de esfuerzo por parte de alguien».

Esta realidad es una de las claves para entender cómo podemos aprovechar el impacto que produce la influencia sobre los demás. No ejercemos control directo sobre este proceso, pero sí podemos contribuir para que nuestra influencia sea positiva. El secreto de la influencia descansa sobre el carácter del líder, es decir, lo que el líder es, determina la calidad de la influencia que tendrá sobre sus seguidores.

Es bueno que entendamos que este principio se manifiesta en todos los ámbitos donde hay una persona que ejerce la responsabilidad de dirigir a otros. Puede darse en un grupo tan pequeño como una familia, o en una entidad gigantesca como una empresa multinacional donde se hable de la existencia de una «cultura corporativa». En todos los casos el resultado es el mismo: la clase de persona que está al frente determina la clase de equipo que tendrá trabajando en sus proyectos.

La iglesia no escapa a esta ley. La congregación refleja el tipo de pastor que tiene. Por esta razón insisto que son mayormente vanos los intentos de cambiar directamente a la congregación. Cuando se produce un cambio en el pastor, la congregación comienza a cambiar por sí sola. Si el pastor es una persona amante de la oración, no tendrá que pasarse la vida exhortando a la congregación a que cultive una vida de oración. Ellos mismos se irán contagiando del mismo espíritu que él tiene.

Del mismo modo podemos afirmar que lo inverso también es verdad. Cuando un pastor es corrupto, también lo será su equipo de colaboradores. No hace falta que se conozca la corrupción del pastor, pues los demás se contagiarán solos. En una congregación que yo conocí, el pastor titular vivió una relación de adulterio durante décadas. Nadie sabía de este asunto, pero una y otra vez surgían escándalos sexuales entre los ancianos y diáconos. Parecía que la congregación tenía un problema particular con este asunto, y de hecho era así. La falta moral del pastor había corrompido indefectiblemente al equipo de colaboradores.

Para pensar:

Como líderes, entonces, pesa sobre nosotros la responsabilidad de vivir una vida de santidad y compromiso. Este es el mejor regalo que le podemos hacer a nuestra gente. Podremos ejercer sobre ellos una influencia superior a la de los mejores programas de formación del mundo.

Apenas 59 palabras

Ellos tomaron el buey que les fue dado y lo prepararon, e invocaron el nombre de Baal desde la mañana hasta el mediodía. Decían: «¡Baal, respóndenos!». Pero no se escuchó ninguna voz, ni hubo quien respondiera; entre tanto, ellos seguían saltando alrededor del altar que habían hecho.

1 Reyes 18.26

La confrontación entre el profeta Elías y los cuatrocientos profetas de Baal constituye una de las más osadas aventuras registradas en las Escrituras. Seguramente, a usted como a mí, lo entusiasma sobremanera el gran final que tiene esta puja entre la luz y las tinieblas. Soñamos con que se produzcan historias similares en nuestros propios ministerios, aunque a veces es más fácil soñar cuando ya conocemos el desenlace del encuentro.

En la reflexión de hoy quisiera que nos concentremos en la diferencia entre las oraciones de los profetas de Baal y la de Elías. No hace falta señalar que la oración de los falsos profetas estaba destinada al fracaso porque estaban invocando a un dios inexistente. Aunque oraran diez años no iban a recibir una respuesta, pues no había quién atendiera sus peticiones. Mi interés, sin embargo, no es detenerme en este punto, que resulta obvio para la mayoría de nosotros. Precisamente por lo obvio del problema corremos peligro de pasar por alto a los profetas de Baal, seguros de que nosotros no corremos con esa misma desgracia.

Los profetas de Baal, sin embargo, representan los conceptos religiosos del mundo, el mismo mundo que nos presiona e intenta moldear nuestras vidas. Observe que ellos comenzaron a orar en la mañana y continuaron, sin interrupción, hasta el mediodía. En esto, demuestran mayor entrega y convicción que la mayoría de nosotros. Aun sin recibir respuesta continuaron clamando, hasta bien entrada la tarde, con el mismo fervor con que comenzaron. ¿Cuál es el sentir que acompaña tan enfervorizado clamor? La convicción de que a los dioses se les mueve por el peso mismo de la oración. Al usar la palabra «peso» no me estoy refiriendo a la profundidad espiritual de nuestros ruegos, sino a la carga que resulta de la abundancia de palabras combinada con la extensión de tiempo.

Aunque Cristo claramente enseñó que debíamos descartar el modelo de los gentiles (Mt 6.7), nosotros no podemos escapar a la convicción de que cuanto más tiempo oramos más eficaces seremos. Nuestros héroes son aquellos que oran cada día por horas enteras, como si hubiera algún mérito en la extensión en sí. ¡No me malinterprete! Muchas de estas personas poseen un grado de entrega que es envidiable. Pero quienes los observamos, fácilmente caemos en la tentación de creer que la extensión es el secreto de una profunda vida de oración.

¿Cómo oró Elías cuando llegó el momento de invocar a Jehová? Su oración contiene apenas cincuenta y nueve palabras. No obstante, cuando terminó, cayó fuego del cielo y consumió el altar. Su oración no fue eficaz simplemente porque oró al Dios correcto, sino porque ya sabía que el proyecto en el que estaba era del Señor. No perdió tiempo valioso informando, ni tratando de impresionar con su espiritualidad. Simplemente pidió, con sencillez, y Dios actuó. ¿Le gusta el modelo? ¡Elías es un buen maestro en lo que a la oración respecta!

Para pensar:

«De cierto os digo que si no os volvéis y os hacéis como niños, no entraréis en el reino de los cielos» (Mt 18.3).

Si oís hoy su voz...

Antes bien, exhortaos los unos a los otros cada día, entre tanto que se dice: «Hoy», para que ninguno de vosotros se endurezca por el engaño del pecado, porque somos hechos participantes de Cristo, con tal que retengamos firme hasta el fin nuestra confianza del principio. Por lo cual dice: «Si oís hoy su voz, no endurezcáis vuestros corazones como en la provocación». **Hebreos 3.13-15**

La expresión «corazón duro» se usa con frecuencia en la Palabra para describir a personas que poseen poca o ninguna sensibilidad en los asuntos de Dios. Permanecer en esta condición nos imposibilita ser tratados por el Señor y, además, no favorece la intimidad en nuestra relación con nuestros semejantes pues produce en nosotros una disposición áspera y hostil. Frente a esto es fácil creer que nuestra condición es un escollo insuperable para llegar a entablar una relación significativa con nuestro Padre celestial. Estamos atrapados por una situación que no podemos modificar, por lo que no es justo que se nos exija lo que no podemos dar. El texto de hoy, sin embargo, revela que el endurecimiento del corazón es el resultado de un proceso consciente de nuestra parte.

Es una ironía, pero el endurecimiento comienza precisamente con la misma manifestación que podría conducir hacia una mayor sensibilidad espiritual: la revelación de la voluntad de Dios. Todos nosotros recibimos, de parte de Dios, la oportunidad de alinear nuestra vida con su Verdad. Ninguno puede argumentar que es víctima de circunstancias que no controla, pues aun cuando estábamos muertos en nuestros pecados, el Señor ya había iniciado el camino hacia la reconciliación. Conforme al corazón misionero que él posee, siempre toma la iniciativa de acercarse a su pueblo para invitarlo a una mayor intimidad en la relación con él. De modo que cada uno de nosotros escucha, con frecuencia, su voz que nos habla.

Sin embargo, como declara el autor de Hebreos, su voz puede producir en nosotros una respuesta errada, fruto del engaño del pecado. Nos creemos con autoridad para cuestionar, argumentar y contradecir la Palabra que él trae a nuestra vida. Nos parece que podemos elaborar un camino alternativo al que señala el Señor y evaluamos la validez de ambas opciones. Seducidos por la astucia de nuestra propia filosofía escogemos, en algún momento, actuar conforme a nuestro propio criterio. En ese preciso instante se produce ese endurecimiento de corazón que nos aleja de la persona de Dios. Él ha hablado y nos ha invitado a caminar por sus caminos. Escuchamos y entendimos su propuesta; no obstante, escogimos hacer nuestra propia voluntad.

Si prestamos atención a este proceso podremos resistirnos a esta reacción. La persona sabia va a combatir tenazmente este proceso, «derribando argumentos y toda altivez que se levanta contra el conocimiento de Dios, y llevando cautivo todo pensamiento a la obediencia a Cristo» (2 Co 10.5). Entiende que la clave de una vida de intimidad con Dios está en una voluntad completamente rendida a él. No podemos darnos el lujo de evaluar si nos gusta o no lo que él nos pide. Debemos optar por la obediencia, la cual, a su vez, producirá en nosotros corazones cada vez más blandos.

Para pensar:

«Le tengo más miedo a mi corazón que al Papa y todos sus cardenales». Martín Lutero.

La esperanza de los que temen a Dios

¿Quién es Dios sino sólo Jehová? ¿Y qué roca hay fuera de nuestro Dios? Dios es el que me reviste de poder y quien hace perfecto mi camino. **Salmo 18.31-32**

Muchos de nosotros crecimos escuchando mensajes acerca de lo importante que es descubrir la voluntad de Dios para nuestras vidas. La convicción que ha hecho popular esta idea es que si descubrimos la voluntad del Padre podremos emprender una vida exitosa. En mi rol como consejero he conocido a personas que han llegado, literalmente, a un estado de parálisis por el temor de errar el camino. Suponen que existe un solo camino y que fuera de él jamás podrán alcanzar la bendición del Señor.

Con el pasar de los años se ha apoderado de mí cierto escepticismo con respecto a esas creencias. El margen de error es tan pequeño que prácticamente asegura el fracaso de la mayoría. Solamente algunos afortunados descubrirán el camino «trazado para ellos». Los demás están destinados a una vida de mediocridad porque supuestamente no descubrieron la voluntad de Dios para ellos.

El salmista nos da una perspectiva mucho más amplia del asunto. Afirma que Jehová es el que «hace perfecto mi camino». Me gusta la palabra que escoge la *Nueva Versión Internacional*: él «endereza mi camino». La idea que pareciera transmitir este concepto es que el camino lo arregla el Señor, no importa dónde nos encontremos. El hombre o la mujer que teme a Dios puede estar seguro que el Señor irá delante enderezando sus pasos, aun cuando no tenga certeza de estar en el camino correcto.

La clave del asunto está en la persona que transita por ese camino. Este no es un principio que es aplicable a cualquier persona, sino a aquellos que de todo corazón desean hacer lo que es correcto ante los ojos del Altísimo. ¿No es esta, acaso, la experiencia de José? No creo que él supiera cuál era el camino por el que debía andar, ni tampoco tenía mucha elección en el asunto. No obstante, la Palabra afirma que la mano de Jehová estaba con José y lo prosperaba en todo lo que hacía (Gn 39.3, 21).

Más que descubrir un proyecto especialmente armado para nosotros, pareciera que el interés del Señor es que vivamos vidas que lo honren, sea cual sea el ámbito en el cual nos encontremos. Esto no se refiere tanto a lo que hacemos, sino a lo que somos. La mano de Dios estará sobre la vida de la persona que anhela vivir en santidad, sea que se encuentre en la escuela, en su casa o en el trabajo. Como resultado de este deseo todo lo que haga será bendecido y -me atrevo a creer- hasta sus desaciertos serán redimidos por el Señor.

La convicción de que Dios estaba ocupado en enderezar sus pasos llevó al salmista a irrumpir en cánticos de alabanza y adoración, y no era para menos. Quien sabe que el Altísimo vela por su andar disfruta de un nivel de descanso y paz que trasciende las palabras.

Para pensar:

«La voluntad de Dios no es un plan, sino una actitud». W. Dhuse.

Aprender sirviendo

Aconteció después de la muerte de Moisés, siervo de Jehová, que Jehová habló a Josué hijo de Nun, servidor de Moisés, y le dijo... **Josué 1.1**

Aeste pasaje, como los primeros versículos de muchos libros de la Biblia, lo podríamos pasar por alto por considerarlo apenas una introducción al texto principal. En una sola oración, sin embargo, nos presenta el modelo indicado para la formación de un nuevo líder, el proceso que debe atravesar aquella persona que eventualmente ocupará un puesto de responsabilidad dentro del pueblo de Dios.

El autor describe a Moisés como el siervo de Jehová, aunque no siempre fue esta la realidad del gran libertador de Israel. Una gran parte de su vida transcurrió sin que Moisés hubiera accedido a este privilegio, no porque Dios no quisiera darle esta posibilidad, sino porque él necesitaba pasar por aquella escuela de formación en la que moriría a sí mismo. Sin esta experiencia de muerte hubiera sido imposible que se le llamara «siervo de Jehová», pues el título presupone que la persona está enteramente a disposición del Altísimo, sin proyectos personales.

El texto también describe a Josué, hijo de Nun, como servidor de Moisés. Es decir, por lo menos durante cuarenta años este hombre había estado al servicio de Moisés. Esto no significa que Josué no había estado sirviendo al Señor, sino que la manera en que lo hizo fue sirviendo a Moisés. Durante esos años su vida estuvo a disposición del gran líder. Al igual que su tutor, no poseía un proyecto propio de vida, sino que había puesto todos sus recursos y dones a disposición de Moisés. Su meta era serle útil en lo que fuera necesario y, por el testimonio de la Escritura, todo pareciera indicar que Josué lo hizo con singular alegría y entrega.

Esta es una buena escuela de formación para un joven; y un líder sabio debe comprometerse a incorporar a su vida personas que tienen esta función. Por el testimonio del libro de Números varios jóvenes estaban al servicio de Moisés de esta manera (11.28). Estos jóvenes no solamente se ponían a disposición del líder, sino que él los hacía partícipes de muchos de los proyectos que Dios le encomendaba. En todo, aprovechaba las circunstancias reales de la vida para formar en ellos las capacidades y actitudes que eventualmente les permitirían asumir una mayor responsabilidad en el pueblo de Dios.

Hoy, este proceso de formación lento y prolongado pareciera no ser necesario. Estamos demasiado apurados por extender la obra como para invertir profundamente en la vida de algunos ayudantes. No obstante, estos obreros con una formación pobre acaban haciendo mucho daño al pueblo de Dios, de modo que lo que ganamos en tiempo lo perdemos en calidad de ministerio. El líder sabio sabe que este trabajo lento es una de las mejores inversiones que puede dar para el futuro de la iglesia. No es poca cosa dejar formado a un Josué o a un Timoteo. Ellos representan la nueva generación de líderes que conducirán los asuntos de Dios cuando nosotros hayamos terminado la carrera.

Para pensar:

Las lecciones que una persona aprende mientras sirve a otro le proveerán los mejores principios para que el día de mañana los aplique en el ministerio al que ha sido llamado.

Arrepentimiento de corazón

Ahora, pues, dice Jehová, convertíos ahora a mí con todo vuestro corazón, con ayuno, llanto y lamento. Rasgad vuestro corazón y no vuestros vestidos, y convertíos a Jehová, vuestro Dios; porque es misericordioso y clemente, tardo para la ira y grande en misericordia, y se duele del castigo. **Joel 2.12-13**

Siempre corremos el peligro de que se apodere de nuestra vida la religiosidad que tanto atrae a los seres humanos. Ella nos ofrece una conciencia tranquila a cambio de algunas prácticas que, «en teoría», satisfacen las demandas del Señor. La Palabra, no obstante, señala que fuimos llamados a una relación de intimidad con Dios. No podemos cultivar una relación significativa con nadie si la limitamos a algunos pocos ejercicios rutinarios. Las relaciones más profundas son el fruto del esfuerzo y la dedicación de un compromiso cultivado en el corazón.

Es a este nivel de compromiso que apunta el profeta Joel cuando comunica a Israel un mensaje de parte de Dios: «Rasgad vuestro corazón y no vuestros vestidos». El único arrepentimiento que realmente vale, en lo que respecta a la vida espiritual, es aquel que transforma la dureza de nuestro corazón y produce en nosotros un verdadero quebranto por el pecado. Es el que va acompañado, como señala el texto de hoy, por ayuno, llanto y lamento. Es decir, es la manifestación de una verdadera congoja interior.

Quien posee una mínima comprensión de los procesos espirituales en la vida del hombre sabe bien que esta clase de arrepentimiento no lo puede producir ninguna persona. Más bien es el resultado de una acción soberana de Dios. Así le ocurrió a Isaías cuando vio al Señor sentado en su santo templo (Is 6.1-13), o a Pedro, cuando se postró a los pies de Jesús, proclamando su condición indigna delante del Hijo de Dios (Lc 5.8). Solamente el Señor puede generar un genuino arrepentimiento espiritual (2 Ti 2.25).

Debemos preguntar, entonces, ¿cuál es nuestra responsabilidad en el proceso, si nosotros no podemos producir ese quebranto interior que Dios busca?

En primer lugar, debemos rechazar toda perspectiva trivial del arrepentimiento. A veces, en nuestras oraciones, hacemos algunas declaraciones tales como: «Señor, te pido perdón por cualquier pecado que pueda haber cometido contra tu persona». Tales expresiones son muy generales como para tener algún valor. El pecado es un asunto demasiado serio como para encerrarlo en una sola frase.

En segundo lugar, si sabemos que el arrepentimiento es el resultado de una acción del Espíritu de Dios, nos compete crear los espacios y momentos durante el día para que se pueda producir la revelación que conduce al arrepentimiento. Es decir, tenemos que permitir que el Espíritu examine nuestro corazón y traiga a la luz aquellos asuntos que ofenden al Señor. Solamente con pedir discernimiento podremos comprobar cuánto anhela limpiarnos el Señor, pues no tardará en responder a nuestro pedido.

En tercer lugar, debemos saber que el verdadero arrepentimiento va acompañado de señales externas que no pueden ser fabricadas: el quebranto, el lamento y las lágrimas. Tales señales pueden ayudarnos a diferenciar un arrepentimiento superficial de aquel que viene de lo más profundo de nuestro corazón. Procuremos, pues, la cercanía con Su persona que produce en nosotros un corazón sensible y humilde.

Para pensar:

«El arrepentimiento implica mucho más que pedirle perdón a Dios». Anónimo.

Antídoto a la división

Al contrario, los miembros del cuerpo que parecen más débiles, son los más necesarios. **1 Corintios 12.22**

Cada congregación tiene al menos dos o tres personas que entran dentro de esta categoría, hermanos que calificaríamos de «débiles». Son esas personas problemáticas que no terminan de insertarse correctamente en el cuerpo, especialistas en comportamientos o comentarios inapropiados. El resto convive con ellos, movidos por una mezcla de tolerancia y lástima. ¿No hemos sido llamados, acaso, a la compasión?

Aun con esta perspectiva, la declaración del apóstol Pablo nos confunde. ¿Qué es esto?, ¿los miembros del cuerpo que parecen ser los más débiles son los más necesarios? Estamos acostumbrados a pesar el valor de las personas por la contribución que hacen a nuestra vida. Con ese parámetro, ¡estos «hermanitos» definitivamente no parecen los más necesarios! Al contrario, parecen los menos importantes. Los verdaderamente necesarios para el buen funcionamiento del cuerpo son el pastor, los ancianos o los diáconos. ¡Ellos sí sirven a la iglesia con sus dones y talentos!

El problema es que estamos mirando la declaración del apóstol desde la óptica equivocada. Mientras busquemos entenderla a la luz del beneficio que nos dan los demás no tendrá sentido para nosotros lo que él está diciendo. Mas Pablo no pensaba que estos hermanos problemáticos son los más necesarios por lo que nos dan a nosotros. Son necesarios por lo que nosotros nos vemos obligados a darle a ellos. Considere cómo continúa el pasaje: «y a aquellos miembros del cuerpo que nos parecen menos dignos, los vestimos más dignamente; y los que en nosotros son menos decorosos, se tratan con más decoro, porque los que en nosotros son más decorosos no tienen necesidad» (1 Co 12.23-24). Observe con cuidado la descripción de acciones tales como «vestir» y «tratar». Quienes las debemos llevar a cabo somos nosotros y lo haremos, precisamente, con estos miembros que parecen más débiles.

Esto no es porque alguno de nosotros lo haya planificado de esta manera, sino que es parte del designio soberano de nuestro Creador. «Pero Dios ordenó el cuerpo dando más abundante honor al que menos tenía, para que no haya divisiones en el cuerpo, sino que todos los miembros se preocupen los unos por los otros» (1 Co 12.24-25). El Señor, guiado por su maravillosa sabiduría, sabe que la única manera de enseñar verdadero amor y genuina compasión es colocando en medio de nosotros a una persona que necesita ese amor. Así como extremamos el cuidado de una parte del cuerpo físico que es delicada o ha sido lastimada, también Dios desea que cultivemos actitudes de verdadera ternura hacia aquellos que parecen poseer menos madurez espiritual. Ellos nos hacen falta a nosotros, ya que por medio de ellos aprendemos a cultivar la paciencia y la bondad.

Como líder usted puede dar ejemplo de esto a su congregación dando prioridad a los que parecen ser menos dignos. No se junte siempre con aquellas personas que lo estimulan, o que le caen bien. Procure dedicar tiempo y esfuerzo a los que menos parecen merecerlo. Cuando viva con esta perspectiva estará ilustrando el amor que Dios nos tiene, pues él se nos acercó a pesar de nuestra profunda indignidad.

Para pensar:

La división es el resultado de preferir a unos por encima de otros. La presencia de los débiles entre nosotros nos obliga a dar consideración a todos, y no a unos pocos.

El equilibrio justo

Dos cosas te he pedido, no me las niegues antes que muera: Vanidad y mentira aparta de mí, y no me des pobreza ni riquezas, sino susténtame con el pan necesario, no sea que, una vez saciado, te niegue y diga: «¿Quién es Jehová?», o que, siendo pobre, robe y blasfeme contra el nombre de mi Dios

Proverbios 30.7-9

No creo haber escuchado alguna vez a alguien en la iglesia orar de esta manera. Tampoco puedo recordar alguna ocasión en que yo mismo haya realizado esta petición. No obstante, la petición del autor de este proverbio revela un penetrante conocimiento de la naturaleza humana que vale la pena considerar.

En la oración reconoce el peligro de los extremos, no solamente en lo que a dinero se refiere, sino a cualquier aspecto de la vida. Para los que andamos en Cristo, una serie de realidades espirituales solamente producen bendición en nuestra vida cuando las vivimos en su equilibrio justo. La gracia debe ser equilibrada con el esfuerzo. La fe debe ser combinada con las obras. La verdad debe ser compensada con el espíritu. El trabajo debe ser complementado con el descanso. La fuerza del joven debe compensarse con la sabiduría del anciano. Es decir, cada uno de esos elementos encuentra su máxima expresión cuando es acompañado de un aparente opuesto que lo «completa», para usar un término bíblico.

De seguro que la mayoría de nosotros somos conscientes de la existencia de este delicado equilibrio en la vida. Lo que resulta llamativo en el proverbio que hoy nos ocupa es que ha captado también el peligro que existe en el ámbito económico. Somos conscientes de que la extrema pobreza produce en las personas una desesperación que podría bien llevarlas a cometer el pecado que menciona el texto: salir a robar para darle de comer a la familia. De hecho, esto se ha convertido en uno de los flagelos de la sociedad en Latinoamérica. En las grandes ciudades es cada vez más común la violencia en las calles, donde la población vive en un estado de constante inseguridad. El autor pide a Dios que lo libre de la desesperación que puede llevarlo a este tipo de vida.

Quizás para nosotros sea más difícil reconocer el peligro que trae la abundancia. Vivimos en una época en la cual la búsqueda del bienestar económico, como uno de los objetivos principales en la vida, se ha instalado en nuestra cultura. La iglesia, siempre influenciable por el ámbito en que se encuentra, ha elaborado su propia teología de la prosperidad y muchos, sin titubear, la han abrazado de todo corazón. El proverbio identifica, sin embargo, el verdadero peligro que existe en la abundancia: ¡los que mucho tienen, fácilmente se olvidan de Dios! No tenemos más que mirar la dureza espiritual de los países más prósperos de la tierra para darnos cuenta de cuán acertada es esta observación.

¿Cuál debe ser nuestra postura, entonces? Una vida en la que todo se dé en su justa medida.

Para pensar:

«Sé vivir humildemente y sé tener abundancia; en todo y por todo estoy enseñado, así para estar saciado como para tener hambre, así para tener abundancia como para padecer necesidad. Todo lo puedo en Cristo que me fortalece» (Flp 4.12-13).

Alcanzar la constancia

Pero pida con fe, no dudando nada, porque el que duda es semejante a la onda del mar, que es arrastrada por el viento y echada de una parte a otra. No piense, pues, quien tal haga, que recibirá cosa alguna del Señor, ya que es persona de doble ánimo e inconstante en todos sus caminos. **Santiago 1.6-8**

Nunca dejo de maravillarme por lo asombrosamente pedagógicas que son las ilustraciones de la Palabra. No en vano se ha señalado que una ilustración vale más que mil palabras. Para mostrar cuán profundamente las dudas afectan la vida del discípulo, Santiago no hace más que señalar las olas del mar. Cualquier persona que ha estado, en algún momento de su vida, a orillas del mar, podrá entender con toda claridad el principio que está enunciando.

Piense, por un momento, en las olas. Tienen tremendo poder y pueden, cuando están «enfurecidas», producir enorme destrucción. Aquellos que tienen experiencia con la navegación saben que no es aconsejable estar en el mar en medio de una fuerte tormenta. Pero, aunque las olas tienen mucha fuerza, no poseen dirección ni voluntad propia. Son la manifestación visible de las fuerzas del viento y las mareas. No escogen la dirección en que se mueven, sino que son impulsadas por una fuerza mayor que ellas. Así también el discípulo que está lleno de dudas. Pierde el rumbo en la vida y comienza a caer bajo la influencia de las filosofías que surgen entre los hombres. Al igual que las olas, cuando esas filosofías están inflamadas por el mismo diablo, estas personas pueden convertirse en verdaderos instrumentos para destrucción.

Para que sus lectores no tuvieran duda acerca de la ilustración que estaba utilizando, Santiago describe a la persona que duda: posee doble ánimo y es inconstante en todos sus caminos. He aquí la descripción de los síntomas que tanto atribulan la vida de muchos creyentes en nuestro tiempo. Una persona de doble ánimo es la que no tiene una sola conducta en la vida. Un día cree una cosa y otro día cree otra. Sus convicciones cambian tan rápidamente como el clima y producen, por ende, una notable inestabilidad. Esta condición la lleva a ser inconstante; es decir, no persevera en nada, porque fácilmente abandona las convicciones que son fundamentales para proseguir en cualquier cometido que tenga.

La raíz de las dudas no está en las propuestas que Dios pueda traer para nuestra vida, aunque, como frecuentemente se ha señalado en esta serie, las instrucciones del Señor rara vez nos parecen sensatas. No obstante, el verdadero problema radica en la persona misma de Dios. Fácilmente atribuimos a su persona la misma imperfección que condiciona a los seres humanos, por lo que dudamos de la confiabilidad de su persona. ¿Sabrá lo que está haciendo? ¿Habrá considerado todas las opciones? ¿Tendrá en cuenta las particularidades de nuestras propias circunstancias? La vida nos parece tan compleja que nos cuesta creer que él puede resolver, con suma sencillez, los entreveros que tanta preocupación nos producen.

Para pensar:

La fe distingue entre la realidad de este mundo y la de Dios. Ella reserva para el Altísimo una entrega que no le da a ningún ser humano; se resiste a las idas y venidas típicas del hombre. Cree, porque en el reino la incredulidad es anormal.

Pacto de amigos

Aconteció que cuando David acabó de hablar con Saúl, el alma de Jonatán quedó ligada con la de David, y lo amó Jonatán como a sí mismo. Aquel día Saúl tomó consigo a David y no lo dejó volver a casa de su padre. Hizo Jonatán un pacto con David, porque lo amaba como a sí mismo. **1 Samuel 18.1-3**

Jonatán y David nos proveen uno de los mejores ejemplos de amistad entre dos personas. A pesar de que pasaron una gran parte de su vida separados, la Palabra revela cuán fuerte fue el compromiso que estos varones habían asumido el uno para con el otro. Nos provee un buen modelo del tipo de relaciones que deberíamos tener entre nosotros dentro del marco de las congregaciones en que participamos.

El texto de hoy nos dice que «el alma de Jonatán quedó ligada con la de David». Podemos asumir que los dos jóvenes guerreros tenían muchas cosas en común, por lo que sentían un deseo natural de entablar una amistad significativa. No obstante, la frase «quedó ligada» pareciera indicarnos que algo se gestó en el corazón de Jonatán, que iba más allá de la atracción entre dos individuos de personalidades similares. Es que la verdadera amistad tiene que ver con una realidad espiritual entre las personas, donde los vínculos que los unen tienen sus raíces en los espacios más profundos del alma. Este vínculo espiritual le dará a la relación entre dos individuos una fortaleza que le permitirá hacer frente a las situaciones más adversas de la vida, como también al inevitable desgaste que viene con el inexorable paso del tiempo.

Esta clase de vínculo espiritual es algo que tiene que ser producido por un accionar del Señor, pero solamente podrá ser gestado en corazones que están dispuestos a ir más allá de lo superficial en sus relaciones con los demás. Donde existe una obsesión con la vida de uno mismo y un interés de usar al otro para los proyectos propios, este tipo de relación no puede darse. Las personas que entran en este tipo de relaciones son las que valoran profundamente a los demás y están interesadas en descubrir toda la belleza que Dios ha depositado en los que están a su alrededor.

Aunque una relación comience en un plano espiritual no garantiza, sin embargo, que esa amistad dure para siempre. Es en este punto que se puede ver la madurez de estos dos varones, pues decidieron sellar el vínculo de la amistad con un pacto. Un pacto es un compromiso que nos libra de las fluctuaciones de los sentimientos, una promesa de cuidar y nutrir una relación en las buenas y las malas. Permite que dos personas lleven su amistad al plano de lo deliberado, donde escogen crecer juntos como resultado de acciones concretas. De este modo, los integrantes de la relación pueden contribuir en forma concreta al crecimiento de la amistad, en lugar de esperar que se dé sola. Quienes asumen este tipo de compromiso son los que cosecharán los frutos más preciosos que se puedan alcanzar en el plano de las relaciones humanas.

Para pensar:

¿Con quién comparte esta clase de relación? ¿Qué pasos toman para edificar la amistad? ¿Qué aspectos espirituales tiene esa relación?

Velar por los nuestros

Habló Saúl a Jonatán, su hijo, y a todos sus siervos, para que mataran a David; pero Jonatán, hijo de Saúl, amaba mucho a David, y le avisó diciendo: «Mi padre Saúl procura matarte; por tanto, cuídate hasta la mañana, estáte en lugar oculto y escóndete». **1 Samuel 19.1-2**

No sabemos en qué extraño proceso entró el rey Saúl para que diera órdenes de que se matara a su oficial más popular, el hombre que había salvado el honor de Israel al derrotar a Goliat. Lo que sí conocemos es la terrible desfiguración que produce el pecado en nosotros, sembrando en el corazón los celos, la envidia y el odio, llevándonos aun a agredir a las personas que más amamos. El hecho es que la orden del rey de Israel no era el simple delirio de un demente; Saúl era un hombre implacable, dispuesto a ir hasta las últimas consecuencias para deshacerse de David. Los días del joven pastor de Belén, mientras permaneciera al alcance del rey, estaban contados.

No debemos ignorar, tampoco, que toda persona que acudía en ayuda de David correría con la misma suerte que él, aun cuando este fuera el propio hijo del rey. En el capítulo 20 del libro de Samuel se relata un escalofriante incidente, cuando Saúl intentó clavar con una lanza a Jonatán, quien había querido defender a su amigo. De manera que Jonatán era consciente del verdadero peligro que corría al advertir a David que su padre procuraba darle muerte. No obstante, no dudó en buscarlo y compartir con él la situación.

Esta característica es una de las marcas que distingue al verdadero amigo. Hemos sido llamados no solamente a disfrutar de la compañía y el cariño de la otra persona, sino también a velar por su bienestar. Cuando vemos que corre peligro, por el motivo que fuera, tenemos la responsabilidad -la obligación, diría- de acercarnos para hablar con el ser querido.

Este paso es difícil por dos razones. En primer lugar, muchas veces vemos la situación de peligro pero creemos que la persona se dará cuenta por sí sola. Este peligro puede ser el desarrollo de una relación dañina con otra persona, o invertir demasiado tiempo en alguna actividad, o mirar pornografía en Internet. Realmente no importa cuál es la dificultad; el hecho es que la situación puede poner en peligro su propia vida espiritual y la relación con aquellos que más quiere. Lo que debemos recordar es que lo que resulta claro para nosotros rara vez lo es para la persona involucrada. Por esta razón, Dios le ha dado hermanos y hermanas que están dispuestos a hablar en el momento oportuno.

La segunda razón por la que podemos dudar, a la hora de hablar, es el temor a las consecuencias. Quizás temamos la respuesta del otro. Quizás temamos perder la amistad. Quizás creamos que otros nos van a juzgar por entrometidos, o que nuestras percepciones son exageradas. El hecho es que ese temor nos lleva, muchas veces, a callar cuando es tiempo de hablar. El buen amigo, no obstante, sabe que el amor demanda que también velemos por el bienestar del otro. Cuando lo veamos peligrar, debemos actuar. El futuro del otro puede depender de nuestra acción.

Para pensar:

«Amigo es aquel que aparece cuando los demás desaparecen». Anónimo.

Liderazgo espiritual

¡Me sedujiste, Jehová, y me dejé seducir!
¡Más fuerte fuiste que yo, y me venciste! **Jeremías 20.7**

El capítulo 20 de Jeremías registra uno de los puntos más bajos en la trayectoria del profeta. No es que hubiera sido sorprendido por el pecado, ni que hubiera tomado una decisión errada. Más bien, había caído en un momento de depresión en el que deseaba, de todo corazón, acabar, de una vez por todas, con el tormento que significaba para él su ministerio. Este tipo de «bajón» es común en los que hemos sido llamados a servir como líderes entre el pueblo de Dios, y todo líder va a experimentar al menos una vez en la vida el deseo de dejarlo todo.

Las palabras de Jeremías nos proveen una interesante perspectiva sobre el origen del verdadero liderazgo en la Biblia. El líder eficaz rara vez busca ser líder. Al contrario, la mayoría se resistió al llamado que Dios trajo a su vida. Hubieran preferido encontrarse en otro lugar, realizando otra tarea diferente a la que el Señor les proponía. Moisés argumentó largo y tendido con Jehová, buscando la forma de convencerlo de que él no era la persona indicada para ir a hablar con el faraón. Gedeón se demoró, con varias «pruebas», en aceptar el encargo que el ángel de Dios le había traído. David estaba enteramente ocupado en cuidar las ovejas de su padre cuando llegó Samuel a ungirlo como rey. Jeremías, como bien dice el texto de hoy, fue seducido por el Señor. No se entregó fácilmente, pero el Señor fue más fuerte que él y el profeta acabó vencido. En resumen, estos hombres llegaron a ser líderes a pesar de sí mismos.

La trayectoria recorrida por estos líderes marca claramente una diferencia con el liderazgo que resulta de la ambición personal. Cuántas veces he escuchado a personas, inquietas y quejosas, que revelan lo mal que están en la congregación porque ellos «están para cosas más grandes». La trayectoria de sus ministerios es una interminable historia de lamentos por las oportunidades que, supuestamente, otros no les dan. No obstante, el líder que ha alcanzado un alto nivel de eficacia en su ministerio ocupa un cargo que hubiera preferido no ocupar.

Esta verdad fue clara para mí hace unos años cuando entré en contacto con una congregación que había perdido a su pastor. La congregación tenía formado un buen grupo de ancianos, pero cuando comenzaron a deliberar sobre un posible sucesor se libró una verdadera batalla campal. La ambición de la mayoría de estos hombres neutralizó sus ministerios y hundió a la iglesia en una profunda crisis. Lo interesante del caso es que la única persona dentro del grupo de ancianos que no deseaba ocupar ese puesto ¡era la que la iglesia deseaba como su pastor!

Así son las cosas en el reino. Los que quieren no son tomados en cuenta, y los que no quieren son llamados. Es la manera más eficaz del Señor para que el ministerio no sea impulsado por la ambición de sus hijos, sino por el sentido de llamado que él nos hace.

Para pensar:

«El verdadero líder es el que no tiene deseos de liderar, sino que se ha visto obligado a asumir el rol de líder por la presión del Espíritu y la urgencia de la situación». A. W. Tozer.

Ambición espiritual

Jonatán hijo de Saúl se levantó y vino adonde estaba David, en Hores, y lo reconfortó en Dios diciéndole: «No temas, pues no te hallará la mano de Saúl, mi padre; tú reinarás sobre Israel y yo seré tu segundo. Hasta mi padre Saúl lo sabe». Ambos hicieron un pacto delante de Jehová; David se quedó en Hores y Jonatán se volvió a su casa. **1 Samuel 23.16-18**

El pasaje de hoy se nos presenta con un atractivo cuadro de las dimensiones que puede alcanzar una amistad cultivada dentro de los principios espirituales que deben guiar la vida de aquellos que aman a Dios. Para entender la profundidad de las palabras de Jonatán es necesario que conozcamos el contexto en que fueron pronunciadas.

No podemos saber con certeza cuánto tiempo había transcurrido luego de la brecha que se había producido entre David y Saúl. El hecho es que el pastor de Belén ya no vivía en el palacio del rey, como había acontecido en los primeros días después de su victoria sobre Goliat. La envidia de Saúl lo había llevado a una postura cada vez más hostil hacia el joven, quien había huido de la presencia del rey. La injusticia de su situación prontamente sirvió para que otros perseguidos se unieran a él y se formara una banda de unos cuatrocientos hombres. El historiador nos dice que en este tiempo «David se quedó en el desierto, en lugares fuertes, y habitaba en un monte en el desierto de Zif. Lo buscaba Saúl todos los días, pero Dios no lo entregó en sus manos» (1 S 23.14).

En este momento de futuro incierto para David llegó Jonatán, buscando ofrecer apoyo al amigo con el que ya no podía ser visto en público. Note usted la frase que escoge el autor para describir el proceder de Jonatán: «lo reconfortó en Dios». Esto describe un proceso por el cual una persona, sensible a la dirección del Espíritu, es usada para fortalecer el ánimo de otro.

¿Qué ingredientes conforman este proceso de ministrar espiritualmente a alguien? Primeramente, la disposición de llegar a la persona afligida en el momento oportuno. En segundo lugar, la voluntad de decir algo, si es que el Señor así lo indica. En tercer lugar, la sensibilidad para decir lo que Dios quiere decir y no lo primero que se nos viene a la mente. Es en este punto que la mayoría de nosotros falla en ser verdadero instrumento en las manos del Señor, pues intentamos consolar con palabras que no solamente son humanas, sino que se hablan a destiempo.

Observe, también, el contenido de las palabras de ánimo que habló Jonatán. Vemos en ellas la verdadera grandeza de este varón cuyo destino original había sido heredar el trono de su padre. Mas ahora entendía que Dios había levantado a otro y estaba dispuesto a ubicarse bajo su liderazgo, como seguidor. Son pocos los hombres que consiguen renunciar tan desinteresadamente a un futuro prometedor, a fin de promocionar la vida de la persona que los ha reemplazado. Esta es la cara más preciosa del amor, cuando deseamos que a aquellos a quienes amamos les vaya mejor en la vida que a nosotros.

Para pensar:
«En la amistad convive un alma en dos cuerpos diferentes». R. Sibbes.

Disciplina al escuchar

Al que responde sin haber escuchado,
la palabra le es fatuidad y vergüenza. **Proverbios 18.13**

Todo líder debiera conocer bien el arte de llevar una conversación, pues por medio de ella cultiva relaciones más profundas con las personas a quienes pretende ministrar. Sin estas relaciones más íntimas será difícil que conozca las particularidades de la gente, con sus luchas y sus ilusiones. Inevitablemente el ministerio comenzará a alejarse hacia abstracciones o enseñanzas que son poco útiles a las personas.

Uno de los aspectos que debe manejar el que desea cultivar el arte de la conversación es saber escuchar a la otra persona, precisamente porque consiste en un intercambio de palabras entre dos y no un monólogo. No obstante, en estos tiempos oigo un lamento generalizado en muchos, porque la mayoría de las personas quiere hablar, pero son pocos los que desean escuchar.

El autor de Proverbios utiliza dos adjetivos para describir las palabras del que se apresura a hablar antes de que la otra persona haya terminado de decir lo que tenía que compartir: fatuidad y vergüenza. ¿Por qué se refiere al simple hecho de interrumpir en términos tan duros? En primer lugar, porque interrumpir revela una falta de aprecio por la otra persona. De hecho, le estamos diciendo que lo que nosotros tenemos que decir es más importante que lo que ellos están compartiendo. Tan importante pareciera ser lo nuestro que ni siquiera podemos darle a la otra persona la oportunidad de completar sus propias conceptos.

En segundo lugar, si no le permito hablar a la persona, no voy a tener la oportunidad de entender claramente lo que está tratando de compartir conmigo. Si no tengo todos los elementos que necesito para evaluar el contenido de su mensaje no puedo contestar u opinar con inteligencia. No obstante, con frecuencia creemos que sabemos lo que la otra persona va a decir. Incluso le decimos: «ya sé lo que me vas a decir», como si poseyéramos algún atributo especial que nos permite leer los pensamientos de los demás y adelantarnos a sus palabras. En ocasiones, hasta intentamos apurar la marcha de la conversación completando las frases del otro. En más de una situación, sin embargo, lo que decimos es completamente diferente a lo que el otro quería expresar.

¡Cuánto más eficaz resulta guardar silencio y esperar! Esto significa no solamente no interrumpir, sino también resistirse a la tentación de adelantarnos a elaborar mentalmente una respuesta. Cuando disponemos todo nuestro ser a escuchar atentamente a la otra persona, muchas veces nuestras preguntas se contestan solas a medida que habla. Y no solamente esto, sino que comenzaremos a percibir también el espíritu con que nos habla, la intención de sus palabras y el mensaje detrás de ellas. Esto es, en última instancia, la información más valiosa que podemos obtener, pues oportunamente nos permitirá hablar al corazón de ellos. Esta fue la práctica del Maestro de Galilea y una de las razones por la que sus dichos calaron profundamente en el corazón de sus oyentes.

Para pensar:

¿Cuál es su tendencia al hablar con otros? ¿Cómo demuestra su interés en lo que están compartiendo? ¿De qué forma puede resistirse a la tentación de interrumpir?

Reunidos en vano

También Saúl y los hombres de Israel se reunieron, acamparon en el valle de Ela, y se pusieron en orden de batalla contra los filisteos. Los filisteos estaban sobre un monte a un lado, e Israel estaba sobre otro monte al otro lado, quedando el valle entre ellos. **1 Samuel 17.2-3**

El texto de hoy inicia el capítulo que relata la victoria de David sobre Goliat. Como bien sabemos, este fue solo uno de una larga historia de conflictos entre estos dos pueblos enemigos. En este incidente, sin embargo, encontramos a los israelitas paralizados por el temor. Durante cuarenta interminables días el gigante salía dos veces por día, por la mañana y por la tarde, para lanzar su desafío a los hombres del ejército de Saúl. Sin embargo, no se encontraba entre ellos un solo hombre dispuesto a hacerle frente al filisteo. Los israelitas estaban reunidos, pero de nada les aprovechaba.

Las batallas no se ganan con solo reunir al ejército. Convocar a los guerreros es parte de la etapa preparatoria para confrontar al enemigo, pues si luego no se movilizan para iniciar las hostilidades de nada sirve que se hayan reunido. Aun cuando se trate de una multitud superior a las fuerzas del enemigo, las batallas solamente se ganan cuando se toma la decisión de entrar en combate.

De algún modo la imagen de los israelitas que acompañaban a Saúl, tan indecisos y pasivos en el momento que más firmeza se requería, nos ofrece una buena ilustración de la iglesia cuando ha perdido su rumbo. La verdad es que siempre se ha luchado contra la tendencia de convertir la reunión en un fin en sí, cuando, en realidad, el propósito de la reunión es alistar a las tropas para la batalla. No obstante, en infinidad de congregaciones, el compromiso de los cristianos simplemente consiste en reunirse y desbandarse, una práctica que no afecta ni intimida en lo más mínimo al enemigo. Cuando la iglesia asume esta postura de inacción, sus enemigos se burlan de ella y la ridiculizan por su falta de ingerencia en la sociedad en que vivimos.

El propósito para el cual existe la iglesia es ser sal y luz en la tierra, para anunciar «las virtudes de aquel que os llamó de las tinieblas a su luz admirable» (1 P 2.9). Esta no es más que la continuación del propósito original de Dios de crear un pueblo para sí. La bendición que entregó a este pueblo debía resultar también en bendición para aquellos que aún no habían sido alcanzados por ella, de modo que todas las naciones de la tierra llegaran a ser benditas (Gn 12.3).

Como líderes es fundamental que mantengamos los ojos sobre esta realidad. Nuestra función no es proveer una interminable sucesión de reuniones para que el pueblo de Dios esté entretenido. Convocamos a los hijos de Dios para capacitarlos «para la obra del ministerio» (Ef 4.12), y tenerlos en un estado de pasividad atenta contra los propósitos mismos para los cuales fueron comprados. La iglesia, cuando funciona con la dinámica correcta, se reúne para luego salir a conquistar nuevos territorios del enemigo. Esta es su vocación, y ¡ni las puertas del Hades podrán contra ella!

Para pensar:
«La misión sustenta tanto a la iglesia como las llamas el fuego». E. Brunner.

Borrar con el codo

Tú, pues, que enseñas a otro, ¿no te enseñas a ti mismo? Tú que predicas que no se ha de robar, ¿robas? Tú que dices que no se ha de adulterar, ¿adulteras? Tú que abominas de los ídolos, ¿cometes sacrilegio? **Romanos 2.21-22**

La trayectoria del líder lo va a llevar, siempre, a situaciones de dolor y angustia, situaciones que hubiera preferido evitar. Estas pueden incluir experiencias tan amargas como la oposición, el abandono o la traición; todas estas experiencias fueron parte de la vida de Aquel que fue delante de nosotros para indicarnos el camino a seguir. El líder maduro es aquella persona que ha llegado al punto en que entiende que esta realidad ha sido incluida en su llamado y la acepta como parte de lo que significa ejercer influencia sobre otros.

Existe una condición, sin embargo, que es más pesada y difícil de llevar para el líder y es la que el apóstol describe en el texto de hoy. Se trata de la angustia que acosa a la persona que habla y enseña verdades a otros y que no practica en su propia vida. Si bien Pablo estaba dirigiéndose a los judíos, esta realidad frecuentemente acompaña a los que tenemos responsabilidad de formar al pueblo de Dios. La descripción que realiza de la falsa confianza que acompaña al judío podría bien aplicarse a los que pastorean al pueblo de Dios: «Tú te llamas judío, te apoyas en la Ley y te glorías en Dios; conoces su voluntad e, instruido por la Ley, apruebas lo mejor; estás convencido de que eres guía de ciegos, luz de los que están en tinieblas, instructor de los ignorantes, maestro de niños y que tienes en la Ley la forma del conocimiento y de la verdad» (Ro 2.17-20).

Es precisamente este conocimiento más acabado de la Palabra lo que nos lleva a creer que estamos en otra dimensión de la vida espiritual. Confiamos que esa mayor percepción de la verdad de Dios, junto al rol que nos ha dado de ayudar a los que andan en ignorancia, es prácticamente lo mismo que vivir el modo de vida que predicamos a otros. No obstante, nuestras habilidades como comunicadores no pueden apagar el insistente testimonio de nuestro propio espíritu, que nos dice que no estamos situados donde el Señor quiere tenernos: en la práctica de la vida espiritual. El líder que aún conserva sensibilidad a la existencia de esta incongruencia en su propia vida personal, no podrá soportar por mucho tiempo la dicotomía en la que está viviendo.

¿Quiere decir esto que no podemos hablar ni enseñar de temas acerca de los cuales no tenemos experiencia? ¡De ningún modo! ¡No hace falta divorciarse para poder hablar con autoridad del divorcio! Pero sí debemos saber que nuestra autoridad tiene una relación directa con nuestro compromiso de vivir lo que enseñamos a otros. Usted logrará más respuesta por el respaldo que su vida le da al mensaje que predica, que por la elocuencia de sus palabras o lo elaborado de sus apuntes.

Para pensar:

La práctica de la vida espiritual es la que hace al maestro eficaz.

El escudero

Aconteció un día, que Jonatán hijo de Saúl, dijo al criado que le traía las armas: «Ven y pasemos a la guarnición de los filisteos, que está de aquel lado». Pero no lo hizo saber a su padre. **1 Samuel 14.1**

Si no ha leído alguna vez el incidente relatado en el capítulo 14 de Samuel, no se pierda la oportunidad de hacerlo hoy. Nos encontramos aquí frente a una de esas increíbles y osadas historias que acompañan la vida de aquellos que se animan a avanzar por fe en los proyectos de Dios. El capítulo tiene solamente dos personajes: Jonatán y su escudero. El protagonista principal, como siempre, es Jehová de los ejércitos.

Así como en tantas ocasiones, los filisteos habían subido contra los israelitas que estaban acampando en Micmas. Saúl ya daba muestras de esa inquietante característica que iba a terminar con su reino, la falta de habilidad para liderar a sus hombres en momentos clave. Como los filisteos tenían el monopolio en la fabricación de espadas, los israelitas se encontraban desprovistos de armas para hacerle frente al enemigo. La inacción se adueñó de los seiscientos hombres que acompañaban al rey, y así los encontramos cuando comienza este capítulo. En medio de esa situación de indecisión, Jonatán decide tomar la iniciativa y atacar a los filisteos, llevando consigo solamente una espada.

La valentía de Jonatán está muy bien registrada en las Escrituras. Lo que desconocemos por completo es la identidad de este escudero que lo acompañó en tan intrépida aventura. Permanece en el anonimato, aunque su hazaña está registrada en las crónicas de los grandes y, seguramente, su galardón en los lugares celestes será precioso.

A pesar de no conocer la identidad de este héroe, ni tener datos acerca de sus orígenes, quisiera resaltar el rol del escudero en la victoria de Israel. Lo más probable es que este paje de armas fuera joven e inexperto en asuntos de combate. Precisamente por esto se le había asignado la tarea de cargar con las armas de los guerreros. No obstante su insignificante responsabilidad, todo líder necesita de sus «escuderos» si es que desea lograr notables conquistas para el Señor. Los escuderos son aquellas personas sin ambición que están dispuestos a ocupar el lugar asignado para llevar adelante, con humildad, la tarea que se les ha confiado. Entienden que la fidelidad en este rol permitirá, eventualmente, que avancen a otros proyectos de mayor peso. De hecho, la fidelidad incondicional de este hombre permitió que participara plenamente de la victoria que obtuvo Jonatán, pues el texto nos dice que «a los que caían delante de Jonatán, su paje de armas, que iba detrás de él, los remataba. En esta primera matanza que hicieron Jonatán y su paje de armas cayeron como veinte hombres» (1 S 14.13-14).

El líder sabio sabrá valorar el aporte de sus escuderos y estará dispuesto a compartir con ellos sus logros. Verá en ellos los guerreros potenciales del mañana e invertirá cuidadosamente en sus vidas. En el futuro, por la gracia de Dios, serán ellos los que porten armas contra el enemigo.

Para pensar:

«Los grandes nunca se consideran grandes. Los pequeños nunca se consideran pequeños». Anónimo.

¡Bienaventurados en todo!

Pero el que mira atentamente en la perfecta ley, la de la libertad, y persevera en ella, no siendo oidor olvidadizo sino hacedor de la obra, éste será bienaventurado en lo que hace. **Santiago 1.25**

El apóstol Santiago, el maestro eminentemente práctico en los escritos del Nuevo Testamento, nos da la clave para no convertirnos en oidores olvidadizos. La frase describe con admirable sencillez la condición de no poder retener la información que guía la conducta o el proceder en la vida. Esto puede tratarse de algo tan sencillo como llegar a un cuarto y no poder recordar por qué razón se vino a él, o algo mucho más complejo, como puede ser la pérdida de memoria que es producto de enfermedades tan temibles como el Alzheimer. Para los efectos, los resultados son los mismos, pues uno queda desorientado y no sabe cómo proceder. Del mismo modo se podría describir a la persona que no retiene la Palabra de Dios. Se regocija con la proclamación de la misma pero no le da ninguna utilidad en su vida personal. Al igual que el exceso de maná recogido por los israelitas en el desierto, la Palabra se «echa a perder» y rápidamente queda olvidada.

No debemos desesperar por esta condición, tan común en estos tiempos, en que estamos sobresaturados de la Palabra. Santiago nos da claras instrucciones para llegar a ser bienaventurados en TODO lo que hacemos. Esas mayúsculas no están en el texto por error, sino para que usted y yo recordemos que el que vive la Palabra tiene promesa de bendición, y bendición «en abundancia» como afirmó Cristo. No debe confundirse esto con una vida sin problemas, que es la interpretación facilista del texto. Dios promete respaldar la vida de aquellos que viven conforme a sus designios, aun cuando les toque transitar por situaciones de extrema dificultad. Asimismo, no se nos debe escapar que esta bienaventuranza alcanza a los que hacen, no a los que oyen, estudian o memorizan la Palabra de Dios. Existe una gran diferencia entre el ejercicio intelectual que implican las últimas opciones y el esmero que es condición indispensable de la primera.

¿Cuáles son estas instrucciones de Santiago? En primer lugar, debemos mirar «atentamente» a la ley perfecta. Esta actitud indica una concentración de los sentidos que no puede ser lograda en una leída superficial del texto. Es el fruto de la convicción de que los tesoros más preciosos de la Palabra están al alcance de aquellos que realmente están dispuestos a buscarlos, esperando la revelación del Espíritu. Presupone el deseo de ocuparse con seriedad de la lectura de sus mandamientos.

En segundo lugar, Santiago exhorta a perseverar en ella, siendo un «hacedor de la obra». ¿A qué obra se refiere? Precisamente a la que resulta del estudio de la Palabra. Dios no entrega su verdad para informar, ni entretener, sino más bien para orientar hacia una acción concreta. El resultado del estudio será que nos mueva a hacer algo. Solamente aquellos que obedecen ese impulso divino alcanzarán la plenitud de la bendición, pues la obediencia desata el respaldo del Altísimo.

Para pensar:

La perseverancia es necesaria porque ni la carne ni el mundo nos acompañarán en el deseo de vivir en luz. La victoria es de aquellos que no desisten fácilmente de lo que se han propuesto.

Venderse al enemigo

Los hebreos que desde tiempo antes habían estado con los filisteos, y que desde los alrededores habían subido con ellos al campamento, se pusieron también del lado de los israelitas que estaban con Saúl y con Jonatán. **1 Samuel 14.21**

El capítulo 14 del primer libro de Samuel relata la extraordinaria hazaña de Jonatán, el cual subió contra los filisteos solamente acompañado por su paje de armas. El Señor premió su valentía con tan increíble victoria que movilizó a Saúl y a las tropas que estaban con él, que habían estado paralizadas por la indecisión. La iniciativa del joven guerrero desencadenó una serie de sucesos, uno de los cuales detalla el texto de hoy: los israelitas que se habían vendido al enemigo decidieron volver a unir sus vidas a la de sus compatriotas.

¿Qué hacían estos hombres colaborando con los filisteos? ¿Cómo podían haberse pasado a las filas de aquellos que constituían un tormento permanente para el pueblo de Dios? Para entender la razón de su decisión necesitamos saber que Israel se encontraba en una situación bastante desesperante. Los filisteos, que tenían el monopolio en la fabricación de espadas, habían subido para batallar contra ellos. Entre los seiscientos hombres que acompañaban al desafortunado rey Saúl había solamente dos espadas, las cuales estaban en manos del rey y su hijo. ¿Cómo podían estos hacerle frente a un ejército fuertemente armado? Algunos de los hebreos, viendo que estaban perdidos, decidieron echar su suerte con los que seguramente iban a triunfar, los filisteos. De ninguna manera querían estar del lado de los perdedores.

Esta decisión revela el profundo deseo de las personas de formar parte del grupo de los que triunfan en la vida. El éxito casi siempre viene de la mano del respeto y el reconocimiento de los que están a nuestro alrededor y, por haber crecido en un mundo caído, esto satisface el intenso anhelo de ser aceptados por los demás. El problema es que este deseo nos puede llevar a buscar la aprobación sin medir el precio que haya que pagar, aun hasta el punto de «vender nuestra alma por un plato de lentejas».

Cómo líderes debemos estar en guardia contra el deseo de agradar a los demás. En ocasiones estamos tan desesperados porque nuestro proyecto prospere, nuestra congregación crezca o nuestro programa logre buena asistencia, que estamos dispuestos a echar mano de cualquier método a fin de alcanzar esa meta. Sin percatarnos, podemos comenzar a negociar con los principios de un ministerio aceptable a los ojos de Dios. Aun podemos llegar a cruzar a las filas del enemigo, incorporando las técnicas, las filosofías y los principios que aseguran el éxito en el mundo. De allí que muchos pastores se mueven más como gerentes que como siervos. Nosotros, sin embargo, hemos sido llamados a estar firmes en los principios del reino. Nuestra suerte está echada con Jesucristo, y no debemos claudicar, aunque parezca que el enemigo nos tiene cercados. Las verdades de Dios no son negociables y él respalda la vida de aquellos que se mantienen firmes inclusive cuando la mayoría se haya vendido al enemigo. ¡Aun así, seguimos siendo mayoría!

Para pensar:

«¡Bienaventurado el hombre que puso en Jehová su confianza y no mira a los soberbios ni a los que se desvían tras la mentira!» (Sal 40.4).

Totalmente inadecuados

Él creyó en esperanza contra esperanza, para llegar a ser padre de muchas naciones, conforme a lo que se le había dicho: «Así será tu descendencia». Y su fe no se debilitó al considerar su cuerpo, que estaba ya como muerto (siendo de casi cien años), o la esterilidad de la matriz de Sara. **Romanos 4.18-19**

Siempre resulta difícil para nosotros percibir la verdadera dimensión de las pruebas que enfrentaron los grandes héroes de la fe. En parte esto se debe a que no poseemos mucha capacidad de captar el sufrimiento de aquellos que están a nuestro alrededor. Pero tampoco nos ayuda saber cómo termina la historia, por lo que nos parece que su resolución es más sencilla de lo que en realidad fue.

El texto de hoy nos da una buena idea de la lucha que enfrentaba el patriarca. El Señor había prometido darle un hijo, además de anunciarle que llegaría a ser padre de muchas naciones. Abraham, sin embargo, habitaba dentro de un cuerpo sumamente deteriorado. Quienes ya tenemos unos cuantos años de vida no necesitamos que otros nos den testimonio de esto. Basta con que nos miremos un momento en el espejo para encontrar evidencias del paso del tiempo. Como si esto no fuera suficiente, a diario sentimos las limitaciones físicas que vienen con el avance de los años. Nos agitamos con mayor facilidad. Tenemos que cuidarnos al levantar pesos, para no tener algún tirón en la espalda. Las comidas ya no nos sientan tan bien como en las épocas de nuestra juventud, cuando comíamos sin límite todo lo que se nos antojaba. Cuando intentamos leer la letra chica en el periódico, recordamos que nuestros ojos ya no enfocan con la facilidad de otros tiempos. Es decir, el paso del tiempo ha dejado sus huellas.

Por esta razón, cuando Abraham recibió la promesa de Dios de que iba a engendrar un hijo, no podía evitar mirar sus propias limitaciones para lograr este feliz acontecimiento. Al paso de los años se sumaba una vida de frustrados intentos para que Sara quedara embarazada. Hasta nos puede llegar a parecer que la propuesta de Dios es cruel y burlona. Debemos, sin embargo, recordar que este es el modo con que más frecuentemente obra el Señor. Parece deleitarse en escoger hombres y mujeres que no encuentran en sí mismos absolutamente nada que los inspire a creer que son las personas idóneas para la tarea. No pocos sospechan que el Señor ha cometido con ellos un grave error. ¿Cómo, por ejemplo, se puede escoger a un tartamudo para realizar una delicada tarea diplomática ante una figura tan poderosa como la del faraón?

No existe ningún error en el llamado, mi amado. Es por causa de nuestras debilidades que usted y yo hemos sido escogidos para servir a nuestro Dios, para que estemos obligados a depender enteramente de su gracia. Sentirse inadecuado, aunque produce sensaciones de temor y duda en nosotros, es la mejor condición para avanzar exitosamente en los proyectos de Dios. Debemos, entonces, imitar la fe de Abraham, que no tomó en cuenta su propia condición para juzgar la propuesta de Jehová. Y le fue contado por justicia.

Para pensar:

¿Cómo reacciona cuando se siente inadecuado para la tarea? ¿Cómo puede convertir sus debilidades en escalones para el progreso?

El privilegio de ofrendar

Asimismo, hermanos, os hacemos saber la gracia de Dios que se ha dado a las iglesias de Macedonia, porque, en las grandes tribulaciones con que han sido probadas, la abundancia de su gozo y su profunda pobreza abundaron en riquezas de su generosidad. Doy testimonio de que con agrado han dado conforme a sus fuerzas, y aun más allá de sus fuerzas, pidiéndonos con muchos ruegos que les concediéramos el privilegio de participar en este servicio para los santos. **2 Corintios 8.1-4**

Quizás ningún elemento delata tan fielmente el grado de nuestro compromiso con Cristo como nuestra relación con el dinero. Muchos cristianos serios revelan un verdadero desconocimiento de cómo se administran los bienes cuando uno es ciudadano del reino de los cielos. Aunque acostumbramos exhortar a la gente de nuestra congregación con el texto «Dios ama al dador alegre» (2 Co 9.7), desconocemos las dinámicas que están en juego en la ofrenda que nace de una acción del Espíritu en nosotros.

El texto de hoy nos da una buena orientación con respecto al tema. En primer lugar, es bueno que notemos que Pablo declara que lo que ocurrió en la iglesia de Macedonia es por la gracia de Dios. Es importante resaltar esta verdad porque ofrendar no es algo natural ni normal en los seres humanos. Al contrario, el hombre natural solamente piensa en sus propias necesidades. Aun después de que Cristo ha quebrado esa tendencia en nosotros, necesitamos abundante gracia para poder abrir el corazón y la billetera, para empezar a actuar con generosidad hacia los demás.

En segundo lugar, usted observará que la iglesia de Macedonia, que es presentada como un modelo de generosidad en el Nuevo Testamento, estaba atravesando un tiempo de profundas tribulaciones. Es probable que esto fuera resultado de las persecuciones que la iglesia naciente sufría, cada vez con mayor violencia, a lo largo y a lo ancho del imperio. De todos modos lo que vale la pena notar aquí es que las aflicciones no lograron desviar a la congregación de su cometido. Quienes hemos pasado por profundas angustias sabemos cuán fácil es tornarse, en estas circunstancias, completamente ciego a las necesidades de los demás.

En tercer lugar, vemos que ofrendaron en medio de una situación de «profunda pobreza». Es en este punto que más notamos la diferencia con nuestras propias tendencias, pues cuando estamos pasando penurias económicas una de las primeras cosas que sacrificamos es nuestra ofrenda. Los macedonios entendían que la mejor manera de combatir la amargura y la desazón que acompañan a la pobreza era con un espíritu de absoluta liberalidad. De este modo se aseguraron que el dinero no fuera lo que controlara su felicidad ni lo que les proporcionara seguridad en la vida.

Por último, note que le rogaron a Pablo que les concediera el privilegio de ofrendar. ¡Qué tremenda actitud! Nadie tuvo que suplicarle a ellos que ofrendaran. Más bien, ellos sentían que se iban a perder una gran bendición si no lo hacían. Esto sí que es una convicción nacida del Espíritu, pues siempre luchamos con la idea de que dar es perder. Ellos sabían que la ofrenda era un medio de gran ganancia.

Para pensar:

«Hay quienes reparten y les es añadido más, y hay quienes retienen más de lo justo y acaban en la miseria» (Pr 11.24).

Creer con el corazón

Pero ¿qué dice?: «Cerca de ti está la palabra, en tu boca y en tu corazón». Ésta es la palabra de fe que predicamos: Si confiesas con tu boca que Jesús es el Señor y crees en tu corazón que Dios lo levantó de entre los muertos, serás salvo, porque con el corazón se cree para justicia, pero con la boca se confiesa para salvación. **Romanos 10.8-10**

A efectos de comprender mejor el funcionamiento del ser humano es útil identificar las diferentes áreas que lo componen: el cuerpo, la mente, el alma y el espíritu (o el corazón). La persona completa es aquella que ha logrado un buen nivel de desarrollo en cada una de estas áreas de la vida. En nuestros tiempos, sin embargo, vemos que el hombre vive una vida cada vez más fragmentada, mostrando una gran disparidad en el nivel de desarrollo logrado entre los diferentes elementos que componen su humanidad.

Cuando consideramos al hombre contemporáneo observamos que, sin duda, posee un alto nivel de desarrollo intelectual. El proceso educativo formal, que es casi exclusivamente mental, ocupa al menos un tercio de la vida del ser humano. Vivimos también en una época en que ha proliferado como nunca antes el acceso del hombre a toda clase de información acerca de los temas más diversos. Alguien ha señalado que un diario típico de cualquiera de las grandes ciudades de nuestro continente posee más información de lo que una persona en el siglo XVII podía acumular en toda una vida.

Increíblemente, esta verdadera avalancha de información no ha producido personas más sanas y equilibradas. Al contrario, pareciera que la distancia que separa el desarrollo mental del desarrollo emocional o espiritual es cada vez mayor. El nivel de disparidad entre estas diferentes facetas de nuestra humanidad ha llegado a niveles alarmantes, y ha producido personas altamente desarrolladas en lo intelectual que, a la vez, son primitivas en lo emocional y espiritual.

Esto representa un verdadero obstáculo para aquellos que desean entrar en una dimensión más profunda de la vida espiritual. El lenguaje principal en el reino de los cielos es espiritual, pero este es el aspecto del ser humano que demuestra menos evidencias de desarrollo. En el texto de hoy, sin embargo, Pablo afirma que la acción de creer, para los hijos de Dios, es una acción que ocurre primordialmente en la esfera del corazón. Es una convicción espiritual que desafía las estructuras intelectuales que utilizamos para analizar y entender todos los demás aspectos de la vida. En lo intelectual, la mente se mueve confiada frente a los desafíos normales de este mundo, pero en lo espiritual tiene que contentarse con un rol secundario. No es que la mente no tiene ninguna función en la vida espiritual, sino que está limitada en su capacidad de incursionar en los misterios de Dios. La persona madura en Cristo no alcanza este crecimiento porque haya entendido que las propuestas de Dios son lógicas y fáciles de entender, sino porque posee una persuasión que es producto de una relación con el Señor.

Para pensar:

La convicción espiritual que mueve la vida del discípulo está directamente ligada a su cercanía a Dios. A mayor intimidad, mayor certeza de que el camino trazado por el Espíritu es el correcto.

Dones bien usados

Tenemos, pues, diferentes dones, según la gracia que nos es dada: el que tiene el don de profecía, úselo conforme a la medida de la fe; el de servicio, en servir; el que enseña, en la enseñanza; el que exhorta, en la exhortación; el que reparte, con generosidad; el que preside, con solicitud; el que hace misericordia, con alegría. **Romanos 12.6-8**

Durante la última etapa de su ministerio terrenal el Señor compartió con los discípulos la parábola de los talentos. En esta parábola (Mt 25.14-30) Jesús dejó bien en claro que cuando él estuviera ausente físicamente esperaba de ellos un buen uso de los talentos que habían recibido de parte de Dios. El resultado que buscaba de los diferentes siervos no era igual para cada uno de ellos, sino proporcional a lo que habían recibido. Todos ellos, sin embargo, recibirían su premio por la buena administración de los bienes del rey.

Pablo, en el texto de hoy, apunta a una idea similar. Cada una de las personas que conformamos el cuerpo de Cristo ha recibido dones. Ninguno de nosotros tuvo algo que ver en el don que nos fue entregado, sino que Dios reparte a cada uno en particular según su propia sabiduría y las necesidades de la iglesia (1 Co 12.11). En esto el Padre, que conoce aun los aspectos de nuestra vida que nosotros desconocemos, entrega dones que complementarán a la perfección las particularidades de nuestra personalidad e historia personal.

El apóstol desea que los hermanos de la iglesia de Roma tomen conciencia de que ellos tienen la responsabilidad de añadir algo a esos dones que han recibido, que es el compromiso personal de usarlos en una forma que agrada a Dios. Es decir, el don alcanza su mejor nivel de eficacia cuando el ejercicio de él va acompañado de la actitud que le corresponde: la profecía debe ser acompañada por la fe, el servicio por actos de asistencia, la administración por un espíritu compasivo y generoso, etcétera.

La razón por la cual es importante resaltar este principio es porque al líder le resulta fácil llevar adelante su ministerio solamente en la fuerza del don que le ha sido concedido. Un buen ejemplo de esto es Salomón, quien había solicitado a Dios que le diera sabiduría para gobernar al pueblo. Jehová oyó su petición y le concedió lo que había pedido (1 R 3.10-15). No obstante, el rey rápidamente se desvió del camino de su padre David. Tomó para sí mujeres de otras naciones, en abierta contraposición a lo establecido por la ley. Invirtió una enorme cantidad de recursos en construir un palacio lujoso para sí mismo. La sabiduría que había recibido dejó de ser útil y terminó escribiendo el libro de Eclesiastés, una obra pesimista que da testimonio de la «vanidad» del camino recorrido por Salomón.

Cada líder tiene la responsabilidad de usar bien los dones que ha recibido. Esto significa que deberá agregar al don el esfuerzo, la disciplina y la práctica que garantizan que ese don alcance su máximo potencial. De este modo, el líder se asegurará de todo el respaldo y la bendición de Dios en el ministerio que le ha sido confiado.

Para pensar:

¿Cuál es el don que ha recibido de Dios? ¿Qué pasos ha tomado para cultivar su uso? ¿Qué puede hacer para continuar el desarrollo del mismo?

El peligro de andar solo

El que vive aislado busca su propio *deseo, contra todo consejo se encoleriza.* **Proverbios 18.1 (LBLA)**

Uno de los desafíos que presenta la responsabilidad de ser líder es saber cómo manejar la soledad. El peso de discernir los propósitos de Dios para el pueblo y conducirlo por el camino que permitirá el cumplimiento de ellos reposa, en última instancia, sobre los hombros de quien ha sido llamado a esta función. Aunque puede estar rodeado de consejeros y colaboradores, la responsabilidad final es exclusivamente del líder y esto inevitablemente hará que, en algunas funciones, el líder esté solo. Tal fue la soledad de Moisés, que tuvo que interceder solo por el pueblo que se había prostituído con el becerro de oro. Del mismo modo nuestro Señor Jesús vivió solo su angustia cuando estuvo en Getsemaní. Quizás la falta de sensibilidad al enorme peso que reposaba sobre los hombros del Maestro es lo que, finalmente, hizo que los discípulos se quedaran dormidos.

Existe una clase de soledad, sin embargo, que no viene con el puesto, sino que es la manifestación de nuestra naturaleza caída. Es a esta condición que alude el autor de Proverbios en el texto de nuestro devocional. La *Traducción en Lenguaje Actual* traduce de esta forma el versículo: «El que es egoísta sólo piensa en sí mismo y no acepta ningún consejo». Inmediatamente nos damos cuenta a qué se refiere el texto, pues vemos cotidianamente las manifestaciones del egoísmo, no solamente en los demás, sino también en nuestra propia vida. Su perspectiva de la vida puede ser resumida en una sola palabra: YO. En todo momento, el único tema que le interesa al egoísta es su propia persona. Habla de sí mismo, se sirve a sí mismo y trabaja solamente para el beneficio de sí mismo.

Me gusta la traducción de *La Biblia de las Américas* porque capta la sutileza del egoísmo. El vivir aislado es asumir una postura en la vida donde se evita entrar en contacto con los demás. Entendamos bien que aquí no se hace referencia al aislamiento del que vive en una región remota del país, o en el campo. Es, más bien, una separación que resulta del deseo de evitar relaciones significativas con otros, sabiendo que esta clase de relaciones naturalmente conducen a intercambios transformadores. El que vive aislado no quiere correr el riesgo de que otros intervengan en su vida, precisamente porque busca su propio deseo y se convence de que nadie lo entiende.

Por supuesto que cada uno de nosotros cree que no somos personas egoístas. Para saber la verdad, sin embargo, podemos invertir el versículo de hoy. Busquemos primero el síntoma, que es enojarse ante todo consejo contrario a nuestra perspectiva, y luego sabremos qué clase de persona somos. El que actúa así, de seguro que se ha aislado para hacer su propia voluntad.

Para un líder, vivir aislado es particularmente peligroso, porque arrastra al pueblo detrás de su egoísmo. Ellos acaban sufriendo las consecuencias de esta clase de condición que el líder falsamente atribuye al ministerio. Esta no es soledad, sino necedad.

Para pensar:

¿Quiénes son sus consejeros? ¿Cómo reacciona cuando otros le dan consejos? ¿Cuándo fue la última vez que recibió un consejo que resultó beneficioso para su propia vida?

Peligro de intoxicación

El crisol es para la plata y el horno para el oro, y al hombre se le prueba *por la alabanza que recibe.* **Proverbios 27.21 (LBLA)**

El proceso de purificar metales preciosos no es muy complejo y ya era conocido en tiempos bíblicos. El metal, que en su estado natural está mezclado con toda clase de impurezas minerales, es sometido a un intenso proceso de calentamiento. El calor producido por el fuego hace que los elementos, que poseen diferentes puntos de fundición, se separen para que quede aislada la plata o el oro puro.

La ilustración del autor de Proverbios nos ayuda a entender cómo un proceso similar de purificación ocurre en el hombre. Es muy fácil para cada uno de nosotros confiar en nuestra propia capacidad para efectuar una evaluación acertada del verdadero estado en nuestro corazón. El mismo autor realiza una pregunta para la cual todos conocemos la respuesta: «¿Quién puede decir: Yo he limpiado mi corazón, limpio estoy de mi pecado?» (Pr 20.9 - LBLA). Es imposible que el hombre purifique su propio corazón, especialmente en lo que se refiere al tema del orgullo y la humildad.

El texto de hoy nos da una solución más confiable. Una buena manera de saber la clase de persona que somos o son aquellos con quienes estamos trabajando es medir su reacción frente a la alabanza. Al igual que las más severas pruebas, la alabanza tiende a sacar a la luz las motivaciones y actitudes escondidas en lo más profundo del ser humano.

Existen dos posibles respuestas, frente a la alabanza, que deben preocuparnos. La primera es la persona que se hincha de importancia y cree que sus logros son producto de su propia fuerza e inteligencia. Esta persona está transitando por un camino peligroso porque se ha olvidado que todo lo que tenemos y somos es el resultado de la generosa bondad de Dios hacia nosotros. Lo nuestro no tiene mérito porque todo lo que es bueno y justo procede de lo Alto. «No puede el hombre recibir nada a menos que le sea dado del cielo» (Jn 3.27). Jesús nos recordó claramente esta verdad cuando contó la parábola del siervo que había servido fielmente a su amo, no solamente en el campo, sino también en la casa. ¿Acaso debía el amo darle las gracias por lo que había hecho? La respuesta del Maestro fue clara: «Así también vosotros, cuando hayáis hecho todo lo que os ha sido ordenado, decid: "Siervos inútiles somos, pues lo que debíamos hacer, hicimos"» (Lc 17.10).

La otra reacción que debemos cuidar es la de la persona que es excesivamente «humilde» y rehúsa reconocer que ha tenido parte en el éxito de algún proyecto. Sospecho que esta actitud revela una extraña manifestación del orgullo, pues la falta de disposición a recibir los regalos que otros nos quieren dar también se debe a la altivez. La verdadera humildad sabe dar, pero también sabe recibir.

Corresponde, entonces, que agradezcamos el cumplido a quien nos lo haya ofrecido y luego se lo entreguemos a nuestro Padre, no sea que lo atesoremos en nuestro corazón. La mejor manera de manejar la alabanza es no dándole mucha importancia.

Para pensar:

«Los orgullosos aborrecen el orgullo... ¡en los demás!». Benjamín Franklin.

El antilíder

Se levantaba Absalón de mañana y se ponía a un lado del camino junto a la puerta, y a cualquiera que tenía pleito y venía ante el rey a juicio, Absalón lo llamaba y le decía: «¿De qué ciudad eres?». Él respondía: «Tu siervo es de una de las tribus de Israel». Entonces Absalón le decía: «Mira, tus palabras son buenas y justas; pero no tienes quien te oiga de parte del rey». Y añadía Absalón: «¡Quién me pusiera por juez en el país, para que vinieran ante mí todos los que tienen pleito o negocio, y yo les haría justicia!» **2 Samuel 15.2-4**

La estrategia que utilizó Absalón para robarse el corazón del pueblo nos permite entender cómo una persona puede obrar con astucia para minar el trabajo de un líder. Absalón no confrontó directamente a David, sino que comenzó a trabajar sutilmente en el corazón de las personas que apoyaban al rey. Esta forma de proceder no hace más que imitar la metodología del mismo diablo, quien trabaja sutilmente en el corazón de las personas para que se resistan a la voluntad del Padre. Del mismo modo, el joven israelita se ubicó a la puerta de la ciudad y fingió un verdadero interés en la vida de cada una de las personas que venían a ver a David.

Es necesario señalar que no hubiera podido lograr este trabajo si David hubiera estado ocupado en atender las necesidades de su pueblo. Con el pasar de los años, sin embargo, el rey se había distanciado de su gente y había desatendido la función vital de pastorearlos, tarea a la cual había sido llamado. La insatisfacción y la frustración de ellos constituía tierra fértil para que Absalón sembrara en sus corazones la semilla de la discordia.

Es por esta razón que podemos afirmar que es difícil robarle el corazón a personas que se sienten amadas y cuidadas. Cuando un pastor sufre esta clase de problemas es, en muchas ocasiones, una indicación de que no está atendiendo adecuadamente las necesidades de su gente. Como señalaba un sabio profesor mío, «¡es difícil robar ovejas gordas!». Es decir, las únicas ovejas que escuchan propuestas de ir a otros campos son las que no están siendo alimentadas correctamente en el lugar donde están.

¿Cuál es la estrategia a seguir con el antilíder, aquella persona que se resiste al liderazgo de la persona reconocida por el grupo? Estas situaciones no se resuelven con la agresión hacia los «Absalón» de nuestro medio. Más bien tenemos que hacer los ajustes necesarios en nuestro pastoreo para asegurarnos que las personas de la congregación estén siendo adecuadamente pastoreadas. Esto no significa que usted y yo tenemos que llevar adelante un ministerio perfecto, sino que debemos esforzarnos para que la meta principal de nuestro trabajo sea compartir el amor y la gracia de Cristo con aquellos a quienes ministramos. Si ellos se sienten amados y valorados por su pastor, va a ser muy difícil que escuchen las propuestas de alguien que quiera llevarlos para otro lado.

Para pensar:

¿Cómo demuestra su amor hacia las personas que está pastoreando? ¿En qué aspectos necesita mejorar su ministerio para atenderlos mejor? ¿Con quién está compartiendo la carga de cubrir adecuadamente las necesidades de su gente?

Pagar el precio

Desde entonces muchos de sus discípulos volvieron atrás y ya no andaban con él. Dijo entonces Jesús a los doce: «¿Queréis acaso iros también vosotros?». **Juan 6.66-67**

Una característica que marca una gran diferencia entre el estilo de liderazgo de Jesucristo y el que se ha hecho popular en nuestros tiempos es la forma de proclamar la verdad de Dios. Sin ánimo de ofender, Jesús no temía proclamar los aspectos más radicales del reino. Nosotros, sin embargo, vivimos en un tiempo en el cual se considera fundamental no alejar a las personas con posturas consideradas demasiado duras. Por esta razón, nos hemos volcado hacia un evangelio que parece estar conformado exclusivamente por una larga lista de beneficios que exigen poco y nada del discípulo, en cuestiones de entrega.

En los evangelios encontramos varios incidentes donde las enseñanzas de Cristo fueron consideradas como una afrenta por aquellos que las escucharon. Pareciera que aun los discípulos estaban preocupados por esto, pues en ocasiones ellos mismos hacían notar al Maestro la reacción que había provocado, como esperando que se retractara (Mt 15.12). El pasaje de hoy también capta uno de esos momentos en que la palabra del Mesías resultó demasiado comprometedora para los oyentes. A partir de ese momento, afirma el evangelista, muchos discípulos dejaron de seguirlo.

No encontramos a Jesús preocupado por este suceso. No salió corriendo atrás de ellos para tratar de reparar la situación, buscando retenerlos a toda costa. Él sabía que si no existía una decisión drástica de seguirlo, sin importar el costo, seguramente acabarían en una experiencia espiritual de mediocridad y tibieza. Lejos de estar preocupado, Jesús confrontó a los discípulos con una pregunta que exigía de ellos una definición: «¿Ustedes también se van?».

La reacción de Cristo parece un tanto extraña a nuestra sensibilidad posmoderna, pero tiene su razón de ser. Un discípulo no solamente debe tener conciencia de que seguir al Maestro tiene un costo, sino también que debe demostrar disposición a pagar ese precio. De no ser así, se pasará la vida necesitando que otros lo sostengan.

Este principio nos deja una importante lección para nuestra propia vida. En nuestro afán de formar discípulos responsablemente podemos terminar nosotros haciendo todo el esfuerzo, queriendo asegurar el compromiso de aquellos que estamos formando, con una entrega incondicional de nuestra parte. En mi experiencia pastoral los resultados de nuestra inversión rara vez permanecen cuando somos nosotros los que estamos haciendo todo el esfuerzo. Tarde o temprano aquellas personas en las que estamos invirtiendo tienen que llegar al punto de decidir si van a empezar a trabajar en su propia vida, sea cual sea el costo de esta decisión.

Pedro contestó por los discípulos: «Señor, ¿a quién iremos? Tú tienes palabras de vida eterna. Y nosotros hemos creído y conocido que tú eres el Cristo, el Hijo del Dios viviente» (Jn 6.68-69). Sabía que la vida por delante tendría muchas dificultades. Pero también tenía la convicción de que no estar con Jesús era perderlo todo. Abrazados a esta verdad, decidieron pagar el precio de seguir con el Mesías.

Para pensar:

¿Cuál es su estilo de liderazgo? ¿Cuánto sacrificio hace por las personas en las que está invirtiendo? ¿Cuánto sacrificio hacen ellos por ser formados?

Pureza de ojos

Hice pacto con mis ojos; ¿cómo, pues, había yo de mirar a una virgen?
Job 31.1

¡Qué interesante la frase que utiliza Job para describir su deseo de no pecar con los ojos! Nos permite entender que el patriarca tomó, en algún momento de su vida, una decisión consciente de guardar sus ojos para que no fueran instrumentos de iniquidad. A pesar de que él vivió en una época desprovista de la contaminación visual que, literalmente, abruma nuestros ojos en estos días, igualmente sentía el peligro de reposar la vista en aquello que no le convenía.

Si sabemos que el pecado es realmente una condición que afecta nuestro espíritu, pareciera innecesario disciplinar los ojos para que no nos lleven por el camino del mal. Job, sin embargo, entendía que los ojos son las ventanas por las que entran aquellas imágenes que afectan la condición del corazón. De hecho, si consideramos por un instante la manera en que se mueve el ser humano entenderemos cuán vital es la función de los ojos. Las personas que tienen negocios invierten mucho tiempo y dinero en revestir las vidrieras, pues una fachada atractiva ganará clientes. Si nos acercamos a alguna librería que vende revistas, podremos observar con cuánto cuidado han sido elaboradas las tapas de cada publicación. En realidad, la tapa es uno de los elementos decisivos en la venta de la revista. Del mismo modo podemos detenernos a pensar en el esfuerzo que se invierte en lograr diseños atractivos en autos, electrodomésticos o folletos de turismo. Todo esto apela al profundo aprecio que tiene el ser humano por la belleza.

Los ojos, como todo lo que ha sido contaminado por el pecado, también pueden ser el medio por el cual se siembra el pecado en nuestro corazón. Estamos rodeados por imágenes seductoras que apelan a deseos profundos que ofenden a Dios. El salmista se lamentaba por la condición de los impíos, de los cuales observaba: «Los ojos se les saltan de gordura; logran con creces los antojos del corazón» (Sal 73.7). Es decir, echan mano de todo aquello que codician sus ojos, sin medir las consecuencias de sus actos.

La Biblia nos invita a disciplinar nuestra vista para que podamos usarla dentro de los parámetros que Dios ha establecido para una vida de pureza. David pide al Señor: «Aparta mis ojos para que no se fijen en cosas vanas; avívame en tu camino» (Sal 119.37). Del mismo modo el autor de Proverbios anima: «Que tus ojos miren lo recto y que tus párpados se abran a lo que tienes delante» (Pr 4.25). En el Nuevo Testamento el apóstol Juan identifica al deseo de los ojos como uno de los grandes peligros que enfrentan los hijos de Dios. «No améis al mundo ni las cosas que están en el mundo», advierte. «Si alguno ama al mundo, el amor del Padre no está en él, porque nada de lo que hay en el mundo -los deseos de la carne, los deseos de los ojos y la vanagloria de la vida- proviene del Padre, sino del mundo» (1 Jn 2.15-16).

Para pensar:

La vista es uno de los preciosos regalos que hemos recibido de Dios. Nos toca a nosotros aprender a usarlos de manera que contribuyan a nuestra edificación. Por medio de una férrea disciplina, podemos aprender a deleitarnos en lo bueno y evitar lo malo.

Pecados de omisión

El que sabe hacer lo bueno y no lo hace, comete pecado. **Santiago 4.17**

Mucho énfasis se ha hecho, dentro del ámbito de la iglesia, en el cuidado que debe tener el discípulo de no cometer pecados. El concepto que se maneja es el de evitar comportamientos y actividades que la Biblia específicamente cataloga de pecaminosas. De esta manera, entonces, el hijo de Dios busca no participar en nada que pueda dañar su relación con el Señor, tal como la mentira, el engaño, el soborno o las relaciones ilícitas que puedan hundirlo en su vida espiritual.

Evitar estos pecados podría llevarnos a una falsa sensación de seguridad, al no encontrar en nuestra vida ninguna de las manifestaciones más visibles de la maldad. El apóstol Santiago, sin embargo, lleva el concepto de entrega a un plano más profundo. Nos está diciendo que para vivir una vida aceptable delante del Padre no alcanza únicamente con evitar el mal, aunque esto sea una parte importante de nuestro compromiso. Para vivir la vida espiritual en toda su dimensión debemos, además, estar dispuestos a involucrarnos con aquello que sabemos es bueno. Es decir, nuestra vida no puede ser vivida solamente en el plano de las reacciones, sino que el Señor nos llama también a ser personas de iniciativa, que deliberadamente buscan cultivar el bien.

Entender esta verdad puede librarnos de una vida de comodidad, donde nuestra principal actividad simplemente consiste en no transitar por el camino errado. El Señor, sin embargo, nos llama a estar activamente involucrados en promover el bien y extender el reino. Quiere decir que nuestra fe nos obliga a imitar el compromiso de nuestro Padre que, viendo nuestra condición perdida, tomó la decisión de hacer algo al respecto. Del mismo modo nosotros, al ver a nuestro alrededor personas atrapadas en el pecado y la maldad, debemos hacer a un lado nuestros propios intereses para trabajar activamente en buscar el bien del prójimo.

Santiago desea que entendamos que no hacer lo bueno es tan condenable como hacer lo malo. Examinemos por un momento, por ejemplo, la parábola del buen samaritano. Para muchos de nosotros la actitud del sacerdote y el levita, que pasaron al lado del hombre herido, fue de negligencia. A la luz del principio que expone Santiago, sin embargo, la falta de compromiso fue un pecado, porque sabían lo que debían hacer pero no quisieron comprometerse con la acción indicada.

Esto tiene serias implicaciones para los que somos parte de la iglesia del Señor. La iglesia debe ser, siempre, una fuerza activa y visible en la sociedad donde nos encontramos. Logra esta posición cuando está dispuesta a tomar la iniciativa de ocuparse de aquellas cosas que sabe que son buenas. Dios nos llama a nosotros, sus líderes, a que estemos constantemente animando a los miembros de nuestra congregación a que ocupen su lugar dentro de los proyectos de Dios, con sus vecinos, sus compañeros de trabajo, sus amigos y todos aquellos que él coloca en nuestro camino a diario.

Para pensar:

«Todo hombre es culpable del bien que no hizo». Voltaire.

Participantes de su triunfo

Pero gracias a Dios, que nos lleva siempre en triunfo en Cristo Jesús, y que por medio de nosotros manifiesta en todo lugar el olor de su conocimiento, porque para Dios somos grato olor de Cristo entre los que se salvan y entre los que se pierden: para estos, ciertamente, olor de muerte para muerte, y para aquellos, olor de vida para vida. **2 Corintios 2.14-16**

El apóstol Pablo, al igual que el Maestro de Galilea, frecuentemente utilizaba ejemplos de la vida real para ilustrar las grandes verdades del evangelio. Si no estamos enterados de la analogía que está usando podremos perder gran parte de la riqueza del texto, como puede suceder en el pasaje en que se basa nuestra reflexión de hoy.

La ilustración fue tomada de una práctica de las interminables campañas militares del invencible ejército romano. Cualquiera de los habitantes de la capital del imperio habría tenido oportunidad de presenciar alguno de estos acontecimientos. Otros, habrían escuchado los relatos de tan memorable espectáculo. Se trataba del desfile triunfal que realizaban los generales que concluían con éxito una campaña contra algunos de los pueblos enemigos del vasto territorio que controlaban.

Cuando lograban sofocar una rebelión -como en el caso de la fatal rebelión de los judíos en el año 70 a. C.- o ponían fin a alguna incursión para conquistar nuevos pueblos, el ejército victorioso retornaba a Roma, y entraba a la gran ciudad con un desfile triunfal. El espectáculo era presenciado por toda la población, que veía con sus propios ojos los frutos de la campaña realizada. La increíble procesión iba acompañada de toda la pompa típica de la vida en Roma. Encabezaban la marcha los sacerdotes que servían a los diferentes dioses del imperio, portando recipientes con incienso, los cuales desparramaban un fragante perfume a lo largo de toda la ruta del desfile. Detrás de ellos marchaban las tropas del ejército victorioso, vitoreados por el pueblo. Los soldados eran seguidos por el ejército derrotado, el cual llegaba a Roma encadenado, para ser vendidos como esclavos o convertidos en gladiadores. La procesión terminaba con la carroza que llevaba al general que había dirigido a las tropas victoriosas.

Cada uno de los que participaba en la marcha podía sentir el perfume que iban dejando los sacerdotes, pero tenía distinto significado para quienes lo olían. Para las tropas del ejército romano el aroma endulzaba la victoria obtenida, pero para el ejercito vencido, el mismo olor anunciaba la inminente muerte de muchos de ellos.

Del mismo modo, Cristo despliega el perfume de su victoria en la sociedad en que vivimos. Nosotros, su iglesia, somos los que despedimos el aroma de su triunfo. Algunos, percibiendo este dulce olor, encuentran al Cristo victorioso detrás de la vida de sus hijos. Para otros, sin embargo, la necedad de la cruz no significará otra cosa que el anuncio de su propia muerte espiritual. Sea cual sea la realidad, recae sobre nosotros ser testigos del triunfo de nuestro Señor. Despedimos perfume de cosas santas cuando escogemos vivir la clase de vida a la que hemos sido llamados. Es decir, logramos que otros vean al Mesías en nuestras palabras, nuestros gestos y actitudes, nuestro comportamiento y nuestras obras.

Para pensar:

La marcha triunfal de Cristo no es algo que está reservado para el futuro, sino una realidad visible en todos los lugares, donde su iglesia avanza victoriosa sobre las tinieblas.

Intimidad

De cierto, de cierto os digo: No puede el Hijo hacer nada por sí mismo, sino lo que ve hacer al Padre. Todo lo que el Padre hace, también lo hace el Hijo igualmente, porque el Padre ama al Hijo y le muestra todas las cosas que él hace. **Juan 5.19-20**

Este texto, del Evangelio según Juan, nos explica claramente la razón por la cual el ministerio de Jesucristo fue tan exitoso. Por esto, cuando le llegó la hora de marchar hacia la cruz, Cristo pudo declarar que había completado la obra que se le había entregado -lo cual no es lo mismo que decir que había hecho todo lo que podía. El secreto de haber concluido exitosamente su ministerio se encuentra en esa absoluta unidad que sostenía con el Padre, y describe el texto de hoy.

Podemos notar, primeramente, que el Hijo no emprendía proyectos por cuenta propia, sino que se unía a las empresas del Padre. Este punto es absolutamente clave para cualquier persona que está en el ministerio. Por supuesto, lo más fácil es elaborar un proyecto para glorificar al Padre y simplemente pedirle a él que lo bendiga. No obstante, los proyectos que avanzan son aquellos que coinciden plenamente con lo que el Padre está haciendo en el lugar donde nos encontramos. La verdad es que no tenemos capacidad, en nosotros mismos, de discernir las intenciones ni los pensamientos de nuestro Padre celestial. Si él no los revela, estamos condenados a trabajar a oscuras. El conocimiento de su voluntad, por lo tanto, se constituye en una pieza fundamental para construir un ministerio que goce del pleno apoyo de Dios.

La segunda parte del texto nos permite ver cómo Jesús lograba este conocimiento. El Padre, por el amor que lo unía al Hijo, le revelaba sus proyectos. Es decir, la calidad de relación que disfrutaban entre sí, llevaba a que, de manera natural, el Padre hiciera al Hijo partícipe de las intimidades de su corazón. El amor que el Padre tiene por el Hijo se basa, a la vez, en que Jesús vive una vida de sumisión absoluta a Dios.

¿Cómo afecta esta relación nuestro propio ministerio? No podremos avanzar con éxito si no estamos plenamente plantados en los proyectos de Dios. Para esto, necesitamos que el Padre nos revele su corazón. Solamente lo hará con aquellos que demuestran su amor y compromiso incondicional a él. Es decir, esta revelación no es tanto el fruto de una búsqueda en oración -aunque esto también es parte de nuestra relación con él- sino el resultado de la intimidad común entre dos seres que se aman.

Lo que debe alegrar inmensamente nuestros corazones, como líderes, es que esta intimidad está disponible para todos los que quieren alcanzarla. Jesús le dijo a sus discípulos: «El que tiene mis mandamientos y los guarda, ése es el que me ama; y el que me ama será amado por mi Padre, y yo lo amaré y me manifestaré a él» (Jn 14.21).

Para pensar:

«Ya no os llamaré siervos, porque el siervo no sabe lo que hace su señor; pero os he llamado amigos, porque todas las cosas que oí de mi Padre os las he dado a conocer» (Jn 15:15). Jesús de Nazaret.

Embajadores de Cristo

Y todo esto proviene de Dios, quien nos reconcilió consigo mismo por Cristo, y nos dio el ministerio de la reconciliación: Dios estaba en Cristo reconciliando consigo al mundo, no tomándoles en cuenta a los hombres sus pecados, y nos encargó a nosotros la palabra de la reconciliación. Así que, somos embajadores en nombre de Cristo, como si Dios rogara por medio de nosotros; os rogamos en nombre de Cristo: Reconciliaos con Dios. **2 Corintios 5.18-20**

El texto de hoy define en términos muy precisos la identidad y tarea de los que hemos sido alcanzados por la gracia de Dios. El apóstol Pablo declara que somos embajadores en Cristo, que realizamos una obra similar a la que el Hijo hizo a favor de este mundo perdido. La responsabilidad básica de un embajador es representar, ante un tercero, los intereses de la persona que lo envía. Esto no solamente incluye buscar que se conozcan y defiendan los proyectos del representado, sino también actuar de manera que se proclame la dignidad y seriedad de la persona a la cual se representa.

Estas observaciones son bien conocidas. No obstante, vale la pena reiterar que nuestra función principal no es trabajar para nosotros, sino para Aquel que nos ha enviado. Nuestro esfuerzo es por él. Nuestros logros son para él. Nuestras decisiones deberían ser las mismas que él desearía que tomáramos. La imagen que damos, el lenguaje que usamos y la manera en que nos comportamos determinan la manera en que otros ven al que nos envió. No obstante, es fácil que nos desviemos en el ministerio y comencemos a creer que en realidad trabajamos para nuestra congregación, nuestra denominación o la organización particular que representamos. Aún más fácil que esto es que un líder comience a promocionar su propia imagen y sus propios intereses, y crea que los logros son para beneficio de sus propios proyectos. Para evitar esto, periódicamente debemos detenernos para recuperar una perspectiva correcta de la vida y la obra que realizamos. No somos más que representantes de Aquel a quien servimos.

¿Cuál es la tarea principal a la que hemos sido llamados? Pablo declara que es la reconciliación, que es el esfuerzo por recuperar la relación perdida entre dos partes que están enemistadas. Presupone, primeramente, que una de las personas quiera volver a entablar el diálogo con la otra, lo cual es absolutamente cierto cuando de Dios se trata. Aun cuando estábamos muertos en nuestros delitos, él dio su vida para que nosotros pudiésemos volver a vivir. La otra parte, sin embargo, quizás no tenga interés en la reconciliación. Es más, es posible, incluso, que la otra parte ni siquiera se haya enterado de que la relación está quebrada.

Es aquí donde entra el trabajo paciente y bondadoso del embajador. Debe presentarse ante la parte distanciada e iniciar el proceso de acercamiento. A la vez, debe mantenerse informado y buscar la orientación del que lo envió, para recibir toda la sabiduría necesaria a fin de concluir exitosamente dicha empresa. Es un trabajo que requiere de diplomacia, caridad y perseverancia. Mas no podemos volver con las manos vacías, porque el que nos envió anhela profundamente volver a recuperar la relación perdida.

Para pensar:

«La más clara evidencia del amor es su disposición de sufrir por aquellos que ama». Anónimo.

La libertad del fracasado

Pero Pedro y Juan respondieron diciéndoles: «Juzgad si es justo delante de Dios obedecer a vosotros antes que a Dios, porque no podemos dejar de decir lo que hemos visto y oído». **Hechos 4.19-20**

Si tomáramos un instante para volver a leer el relato de la negación de Pedro, en Mateo 26, nos costaría, frente al texto de hoy, creer que se trata de la misma persona. Las circunstancias son prácticamente iguales; en ambos incidentes el apóstol fue confrontado y tuvo la oportunidad de confesar que era seguidor de Cristo. No obstante, en la primera escena vemos a un Pedro miedoso, atemorizado por las posibles consecuencias de la sencilla acción de abrir la boca y afirmar que era discípulo de Jesús. Más bien optó por la mentira, no solamente una vez, sino tres veces, negando, con la vehemencia de los que están acorralados, que alguna vez hubiera estado con el Maestro de Galilea. La transformación de Pedro, en la escena narrada en Hechos, es absoluta. Lejos de sentirse intimidado por las amenazas del Sanedrín, los confrontó con audacia y proclamó que no tenía intención, ni por un instante, de retomar el camino que tan apasionadamente abrazó en aquella ocasión: el silencio. ¿Cómo hemos de explicar un cambio tan radical en la persona del apóstol?

Creo que la respuesta la hallamos en ese dramático encuentro que tuvo con el Jesús resucitado, a orillas del mar de Galilea. Había bebido el trago amargo de las consecuencias de su negación. Una inconsolable tristeza y profunda desilusión se habían apoderado de su alma. Seguramente creyó que todos los sueños de ser parte del movimiento que había iniciado el Cristo estaban muertos. La profundidad de su caída, no obstante, preparó la tierra para su asombrosa recuperación después de la ascensión de Cristo. El encuentro que tuvo con Jesús desató todo el potencial que había en él, el cual había llevado al Padre a incluir al pescador en el grupo de los doce.

En este encuentro, el Señor dio a Pedro instrucciones precisas: «Apacienta mis ovejas» (Jn 21.17). Es decir, que se dedicara a hacer el trabajo para el cual había sido llamado. Esta extraordinaria comisión nos resulta difícil de digerir porque estamos muy acostumbrados a evaluar a las personas en función de sus logros. Puedo decir, sin temor a errar, que en muchas congregaciones alguien que hubiera pasado por una experiencia similar a la de Pedro seguramente sería descartado del ministerio, probablemente en forma definitiva. Mas Cristo revela, en esta ocasión, una de las más grandes verdades del evangelio: nuestros fracasos no condicionan los proyectos de Dios. Lo que mantiene en pie el proyecto del Señor para nuestra vida no es nuestra propia fidelidad, sino la fidelidad de Aquel que nos ha llamado. En una forma muy real Jesús le está diciendo al desilusionado discípulo: «¡Levántate! Yo sigo creyendo en ti».

Es solamente cuando descubrimos cuán extraordinariamente profunda es la gracia de Dios, que podemos alcanzar nuestro verdadero potencial en Cristo. Nadie parece entender mejor esto que aquellos que han experimentado los fracasos más desgarradores. Por eso, muchas veces los más intrépidos miembros del cuerpo son los que han sido rescatados de las peores condiciones.

Para pensar:

«¡Es increíble cuán fuertes podemos tornarnos cuando comprendemos lo débiles que somos!». F. Fénelon.

Cuando huir es sabio

Pero aconteció un día, cuando entró él en casa a hacer su oficio, que no había nadie de los de casa allí. Entonces ella lo asió por la ropa, diciendo: «Duerme conmigo». Pero él, dejando su ropa en las manos de ella, huyó y salió. **Génesis 39.11-12**

El concepto arraigado en nuestra cultura es que huir es solamente para cobardes, para aquellos que no tienen agallas para hacerle frente a los verdaderos desafíos de la vida. Según este criterio, los que huyen nunca triunfarán en la vida, pues las conquistas pertenecen a los que avanzan contra viento y marea. Muchas veces trasladamos esta filosofía al ministerio, cultivando una postura de obstinada perseverancia en lo que hacemos. No obstante, en ocasiones, como lo ilustra la historia de José, puede ser la fórmula ideal para el desastre.

Algunos podrían objetar que José terminó en la cárcel como resultado de su decisión de huir. Su corazón, sin embargo, estaba siendo preparado para las grandes responsabilidades que Dios iba a colocar en sus manos, en pocos años. A corto plazo, entonces, huir tuvo sabor a derrota, pero a largo plazo, su decisión puso las bases para una vida de trascendencia en los asuntos del Señor.

¿Qué es lo que motivó a José a huir? En primer lugar, observamos en el pasaje que el mayor compromiso de José era la honra de su Dios. Su deseo de no ensuciar el nombre de Jehová se extendía también a una decisión de no deshonrar al hombre que le había confiado el cuidado de todo lo que tenía en su casa, Potifar. Ya había declarado, en ocasión de las insistentes insinuaciones de la esposa de su amo: «Mi señor no se preocupa conmigo de lo que hay en casa, y ha puesto en mis manos todo lo que tiene. No hay otro mayor que yo en esta casa, y ninguna cosa me ha reservado sino a ti, por cuanto tú eres su mujer. ¿Cómo, pues, haría yo este gran mal, y pecaría contra Dios» (Gn. 8-9).

En el texto de hoy vemos que José se encontraba solo con la mujer de Potifar, una situación sumamente peligrosa para cualquier hombre que desea mantener la pureza de su corazón. Ella, no satisfecha con presionarlo con sus perversas invitaciones, echó por la borda la cautela y quiso tomarlo por la fuerza. José sabía que en breves instantes dejaría de poseer la disciplina y la claridad mental para mantenerse firme en su postura. No intentó fortalecerse en medio de una situación que apelaba a la sensualidad de la carne. Ante semejante peligro, decidió huir.

He aquí la clave de su decisión: conocía sus propias limitaciones y sabía bien por qué puertas podría ingresar el enemigo. El líder sabio sabe que hay situaciones en las que no podrá ejercer el control necesario para mantener la santidad de su vocación. Ni siquiera pretende intentar una lucha, porque no se encuentra en igualdad de condiciones. La decisión de huir requiere mayor coraje y valentía que el necio que cree poder triunfar donde otros, mejores que él, han caído.

Para pensar:

«Huye también de las pasiones juveniles y sigue la justicia, la fe, el amor y la paz, con los que de corazón limpio invocan al Señor» (2 Ti 2.22).

Pastores corruptos

Apacentad la grey de Dios que está entre vosotros, cuidando de ella, no por fuerza, sino voluntariamente; no por ganancia deshonesta, sino con ánimo pronto; no como teniendo señorío sobre los que están a vuestro cuidado, sino siendo ejemplos de la grey. **1 Pedro 5.2-3**

Permítame volver al sentido básico del término «corrupto», que se refiere a algo que ha perdido la pureza de su estado original. En este sentido, el texto de la primera carta de Pedro identifica claramente las formas en que el llamado de un pastor puede llegar a adulterarse. Esto ocurre cuando se adopta un estilo de liderazgo que es completamente contrario a los principios ejemplificados por Jesús, el modelo sin igual de lo que significa ser pastor.

Pedro anima a que el trabajo del pastor sea el de apacentar el rebaño, una tarea que debe ser llevada a cabo con ternura y en forma voluntaria. Es decir, ningún pastor debe sentir que está realizando la obra por obligación, sino que la hace pura y exclusivamente por convicción personal, nacida de un llamado celestial. El que pastorea por obligación cumple con las tareas que le corresponden, pero deja de lado su corazón, porque no tiene convicción en lo que hace. Cuando esto ocurre, el pastoreo se convierte en un trabajo en el cual el objetivo es simplemente cumplir con las obligaciones.

Resulta igualmente nocivo para quienes sirven por el beneficio que pueden sacar para su propia vida. Aunque Pedro habla del beneficio económico, no queremos limitarnos a este aspecto porque el pastoreo se presta para construir una reputación, ganarse el afecto de las personas o acceder a ciertos privilegios asociados con esta función. Todo esto distrae al siervo de su función esencial, que es velar por los intereses de aquellos que le han sido confiados.

Pedro también advierte contra un flagelo de nuestro tiempo: los pastores que se enseñorean de sus congregaciones. Estos son los que creen que las ovejas les pertenecen a ellos y que estas no pueden hacer nada sin antes recibir la debida autorización del pastor. Este modelo se desvía claramente del pastor conocido en Israel, una persona que rara vez cuidaba sus propias ovejas. Más bien, trabajaba para otro que, precisamente por su buena posición económica, podía darse el lujo de contratar a alguien que hiciera este trabajo por él. Del mismo modo, el pastor que trabaja en el reino no es dueño de la vida de los que pastorea, sino que los cuida y nutre para Aquel que los ha comprado con su propia sangre. No sueña, ni por un instante, ubicarse en la postura de «Señor», un título que ha sido reservado solamente para el Hijo de Dios. Por esto, su pastoreo se caracteriza por un estilo lleno de gracia y misericordia, sabiendo que cada persona tiene la misma libertad para moverse que el Padre celestial le ha concedido. Él ama profundamente a cada ser humano pero no se impone sobre nadie. La necesidad de controlar y restringir la libertad de las personas es la más clara manifestación de un amor mezquino y lleno de temores.

Para pensar:

«El deber nos lleva a hacer las cosas bien, pero el amor lleva a que las hagamos con gracia». P. Brooks.

La fiesta impostergable

Entonces Jesús le dijo: «Un hombre hizo una gran cena y convidó a muchos». **Lucas 14.16**

Esta es una de las tantas historias que usó Jesús para ilustrar los principios del reino. Como toda buena ilustración, es corta y sencilla, lo cual, además de facilitar la enseñanza, ayuda a grabar la verdad en el corazón de los oyentes. Si no recuerda los detalles quisiera animarlo a que se tome un momento para leer el relato completo de la parábola.

La historia contiene varios detalles interesantes para nosotros. En primer lugar, observe que el hombre decidió por sí mismo hacer una fiesta. Desconocemos los motivos por los cuales tomó esta decisión, pero sí sabemos que su deseo de llevar a cabo la cena era muy fuerte. Así también nuestro Dios. Creo que nunca podremos entender con claridad por qué decidió crear al hombre, aunque la Palabra nos da indicios de que su motivación principal era compartir el gozo de la comunión perfecta entre el Padre, el Hijo y el Espíritu. A nuestro Señor le produce un placer incomparable compartir una relación con sus criaturas, y se deleita en bendecir sus vidas.

En segundo lugar, debemos tomar nota de las excusas que presentaron los amigos e invitados. Ninguno de ellos presentó una explicación sin sentido. Cada uno tenía motivos legítimos para no participar en la cena, motivos relacionados a la vida y las responsabilidades que llevaban. Esto pone en relieve el gran peligro al que nos enfrentamos a diario los discípulos de Jesús, que es permitir que lo cotidiano nos absorba de tal manera que dejemos de participar en la vida sobrenatural que nos ofrece el Padre. El ejemplo más claro de esto lo encontramos en la persona de Marta (Lc 10.41). No había nada de malo en su deseo de servir, excepto que no sabía cuándo era el tiempo de dejar las tareas del hogar para disfrutar de un momento de intimidad con Jesús. Del mismo modo, nosotros podemos estar tan absortos en los diferentes proyectos de nuestra vida que percibimos la invitación de Cristo como una interrupción, en lugar de verla como la oportunidad para entrar a otra dimensión de la vida.

Si nosotros hubiéramos organizado esta cena, de seguro la hubiéramos cancelado frente a la negativa de los invitados. ¿Cómo se puede hacer una fiesta si las personas a quienes se desea agasajar rehúsan participar? Mas el hombre ni por un instante pensó en cancelar la fiesta. Simplemente decidió extender la invitación a otras personas. Es en esto que nos encontramos frente al punto más notorio de esta historia: Dios va a seguir adelante con sus proyectos, aunque decidamos no unirnos a ellos. Se va a dar el gusto de realizar su fiesta, con o sin nuestra presencia. Esto claramente revela que ninguno de nosotros es el centro de la historia, tan imprescindibles que la vida no puede continuar si no estamos presentes. Nuestro Señor es el principio y el fin de todas las cosas, el único sin el cual nada puede avanzar. Recae sobre nosotros, entonces, la responsabilidad de aceptar su invitación a vivir celebrando la vida con nuestro gran Dios.

Para pensar:

¿Cómo percibe usted las invitaciones de Dios de unirse a sus proyectos? ¿Cuál es su reacción frente a esto? ¿Qué revela esta reacción acerca de sus prioridades?

Ministrar y ser ministrado

Porque deseo veros para comunicaros algún don espiritual, a fin de que seáis fortalecidos; esto es, para ser mutuamente confortados por la fe que nos es común a vosotros y a mí. **Romanos 1.11-12**

Por largo tiempo Pablo había albergado en su corazón el deseo de visitar a los cristianos que residían en Roma. Era inevitable que el apóstol, que tanto había contribuido a la expansión del reino, fijara los ojos en la capital del vasto Imperio Romano. En el texto de hoy se encuentra claramente la razón que lo movía a realizar este viaje.

Así como lo hizo en todos los lugares por los que había pasado, Pablo también deseaba ministrar en Roma la Palabra y confortar a los hermanos en la fe. El que tiene una verdadera vocación pastoral no puede evitar ejercer su ministerio dondequiera que se encuentre, pues la tarea pastoral no es un trabajo, sino la manifestación de una vocación. Por esta razón, entonces, el apóstol deseaba llegar a la capital con el fin de «confirmar» a los hermanos impartiéndoles algún don espiritual. Se entiende por esta frase que él deseaba seguir edificando a la iglesia para que alcanzara la plenitud de su potencial en Cristo Jesús. Esto consistía en que recibieran y aprendieran a utilizar los dones que el Señor había entregado a su pueblo.

Resulta interesante, sin embargo, observar el resto del texto de nuestro devocional. Pablo no solamente deseaba llegar hasta ellos para ministrarles, sino que él también anhelaba recibir de ellos todo lo que quisieran darle. Encontramos en este deseo una profunda comprensión de la dinámica de la iglesia, donde todos nos edificamos mutuamente para producir el crecimiento del cuerpo de Cristo.

Esta receptividad hacia el ministerio de los demás es una de las actitudes más difíciles de encontrar en los pastores. Es muy fácil que el pastor llegue a pensar que él es el que edifica la iglesia y que su única función dentro del cuerpo es la de estar dirigiendo y ministrando la vida de los demás. Cuando esta perspectiva se hace fuerte en el líder, le cuesta relajarse en la presencia de los demás, para sacarse «la chaqueta» de pastor y moverse como un miembro más del cuerpo. En ocasiones, incluso, el pastor traslada esta actitud a su hogar y trata a su esposa e hijos como si fueran también miembros de la congregación.

El peligro de esta postura es comenzar a creer que no existen, dentro de la congregación, personas que realmente nos pueden ministrar. De este modo, nuestro trato con ellos se convierte en un camino unidireccional. Nosotros siempre damos y ellos siempre reciben. El apóstol Pablo, a pesar de gozar de un prestigio y un perfil sin igual dentro de la iglesia del primer siglo, poseía un corazón abierto y humilde, dispuesto a recibir de sus hermanos lo que ellos pudieran entregarle de parte de Dios. Esta clase de líder es el que más inspira a sus seguidores, porque no se presenta como perfecto sino, más bien, como alguien que también está en el proceso de formación. Lejos de restarle autoridad, esta actitud enaltece su persona y bendice su vida.

Para pensar:

«Ni el ojo puede decir a la mano: "No te necesito", ni tampoco la cabeza a los pies: "No tengo necesidad de vosotros"» (1 Co 12.21).

El pecado de Sodoma

Vivo yo, dice Jehová, el Señor, que tu hermana Sodoma y sus hijas no han hecho como hiciste tú y tus hijas. Ésta fue la maldad de Sodoma, tu hermana: soberbia, pan de sobra y abundancia de ocio tuvieron ella y sus hijas; y no fortaleció la mano del afligido y del necesitado. **Ezequiel 16.48-49**

Resulta de mucho provecho leer los comentarios que hacen diferentes autores de la Biblia sobre eventos históricos. Muchas veces añaden a nuestra perspectiva alguna dimensión que no encontramos en el relato original de los eventos. Tal es el caso del Salmo 78, por ejemplo, que nos provee un comentario sobre la salida de los israelitas de Egipto y su conflictivo paso por el desierto. Del mismo modo, en el texto de hoy, encontramos un interesante comentario sobre la destrucción de Sodoma, que complementa el relato original de Génesis.

Si yo pudiera preguntarle a una persona dentro del ámbito de la iglesia cuál fue la razón por la que Dios destruyó las ciudades de Sodoma y Gomorra, estoy seguro que la mayoría me daría una respuesta similar: El Señor terminó con aquellos dos poblados por causa del profundo deterioro moral en el que habían caído, con prácticas sexuales que aún hoy resultan detestables.

Esta decadencia es lo que estaba a la vista, pero el profeta Ezequiel ni siquiera la menciona en el texto de nuestro devocional. Creo que la razón es clara: las prácticas abominables en que habían caído no eran la causa de su problema, sino el síntoma. Es decir, la entrega desenfrenada a una vida de placer era el resultado de otras falencias mucho más serias, las cuales están mencionadas en este pasaje. El profeta identifica cuatro aspectos de la vida de los habitantes de aquellas ciudades, que nos dan interesantes pistas acerca de la esencia del problema que enfrentaban.

En primer lugar, afirma que ellos tuvieron abundancia de pan. Hemos de entender por esto que Dios los bendijo abundantemente con bienes materiales; gustaron de la prosperidad como fruto del trabajo de sus manos. Junto a la prosperidad, sin embargo, llegaron dos actitudes típicas de los que tienen mucho: la soberbia y el ocio. El orgullo es el resultado de creer que lo que hemos conseguido ha sido por la astucia y las habilidades propias. No existe ningún reconocimiento de la bondadosa provisión del Altísimo en ese estado de bienestar que disfrutamos. El ocio resulta cuando se tienen tantas riquezas que ya no hace falta trabajar para seguir ganándose el pan de cada día. La persona comienza a buscar la forma de divertirse, gastando en su propia vida la abundancia que posee.

Ezequiel señala que no siguieron el camino que Dios desea para aquellos que han alcanzado la prosperidad, que es bendecir a los que no tienen. Los habitantes de Sodoma no se ocuparon del afligido ni del necesitado. De este modo, queda al descubierto el verdadero problema de ellos: no supieron administrar con sabiduría todo lo bueno que habían recibido de la mano del Señor. Habiendo rechazado la inversión en otros, se volcaron hacia una vida de egoísmo absoluto.

Para pensar:

Dios nunca bendice exclusivamente para nuestro bienestar. Lo que recibimos tiene un destino comunitario, y debe servir para bendecir la vida de muchos. Esta es la esencia de nuestro llamado.

El valle de lágrimas

¡Bienaventurado el hombre que tiene en ti sus fuerzas, en cuyo corazón están tus caminos! Atravesando el valle de lágrimas, lo cambian en fuente cuando la lluvia llena los estanques. Irán de poder en poder; verán a Dios en Sión.

Salmo 84.5-7

¡Qué refrescante es volver periódicamente a los salmos para leer las luchas, las victorias y las derrotas de quienes nos han precedido en el camino de la fe! Su contenido es de especial bendición para nosotros porque captan los sentimientos más complejos del ser humano, los mismos que a veces nosotros no sabemos identificar. Estos cantos del alma nos dejan con la certeza de que muchos otros han transitado por las mismas experiencias que nostros.

En el texto de hoy el salmista describe la ventaja que tiene el hombre que se ha refugiado en el Señor, que ha hecho de Jehová su fortaleza. Esta persona enfrenta las mismas dificultades que el resto de las personas a su alrededor. Experimenta adversidades, injusticias, opresión y pruebas personales. El secreto de la manera en que triunfa en la vida no está en sus circunstancias, sino en lo avanzado de su propio desarrollo espiritual. Posee una plenitud de vida interior que le permite mirar la vida con ojos enteramente diferentes a los demás. No solamente sale airoso de situaciones que desconciertan y desaniman a otros, sino que las transforma.

El valle de lágrimas al que se refiere el salmista es un lugar de tribulación y angustia, donde la sequía atenta contra la vida. No obstante, la persona que ha hecho de Jehová su fuerza, en cuyo corazón están los caminos del Señor, pasa por este lugar de muerte y trae consigo bendición. Donde no existe esperanza trae buenas nuevas. Donde hay tristeza, imparte gozo. Donde hay maldición, extiende bendición.

Esto no es otra cosa que la manifestación de la obra de Dios en la vida de la persona. El Señor no solamente bendice al que se entrega a él, sino que lo convierte en instrumento de bendición hacia los demás, completando así el círculo de vida. Por esta razón el salmista declara, confiado, que tales personas «irán de poder en poder». Es decir, la vida para ellos será de gloria en gloria, aun en las circunstancias más oscuras. La victoria que experimentan a diario es la manifestación de una realidad instalada en lo más profundo de su corazón y no existe situación alguna que la pueda alterar.

¿A qué se refiere el salmista cuando dice que esta persona tiene sus fuerzas en Dios? La frase «en cuyo corazón están tus caminos» nos ofrece una buena pista. Esta es una persona cuyo deleite es la ley de Jehová, que tiene convicción de que la única vida posible es la que el Señor propone. No transita por la vida pidiendo a Dios que bendiga sus propios planes y proyectos, sino que a cada paso busca actuar conforme a las instrucciones específicas que recibe de lo alto. Es un hombre que tiene una sana desconfianza de su propia sabiduría. Sabe que aun cuando el camino a seguir parece obvio siempre conviene buscar el rostro de Dios.

Para pensar:

«Mas los que esperan en Jehová tendrán nuevas fuerzas, levantarán alas como las águilas, correrán y no se cansarán, caminarán y no se fatigarán» (Is 40.31).

¡Nada difícil!

Este mandamiento que yo te ordeno hoy no es muy difícil para ti, ni está fuera de tu alcance. Pues la palabra está muy cerca de ti, en tu boca y en tu corazón, para que la guardes. **Deuteronomio 30.11, 14 (LBLA)**

Si entramos a cualquier librería cristiana encontraremos muchas obras acerca de los diferentes aspectos de la vida espiritual. Muchas de ellas nos ofrecen la receta que promete destrabar la bendición del Señor en nuestras vidas. Uno podría pensar, frente a tanta literatura, que es la falta de entendimiento de los hijos de Dios acerca de la vida cristiana la que ha dado lugar a esta increíble proliferación de libros. Compare esa montaña de información con lo sencillo del texto que hoy forma parte de nuestro devocional. ¡Qué increíble diferencia!, ¿verdad? Pareciera que tanta literatura a veces nos distrae de la verdadera sencillez que encierra el proyecto divino para nuestras vidas.

No me malinterprete. No estoy diciendo que los libros no sirven, ni tampoco que la labor de un autor es en vano. Yo mismo soy amante de los buenos libros y procuro mantener alimentado mi hábito de leer buena literatura. El punto es este: la abundancia de recursos escritos no debe intimidarnos, ni llevarnos a pensar que la vida espiritual es un asunto extremadamente complejo. Más bien, el requisito para vivir en Cristo es un tema sumamente sencillo y puede resumirse en una sola palabra: obediencia.

Piense en lo que Dios le estaba diciendo al pueblo que salía de los cuarenta años en el desierto. La palabra que él traía a su vida no era una palabra demasiado complicada, ni muy difícil de practicar. Estaba al alcance de todos aquellos que deseaban vivir una vida agradable para Jehová. La dificultad no radicaba en lo complejo de la Palabra. Al contrario, se tornó complicada por las rebuscadas explicaciones que quisieron darle los supuestos intérpretes de la ley. La dificultad, más bien, radicaba en otro lugar totalmente diferente: la obstinada resistencia del espíritu humano a recibir órdenes de los demás.

Pero el Señor revelaba al pueblo que la Palabra siempre iba a estar cerca de ellos, en sus bocas y en sus corazones. Es decir, por medio del accionar del Espíritu iban a poder guardar en sus espíritus toda la verdad que necesitaban para vivir vidas santas. Observe que Dios hace esta afirmación a un pueblo que no poseía ni libros, ni Biblias. Mas la ausencia de la Palabra escrita no iba a convertirse en un impedimento para una vida de obediencia. Nadie iba a poder aducir ignorancia de los designios del Altísimo, porque el mismo Señor iba a encargarse de que la Palabra estuviera bien cerca de cada uno de ellos.

El pasaje revela, una vez más, el corazón increíblemente bondadoso de nuestro Dios. Él está mucho más interesado que cualquiera de nosotros en que vivamos una vida que le agrade. Para esto ha hecho amplia provisión para nosotros, poniendo la Palabra al alcance de todos los que aman la verdad. Además, a esta generación le ha dejado la ayuda del Espíritu, que nos recuerda a cada paso los mandamientos de nuestro Padre celestial. ¡Cómo no vivir una vida de victoria!

Para pensar:

«Un acto de obediencia vale mil sermones». D. Bonhoeffer.

La esperanza del «olvidado»

Entonces el faraón envió a llamar a José; lo sacaron apresuradamente de la cárcel, se afeitó, mudó sus vestidos y vino ante el faraón. El faraón dijo a José: «Yo he tenido un sueño, y no hay quien lo interprete; pero he oído decir de ti que oyes sueños para interpretarlos». **Génesis 41.14-15**

En los años que Dios me ha concedido servirle en el ministerio de la consejería me he cruzado muchas veces con obreros frustrados, especialmente entre los jóvenes. La historia de cada uno, aunque posee detalles particulares de la persona, siempre posee matices similares. «Yo quisiera estar desarrollando mi ministerio dentro de la iglesia, pero los líderes no me dan ningún tipo de apoyo». En la perspectiva de esta persona, su acceso al ministerio está bloqueado por aquellos que, por alguna razón, impiden que avance hacia su realización.

Si esta convicción fuera acertada, quisiera hacerle una pregunta: ¿qué posibilidades había de que José, que yacía olvidado en una cárcel egipcia, no siendo más que un insignificante esclavo, pudiera avanzar hacia algún proyecto personal y significativo? Descartemos, de entrada, que pudiera lograr alguna mejora en su situación por su propia acción. Ningún preso tiene posibilidad de mejorar su propia situación, salvo en los insignificantes detalles de la vida misma dentro de la cárcel. La ayuda que José necesitaba tendría que llegar desde afuera, pero ¿quién iba a acordarse de un esclavo hebreo que había sido condenado por tan poderosa persona como Potifar? ¡José había, literalmente, dejado de existir para el mundo!

Quizás usted capte lo absolutamente inútil que parece la situación de José. Así también parecen nuestras opciones en la vida cuando vemos que, por dondequiera que deseamos avanzar, nuestro camino parece estar bloqueado. A diferencia de él, sin embargo, es muy fácil que nos enfoquemos en aquellos que son los aparentes responsables de nuestra frustración. Comenzamos a albergar en nuestro corazón sentimientos de resentimiento y enojo hacia ellos. De no ser por la actitud mezquina que ellos demuestran, seguramente nosotros podríamos estar en una situación mucho mejor que la presente.

Permítame expresar en una frase el principio que el texto de hoy nos revela: el que abre y cierra las puertas de la oportunidad es el Señor. Ningún hombre puede detener su accionar cuando él ha decidido ubicar a uno de sus hijos en algún lugar de responsabilidad dentro de la iglesia, la empresa, o el lugar donde llevamos a cabo nuestra labor cotidiana. Podríamos languidecer en una cárcel, olvidados para el mundo, mas cuando Jehová pone sobre nosotros sus ojos, nadie puede detener el avance de nuestra vida. No cometa el error de creer que existe alguien sobre la faz de la tierra que posea este mismo poder. Solamente el Señor crea las oportunidades que necesitamos para avanzar a la plenitud de sus proyectos.

¿Cuál debe ser, entonces, nuestra actitud? No debemos atacar a quienes no tienen la autoridad final de lo que pasa en nuestra vida. Ellos poseen las mismas limitaciones que nosotros. Más bien hemos sido llamados a esperar el tiempo de Dios, aquel momento en que llega un mensajero del faraón para llevarnos delante de príncipes y gobernadores. Mientras tanto, imitemos a José: seamos los «prisioneros» ejemplares en el lugar donde nos encontramos hoy.

Para pensar:

Cuando Dios se detiene, nadie lo puede mover. Cuando Dios se mueve, nadie lo puede detener.

El camino de la pureza

¿Cómo puede el joven guardar puro su camino?
Guardando tu palabra. **Salmo 119.9 (LBLA)**

La pregunta que hace el salmista es importante para nosotros. En primer lugar, porque la pureza es un aspecto fundamental de la vida espiritual. El apóstol Pedro le dice a la generación del Nuevo Pacto: «Como hijos obedientes, no os conforméis a los deseos que antes teníais estando en vuestra ignorancia, sino, así como aquel que os llamó es santo, sed también vosotros santos en toda vuestra manera de vivir, porque escrito está: "Sed santos, porque yo soy santo"» (1 P 1.14-16). Esto nos presenta con uno de los más grandes desafíos para la iglesia que debe, a la vez, incursionar en un mundo profundamente contaminado.

Existe otra razón por la que la pregunta de David es de peso. Su deseo es descubrir, puntualmente, cómo puede el joven guardar puro su camino. Esto no significa que la generación que les antecede está exenta de esta responsabilidad. Pero es de particular importancia que el joven descubra el secreto de la pureza porque se encuentra en una etapa de la vida donde las tentaciones poseen un poder especialmente seductor. La razón de esto es que el joven aún no ha adquirido la madurez ni la sabiduría para discernir cuál es el fin de muchas de las propuestas impuras que el mundo ofrece. La respuesta que trae el salmo es breve, sencilla y bien al punto. Lo que hace falta es guardar la palabra.

Quisiera resaltar, por un momento, lo que no incluye esta respuesta. David no está diciendo que la pureza se logra memorizando versículos bíblicos, aunque esta disciplina, por cierto, es de mucha bendición. Tampoco está señalando que la pureza se obtiene mediante el estudio diligente de las Escrituras. Queda descartado, por ende, que podamos alcanzar la pureza escuchando muy buenas predicaciones bíblicas, o leyendo excelentes comentarios acerca de las Escrituras. Todas estas actividades pueden, ciertamente, facilitar la tarea que propone el salmista, pero ninguna de ellas la puede sustituir.

Creo que es importante mencionar esto porque es muy fácil confundirse y creer que las actividades mencionadas son prácticamente lo mismo que el camino señalado por el salmista. No obstante, la respuesta de David es bien clara: la pureza se obtiene con guardar la Palabra. ¿Y a qué se refiere con «guardar»? Cumplir, obedecer, seguir, practicar, ejecutar, vivir, hacer, ejercer... usted ya se da una idea de lo que implica. La pureza se alcanza cuando uno asume el compromiso de que cada acción, a cada momento, de cada día, esté dirigida por los designios eternos del Señor.

Observe que la pureza no se obtiene como resultado de una elaborada estrategia para evitar el mal. En demasiadas congregaciones el enfoque de la vida cristiana es una larga lista de pecados a evitar. David, sin embargo, señala que la pureza es el resultado de caminar en la verdad, una postura mucho más saludable y atractiva para nosotros. Cuando vivimos haciendo lo bueno, lo malo queda excluido automáticamente como alternativa de vida. ¡Vale la pena guardar su Palabra!

Para pensar:

¿Qué Palabra está trayendo Dios a su vida en este tiempo? ¿Qué pasos está tomando para guardarla? ¿Qué resultados ha observado?

«Evangelio» de agresión

Al ver esto, Jacobo y Juan, sus discípulos, le dijeron: «Señor, ¿quieres que mandemos que descienda fuego del cielo, como hizo Elías, y los consuma?» Entonces, volviéndose él, los reprendió diciendo: «Vosotros no sabéis de qué espíritu sois, porque el Hijo del hombre no ha venido para perder las almas de los hombres, sino para salvarlas».

Lucas 9.54-56

El ser humano nunca se ha caracterizado por la capacidad de tolerar a quienes ven las cosas de forma diferente a él mismo. La intolerancia puede degenerar en actos de discriminación en la escuela, el trabajo o la sociedad. Cuando es llevada a sus más detestables extremos produce homicidios y guerras, los cuales no hacen más que revelar cuán alejado está el hombre caído del espíritu bondadoso del Dios que lo ha creado. Tales actitudes, aunque lamentables, no deben sorprendernos.

Sí debe asombrarnos, sin embargo, cuando la intolerancia se instala en el seno de la iglesia, la representante visible de la gracia extendida del Padre hacia un mundo caído. Jesús, camino a Jerusalén, había enviado a algunos de sus discípulos a que le prepararan un lugar en las aldeas por las que pasaba. En uno de estos poblados, entre los samaritanos, se le negó hospitalidad. La respuesta hostil de la gente de la zona provocó en los discípulos la respuesta que leemos en el texto de hoy.

Debemos observar que los discípulos se estaban valiendo de un precedente bíblico para la desatinada propuesta que elevaban al Señor. No entendían que el espíritu con que Elías enfrentó a los profetas de Baal era enteramente diferente al que ellos desplegaban en este momento. En aquella ocasión, el profeta confrontaba a un grupo de religiosos que servían para perpetuar la idolatría de toda una nación. En esta oportunidad, las personas simplemente no estaban dispuestas a extenderle una bienvenida a Cristo. El hecho es que una respuesta tan trivial despertó en los discípulos los deseos más desenfrenados de venganza.

Jesús señaló que ellos no sabían aún a quién estaban sirviendo, pues estaban claramente desalineados con los deseos del Hijo de Dios, que no vino a traer condenación sino vida. Esta es la esencia del evangelio, la cual no siempre hemos sabido captar correctamente. Si recordáramos cuánta paciencia ejerció el Señor con nosotros antes de que aceptáramos su invitación a unirnos a su familia, eso nos ayudaría a ser más misericordiosos con otros. La conversión es más un proceso que un momento, y la herramienta que más acerca a los hombres a esta experiencia es el amor.

Es precisamente esta falta de amor lo que muchas veces no produce mayor convicción en las personas con quienes compartimos el evangelio. Ellos perciben que si no aceptan el evangelio, recibirán nuestra condenación. Entienden que no es un amor puro lo que nos mueve y por eso no conseguimos tocar su corazón. El rechazo inicial, sin embargo, podría ser la oportunidad preciosa que Dios nos está dando para perseverar en esa obra de amor. De seguro que les llamará la atención a ellos cuando vean que nosotros los seguimos amando, crean o no crean en las buenas nuevas que les anunciamos. Quizás esto, más que nuestra elocuencia, los lleve a reconciliarse eventualmente con el Señor.

Para pensar:

«La bondad es algo que los sordos oyen y los ciegos ven». J. Blanchard.

Una sana perspectiva

Mientras estaba en Jerusalén, en la fiesta de la Pascua, muchos creyeron en su nombre al ver las señales que hacía. Pero Jesús mismo no se fiaba de ellos, porque los conocía a todos; y no necesitaba que nadie le explicara nada acerca del hombre, pues él sabía lo que hay en el hombre. **Juan 2.23-25**

Qué fácil resulta para nosotros ser arrastrados por el entusiasmo momentáneo de las personas. Cuando vemos a personas responder con fervor a la proclamación de la Palabra, ofreciendo votos de entrega y renovado compromiso, se apodera de la iglesia una especie de fervor masivo. Afirmamos que Dios nos ha visitado o que hemos visto un gran mover del Espíritu en nuestro medio. Es, quizás, por esta razón que se ha convertido en un estilo, para muchos predicadores, llevar a las personas a manifestar su aprobación de la Palabra con decisiones públicas.

Las personas también respondían con entusiasmo al ministerio de Jesús. El evangelista nos dice que muchos creyeron al ver las señales que él hacía. No obstante, Juan aclara cuál era la postura de Jesús frente a estas respuestas, basadas en las emociones del momento: el Hijo de Dios no se fiaba de ellos. Es decir, no quedaba impresionado por los votos que ellos hacían en el momento, ni le daba mucha importancia a la respuesta que veía en la gente. ¿Cuál era la razón de esta desconfianza? El «no necesitaba que nadie le explicara nada acerca del hombre, pues él sabía lo que hay en el hombre».

En esta frase encontramos la explicación de por qué el proceder de Cristo contradecía tan a menudo el camino que nosotros hubiéramos escogido en situaciones similares. Jesús sabía que la rebeldía enraizada en el corazón del hombre no iba a ceder en un momento de fervor religioso. Solamente la acción prolongada e intensa del Espíritu logra que los males del hombre sean transformados y den lugar a la gracia del Padre. En este sentido, entonces, no se avanza en la vida espiritual con saltos aislados y momentáneos, sino en un andar diario que está sustentado por la paciencia y la perseverancia.

Es importante que los que tenemos responsabilidad pastoral en la casa de Dios no animemos a este tipo de expresiones. No estoy diciendo que nunca podemos llamar al pueblo a realizar una manifestación pública de su fe y convicción espiritual. Es bueno que, ocasionalmente, las personas que conforman la congregación tengan la oportunidad de dar testimonio público de sus convicciones espirituales. El problema es que cuando esto se convierte en un rito de cada reunión estamos animando a las personas a creer que es en estos momentos que ocurren los eventos de mayor peso espiritual. La realidad es otra; los grandes cambios en la vida se ven cuando ponemos por obra la Palabra en el marco de nuestra vida cotidiana. Si el pueblo no entiende esto, comenzarán a creer que lo más importante en su vida es lo que ocurre dentro del marco de las reuniones públicas. Es nuestra responsabilidad ayudarlos a tener una perspectiva más acertada de lo que significa andar en novedad de vida.

Para pensar:

«A Dios le preocupa más el estado del corazón que el estado de las emociones». A. W. *Tozer.*

Recibir consejos

El que vive aislado busca su propio *deseo,*
contra todo consejo se encoleriza. **Proverbios 18.1 (LBLA)**

El libro de Proverbios contiene sabiduría y buenos consejos para quienes desean encaminar su vida conforme a los preceptos del Señor. El texto de hoy nos entrega una de los muchas perlas que están a disposición del pueblo de Dios.

La versión *Dios habla hoy*, traduce el mismo versículo: «El egoísta sólo busca su interés, y se opone a todo buen consejo». El lenguaje es sencillo y directo, ofreciendo una descripción precisa del comportamiento que vemos a nuestro alrededor constantemente. Pero he aquí el peligro que corremos al leer el texto: podríamos estar tan concentrados en identificar a las personas que describe este versículo que descuidemos la oportunidad de realizar una reflexión personal al respecto, la cual podría ser mucho más provechosa para nosotros.

Resulta evidente que el que vive aislado solamente tiene interés en sus propias necesidades. Para cultivar un corazón compasivo y bondadoso es indispensable estar en contacto con otros. No obstante, el aislamiento es la tendencia natural de aquellos que han sido afectados por el pecado. Recuerde que lo primero que hicieron Adán y Eva, luego de pecar, fue esconderse el uno del otro y también de su Creador. Nosotros también podemos estar rodeados de gente pero vivir aislados. Piense en el creyente que evita el contacto con el pecador, la congregación que evita el contacto con otras congregaciones, o las personas dentro de una misma congregación que solamente se juntan con los que son parecidos a ellos. El hecho es que el aislamiento ocurrirá sin esfuerzo alguno si no nos resistimos a la disposición natural de nuestro corazón.

El peligro para nosotros es creer que este no es nuestro problema. No obstante, el autor de Proverbios nos da una interesante pista acerca de cómo podemos evaluar si estamos evitando el contacto con los demás, o no. Nos dice que esta clase de persona «se encoleriza» contra todo consejo. La reacción no ha de sorprendernos, pues el que vive solo no disfruta de la sabiduría y amplitud de visión que solamente se pueden alcanzar en la interacción con los demás. Los consejos de otros inevitablemente entrarán en conflicto con sus propios intereses, por lo que siempre reaccionará en forma inapropiada. No sabe, sin embargo, que es precisamente su reacción la que le puede dar la información más certera acerca del estado de su propio corazón.

Para pensar:

¿Cómo reacciona usted cuando otros le dan consejos? ¿Los recibe con agrado? ¿Se enreda en argumentos y explicaciones para justificar su comportamiento? Su reacción puede ser la mejor forma de evaluar si usted está viviendo aislado o está cultivando relaciones de peso con las personas que son parte de su vida. Cuando llevamos tiempo en el ministerio pastoral es fácil comenzar a creer que solamente nosotros sabemos cómo deben hacerse las cosas. El líder sabio, sin embargo, siempre estará abierto, no solamente a escuchar, sino también a incorporar los consejos de otras personas en su círculo de amigos.

Oraciones sin estorbo

Vosotros, maridos, igualmente, vivid con ellas sabiamente, dando honor a la mujer como a vaso más frágil y como a coherederas de la gracia de la vida, para que vuestras oraciones no tengan estorbo. **1 Pedro 3.7**

Este versículo, en la primera epístola de Pedro, provee la prueba más fehaciente que la vida espiritual no puede estar divorciada de la vida cotidiana. A pesar de que muchos cristianos viven dos clases de vida totalmente diferentes dentro y fuera de la iglesia, para el Señor la vida es una sola. Cuando las vivencias de un discípulo en el mal llamado «mundo secular» contradicen las afirmaciones de la verdad que realiza cuando está reunido con la congregación de los santos, su relación con Dios queda profundamente afectada.

El ejemplo puntual que escoge el apóstol tiene que ver con la vida matrimonial. Es en este ámbito que mejor se puede evaluar el compromiso espiritual de una persona. Resulta sencillo «amar» a una persona con la que compartimos apenas unas horas por semana, pero es un verdadero desafío practicar el amor y la compasión con aquellas personas que no pueden ser fácilmente impresionadas por nuestras palabras. Por esto, Dios llama a la pareja a reservar para su vida de hogar las mejores inversiones de su vida espiritual, pues es allí donde podrán conocer las expresiones más profundas del compromiso con Cristo.

Esto no solamente tiene valor por lo que podemos aprender, sino también porque afecta nuestra posibilidad de relacionarnos con el Señor. En el caso de los maridos, Pedro señala que deben vivir sabiamente con sus esposas, de manera «comprensiva» según la versión de *La Biblia de las Américas*. Esto demanda de los hombres que ellos hagan el esfuerzo de entrar al mundo de sus esposas, resistiéndose a la tendencia común de relacionarse con la esposa como si fuera otro varón. Cuando comienzan a entender la vida desde la perspectiva de ellas pueden comenzar a amarlas verdaderamente

El proceso de acercamiento que demanda esta actitud comprensiva garantizará que sus oraciones no sean estorbadas. ¿A qué se refiere el apóstol con esta frase? Entiendo que habla de oraciones que fluyen con naturalidad delante del Padre, guiadas y energizadas por el Espíritu. Toda oración eficaz tiene su origen en la persona misma de Dios, por lo que orar sin impedimentos significa estar atento a las directivas y las cargas que proceden del corazón del Padre. Solamente los hombres que están haciendo a un lado su egoísmo natural podrán disfrutar de esta experiencia, y este proceso se ve afectado por la realidad cotidiana en el matrimonio.

El principio es aplicable a otras esferas de la vida. La persona que ora con un corazón lleno de amargura no podrá disfrutar de una vida espiritual plena. El discípulo que intenta relacionarse con el Señor mientras continúa en desobediencia a alguna palabra específica recibida de parte de Dios, seguramente no podrá entrar a su presencia con libertad. Es fundamental para todo hijo de Dios, y en especial para los que pastorean su rebaño, que no separemos el ámbito espiritual de nuestras actividades cotidianas. La mejor escuela para la oración es, precisamente, la de los momentos ordinarios de cada día.

Para pensar:

¿Cómo es su vida en lo cotidiano? ¿Qué actitudes pueden ver los que lo rodean? ¿Qué revela esto de la vida espiritual que usted practica?